U0948586

教育部人文社会科学研究青年基金项目“民国时期中学生生活研究（1912-1937）”

（项目批准号：16YJC880047）

梦山

梦山书系

教育生活史研究丛书

周洪宇 主编

理想与未来：

民国时期中学生日常生活研究

刘京京 著

海峡出版发行集团
THE STRAITS PUBLISHING & DISTRIBUTING GROUP
福建教育出版社

图书在版编目（CIP）数据

理想与未来：民国时期中学生日常生活研究/刘京京著. —福州：福建教育出版社，2019.2
（教育生活史研究丛书/周洪宇主编）
ISBN 978-7-5334-8212-1

Ⅰ.①理…　Ⅱ.①刘…　Ⅲ.①中学生—学生生活—研究—中国—民国　Ⅳ.①G635.5

中国版本图书馆 CIP 数据核字（2018）第 199187 号

教育生活史研究丛书
周洪宇　主编

Lixiang yu Weilai：Minguo Shiqi Zhongxuesheng Richang Shenghuo Yanjiu
理想与未来：民国时期中学生日常生活研究
刘京京　著

出版发行	福建教育出版社 （福州市梦山路 27 号　邮编：350025　网址：www.fep.com.cn 编辑部电话：0591—83779615 发行部电话：0591—83721876　87115073　010—62027445）
出 版 人	江金辉
印　　刷	福州万达印刷有限公司 （福州市仓山区橘园洲工业园仓山园 19 号楼　邮编：350002）
开　　本	710 毫米×1000 毫米　1/16
印　　张	35
字　　数	518 千字
插　　页	1
版　　次	2019 年 2 月第 1 版　　2019 年 2 月第 1 次印刷
书　　号	ISBN 978-7-5334-8212-1
定　　价	80.00 元

总序

春色满园关不住　一枝红杏出墙来

周洪宇

“应怜屐齿印苍苔，小扣柴扉久不开。春色满园关不住，一枝红杏出墙来。”这首脍炙人口的七绝《游园不值》，是宋朝诗人叶绍翁所作。全诗以“游园不值”为题，本意说自己游园的目的没有达到。可是诗人却由此生发感想，这或许因为主人怕踩坏园中的青苔，破坏了园中的美景，因此才不让自己进来的缘故罢。柴门虽然不开，满园春色却难以关住，一枝红杏探出墙头，向人们炫耀着春天的美丽。“春色满园关不住，一枝红杏出墙来”，两句诗形象鲜明，构思奇特，“春色”和“红杏”都被拟人化，不仅景中含情，而且景中寓理，能引起读者许多联想。它启示人们：“春色”是关锁不住的，“红杏”必然要“出墙来”宣告春天的来临。同样，一切新生的美好的事物也是封锁不住、禁锢不了的，它必能冲破任何束缚，蓬勃发展。教育生活史就是这样一支学术百花园中冲破一切束缚勇敢出墙的红杏，正以其充满青春活力的勃发之势，向教育史学界宣告她的翩然降临。

近十年来，笔者在倡导和推动教育活动史的同时，深感教育生活史与教育活动史关系十分密切，教育生活史是教育活动史的一个有机组成部分，同时它又具有自身的相对独立性。从某种意义上说，教育生活史是教育活动史研究的拓展和升华，也是教育史学进一步拓展的研究对象和领域。教育生活史研究可望在不长的时间内成为教育史学研究的下一个新热点，吸引诸多学者参与，并产生出一批面向普通教育参与者、“接地气式”服务教育发展和改革的教育史学研究成果。因此，有必要立足当前，着眼长远，通盘考虑，早作谋划。为此笔者在积极组织教育活动史研究、主编“教育史学研究新视野丛书”（10 册）“中国教育活动史专题研究丛书”（第一、二辑，20 册）和《中国教育活动通史》（8 卷本）的同时，也在思考教育活动史如何进一步深化开展，特别是开拓教育生活史新域的问题。结合教育活动史研究，积极着手开展教育生活史理论探索，并撰写近现代中国教育家陶行知、杨东莼以及日本教育家牧口常三郎的生活史论著。受笔者影响，一批中青年学人也踊跃投身进来，积极从事教育生活史研究，撰写发表了多篇论文和多本专著。摆在读者面前的这套“教育生活史研究丛书”，就是近年大家共同努力的结果。

一

什么是教育生活史？它与教育活动史以及其他人文社会科学是什么关系？教育生活史要研究哪些具体内容呢？

教育生活史是教育学、历史学、社会学、人类学、心理学等学科内容相互交叉而形成的一个研究领域，在学术源头上属于教育活动史的范畴，从整体上看是教育史特别是教育活动史研究的延伸。教育生活史是教育史研究的一个新的发展方向，也是未来需要集中突破的重要研究领域。

什么是教育生活史？从广义上说，教育生活史就是一切与教育生活有关的历史，它既包括学校教育生活，也包括家庭教育生活、社会教育生活及其他各种教育生活。就狭义而言，主要指教育者与受教育者的教育生活，范围主要集中在学生、教师、学校、校长之间的教育生活。对于广义与狭义的认识，既要看到两点论，兼顾广义和狭义，也要突出重点，即狭义的教育生活。教育生活史让教育史学的研究对象和视角更为丰富，它让亿万人走进教育史研究的视野，在给人耳目一新的同时，又给人以很好的启迪。同时，广义的教育生活史也非常重要，特别是在教育多元化的今天，各种类型的教育生活研究，能够让人们更好地以史为鉴，迎接未来社会教育的变革。同时，教育生活史的研究，也对各个类型的教师、学生又起到一定的启迪和示范作用。

教育生活史更多的是记述教师、学生以及教育工作者的日常生活。“日常生活是一个以重复性思维和重复性实践为基本存在方式，凭借传统、习惯、经验以及血缘和天然情感等文化因素而加以维系的自在的类本质对象化领域。”① 世界是由每一个充满灵性的个体组成，在传统史学中那种只见“结构”的政治、经济、社会、文化的研究，往往忽略了个体的感受。然而正是亿万个体的力量才推动社会的发展。每个个体的喜乐、焦虑、憎恶，虽然对历史的合力产生起着微乎其微的作用，但是普通人个体的价值不容忽视。从“沉默”的大多数的师生身上，更能够看到教育推进过程中的实际，基层普通人对于教育的承受是客观存在的。“个体”与“结构”之类的“庞然大物”相距甚远，相对于“结构”来说，家庭成员、邻里乡亲、同事伙伴等“个体”对于人的行为具有更为巨大和直接的影响，因此人际交往远比“结构”更能说明社会发展的动力。② 日常生活史研究领域宽泛，对其关注范围只能模糊约定为“日常行为”，包括工作行为和非工作行为两大类。“按照这种界定，衣食住行、人际交往、职业与劳动、生与死、爱与憎、焦虑与憧憬、灾变与节庆，都属于日常生活史的研究内容；而日常行为所牵涉的所有制关系、财产继承、人口变化、家庭关系、亲族组织、城市制度、工人运动、法律争讼等等，也可以作为背景进入日常生活史的研究范围。”③

教育生活史研究具有“跨界角度”，教育生活史研究不仅来源于教育史、教育学，更是历史学、人类学、社会学、心理学等诸多学科的活的资料来源，

---

① 衣俊卿：《现代化与日常生活批判》，黑龙江教育出版社，1994年，第33页。

② Gregory, Brad S., “*Is Small Beautiful? Microhistory and the History of Everyday Life*”, in History and theory, v. 38, No. 1 [Fed. 1999], p. 101, 104.

③ 刘新成：《日常生活史：一个新的研究领域》，载《光明日报》，2006年2月14日第12版。

同时也是马克思主义关于人的发展的现实源泉的反映。教育生活史的研究视野，受到西方日常生活史研究者的影响。他们关注社会大众，特别是弱势群体，他们对二战中德国下层工人、外籍雇工、犹太人、同性恋者以及吉普赛人的研究、对欧洲近代早期惨遭迫害的“女巫”的研究，不仅在史学界，而且在社会科学界引起了震动和强烈反响。①

在历史学领域，是人的过去教育活动的一种生活呈现，它将与人相关的内容以生活的方式加以表现，具有丰富的历史内涵。它的一大贡献在于，将历史的写法由帝王将相的历史、精英人物、重大事件的历史，逐步发展到一般人的历史，一般人的日常生活史。普通人日常的鸡毛蒜皮之类的小事情，在以往无论如何是走不进历史研究的视野，然而正是这数以万亿计的普通人的生活点滴，才汇聚成人类历史的浩瀚长河。包括教育生活史在内的普通人的生活史研究的逐渐兴起，是中国传统史学研究的巨大变革，是中国传统政治中民本思想的具体体现，是当代中国社会“以人为本”的学术研究的拓展，更是对西方史学的丰富和发展。

人类学领域，注重人的发展是马克思主义的核心要素，研究对象紧扣人的事件、心理和发展轨迹，较好地展现出对于人的文化关怀。教育生活史集中体现人类学的研究方法，田野调查、访谈、口述等形式，能够给予教育生活史以第一手鲜活的研究史料，也能保证研究内容和效果的鲜活。教育生活史将研究视野投向那些处于各个层次的教师、学生时，它的研究能够始终处于感知研究对象的前沿。

在社会学领域，通过对教育生活的历史呈现，可以从一个侧面清晰地看到当时所处的社会环境、社会结构，对于社会学和社会史的丰富发展，具有重要的裨益。社会学的研究，始终需要对社会各个阶层包括教育阶层的了解。由教育职业发散开去的社会网络是中国自古代社会以来一直有着重要影响力的群体。到了近代以来，由于社会变革的加剧，教育也发生了重大变化，对

① 刘新成：《日常生活史：一个新的研究领域》，载《光明日报》，2006 年 2 月 14 日第 12 版。

于这些教师、学生的研究，是研究近代社会的一把钥匙。教育生活史研究不仅属于社会学的研究领域之一，同时也是对社会学发展的丰富和拓展。

在心理学领域，处于历史发展阶段的普通人的心理，是构成时代心理的重要因素。通过对教育生活中的参与者——校长、教师、学生等诸多人心理的记录，能够给读者展现出教育变迁的轨迹，特别是历次教育变革中普通教师、学生的内在感悟。他们对于教育的具体的适应性和认同程度，都是值得研究者大力研究的内容。

教育生活史的研究内容可以按照教育者或者生活类型来分类。按照教育活动参与者分类，可以分为教师生活史、学生生活史、教育行政人员生活史等诸多以人的类别为划分的内容；也可以生活类别为划分，如校园生活史、日常生活史、学习生活史、课外生活史、家庭教育生活史、社会教育生活史等方面。教育生活史具有宏大的研究视野，它能够借助多学科的融合研究，形成自身独具特色的研究内容，给予学术界以学术启迪的同时，亦能够为今天的教育改革提供一些历史佐证。

教育生活史从研究范围和内容上来说，属于生活史的研究范畴。但是生活史本身是一个非常庞大的研究领域，人乃至其他生物的不同类型的经历，都构成了生活史的研究领域。而从学术性来说，教育生活史的直接学术源头是教育活动史，它是教育活动的具体呈现方式与表达内容，是对教育活动史研究的拓展和延伸，并在一定的基础上，增添了教育活动史的研究内涵。

概而言之，教育生活史是教育活动史研究的拓展和升华，是面向普通民众“接地气式”的、记述普通教育参与者生活的学术研究领域。它是在特定的社会历史的情境下，以教育参与者自身所经历的事件，通过他们的所见、所闻、所思，以“跨界视角”体现个体的价值生命，呈现教育生活的鲜活内容。无论对于教师、学生还是其他教育工作者来说，总是可以通过一朵浪花窥见太阳的光辉。

二

为什么要研究教育生活史？研究教育生活史有哪些学术价值和现实意

义呢？

教育生活史研究对于加强教育史学科建设特别是教育活动史研究，具有重要的意义。同时，从历史学角度，对于深化历史学特别是生活史学的研究，也具有重要的学术意义。生活史的涌现是近代以来个性解放的表现。生活史立足于民众特别是普通民众的日常生活，它是以人为中心的历史学研究，同时由于普通人的活动离不开社会组织、生活环境、人际交往、社会认知等内容，尽管在生活史研究中发现普通人多存有集体无意识的行为，但他们又在更大方面侧面表现了时代的特点。特别是教育生活中教育者的心态问题，可以从更新的角度来反映教育史研究关注的问题。教育生活史的价值也正在于让教育参与者的主观感受走进历史的视野。教育生活史研究能够形成较高的学术境界，它在研究的广度和深度上融合了众多学科的学术研究特点，在学术研究上可以形成自己的学术气象。

首先，研究教育生活史是加强教育史学科建设特别是教育活动史研究的需要。开展教育生活史研究有助于深化教育活动史研究，进而加强教育史学科建设。

教育生活是教育活动中的重要内容，教育活动的主体——教师与学生的生活，自然成为教育活动中最为能动、最为鲜活、最为丰富、最为真实、最为具体的内容。教育生活史是教育活动史的重要部分，研究教育活动史不能不研究教育生活史。研究教育生活史有助于深化教育活动史，进而推动教育史学科建设。可以肯定，教育生活史研究将成为今后教育活动史研究的一个新领域，成为教育史学科建设新的生长点。

其次，研究教育生活史也是继承和发展老一辈教育史研究者学术观点的需要。

早在20世纪二三十年代就有教育史研究者提出要将教育史与生活史结合起来研究，主张研究生活史，如曾经著有《新教育史》的方与严提出“要研究‘教育史’，即当研究‘生活史’，研究‘生活史’，即是研究‘教育史’。

'生活史'的出路，即是'教育史'的出路"。[①] 陈青之在他那本列入商务印书馆大学丛书的《中国教育史》中也写道"教育史之内容，包括实际与理论两方面，教育制度、教育实施状况及教育者生活等等，属于实际方面；政府的教育宗旨，学者的教育学说，及时代的教育思潮等等，属于理论方面"。[②] 雷通群在其《西洋教育通史》中更指出，教育事实"包有两种要素，其一为教育理论方面，其二为教育实际方面。前者是关于教育理想或方案等一种思想学说，此乃构成教育事实之奥柢者，后者是根据上述的思想或学说而使其具体化者，如实地教学、教材、设备、制度等均是……此等理论或实际，若为某教育家所倡导或实施时，须将其人的生活、人格、事迹等，与教育事实一并考究"。[③] 很明显，方与严、陈青之、雷通群等人上述所言的"生活史""教育者生活""人的生活、人格、事迹等"，都是教育生活史的内容。对其作历史的研究，正是教育生活史研究。

或许是由于当年的教育史研究者在具体研究时，仍然习惯采用源于传统的"知与行"范畴的"教育理论与教育实际"两分法，渐渐无形中将"教育实际"的内涵逐步窄化，"生活史""教育者生活""人的生活"等"教育事实"逐渐与"教育实际"相混淆，也可能是限于生活史及教育生活史的资料不易收集，很难展开，教育史学研究者未能对教育生活史展开具体研究。久而久之，沿袭下来，以至于习焉不察，司空见惯，使得学者们至今普遍认为，教育史学就是研究教育思想史与教育制度史，而不包括教育活动史及教育生活史。这种忽视教育活动史及教育生活史研究，只注重教育思想史和教育制度史研究的做法，将教育活动史及教育生活史混同于教育思想史和教育制度史之中，导致"只见物不见人""只见思不见行"，无疑是过往教育史研究极大的缺陷和不足，也是长期以来教育思想史和教育制度史研究大多流于平面和肤浅，无法形成立体多层动态研究，难以真正深入、取得实质进展的根源所在。

---

① 方与严：《新教育史》，儿童书局，1934 年，第 2 页。

② 陈青之：《中国教育史》，商务印书馆，1936 年。

③ 雷通群：《西洋教育通史》，商务印书馆，1934 年。

这就充分说明，教育活动史尤其是教育生活史被人们长期遗忘，是一块无人开垦的处女地，是我们今天的教育史学者应该格外关注和重视的一个学术领域。这个长期的学术空白完全应该也有可能成为今后教育史学取得重点突破的领域。而一旦开垦出来，将会给我们带来教育史学的重大变化。今天的教育史学研究者应该沿着前辈学者指明的方向继续前进，开拓出新的研究领域。

又次，研究教育生活史是对马克思主义理论的坚守，是对人的本质的一种发掘。从哲学上来说是继承马克思主义的社会观，同时体现了辩证唯物主义的方法论。教育生活史集中体现了“人本”思想，特别是普通人的生活成为研究者的研究对象，这在过去是比较少见的。同时，从大量教育生活的史料出发，可以还原历史上活生生的人对于教育活动的参与，他们的思想、心理和具体的表现，将从作为符号化的历史行为具体化为一个个鲜活的个人，这体现了对于个体人的尊重，也是对于马克思主义所提倡的人的全面发展学说的尊重。

再次，研究教育生活史是对世界教育史学思潮的适应。世界教育史学研究的趋势是微观化、生活化，教育生活史正是对这几个方面进行了具体的阐述。中国的教育史研究，不仅能够在教育思想史、制度史的实践层面作出很好的学术贡献，同时更能够在其源头——活动史的层面上有精彩的内容。

而且，生活史研究自身发展也需要有像教育生活史这样鲜活的学术领域的介入。生活史作为21世纪以来中国学术界日渐重视的研究领域，它对历史的了解和把握使得人们更愿意看到来自教育学的思考。而教育生活史的出现，则在更大层面上满足了人们对于普通人关于教育的生活史的了解。教育领域的生活史的参与，极大地丰富了生活史研究的视野、方法和效果。

最后，研究教育生活史是当代教育改革的需要。

一切现实的学术研究，都有它现实观照的内容，教育史研究也不例外。现实的教育改革需要生动、丰富的历史资料，历史上的教育生活，能够给予今天教育改革以启迪。通过对教育生活史的研究，了解他们的需求和困难，研究教育生活史，能够提供丰富的教育改革的实践版本。可以说，教育生活史是现实教育可供参照的最为丰富多彩的历史素材，它的素材是来源于历史上的一个个鲜活的教育个体，他们对于教育参与的体验，可以为今天的教育改革提供非常好的历史借鉴。

教育生活史研究的特点，更在于它所处的学术境界。教育生活史是能够体现教育叙事的一种全新范式。教育生活史应体现生活叙事、情境再现与文学形式三个维度。马克思早在其经典著作《关于费尔巴哈的提纲》中提到对于实践的看法。"人应该在实践中证明自己思维的真理性，及自己思维的现实性和力量，亦即自己思维的此岸性。关于离开实践的思维是否具有现实性的争论，是一个纯粹经院哲学的问题。"① 实践性的认识是一种理性的思维，教育生活史的研究需要从理性认识回归到感性认识的途径，生活叙事是学术研究感性回归的桥梁。

教育生活史研究的特点，突出表现在它的"鲜活的微观世界"。相对于教育思想史、制度史的研究来说，它走进了活生生的教育生活，面对的是具体的个人，学生对于教师的感情、同学的感情，都有着不一样的理解。在这里传统史学的定性分析更多地为生活现场所替代。视野下移是教育生活史研究的又一特点。从层次来看，不仅要关注大学教师、中学教师，也有关注小学教师特别是山区、边区等特殊地区的教师生活状态。第三个特点是有效打破了传统史学的桎梏，是对"全面史学"的一种丰富实践。传统的政治、经济、文化、社会等研究内容，都可以在生活史中体现，参与者的衣食住行、人际关系、社会认知、心态变迁以及与时代相关的种种情感，都在生活史中予以传承。最后，"他者"立场所形成的"体验"史学，让读者可以愉悦地进入历史，站在历史当事人的位置上，设身处地地感觉和体会，研究历史最重要的是理解，理解了古人也就理解了自己。② 它较少有范式化的定论，能有效实现历史人物、读者、作者的三方互动。

---

① 马克思：《关于费尔巴哈的提纲》，见《马克思恩格斯选集》第1卷，人民出版社，1995年。

② Alf Ludtke, ed., *The History of Everyday Life*, translated by William Templer, Princedon University Press, New Jersey, 1995, p. 24.

西方日常生活史学家认为，历史发展是具体的个人或群体的行动结果，学术研究关注的重点不是整个社会的基本取向，而是每个人、每个群体的价值观以及这些人们公开或掩盖、实施或抑制其愿望的方式，最终意在说明社会的压力与刺激是怎样转化为人们的意图、需求、焦虑以及渴望，人们在改造世界的同时，又是如何接受和利用（appropriate）这个世界。① 相对应的，教育生活史的人文关怀，使得研究者能够站在一个较高的位置上，通过文献和个案，以生活叙事的形式，将教育参与者的生活环境、教与学的活动、家庭生活、人际关系、社会交往、内心世界、个人奋斗等内容丰富联络起来。在一个“跨界”的视野上，去窥视教育生活中个体生命的“浪花”，并借此揣测当时的教育乃至整个社会的发展状况。

三

既然研究教育生活史具有重要的学术价值和现实意义，那么应该如何研究教育生活史呢？

笔者认为，在研究取向上，应该以问题研究为导向。“问题取向”的教育生活史研究首先应当树立问题意识。问题意识是指“人们在教育研究和实践活动中，以专门的教育知识和经验为基础，逐步形成的认识教育问题的实质和类型、发现并提出需要解决的教育问题的意识和能力”。② 问题意识对任何研究来说都是至关重要的。布洛克曾说：“一件文字史料就是一个见证人，而且像大多数见证人一样，只有人们开始向它提出问题，它才会开口说话。”因此，“历史学研究若要顺利开展，第一个必要前提就是提出问题”。历史学工作的好坏同提出问题的质量高低有直接关系。③ 教育史学研究也是这样。因此，教育生活史研究首先应当树立问题意识，尤其是应将研究的重心转向教

① Alf Ludtke, ed., *The History of Everyday Life*, p. 7.

② 黄甫全：《关于教育研究中的问题意识》，载华南师范大学学报（社会科学版），2003 年第 4 期。

③ ［法］巴勒克拉夫著，杨豫译：《当代史学主要趋势》，北京大学出版社，2006 年，第 44 页。

育者的日常教育生活，转向教育者教育教学的具体问题、微观问题和日常问题。比如教师的日常教学，它会涉及教材、课程、教学方法、教学组织形式，包括各种教规、要求等，这些都要把它们描述出来、介绍出来，通过这些微观的、具体的描述，达到“以小见大”的目的，也即是可以通过它们来说明一个时代的教育状况以及社会经济状况。

在研究资料上，应秉持大史料观。“大史料观就是要突破以往教育史学研究中只重视地上史料、正史史料以及文字记录即文献史料的狭隘史料观，拓宽史料的来源，树立地上史料与地下史料并重、正史史料与笔记小说史料并行、文字记录或文献史料与口述史料并举的大史料观。”① 教育生活史研究必须充分借鉴人类数千年流传下来的丰富史料。“不管是已整理的还是未整理的、公家的还是私人的档案史料，不管是直接的还是间接的、中文的还是外文的各种文集、笔记、日记、家谱、族谱、年谱、方志、实录、纪事、杂志等书报记载史料，不管是回忆录、传说、歌谣等口碑史料还是各种文物、图片、绘画、教具、学具等实物史料，都是我们教育活动史研究所必须首先收集、鉴别、考证、分析、整理以及充分运用的史料。”② 教育生活史史料上的视野非常广阔，特别是散落民间的一些非正式出版物，由于其表现出的个人的记录色彩，往往真实感更为强烈。与此同时，教育生活史更要强调源于基层民众的生活史料，强调史料的“原生性”“原生态”，与研究对象的契合，也就是要接教育生活的“地气”，这样所表现的内容才能够更为原汁原味，更能够反映最基层的教育生态。

在研究方法上，教育生活史研究具有明显的“跨界”色彩。它可以借鉴历史学、社会学、人类学、政治学、经济学等社会科学乃至数学、统计学、生态学、系统论等自然科学的方法理论，在微观的、全面史学的教育生活史研究面前，打破学科壁垒，充分吸收各学科的优点和长处。关于教育史学研

---

① 周洪宇：《学术新域与范式转换——教育活动史研究引论》，华中科技大学出版社，2011 年，第 9 页。

② 周洪宇：《学术新域与范式转换——教育活动史研究引论》，华中科技大学出版社，2011 年，第 10 页。

究的理论和方法，笔者提出了“三维系统方法论”，该系统方法是一个由研究方法的理论基础、一般研究方法、具体研究方法三个大的方面及其相关层次构成的研究系统。“研究方法的理论基础主要以马克思主义的宏观历史理论和中观史学理论的积极因素为基础，吸收其他理论流派的合理因素而形成；一般研究方法是指在研究社会历史现象中普遍使用的方法，主要包括历史分析法、阶级分析法、比较分析法、逻辑分析法、系统分析法、结构分析法等；具体研究方法是指带有较强技术性和专门性，用来处理和分析教育史料，进行基础研究的方法和技术，其功能为复原教育史实和基本线索，为深入研究打下坚实基础、创造条件。”①

传统的教育史学所用的研究方法中，以中观层面的一般研究方法居多，这和研究对象、研究视野有关。教育思想史和教育制度史主要集中在宏观、中观的层面，等到教育活动史登场时，研究的视野才逐渐下移。教育生活史更明确地关注于微观和个体，因此对于具体研究方法的需求会更多。对于一般研究者来说，起着具体作用的是第三种研究方法。就教育生活史研究而言，它细分为两个方面：一是历史学科的一般方法，如历史考证法、文献分析法、历史模拟法、口述历史法等。二是跨学科方法，即借鉴其他学科的研究方法和技术，如田野调查法、个案分析法、心理分析法、计量分析法、类比研究法等。需要指出的是，方法不是越新越好、越多越好，方法只是工具和手段，它是为所研究的内容服务。内容才是根本，表现力是检验研究方法的重要参照。教育生活史如何具有创新性，笔者以为，学术价值和学术创新是核心生命力，同时应该具有活跃的学术表现力。学术表现力应该体现在这样几个方面：

注重教育叙事的表现手法。长期以来历史研究的语言多采用分析语言，其特点是严谨，但是可读性不强。历史是以叙事散文话语为形式的语言结构，历史著作中都存在着理想的共同叙事结构。② 中国传统的史书，相当部分采用

---

① 周洪宇：《学术新域与范式转换——教育活动史研究引论》，华中科技大学出版社，2011年，第36页。

② 丁钢：《声音与经验：教育叙事探究》，教育科学出版社，2008年，第24页。

的是叙事语言的风格。叙事与分析不同，它将特定的事情按照逻辑顺序纳入被阅读者理解和接受的语言结构中，这样的叙事方式，等同于“讲故事”。① “叙事既是一种推理模式，也是一种表达模式。人们可以通过叙事‘理解’世界，也以叙事‘讲述’世界。”② 丁钢认为，叙事代替分析，是缓和了理论与事实之间的叙述紧张。③ 叙事进入教育史，主要体现在教育生活史研究领域，它进一步促进了学术研究由宏大叙事向个体叙事、从整体史学向微观史学的嬗变。

情境再现是教育生活史研究所追求的读者接受效果。情境再现是研究效果的主要表现，它展现给研究者的是恢弘社会历史画卷下生动、有效的教育生活场景，是一种学科自觉和学术自觉意识的体现，是对人最基本生存面——生活状态的情感守望。在形式上，教育生活史研究的视野下移，能够用微观、通俗的语言，展现研究对象的社会画卷。“任何一个框架并不能完全去解释实际上的经验实践，所以我们必须有一个恰当的呈现方式，这个呈现方式就是叙事，尤其是让社会上的各方面人自己去叙述，因为通过这样的方式可以接近我们的社会生活，真正地揭示我们社会生活的真相。”④ 情境再现的效果，是历史真实和艺术效果的统一。历史真实和叙事真实本不是一个概念，生活叙事的语言，在理性与感性之间，应该突出感性，以个体的情感表现，表达同时期大多数人的生活特点，形式为内容服务。

文学表现是教育生活史研究的表现形式。之所以要强调教育生活史研究的文学形式，主要是针对学界目前的一种重客观表述、轻主观感受的现状提出的。学术研究应该借鉴传统文学的表现手法，文学形式不是要把史学学术作品写成文学作品，而是要借鉴文学形式增强学术作品的生动性、形象性，

---

① 彭刚：《叙事的转向：当代西方史学理论的考察》，北京大学出版社，2009 年，第 2 页。

② Richardson L. 1990. *Narrative and Sociology*. Jorunal of Contemporary Ethnography，19：9.

③ 丁钢：《声音与经验：教育叙事探究》，第 3 页。

④ 丁钢：《教育研究的叙事转向》，载《现代大学教育》，2008 年第 1 期。

更好地达到著作和读者的有效互动。如史景迁的《天安门：知识分子与中国革命》，王树增的《1901》《1911》等。具体到教育生活史的研究中主要是史料多元化、细节文学化、注释学术化、考证注释化，行文有文采。教育生活史由于其研究对象、内容和史料来源的丰富性，更可以有条件形成这样的表现形式。大胆借鉴中国古代史学家写史的方法，以文学作品的形式，通过对历史上教育生活的叙述，来达到情境再现的效果，最终通过读者的阅读形成有效的互动。

无论是史料、研究方法还是学术作品的表现形式，都是教育生活史研究所必须要重视的因素。一部好的教育生活史学术作品，应该具有如下的特征：一是文学的语言，以生动活泼的方式，将史料和作者自身的分析融合其中；二是在个体与群体、不同层次人群以及不同区域特点的对象处理上，着眼于具体的细节方面，留下教育生活的日常情境；三是要放低学术研究者的姿态，要善于向中国传统文学、中国传统史学学习。研究的智者往往是将复杂的问题简单化。教育生活史研究需要有不断寻觅史料以成其信，不断创新研究方法以成其达，不断展现精准的表现力以成其活，走一条体现微言大义、形象生动和富有表现力的学术发展道路，不断推进学术研究新境界的步伐。

四

目前第一批收入本丛书的八本专著，就是笔者及其团队关于教育生活史研究理论与实践的初步成果，也是笔者和申国昌、刘训华等人所分别承担的国家社会科学基金项目2013年教育学一般项目“教育活动史研究与教育史学科建设”（批准号：BOA130117）、国家社会科学基金项目2013年一般项目“明清时期学校日常生活研究”（13BZS099）、教育部2012年新世纪优秀人才支持计划“明清教育活动史研究”（NCET-12-0873）、教育部2012年人文社会科学规划基金项目“明代学校师生日常生活研究”（12YJA880096）和国家社会科学基金2013年教育学青年课题“近代社会的学生生活研究”（CAA110102）的研究成果。

本丛书的八个专题既有教育生活史的基本理论研究，又有教育生活史的个案实证研究，其内容涉及教育生活史研究的重要主题。力图用感性的文字表达理性的思考，用逻辑的思维解读历史的文本，用翔实的史料还原过往的教育生活，用叙事的语言构建多彩的教育世界。

其中，笔者和宁波大学副教授刘训华博士合著的《多样的世界：教育生活史研究引论》，是国内第一部关于教育生活史的研究专著，旨在介绍何为教育生活史、如何开展教育生活史的研究，并且以实例说明。全书分上编与下编两大部分。上编是理论探索篇，分别论述教育生活史的基本概念、主要内容、研究理论、研究方法，教育生活史的学术承继，其理论来源、理论基础和史料来源，教育生活史的叙事方式和研究风格。下编是个案生活史和集体生活史。个案生活史重点描述了中国近现代两个几乎被湮没和遗忘的知名教育家杨东莼、经亨颐的人生故事，集体生活史则主要描绘了近现代大转局时期学生教育生活的岁月流变。笔者试图通过理论与实际的结合论述教育生活史这一新的研究取向与叙述体系，力求理论与实际结合、人物与生活结合、整体与局部结合，以推动教育生活史研究的开展，促进教育史学的学科建设。

河南大学张建东博士的《历史的镜像：宋代学生日常生活研究》是他的博士后出站报告。全书注重跨学科研究，尝试从社会史、生活史、身体史、心态史等角度切入，以人的活动和历史场景的建构为中心，强调目光向下、视野下移，将中国传统历史叙事与西方史学中的“深度描述”法有机结合，并注重宏观和微观的结合，将宋代学生群体置于两宋宏阔的社会文化背景下进行研究，努力克服传统史学研究中以政治史为脉络、以制度和思想为主线、以国家和上层精英为中心、见物不见人的缺陷，将国家、精英人物、普通士子共同纳入研究视野，用较为完整的研究维度，试图更能逼近宋代教育历史之真。同时，该书通过宋代学生生活镜像反折当今学生生活，有助于鉴往知来，为当今学生管理和教育改革提供一些历史借鉴。

华中师范大学教育学院博士生导师申国昌教授的《生活的追忆：明清学校日常生活史》，是他近年研究明清时期学校师生日常生活史的力作。旨在挖掘明清时期国子监、府州县学、书院、私塾等各级各类学校教师的日常生活、教学活动、社会活动、服务活动，以及学生的学习生活、日常生活、课外活动、文体活动、教育实习、社会服务、师生关系等，探索这些活动发生、发展的历史轨迹，真正将研究的触角伸向师生和基层。力求通过生动、形象的表达方式来展示丰富多彩、生动鲜活的教育历史场景，从而实现对明清教育活动的“原生态”研究。通过研究明清学校师生日常生活，来考察教师日常生活状况，深入探究古代教师的教学生活、经济待遇及职业态度等，进而了解明清教师在教育与社会生活中所发挥的作用，为当今加强各级各类学校教师队伍建设提供历史借鉴。通过研究明清时期学生的生活状态、日常学习、课余活动及社会活动，展示古代各类学校学生的真实生活状态，特别是探究学生参与社会活动的情况，从中可提示出学生在促进民主政治与社会和谐方面的贡献。进而探寻在历史进程中师生作为一股不容忽视的教育力量，与社会的互动关系，展示在大历史环境中学校师生生存与延续的曲折轨迹。

华中师范大学教育学院李艳莉博士的《崇高与平凡：近代中国大学教师生活史研究（1912—1937)》，以1912—1937年全体大学教师平凡日常生活的全景概览作为切入点，透视大学教师崇高职业背景下作为“平凡的活动的人”在特殊时代背景下日常生活所具有的共相和个相，折射其与社会政治、经济、文化等全方位的互动图景等。全书围绕大学教师的爱情和婚姻、子女教育、薪酬支出、衣食住行、朋友交往等为主的日常生活，以教学活动实施、课时安排、教学管理以及师生课堂互动等为主的教学活动，以学术创作、理论探究等为主的科研活动，以参与教师评议会、投票以及与校长等学校管理者的互动为主的校务管理活动，以公开演讲、政治活动、社会实验等为主的业余活动等生活的多个侧面，展现和还原有血有肉、生动鲜活的大学教师生活，为中国当今大学教师生活改善提供一定借鉴。通过对近代中国大学教师生活的还原性研究，明确指出大学教师中不乏学术精英和时代骄子，他们确实对社会改革、理念更新功不可没。大学教师是当时社会的高知识阶层，但作为个人还是自己平凡生活的主体。他们既要体现自己的学术追求、具备阶层特色，同时也包含饮食男女为生活辛勤奔走的特点。通过对大学教师最本真生活的全方位研究，改变以往认可的大学教师角色和生活的核心要素是围绕学术和知识打转的单一研究思路，走向大学教师作为教育活动主体“精神性”

和“生活性”的有效统一和双向互动研究路径之上。

华中师范大学教育学院刘京京博士的《理想与未来：民国时期中学生日常生活研究》，角度与前述李艳莉博士正好相反，她重点研究民国时期学生的日常生活。从某种角度上说，与对教师生活史的研究恰好形成互补之势，可以使人们对民国时期学生的生活史有个大致的了解。

笔者的专著《平凡的伟大：教育家陶行知、杨东莼、牧口常三郎的生活史》，以历史叙事的方式，描绘了两位近现代中国教育家陶行知、杨东莼和一位日本教育家牧口常三郎的曲折的人生经历和教育生涯，试图通过三个个案生活史让人们了解近现代中日教育家们是如何克服重重困难，艰难地开拓前进，探索适应本国国情的教育之路。

宁波大学副教授刘训华博士的专著《奋斗的青春：大转局中的中国大学学生生活叙事（1977—1999）》，以1977—1999年恢复高考后的22年历史阶段的大学生生活作为研究对象，从学习生活、校园生活、日常生活、情感生活、社会生活、政治生活以及社会观感等方面，运用教育生活叙事的表现方式，在诸多感性的大学生生活片段中，寻求大学生与社会互动的命运连接点及其规律，寻求生活自身值得思考与改变的教育期待。1977—1999年的22年是一段崭新的历史，该时段高考是千军万马过独木桥，大学生被誉为“天之骄子”，是今天中国各个领域的主力军。“22年历史时期”以1990年为界限分为前后两个阶段，朴素理想主义是80年代大学生教育生活的一个特征，理性务实主义是90年代的大学生的趋向。奋斗是中国这些大学生的共同标志，本书将大学生生活纳入中国宏大的历史变革乃至世界风云遽变的大转局视野之中，以教育生活史的多维视野与多元方法，勾勒出鲜活的大学生教育生活的基本形态，形成“22年历史时期”大学生教育的经典生活叙事。同时，教育生活叙事是教育生活史的重要表现形式，将该表现方式用于这段感奋历史阶段学生教育生活的叙事研究，是教育理论与实证考索相结合的新探索。

华中师范大学教育学院鲍成中博士的《适应与超越：教育家成长规律研究》，以教育家群体成长规律为研究对象，对以陶行知为代表的教育家成长的背景、经历、实践、思想、贡献等进行叙事分析，揭示了教育家成长的“三大规律”，即适应性规律、超越性规律、适应与超越的交互性规律。

总之，这套丛书力图做到在传统的教育思想史、教育制度史之外，以生活史的理论和方法，叙述教育历史生活中的人及人的教育生活，从微观的角度透视参与教育实践的人的教育生活，为宏观上理解处于社会中的人如何在经济、教育、文化的不同影响下从事日常生活和教育活动提供参考，进而收到以小见大、见微知著、以史鉴今的效果。由于教育生活史研究在国内尚处于新兴阶段，很难找到前人比较成熟的研究成果来参考借鉴，只能是“草鞋无样，边打边像”。大家的初衷能否如愿，有待读者评议，敬请读者不吝赐教。

参与本丛书的其他各位作者，都曾经是笔者指导的博士生或博士研究者，大家对开拓教育生活史新域，深化教育活动史研究，推动教育史学学科建设，都有强烈的共识，也充满了热情，我们经常交流心得，每天都感受到研究教育生活同时也享受教育生活的乐趣，这是局外人很难体会得到的一种情愫。

在本丛书出版过程中，得到了福建教育出版社教育理论编辑室主任成知辛先生等人的大力支持，尤其是成知辛先生在得知我10月下旬将应邀赴纽约参加哥伦比亚大学国际会议并为联合国关心中国教育的人士介绍中国教育改革进展和前景，希望届时可以带上《多样的世界：教育生活史研究引论》参加学术交流时，立即安排人员，抓紧处理有关手续，抢在10月1日前将该书送进工厂付印，为带书到纽约交流争取到宝贵的时间。在这套丛书陆续面世之际，谨此表达笔者及其研究团队全体成员对福建教育出版社各位可敬可爱的编辑致以诚挚的谢意！

2014年9月23日

于武汉华中师范大学教育学院

目　录

导　论

一、选题缘起及研究价值

学生生活是一个美好的，令人怀念的阶段。“不知何故，学生一旦完成学业，要到外面谋生之时，他便会堕入轻柔的追忆，那些他走过的日子充满了一种新的色彩。学校的钟声变得醉人”。① 而处在求学中期的中学生活，更是青涩中带着甜蜜，幼稚中带着勇毅。诚如某中学生的评价，“学校生活是人类生活史中最活跃而最有趣的一页”。② 选择中学生生活史这一论题，一方面来源于笔者对现实中学生生活状况的观察与反思，另一方面依赖于对教育生活史研究的学术兴趣。现实观察与学术兴趣的汇合，最终使笔者选择了这一研究领域。

（一）选题缘起

1. 对当今中学生生活的透思。

中学阶段是承上启下的阶段，是连接小学和大学的重要桥梁，为国家和社会培育中坚分子和将来的公民。庄泽宣曾指出中学教育的重要性，“中学教育在任何国家中均不易办，在我国尤然，其目标既不如小学之单纯，又不若

① ［英］艾沃·古德森著：《教师生活与工作的质性研究》，蔡碧莲、葛丽莎等译，北京：教育科学出版社，2013 年版，第 103 页。

② 郑蕴华：《我的中学生活》，载《浙江青年》1935 年第 1 卷第 8 期。

大学专门之确定，因此内容亦复杂殊甚。”① 可以说中学教育的好坏直接影响到教育的整体水平，影响到劳动力的培养质量，影响到国家各方面的长远发展。

首先，中学生学业负担过重，缺乏精神生活的陶冶。学生学业负担过重一度成为社会讨论的焦点。教育部曾在新中国成立后多次下发“减负令”。1955 年教育部就发出新中国第一个“减负令”——《关于减轻中小学生过重负担的指示》，1964 年公布了《关于克服中小学生负担过重现象和提高教育质量的报告》，2000 年教育部发出了《关于在中小学减轻学生过重负担的紧急通知》，2010 年的《国家中长期教育改革和发展规划纲要（2010—2020 年）》把“减负”上升为国家战略。可以说，半个世纪以来，国家对中学生“减负”问题甚为重视。但反观“减负”的结果，并非成效显著，学生的学业负担依旧沉重。2013 年 5 月，21 世纪教育研究院对全国义务教育阶段中小学生的“减负”情况进行调查，结果显示，“初中生完成家庭作业的时间超过 90 分钟的比例也高达 60%”。除了过长的家庭作业时间，学生还要参加各种课外辅导班。如此繁重的学习负担，严重损害了学生的身心健康。北京大学中国社会科学调查中心发布的《2013 中国民生发展报告》显示，“学业负担过重，锻炼时间过少，营养严重过剩导致学生体质下降”。造成这种现象的原因之一是“很多学校陷在德育空泛、体育敷衍、美育功利、劳动教育如同虚设的唯考试成绩至上的误区里。”②

巴茨曾言：“理解现代社会和现代教育的最高明的渠道之一是从人类文化发展的历史长河来对教育进行展望。”③ 反观民国时期的中学，课程开设门类繁多，但是学生们却劳逸结合、乐在其中。钱学森曾对北师大附中生活回忆：“现在的父母对教育孩子很费劲，我们那个时候没有像现在这样受罪。放了学在学校里玩，天不黑不回家，不怕考试，不突击考试，没有考不上大学的，

---

① 张文昌：《中等教育》，北京：中华书局，1938 年版，第 1 页。
② 杨启亮：《基础教育课程与改革的适切性》，载《教育学术月刊》2013 年第 11 期。
③ 滕大春：《美国教育史》，北京：人民教育出版社，1994 年版，第 631 页。

班里最好的学生考80分就行了。不死抠课本，提倡多看课外书。”① 诚然，也有部分中学生因考试压力过大，选择极端的自杀方式，但总体而言，当时的学生生活宽松有度，精神生活比较丰富。“教育史的主要特征，就是特别注意教育与社会之间的联系，以便说明不同的经验，并根据当前存在的问题和今后会出现的后果来考察过去。”② 基于今昔学生学业生活的比照，笔者试图透过教育现象，抓住内在原因，以图实现教育史为现实服务的功能。

其次，中学生课外生活枯乏，缺乏多彩生活的调剂。难以承受的考试压力以及家长对孩子成龙成凤的过高期望，使得学生的课外生活黯淡无光，学生犹如囚困在笼中的鸟儿，失去了自由本性。可以说，很多中学生的课外活动有的是形式单一、单调乏味，有的是流于形式、形同虚设。正如一名中学生所描述：“中学生的课外生活应该是丰富多彩的。而我的课外生活却是那么的单调乏味，仿佛置身于令人心悸的‘黑色六月’。”③ 课外活动的价值不容轻视，“课外活动是学生生活的重要构成，也是学生成长和发展的重要力量，它不是课堂教学的补充或者德育活动的点缀，而是学校教育生活建构中必须关注的内容，是能够直接生成教育价值的一种生活形态”。④ 同时，课外生活也是全面发展教育的重要组成部分。民国时期学生的课外生活多姿多彩，不仅开办多种学术活动、文艺娱乐活动，也组织多种课外实践、社会服务、体育运动等。《中学训育问题》一书列举了当时中学生课外作业的种类。具体包括学生会或学生自治会、班会、级会、纪念周会或周会、演说会、辩论会、国文学会或国学研究会、英文研究会、诗社、文艺研究会、社会科学研究会、自然科学研究会、数学研究会、艺术研究会、史地研究会、教育研究会、商业研究会、校刊社或出版社、社会服务团、体育会、足球队、篮球队、网球队、排球队、棒球队、童子军、武术团、游泳团、跳舞会、旅行团、步行团、

---

① 刘沪主编：《北京师大附中》，北京：人民教育出版社，2000年版，第139页。

② ［俄］卡特林娅·萨里莫娃、［美］欧文·约翰宁迈耶著：《当代教育史研究与教学的主要趋势》，方晓东等译，北京：教育科学出版社，2001年版，第57页。

③ 邓小铖：《我的课外生活》，载《今日中学生》2002年Z3期。

④ 杨小微主编：《教育学基础》，上海：华东师范大学出版社，2010年版，第245页。

新剧社、艺剧社、摄影社、参观团、国乐研究会、西乐研究会、音乐会、唱歌团、军乐队、消费合作社、学校银行。[①] 学生的课外活动种类繁多，生动有趣，宛如一幅风采别致的多彩画卷。有的学生自发组织一些课余讨论会，满足学生们求知的渴望。天津扶轮中学初三年级的学生自行建立课余谈论会。“扶轮中学校，初三课余讨论会，经该班同学冯典承等组织以来，内容颇为完善，并聘请该校教务主任李野愚先生指导，凡同学对于常识及学业上一切疑问，该会莫不加以详确讨论，其利用课余时间，为科学之研究，同学获益甚多，自寒假后印刊物发给同学。”[②] 通过两幅课外生活图景的对比，可以透析出当今中学生课外生活存在的问题。

最后，中学生主体意识淡薄，缺乏社会参与活动。“所谓主体意识，就是指主体能够充分认识外界、认识自我、认识自我与外界的关系，并能够主动参与现实生活，在现实生活的实践中不断改造世界与自我教育的意志、力量和能力。”[③] 王道俊和郭文安将主体性概括为人的社会性、能动性、自主性和创造性。中学生作为社会的中坚力量，本应积极行使参与社会的权利，发挥主观能动性、创造性，为社会发展增砖添瓦。然则，比照主体性的特征，可以发现，当今的中学生主体性意识缺乏，表现在学习的主动性较弱，主体实践能力不足，参与社会、履行公民义务的意识较弱等。民国时期的中学生主体意识比较浓厚，在内忧外患的特殊历史时期，有的学生纷纷走向街头，对民众进行爱国教育。“京北沦陷，热河失守，国家危急。我前方战士，方浴血抗日，后方民众，宜有以声援，本校国难新剧团，欲以唤起民众，并稍事募捐，接济前方。”[④] 有的学生广泛开展民众教育，以期提高民众的知识水平。“上海务本女中的学生分会因平民教育为当今之急务，故于校内设立义务学校招生，集男女学生六十人，援以国文、算术，报名人数颇形踊跃，不到三日，

---

① 邰爽秋：《中学训育问题》，上海：教育编译馆，1935 年版，第 208—209 页。

② 《扶轮中学初三课余讨论会》，载《益世报》1930 年 2 月 16 日。

③ 胡江霞：《学生主体意识的唤醒与培植》，载《中国教育学刊》2011 年第 2 期。

④ 《国难新剧团筹备赴无极县演剧募捐》，载《河北省立第七中学校刊》1933 年第 2 期。

已经六十之外。"[①] 庄泽宣曾指出："中国的人口比例看来一千个人中只有一个中学生……凡是一个中学生不论学什么，至少须有领导一千个民众的资格与能力。"[②] 除外显形式的参与社会之外，也有舞文弄墨宣扬爱国精神之方式。孙犁在这种背景下创作小说，写了朝鲜志士爱国故事剧本。[③] 有的学生则安于读书，竭力学习各种科学文化知识，以图为今后民族发展贡献力量。陈东原在《中国教育史》自序中指出："历史的'故事'，虽然是旧的，但他的意义，却永远新的。"[④] 不可否认，民国时期学生主体意识的成长与当时特殊的社会环境有关，但是处在和平时代的中学生，更应发挥主体意识，广泛参与到祖国建设的大潮之中，这也是新课程改革中"以生为本"的教育理念的价值诉求。

由于中学处于承上启下的阶段，它不同于小学和大学，所以中学生的教育尤其值得关注。黄炎培在《怎样教我中学时期的儿女》时感慨："我感觉最难处置，就是中学这个关头。到了大学，人生观渐渐确定了。中学正在交叉路口，欲东便东，欲西便西，出入很大。我于中等学校，普通的，分科的，皆曾创设过，服务过，前后关系达三十年，对这个关头特别注意，且深信值得特别注意。"[⑤] 处在中学阶段的中学生应该有中学生的精神状态和健壮体魄。1930 年，蔡元培发表了《怎样才配做一个现代学生》一文，提出现代中学生要有"狮子样的体力；猴子样的敏捷；骆驼样的精神；崇好美术的素养和自立、爱人的美德"[⑥]。即是说，中学生要有健全的体格，意气风发的精神志向，担负国家责任的意识与行为。民国时期的中学生，面临着巨大的升学与就业的压力。因当时社会状况所迫，并非所有毕业的中学生都能迈入象牙塔，多

---

① 《学校消息两则》，载《申报》1919 年 10 月 30 日。

② 庄泽宣：《一个中学生应注意的几件事》，载《浙江青年》1934 年第 1 卷第 1 期。

③ 周申明、杨振喜：《孙犁评传》，天津：百花文艺出版社，1990 年版，第 56 页。

④ 陈东原：《中国教育史》自序，上海：商务印书馆，1936 年版。

⑤ 中华职业教育社编：《黄炎培教育文选》，上海：上海教育出版社，1985 年版，第 254 页。

⑥ 蔡元培：《蔡元培全集》第 5 卷，杭州：浙江教育出版社，1997 年版，第 475—480 页。

数中学生要面临就业的苦恼。但是，他们却并没有因此茫然困顿，而是积极参与学校生活，朝气蓬勃，迸发出青春的激昂与光芒。在当时的社会背景下，他们是如何发挥主体意识，如何引领社会风气，以及在社会变迁中发挥何种作用？为何他们[①]对中学生活如此怀念？正是带着诸如此类的一系列问题，并带着对现实中学生生活的关切与反思，笔者欲图揭开民国时期中学生生活的画卷。

2. 对教育生活史研究的兴趣依赖。

由于笔者曾参加中国教育活动通史的编写，对于教育活动史研究的内涵、目标，有了初步理解。依笔者之见，教育生活史是教育活动史的重要构成部分，两者的主要研究对象都是作为主体的“人”，凸显的是“人”的活动和“人”的生活。这也与唯物史观的历史发展观相契合。“历史什么事情也没有做，它并不拥有任何无穷无尽的丰富性，创造这一切，拥有这一切并为这一切而斗争的，不是历史，而正是人，现实的，活生生的人。历史并不是把人当做达到自己目的的工具来利用的某种特殊的人格。历史不过是追求着自己目的的人的活动而已。”[②] 而研究的“人”并非侧重于教育历史上的精英人物，而是注重“历史的失语者”，底层大众的教育生活。正如新文化史学派认为：“新时代的史家要攻下的金城汤池，不再是金碧辉煌文化/政治菁英的表演舞台——不管是在艺文界，还是在军政界——而是寻常百姓庐舍和邱墟的活动场所，而且是这些芸芸众生的日常生活，那些有朝夕与共的东篱菊花和眼前

---

① 钱学森对他北师大附中六年的学习生活给予很高的评价：“六年师大附中的学习生活对我的知识和人生观起了很大的作用。我附中毕业后，到上海交通大学学习，第一年觉得大学功课没有什么，因为我在中学都学过了。上海交大四年实际上就学了两年，考上公费留学，是靠附中打下的基础。”刘沪主编：《北京师大附中》，北京：人民教育出版社，2000年版，第139页。茅盾在回忆自己的中学时代时说：“时常这么想，如果我现在又是个中学生，够多么快活！我时常希望在梦中我居然又是中学生。呵呵！热烈愉快的中学时代！前程远大的中学时代！在那时，如果有谁不觉得整个世界是他的，那他一定不是好中学生，我敢说！”茅盾：《我的中学时代及其后》，载《中学生活》1939年第4—5期。

② ［德］马克思、恩格斯：《马克思恩格斯全集》第2卷，北京：人民出版社，1957年版，第118—119页。

南山都比琼楼玉宇的长生殿还引人注目。”① 与社会科学史学家所热衷的“长时段”、宏观总体史的研究不同，生活史更多关注具体的、个人的微观考究。伊格尔斯曾批判法国年鉴学派“见物不见人”的研究范式，“在布罗代尔建构的历史学大厦，仍保留有很大空间可以容纳大量各种各样的观点和研究路数——可是竟没有人入住。这样的历史剥夺了以往历史的质的那一方面，而没有给它留下一副人间的面貌。问题是，怎样才能重新捕捉历史中的人间和个人的方面。”② 教育史研究同样需要贴近“人”的活动。正是近几年参与教育活动史研究，培养了笔者对微观教育生活史研究的兴趣。

教育生活史研究具有走近历史主体，揭示主体经验，还原其教育生活世界的特征。贝克尔（Becker）对生活史的研究方法作了描述：“不是传统的社会科学的资料……也不是传统的自传方法……它当然也不是小说。同上述充满幻想和感情色彩的形式相反，生活史方法更加贴近人们脚下的大地……它并不在意那些附庸风雅的趣味，却着力于真实地再现被研究者的经验，并解释他所生活于其中的世界。”③ 因为教育生活史研究具有多方面的优势：一方面，注重主体意识，让历史主体“说话”。“生活史的最大长处在于她穿透了个人的主观性真实：它允许行动主体可以‘为她/他自己说话’。但远不仅此，生活史可以赋予被过度概念化了的‘过程’以意义。”④ 教育生活史注重个体的内心世界、情感体验，凸显出人的主体地位。另一方面，从个体生活史中可以洞见大的社会变迁，换句话说，可以实现见微知著、以水滴见证海洋的效果。古德森在研究教育变革时指出：“当研究机构中的人如何改变时，在研

① 陈恒、耿相新：《新史学第4辑：新文化史》，郑州：大象出版社，2005年版，第142页。

② ［美］格奥尔格·伊格尔斯著：《二十世纪的历史学：从科学的客观性到后现代的挑战》，何兆武译，济南：山东大学出版社，2006年版，第110—117页。

③ ［英］麦克南著：《课程行动研究》，朱细文、苏贵民、赵南译，北京：北京师范大学出版社，2009年版，第115页。

④ ［英］艾沃·古德森著：《教师生活与工作的质性研究》，蔡碧莲、葛丽莎等译，北京：教育科学出版社，2013年版，第34页。

究机构的改变的同时，应把重心放在机构中人的内部变化。”① 生活史中的个体处于“结构——个体——结构”链条中的重要环节。杜拉德在《生活史的标准》中指出：“可以将他的生活史主体看作是社会传播链条的一环。他通过他之前的环节获得了他现在的文化。其他的环节将随他而至并通过他传递传统的潮流。生活史力图描述该过程中的一个单元：它是对具有复杂历史连续性的集体生活的一个组成部分的研究。”② 换句话说，个体行为与观念受社会环境的浸染，同时个体对环境的调试与影响，甚至会引领社会之潮流。正如马克思所言：“现代历史著述方面的一切真正进步，都是当历史学家从政治形式的外表深入到社会生活的深处时才取得的。”③ 这是生活对于社会生活史乃至历史学的重要意义。

布罗代尔在描述物质生活史反映社会变迁时指出：“历史事件是一次性的，或自以为是独一无二的；杂事则反复发生，经多次反复而取得一般性，甚至变成结构。它侵入社会的每个层次，在世代相传的生存方式和行为方式上刻下印记……我们发掘琐闻轶事和游记，便能显露社会的面目。社会各层次的衣、食、住方式绝不是无关紧要的。”④ 相对而言，教育生活史研究同样也是如此，有助于对重大社会事件以及教育变革的揭示。舒新城在《我和教育》的“叙”中，指出教育生活史研究的价值：

在现代中国教育的舞台上，我曾冒充过各种各色的角儿，同时也曾做过各种各色的观客。把我的生活历史做根线索，去演述中国近代教育的变迁，我想或者比作几篇空洞的教育论文或者一本教育原理的书册，

---

① 汤美娟：《整合宏观与微观：教育生活史的方法论意涵》，载《当代教育科学》2012 年第 23 期。

② ［英］艾沃·古德森著：《环境教育的诞生：英国学校课程社会史的个案研究》，贺晓星、仲鑫译，上海：华东师范大学出版社，2001 年版，第 240 页。

③ ［德］马克思、恩格斯：《马克思恩格斯全集》第 2 卷，北京：人民出版社，1962 年版，第 450 页。

④ ［法］费尔南·布罗代尔著：《15 至 18 世纪的物质文明、经济和资本主义》，顾良、施康强译，第 1 卷，北京：生活·读书·新知三联书店，1992 年版，第 27 页。

还容易使人感兴趣一点。①

因为在个体生活历史的表象中，可以领略到个体在时态氛围下的生命体验，进而把教育和教育史的研究从“无人”的状态转到“有人”的生命世界，一个有着心灵的脉动、充满着成长的烦恼与困惑的生命世界。

（二）研究价值

学生生活史的研究，一方面顺应教育史研究视野下移的走向，拓宽了教育史研究的疆域，另一方面有助于重视学生主体地位，形成以生为本的教育理念，并为深化教育改革提供借鉴。

第一，顺应教育史研究视野下移的走向。伴随着“史学危机”呼声的高涨，教育史学也面临着学科发展的危机。以往的教育史研究对象带有高位性、研究范围具有圈定性。能够走进教育史研究舞台的多是历史精英人物的教育思想，普通民众成为“失语者”和“沉默者”，因而忽略了底层人物的学习、生活的微观情境问题。教育制度研究重视国家教育制度机构的形成及其演变，重心放在了描述制度的内容及因袭过程，缺少对制度的制定与实施过程的具化研究。囿于研究对象的高位化，使得教育史研究领域单一化、窄域化。而要突破这一研究局限，迎解教育史学科面临的危机，就需要教育史研究者将研究视野下移，移向基层的、微观的、民间的、具体的日常教育问题，以期还原原生态的教育史研究图景。

观照“普通人”的小传统②研究取向。有学者指出日常生活史日益流行的原因，“它的流行并不是代表了一种风气，而是因为它符合了时代的精神，迎合了今天历史研究的需要，即不再是局限于政治史方面，而是也涉及了人，

---

① 舒新城：《我和教育》，台北：龙文出版社股份有限公司，1990年版。

② “大传统”与“小传统”的概念由芝加哥大学人类学家雷德菲尔德提出。所谓“大传统”是指都市文明，小传统是指地方性的乡土文化。更广地看，大传统是指社会精英及其所掌握的文字所记载的文化传统，小传统是乡村社区俗民或乡民生活代表的文化传统。陈来：《古代宗教与伦理：儒家思想的根源》，北京：生活·读书·新知三联书店，2009年版，第14页。依笔者之见，教育史研究领域的“大传统”即是集中于教育精英抑或重大的教育制度，而“小传统”则关注那些处于边缘的、基层教育的人和事。

特别是那些没有推动世界的历史但又与之不可分的‘普通’人”。[①] 这也与微观史学所倡导的史学观相契合。微观史学家们认为：“假如我们希望把无名的人从备受漠视之下解救出来，就得号召有一种新的概念上的和方法论上的历史学研究途径，而看作是有着许多个别中心的一股多面体的洪流。这时候作数的就不是一份历史而是许多份历史了，或者更应该说是许多份故事了。而且假如我们是在研究多数人的个人生活，那么我们就需要有认识论和这些多数人的生活经验相配套，它能让我们获得有关‘具体’而不是有关‘抽象’的知识。”[②] 当前的教育史研究亟待加强微观生活史的研究，倾听处于“沉默”和“边缘”状态的普通教师和学生的声音。因为教育历史画卷的书写不仅有精英人物的功劳，也有这些普通教师和学生的贡献。普通师生的生命体验和心灵的颤动不能因此而被遮蔽，他们同样拥有着话语权。目前，教育学界对教育的定义众说纷纭，但对教育活动是由教师和学生组成的双边活动，基本已达共识。因此，普通学生在校园中是如何度过他们的学习、生活和娱乐？教育是如何影响他们的身心变化、如何塑造他们的民族性格？他们是如何反作用于教育与社会的大变迁？探讨诸如此类的一系列问题实属必要。因此，有必要让这些默默无闻、沉默失语的普通中学生走进教育史的舞台。因为“日常生活的世界并不是由帕森斯式的社会学概念所建构，也不是由解释人类学家的诗意想象所构成，而是由普通的个人活动、言语、思想和情感交织成一幅复杂交往的生动画卷，研究者所要做的只是尽自己的最大努力如实地描述这幅画卷。”[③]

早期的一些教育史研究者指出生活史的重要性。如方与严的《新教育史》著作，他运用“生活教育”理论编写了该书。在该书中，他指出了生活史的

---

① ［德］汉斯—维尔纳·格茨著：《欧洲中世纪生活》，王亚平译，北京：东方出版社，2002 年版，第 1 页。

② ［美］格奥尔格·伊格尔斯著：《二十世纪的历史学：从科学的客观性到后现代的挑战》，何兆武译，济南：山东大学出版社，2006 年版，第 106 页。

③ ［美］诺曼·K·邓金著：《解释性交往行动主义：个人经历的叙事、倾听与理解》，周勇译，重庆：重庆大学出版社，2004 年版，第 8—9 页。

重要意义："要研究《教育史》，即当研究《生活史》，研究《生活史》，即是研究《教育史》。生活史的出路，即是《教育史》的出路。"① 陶行知对学校教育生活有着更深入的阐释，他认为："学校以生活为中心。一天之内，从早到晚莫非生活即莫非教育之所在；一人之身，从心到手莫非生活即莫非教育之所在；一校之内，从厨房到厕所，莫非生活即莫非教育之所在。学校有死的有活的。那以学生全人、全校、全天的生活为中心，才算是活学校。死学校只专在书本上做功夫。间于二者之间的，可算是不死不活的学校。"② 西方有学者指出："近年来，教育观念迅速扩展，教育已经不仅仅局限于正规的学校教育，而且涉及影响人们品德和知识的诸多方面，有鉴于此，教育史已不再是'行为与事实'的堆砌了。"③ 即是说，教育史的研究应扩大疆域，只要是涉及影响人发展的诸多因素都可能成为研究的对象。有鉴于此，有学者为拓宽教育史研究领域，呈现教育史的原风貌，开展了教育活动史研究。教育活动史研究着眼于日常、微观的教育活动过程。教育生活史作为教育活动史的重要板块，适恰迎合了视野下移的教育史学科发展走向。

拓宽了教育史研究的疆域。在中国传统教育思想史中，存在着"重学甚于重教"的特点。如《论语》中"学"字出现 64 次，而"教"字出现 7 次。荀子的《劝学》篇第一句话就是"学不可以已。青，取之于蓝而青于蓝"。这些表述都从某种程度上反映出我国素有"重学"的传统。"重学"的教育理念直接牵连到学习的主体——学生。重学的传统从另一个侧面反映出对"学生"的重视。学校教育生活史是教育生活史的重要构成，而学生作为学校教育的对象，亦是学校教育生活史的重要主体。因为"学校依托学生而形成，学生构成了学校的本源，是学生让学校成为生动的学校。从发生学的意义上来讲，

---

① 方与严：《新教育史》，上海：儿童书局，1934 年版，第 2 页。

② 华中师范大学教育科学研究所编：《陶行知全集第 8 卷（增补）》，长沙：湖南教育出版社，1992 年版，第 194 页。

③ ［俄］卡特林娅·萨里莫娃、［美］欧文·约翰宁迈耶著：《当代教育史研究与教学的主要趋势》，方晓东等译，北京：教育科学出版社，2001 年版，第 112 页。

是学生受教育的欲求，推动了学校的兴起。”① 学生群体不仅在学校教育中占据着本源的地位，在社会变迁的过程中，也发挥着不可低估的历史影响。“近代中国的青年学生，是除旧布新的重要社会力量，在民主革命的各个阶段，在社会变迁的各个方面，常常起着先锋和桥梁的作用。学生将少数先驱者的引吭高歌变奏为全国各阶层民众的雄浑合唱，产生了巨大的历史影响。”② 学生作为引领社会先锋，促进社会变迁的重要载体，其生活史研究必然成为不可忽略的研究范畴。胡适曾就教育制度史的研究提出了观照学生的观点。他认为教育制度史的两种做法：“一、单叙述制度的沿革变迁，例如《九通》中所记而加详。这是死的制度史。二、不但叙述制度的历史，还要描写某种制度之下的‘学生’生活状态。这才是活的制度史。例如写各时代的太学，应注重搜集太学生活的材料。”③ 胡适虽仅谈教育制度史的研究，但是整个教育史领域何尝不需要“活的教育史”。因此，探寻学校教育史，学生生活成为不可或缺的重要部分。反观目前学生生活史研究现状，更多研究者把笔墨集中于大学生的学生生活，较少关注处于中坚力量的中学生生活史，即使出现了一些研究，多是集中于某个中学的个案研究，鲜有研究者对民国时期中学生做整体生活史书写。正如陈平原所指出：“对于大学生来说，个人的记忆和学校的历史，二者容易勾连起来。至于中学，似乎缺乏这种努力。”④ 教育生活史主要是由教师生活史和学生生活史构成。纵览已有的教育生活史的研究成果，研究对象多是以教师生活史为主，学生生活史的研究相对弱化。

然而，目前这种研究趋向并不是说明中学学生生活史不重要。吕达曾指出：“在近代教育史上，在我国各级各类教育中，通常问题最多、最难处理的是普通中学教育，而我国教育的症结历来也在普通中学阶段。”⑤ 因此，关注

---

① 刘铁芳：《让学生成为向学的生命》，载《中国教育学刊》2013 年第 9 期。

② 桑兵：《晚清学堂学生与社会变迁》，桂林：广西师范大学出版社，2007 年版，第 1 页。

③ 郑大华编：《胡适全集》第 3 卷，合肥：安徽教育出版社，2003 年版，第 703 页。

④ 李玉兰：《中学往事，那青翠的记忆——陈平原访谈》，载《光明日报》2005 年 5 月 18 日。

⑤ 吕达：《课程史论》，北京：人民教育出版社，2011 年版，第 3 页。

中学教育，探寻中学生的生活与活动，不仅有助于开拓教育生活史的研究疆域，也有助于为当今中学教育改革提供镜鉴。

第二，尝试运用多学科理论分析学生行为。教育问题的研究正如历史研究一样，“历史有助于对话，它很少有自身的机构，而是面向临近的科学。……它是人类科学中最富文学色彩的和有趣易读的学科，总之它最为大众化。”① 也就是说，历史抑或教育史都需要进行跨学科研究。跨学科的研究即是指研究要同自然科学、社会科学的理论和方法有机结合起来。教育学同任何其他学科一样，都要依赖别的学科的进展，自觉或不自觉地从中汲取生命力，获得进步的机会。有学者在讨论教育史学科内部危机时指出：“教育史的研究方法具有封闭性的特征，且对其他学科的方法论吸收缓慢，对西方引进的分析工具反应迟钝。”② 张斌贤在讨论教育史学科危机生成的微观原因时指出：“外国教育史学科研究工作存在的自我封闭。表现在它很少自觉地吸取人文社会科学的研究。这样做的唯一结果就是，学科研究固步自封、墨守成规。”③ 换句话说，教育史学科要实现学科发展，需要摆脱传统教育史学研究的窠臼，尝试运用其他学科的研究范式与理论方法。

邻壁之光，勘借照焉。笔者试图采借心理史学、社会学、叙事史学等学科的理论与方法分析学生的生活。如在展现学生的情感生活时，引入社会学中的“异乡人”的概念。学生从小学进入中学，表现出对陌生环境的排斥与适应。在分析学生的课堂学习生活时，运用心理学相关理论分析学生行为，如“皮格马利翁效应”。教师的正面鼓励和肯定期望，可以激发学生的正能量，发挥其无限潜质，使学生才华外溢。如孙犁的初中国文教师，经常宣读他的作文，并推荐到《育德月刊》上发表。④ 教师的这些鼓励增强了学生学习

---

① ［法］安多旺·莱昂著：《当代教育史》，樊慧英、张斌贤译，北京：光明日报出版社，1989 版，第 52 页。

② 金忠明、林炊利：《教育史学科困境及其对策》，载《河北师范大学学报》（教育科学版）2005 年第 11 期。

③ 张斌贤：《全面危机中的外国教育史学科研究》，载《高等师范教育研究》2000 年第 4 期。

④ 周申明、杨振喜：《孙犁评传》，天津：百花文艺出版社，1990 年版，第 53 页。

的兴趣。张爱玲之所以成为享有盛誉的作家，离不开她的中学国文教师的发掘与培植。老师的肯定和引导，“从根本上唤起了张爱玲的文采神韵”。在国文教师的激励下，她经常在校刊《国光》、《凤藻》上发表习作。在分析同学之间的情感生活时，从心理学的角度分析“同性恋”现象。

第三，为深化教育改革提供历史镜鉴。孙培青先生在王伦信《清末民国时期中学教育研究》一书的序中，曾指出中学研究的意义：“中国当前的中学教育改革虽已面临新的时代任务和现实条件，但许多中学教育的历史问题，仍然表现为当代中学教育的问题。”① 教育史的研究需要具有当代视野。换句话说，教育史的研究要勾连过去、现在和未来。巴茨在《教育文化史》中指出：“研究教育史就其本身而言，是不能解决目前的现实问题的；但它使我们更聪明地解决目前的实际问题。”这句话看似是相互矛盾的。巴茨解释为：“这是因为教育史可以帮助我们看出目前的重要问题是什么？这些重要问题是怎样出现的？过去曾经怎样解决的？过去解决的办法能否用来解决目前的问题？”② 亦是说，教育史研究要为今天的教育实践和改革提供指导，起到鉴往知来的作用。我国的教育改革已进入“深水区”，要深化教育领域的改革，需要积极稳妥地推进改革。党的十八届三中全会通过的《关于全面深化改革若干重大问题的决定》（下文简称《决定》），其中很多措施都在重演着民国时期中学的教育实践。《决定》中要求“强化体育课和课外锻炼，促进青少年身心健康、体魄强健”，即把学生健康放在第一位。民国时期的中学非常重视学生的体育锻炼，有的学校甚至强迫性实施课余活动。“大夏中学于课余时实施强迫运动”。③ “清华学校强迫学生参加体育活动，下午 4 点至 5 点，学生必须不能在教室，而且体育标准成为出洋留学的资格”。④ 在强压的方式下，学生们踊跃参加各种体育活动。

---

① 王伦信：《清末民国时期中学教育研究》，上海：华东师范大学出版社，2002 年版，第 2 页。

② 滕大春：《美国教育史》，北京：人民教育出版社，1994 年版，第 631 页。

③ 《大夏中学将实施自修室制度，并强迫课余活动》，载《申报》1930 年 6 月 20 日。

④ 钟叔河、朱纯编：《过去的学校》，长沙：湖南教育出版社，1982 年版，第 820 页。

另外，《决定》中提出“完善中华优秀传统文化教育，形成爱学习、爱劳动、爱祖国活动的有效形式和长效机制，增强学生社会责任感、创新精神、实践能力”。这是社会主义核心价值体系的教育目标。民国时期中学生的很多活动，都体现出了一定社会责任感、创新精神和实践能力。学生的动手能力很强，很多发明应用到实践之中。学生组织的科学研究社把研究成果应用于实践中。“北京通县第一中学科学研究社自一九二七年起就自制无线电机械，每周六、日播送音乐和科学讲演，远在山西太谷的铭贤大学可以清楚地收到播音。”① 由此可以看出，民国时期中学生很多实践活动可以为今天的教育改革提供参考。陈东原曾言：“历史的探究，并不是要我们在过去事件中找着今日所需的答案，而是使我们从过去因变的研究，学习到找寻今日答案的方法。”② 可以说，还原学生生活的一幕幕场景，不仅有助于我们了解已逝的中学生生活，也有利于感触民国时期中学生成长的历程，在此过程中，探寻教育真谛以及育人的最终鹄的，并从今昔中学生生活对照过程中，找寻出今日教育改革的症结，为当今教育发展提供借鉴。

此外，研究学生生活史，有助于形成并深化“以生为本”的教育理念。无论是新课程改革的提出还是素质教育的倡导，“以生为本”都是重要的教育理念。以生为本就是要以学生发展为本，即是贯彻“一切为了学生，为了学生一切，为了一切学生”的教育理念。贯彻以生为本的教育理念应当更加关注教师与学生的生活状况，一方面使全社会形成尊师重教的氛围，学生的主体性地位得到发挥，使学生获得全面、主动、有个性的可持续发展；另一方面更好地激励广大师生投身于教育与教学改革的实践当中，以实际行动推动我国教育教学改革向纵深发展。

二、研究范围与概念界定

（一）研究范围

从时间范围而言，本研究的研究区间主要集中于1912年至1937年。第

---

① 北京市教育科学研究所：《百年老校话今昔：北京通县第一中学校史》，1986年，第7页。

② 陈东原：《中国教育史》自序，上海：商务印书馆，1936年版。

一章“近代历史变迁中的中学生”，为了凸显社会变迁对学生生活的影响，观察晚清时期的中学堂到民国初期中学校的制度沿袭与创新，以及给学生生活带来的改变，故把时间追溯到晚清时期的学校教育及学生状况，但时间主要集中于1912年以后的中学校。在选取的1912年至1937年的时间段中，由于北洋政府时期时间短，且资料相对难觅，所以写作主要集中于南京国民政府时期的中学教育。从空间范围而言，本研究主要以学生校内外的活动为中心，探讨学生的学习生活、日常生活、情感交往生活，以及校内外的课余活动，力图描绘出立体多面的生活全景。

（二）相关概念界定

“普通中学”与“中等教育”的界定。从词源学的意义上说，我国“中学”一词是在西方影响下而产生的。因为中国古代教育中只有大学和小学之分。民国时期有学者指出：“中学一名词为近代产物，至新教育时代方始采用；而‘大学’、‘小学’在上古时即为国都的学校之名称。”[①]“普通中学”与“中等教育”两个概念需要厘定清楚。孟禄指出中等教育的培养目标：“中学校之职务在选取能力较优之儿童而训练之使于各种专科与职业的活动成为领袖之人才。”[②] 孟禄所讲的中学校其实就是中等教育。自我国第一个学制建立，中等教育基本上被分为三种类型，即普通中学，师范学校和职业学校。在这三种学校类型中，普通中学占据着主体和核心的位置。一般意义上讲，民国时期的“中学”主指“普通中学”。如在张宗昌所著的《普通中学》一书中，他所论述的中等教育不仅包括普通中学、还包括师范学校和职业学校，但讨论的重心还是聚焦于普通中学。另外，根据当今教育辞典的解释，中等教育是“在初等教育基础上继续实施的中等普通教育和专业教育。其实施机构为各类中等学校，包括全日制普通中学、中等专业学校、职业中学、技工学校、

---

① 邰爽秋编：《教育参考资料选辑》第7辑，上海：教育编译馆，1935年版，第122页。

② ［美］孟禄著，王岫庐译：《论新学制中等教育》，载《教育杂志》1922年第14卷第9号。

农业中学、业余中学等。普通中学为其中的主要部分”。[①] 综合今昔对“普通中学”与“中等教育”的界定，本文所讲的中学，主要是指普通中学，中学生主要是指普通中学的学生。但在资料的采择上，有时选取普通中学师范科学生的资料，但主体仍是普通中学的学生。

三、学术史及研究现状分析

只有站在前人的肩膀上，才能走得更远，通过既有成果的学术史回顾，可以找到研究的线索与方向。本研究主要从经纬两条路径进行学术史的梳理。从纵向上，分为1949年以前及1949年以后两大时间段；从横向上，对相关的专题进行缕析，以图较为全面、系统地梳理出学术史的发展概况及研究现状。

（一）学生史、生活史、学生生活史相关研究

首先，教育生活史与教育活动史理论研究现状。周洪宇、刘训华的《多样的世界：教育生活史研究引论》[②]，是第一本研究教育生活史相关理论的著作，该书分为理论探索篇与生活叙事篇，在理论探索部分主要分析了教育生活史的基本内涵、研究方法、研究内容及研究价值，梳理了教育生活史的学术史脉以及教育生活叙事的研究理路。申国昌、刘京京的《教育生活史：教育历史的生动展现——从法国年鉴学派得到的启示》[③]，以法国年鉴学派的研究范式为视域，分析了教育生活史研究的范式转换，并在此背景下，全方位构筑了主要由教师生活史和学生生活史组成的教育生活史研究体系。刘京京、申国昌的《学校教育生活史：教育历史的形象再现——微观史学给予的启示》[④]，则从微观史学的视野下建构了学校生活史研究的体系内容。汤美娟的

---

① 张念宏主编：《教育百科辞典》，北京：中国农业科技出版社，1988年版，第37页。

② 周洪宇、刘训华：《多样的世界：教育生活史研究引论》，福州：福建教育出版社，2014年版。

③ 申国昌、刘京京：《教育生活史：教育历史的生动展现——从法国年鉴学派得到的启示》，载《湖北大学学报》（哲学社会科学版）2014年第2期。

④ 刘京京、申国昌：《学校教育生活史：教育历史的形象再现——微观史学给予的启示》，载《教育学术月刊》2013年第8期。

《整合宏观与微观：教育生活史的方法论意涵》① 一文指出，生活史将个体定位为“结构—个体—结构”链条中的一环，在具体方法上，它以个体的“生活故事”为出发点，通过对其进行“再分析”展现结构和个体作用的共存。生活史便具有整合宏观取向和微观取向的方法论意涵。教育生活史是教育活动史的重要构成。近几年来，教育活动史的理论研究已相对成熟，尤其在华中师范大学周洪宇的带领下，教育活动史的研究取得了诸多成果。如周洪宇、申国昌的《教育活动史：视野下移的学术实践》② 一文指出，教育活动史符合研究视野下移的趋向，是教育史学的原始构成板块，研究重心着眼于各类教育的日常活动，其中指出了学生生活的研究注重师生交往活动、学生日常学习生活、学生课余生活、学生应试活动、学生教学实习活动、学潮学运活动等内容。此外，一些研究者从微观史学、新文化史学、身体史学、实践唯物主义等视角探求教育活动史的研究，如黄宝权的《新文化史视域下教育活动史研究的“三个转向”》（《湖北大学学报》哲学社会科学版 2012 年第 3 期），李永、周洪宇的《微观史学与中国教育活动史研究》（《大学教育科学》2010 年第 6 期），李艳莉的《身体：重构教育活动的另一可能：身体史视域下的教育活动史研究》（《教育学术月刊》2014 年第 5 期），刘来兵的《实践唯物主义视野下的教育活动史研究》（《教育研究与实验》2011 年第 1 期）。

其次，关于学生史方面的研究。学生群体是社会最为活跃的群体之一，学生的很多活动影响到近代社会的变迁。在一些重大的历史事件中，无论是辛亥革命、五四新文化运动，还是之后的抗日运动，总会有学生们的身影。桑兵认为，学生群体是政治社会生活最激进的群体。“辛亥以来，学生群的动向虽然不能决定政治斗争的成败，却影响和反映了人心向背，显示了社会变

---

① 汤美娟：《整合宏观与微观：教育生活史的方法论意涵》，载《当代教育科学》2012 年第 23 期。

② 周洪宇、申国昌：《教育活动史：视野下移的学术实践》，载《教育研究》2010 年第 10 期。

动的方向与矛盾起伏规律，成为政治生活中最活跃最激进的因素。”① 目前，关于学生群体的研究主要聚焦于改革开放以后的时期。纵览三十多年来的成果，主要具有以下几方面的特征：一方面，以革命史为主题，置于宏大叙事之中。夏泉、曾金莲的《教会大学学生民族意识的觉醒：以五四运动中的上海圣约翰大学学生运动为个案的考察》②，以圣约翰大学学生为个案，考察学生的运动以及在此过程中学生民族意识觉醒的历程。陈廷湘的《政局动荡与学潮起落：九一八事变后学生运动的样态及成因》③，分析了学生在九一八事变后，学潮的样态以及具体成因。除论文外，还出现了一批以学生运动为主题的论著。翟作君、蒋志彦的《中国学生运动史》④ 一书，具体分析了五四前的学生运动、五四学生运动、五卅运动、三一八学生运动、一二·九运动等。桑兵的《晚清学堂与社会变迁》⑤ 则从文化分层与西学引进切入，详述学生参与一系列社会活动的历程。包括兴学热潮、学堂风潮、抵制外货、收回路权运动、反清革命等，并从这些具体的活动中，勾连出清末学生与社会变迁之间的联系，如对改良社会土壤结构，更新民族文化心理素质等。桑兵该著一个明显的写作特色，即是从细碎的史料入手，从历史的细微之处揭示出学生的状态。另一方面，以留学生为主体的学生史研究。近代社会中，留学生在

---

① 桑兵：《晚清学堂学生与社会变迁》，桂林：广西师范大学出版社，2007 年版，第 3 页。

② 夏泉、曾金莲：《教会大学学生民族意识的觉醒：以五四运动中的上海圣约翰大学学生运动为个案的考察》，载《民国档案》2009 年第 3 期。

③ 陈廷湘：《政局动荡与学潮起落：九一八事变后学生运动的样态及成因》，载《历史研究》2011 年第 1 期。

④ 翟作君、蒋志彦：《中国学生运动史》，上海：学林出版社，1996 年版。此外，论述学生运动的著作还包括上海市青运史研究会，共青团上海市委青运史研究室编的《上海学生运动史》（学林出版社，1995 年版），广州青年运动史研究委员会编写的《广州学生运动史 1919—1949》（华南理工大学出版社，2002 年版），刘定一的《一二·九——七·七在北京》（河南大学出版社，1988 年版），共青团北京市委青年运动史研究室编写的《北京青年运动史：1919—1949》（北京出版社，1989 年版），以及北京大学历史系《北京大学学生运动史》编写组编写的《北京大学学生运动史 1919—1949》（北京出版社，1979 版）等。

⑤ 桑兵：《晚清学堂学生与社会变迁》，桂林：广西师范大学出版社，2007 年版。

整个社会变迁中的作用不容忽视，因而对留学生研究的关注也成为一大主题。论文方面，诸如李喜所《中国近代第一批留欧学生》[①]，论述了第一批留欧学生的重要作用，包括传播西方文化、成为海军技术骨干、培养海军人才等。冯玉荣《留日学生运动与辛亥革命》[②] 讲述了留日学生运动发生的背景、具体的爱国运动以及留日学生与辛亥革命之间的密切关系等。王奇生《留学与救国：30 年代留学生的抗日救亡活动》（《民国档案》1989 年第 3 期），徐行《中共第一代留俄生述论》（《中共党史研究》1997 年第 1 期），丁三青、王玉祥《近代中国留学生运动与社会近代化》（《徐州师范大学学报》1997 年第 2 期）等，这些论文针对不同时期、不同国别，如留日、留欧的学生进行了深入考析。著作方面，也涌现出大批的成果。如李喜所《近代中国的留学生》[③] 主要以容闳与首批留美生、早期的留欧生、留日生、留美生以及留法勤工俭学运动为几大模块，勾勒出近代中国留学生的轨迹。王奇生的《中国留学生的历史轨迹（1872—1949）》[④]，分为上下两篇，上篇叙述留美、留欧、留日的历史及留学制度的演变，下篇探讨留学归国学生对中国近代政治、军事、社会、思想、教育等方面的贡献与影响。田正平的《留学生与中国教育近代化》[⑤]，则力图从不同角度、不同层次考察留学生与中国教育近代化的关系，探讨留学生对中国近代教育的影响与贡献，如分析了留学生与中国近代教育科学的关系，留学生与中国近代教育改革的关系，留学生与中国近代高等教育的关系等。章开沅、余子侠的《中国人留学史》[⑥]，梳理和总结了近代以来中国人出国留学的历史，并把留学历史放在当时特定的政治、经济、教育、文化、外交等背景下进行梳理和总结，使其文更具真实感和历史感。除了对

---

① 李喜所：《中国近代第一批留欧学生》，载《南开学报》1981 年第 2 期。

② 冯玉荣：《留日学生运动与辛亥革命》，载《湖南师院学报》（哲学社会科学版）1986 年第 2 期。

③ 李喜所：《近代中国的留学生》，北京：人民出版社，1987 年版。

④ 王奇生：《中国留学生的历史轨迹（1872—1949）》，武汉：湖北教育出版社，1992 年版。

⑤ 田正平：《留学生与中国教育近代化》，广州：广东教育出版社，1996 年版。

⑥ 章开沅、余子侠：《中国人留学史》，北京：社会科学文献出版社，2013 年版。

留学生做整体研究之外，还有相关专题的研究，如对女子留学史的研究，如孙石月《中国近代女子留学史》(中国和平出版社 1995 年版）等。

再次，关于生活史的研究。早在民国时期，就已开始了教育生活史的研究。如陆庄的《上海市小学教师课余生活之研究》[①]，对上海市小学教师的进修生活以及休闲生活进行了生动有色的深入描述，并分析了小学教师的性别、年龄、薪金、授课时间、服务年限与课余生活的关系。戴自俺《教师生活素写》[②]，根据自己担任小学教员和中学教员所亲历的各种经历，生动描写了他是如何践行陶行知的“生活教育”学说，如何在九一八事变后，成为热血青年的指导者，如何和同学们打成一团，做同学们的“朋友”等。该书可以说是民国时期教师生活的生动写照，尤其反映出致力于乡村教育改革或者新教育改革的教育实践。陈东原《中国妇女生活史》[③]，是一本研究女子生活史的拓荒之作，作者上启远古，下至五四，系统梳理了妇女的教育和生活状貌。生活史的研究已广泛应用到社会史、经济史等各领域。费孝通《江村经济：中国农民的生活》[④] 运用人类学的调查方法，对开弦弓村进行田野考察，分析乡村经济变迁的结构动力，揭示了农民的经济生活。王笛的《街头文化成都公共空间、下层民众与地方政治（1870－1930)》（商务印书馆 2013 年版），以及《茶馆：成都的公共生活和微观世界（1900－1950)》（社会科学文献出版社 2010 年版），两本著作都是从下层民众的生存状态入手，对近代中国的城市公共空间、日常生活和大众文化进行深入探讨，勾勒出一幅幅鲜活的历史画面。此外，还有胡俊修《“东方芝加哥”背后的庸常：民国中后期武汉下层民众日常生活研究（1927－1949)》[⑤]，以民国中后期的武汉下层民众为对象，描述出武汉普通民众的日常生活，这些普通民众包括街头小贩、家庭主

---

① 陆庄：《上海市小学教师课余生活之研究》，上海：大夏大学，1934 年印行。

② 戴自俺：《教师生活速写》，上海：亚东图书馆，1934 年版。

③ 陈东原：《中国妇女生活史》，上海：商务印书馆，1937 年版。

④ 费孝通：《江村经济：中国农民的生活》，北京：商务印书馆，2005 年版。

⑤ 胡俊修：《“东方芝加哥”背后的庸常：民国中后期武汉下层民众日常生活研究(1927－1949)》，武汉：华中师范大学博士学位论文，2007 年。

妇，在此基础上，考察了普通民众的日常交往及心态，揭开了“东方芝加哥”辉煌的另一个“日常生活的庸常”面相。近三十年以来，关于生活史的研究可以说是蜂拥而出、迭出不穷。研究领域广涉城市史、文化史、经济史等领域。生活史的研究范式、理论方法影响到了教育生活史领域。

国外生活史研究的现状。国外学者关于生活史的研究多从社会生活史学的角度切入。20 世纪初，美国便开启了生活史研究的探索。美国芝加哥学派的托马斯（W. I. Thomas）和兹纳涅茨基（F. Znaniecki）搜集了波兰移民所提供的自传式的账目、日记、信件，著成了《身处欧美的波兰农民》宏作，标志着生活史成为了一种真正的研究方法。法国埃马纽埃尔·勒华拉杜里的《蒙塔尤：1294—1324 年奥克西坦尼的一个山村》，以卑微、贫困的山村村民作为历史的主角，遥远闭塞的小山村成为社会大舞台，在微观视角下解剖普通人的日常生活和心理状态。英国的拉斐尔·萨缪尔的《乡村的生活与劳动》一书，考察了 19 世纪英国一些乡村地区乡民劳动的日常生活场景。美国学者阿瑟·史密斯（明恩溥）的《中国乡村生活》，从经济、文化、教育、宗教、风俗等方面，通过叙事的方式，生动展现了清末中国乡村生活的全景，其中包含乡村教育与科举应试等活动。

在教育领域，也出现了一批教育生活史的成果。近三十年以来，教育生活史的研究开始繁盛。加拿大学者许美德的《思想肖像：中国知名教育家的故事》[①] 以口述史的方式，展现了王承绪、李秉德、朱九思、潘懋元、谢希德、王逢贤、汪永铨、顾明远、鲁洁、刘佛年和叶澜 11 位中国教育家的职业生涯，不仅细致刻画了他们的成长历程、事业发展与学术贡献，而且生动再现了中国近百年来的政治、文化与社会变迁。蒋纯焦的《一个阶层的消失：晚清以降塾师研究》[②]，围绕塾师这一研究对象，以纵向的历史脉络展现了晚清新政时期、民国时期、新中国创立之后的不同时期塾师的生存面貌，进而

---

① ［加］许美德著：《思想肖像：中国知名教育家的故事》，周勇等译，北京：教育科学出版社，2008 年版。

② 蒋纯焦：《一个阶层的消失：晚清以降塾师研究》，上海：上海书店出版社，2007 年版。

透视塾师阶层在中国社会变迁的历史过程。刘云杉的《帝国权力实践下的教师生活形态：一个私塾教师的生活史研究》[1]，以清末塾师刘大鹏为个案，从《退想斋日记》介入，进行文本分析和资料考察，诠释出在科举废除前后的历史境况下，一位私塾教师所承受的来自文化、国家、社会层面的种种权力。虽然刘大鹏仅是塾师群体中的一个普通个体，但其教师生活史带有其时代的历史徽记。

最后，关于学生生活史方面的成果。学生群体是近代社会的重要群体对象，其生活也是社会生活的重要板块。早在19世纪末20世纪初，西方就有学者开始研究学生生活史。如J·罗柏的《1450年之前圣安德鲁斯的学生生活》、罗伯特·赖特的《中世纪大学的生活》[2]，都是西方关于学生生活史研究的代表作。近十多年来，我国关于学生生活史的研究不断问世。如瞿骏的《"没有晚清，何来五四之再思"：以"转型时代"（1895—1925）学生生活史为例》[3]，选取了晚清到五四几个主要时期，并以胡适、钱玄同、叶圣陶、顾颉刚等学生时代的生活为例，分析学生生活在急剧变迁的社会中的生活变化样态，以及他们的生活对时代走向的影响。另外，该作者的《辛亥革命与日常生活：以学堂学生与城市民众为例》（《开放时代》2009年第7期）则从革命叙事的角度，比较了革命对于学生和市民日常生活的影响。刘训华的《近代学生课堂生活的多维呈现》（《教育研究》2013年第9期）、《新式读书人的学习生活与社会交往：以清末浙江学生的回忆为中心》（《浙江社会科学》2011年第7期），对近代学生群体的课堂学习生活进行了生动描写，其著作

---

① 刘云杉：《帝国权力实践下的教师生活形态：一个私塾教师的生活史研究》，北京：教育科学出版社，2002年版。

② 转引自徐善伟：《中世纪欧洲大学生学习及生活费用的考察》，载《世界历史》2012年第1期。该文章对中世纪欧洲大学生的生活费、杂费、总费用进行估算，展现了当时大学生的花费情况以及日常生活状态。

③ 瞿骏：《"没有晚清，何来五四之再思"：以"转型时代"（1895—1925）学生生活史为例》，载《学术月刊》2009年第7期。

《困厄的美丽：大转局中的近代学生生活（1901—1949）》[①]，对20世纪上半期的学生生活进行了全面、细致、深入地描写，可以说是学生生活史的佳作。但美中不足之处就是作者对学生对象的选取，主要集中于大学生，对中学生和小学生观照较少。

近些年来，在华东师范大学丁钢教授的带领下，学生生活史的研究取得了丰硕成果。如张素玲《文化、性别与教育：1900—1930年代的中国女大学生》[②] 一书，主要描绘出女子教育生活的图景，包括教会大学、女高师的女子以及开女禁走进男性世界的女学生的心态历程和情感经历，展现出那个时代女大学生的风采。姜丽静的《历史的背影：一代女知识分子的教育记忆》[③]，选取北京女高师冯沅君、庐隐和程俊英为个案，通过对她们在大历史背后个人生活史的细致缕析和微观考察，寻觅出女性知识分子成长的特殊履迹及其心路历程。孙崇文的《学生生活图景：世俗内外的教育冲突》[④]，则是从教会大学的学生群体介入，从不同的生活层面勾勒抗战时期的教会学生生活，这些生活不仅包括正规的学习生活，也有带有民族觉醒的政治生活，以及基督教浸染下的宗教生活及丰富多彩的文娱生活等。通过这些不同侧面的生活描绘，改变了过去对基督教大学的刻板印象，展现出别样的基督教大学形象。

此外，美国汉学研究者叶文心的《民国时期大学校园文化》[⑤] 一书，以民国时期的清华大学、北京大学、交通大学、上海大学等为对象，分析了该时期的校园文化，而学生群体也成为校园文化的重要载体，书中涉及大学生的

---

① 刘训华：《困厄的美丽：大转局中的近代学生生活（1901—1949）》，武汉：华中科技大学出版社，2014年版。

② 张素玲：《文化、性别与教育：1900—1930年代的中国女大学生》，北京：教育科学出版社，2007年版。

③ 姜丽静：《历史的背影：一代女知识分子的教育记忆》，北京：教育科学出版社，2012年版。

④ 孙崇文：《学生生活图景：世俗内外的教育冲突》，北京：教育科学出版社，2008年版。

⑤ ［美］叶文心著：《民国时期大学校园文化》，冯夏根、胡少诚、田嵩燕等译，北京：中国人民大学出版社，2012年版。

生活状态。施扣柱的《青春飞扬：近代上海学生生活》①，以1843年上海开埠至1950年代100多年间上海城市社会中的学生群体生活为研究对象，叙述了以高、中等学校为主体的近代新式学堂学生的常态生活，包括以学为主的学业生活、从强迫到比较自觉的体育生活、富于情趣的日常生活等，同时探讨了乱世背景下平民子弟、外来子弟在上海学校中的生存状态。该书采取以事记人与以人记事相结合的叙事方式，力图在人、事交织的历史经纬中寻求近代上海学生生活的历史图景。傅国涌的《过去的中学》② 则向读者呈现了中学教育史的另一画面。该书并没有从学术史的角度梳理中学教育制度的历史嬗变，而是收集了47则回忆录，展现了过去异彩纷呈的中学生活图貌。读罢众多名人中学生活的回忆，令读者悠然神往。但该书主要是以中学生活的回忆片段为主，缺乏学理性思考与辨析。

"研究过去之事实，正所以为应付今日之事物。"③ 通过以上经纬两条线路的学术史梳理，可以总结出关于中学、学生史、生活史等相关研究的现状、特征，以及需要深化的区域。综合以上关于学生史、生活史等研究，可以发现以下几方面的表征：

首先，学生史的研究范式主要倾向于学生运动史、革命史，政治色彩相对浓重。在学生对象的择取上，主要以著名大学、留学生抑或文化精英为主，对普通学生的观照较少。有研究者指出："一般历史学著作中，则往往从运动、斗争的角度审视近代学生，学生形象主要在学潮、学运中成为主角。这些状况导致了学生在常态教育活动中的'被隐身'，在社会史、教育史页造成一大留白。"④

其次，随着生活史研究领域的广泛开拓，教育生活史的研究也出现一些成果，但相对于社会生活史、经济生活史、日常生活史等领域，其研究广度

---

① 施扣柱：《青春飞扬：近代上海学生生活》，上海：上海辞书出版社，2009年版。

② 傅国涌编：《过去的中学》，北京：同心出版社，2012年版。

③ 衡如：《新历史之精神》，载《东方杂志》1922年第19卷第11号。

④ 施扣柱：《青春飞扬：近代上海学生生活》，上海：上海辞书出版社，2009年版，第1页。

和深度都有待扩展和深入，尤其需要拓展学生生活史、学校生活的研究，“相当长一个时期以来，中国教育史的研究更为关注教育制度、教育思想和重要教育家的研究，学校个案研究也比较偏重校务管理、教材教法等，对学生群体的研究较少”。① 有学者指出私人②生活史研究忽略学校生活的研究。“既往的私人生活史对于校园未予以充分重视的一个原因大概是片面注重了学校作为现代的制度型教育机构的意义，而忽视了它同时也是某个年龄阶段的人们共同生活的场所。因此，它常常被压缩为教育史的统计数据，用来作为现代教育制度、受教育人数等问题的评价资料。换言之，人们研究的只是作为‘机构’的学校，而不是作为人们‘生活’一部分的‘校园’。”③

最后，学生生活史的研究近些年来取得了可观的成绩，涌现出诸多佳作。然而，纵观这些著作可以发现，学生生活史主要侧重于大学生的生活史，而对于中小学的研究则相对薄弱。之所以出现这种状态可能基于两方面因素：一方面，中学生的自身特点使然。相对于大学生而言，中学生处于青春期，身心各方面处于急剧发展和过渡的阶段，思想和行动表现出一定的轻率和稚嫩，而小学生尤甚，故而研究者较少关注处于过渡期的中学生群体。另一方面，大学生生活史的资料来源较多，也易于搜集和查阅，大学的校史、档案、校刊、回忆录等资料相对丰富易查。

（二）中学教育学术史研究

1. 1949 年前的中学教育研究。

中国古代传统的教育体系中，只有“小学”与“大学”之分，并没有现代“中学”的提法。从某种意义上讲，“中学”是受西方教育文化影响的产物。早在民国时期，已有零星关于中学教育的相关著文，但并没有中学教育

---

① 施扣柱：《青春飞扬：近代上海学生生活》，上海：上海辞书出版社，2009 年版，第 1 页。

② 依文章之意，私人主要指学生。

③ 姜进、李德英主编：《近代中国城市与大众文化》，北京：新星出版社，2008 年版，第 259 页。

史相关论著的出现。[①]

有关中学研究的学术专著。民国时期研究中学教育的学者，首当其推的是廖世承。他编写了《中学教育》一书，该书是第一本专门论述中学教育问题的著作。他在书的序中发表了编写该书的缘由："我国关于中学教育的讨论，尚没有刊行过什么书籍。研究的人，很少一种参考。"[②] 该论著分为两编，第一编专事讨论中学教育原理，第二编为中学教育行政及组织。在第一编中专设第七章"中学学生"，从中学生生理、心理、个性差异以及性教育方面展开论述。张文昌《中等教育》[③] 一书，是继廖世承所编写的《中学教育》之后，一本系统论述中学教育的著作。全书共分为十四章，分别对中等教育的意义、目标与功能、我国中等教育的沿革、欧洲苏俄国家的中等教育鸟瞰、中等教育与社会、高等教育的关系、中学生、课程、训育、课外活动、学业与就业、教师、校长、行政效率、经费等专题进行了细致分析。此外邰爽秋编著了《中学教育之理论与实际》[④]，该书收集了著名的教育研究专家的论文，包括廖世承、舒新城、郑西谷等人，分别就中学教育通论、目标、史略、学制、组织、人员、课程、训育、各国状况、重要法令进行论述。1949 年，袁伯樵的《中等教育》[⑤] 出版，该书论述了中等教育的功用、目的、范围和使命、学制、中等教育的演进历程、中等教育之学制、中等教育课程、行政，并设置了五章的内容专论中学生的情绪卫生、身体生长、个性发展等，是一本比较系统论述中等教育的专著。

有关中学研究的学术论文。除了专门论述中学教育、中等教育专著之外，一些关于中学教育的文章散见于期刊抑或资料汇编，如《中华教育界》、《教育杂志》、《新教育评论》、《中等教育》等都刊载了与中学相关的论文。舒新

---

① 笔者查阅《民国时期总书目》，并未发现有关中等教育史的相关著作。

② 廖世承：《中学教育》，上海：商务印书馆，1930 年版，第 1 页。

③ 张文昌：《中等教育》，北京：中华书局，1938 年版。

④ 邰爽秋等合撰：《中学教育之理论与实际》，上海：教育编译馆，1935 年版。

⑤ 袁伯樵：《中等教育》，上海：商务印书馆，1949 年版。

城关于中学教育的专论。他在《中国中学教育之分期》[①] 一文，把 1896—1926 年中学教育发展史分为七个时期。“第一期为中学启蒙期，第二期为建立学制统系期，第三期为清代教育积极推行期，第四期为文实分科期，第五期为民国教育革新期，第六期为添设工部注重职业教育期，第七期为三三制期，第八期为四二制期。”陆殿扬的《民国十年之中学教育》[②]，从选科制、女子中学教育机会、求知欲发达三方面概括民国十年来的中学教育特点与概况。林励儒、程时煃的《中国之中等教育》[③] 一文，从中等教育之宗旨、中等教育之学制、中等教育之课程、中等教育之教授法、中等教育之训育、中等教育之师资几方面梳理了中等教育嬗变的过程，时间主要集中在 1903—1922 年。吴自强的《二十年来中国之中学教育》[④] 从中学教育宗旨之变迁、治学制度之沿革、中学训导之趋势、中学毕业会考问题等方面评析中学教育发展概况。沈灌群的《我国中等教育之史的检讨》、曾毅夫的《近代中国中学课程变迁之史的研究》指出中学的历史变迁。中国的中学教育，胚胎于前清光绪二十三年盛宣怀创办之南洋公学，正式起源于光绪二十七年钦定学堂章程时，实行于光绪二十九年奏定学堂章程时。至宣统元年文实分科为一变，辛亥革命，取消文实分科注意普通陶冶又为一变，民六选科制度发生，至民国十一年新学制课程标准通过又为一变。中学课程也因中学教育之变迁划分为清末、民国两大阶段。[⑤] 1923 年，申报馆出版了《最近之五十年》[⑥] 纪念特刊，廖世承编写了《五十年来中国之中学教育》一文，在这篇文章中，他把中学教育发展史划分为两大时期，“自清光绪帝二十七年，钦定学堂章程至满清灭亡之日为第一时期，自民国元年至于今又为一时期”。他把这两大时期又具分为五个小的时期，并对每个时期的学校改革、学校统计、重大制度等进行详细总结陈

① 舒新城：《中国中学教育之分期》，载《新教育评论》1926 年第 3 卷第 3 期。

② 陆殿扬：《民国十年之中学教育》，载《新教育》1922 年第 4 卷第 2 期。

③ 林励儒、程时煃：《中国之中等教育》，载《北京高师周刊》1923 年第 192 期。

④ 吴自强：《二十年来中国之中学教育》，载《江西教育》1936 年第 22 期。

⑤ 邰爽秋等编：《教育参考资料选辑》第 7 辑，上海：教育编译馆，1935 年版，第 176 页。

⑥ 申报馆编：《最近之五十年》，上海：上海申报馆，1923 年版。

述。之后他发表了《三十五年来中国之中学教育》[①]，在这篇文章中，廖世承主要分析了三十五年来师范教育问题、职业教育问题、女子教育问题、课程问题、普及体育、训练公众民众习惯等。1935 年他发表了《十年来之中国中等教育》[②]，该论文从问题史的角度切入，从生产教育问题、教育宗旨问题、中学课程问题、中师合并问题等方面分析十年来中学面临的教育问题。

抗日战争爆发后，有一些学者对抗战以来的中学教育发展史进行概述。如李之鸥《抗战十年来中国的中学教育》[③]，该文主要以 1937—1947 年期间的十年为时间段，从中学教育的目标与方针、学制与设置、课程与教材、训育、设备、师资、学生生活等方面系统揭示十年来中学教育发展概况。朱有瓛的《抗战时期我国之中等教育》[④]，主要从教育目标、方针、课程、训育、师资等方面进行呈现。此外，1937 年以后，很多研究者以战时中学教育为题，分析抗战时期中学教育的性质、制度、课程等。[⑤]

由以上民国时期中学教育研究的文献可以发现，一方面，关于中学教育发展史的成果零散单薄，中学教育发展史的研究专著甚少，更多集中于论文的形式；另一方面，关于中学教育史的研究大多是以 10 年、20 年等短时期为时间段，对教育问题进行相关论述，并且多是从专题史的视角切入，如教育宗旨、教育制度、中学课程、中学教学、训育问题、教育问题、中学教育分期等。可以发现，这一时期中学教育问题的专题研究深入细致、有理有据，分析的同时多附以统计数据，但是更多集中于制度层面的解析，缺乏微观层

---

① 商务印书馆编：《最近三十五年之中国教育卷》上，上海：商务印书馆，1931 年版。

② 廖世承：《十年来之中国中等教育》，载《光华大学半月刊》1935 年第 3 卷第 9—10 期。

③ 李之鸥：《抗战十年来中国的中学教育》，载《中华教育界》复刊 1947 年第 1 卷第 5 期。

④ 朱有瓛：《抗战时期我国之中等教育》，载《学艺杂志》1947 年第 17 卷第 9 期。

⑤ 这些论文包括戴应观的《抗战期中的中学教育》，载《教育通讯周刊》1939 年第 2 卷第 27 期；沈灌群的《战时中学教育之检讨》，载《新政治》1939 年第 1 卷第 4 期；金以恭的《战时中学教育》，载《教育杂志》1938 年第 28 卷第 1 号；林本的《战后中国的中学教育》，载《教育杂志》1947 年第 322 卷第 1 号等。

面的描述。

2. 1949年以后的中学教育研究。

新中国成立之后，也出现了一些关于中学教育史的研究。如师唯三的《三年来的中学教育》① 一文，主要对1949—1951年以来中学教育发展概况进行陈述，但带有很强的政治色彩。新中国成立之后至改革开放之前，教育史的研究基本处于起步、开展、恢复的阶段，而高潮期集中在改革开放后至今。中国教育史的研究在这一时期呈现出百花齐放的繁况，断代史、专题史的研究成果不断涌现。纵观浩瀚繁多的研究成果可以发现，中学教育研究有多种路径，有的是对整体中学发展史的研究，有的是对个案中学史的研究，也有中学专题问题史的研究。

整体中学发展史的研究。王伦信的《清末民国时期中学教育研究》② 一书，对于中学教育的研究，可以说具有开拓性的作用。该书从清末民国时期中学教育制度的建立与演变、课程设置与实施、训育理论与实践及中学教育的发展状态等进行了系统考察。该书内容涵盖了中学教育理论和实践的基本问题，勾勒出清末民国中学教育的基本架构，并提出一些有益于当今中学教育改革的建议。因该书是开拓性的著作，故存在着一定局限。一方面，该书仅选取了几个专题作为研究的对象，对于教学、教材、管理等研究尚未涉及；另一方面，该书更多侧重宏观方面中学教育制度的梳理与分析，对于微观层面如训育制度、课程实施中师生的活动与反应没有呈现。此外，作者在该书研究的基础上，拓展了中学的相关研究领域。《新中国中学教育改革研究》③，对新中国之后的学制、课程、教师、高考等进行了研究。谢长法主编的《中国中学教育史》④，可以称为我国第一部比较全面的中学教育史专著。全书以"中学教育近代化"为线索，从中学的传入起笔，探讨民国时期中学教育曲折

---

① 师唯三：《三年来的中学教育》，载《人民教育》1953年第1期。

② 王伦信：《清末民国时期中学教育研究》，上海：华东师范大学出版社，2002年版，第2页。

③ 王伦信：《新中国中学教育改革研究》，上海：上海教育出版社，2008年版。

④ 谢长法：《中国中学教育史》，太原：山西教育出版社，2009版。

的发展、嬗变，就中学教育宗旨、中学教育体制、中学教育立法、中学“男女同学”，乃至中学的课程、教材、教学方法和教学管理等专题，作了全面分析说明，并对近代中国一些著名中学教育家的教育思想和实践影响也进行了剖析。刘虹、魏会茹的《近代中等教育的演进》①，对中等教育的发展进行了历史时态分析，梳理了从清末民初中等教育的奠基到五四前后中等教育的变革的发展历史，总结出近代学制演进的规律。叶健馨的《抗战前中等教育之研究（1928—1937）》② 一书，主要集中于训政时期中等教育发展史的研究，全书共分五章，分别论述了三民主义的教育宗旨、中等教育的整顿计划、中等教育的改革，其中改革部分细分为课程、学制的改造、教育经费、训育方法、科学教育、毕业会考等小专题，此外还有军训教育与体育运动、乡村师范与职业教育。此外，有卢红玲《民国早期中学教育研究（1912—1927）》③，从民国初年、五四新文化运动、1922 年学制改革三方面分析中学教育文实分科、分科选科、男女同学、学制改革等论题。李松丽《南京国民政府时期中学教育研究（1927—1949）》④，以 1927—1949 年为时间维度，分析了 22 年中的中学教育政策、学制、课程、师资、经费等，并总结出每一历史时期中学教育发展的得与失。

除了整本书专论中学教育史的著作外，一些断代史、通史当中也有部分章节论述中学教育的发展史。如李华兴的《民国教育史》⑤，在第四篇办学篇中专设一章“中等教育”，从纵向发展上，分析清末民初、五四前后、抗战前国民政府时期、抗战时期及战后中等教育发展和改革的状况。熊明安的《中

---

① 刘虹、魏会茹：《近代中等教育的演进》，载《教育评论》2002 年第 4 期。

② 叶健馨：《抗战前中国中等教育之研究（1928—1937）》，台北：文史哲出版社，1982 年版。

③ 卢红玲：《民国早期中学教育研究（1912—1927）》，保定：河北大学硕士学位论文，2006 年。

④ 李松丽：《南京国民政府时期中学教育研究（1927—1949）》，保定：河北大学硕士学位论文，2006 年。

⑤ 李华兴主编：《民国教育史》，上海：上海教育出版社，1997 年版。

华民国教育史》[1]，把民国教育史分为南京临时政府时期、北洋军阀政府时期、国民党政府时期几个阶段，每个阶段中都专设部分章节论述中等教育的概况。在相关教育通史中，也有少量关于民国中学教育的研究。[2] 这些著作中关于中学教育的论述，由于篇幅所限，对民国时期教育发展概况，抑或某些制度仅进行了扼要介绍，并未深入展开，如对某项中学制度学校实施的过程、落实的程度、师生的反应等涉及较少。

个案中学、教育家办学的研究。人民教育出版社出版了中国名校丛书，选取了20世纪二三十年代的著名中学，对这些中学进行了全面系统地描写。该套丛书选取了北京师大附中、北京四中、天津市南开中学、上海市大同中学、江苏省扬州中学、南京师大附中、南京市金陵中学、浙江省春晖中学、厦门市集美中学、湖南省长沙一中、广东省广雅中学、成都市石室中学。该套丛书全面记述了这些中学办学的指导思想、规章制度、课程教材教法、教育教学活动、师资状况、组织机构、经费设备、学生活动等，兼用学校档案资料与学生回忆材料，生动活泼地反映了这些中学办学的基本特点和主要经验。该套丛书可以说是中学研究的系统性成果。但由于侧重于校史研究，更多的是对每一历史时期的梳理，对具体微观的教育活动呈现较少，仅是学生碎片化的回忆，内容呈现较为单薄简易，缺乏深入日常教育问题的研究。教育家中学教育思想的研究主要集中于廖世承、张伯苓、舒新城、经亨颐等著名的教育家，而这些著名教育思想家的研究多以硕士论文为主，主要以华东

---

① 熊明安:《中华民国教育史》，重庆：重庆出版社，1997年版。

② 于述胜著的《中国教育制度通史》第7卷（山东教育出版社，2000年版），在第三章三民主义教育制度中分设一节，论述中学教育制度，其中包括中学的教育目标、课程设置、会考制度、师生管理、训育以及实施中的问题等内容。毛礼锐、沈灌群等主编的《中国教育通史》第4、5卷（山东教育出版社，1988年版），田正平主编的《中国教育思想通史（1911—1927）》第6卷（湖南教育出版社，1994年版），董宝良、陈桂生、熊贤君主编的《中国教育思想通史（1927—1949）》第7卷（湖南教育出版社，1994年版）等著作也有关于中学教育的相关分析内容。

师大、西南大学、河北大学等硕士生为主。[1] 沈晴的《民国时期著名中学的办学实践》[2] 主要选择了天津南开中学和上海南洋模范中学两个实例，研究民国时期的著名中学办学实践状况，其中具体论述了如何解决德育中的"成德之教"与"求真之学"的矛盾。对苏州中学的研究主要有周勇的《江南名校的中国文化研究》[3]，在该书的第三章，作者主要考察了苏州中学钱穆、吕思勉等学界名流在苏州中学所进行的教育教学活动。此外，文梅的《私立明德中学办学实践及对近代湖南的影响》（湖南师范大学 2011 年硕士学位论文），选取了私立明德中学为研究对象，论述了该校的办学活动以及这些活动对湖南教育的影响。纵观这些论文，有的是对著名教育家开办的中学进行研究，包括南开中学、春晖中学、苏州中学、东大附中等，有的是对教育家中学教育思想进行探究。

区域中学史的研究。很多研究者选定某一区域的中学作为研究对象，如上海的普通中学、江西的中等教育、武汉的中学、北京的中学、山东的中学等等。如朱怡华的《试论上海近代普通中等教育的兴起》（上、下）[4]，对上海近代普通中学兴起的历史背景、发展历程及特点进行阐述。王运明的《1928

① 王利霞的《廖世承中学教育思想初探》（西南大学 2009 年硕士学位论文）一文，对廖世承中学教育思想的本体内容进行探源，并分析廖世承中学教育思想形成的成因和影响。李秀君的《廖世承的中学办学实践与思想研究》（华东师范大学 2013 年硕士学位论文），则以廖世承任职的东大附中及上海光华附属中学两所中学的办学实践为线索，总结其教育思想和经验。此外，还包括陈晗的《舒新城中学教育思想研究》（河北大学 2007 年硕士学位论文），刘彦君的《张伯苓中学办学理念初探》（重庆师范大学 2010 年硕士学位论文），李媛媛的《经亨颐和春晖中学："纯正教育"思想观照下的办学实践》（华东师范大学 2011 年硕士学位论文），吴战利的《蔡元培中学教育思想述论》（华中师范大学 2003 年硕士学位论文）等。

② 沈晴：《民国时期著名中学的办学实践》，上海：华东师范大学硕士学位论文，2004 年。

③ 周勇：《江南名校的中国文化研究》，北京：教育科学出版社，2008 年版。

④ 朱怡华：《试论上海近代普通中等教育的兴起》（上、下），载《上海教育科研》1993 年第 4—5 期。

—1937年山东中等教育研究》[①]，论文分析了山东中等教育发展的背景、概况、中等教育改革和发展、教育经费、学制、课程、师资及教学，并总结该时期山东中等教育发展的特点、取得的成绩以及存在的问题等。此外，黄新宪对台湾中等教育发展状况进行了研究。林瑞华的《江西近代中等教育发展概述》[②] 对江西20世纪前50年的中等教育发展概况进行了缕析，并分析中等教育发展状况出现的原因。常静的《南京国民政府时期的武汉中学教师研究（1927—1937）》[③] 一文，对南京国民政府时期湖北省武汉中学教育的发展状况进行了论述，并对武汉中学的师资、教师的工作和待遇、教师的政治生活等展开了细致分析。除此之外，还括北京、河南、贵州等中学的研究。[④]

中学课程、教学史的研究。课程改革一直以来都是教育改革的重要内容，相应探讨民国时期中学课程改革的成果不断涌现。最具代表性的是吕达的《课程史论》[⑤]，该书以近代普通中学课程发展为线索，通过不同时期的纵向比较和不同国别的横向比较，反映出中国教育近代化的缩影，并阐明学校课程变革与经济和社会发展的辩证关系，进而以史为镜，提出了当代课程改革的探索性构想。也有部分学者专研民国时期某一年度中学课程改革，如曲铁华、周晓红、熊梅的《1932：中国普通高中课程改革》[⑥]，对1932年高中课程改革进行深入剖析，并提出对当今课改的启示。曲铁华的《试论一九一二年普通

---

① 王运明：《1928—1937年山东中等教育研究》，北京：首都师范大学博士学位论文，2011年。

② 林瑞华：《江西近代中等教育发展概述》，载《江西教育科学》1999年第3期。

③ 常静：《南京国民政府时期的武汉中学教师研究（1927—1937）》，武汉：华中师范大学硕士学位论文，2009年。

④ 王艳的《1912—1927年北京地区的中学教育研究》（首都师范大学2007年硕士学位论文），讨论了北洋政府时期北京地区的中学教育发展概况，进一步分析现代中学教育体制在北京地区的逐步确立与初步发展的历程。此外，还包括张百顺的《河南省中学教育研究（1927—1937）》（河南大学2012年硕士学位论文），娄述之的《民国时期贵州私立中学考略》（贵州文史丛刊1988年第2期）等研究，在此不再一一赘述。

⑤ 吕达：《课程史论》，北京：人民教育出版社，1999年版。

⑥ 曲铁华、周晓红、熊梅：《1932：中国普通高中课程改革》，载《教育评论》1994年第6期。

中学的课程改革》[①]，分析了1922年课程改革实施的背景、具体课程改革的内容、改革存在的问题，提出了对当今课改的启示。在东北师范大学曲铁华的带领下，出现了一些研究民国时期中学课程的学位论文，这些论文曾对清末民初、民国时期普通中学课程改革和实施做了细致研究。此外，田忠梅的《〈教育杂志〉与民国二三十年代中学课程改革研究》(内蒙古师范大学硕士学位论文2010年)，则以《教育杂志》这本刊物为对象，梳理了二三十年代中学课程改革的研究。以上这些论文主要梳理清末民国时期中学课程设置的背景、改革的方式和内容、具体实施等，对民国时期中学课程进行了较为深入的研究，并提出了对现实课改具有指导意义的建议。熊明安的《中国近现代教学改革史》[②] 一书，分别就民国时期的中学课程改革、教学改革试验进行了简述。熊明安、周洪宇主编的《中国近现代教育实验史》（山东教育出版社2001年版)，也论述了相关中学的教育实验。此外，也出现了一些中学学科教育史的成果。[③]

中学教师和中学生的研究。许妍的《1927－1937年河南教师群体研究》(河南大学2008年硕士学位论文）对中学教师的来源、学历结构及分布状况、学校活动、社会活动和工资水平、生存状况进行了粗略介绍。陈光春的博士学位论文《制度生成与实践失范：民国时期中学教师管理制度研究（1912－1949)》[④]，对民国时期中学教师的基本状况、任用管理制度、审定检定制度、培训进修制度、薪给待遇制度、养老抚恤制度进行了深入的分析，是民国时期中学教师制度比较系统的著作，但该书更多倾向于制度层面的解析，对制

---

① 曲铁华：《试论一九一二年普通中学的课程改革》，载《外国教育研究》1994年第6期。

② 熊明安主编：《中国近现代教学改革史》，重庆：重庆出版社，1999年版。

③ 魏庚人的《中国中学数学教育史》(人民教育出版社1997年版)，周星星的《民国中学物理教科书内容演变研究（1912－1937)》(浙江师范大学2012年硕士学位论文)，王伦信的《近代中小学科学教育史》（科学普及出版社2007年版)，分两个时期对中小学的科学教育进行缕析，并重点阐释了推士来华活动以及对中小学科学教育改革的影响。

④ 陈光春：《制度生成与实践失范：民国时期中学教师管理制度研究（1912－1949)》，武汉：华中师范大学博士学位论文，2012年。

度下教师生活的生态景象涉入较少。张明武的《经济独立于生活变迁：民国时期武汉教师薪俸及生活状况研究》①，对民国时期教师薪俸制度的形成与演变、教师的经济状况、教师薪俸制度的内部效应、外部环境进行了深入剖析，进而探寻近代教师薪俸制度的近代化走向，并为当前我国教师工资制度改革提供借鉴和启示。中学生方面，出现了一些对中学生问题、中学生管理等方面的研究。邱锐的《中学生出路与国民政府教育改革（1930－1937）》②，对该时期中学生出路的问题进行了揭示，并分析了中学生出路与国民政府教育改革之间的关系，该文是从小的教育问题窥探教育变革的成功尝试。杨国山的《路在何方：抗战前中学生出路探析》③ 一文，呈现了抗战前中学生出路的基本概况，并对无出路的影响、无出路的原因进行了分析。戴靖的《南京国民政府时期普通中学学生管理变革问题（1927－1949）》（南京师范大学 2012 年硕士学位论文），陈先福的《南京国民政府统治时期对私立中学的管理及其现代启示》（江西师范大学 2004 年硕士学位论文）对中学生管理进行了较为细致的论述。

除以上专题的研究之外，还有研究者从宏观层面上对中学教育思想进行研究。如李银慧的《中国近代中学教育思想研究》④，从教育思想史的视角对近代中学进行了系统梳理与阐释。包括中学教育思想产生的历史进程、中西来源，并对民初、五四、国民政府几个时期的中学教育的目的、学制、课程、教学、训育等方面进行剖析。民国时期中学的相关研究，不仅包括以上所列专题，还涉及教育的其他方面，如国文教育、公民教育等，在此不一一列举。

纵观以上中学研究的相关文献梳理，可以说，对民国时期中学的研究已取得丰硕成果，对中学的很多专题都有涉猎，西方有学者指出：“从 20 世纪

---

① 张明武：《经济独立与生活变迁：民国时期武汉教师薪俸及生活状况研究》，武汉：华中科技大学出版社，2012 年版。

② 邱锐：《中学生出路与国民政府教育改革（1930－1937）》，武汉：华中师范大学硕士学位论文，2006 年。

③ 杨国山：《路在何方：抗战前中学生出路探析》，载《华东师范大学学报》（教育科学版）2014 年第 1 期。

④ 李银慧：《中国近代中学教育思想研究》，重庆：西南大学博士学位论文，2013 年。

80 年代以来，出现了对一向被认为是‘非主流’的机构包括，中等和中等后水平的技术学院、国家制度外的学校教育。”① 但是，相对于高等教育、初等教育的研究，中学教育的关注相对弱化，还有待深化加强。孙培青先生指出当前中学教育的研究现状：“近年来，在教育界有关专家和学者的努力下，关于中国近现代中学教育的研究已经取得了一些可喜的成果。但与一些邻近的领域如高等教育、职业教育等的研究相比，中学教育制度的研究还显得较为薄弱。”② 通过以上文献梳理不难发现两大特征：一方面，更多论作聚焦于宏观维度上的中学教育政策和制度的研究，如中学学制的变迁、中学课程设置的演变、中学教师制度的流变等，对微观视域下的中学师生活动探求较少；另一方面，在研究对象的采择上，研究者更偏好于著名中学，如南开中学、北师大附中、春晖中学、东大附中、扬州中学等，对普通中学的观照较少。但是，这些著名中学相对于当时全国中学而言，仅是冰山一角，倘若全面呈现当时中学状况全貌，普通中学的研究不能避之。

四、研究理论与研究方法

（一）研究理论

以日常生活理论为主线。19 世纪末 20 世纪初，西方一些学者不约而同地把研究视野由外在自然转向了日常生活世界，抑或说开始解构理性的科学主义，胡塞尔、维特根斯坦、海德格尔、赫勒等许多理论家推动了这一转向。赫勒把日常生活定义为，“那些同时使社会再生产成为可能的个体再生产要素的集合”。同时，“日常生活存在于每一个社会之中，每个人无论在社会劳动分工中所占据的地位如何，都有自己的日常生活。在个体的层面上，日常生活一般地描绘着现存社会的再生产；它一方面描绘着自然的社会化，另一方

① ［瑞士］S·马克隆德著：《教育大百科全书：教育人类学》，张斌贤译审，重庆：西南师范大学出版社，2011 年版，第 22 页。

② 王伦信：《清末民国时期中学教育研究》，上海：华东师范大学出版社，2002 年版，第 2 页。

面描绘着自然的人化的程度和方式。”[①] 或者可以理解为，日常生活是“个体社会化”、“社会个体化”的目标。正如卢卡奇指出的，人的文化生命创造始于日常生活，并回归于日常生活。“尽管日常生活几乎总显得特别纷乱和毫无方向，但体现在实践和意识形态之中的社会性，却只有在日常生活当中才能逐渐成熟起来。”[②] 衣俊卿把日常生活定义为，“日常生活是以个人的家庭、天然共同体等直接环境为基本寓所，旨在维持个体生存和再生产的日常消费活动、日常交往活动和日常观念活动的总称，它是一个以重复性思维和重复性实践为基本存在方式，凭借传统、习惯、经验，以及血缘和天然情感等文化因素而加以维系的自在的类本质对象化领域。”[③] 学生作为一个独特的社会个体存在，因日常生活环境的特殊性，其生活也具有一定的特质性。尤其是处于青春期的中学生，因大部分学生寄宿于学校，学校环境为基本的生活寓所，所以学校的日常生活成为其生活的主旋律，即“自在性”与“自为性”的各种活动。

此外，受胡塞尔现象学的影响，日常生活方法理论应运而生。H·加芬克尔则是该理论派的代表。日常生活方法理论的观点：社会现实是存在于日常生活世界里的动态的、变化的东西。每一个人不但是建构社会现实的参与者，而且还是影响、修改或改变社会现实的参与者。社会现实是一种互动活动。也就是说，社会现实并不是既存的外在的东西，它的存在有赖于参与者与建构者之间永无止境的社会互动。[④] 换言之，社会互动一旦停止或消失，社会现实也就不复存在。日常生活方法论的理论有助于解读中学生对社会变迁的影响和作用。

社会角色理论贯穿其中。角色（role）本指演员在戏剧舞台上按照剧本规

---

① ［匈］阿格妮丝·赫勒著：《日常生活》，衣俊卿译，哈尔滨：黑龙江大学出版社，2010年版，第3—4页。

② ［匈］G·卢卡奇著，［德］本泽勒编，白锡堃、张西平、张秋零等译：《关于社会存在的本体论》（下），重庆：重庆出版社，1993年版，第643页。

③ 衣俊卿：《现代化与日常生活批判》，北京：人民出版社，2005年版，第31页。

④ 周晓虹主编：《现代西方社会心理学流派》，南京：南京大学出版社，1990年版，第212页。

定所扮演的某一特定人物的专门术语。英国戏剧家莎士比亚在《人间喜剧》中道出了这种观点："全世界是一个舞台，所有的男人女人都是演员。他们有各自的进口与出口，一个人在一生中扮演许多角色。"从社会学的角度而言，人类社会好比是一个天然舞台，人类活动犹如一幕幕社会剧，人们在这些社会剧中扮演各自的角色。20 世纪 20 年代，美国社会学芝加哥学派开始借用角色概念研究社会结构。1934 年，美国社会心理学家、符号互动论的创始人米德（Mead）将它引入社会心理的研究中，之后，莫雷诺（Mereno）、林顿（Linton）丰富和发展了角色理论，他们思想的核心是将"角色"作为观察人的一个重要视角，从此，"角色"逐渐成为社会学和心理学的重要概念。角色理论关于角色的基本观点：个人占据社会中的某个位置。他们在这些位置上的角色行为由以下因素决定：社会规范的要求；在相应位置上他人的角色行为；那些观察他们行为并作出反应的人；个体特定的能力和人格；社会"脚本"的限制性。[①] 乔纳森·H. 特纳（Jonathan H. Turner）在《社会学理论的结构》中将角色理论分为结构角色理论和过程角色理论。结构角色理论以角色在社会结构中所处的位置为出发点，研究角色的行为、社会对角色的期望、角色所面临的冲突以及角色与社会的关系等内容。特纳指出："结构角色理论家们认为，社会是一个由各种各样的相互联系的位置或地位组成的网络，其中个体在这个系统中扮演各自的角色。对于每一种，每一群，每一类地位，都能区分出各种不同的有关如何承担义务的期望。因此，社会组织最终是由各种不同地位和期望的网络所组成的。"[②] 过程角色理论以社会互动作为基本出发点，围绕互动中的角色扮演过程展开对角色扮演、角色期望、角色冲突与角色紧张等问题的研究。笔者在运用角色理论分析时，博采两者的相关分析理论和相关概念，如米德的"角色扮演"，戈夫曼的"印象整饰"、"拟剧理论"，库利的"镜中我"等概念和理论。

---

① 秦启文、周永康：《角色学导论》，北京：中国社会科学出版社，2011 年版，第 3 页。

② ［美］乔纳森·特纳著：《社会学理论的结构》，吴曲辉等译，杭州：浙江人民出版社，1987 年版，第 431 页。

为了透析学生生活的现象与本质，在运用翔实史料描绘出形象生活场景之外，适当采用其他学科的相关理论来作为工具分析生活的现象。笔者借鉴了社会学的文化变迁理论，分析近代社会流变下的中学生生活轨迹；借鉴组织学的相关理论分析学生课外的社团活动；借鉴社会心理学的同辈文化群体理论分析同学间的情感；借鉴组织行为学的冲突理论解读学生间的竞争；借鉴博弈论的“枪手博弈”模型分析学生的“罢考”行为；依据传播学的媒介依赖理论，解读中学生“受众”群体所发挥的桥梁作用；用“现代化理论”分析学生改良社会的先锋作用；等等。此外，笔者运用了心理学的相关知识分析青春期的叛逆少年。总之，以“内容决定分析工具”为指向，力图对民国时期中学生生活进行深层次、多层面的解读。

（二）研究方法

“历史学家通常不仅关心再现真正发生的事件，而且也关心方法的重新创造。”① 换言之，教育史的研究，不仅要观照教育历史事件，也需重视研究方法的选择。本研究主要以问题意识为导向，采用“视情而定”的方法论，采取“善序事理”的叙事方式。在具体的研究过程中，以社会史、行为史、心理史为主，其他为辅；社会变迁以社会史方法为主；活动和心理以行为史、心理史为主，其他视对象而定。具体采用以下方法：

1. 文献分析法。

史料是进行历史研究的根基。没有史料就没有历史，没有史料就像加工厂没有加工原料一样，加工不出任何产品，俗语“巧妇难为无米之炊”亦是其意的通俗性表达。卡尔指出：“历史研究的过程就是历史学家与他的事实之间不断互动的过程。没有史实的历史学家将失去立足点、无用武之地。而失去历史学家的事实是僵死的和无意义的。”② 因此，应高度重视史料的收集工作，尽量运用科学的方法和途径去获得有价值的史料，争取对相关的材料一

---

① ［法］安多旺·莱昂著：《当代教育史》，樊慧英、张斌贤译，北京：光明日报出版社，1989 版，第 49 页。

② 杨豫、胡成：《历史学的思想和方法》，南京：南京大学出版社，1999 年版，第 211 页。

网打尽，避免在史学研究中出现挂一漏万的现象，因为“不能全面掌握材料而轻下断语是很危险的，往往有因一条重要材料的遗漏而置人于尴尬之境的事情”。① 本书主要借助于民国时期的档案资料、报刊、专著、回忆录、传记等，坚持让史料说话的原则，通过分析大量文献来形成基本观点，并力图逼近民国时期中学生的生活样态。

2. 教育叙事法。

长期以来，历史研究的表达方式主要是语言分析，而叙事语言的转向则是在西方哲学发生研究风格转变的基础上形成的。20 世纪六七十年代，美国的历史哲学家海登·怀特促成了这种语言方式的转变。他认为：“历史是以叙事散文话语为形式的语言结构。”② 彭刚则指出叙事与分析不同，它将特定的事情按照逻辑顺序纳入被阅读者理解和接受的语言结构中，这样的叙事方式，等同于“讲故事”。③ 正如一句西方史家名言所写：“你绝对不必写出很枯燥的文章来证明你是一位史家，优美的叙事是历史著作的防腐剂。”此语道出了叙事对于历史写作的重要性。克罗齐的著名格言“没有叙事，就没有历史”，意即“只有真实的故事被确定下来并被讲述出来之后，才能够去阐释一些具有特殊历史本质的东西”。④ 近些年来，我国很多学者尝试运用教育叙事的研究方法。华东师大丁钢指出教育叙事的重要意义：

> 教育叙事是为了接近在中国教育时/空间里发生的各种“真相”。因为在其中，有着各式各样的人物、思想、声音与经验，它们会聚在一起，构成了等待我们去考察的教育事件，而这些事件的流动性及其复杂的意义常常只有通过叙事方式才能表达出来，尤其是事件中的个人的“生命

---

① 李振宏：《历史学的理论与方法》，开封：河南大学出版社，1999 年版，第 567 页。

② White，Hayden. *Metahistory*：*The History Imagination in Nineteenth-Century Europe*. *Baltimore & London*：The Johns Hopkins University Press，1973：1.

③ 彭刚：《叙事的转向：当代西方史学理论的考察》，北京：北京大学出版社，2009 年版，第 2 页。

④ ［美］海登·怀特著：《形式的内容：叙事话语与历史再现》，董立河译，北京：文津出版社，2005 年版，第 37 页。

颤动”的揭示。①

叙事研究相对于“话语分析”而言，具有可读性强、受众面广、切入史境的特点。王笛指出，一方面，“叙事倾向是力图把复杂的问题分析得简单易懂，力图以比较明了、直接、清楚的方式来阐释自己的观点，其目的不仅使本领域的专家，而且其他领域的学者，甚至大众读者都能读懂，而且喜欢看下去”；另一方面，“叙事方法是力图把读者引导进入‘事件’内部，让他们‘身临其境’来对‘事件’进行观察”。② 本研究试图尝试运用叙事史的方法，呈现一幅幅生动的学生生活史的画面，希冀使文本更加“平易近人”。在运用教育叙事的过程中，引用格尔兹的“深度描述”③ 法。对学生生活史的具体情节进行深层次、多维度描写，进而分析出学生的情感经历、个人成长等变化。力图实现邓金所追求的学术目标，“搜寻人们的日常生活故事，倾听他们的喜怒哀乐，体会他们的成功，理解他们曾经有过的创伤、恐惧、焦虑、梦想与希望。想让更多的人知道这些平凡却意义丰富的故事”。④

3. 心理分析法。

“心理史学是历史学与心理学嫁接而产生的一门新学科，它借助于心理学

---

① 丁钢：《声音与经验：教育叙事探究》，北京：教育科学出版社，2008年版，第15页。

② 王笛著：《街头文化：成都公共空间、下层民众与地方政治》，李德英、谢继华、邓丽，译，北京：商务印书馆，2013年版，第4页。

③ 深度描述主要是由美国文化人类学家克利福德·吉尔兹提出。吉尔兹从英国哲学家伯特·莱尔那里借用的术语，指一种对意义的无穷无尽的分层次和深入描述，研究者在大量占有调查资料的前提下，通过现代人的历史想象，为某一特定区域的文化构筑出一幅解释性的图景，并力图从细小但结构密集的事实中引出重大结论。［美］克利福德·格尔茨著：《文化的解释》，韩莉译，南京：译林出版社1999年版，第7—8页。吉尔兹的《深奥的游戏：关于巴厘岛斗鸡的记述》一文，把“深度描述”付诸实践。他通过对巴厘人斗鸡活动的层层分析，揭示了巴厘人特有的意义体系和文化内涵。他认为斗鸡反映了巴厘人变动不居的时间观、重视社会威望的心理和复杂矛盾的性格。王学典：《史学引论》，北京：北京大学出版社，2008年版，第321页。

④ ［美］诺曼·邓金著：《解释性交往行动主义：个人经历的叙事、倾听与理解》，周勇译，重庆：重庆大学出版社，2004年版，第7页。

的理论与方法来探索人类过去的种种行为进而更全面与更深刻地阐明人类历史发展的客观进程。”① 这种方法为分析历史人物的个性形成及行为的产生等方面开拓了一条新的研究途径，有助于从不同的侧面、不同角度再现历史本来面貌。由于本研究重在探究教育主体“中学生”的生活史，有必要分析中学生学习、娱乐、参政等方面的心态历程。而中学生由于生理和心理方面的特殊性，在个人成长、思想转变、情感变化、性格塑造等方面，都表现出不同于成熟的大学生群体、单纯的小学生的特征和变化。这种心理变化的历程是有别于文字记载的书面史，是另外一种无形的精神史。

> 在有记载的历史表面之下存在着不间断的日常生活之流，就像现代音乐会的基础低音一样，不断地按节奏重复奏出一个低沉的音节。在这个节奏之上，人们可以听到千变万化的历史事件的美妙旋律。在史料的书面语言之下也隐藏着另一种语言，即在日常生活中使用的但被忘却掉的那种语言。在有意识的和有记载的历史之下还存在一个无意识的——或下意识的——历史，这个历史没有被记载。在喧闹的市场和政治舞台背后也存在着一种寂静的生活，它无时不在。②

同时，本研究力图将置身于社会、文化、教育网络中的学生个体与他们的思想和行动结合起来，揭示个体、团体与社会之间的相互渗透、相互影响的复杂纠葛关系。“每个人都是自己，但看起来又和另一些人相似……解释性研究试图揭示个人生活中的普遍与特殊、私人困境与公共一体之间的复杂作用关系。”③ 运用心理学解释史料，可以更清晰透彻地厘清历史事件的复杂关系。“人们应当从心理分析学的角度来考察这些史料，……然后，弄清楚那些

---

① 张广智：《西方史学史》，上海：复旦大学出版社，2010 年版，第 329 页。

② ［英］杰弗里·巴勒克拉夫著：《当代史学主要趋势》，杨豫译，上海：上海译文出版社，1987 年版，第 107 页。

③ ［美］诺曼·邓金著：《解释性交往行动主义：个人经历的叙事、倾听与理解》，周勇译，重庆：重庆大学出版社，2004 年版，第 44 页

显然属于偶然性的事实和那些在过去没有被放在应有地位上的事实之间的关系。”因为“心理学既不是历史学的替代物，也不是在外表上为克莱奥梳妆打扮的化妆品，而是历史解释中的一个有意义的内在组成部分”。[①] 本研究试图借鉴心理学的相关理论和方法来分析和解释学生的内心世界。

4. 比较研究法。

所谓比较研究法，就是通过对历史研究对象的比较对照，分析异同，认识本质，从而揭示共同规律和特殊规律的一种方法。然而，无论是以时间范畴来划分的共时态与历时态的比较，还是以空间范畴来划分的宏观比较、中观比较和微观比较，它都应具备这样一些条件，对要进行比较研究的双方或各方，要有一定的了解与研究，应透过现象、揭示本质，“能看出异中之同和同中之异”。[②] 马克思说过：“极为相似的事情，但在不同的历史环境中出现就引起了完全不同的结果。如果把这些发展过程中的每一个都分别加以研究，然后再把它们加以比较，我们就会很容易地找到理解这种现象的钥匙。”[③] 民国时期中学生生活的比较研究，从纵向上，与清末中学堂的生活相比照，试图探索出学堂生活与学校生活的异同之处，不仅可以窥见教育制度的嬗变历程，也可以看出教育变革对学生的影响；从横向上，与亚、欧美等国家的中学生进行对比，从相同历史时期不同国别的学生生活的样态中，不仅可以发现世界教育变革的历史动脉，也可以总结出在大的时代环境下，我国教育改革的走向以及学生生活所带有的具体时代徽记。

5. 个案研究法。

个案研究是指对某一对象、事件或某个人进行深入、系统的研究。个案研究具有独特性、全面性、代表性的特征。为了深入细致展现学生生活史的状貌，选取具有代表性的中学或者学生个体。本研究拟选用的个案中学，既

---

① ［英］杰弗里·巴勒克拉夫著：《当代史学主要趋势》，杨豫译，上海：上海译文出版社，1987年版，第112—113页。

② ［德］黑格尔著：《小逻辑》，贺麟译，北京：商务印书馆，1980年版，第253页。

③ ［德］马克思、恩格斯：《马克思恩格斯全集》第19卷，北京：人民出版社，1963年版，第131页。

包括著名的南开中学、春晖中学、扬州中学、北师大附中、苏州中学等，也涵盖一些普通中学；既有普通的教会中学、女子中学，也有基层的县立中学。学生个体的选择，既有完全经历中学堂生活的胡适、叶圣陶等人，也包括经历了中学堂和中学校生活的茅盾、郭沫若等人，同时也有完全接受中学校生活的季羡林、孙犁、钱学森、汪曾祺等个体。通过展示这些微观个案的真实生活状况，勾勒出当时中学的整体图况，窥探出大历史环境中中学生生存与延续的曲折轨迹。

第一章　近代历史变迁中的中学生

随着西方列强坚船利炮的入侵，近代中国社会从政治、经济到文化、教育开始发生被动的渐变与质变。这种变革与迁动，甚至是全方位的，牵动着整个古老大国的躯体，不仅引发体形感官的变形，而且导致机体功能的转变，甚至影响毛细血管的变化。这一时期正在经历着一场脱胎换骨式的历史变迁，其中文化教育的变革也成为一股不可阻挡的历史潮流。一方面，在欧风美雨的冲刷下发生了质的变化，其中，中学教育首次在中国萌生并定制；另一方面，悠久的中华文化也在与西方文化碰撞与冲突中开始融合，从而使中国文化进入了剧烈的转型时期。诚如陈寅恪先生所言：“盖今日之赤县神州值数千年未有之巨劫奇变。”① 中学生作为“中坚”力量，开始登上了教育历史的舞台。在教育制度的变革及文化变迁的过程中，中学生的生活也打上了强烈历史变迁的印记。基于历史变迁的视角，探源与呈现中学教育的主体对象“中学生”的生活迹象，可以发现政治、文化与教育的互联、互约、互进的复杂关系。

---

① 陈美延、陈流求编：《陈寅恪诗集》，北京：清华大学出版社，1993 年版，第 11 页。

第一节　制度的变迁：中学教育的历史嬗变

“中学教育”的发展经历了一个从思想的引入，制度的萌芽、定制，以及数次教育制度的探索与变革，最终形成了比较完备的中学教育体制的变迁过程。追本溯源，这一变迁过程的源头始于近代“向西方学习”的洪潮，自此发轫，中学教育开始了数次迭变。

一、中学教育的萌芽

中国古代学校系统中，只有“小学”与“大学”之分，并无“中学”之设置。如《尚书》中载“古之帝王者必立大学小学”。《礼记·王制》云：“有虞氏养国老于上庠，养庶老于下庠；夏后氏养国老于东序，养庶老于西序；殷人养国老于右学，养庶老于左学；周人养国老于东胶，养庶老于虞庠。”根据郑康成注：“上庠右学大学也；下庠左学小学也。东序东胶亦大学，西序虞庠亦小学。”从以上古代文献记载可以得知，古代只有小学大学而独无中学，可以说“中学”实属近代之产物。中学教育的萌芽阶段主要表现在“中学”思想观念的引入，以及中学制度的初步探索。

（一）西方国家中学教育的介绍

中学教育的引介，主要来源于两条渠道，第一条通过西方传教士介绍西方学校教育制度，进而打开中国了解西方教育的一扇窗口；另一条通过国内派遣使节出使西方各国，凭借所见所闻，记录西方国家的教育情况。这两条“输进来”与“走出去”的逆向途径，为中学教育思想的启蒙与教育制度的建立奠定了基础。

在“西学东渐”的影响之下，西方文化传入中国，从而开启了中国近代化的进程。在此过程中，“中学”作为舶来品传入中国。早在17世纪，耶稣会意大利传教士艾儒略开始了在华传教活动，其中他所编写的《职方外纪》一书，成为中国人学习欧洲地理和文化的重要书籍。他在介绍欧罗巴时，提及该洲的学校教育，其中谈到了中学。“欧罗巴诸国皆尚文学，国王广设学校，一国一郡有大学、中学，一邑一乡有小学。小学选学行之士为师，中学、大学又选学行最优之士为师，生徒多者至数万人。”[①] 除此之外，他编写的《西学凡》亦是一本介绍西方教育的书籍。在该书中，他详细介绍了西方中等教育的专业设置、课程大纲、教学过程和方法以及考试等方面，这是较早关于中学教育的记载。之后，大批传教士来华介绍西方的教育。如李提摩太的《救世教益》，介绍了西方国家三级学校制度体系，分为初学、中学、上学三个阶段。德国传教士花之安所编写的《德国学校论略》，比较全面系统地向中国人介绍近代德国教育发展概况。根据花之安的介绍，德国近代中等教育机构主要有“实学院”与“仕学院”两类。实学院又分下院和上院两级，前者相当于初级中学（初中），后者相当于高级中学（高中），而仕学院是与实学院中的上院属同一层次的学校。[②] 然而，进入上实学院与下实学院的考生最终走入不同的学业方向，换句话说，即是双轨制的学制，在实学院开始分叉，进入不同的学轨。“下实学院首班考出，亦不能入太学院，可入技艺院（相当于中等技术学校或高等专门学校）等”。[③]

当中国依旧做着“天朝大国”的美梦之时，英国的“大炮”强行打开了中国国门，致使国人意识到“美梦”纯属夜郎自大，从而开始了学习西方文化的历史进程。学习西方文化一方面阅读外国人所编写的书籍，进行间接知识的学习；另一方面便是走出国门，去西方国家进行实地考察，通过亲身经历和体验，获得西方教育知识。自 19 世纪 70 年代中后期，清政府开始派使节出使日本及西方发达国家，借此了解西方国家的文化、政治、经济、军事、教育等。这些使节在介绍西方教育时，描述西方中学教育概况成为重要内容。如出使日本的黄遵宪，是第一位对日本有真正了解之人，且他对日本的研究和介绍对中国产生了很大影响。他在《日本杂事诗（广注）》中介绍日本各级

---

① ［意］艾儒略著，谢方校释，《职方外纪校释》，北京：中华书局，1996 年版，第 69 页。

② 田正平主编：《中外教育交流史》，广州：广东教育出版社，2004 年版，第 269 页。

③ 田正平主编：《中外教育交流史》，广州：广东教育出版社，2004 年版，第 269 页。

课目时，讲到了日本中学科目设置："有中学校，其学科亦如小学[①]，而习其等级者之高者，术艺之精者。"[②] 黄庆澄游历日本期间，把所见所闻编成《东游日记》，在他经过日本文部省时，详细查问了日本教育体制。"查日本学校，有官立者，有公立者，有私立者，然必恪遵文部省章程，方得举行。官立者分三等，曰大学，曰中学，曰小学。中小二学又各分二等，曰寻常，曰高等。"同时还介绍日本的考试。"日本选举，大约小学优则入中学，中学优则入大学，大学优则授以官。"[③]

然而，出使国外的大臣把亲闻所历记述之后，国人开始躁动不安，足以看出当时中国的封闭保守。梁启超在《五十年中国进化概论》中曾言："记得光绪二年有位出使英国大臣郭嵩焘，做了一部游记。里头有一段，大概说：'现在的夷狄，和从前不同，他们也有二千年的文明。'嗳哟！可了不得！这部书传到北京，把满朝士大夫的公愤都激动起来了。人人唾骂曰，……闹到奉旨毁板，才算完事。"[④] 而正是这位出使大臣郭嵩焘，通过出使英国所记的日记，介绍了英国的学校体制。英国学部大臣山顿介绍了英国的教育概况，"近十年更立章程：人民未及十岁不得习试技艺，无贫富皆纳之学中；逾十岁习工事，须由学试其能通文字及开方、算学，给之文凭，非是不得习工事。国家皆岁时派人稽查。惟阿思苐、铿白里治大学院得遣人考试各学馆高等者，录入大学院，岁一试之，给以名号，三试乃成，岁有廪饩"。[⑤] 从该大臣的表述中可知，英国的学校已有不同阶段的划分，已具有三段学制的雏形，以十岁作为年龄界标，学习不同的内容，并施行严格的督导。他观察英国学校之后，发出强化人才培养的呼声，倡导兴学校。他在伦敦写信给沈葆桢，力言当以教育为急务。"嵩焘读书涉世垂四十年，实见人才、国势关系本原大计，

① 日本小学的课程设置为"读书、习字、算术、地理、历史、修身，兼及物理学、生理学、博物学之浅者，益以罫画、唱歌、体操诸事"。钟叔河编：《走向世界丛书》第1辑，长沙：岳麓书社，1985年版，第650页。

② 钟叔河编：《走向世界丛书》第1辑，长沙：岳麓书社，1985年版，第650页。

③ 钟叔河编：《走向世界丛书》第1辑，长沙：岳麓书社，1985年版，第341页。

④ 申报馆编：《最近之五十年》，上海：申报馆，1923年版，第3页。

⑤ 钟叔河编：《走向世界丛书》第1辑，长沙：岳麓书社，1984年版，第517页。

莫急于学。而自秦、汉以来学校之不修，二千余年流极败坏以至今日。……至泰西，而见三代学校之制犹有一二存者，大抵规模整肃，议论精详，而一皆致之实用，不为虚文。宜先就通商口岸开设学馆，求为徵实致用之学。……此实今时之要务，而未可一日视为缓图者也。”①

以上是中学教育思想的两条路径来源，统而观之，他们对于中学教育的介绍，比较零散简薄，有的只是简单提及，没有深入教育体制的内部进行探源。但是，也正是从简单而发源，揭开了后面中学教育研究的不断探求。两条路向引介国外中学教育制度，都为以后构想、建立与实践中学教育制度奠定了基础。

（二）国内学者关于中学教育的构想

有些学者通过了解西方的教育制度与教育实况，针对我国教育存在的不足，提出了切合中国教育发展的模式。如郑观应指出：“依照泰西程式，稍为变通，文武各分大、中、小三等，设于各州县者为小学，设于各省府会者为中学，设于京师者为大学。详订课程，三年则拔其优者，由小学而升中学；又三年拔其优者，由小学而升中学；又三年拔其优者，由中学而升大学，然后分别任使进用之阶，文武一律，无所轻重。”② 由此可见，郑观应结合中国的教育现状，勾勒出小、中、大的三级学制体系。维新运动领导者康有为和梁启超都仿效西方学制，构想出中国教育制度。他们秉承“远法德国，近采日本，以定学制”的方针勾画中国学制体系。康有为上书光绪帝，建立三级学制。“今既罢弃八股，而大学堂经济常科，皆须小学，中学之升擢，而中学、小学直省无之，莫若因省府州县乡邑，公私现有之书院、义学、社学、学塾，皆改为兼习中西之学校，省会之大书院为高等学，府州县之书院为中等学，义学、社学为小学。”③ 康有为的提议试图结合中国传统教育机构，改

---

① 陆玉林选注：《使西纪程郭嵩焘集》，沈阳：辽宁人民出版社，1994 年版，第 145—146 页。

② 璩鑫圭、童富勇：《中国近代教育史资料汇编·教育思想》，上海：上海教育出版社，2007 年版，第 83 页。

③ 汤志钧：《康有为政论集》（上），北京：中华书局，1981 年版，第 312 页。

良中国学制。

梁启超作为维新干将，同样重视教育的重要作用。他在《教育政策私议》中，批判了当时中国忽视中学教育的现状：“顷者朝廷之所诏敕，督抚之所陈奏，莫不有州县小学，府中学、省大学、京师大学之议，而小学中学至今未见施设，惟以京师大学堂之成立闻，求学譬如登楼，不经初级，而欲飞升绝顶，未有不中途挫跌者。”① 梁启超见于中国教育学制的不完备，发出了“登楼”的譬喻，强调了中学教育的重要性。同时，他参考日本人的学校设置，并依照青少年儿童身心发展的规律，将学校教育划分为四个阶段：(1) 5岁以下为家庭教育期（幼儿期）；(2) 6岁—13岁为小学校期（儿童期）；(3) 14岁—21岁为中学校期（少年期）；(4) 22岁—25岁为大学校期（成人期）。② 梁启超与康有为相似，同样结合中国传统教育方式，力图实现“合科举于学校”的目的。“自京师以讫州县，以次立大学小学……入小学者比诸生，入大学者比举人，大学学成比进士，选其优异者，出洋学习比庶吉士，其余归内外户刑工商各部任用比部曹。”可以说，梁启超把西方的学制结合中国科举考试，构建出中西杂糅的学制体系，比对过去只有“小学”与“大学”的传统学校设置，无疑具有一定的进步性，但是，不可否定的是，革新中带有很强的“保守”色彩，并没有进行大胆的假设与构想。当然，这也是特定的历史局限性所然。严复也重视中学教育，并指出进入中学学生的资格，“取进中学堂年格，当以十六至二十为率。务取文理既通，中学有根柢者，方为有造。如此四五年，便可升入高等学堂为预备科。三四年后，即可分治专门专业”。③

从以上国内学者关于中学设置的学制建构可以发现，他们在积极借鉴国外学制设置的同时，结合我国教育的自身特点，创设出了“中西杂糅”的学制体系，这也表明，我国在接受西方文化方面，并未全盘西化，而是带有一定的“中体西用”思想的印痕，虽然严复起初批判“中体西用”，主张“全盘

---

① 陈学恂主编：《中国近代教育文选》，北京：人民教育出版社，1983年版，第160页。

② 梁启超：《饮冰室合集》第4册，北京：中华书局，1936年版，第34页。

③ 璩鑫圭、童富勇：《中国近代教育史资料汇编·教育思想》，上海：上海教育出版社，2007年版，第324页。

西化”，但之后他的思想有所转变。在“数千年未有之大变局”的时代背景下，有志之士试图学习西方的教育制度，以此培育人才兴复教育，实现从“师夷”到“制夷”的转变，而“中学教育”作为“舶来品”，更是成为引介的重要内容。

（三）我国“中学教育”的实践探索

随着近代化进程的推进，传统的旧式教育随之改变，如把书院改为学堂的举措，以及新设学堂，增设西学。在此背景下，涌现出诸多新兴学堂，其中包括“新生物”中学堂的设置。而较早实践“中学教育”办学的应为盛宣怀。盛宣怀深刻意识到储蓄人才，培育新人的重要意义，曾指出：“中国欲图自强，必先储才，筹设学堂，实为急务。”然而，因当时科举未止，全国上下未有注意及此者。盛宣怀毅然任之，先后创办了具有中学性质的天津中西学堂以及南洋公学。

1895 年，盛宣怀在拟设的《天津中西学堂章程》中指出：“查自强之道，以作育人才为本，求才之道，尤宜以设立学堂为先。……当赶紧设立头等二等学堂各一所，为继起者规式。惟二等学堂，功课必须四年，方能升入头等学堂。头等学堂功课，必须四年，方能造如专门之学，不能躐等，即难免迟暮之憾。”[①] 二等学堂规定入学年龄为 13－15 岁之间，且入学需要经过考核，需读过“四书”，并通一二经，文理稍顺者，酌量收录。此外，进入二等学堂修习课程内容较之小学堂复杂、深入，以第三年课程为例，内容包括：“英文讲解文法、各国史鉴、地舆学、英文官商尺牍、翻译英文、代数学。”由此课程内容可以发现，二等学堂的学习内容已涉及科学、历史、数学，且英文不再是简单的诵读，而是练习翻译。因此，根据二等学堂所规定的入学年龄以及入校后所习课程的难度，可以说，天津中西学堂的二等学堂已具有中学性质。张文昌指出：“所谓二等学堂即中学程度也。”[②]

1896 年，盛宣怀在上海设立了南洋公学，包括四院：师范院、外院、中

---

① 璩鑫圭、童富勇：《中国近代教育史资料汇编·教育思想》，上海：上海教育出版社，2007 年版，第 126 页。

② 张文昌：《中等教育》，上海：中华书局，1938 年版，第 20 页。

院、上院。1898年，开办了中院。“今年复将二等学堂先行开办，名曰南洋公学中院，以次续开头等学堂，名曰南洋公学上院。上中两院之教习，皆出于师范院，则驾轻就熟，轨辙不虑其纷歧；外院之幼童，荐升于中上两院，则入室升堂，途径愈形其直捷。外院生分四班，满三年挑充升中院四班。中上两院各分四班，岁转一班，阅八年而卒业。”① 其中四院中的外院、中院、上院类似于小学、中学和大学。换句话说，从办学实践上而言，中国近代三级学制至此初具轮廓。

二、中学教育的定制

（一）“中学”设立的先声

李端棻呈请的《请推广学校折》，开启了清末建立学校系统的先声。在该折中，建议设立京师大学堂，同时各府州县遍设中学堂、小学堂。“自京师以及各省府州县皆设学堂：府州县学，选民间俊秀弟子年十二至二十者入学，其诸生以上欲学者听之。……三年为期。”② 另外，在《京师大学堂章程》中正式提出了“中学”一词。第一章第三节云：“今当于大学堂兼寓小学堂中学堂之意。”第四章第二节指出，“今拟通饬各省，上自省会，下至府州县皆须一年之内设立学堂，府州县谓之小学，省会谓之中学，京师谓之大学”。③ 为了筹建小学、中学和大学三级体系，特拟定改制书院，把书院改为等级的学堂。即各省书院改为高等学堂或大学堂，各府书院改为中学堂，各县书院改为小学堂。由此可见，改革传统学制已拉开帷幕，但因变法失败，改革的蓝图也因之搁浅。但是，这种改革的观念却已深入人心，旧学制的改革已是大势所趋。正是先前强烈的千呼万唤，使得《壬寅学制》、《癸卯学制》“始出来”。

（二）正式学制的建立

---

① 璩鑫圭、童富勇：《中国近代教育史资料汇编·教育思想》，上海：上海教育出版社，2007年版，第129页。

② 陈学恂：《中国近代教育文选》，北京：人民教育出版社，1983年版，第64页。

③ 朱有瓛主编：《中国近代学制史料》第1辑（下），上海：华东师范大学出版社，1986年版，第654—660页。

学制建立的目的是为了适应人才的需求。鸦片战争爆发后，封闭自守的“大国意识”被打破，正如马克思所言：“清王朝的声威一遇到不列颠的枪炮就扫地以尽，天朝帝国万事长存的迷信受到了致命的打击，野蛮的、闭关自守的、与文明世界隔绝的状态被打破了。”① 正是在这种背景下，有识之士逐渐意识到民族独立、救亡图存以及兴教育、育人才的重要性。甲午之战的爆发，救亡图存、发展教育更是深入人心。日本何以如此强大？正是基于此疑问，开启了了解、学习日本的浪潮。同样也是借鉴日本明治维新时期学制，结合我国的学统，制定出了“壬寅学制”以及“癸卯学制”。张百熙指出：“古今中外，学术不同，其所以致用之途则一，值智力并争之世，为富强致治之规，朝廷以更新之故而求之人才，以求才之故而本之学校，则不能不节取欧美日本诸邦之成法，以佐我国二千余年旧制，固时势使然；第考其现行制度，亦颇与我中国古昔盛时良法，大概相同。”② 张百熙试图通过以上内容说明取法外国之法的理由。

表 1—1　20 世纪初中日两国中学课程设置比较

日本	修身	国语及汉文	外国语	历史	地理	数学	博物	物理及化学	法制及经济	图画	唱歌	体操	12 门
中国	修身	国语及汉文	外国语	历史	地理	算学	博物	物理及化学	法制及理财	图画	中国文学	体操	12 门

资料来源：吕达：《中国近代课程史论》，北京：人民教育出版社，1994 年版，第 165 页。

当然，前期对于中国学制的探索与尝试以及大量新式学堂的开办，也为学制的正式颁布与实施奠定了前期基础。张百熙充任管学大臣之后，主持拟定了我国第一个以政府名义颁布的《钦定学堂章程》，但该学制没有实施。1904 年颁布了《奏定学堂章程》，因该年是癸卯年，亦称为“癸卯学制”。该

① ［德］马克思、恩格斯：《马克思恩格斯选集》第 2 卷，北京：人民出版社，1972 年版，第 2 页。

② 朱有瓛主编：《中国近代学制史料》第 2 辑（上），上海：华东师范大学出版社，1987 年版，第 63 页。

学制是第一个正式颁布且在全国普遍实施的法定学制系统。以下主要以癸卯学制为例，阐述中学堂设置特点。

其一，重视“中学”的指导地位。癸卯学制虽是以日本学制为蓝本，但核心内容仍是强调儒家的伦理道德。《学务纲要》第一条明确指出：“一、全国学堂总要。京外大小文武各学堂均应钦遵谕旨，以端正趋向、造就通才为宗旨，正合三代学校选举德行道艺四者并重之意。”这是从总的纲领上规定要遵守德行。另外，从专门学堂的规程也可以发现重视修身、培养品性。《奏定中学堂章程》规定了学科科目，首要科目为“修身”，足以证明该学制重视儒家的伦理。如在修身中规定，“摘讲《五种遗规》。入此学堂者年已渐长，教法宜稍恢广。所讲修身之要义，一在坚其敦尚伦常之心，一在鼓其奋发有为之气，尤当示以一身与家族朋类国家世界之关系，务须勉以实践躬行，不可言行不符”。[①] 在各学科程度表中可以发现，读经讲经的钟点时数所占比例最高，为九个钟点，占到总钟点数的四分之一。章程规定：“每星期读经六点钟，挑背及讲解三点钟（间日背讲一次），合共九点钟，另有温经钟点，每日半点钟，在自习时督课，不在表内。因学生皆系高等小学毕业者，故应读《春秋左传》及《周礼》两部，每日读二百字，每年除各假期外，以二百四十日计算，应读四万八千字，五年应共读二十四万字。”[②] 该学制虽然是吸收日本学制的内容，但并未完全套用，而是在结合自身特点的基础上，对学制进行了变通，如伦理道德的内容占课程总量的比重很大。

其二，增加西学课程内容。为了培养经世致用的人才，打破“中学思想”一统江山的局势，癸卯学制特增加了西方科学类课程。如《奏定中学堂章程》中规定的学习课程包括十二个科目，除了修身读经课程之外，增添了外国语、自然科学、图画、体操等近代化性质的课程。要想了解西方科学文化知识，首先需要掌握娴熟的外语作为工具。中学堂外语的学习，需要掌握多门语言，

---

① 朱有瓛主编：《中国近代学制史料》第 2 辑（上），上海：华东师范大学出版社，1987 年版，第 383—384 页。

② 舒新城：《中国近代教育史资料》（中），北京：人民教育出版社，1985 年版，第 503 页。

并会实际运用。“外国语为中学堂必需而最重要之课程，各国学堂皆同。习外国语之要义，在娴习普通之东语、英语及俄法德语，而英语、东语为尤要，使得临事应用，增进智能。盖中学教育，以人人知国家、知世界为主，上之则入高等专门各学堂，必使之能读西书；下之则从事各种实业，虽远适异域，不假翻译。”① 此外，为了增进科学知识的掌握，各种科目相间讲授。《学务纲要》第 27 条规定：“科学相间讲授……每日此门数刻，他门又数刻，一日内讲习至五六种，看似繁难，其实具有深意，为其功课难易相配，不致过劳生厌，而各种科学同时并讲，亦有互相补助之益。”② 西学课程的增设，有益于掌握多种科技知识，弥补“重修身”、“轻知识”的人才培养方式。

癸卯学制的影响在于从制度上为新教育的发展奠定了基石。当学制颁布以后，中学堂的数量激增。该学制《奏定中学堂章程》规定，“中学堂定章，各府必设一所，如能州县皆设一所最善”。同时也鼓励私人办学。在这种政策的激励与引导下，各地纷纷增添学堂，其势蔚为大观。据学部公布的统计数字，1907 年，全国有普通中学堂 419 所，中学生 31 682 人，1909 年，普通中学堂增至 460 所，中学生 40 468 人。③ 两年间，中学堂增加 41 所，中学生人数增加 8786 人。但该学制中学堂的设置也存在着一些问题：一方面，女子被排除在学校系统之外，不能进入中学堂学习，只能在家庭之内进行教育，这也是后来学制改革所改进之处；另一方面，该学制仍留有科举制度的遗风，未能彻底打破封建考选制度的藩篱，如该学制制定了奖励出身的政策。中学堂奖励出身为，“中学堂毕业应升学之学生，经道、府会同监督考送入高等学堂、优级师范学堂、高等实业学堂者，经督抚、学政会同复加考试，合格者，升入以上三项高等学堂肄业，最优等作为拔贡，优等作为优贡，中等作为岁

---

① 舒新城：《中国近代教育史资料》（中），北京：人民教育出版社，1985 年版，第 503－504 页。

② 朱有瓛主编：《中国近代学制史料》第 2 辑（上），上海：华东师范大学出版社，1987 年版，第 91 页。

③ 舒新城：《中国近代教育史资料》（中），北京：人民教育出版社，1985 年版，第 137 页。

贡，分别收入所升学堂肄业，均由督抚、学政填给会衔执照；下等发回原学，作为优廪生，由督抚、学政会同咨明学务大臣并礼部备案，年终汇奏一次。最下等遣回原籍。”① 这种奖励出身的政策依旧延续着科举的“考试—做官”模式，其向学的价值观念仍以做官为最终鹄的。

（三）中学教育的变革

清末学制基本上是从“无”到“有”的制度建立过程，而中学的设立作为“新生物”更是处于探索期，所以需要后续较长时间的调整适应期。1909年中学堂实行文实分科的探索。“近日体察各省情形，学生资性既殊，志趣亦异，沉潜者于实科课程为宜，高明者于文科学问为近，志在从政者则于文科致力为勤，志在谋生者则于实科用功较切。”② 且中学堂所学语言有所更变，由“英语、东语为尤要”变为“英语或以德语为主”。辛亥革命胜利之后，南京临时政府成立，教育改革也尾随而至。1912年1月19日，南京临时政府教育部颁发了《普通教育暂行办法》、《普通教育暂行课程标准》，旨在革新教育秩序。《暂行办法》规定，“从前各项学堂均改为学校。监督、堂长应一律改称校长。清学部颁行之教科书，一律禁用，中学校为普通教育，文实不必分科，中学校改为四年毕业，旧时奖励出身，一律废止”。③ 然而，《暂行办法》的很多内容都收录到了即将颁布的新学制系统中，为新学制的出台埋下了伏笔。

1. 壬子癸丑学制关于中学校的改制。

教育变革的动力发源于社会的变革以及现实的招引。辛亥革命胜利的枪声打响之后，封建专制统治格局被推翻，建立了第一个资产阶级共和国。教育的变革也紧随其行，试图培养适应资产阶级的新式人才。蔡元培曾高呼

---

① 璩鑫圭、唐良炎：《中国近代教育史资料汇编·学制演变》，上海：上海教育出版社，2007年版，第525页。

② 舒新城：《中国近代教育史资料》（中），北京：人民教育出版社，1985年版，第513页。

③ 璩鑫圭、唐良炎：《中国近代教育史资料汇编·学制演变》，上海：上海教育出版社，2007年版，第605—606页。

“民国既立，清政府之学制，最必须改革者”，而蒋维乔的回忆更能展现学制制定过程。“当时教育部之重要工作，即在草拟新学制，招集东西留学生，分别撰拟小学、中学、大学规程，每日办公六小时……计临时政府三个月，而教育部之学制草案，亦于是时告成。”① 因此，学制的改革成为时代“强音”。1912 年，南京临时政府成立。在除旧布新、百业待兴的局势下，壬子癸丑学制诞生了。之后，各学校法令规程陆续颁布。其中，1912 年 9 月 28 日公布了《中学校令》，该校令公布了设立中学的宗旨、学制等问题。该校令规定中学校的宗旨为“中学校以完足普通教育、造成健全国民为宗旨”“专教女子之中学校称为女子中学校”“中学校修业年限定为四年”。《中学校令施行规则》中规定，中学校之科目为修身、国文、外国语、历史、地理、数学、博物、化学、法制经济、图画、手工、乐歌、体操。女子中学校加课家事、园艺、缝纫。外国语以英语为主，但遇地方特别情形，得任择法、德、俄语一种。②

该学制关于中学校设立所表现出的进步之处主要包括：第一，思想宗旨的转变。清末中学堂教育主旨在于培养“忠君、尊孔”的“顺民”，而该学制的培养目标旨在养成具有资产阶级伦理道德的“新国民”。培养目标直接影响到所开设的课程，中学校所开课程注重实用技能的养成，如增加手工课程，而女子中学根据女生的特征，增设家事、园艺、缝纫等课程，也足以证明该学制对培养学生实际生产技能的重视。第二，女子开始进入中学，享有接受中等教育的权利，使得“男女平等”思想逐步形成，最终促进了女子教育的发展。第三，中学教育的修业年限有所缩短，由五年改为四年。修学时间的缩短，有利于更多从小学校毕业的学生进入中学校，有益于中学教育的普及。第四，中学校毕业的学生不再享有“贡生”的奖励荣耀，取消了奖励出身的科举遗毒，促进了教育的民主化进程。当然，该学制关于中学的改革也存在着一定的局限性，如仍保留着修身的传统学习科目，祛封建思想的程度不彻底。此外，仅是设立女子中学，尚未进行中学“男女同学”的探索等一些问

① 蒋维乔：《清末民初教育史料》，载《光华大学半月刊》1936 年第 5 卷第 1 期。

② 朱有瓛主编：《中国近代学制史料》第 3 辑（上），上海：华东师范大学出版社，1990 年版，第 351—352 页。

题，这些问题与不足之处也正是后面学制除旧布新之所在。

2. 壬戌学制的制定与实施。

新文化运动时期，民主、科学的观念开始深入人心，儒学一统的格局逐渐受到攻击，开启了一场轰轰烈烈的思想解放运动。正是思想的启蒙，人们的各种观念逐渐觉醒，加之西方教育理论、教育思想、教育制度逐渐传入，尤其是美国实用主义思潮的波及，对中国的经济、文化、教育都产生了持久之影响。同时，由于国内教育体制暴露出来诸多弊端，如培养出的人才不能适应社会的需求，胡适归国后见到中国的教育现状发出感慨："如今中学堂毕业的人才，高又高不得，低又低不得，竟成了一种无能的游民。这都是由于学校里所教的功课和社会上需要毫无关涉。所以学校只管多，教育只管兴，社会上的工人、伙计、账房、警察、兵士、农夫……还只是用没有受过教育的人。"① 国内急需改革的现状，以及国外教育思潮的纷至沓来，都为酝酿一场新的学制变革提供了条件与环境。

壬戌学制对中学的改革比较深入，也是该学制改革的核心所在。正如廖世承所言："新学制中最精彩的是中等教育一段，现时教育部学制会议辩论最激烈的也是中等教育一段。"② 对于中学教育的改革主要体现在："中学校修业年限为六年，分初高两级：初级三年，高级三年。但依设科性质，得定为初级四年，高级二年；或初级二年，高级四年。初级中学施行普通教育，但得视地方需要，兼设各种职业科。高级中学分普通、农、工、商、师范、家事等科，但得酌量地方情形，单设一科，或兼设数科。中等教育得用选科制。"③ 该学制是在改革民国初年壬子癸丑学制基础之上完善而成。表现在：其一，中学年限延长，实行弹性学制。中学年限由原来的四年改为六年，之所以引鉴美国的"六三三"制度，延长中学阶段的修业年限，主要由于四年的知识学习，既不能满足中学毕业后就业的需求，也不能满足升入大学所需储备的

---

① 胡适：《归国杂感》，载《新青年》1918 年第 4 卷第 1 号。

② 廖世承：《关于新学制一个紧急的问题》，载《新教育》1922 年第 4 卷第 2 号。

③ 璩鑫圭、唐良炎：《中国近代教育史资料汇编·学制演变》，上海：上海教育出版社，2007 年版，第 1010 页。

知识。正如舒新城在《中学学制问题》一文所言："旧有学制中学四年，无论就升学预备还是职业教育都不能使人满足。"① 另外，学制实行弹性制，即可以实行"三三制"或"四二""二四"分段，这种弹性的设置为学校办学灵活性提供了可能。其二，中学除设置普通科之外，增设职业类科目，以期适应社会所需要的人才需要。这种分科选科制度，性质上类似于西方综合中学性质。高级中学可以设置普通科和职业科，普通科为满足升学的需求，职业科为了满足就业。对于科目的选择，可以依照学生的兴趣爱好、个性差异、家庭情况等选择适合的科类。同时，中学实行学分制，学生可以依据自己的个性爱好选择所学科目。

该学制较前两个学制而言，具有很大的进步性，是顺应世界发展潮流的尝试，但在具体实施的过程中，却显现了很多弊端，如理想与现实的脱节、目标与形式的分离。这种现象所产生的根源在于"食洋不化"，只是在形式上吸收美国的教育制度，实际上不符合中国的实情，造成某种制度中途而废。如"综合中学"的尝试存在着教育理想超越于教育现实的问题，有研究者指出："过去中学、师范、职业合并制度，是使设施混淆，目的分歧，结果中学固无从发展，而师范与职业教育亦多流于空泛……观至谋生、任教、升学三者之目的，均不能达。"② 因为中学的大部分学生选择普通中学以备升学，致使职业科和师范科受到冷落，其发展水平较之先前师范学校与职业学校下降，最终导致该制度半途而废、无疾而终。

"中学教育"从"中学堂"转变为"中学校"，历经几十年的变迁，中学教育得到了可观的发展，但也存在着一些问题，其一，中学校数量仍属有限，进入中学的学生需要经历激烈的竞争才能入学。造成这种现象的原因在于小学过度受到重视，使得学生进入中学时"供大于求"。廖世承指出："自民国以来，中学的校数，加增很少，但是小学毕业的学生，却日渐多了。因此中学招考时，投考的人数，往往超过招收的学额五六倍以上。"③ 如下表所示：

---

① 舒新城：《中学学制改革问题》，载《教育杂志》1922 年第 14 卷第 1 号。
② 倪尘因：《中等教育制度平议》，载《教育杂志》1934 年第 24 卷第 4 号。
③ 廖世承：《中学教育》，上海：商务印书馆，1924 年版，第 18 页。

表 1—2　1922 年各省中学入学试验应试与录取人数的比较

省别	正取生数	备取生数	实到应试学生总数
河南	101	22	460
陕西	60	20	420
湖北	111	34	365
广东	54	9	361
江西	88	19	358
湖南	126	12	334
江苏	90	16	303
云南	120	40	285
浙江	100	50	283
山西	79	33	245
山东	85	15	233
四川	70	15	187
京师	95	12	160
奉天	53	12	120
直隶	48	17	112
安徽	32	8	93
福建	52	8	87
黑龙江	87		87
京兆	40	40	80

资料来源：廖世承：《中学教育》，上海：商务印书馆，1924 年版，第 19 页。

由以上图表可以发现，录取生的人数与投考人数相差非常大，以人数最多的河南省为例，正取生人数占投考人数的 22%，备取人数占 5%，其次则为陕西省，正取人数占应试学生总数的 14%，备取人数占 4%。从录取率可以推之，当时进入中学的竞争性之大、机会性之小。其二，中学毕业的学生，很多成为“中等游民”，就业较差。从中学的课程设置看可以发现，中学生所学习课程主要为升学做准备，实用性课程较少，以至于学生毕业后很难谋生。因为，“在教育贵族化的中国，经济衰落的现社会，大部的中学生往往有升学的志愿而没有升学的环境，他们为了自己的或家庭的生活问题，不得不离开了学校，走进社会去谋职业。从实际的情形看，中学生的出路确是太可怜了。他们没有显赫的权势，不能一跃而就高俸厚禄的大官，他们没有高深的学识，不能成为什么专家；只有凭自己的一些普通常识，去投考机关中的小职员，如书记雇员等类”。① 其三，女子逐渐享有进入中学的权利，但相对于男生而言，力量较弱。女子从起初只能从家庭中接受教育，到可以进入初等小学学习，至进入女子中学以及男女同校，无不体现出“男女平等”观念的觉醒。但是，相对于男子，女中学生的数量较少。如 1917 年全国男女中等学生百分数比较表：

表 1—3　全国中等学校男女学生百分数比较

	学生数	百分比
男	103 073	92.8%
女	8005	7.2%
总	111 078	100%

资料来源：汤才伯主编：《廖世承教育论著选》，北京：人民教育出版社，1992 年版，第 71 页。

从以上男女学生数量及所占百分比可以看出，男女学生数量相差相当悬殊。也就是说，女子虽然具有进入学校的权利，但相对于男学生而言，其入校接受教育的普及率还非常低。

① 元之：《邮政和中学生》，《中学生》1932 年第 26 期。

第二节　文化的变迁：中学生生活转变的时代土壤

我国学者认为文化变迁“泛指文化诸方面发生的任何变化。具体表现为文化丛或文化内容和结构的增减或变动的过程。在这个过程中，一些业已失去功能的文化特质或文化丛逐渐被淘汰，而一些新的文化特质或文化丛被借入或产生出来。文化模式的结构性变迁是其本质特征”。[①] 19 世纪中叶，西方殖民者以炮舰、鸦片打破了封闭的清王朝国门，至此，源远流长的中华文化与西方的近代文化开始交撞，而几千年的中国文明因外文化的强行侵入，而进入了剧烈的转型期。中华文明在近代转型期，则呈现出“中西古今”的多层累积式特征。伴随着西学的不断输入，新教育开始出现，国人的文化心理开始转变。以下主要选取清末民初以及五四新文化运动为历史节点，窥见近代以来的文化变迁。文化的时代流变，为中学教育的萌发、变革提供了思想土壤与时代环境。

一、清末文化的变局以及中学堂的生活印象

清末十年间，中国文化发生了较大变化，民族危机加重，清廷在无望之时，施行“新政”改革。在这十年间，民众的心理发生转变，从“斥洋”到“媚洋”。也正是在此期间，“中学”身份的学生开始登上教育的舞台，演绎了中学堂生活的历史舞剧。

（一）清末文化的时代影响

首先，民族危机加重，民族意识觉醒。1900 年，八国联军攻占北京，首都沦入西方侵略者的手中。1901 年，清政府与西方殖民者签订了丧权辱国的《辛丑条约》，给中国又套上了一副沉重的枷锁。通过这个条约，帝国主义加大了对中国政治、经济等方面的掠夺与控制，中国的主权丧失殆尽，清政府

① 章人英主编：《社会学词典》，上海：上海辞书出版社，1992 年版，第 165—166 页。

沦为“洋人的朝廷”。《辛丑条约》的签订不仅代表着清政府的无能，也代表着民族的巨大耻辱。民族危机的不断加重，深深刺痛了国人，激发了国人民族意识的觉醒。秋瑾曾作诗表达民族危亡之痛，“北上联军八国众，把我江山由赠送，百鬼西来做警钟，汉人惊破奴才梦”。一系列的丧权辱国的条约，更使得国人顿醒，中国已不再是世界的中心，沦落为世界的边缘。梁启超在《少年中国说》中曾言：“我中国其果老大矣乎？是今日全地球之一大问题也。如其老大也，则是中国为过去之国，即地球上昔本有此国，而今渐澌灭，他日之命运殆将尽也。如其非老大也，则是中国为未来之国，即地球上昔未现此国，而今渐发达，他日之前程且方长也。欲断今日之中国为老大耶？为少年耶？则不可不先明‘国’字之意义。”① 梁启超在字里行间无不表露出对昔日大国衰微的惋惜，以及对未来中国的希望。

其次，改弦更张，实行“新政”。清政府陷入危机漩涡之中，希冀从改良运动中重获新生。1901 年 1 月，慈禧以光绪名义在西安发布变法上谕，声称“法积则弊，法弊则更，要归于强国利民而已”，因此要“取外国之长”“补中国之短”。改革的内容涉及教育、政治、经济等领域，其中对教育的改革无疑是各项改革中进行最广泛、最深入的一项，它的影响也最深远、最持久。教育改革主要包括废科举、兴学堂、奖游学。1905 年，清廷上谕宣布：“著即自丙午科开始，所有乡、会试一律停止。各省岁、科考试亦即停止。各省岁科考试亦即停止。”② 至此，历时 1300 年的科考制度遂告终结。科举废止之后，学堂的数量随之剧增。1904 年，全国有学堂 4222 所，在校学生 92 000 余人，至 1909 年，学堂数达 59 177 所，学生数达 1 639 921 人。③ 科举的废除代表着国人观念的转变，因为“中国古代学者多缺乏进化观念，无论对于任何事物，以古为好，以不变为原则。就制度方面说，自汉至清，均有选举与学校

① 梁启超：《梁启超文集》，北京：线装书局，2009 年版，第 44 页。

② ［清］朱寿朋：《光绪朝东华录》，北京：中华书局，1958 年版，第 5392 页。

③ 田正平：《中国教育史研究》近代分卷，上海：华东师范大学出版社，2009 年版，第 129 页。

两种制度，政府所重者在如何选拔人才，而不在如何教育人才”。① 此外，奖游学的政策促使出洋留学的人数逐渐增长，不仅有留学日本的，也有远赴英、德、法、俄、美等国求学之士，一定程度上促进了中西文化的交流，留学热潮造就了一批崭新的知识分子群体，并对后期中国各方面的复兴与发展发挥了巨大作用。

最后，民众心理的转变，从“排洋”到“崇洋”。国人对待西学的态度随着环境的变化而改变。起初，夜郎自大的中国被迫打开国门之后，逐渐开始意识到民族的衰微，文化优越感也随之递减直至崩塌。从起初的“师夷长技”到“用夏变夷”，从“中体西用”到“大兴西学”，无不体现着国人对待西方文明态度的转变。“在近代中国，什么样的文化能够唤醒长期沉睡的民族觉醒，什么样的文化能给濒临衰竭的国家社会肌体注入新的生机和活力，什么样的文化就会显示出巨大的生命力。在中国传统文化与西方近代文化的冲击与反应、引进和拒绝，对立与折衷、效仿和移植、容纳和倾倒、吸收和融合的过程中，传统文化可谓步步败退，溃不成军。”②

清末新政十年，是从传统向近代过渡的时期，在这个时期，国人的心理开始转变。随着传统文化逐渐式微，儒学沦为“顽固学”。刘大鹏日记载：“近年来新学之兴，以能洋人之学为高。”“为学之人，竟分两途，一曰守旧，一曰维新。守旧者惟恃孔孟之道，维新者独求西洋之法。守旧则违于时而为时人所恶，维新则合于时而为时人所喜，所以维新者日益多，守旧者日渐少也。”③ 而在新式学堂接受教育的学生，则更是表现另异，清廷则竭其所能加以控制。“学子合群，辄腾异说，相濡相染，流弊难防。”④ 可以说，传统保守的价值观念逐渐开始瓦解，新的民族观、价值观开始出现。清末新政前后之对比，可以从人们对待“洋物”的态度得知。“当团匪起时，痛恨洋物，犯者必杀无赦。若纸烟、若小眼镜、甚至洋伞、洋袜，用者辄置极刑。曾有学生

① 王凤喈：《中国教育史》（上），福州：福建教育出版社，2006 年版，第 252 页。
② 李侃：《近代传统与思想文化》，北京：文化艺术出版社，1990 年版，第 4—5 页。
③ 刘大鹏：《退想斋日记》，太原：山西人民出版社，1990 年版，第 140—143 页。
④ 章开沅、林增平：《辛亥革命史》（上），上海：东方出版中心，2010 年版，第 378 页。

六人，仓皇避乱，因身边随带铅笔一支，洋纸一张，途遇团匪搜出，乱刀并下，皆死非命。今乃大异，西人破帽只靴，垢衣穷袴，必表出之。矮檐白板，好署洋文，草楷杂糅，拼切舛错，用以自附于洋，昂头掀膺，翘若自喜。”①由此可以看出，八国联军侵入北京之后，其态度则大相径庭，人们对待西方文化的态度开始大转弯，从起初的“斥夷”到“崇夷”。

清末十年，是清政府拼死挣扎、试图扭转“大势已去”的局面的十年。在此期间，清政府施行的新政，则进一步促进旧式教育体系的崩解以及新式教育的初建，从一定程度上促进了中国近代化的进程，而教育作为改革的重点之一，同样也过渡到了近代化的进程之中。自此文化变革期间，中学性质的学校开始出现，“中学生”开始登上教育舞台，演绎出一场别开生面的教育大戏。但是，该时期的改革主要停留于制度层面，主要从制度层面上进行各种社会变革，然而，相对于前期的“器物”层面的变革，已具有一定的进步性，同时，制度层面的文化变革，也为之后中国掀起“精神”层面变革洪潮奠定了基础。

（二）中学堂生活的历史镜像

“中学”一词的正式提出源于《京师大学堂章程》。该章程提出建立学堂，省会谓之中学。为了筹建中学，特拟定改制书院，把书院改为等级的学堂，把各府书院改为中学堂。1904 年颁布的《奏定学堂章程》，即“癸卯学制”，并制定《奏定中学堂章程》，明确规定中学堂所修课程等内容，这是从制度上提出的中学。在具体生活层面，中学堂的学生过着怎样的生活？与旧时的书院教育又有何不同呢？通过以下中学堂学生的场景，则可以详辨而出。

首先，所学课程有所差异，增加了西学课程。书院所学习课程因理念不同而相异，有的书院以博习经史词章为主，如紫阳书院的学习活动，“今与在院诸生约，每日早晨先看《四子》、《五经》各一二章，务必逐字逐句于身心上体验，久之默会心解，豁然贯通，举足动步，自然把捉得定。从此深造有

① 中国史学会主编：《中国近代史资料丛刊第九种：义和团》1，上海：神州国光社，1951 年版，第 289 页。

得，以驯致于圣贤之域。其有词义深奥未能理会者，即行札记，以便质问。此为学第一切要功夫”。① 部分书院则以科举为指挥棒，所修习课程都为应付科举而设，“其所日夕咿唔者，无过时文贴括，然率贪微末之膏火，甚至有头垂白而不肯去者”。② 由此可知，书院积弊较深，成为科举的附庸与预备场，已经不能满足社会的需求培养出新型人才。之后，一些仁人志士提出改革书院，增添西学课程，如算学、格致等自然科学。但是，改良书院的做法仍无法阻挡书院改制的趋势，“今日书院积习过深，假借姓名，希图膏奖，不守规矩，动滋事端，必须正其名曰学，乃可鼓舞人心，涤除习气。如谓学堂之名不古，似可即名曰各种学校，既合古制，且亦名实相符”。③

中学堂的课程相比书院的课程，一个明显的特征便是增加了许多西学课程。可以说，中学堂具有中西新旧之混杂的特征，课程设置既包括传统的旧学内容，也包括西学课程内容。如黄炎培调查镇江府中学堂，该学堂的各科科目及时间表如下：

表 1—4　镇江府中学科目表

	修身	经学	国文	历史	地理	算学	博物	理化	图画	体操	法制	英文	星期统计
甲班	一	三	一	四	五	六	二	二	二	二	二	六	三六
乙班	一	三	二	三	二	六	二	三	二	二	二	六	三五
丙班	一	五	七	三	三	六	二	○	一	二	○	六	三六

资料来源：李桂林、戚名琇、钱曼倩：《中国近代教育史资料汇编·普通教育》，上海：上海教育出版社，2007 年版，第 348 页。

从以上科目表可以看出，学堂的课时最多者为英文、算学，其次为经学。相比书院的四书、五经的课程，中学堂的内容更加丰富，也更能适应中国教育近代化进程。据李大钊回忆，“当时，永平府中学堂像大多数新改办的学堂

---

① 陈谷嘉、邓洪波主编：《中国书院史资料》（中），杭州：浙江教育出版社，1998 年版，第 1888 页。

② ［清］《清朝续文献通考》卷 100。

③ 朱有瓛主编：《中国近代学制史料》第 1 辑下，上海：华东师范大学出版社，1986 年版，第 776 页。

一样，还没有完全脱离旧式教育的轨道，在课程安排上采取新旧结合的办法，主要教授两类课程：一类是中学，包括经学、文学、史学和‘通考’之类的‘政治学’；一类是西学，包括英文、数学，外国地理和历史、格致学，外国近代政治学和体操等”。①

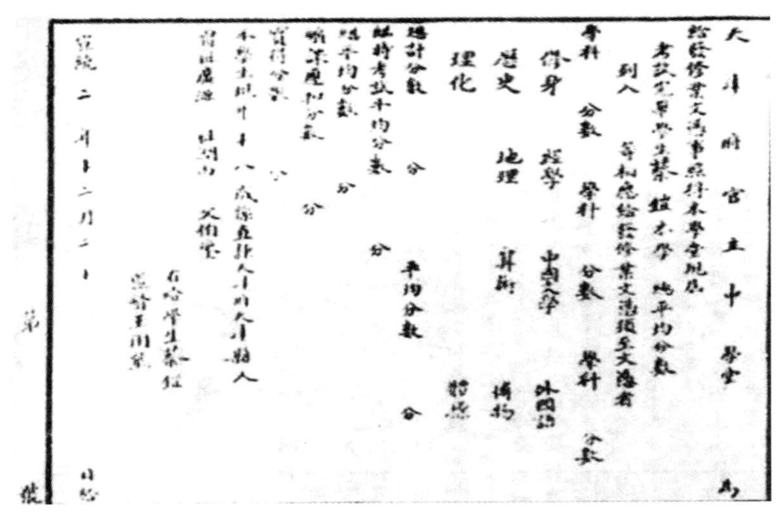

图 1—1　1910 年天津府官立中学堂毕业证

但是，经学课程仍占很大比例。对于倪焕之而言，“学堂生活真像进了另一个又新鲜又广阔的世界。排着队伍练体操，提高喉咙唱风雅或秾丽的歌，看动物植物的解剖，从英文读本里得知闻所未闻的故事，从国文课里读到经义策论以外的古人的诗篇：在焕之都觉得十二分醉心”。② 据蒋梦麟中西学堂的回忆，“中西学堂的课程大部分还是属于文科方面的：国文、经书和历史”。也正因接触科学知识，蒋梦麟才得以矫正错误的知识观念：

> 中西学堂教的不但是我国旧学，而且有西洋学科。这在中国教育史上还是一种新尝试。虽然先生解释得很粗浅，我总算开始接触西方知识了。在这以前，我对西洋的认识只是限于进口的洋货。现在我那充满了

---

① 董宝瑞等：《李大钊传》，天津：天津古籍出版社，2005 年版，第 27 页。

② 叶圣陶：《倪焕之》，北京：人民文学出版社，1997 年版，第 8 页。

神仙狐鬼的脑子，却开始与思想上的舶来品接触了。我在中西学堂里首先学到的一件不可思议的事是地圆学说，我一向认为地球是平的。后来先生又告诉我，闪电是阴电和阳电撞击的结果，并不是电神的镜子里所发出来的闪光；雷的成因也相同，并不是雷神击鼓所生。这简直使我目瞪口呆。……过去为我们所崇拜的神佛，像是烈日照射下的雪人，一个接着一个融化。这是我了解一点科学的开端，也是我思想中怪力乱神信仰的结束。①

通过教师教授西方课程，使得学生否定了原有的知识结构体系，打破神佛观念，重新建构科学知识体系，这也是西学对学生产生的必然影响。

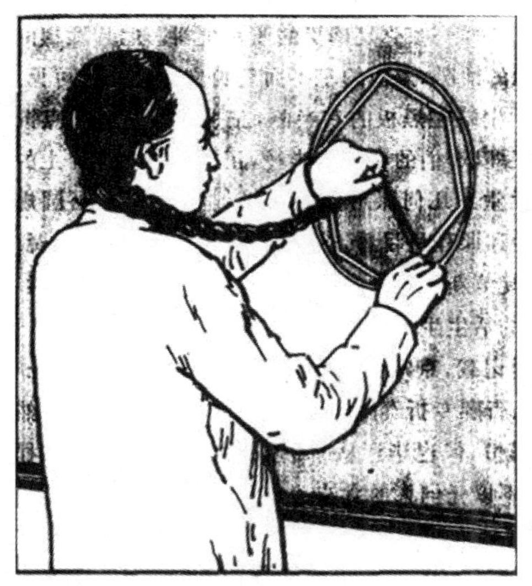

图 1－2　学生用发辫当圆规作图

其次，中学堂学生的学习观念开始转变，对西学产生兴趣。在中学堂设置以前，读书人的目的都是为了通过科举考取功名，而当科举废止之后，读书的观念也随之而变，西学的内容开始出现在学校，给读书学子带来耳目一

① 蒋梦麟：《西潮与新潮：蒋梦麟回忆录》，北京：东方出版社，2006 年版，第 55—56 页。

新之感。李大钊自小读书求学，主要是为参加科举考试，不可能接触多少四书五经以外的东西，他的几任私塾老师也不可能教授中国传统文化以外的任何知识，他大量接触“西学”只能是从永平府中学开始的。在诸多新的课程中，李大钊最感兴趣的是介绍西方地理、历史和近代科学文化知识的一些课程，他对学习英语也很感兴趣，觉得这是全面学习和掌握西方科学文化知识的一个新的开端。之所以如此，是因不再为参加科举考试而疲于奔命的李大钊，想在“新式学堂”补充自己的知识缺欠，找到一把认识多灾多难的国家和民族命运根源的新的钥匙，从而不虚度在永平府中学堂所获得的珍贵的学习光阴。① 胡适在进入澄衷学堂之后，受西学影响很深，其思想观念转变很大。当时《天演论》成为中学堂流行的读物。

> 澄衷的教员中，我受杨千里先生的影响最大。我在东三斋时，他是西二斋的国文教员，人都说他思想很新。我去看他，他很鼓励我，在我的作文稿本上题了“言论自由”四个字。后来我在东二斋和西一斋，他都做过国文教员。有一次，他教我们班上买吴汝纶删节的严复译本《天演论》来做读本，这是我第一次读《天演论》，高兴的很。他做出的题目也很特别，有一次的题目竟是“物竞天择，适者生存，试申其义”。②

胡适在接触到西方科学知识之后，试图加以运用，用来打破中国传统学说。他在澄衷学堂第二年自治会的演说中，发表了《论性》，驳斥孟子与荀子的“性善”“性恶”的主张，赞同王阳明的“无善无恶，可善可恶”的观点。他论证观点的证据来自于西方的科学知识，论证如下：

> 孟子曾说：人性之善也，犹水之就下也。人无有不善，水无有不下。我说：孟子不懂科学——我们在那时候还叫做“格致”，——不知道水有

---

① 董宝瑞等：《李大钊传》，天津：天津古籍出版社，2005 年，第 20—30 页。
② 胡适：《四十自述》，合肥：安徽教育出版社，2006 年版，第 52 页。

保持水平的道理，又不知道地心引力的道理。“水下”并非水性向下，而是地心引力引他向下。吸力可以引他向下，高地的蓄水塔也可以使自来水管里的水向上。水无上无下，只保持他的水平，却又可上可下，正象人性本无善无恶，却又可善可恶！①

通过学习西方科学知识，使得中学堂学生的思想大开，摒弃了追寻“仕途”的读书理念，开始接受和运用西方知识和文明。夏丏尊回忆他在绍兴府学堂的生活，“卢梭、罗兰夫人、马志尼等都因了新民丛报的介绍，在我们的心胸里成了令人神往的理想任务。罗兰夫人的‘自由，自由！天下几多罪恶假汝之名以行！’已成了摇笔即来的文章的套语了”。② 这种心态的转变与他的学习经历、所获经验相关联。正是这一批在学堂接受西学的“知识群体”，演变为之后推动中国政治、文化变革的“主力军”。

最后，民族意识开始觉醒，思想开始萌苏。李书城曾在《学生之竞争》一文中感慨，20 世纪中国的命运维系在学生的手中：

呜呼！望中国之前途，如风前烛，水中泡耳，几何不随十九世纪之影以俱逝也。欲挽此厄运，若补漏舟，若救火炉，苟非具有武健果毅之气概，伟大磅礴之精神，恺切诚挚之肝胆，明敏活泼之脑浆者，不能使中国之国旗，仍翻飞于二十世纪竞争之大活动场也。今日中国之负此资格造此能力者，果谁属乎？吾得而断言之曰：学生哉，学生哉。③

李书城这段话，意指学生对于中国未来命运的重要性。而学生作为这一重要身份不负众望，其民族意识开始觉醒，对民族危亡有了深刻体认，以及生发出批判意识。中学堂的学生不但具有学习西学的热情，同时保留着一定

---

① 胡适：《四十自述》，合肥：安徽教育出版社，2006 年版，第 57—58 页。

② 夏丏尊：《我的中学生时代》，载《中学生》1931 年第 16 期。

③ 张枬、王忍之编：《辛亥革命前十年间时论选集》第 1 卷上，北京：生活·读书·新知三联书店，1960 年版，第 453 页。

的传统底色。同时，也有一部分学生完全受西化的影响，一心想革命。“十余岁的中学生是天不怕地不怕的。他们不曾想到杀头的恐怖，只曾想到革命的壮烈。他们的心目中，都相信皇帝一定是要被推翻的，一个新世界将要到来。这新世界的内容如何，却含糊的很。”① 也有的学生革命思想来源于教师的启发。永宁中学堂的学生在教师的启迪下，纷纷加入同盟会。“杨庶堪和向楚经常亲到学生自习室去找学生闲谈，有意识地启发学生认识当时国内外形势，严正地谴责清廷腐化无能，丧权辱国；又暗中介绍革命书籍报刊等与有志气的学生们阅读，如邹容的《革命军》，章太炎的《訄言》和同盟会出刊的《民报》、《天讨》等。在旧书方面，则提倡阅读《水浒传》，郑所楠著的《心史》和顾炎武、王船山、黄梨洲等人的著作。这些学生则由书院制度中抽身出来，都有一定的中文基础和历史知识基础，经杨、向在民族大义方面的传播启导，大家心胸开朗，志气昂扬，在很快的时间内，遂孕育出不少的革命新生力量。”② 很多学生在两位老师的介绍下先后入盟，参加革命。

中学堂学生思想解放的另一表现，即不再恪守传统教规，开始萌生出反叛意识。一方面表现在，开始打破“师生”的尊卑关系，表达自由心声。广州府中学堂的学生因不满体操教员的教育方式，遂群起罢课。“当时体操教员为一将弁业生，是外省人，性情粗暴，训练学生如同士兵，在上课时，稍一不合，即加以拳打脚踢。当时除三数学生不加反对外，其余学生均不甘受辱，群起罢课。”③ 可以看出，并非所有学生敢做逆者，也有部分学生甘于受压。重庆府中学堂的学生则因擅自撕掉制服的红布条，被监督先生严查，并被开除，致使全校学生罢课。俞子夷曾经参与了南洋公学中院的学潮运动，被学校开除。当归家之后，其父对其严厉批斥。“父亲为人极规矩，不愿子女有非

---

① 愈之：《我的中学生时代》，载《中学生》1931年第16期。

② 李桂林、戚明琇、钱曼倩：《中国近代教育史资料汇编·普通教育》，上海：上海教育出版社，2007年版，第366页。

③ 李桂林、戚明琇、钱曼倩：《中国近代教育史资料汇编·普通教育》，上海：上海教育出版社，2007年版，第351页。

礼举动。和教员反抗，他认为是大不敬。”① 当同学劝他加入学生自发组织的爱国学社，其父坚决不允许，理由是一帮胡闹的学生，将来绝不有什么好结果。另一方面敢于追求新风尚，打破旧思想的束缚。辛亥革命爆发后，国人向往着共和的建立，剪辫子成为是否支持革命、除旧习俗的标志。一旦某个地方光复，这个地方即流行起剪辫子风潮，表示与封建帝国的决裂。而中学堂的学生也紧跟潮流，通过剪辫子的方式表达对革命的热情。

到了那年四五月间，在青年人心头的革命情绪，是非表现不可了。而表现的方式却是剪辫子。说也奇怪，因为有一二个同学剪去辫子；大家相率仿效，剪鬓竟成了一时的流行病。虽然学校当局为避免外面的压迫，劝告学生勿剪辫子，但是一大部分的学生却都变成光头。我的堂兄在府中学堂，他也是首先剪辫子的一个，他的家庭知道了这事，告之了我的父母，父亲着慌了，连忙来一信，叫我万勿剪辫子。我便写信去要求，我的父亲又来信，申斥了一顿，引了“身体发鬓，受之父母”的大道理。究竟我是一个羸弱的孩子。我没有反抗父亲的勇气，只好暂时把辫子留着，但是因此我却付出了重大的代价。我被同学们当做侮弄的对象，“猪尾巴”变成了我的代名词。②

从以上中学堂学生的回忆可以发现，学生对于剪辫实属对于时政的反应，可以说通过该行为表达自己的革命情怀，但是，从这则回忆中可看出，有的学生却进退维谷、左右为难，一方面，想革掉传统的守旧思想；另一方面，迫于家庭压力，表现出一定的屈服性、不坚定性。③ 叶圣陶对剪辫后的感受，更是描写得生动有趣：

至十句钟复至校中。令时适来，则发辫已剪去，劝我盍剪去之。盖

① 俞子夷：《困学琐记》，南平：天行社总社，1944 年版，第 14 页。
② 愈之：《辛亥革命与我》，载《中学生》1933 年第 38 期。
③ 愈之：《我的中学生时代》，载《中学生》1931 年第 16 期。

近日同学中剪去者已十之八矣。余应之，即请令时捉刀。“磕榻”一声，豚尾之嘲已解，更徐徐修整，令之等长。揽镜自照，已不出家僧矣。而种种举止行动得以便捷，则我生自今日始也。晨起后作《剪发吟》两绝句。①

图 1—3　剪辫子

清末可谓是中国社会向近代化转型期，在该时期，中国文化发生了较大转变，民众的心理开始发生变化。中学堂是该时期的新生物，学堂学生的生活印上了深刻近代社会变迁的痕迹。通过以上中学堂学生生活的描述，可以发现学生所带有的时代徽记。比照书院的学生生活，中学堂的学生接受了更多西方知识，其思想更为进步、更为开放、更为开化。

另外，学生的课余生活开始丰富多彩，包括课外办刊、阅读进步报纸、远足等活动。叶圣陶在课余之际，发挥文学的热情，创办多种刊物。他读三年级时，与顾颉刚、王伯祥创办了《学艺日刊》，刊印各种“秘籍”，以期学生学习到课堂之外的知识。中学五年级时，叶圣陶又和几个同学发起创办了一个类似现在壁报的学刊《课余丽泽》。他在杂谈《我的写作》中说：“升到五年级的时候，和几个同学发起一种《课余丽泽》的壁报，自己刻钢板，自己印发，每期二张或三张，犹如现在的壁报；我常常写一些短论或杂稿，这

① 乐齐编：《叶圣陶日记》，太原：山西教育出版社，1997 年版，第 40 页。

算是发表文字的开始。”① 除了办刊之外，学堂学生的另一主要活动，就是读进步报纸。俞子夷曾在南洋公学的中院学习，而课堂学习已经不能满足学生们的求知欲望，故在学校里流行买书、订报的风气。俞子夷积累了月考的奖金，定了一份时髦的《新民丛报》。订报纸的目的一是来应付作文，二是了解国家大事，启发心智。“起先，大家爱读经世文编，目的是作文时可以引用，奏议多时事问题，恰配用来做时务策论的资料，才知道注意国事，忽然被《新民丛报》一刺激，读书的方向便生了转变，不是应付星期六的作文，是明白国家大事。《新民丛报》外，又出现了四期《国民报》。自由、独立议论比《新民丛报》激烈了许多。民族意识被鼓动，争相到图书馆里去借《扬州十日记》，《东华录》维持不了学生心理上的浮动，不多时便爆发了墨水瓶风潮。”② 远足的旅行则能开阔眼界，给学生留下美好的回忆。1907 年秋，学校组织同学们远足天平山，借宿在高义园。1911 年秋，学校组织学生远足杭州、游西湖，谒诘岳王墓。叶圣陶在《艺兰要诀跋》中记述，“会结伴泛西子湖，亦六七日，短浆轻打，一舟容与”。③ 这些课外远足皆给他留下无限美好的回忆。

图 1—4　1907 年广州府中学堂第一期甲乙班毕业生合影

---

① 陈辽：《叶圣陶传记》，南京：江苏教育出版社，1986 年版，第 25 页。
② 俞子夷：《困学琐记》，南平：天行社总社，1944 年版，第 11 页。
③ 陈辽：《叶圣陶传记》，南京：江苏教育出版社，1986 年版，第 26 页。

以上几方面是中学堂学生思想和行为进步的表现，但是，也有很多学堂仍保留着传统的习俗。1905年科举废止，然在三年之后，科举的遗规仍然存在。“1908年，光绪皇帝与慈禧太后在一个月之内先后死去。哀诏到后，满族到行宫赘面哭临。中学的师生由校长率领到行宫去哭。先生们把薄荷油擦在手绢上，一掩面即可流泪。学生们以袖掩面干号而已。中学生到行宫哭临，是比照一般‘生员’的。初废科举，设学校，学校学生的资格仍然比照科举的功名来看待。中学生没有什么叫‘制服’，只有‘操衣’。操衣是上体操课用的，但通常穿操衣，而在外面罩一件竹布大褂，这就是比照‘秀才’的学生的样式，这个样式的青少年走到街上，没有人敢于欺侮。”①

二、民国初期文化的变迁及中学生生活概貌

民国初期，是一个新旧交替、除旧布新的转折期，这个时期，旧文化与新文化相互冲撞、摩擦与融合，呈现出一幅生机勃勃的文化图观。五四新文化运动，更是将文化的新陈代谢推向了高潮。期间，各种新思潮、新思想层出不穷，掀起了教育文化领域的大骚动。

（一）民初文化的新气象

中华民国的成立标志着中国历史进入了新的一页，封建君主专制制度已经终结，资产阶级的民主共和国开始建立，呈现出一幅辞旧迎新的文化气象，旧的传统价值逐渐瓦解，新的价值体系开始重构。“在辛亥革命后的城市，原来尚可勉强维持的传统价值体系的权威却变得难以为继了。在形式上仿造现代国家的中华民国，君权神授观念以及君臣官民虚幻的‘父子’人伦关系被扯得粉碎。传统的伦理道德、价值信仰虽然仍在影响市民的观念、行为，但由于突然失去了强有力的政制支持和行政贯彻的渠道，它已经失去了原来作为社会价值的神圣性和规范力。儒家学说提供的生命和生活意义、道德伦理法则失去了往日的威慑力，它关于国家、社会、身份以及文化、知识的种种观念似乎都成了明日黄花。”② 追其缘由，则是因为西方的独立、自由、民主、

---

① 陶希圣：《潮流与点滴》，北京：中国大百科全书出版社，2009年版，第14页。

② 许纪霖、陈达凯主编：《中国现代化史（1840—1949）》第1卷，上海：学林出版社，2006年版，第255页。

平等这些观念已经开始渐入人心，并直接影响到人们的生活方式。主要表现在以下几方面：

首先，祛除封建落后的遗俗陈规。民国成立后，南京临时政府即着手大力整顿社会丑恶陋习，以扫除时代的“风俗之害”，包括“奴婢之蓄养”“缠足之残忍”“鸦片之流毒”“风水之阻害”等。取消封建时代的跪拜礼，代之以鞠躬、握手的方式；取消封建等级的“老爷”称呼，代之以“先生”“君”。剪辫子和禁缠足则是当时最激烈且是最具成效的两项。1912 年孙中山通令全国剪辫子，并颁布了禁足令，各地开始颁布禁止缠足文，如浙江颁布《蒋都督令各县知事禁止缠足文》，“将欲图国力之坚强必先图国民体力之发达，而缠足一事，惨毁肢体，组淤血脉，害虽加于一人，病实施于子姓，生理所证，岂得云诬。至因缠足之故，动作竭蹶，深居浅出，教育莫施，世事罔问，遑能独立谋生，共服世务”。[①] 缠足的历史习俗沿袭了上千年，恰如民间的谚语，“小脚一双，眼泪两缸。脚儿裹的小，做事不得了；脚儿裹得尖，走路只喊天！”[②] 禁足令的颁布，使中国妇女终于可以不受裹足之苦、不便之累。对于中国妇女而言，无疑是极大的恩惠，它代表着身体的解放、女性权利的赋予。

其次，女性开始追求自由、平等。妇女的觉悟及思想解放是社会文明进步的重要标识。民国之前，女权意识比较薄弱。民国之后，女性意识逐渐觉醒，主要表现即是唐群英等组织了女子参政同盟会，从事女子参政运动，并向参议院要求在约法中规定男女平等的条文。虽然同盟会只是昙花一现，存在时间较短，但也表明女性追求男女平等意识开始形成。如广州妇女的参政运动，其结果在广东省自治案的第五条里规定“人民在法律上一律平等，无男女宗教阶级之别”及十八条“人民依律有选举及被选举权及任受公职之权”等。[③] 在男女平等思想的宣传与影响之下，更多女性开始走出闺室，进入学校或者参与社会服务，同时其婚姻观念也随之而变，反对包办式婚恋，追求自由恋爱。男女平等的思想同样体现在教育方面，1912 年颁布的壬子癸丑学制，

---

① 《蒋都督令各县知事禁止缠足文》，载《浙江军政府公报》1912 年第 48 期。

② 贾伸：《中国妇女缠足考》，载《史地学报》1924 年第 3 卷第 3 期。

③ 高山：《中国的女权运动》，载《东方杂志》1922 年第 19 卷第 18 期。

把女子教育纳入到学制系统，从而使得女子可以进入学校。

最后，人们的衣饰开始改变。中华民国成立之前，男性依然以长衫、马褂为主，但在一些开埠城市上海等地，已经出现了西式服装的装扮。民国成立后，人们的衣服种类不断丰富，不仅穿着长袍，同时也穿西装、中山装等。“西装东装，汉装满装，应有尽有，庞杂至不可名状”。① 服饰的改变代表着国人对待西方文化的认同。从以上几方面的内容可以发现，民国建立之后，社会出现了许多新风尚、新气象、新变革，昭示着一个全新时代的来临。

（二）新文化运动及五四运动的勃兴

辛亥革命的成功推动了中国的现代化，但是，又具有一定的不彻底性。民国初年，民主制度的不健全，政局更迭纷乱，思想文化领域沉渣泛起，出现了尊孔复古的逆流。人们普遍认为，“无量金钱无量血，可怜购得假共和”。对新制国家怀抱的美好愿望开始幻灭。正如梁启超所言，“革命成功将近十年，所希望的件件都落空，渐渐有点废然思返，觉得社会文化是整套的，要拿旧心理运用新制度，决计不可能，渐渐要求全人格的培养”。② 这种时局也使得人们意识到，中国面临的危机，不仅是国力和制度的落后，更是文化上的差异。这也是近代化进程从器物层面到制度层面，再到文化层面过渡的最终阶段。

1. 五四新文化运动。

1915 年《新青年》杂志创刊，标志着新文化运动的开始。陈独秀指出：“要拥护那德先生，便不得不反对孔教、礼法、贞节、旧伦理、旧政治。要拥护那赛先生，便不得不反对旧艺术、旧宗教。要拥护德先生又要拥护赛先生，便不得不反对国粹和旧文学”；“我们现在认定只有这两位先生，可以救中国政治上、道德上、学术上、思想上一切的黑暗”。③ “德先生”和“赛先生”即是西方的民主与科学，同时也是新文化运动的主旨所在，力在批判专制与传统迷信。于是，孔子以及儒家思想都成为批判的对象，甚至比作“吃人”。较

---

① 载《大公报》1912 年 9 月 8 日。

② 李华兴、吴嘉勋编：《梁启超选集》，上海：上海人民出版社，1984 年版，第 834 页。

③ 陈独秀：《本志罪案之答辩书》，载《新青年》1919 年第 6 卷第 1 号。

具代表性的如鲁迅，“凡事总须研究，才会明白。古来时常吃人，我也还记得，可是不甚清楚。我翻开历史一查，这历史没有年代，歪歪斜斜的每页上都写着‘仁义道德’几个字。我横竖睡不着，仔细看了半夜，才从字缝里看出字来，满本都写着两个字是‘吃人’!”① 另外，吴虞曾猛烈抨击孔子，“孔二先生的礼教讲到极点，就非杀人吃人不成功，真是残酷极了。”② 胡适曾把吴虞称为“只手打孔家店”的老英雄、中国思想界的一个清道夫。胡适作为新文化运动的主倡者之一，对儒家伦理的批判更为激烈，他曾言：“正因为二千年吃人的礼教法制都挂着孔丘的招牌，故这块孔丘的招牌——无论是老店，是冒牌——不能不拿下来，捶碎，烧去。”③

除批判封建伦理纲常之外，“文学革命”及“白话文运动”也是新文化运动的另一个重要内容。胡适在《文学改良刍议》中指出白话文为“中国文学之正宗”。陈独秀竖起了文学革命的旗帜，提出建设国民文学、写实文学、社会文学的三大主义。因此，白话文小说、白话文诗歌成为创作的新潮。如鲁迅《狂人日记》、《孔乙己》、《祝福》等一系列的白话文小说，都反映出时代的“呐喊”，及对封建礼教的无情批判。胡适创作的《蝴蝶》，可以称为白话诗的开端。

蝴蝶

两个黄蝴蝶，双双飞上天。
不知为什么，一个忽飞还。
剩下那一个，孤单又可怜。
也无心上天，天上太孤单。④

---

① 鲁迅先生纪念委员会编纂：《鲁迅全集》第1卷，北京：人民文学出版社，1981年版，第425页。

② 吴虞：《吃人与礼教》，载《新青年》1919年第6卷第6号。

③ 胡适：《胡适文存》第1集，合肥：黄山书社，1996年版，第584页。

④ 郑大华编：《胡适全集》第10卷，合肥：安徽教育出版社，2003年版，第50页。

胡适通过这首新诗，表达写作新诗并未得到朋友的支持，而感到无比孤独与惆怅。除了创作新诗、新剧之外，翻译国外的作品成为当时一种学习西方文化的方式。这些作品涉及政治、哲学、教育、文学等方面，如新青年于1918年推出了“易卜生专号”，连载了《娜拉》等作品，其宣扬思想自由、女性解放的思想，适恰迎合了新文化运动的旨归。这些译介的国外作品受到广大读者的欢迎与喜爱，通过阅读大量外国作品，不仅使得西方文化得到广泛传播，同时有益于中国文化的变革与转型。

1919年，列强的蛮横无理与北洋政府的卑躬屈膝，激起了国人的强烈愤慨。1919年5月4日，北京大学、北京高师等13所大中学校的3000余名爱国学生集聚天安门游行示威，提出“外争国权、内惩国贼”等口号，要求政府拒绝在凡尔赛和约上签字，罢免曹汝霖等职务，并火烧曹汝霖的住宅。在北京学生运动的影响下，全国各地纷纷响应，上海、南京、武汉等大城市投入到罢课、游行、抵制日货的活动中。从文化变迁的角度而言，五四运动是新文化运动的延续，两者的旨趣相同，都是以“民主”“科学”为大旗。

统而言之，五四新文化运动，首先是一场文化运动，是对旧文化、旧道德、旧习俗的一场批判与革新的运动。自由、民主与科学逐渐取代了专制、愚昧、迷信，并成为当时的主旋律。国民以一种开放的胸怀去接纳外来文化，进而为中国文化注入了新的活力，从而推进了文化的现代化进程。同时，中国正处于除旧布新的十字路口，各种文化思潮纷至沓来，冲击了中国的文化传统，形成了各种流派与论争，促成了“百家争鸣”的时代格局。在这个过程中，教育的变革也如影随形，在中国的教育领域掀起了一场轰轰烈烈的改革之风。其中，包括教育宗旨的革新、国语教学改革、新教学方法的实验、女子教育变革及1922年新学制的产生等。作为教育对象的学生，在变革的过程中深深烙上了文化嬗变的痕迹。

2. 中学生生活的改变。

文化的变迁是一个社会或群体中的大多数成员逐渐放弃旧的行为选择标准体系而接受和形成新的行为选择标准体系的过程，是社会变革和人与人间关系结构的重新组合。① 文化的变迁是在一定条件下进行的，“只有当一个社会接受了某项革新或发明并且将它正式使用时，才能导致文化变迁；如果人们对某项革新或发现不加理睬，那就不会引起文化变迁。教育总是受着社会群体中占主导地位的价值观念支配的，反映的是一定社会的要求”。② 民国后的文化变迁影响到教育变革。而学生作为学校中的特殊群体，直接受制于学校的变革。1912 年中华民国成立之后，学堂改为学校，中学堂学生也去掉旧堂生的帽子，摇身一变，成为中学生。学生在社会文化变迁中，不但具有社会文化的特征，同时也具有自身独特的文化特征。“一个社会中的各种不同的团体，其组成分子常有特定的价值观念和行为特征，与社会的一般文化有关，却又有其自身特征的文化。一个复杂的社会文化，不仅有其统一的共同的成分，同时还有各种不同的次级文化。”③ 也就是说，该时期中学生生活既有与当时社会风气相同的特征，也有中学生本身独有的形态。

图 1—5　1917 年湖北第七区鹿门中学校第一次毕业纪念

第一，思想观念开始解放，摒除各种遗风陋俗。作为一种有计划的干涉

① 刘云德：《文化纲论：一个社会学的视野》，北京：中国展望出版社，1988 年版，第 101 页。

② 郑金洲：《教育文化学》，北京：人民教育出版社，2000 年版，第 174 页。

③ 顾明远主编：《教育大辞典》第 6 卷，上海：上海教育出版社，1990 年版，第 427 页。

与社会控制的工具，教育是学习和传播文化（显性文化和隐性文化）的过程。[1] 在民国新文化运动的大潮中，民主与科学开始袭进中学生的观念之中。新旧两种文化的冲击碰撞，使得中学生思想得以更换革新。正如廖世承指出："近来我国的思想界，无论其进步与否，可谓畅所欲言。青年士子，对于新主义的传入，更欢迎不遗余力。凡言论稍涉稳健的，都成了时代的'落伍者'。"[2] 这种改变主要体现在以下几方面：其一，学生的服饰装扮开始转变。民国建立之后，虽然大部分学生继续穿长衫、马褂，但是也开始有中学生开始穿西服。某教会中学在西装款式和料子上比较讲究。"大多数同学的西装款式和料子都比较大路，少数同学家境特别优越的，穿得就比较'招摇'，例如邓志精、邓志卫（近代上海纺织业巨子邓仲和之子）两兄弟，他们就是天天翻行头，今朝穿条子西裤，明朝穿格子西装，有时是燕尾服式的。"[3]

第二，学生的婚恋观开始转变。在接受西方的自由、民主的观念之后，中学生的婚恋观也开始转变，不再是顺受父母一手操办了，且笃信婚姻自由。据申报上所载的《结婚与离婚》的一则消息可以发现，中学生的婚恋观在新文化运动之后开始转变，大多数人认为没有爱情的婚姻是不道德的。

> 朱亮才是某中学学生，王俪娟是某女师学生，他们俩是受新教育的，所以说是新人物。现在男女是社会公开的了，所以亮才有二个女朋友叫周梦云、傅如英，俪娟也有二个男朋友叫赵天声、洪志远，他们也都另有许多男女朋友。亮才和俪娟结婚了，他们的婚姻是三年前父母的主意定了的，所以这是不自由的婚姻。亮才的人物也还漂亮，俪娟的容貌也还美丽，可是因不自由的婚姻，夫妻间不能发生爱情，不是你吵就是我闹，弄的家庭间很不安宁，没了随各人的自由行动，双方议定了条件，

---

① ［美］J. U. 奥布主编，石中英审译：《教育大百科全书：教育人类学》，重庆：西南师范大学出版社，2011 年版，第 92 页。

② 廖世承：《今后中学教育的问题》，载《教育杂志》1925 年第 17 卷第 6 号。

③ 施扣柱：《青春飞扬：近代上海学生生活》，上海：上海辞书出版社，2009 年版，第 299 页。

就离婚了，这是不自由的婚姻的自由离婚。不多日亮才和梦云结婚了，俪娟也和天声结婚了。都是双方自己愿意的，这是自由婚姻。结了婚以后，他们的爱情很好，可是不到二个月，就有些小意见不合，后来亮才嫌梦云性情不好，俪娟也嫌天声没钱，竟由小意见而大冲突，至于离婚。这是自由结婚的自由离婚。不多时，亮才又和如英结婚了，天声和梦云结婚了，俪娟也和志远结婚了，后来又因为性情不合离婚了。没几日一个消息。天声和如英结婚了，志远和梦云结婚了，亮才和俪娟也都和情人结婚了，后来又听说又因特别原因都离婚了。①

从以上一则结婚与离婚的消息中，可以发现，中学生强烈追求婚姻自由，对于结婚与离婚的观念相对开放大胆。有的中学生则更是为了爱情奉献了生命，上演了一幕“生命诚可贵，爱情价更高”的悲剧。浙江“东吴中学学生吴祖淦因与某女士爱情深笃不获偕老，相思成病，在校淹逝”。② 虽然这名中学生的行为走向了极端，但也说明了他对恋爱自由思想的极度追求。

第三，更多女子开始走进中学，并捍卫女子受教育权。妇女解放是社会文明进步的重要标志。中国封建社会的女性长期“奴隶于礼法，奴隶于学说，奴隶于风俗，奴隶于社会，奴隶于宗教，奴隶于家庭”。③ 可以说，女性处于社会的最底层，饱受封建礼教的压迫。陈东原指出：“自光绪二十年（民国前十七年）甲午之战以后，中国妇女生活，开始变动了。一直到民国四年，实算起来，足有二十年。这二十年中，由‘无才是德’的生活标准改到‘贤妻良母’的生活标准；由闺门之内的生活，改到学校读书的生活：进步不为不快。但妇女有独立人格的生活，实在是在新青年倡导之后。而‘五四’是一个重大之关键。”④ 女子中学的教育始于清末教会中学，1895 年，教会女子中学有 69 所，而女子中学从法律上得到认可则始于民国建立之后，1912 年颁布

---

① 吴逝薇：《结婚与离婚》，载《申报》1924 年 11 月 9 日。
② 《湖州》，《申报》1920 年 3 月 30 日。
③ 胡伟希编：《民声：辛亥时论选》，沈阳：辽宁人民出版社，1994 年版，第 118 页。
④ 陈东原：《中国妇女生活史》，上海：商务印书馆，1937 年版，第 365 页。

的《中学校令》中明确规定，“专教女子之中学校，称女子中学校”。1919年，蔡元培发表演说，主张尊重妇女人格和平等的权利，实行男女同校。甘肃的邓春兰读到蔡元培的演讲之后，内心澎湃、倍受鼓舞，于是写信给蔡元培，倡言“拟代吾女界要求先生，于此中学添设女生班，升至大学预科，即实行男女同班”①，她请愿入中学，为全国女子开先例。之后，广东省立中学、北京高等师范学校附中开始招收女生。

女子中学所开设的课程，除了普通科目之外，增设一些围绕“家庭生活”的课程，如家事、缝纫、手工等。如在教育部发布的女子中学校应注重家事实习的训令中，要求女子中学加设适应家事实习的设备，包括客厅及寝室、烹饪室、儿童保育室、庭园、缝纫室、洗涤室等。从课程设置以及实习设备可以发现，女子虽然可以进入中学校学习，但仍以“家庭”为本位，带有一定的局限性。“家为国家社会之根本，其良窳如何，影响至巨，然欲求良善之家庭，必自研究家事始。家事为女子中学最重要之科目，应增加时数，注重实习。”② 此外，一些中学专设符合女子的体操及图画。无锡私立竟志女学校注重女生体操及图画。“体育为女子所缺乏者，故注重体操一科。所教授之各种体操，除依普通中学程度教授外，选择东西洋体育书，合于女子应用之各种操法，务合于生理的卫生的美的各种游戏及行进等法，以补中国女子之缺陷。图画为美术之一种，以女子爱好美术之特性是其特长，故注意图画一科。除水油画、图案画、几何画等外，另有课余画品等在日曜教授，以不没女子之特长。”③ 专设女子特长的课程，可以发挥女子的性别潜能。

第四，爱国意识受到激发，积极参加爱国运动。中华民国的胜利果实被窃取，之后出现复辟等历史的逆流，这都给处于热血澎湃的中学生以强烈刺激。朱自清得悉袁世凯违背民意，下令恢复帝制，改元洪宪，心情甚是沉重。

---

① 朱有瓛主编：《中国近代学制史料》第3辑下，上海：华东师范大学出版社，1992年版，第82页。

② 李桂林、戚明琇、钱曼倩：《中国近代教育史资料汇编·普通教育》，上海：上海教育出版社，2007年版，第837页。

③ 侯鸿鉴：《无锡私立竟志女学校概略》，载《中华教育界》1914年第13期。

朱国华说："大哥和同学七八人团团围坐着低声讨论，我恰从后厅走近，只听大哥讲：两年前宋教仁遭暗杀，现在又要一手遮尽天下耳目，帝制自为，真是太不顾民意了！语云'物极必反'，我想凡是顺从民意的，必然取得最后成功，而那些倒行逆施违反时代潮流的独夫行动，一定不会长久的。"① 五四新文化运动之后，中学生更是参与到全国学生运动的队伍中去，积极宣传使用国货、爱国救国等思想。"中学生凡至洋货铺、药房暨各街道，均立讲演，语词激昂并有痛哭流泪者。是日天气炎热，诸生沿途讲演，汗流浃背毫无倦容，直至五时许始游毕归校。今日商民亦有警告传单分布各处，大致不外不购日货、不乘日船、不用日币等语。"② 除抵制日货之外，则是倡导国货。江苏无锡"岭南中学学生分会调查部，现设一国货陈列处，征求国货以供展览，凡属国货学校用品等类之，公司有意提倡国货而赞成斯举者，将各货样交该分会陈列可也"。③ 正如一首曲子的词所描述，"国亡，迫在眉睫，这命脉只存一息。抵制劣货无休歇，振兴国货谋公益"。④

除了抵制日货之外，很多中学生纷纷走向街头，进行爱国宣传。"无锡辅仁中学学生会因鲁案吃紧，特联合各校于十七日游行演讲，下午二时在辅仁出发，二时半在公园集合，其游行次序女校在先，国民在中，高等在后，中学为最后，个人手中均执有还我青岛等小旗，沿途分发传单。"⑤ 有的中学生勇赴革命现场，支援前线。"当时的一些爱国活动，武汉中学的学生总是昂首阔步，慷慨以赴，是一支很好的革命宣传队伍。如迎接北伐的拥军支前活动等，他们都是一马当先，非常活跃。"⑥ 在1925年的"五卅"运动发生后，学生的激情再次被激起，各地学生纷纷响应。六月初，济南学生罢课，市民罢

---

① 中国人民政治协商会议江苏省扬州市委员会文史资料委员会编：《扬州文史资料》第7辑，1988年，第27页。

② 《皖学界爱国热之续闻》，载《申报》1919年5月21日。

③ 《岭南中学设立国货陈列处》，载《申报》1920年6月23日。

④ 少芹：《学潮曲》，载《小说月报》1920年第6卷第3期。

⑤ 《地方通讯》，载《申报》1924年5月11日。

⑥ 中国人民政治协商会议武汉市武昌区委员会：《武昌文史》第2辑，1986年，第87页。

市，各界纷纷建立了“雪耻会”等组织，捐献、义演援助沪、青工人的反帝斗争。济南学生自治会联合统一行动，在公园召开大会，上街游行，到市郊宣传，发动市民，抵制日货。在六月二十五日全国统一行动中，育英学生会印发了“为英日帝国主义野蛮残暴的大屠杀状告全国同胞”的传单，其中写道“要誓死奋斗到底!”“打倒野蛮残暴的帝国主义!”“中华民族解放万岁!”。学生的思想觉悟之高，爱国热情之激，可见一斑。[①] 在内忧外患的国情之下，学生们的爱国热情异常高亢，有的走向街头奔走高呼；有的进入前线竭力支援；有的进入基层，唤起民众的爱国热情。中学生作为中坚力量的热血青年，以不同的方式进行着爱国运动。

第五，打破传统的学生身份，发起各种学潮。传统的学校观念，即为学生应被动服从学校和教师管理，不能有对抗叛逆之行为。1914 年奉天省“北关中学校大起风潮，适中央教育部二员因公过奉，闻有此种消息，遂极力主张全体解散，谓国家虽号称共和，而学生必须服从，欧美皆然。今日世界为学生时代，光阴之宝贵，学业之宏深，任意做无价值之行为，则今日既为暴烈之学子，他日必为杂质国民，与其留此其毒传染为虞，何如及早扫除，以惜此有用功之财力再养成有济之人才之为愈也云云”。[②] 从教育部官员对待学潮的态度中可以发现，当时虽共和制度已经形成，但是人们的观念仍较陈旧，仅从“学生必须服从，欧美皆然”的话语中便可得知。学生作为学校教育的对象，在受到五四新文化运动及各种思潮的影响之下，萌生出独立意识，开始伸张“学生权”，敢于对学校的办学、教师的讲授等提出异议，甚至发生对抗。浙江省立第一中学的学生，在受到五四新文化的洗礼之后，成立了捍卫学生权利的自治会。“民国八年五四运动之后，学生感受外界之新思潮，于学校甚致不满，当局只得取放任主义，学生遂成立自治会。其职权与学校行政划分不清，而学校遂莫能举办一事。因之教职员学生之间，感情失调，十年

① 济南育英中学校史组：《济南育英中学校史》，1985 年，第 8 页。

② 《奉天》，载《申报》1914 年 6 月 29 日。

暑假，遂起极大风波，甚至寒假，始告平息。”① 可谓学生自治会的设立，干涉了学校行政管理，同时也是表达学生思想、捍卫学生权利的组织机构。正如蒋梦麟所言，“学生自治并不是一种时髦的运动，并不是反对教职员的运动，也不是一种机械性的组织。学生自治，是爱国的运动，是‘移风易俗’的运动，是养成活泼的一个精神的运动。”②

学生摆脱传统的生从师命的关系，逢遇小事便发起反动。“学生对于不良的校长和教员，一觉悟其不称职，便群起而攻之，忍一时的痛苦，谋久远的福利，这也是一桩光明正大的事情。学校与教员，关系于学生的地方甚大，他们若不称职，有血气的学生，那能容忍过去呢?”③ 也就是说，学生与教师、校长之间经常会起摩擦。“在目前不良的政治教育制度下，学校教职员与学生的思想、利益往往是相互冲突的。因相互之冲突与摩擦，‘开除学生’‘驱逐校长’等问题，自然不免要引起学潮。故学潮之发生，多半由于教职员学生间的思想、利益冲突之结果。”④ 松江中学则发生了反抗校长事件。“松江中学之成绩向来无甚特色，亦不闹风潮。主其事者但以按期毕业得保，无事为尽职，学生亦但知不犯校规得一文凭为本旨，而已于精神上实不能放有异彩，不料近日之校风更逊，昔日学生公然夹带不知耻，反挟众以抗校长。”⑤ 学生作弊受到校长的处分，不仅未谦虚认错，反而行动起来反抗校长，无不表现出学生对待教师、对待学校不屑一顾的态度。学潮发起的原因主要由于人们思想观念的变化，“今年以来，我国的思想，日渐超新，对于学校教育，稍有感觉不便的，就立时发出一种怀疑和改造的态度来，这种活泼的表现，在教育前途的改进上不能谓之无所裨益，但有时主张往往偏重理论，不顾事实，结果酿成学校绝大风潮，致学校与学生的进步，同时俱为停止。”⑥

---

① 李桂林、戚明琇、钱曼倩：《中国近代教育史资料汇编·普通教育》，上海：上海教育出版社，2007 年版，第 922 页。

② 蒋梦麟：《学生自治》，载《新教育》1919 年第 2 卷第 2 期。

③ 既澄：《学潮》，载《教育杂志》1922 年第 14 卷第 1 号。

④ 牧武：《学生与学潮》，载《中国学生》1925 年第 5 期。

⑤ 载《申报》1913 年 1 月 29 日。

⑥ 《对于废除学校考试之意见》，载《申报》1923 年 1 月 24 日。

总而言之，中学生作为一个新群体，自民国建立之后，开始活跃于教育的舞台。这个群体在五四新文化运动的熏陶之下，其思想观念、行为方式都随之而变。其思想观念更为开放进步，勇于打破传统思想观念的束缚；其行为方式更为积极踊跃，勇于走出校园，走向街头宣传爱国思想；同时，中学生正处于青春过渡期，其思想容易起伏波动，在接受新思想之后，开始冲破传统的师生关系，争取学生身份的平等权，以及参与学校的民主权。其中，女中学生成为该时期学生史的重要部分，她们开始进入中学，其观念大开，敢于挑战陋俗，争取人身自由。李书城曾断言："二十世纪竞争之点，既集于中国之学生矣，其或本此能力以竞争而获胜利也，则二十世纪之中国，乃中国人之中国，吾学生为之支配之，为之整齐之。"① 换言之，在民主、自由及西方思潮的招引下，中学生们的观念和行为也顺之而更，不仅是家庭的构成者、学校的学习者，更是社会的参与者。

三、南京国民政府时期文化运动及学生生活

南京国民政府成立之后，为了巩固其统治，推行以党治国的政策及三民主义的意识形态，并贯穿在各个领域。反映在教育领域中，便是实施党化教育方针，使各级各类的学校教育国民党化。同时，伴以"礼义廉耻"为核心内容的新生活运动，借以灌输和重塑国民的思想和行为，进而为政权服务。

（一）南京国民政府时期的思想文化转向

一方面，推行以党治国政策及三民主义的意识形态。1928 年，蒋介石公开宣布"以党治国"，即一切国家大计，都由国民党政府决定。三民主义是南京国民政府时期的主流文化形态及官方政治哲学，是蒋介石在孙中山的三民主义基础之上发展而成。孙中山的三民主义理论来源较为复杂，既有西方资产阶级的思想，也包含着中国传统文化，同时也糅合了苏联革命专政思想，反映了当时的社会主要矛盾。其核心思想主要是指"民族主义、民权主义、民生主义"，蒋介石则在孙中山三民主义的基础上，重新阐释了其内涵，蒋介

---

① 张枬、王忍之编：《辛亥革命前十年间时论选集》第 1 卷上，北京：生活·读书·新知三联书店，1960 年版，第 459 页。

石在《中国之命运》一书中再次强调了三民主义，“惟有三民主义为汇萃我整个民族意识的思想，更可以证明中国国民党为代表我全体国民的要求，和各阶级国民的利益而组织，为革命的惟一政党。任何思想离开了三民主义，即不能长存于民族意识之中”。① 换句话说，国民党即把“以党治国”及“三民主义”的思想贯穿在各个领域。

在教育领域，国民党实施“党化教育”及“三民主义教育”的方针及宗旨。1927 年，国民党政府颁布了《学校施行党化教育办法草案》，规定：“我们所谓党化教育，就是在国民党指导之下，把教育变成革命化和民众化；换句话说，我们的教育方针，要建筑在国民党的根本政策之上。”② 即把以党治国的理念贯穿在整个教育领域之中，使各级各类的学校教育国民党化。之后，党化教育被三民主义取而代之，把三民主义教育确定为教育宗旨。1929 年拟定了教育方针：

> 三民主义之教育，必以充实人民之生活，扶植社会之生存，发扬国民之生计，延续民族之生命为最大目标。一方面使一切个人身心皆得健全，以各遂其生；同时联络全国民族之各个成员为一体，俾各自发挥相当之力量，贡献于全体之利益，以共遂其生；务达民族独立，民权普遍，民生发展之目的。③

在实施方针中规定了八条，第一条，“各级学校之三民主义之教育，应与全体课程及课外作业相连贯。以史地教科，阐明民族之真谛；以集团生活，训练民权主义之运用；以各种之生产劳动的实习，培养实行民生主义之基础；务使知识道德，融会贯通于三民主义之下，以笃信力行之效。”第二条，“普通教育，要根据总理遗教，以陶融儿童及青年‘忠、孝、仁、爱、信、义、

---

① 蒋中正：《中国之命运》，南京：正中书局，1943 年版，第 106 页。

② 《教育界消息》，载《教育杂志》1927 年第 19 卷第 8 号。

③ 郭为藩主编：《中华民国开国七十年之教育》，上海：广文书局出版社，1981 年版，第 57 页。

和、平’之国民道德，并养成民国之生活技能，增进国民之生产能力为主要目标。”① 从实施方针中，可以发现，唯我独尊的“老爷”派头又一次情不自禁地表露无遗。

另一方面，实施新生活运动。1934 年，蒋介石在南昌发表了《新生活运动之要义》的演说，标志着一场声势浩大的新生活运动及一场新的思想文化运动的开始。蒋介石之所以发动这次运动，主要是基于当时较为复杂的社会背景。一方面，蒋介石认为，当时的中国面临着民族衰亡的局势，民国的精神状态却是“颓废不振，暮色日深，国民精神道德和生活态度实在太不合适于现代，而整个民族的生存已经发生了严重的危险。直言之，当以劲疾之风扫除社会上污秽之恶习，更以薰和之风培养社会上之生机与正气”。另一方面，他认为五四新文化运动，使得各种思想传入国民的头脑之中，“五四新文化运动将我们中国固有的民族道德与伦理哲学，完全鄙弃，由是不三不四的思想与各种异端邪说，一齐传布出来，反而是中国真正的文化，有陷于无形消灭的危险”。② 所以，新生活运动的实施是为了振奋人们的精神，改良社会风气，复兴整个民族。

新生活运动以“礼义廉耻”为核心思想，体现在衣食住行的生活方面，先以“规矩”与“清洁”为第一期运动之中心工作③，同时实行“三化”方案，即军事化、生产化、艺术化。以三化中的核心内容军事化为例，“所谓军事化即要求做到重组织，尚团结，严纪律，守秩序，知振奋，保严肃，随时准备捐躯牺牲，尽忠报国”。④ 蒋介石认为：“国家与民族之复兴不在武力之强大，而在国民智识道德之高超——提高国民智识道德在使一般国民衣食住行能整齐，清洁，简单，朴素，合乎礼义廉耻，新生活运动为目前救国建国与

---

① 教育部编纂委员会编：《第一次中国教育年鉴》甲编，上海：开明书店，1934 年版，第 16 页。

② 秦孝仪主编：《总统蒋公思想言论总集・演讲》卷 18，台北：中央文物供应社，1984 年版，第 278 页。

③ 中国第二历史档案馆编：《中华民国史档案资料汇编》第 5 辑第 1 编，南京：江苏古籍出版社，1994 年版，第 758 页。

④ 《新生活运动纲要》，载《新运十年》1944 年第 6 卷。

复兴民族最有效力之革命运动——新生活运动之目的在使全国国民生活彻底军事化。"[①] 蒋介石规定了军事化的原则，即唤起"尚武爱国"的精神，注意"迅速整齐"的行为，养成"遵守纪律"的习惯。军事化的目的是使全国国民都能通过军事化而共同一致地生活，并随时准备"捐躯牺牲、尽忠报国"。1935 年 6 月中旬，蒋介石到四川成都督促"剿共"，大谈"推行新运以实施文武合一的教育"，讲到具体任务就是要协力"剿共"。他说："今日最急之工作，为全省各县人士所当联合乡里，协助政府而以全力赴之者，厥有如下之六项：（一）清查户口，（二）整顿保甲，（三）修筑碉堡，（四）储积粮食，（五）联络乡村，守望相助，（六）兴建公路，便利运输。"[②] 所有这些都是反共的战争准备工作。

（二）南京国民政府时期中学生活之样态

在教育领域，新生活运动也发生了很大波动。新生活运动规定了中学生的日常行为应遵守的准则。浙江省中等学校学生新生活运动实施计划中详细规定了实施原则、实施办法、新生活标准举例等。

实施原则中规定：（一）各校应以实行新生活运动为训练学生之准绳。（二）各校实行新生活运动，应使学生以"礼义廉耻"表现于日常生活"衣食住行"之中，使精神生活与物质生活，合而为一。实施办法中包括：（一）公共的训练。1. 各科教学时间：由教员间接的指导学生，或直接的根据新生活运动条目加以申说。2. 随时随地：由各教员注意学生的各种活动，直接间接，引用条目，指导学生遵守。3. 特定时期：随学生公共的需要，或发现学生共通的缺点时，择定适当的条目，为训练的中心，用种种方法，作公共的训练。4. 每星期间：得将新生活运动歌曲，在每星期纪念周会时吟唱。又每星期亦可择定一个适当的条目，特

① 蒋中正：《新生活运动》，南京：正中书局，1934 年版，第 1 页。

② 新生活运动促进总会编：《近代中国史料丛刊》第 3 编第 53 辑上，台北：文海出版社，1989 年版，第 23 页。

加注重，作为公共的中心训练。（二）个别的训练……①

除了规定具体的实施原则和实施办法之外，实施计划亦详细列举了新生活的标准，包括食、衣、住、行、学习、阅读、考试、运动、娱乐、秩序、惜物、待人。如标准规定了“学习”应遵守的准则：

一、上课自习，应守规定时间。二、预备钟打过后，即准备进教室。三、上课自习，均宜静肃。四、学生各自维持教室的秩序。五、学生各自管理教室的秩序。六、如欲发言，须先得教师许可。七、如有疑义，应向教师询问明白。八、上课和自习时间，没有要事，不离开教室。②

以上是新生活运动对中学生的影响，具化到学生的管理方面，则实行军事化管理，实施训育制度等。1929 年，国民政府教育部通令全国实行国民党所指定的《中小学训育主任办法》，设置训育主任和训育人员，开始实行训育制度。《三民主义教育原则》规定，中等教育训育之实施“应根据团体化、纪律化、科学化、平民化、社会化的原则，使无处不含有三民主义的精神”。训育制度的实施同时配以军事化管理。教育部于 1936 年 12 月制定了《高中以上学生军训管理办法》，对学生实施严格的限制，把学校当作兵营，用管理军队的办法来管理学校。对于初中和小学则进行童子军训练。教育部规定童子军为初级中学必修科，凡年满十二岁的男女少年均得参加中国童子军，希图从少年时代起，培养其充满封建伦理道德意识并绝对服从之国民。《童子军规程》所载：“训练的最终目的是使青少年成为‘对团体纪律切实遵守，对于国

① 《浙江省中等学校学生新生活运动实施计划》，载《吴兴教育行政周刊》1934 年第 158 期。

② 《浙江省中等学校学生新生活运动实施计划》，载《吴兴教育行政周刊》1934 年第 158 期。

家法令切实服从'，并'厉行忠孝仁爱信义和平'的忠诚之国民。"[①] 因此，这一时期的中学生生活也烙上了浓厚的"军事化"印记。主要表现在以下几方面：

首先，党化教育的色彩浓重，增加了党义课程。该时期国民党高度重视"党化教育"，竭力灌输党化内容。因为进行政治教育可以发挥以下两种功能："一方面，虽然政治教育的任务是在年轻一代中传播政治文化，是使年轻一代接受社会的共同的价值观，但是，由于个体在童年期和青春期养成的政治信仰和政治行为模式，具有某种'印刻'作用，对其一生都具有持久、深刻的影响，因此，政治教育的作用并不随人们接受正规教育时间的结束而消失，而将继续持续下去。另一方面，政治教育与其他政治社会化的方式不同，它是一种有目的、有计划、有组织的教育活动。通过将政治文化的内容进行合理编制，通过设计有效的教育形式和方法，政治教育对个体的影响比任何一种形式的政治社会化，都更为有效，更为系统。"[②] 党化教育的强迫实施并未引起学生的兴趣，很多学生对党义课程感到万分反感。据一项关于中学生学科兴趣的调查报告，报告选取的对象是上海中学的学生，高中二年级最有兴趣的学科是国文、英文、化学、几何、代数，最乏兴趣的学科包括党义、宗教、伦理、军事、政治学。

表 1—5　上海中学高中二年级学生学科的兴趣

最乏兴趣的学科	政治学	军事	伦理	宗教	党义
提及次数	20	21	29	40	44
百分比	27%	29%	40%	54%	59%

陈选善、郑文汉：《中学生学科兴趣调查报告》，载《教育与职业》1933 年第 149 期。

① 教育部编纂委员会编：《第二次中国教育年鉴》第 12 编，上海：商务印书馆，1948 年版，第 60 页。

② 成有信等：《教育政治学》，南京：江苏教育出版社，2000 年版，第 349 页。

表 1—6　上海中学初中二年级学生学科的兴趣

最乏兴趣的学科	博物	公民	音乐	图书	党义
提及次数	20	22	23	24	47
百分比	32%	35%	37%	38%	75%

陈选善、郑文汉：《中学生学科兴趣调查报告》，载《教育与职业》1933 年第 149 期。

“教育部将党义列入中学必修学程之目的在宣传党义，但结果不但不能将中学生变为三民主义的信徒，使他们服膺党义，而结果反使他们厌恶党义，似与原来宗旨完全相反了”。① 某些中学对于党团生活甚为反感，甚至有的大动干戈，与国民党当局发生冲突。如南宁县师县中学学生的举动，引起了社会广泛关注。“最近我省有一件最不幸的事件发生，我想没有一个听了是不痛心的。南宁县师县中学生捣毁党报（南宁国民日报）及包围省党部事件。据报载：‘南宁县师县中学生于六月二十日开联欢会，省党部派代表到场宣传党义，被该会阻止，次日各代表在南宁民国日报上严厉批评。因引起该两校少数反动教职员恼羞成怒，遂鼓动两校学生率领捣毁党报及包围省党部，高呼打倒国民党之口号”。② 可见，学生们对于强迫增添的党义课程，并非充满着十足的热情，甚至反感党义的宣传。

其次，实施严格的训育制度，监督学生的言行举止。训育是对学生行为和品德的一种管理活动。早在清末教育制度中，设立了管理学生的“舍监”“监学”等，监督管理学生的学习和日常生活。民国时期，训育主任充任管理学生的岗位，负责监管学生的行为和品德。因此，学生的很多行为都受到训育主任的管制。如学生的信件也受到训育主任的监视。在保定育德中学求学的孙犁，与班上女生王淑经常通信讨论问题，后来被训育主任发现之后，免去了他在平民学校的职务，据孙犁的回忆：

训育主任，左规右矩，走路都要给学生做出楷模。他个子高，西装

① 陈选善、郑文汉：《中学生学科兴趣调查报告》，载《教育与职业》1933 年第 149 期。
② 家仁：《走错路的南宁县师县中学生》，载《群言月刊》1926 年第 5 卷第 4 期。

革履，一脸杀气——据说曾当过连长，眼睛平直前望，一步迈出去，那种慢劲和造作劲，和仙鹤完全一样。他的办公室的对面，是学生信架，每天下午课后，学生们到这里来，看有没有自己的信件。有一天，训育主任把我叫到他的办公室，用简短客气的话语，免去了我在平校的教职。显然是王淑的信出了毛病。①

学生的穿着同样受到训育处的严格管责。如浙江省立杭州高级中学训育处在 1933 年 9 月 30 日，为奖励全体学生加戴制帽，特揭示第 32 号公告“此后男生出校，应一律加戴制帽，希严格执行等语。本中学男生，关于穿制服，佩校徽习惯，虽已养成，但对于戴制帽，除军训外，往往不肯奉行。自十月十一日起，凡住宿男生，不论请假或例假出外；走读男生，每日通学来校，均应加戴制帽，不得藉端避免。违者第一次口头警告，第二次普通惩戒，第三次特别惩戒”。② 训育制度的实施虽然一定程度上规范了学生的行为习惯，培养了学生的品质，但由于强制性等特点，训育制度带有一定的落后性。训育形式的机械僵化导致学生的反感，“湖北省立第十一中学于 1934 年 5 月 29 日举行新生活运动，正值训育主任训话之时，有二下学生雷金声高声叫骂，侮辱师长，破坏秩序，遂召集紧急校务会议，以为该生辱骂师长，殊属荒谬，议决开除学籍，以儆效尤”。③ 对于每周必行的训话，学生们表现出一定的腻烦。

最后，军事训练内容增加，培养学生的服从精神。南京国民政府为了实施三民主义的党化教育，“各校学生应厉行新生活规律，养成整洁敏捷、确实、互动、负责、耐劳诸种习惯。为达此种目的，高中及同等学校均应实行军事管理；初中及同等学校均应实行童子军训练”。④ 如童子军制度的宗旨为，“党童子军训练之目的，在发展儿童做事能力，养成自立互助爱国爱民族爱人

① 金梅编：《孙犁自叙》，北京：团结出版社，1998 年版，第 47 页。
② 《训育处严令学生戴制帽》，载《浙江省立杭州高级中学校刊》1933 年第 83 期。
③ 湖北省档案馆：LS10－5－2048－3，《湖北省立第十一中学》。
④ 湖北省档案馆：LS10－1－763，《密令中小学特种教育纲要》。

类及勇敢牺牲等习惯，使其人格高尚，常识丰富，体魄健全，俾能切实作三民主义革命的继续者，以实现民治民有民享的国家，渐臻于世界大同”。① 换言之，训练学生服从的精神。童子军训练的内容比较丰富，包括军事训练的多种内容，江苏省立第二中学童子军组织有年，颇著成绩，于三十一日下午一时在操场举行第一次表演，“表演节目录：（一）升旗（二）操法（三）游戏（四）扎营（五）生火（六）烹饪（七）造桥（八）旗语（九）举火（十）救火”。② 高中的学生则进行严格的军事训练，浙江省立杭州高级中学“为实施军事训练，各科二年级男生，每学期应赴望江门外打靶场实弹打靶一次。普二123三班，于本月十二日下午一时出发，在前操场集合，由教官率领，一律灰色制服帽黑鞋袜，并佩戴校徽水壶干粮袋”。③

图1—6　北京平民中学学生军训

南京国民政府时期实施三民主义的党国政策以及新生活运动，反映在教育领域中，则是党化教育、三民主义教育等。作为社会中坚分子的中学生，同样成为三民主义的受训者，不仅要被动修习党义课程，参加纪念周活动，

① 《全国童子军宣传大纲》，载《广东党务周报》1928—1929年第12期。

② 《嘉兴》，载《申报》1922年1月1日。

③ 《二年级军训实弹射击》，载《浙江省立杭州高级中学校刊》1933年第84期。

而且要服从训育处的管理，严守各项规程；同时接受军事化管理，服从童子军与军事训练的各项安排，训练“服从”的国民精神。可以说，训育制度、新生活运动、军事化管理等具体的制度规范，一定程度上培养了学生的良好行为习惯、健全了学生的体魄，塑造了某种国民性格等，但不可否认的是，由于该时期教育成为政治操纵的工具，受教育者按照政治家的路数来塑造，要服从政治设置的目标。因为教育与政治两个领域，不是截然断开的，“教育中的许多问题，如果从另外一个角度看，都是政治问题，甚至有人说，教育就其本质而言，是政治性的”。[①] 这种强行控制的管理和培育方式，带有一定的强迫性、控制性、约束性等特点，限制了学生自由全面的发展。

---

① 瞿葆奎、沈剑平选编：《教育学文集·教育与教育学》，北京：人民教育出版社，1993 年版，第 874 页。

第二章　民国时期中学生的学习生活

学校教育是教育制度中的重要构成部分，同时也是个人一生中所受教育最重要的时段之一，学生在学校里接受有目的、有计划、有组织的教育与指导，系统学习各种文化知识、社会规范、道德准则和价值观念等，是实现学生社会化的重要因素。可以说，学校教育的作用长久而深远。相对于学生而言，其学习生活也是学校生活的主要内容，这也是由学生“学”的身份而定。民国时期的中学生学习生活样态是怎样的？是否受到考试指挥棒的牵制？以下则主要从课堂学习、自主学习、考试生活等几方面来呈现当时中学生学习生活的样貌。

第一节　课堂学习：学校生活的主旋律

教学是在一定教育目的的规范下，教师的教和学生的学共同组成的一种教育活动。教与学两方面相互依存、相互促进、相得益彰。教师和学生是课堂中的双主体，探讨学生的课堂学习生活，势必绕不开教师教的状态。“从系统论的视角分析，教学系统不是由单一的主客体之间组成的实践的简单系统或单一系统，而是由教师的‘教’和学生的‘学’两个子系统构成的复杂系统，是包容教师的‘教学实践’和学生的‘学习实践’在内的复合型实践。”①对于学习实践而言，学生是唯一的主体，知识经验的内化吸收是别人无法替代的。

一、双语并重的课堂教学

一般而言，国文、英文和算学是民国时期中学课程中的主学科，无论是在课时，还是学分设置上，都备受学校重视。该时期的英语与国文教学别具风格、独具特色，英语学科使用“置之庄岳”式的教学方式，国文学科则表现出教学方式的“新旧共存”。

（一）“置之庄岳”式的英语教学

第一，学校对英语科目高度重视。学校中的英语学习最早始于传教士设立的教会学校。为了积极学习西方文化，新式教育机构如春笋般涌现而出，1862 年设立的京师同文馆，则旨在培养专门的外语翻译人才，开启了中国开办外语学校的先河，也标志着正规的系统英语教育的开始。新学制颁布之后，英语开始进入学校教育之中。在中学阶段，英语作为重要的学习科目，一方面，对于学生而言，处于中学阶段的中学生更易于掌握语言文化知识，为之后大学阶段的专业学习打下基础；另一方面，对于国家而言，英语作为学习西方文化的媒介，成为复苏中国文明的重要手段。诚如美国传教士卜舫济坦言：“英语作为传播新教育之利器，是将现代教育介绍到中国的关键。欧洲文艺复兴之所以发生，很大程度上是因为古希腊文明的输入，日本维新的重要原因是它采用英语作为媒体输入西方思想。现在中国文明已经达到顶点，正在走向衰落，如欲复苏，必须输入西方文明，而要达此目的，以汉语作为媒体显然不行，因为不掌握西方语言，就不可能掌握西方思想。”② 可以说，英语作为一座学习西方文明的桥梁，备受学校教育的重视。

蔡元培在胶济铁路中学演讲时，指出了学习英语的重要性。他认为：“现

---

① 陈厚德编：《有效教学》，北京：教育科学出版社，2000 年版，第 8 页。

② 丁日初主编：《近代中国》第 6 辑，上海：立信会计出版社，1996 年版，第 257 页。

在是世界各国互相为师的时代，而且欧洲的科学，的确比我们进步，我们不了解外国语，知识太有限了。外国的中学，都有好几种外国语。我们因为语言不同，难学一点，所以只限于一种，或用法文，或用德文，大多数用英文，贵校亦是用英文的，学了英文，英国以外的学理，也可以由英文的翻译与介绍而间接得到了。这是学外国语的好处。”①

表 2—1　苏州中学高中部普通科必修学程表

学程 \ 学分 \ 学期 \ 学年	一		二		三		共计
	一	二	一	二	一	二	
公民与三民主义	1	1	1	1			4
国文	5	5	4	4	4	4	26
英文	5	5	5	5	4	4	28
立体几何	3						3
高等代数		3	3				6
世界史	2	2					4
本国文化史			2	2			4
世界地理			2	2			4
人生哲学					2		2
生物学	3	3					6
普通化学			3	3			6
普通物理	3	3					6
体育与军事训练	2	2	2	2	2	2	12
总计	24	24	22	19	12	10	111

资料来源：苏州中学校史编委会：《苏州中学校史》，苏州：苏州大学出版社，1999 年版，第 110 页。

① 高平叔编：《蔡元培教育论著选》，北京：人民教育出版社，2011 年版，第 680 页。

从以上苏州中学课程中可发现，在所有必修课程之中，所占学分最多的是国文与英语，且英语高出国文 2 学分，在 13 门课程中的学分比例为 25%。1931 年上海中学规定的课程标准中，英语在三年初中部定为必修科。“初中三年级英语不宜改为选修，理由是以现在中国情势而论，初中学生无论升学与否，定为必修，每星期五小时”。[①] 并且规定外国语为“五十学分”，居于总的课程学分的首位。由此可以看出，当时中学极度重视英语，甚至超越了传统科目的国文。时人指出：“将每个中学生六年中花费在英语上课的时间约略的计算起来，初中约有 430 点钟，高中约有 540 点钟到 650 点钟，两样合计约有 970 点钟到 1080 点钟。假定每 1 点钟的功课，需要 2 点钟来预备，6 年中共需预备的时间约为 1940 点钟到 2160 点钟，相加起来，一个高中学生在毕业的时候用之于学习英语方面的时间，6 年之间一共约有 2910 点钟到 3140 点钟。”[②] 由于学校对英语的高度重视，故在课时安排上加大英语的课时。

第二，注重多种英语技能的学习。英语作为一种交际语言，只有在不断练习和运用中才能熟练习得语言能力，避免培养出“哑巴英语”的现象。聘请外国人担任英语教师，不仅可以使学生习得一口流利地道的口语，也可以练习听力，并能直接了解外国风土习俗。早期南开中学英语教学的一个特点就是聘请外国教员：“从二年级起年年都有美国或英国教员教我们。我记得 Hersy 夫人教我们简单英语会话的情形，入了中国籍的崔伯先生用英语给我们讲安徒生童话，嗓门那么大，以至于华午晴先生以为他和我吵起来了跑上楼来‘劝解’。总的说来，南开中学毕业，一般地能够听懂美国人或英国人讲话，不仅是简单的句子，成段的讲话也能听个七八成。”黄钰生回忆他在南开中学的英语学习经历：“到了三年级下半年和四年级，我们就读英文原著小说了。《威克菲牧师传》我们班读了很久，其中的一首故事诗，我们全都会背。”[③] 据苏州桃坞中学某学生回忆：“读英文，不仅读一本课本，而且要求看许多小说、杂文、小品文等，不但要求会看，还要求会写日记，做作文，用

① 《上海中学试行课程标准之意见》，载《申报》1931 年 6 月 17 日。

② 沈其达：《中学生自修时间问题》，载《教与学》1937 年第 2 卷第 10 期。

③ 钟叔河、朱纯编：《过去的学校》，长沙：湖南教育出版社，1982 年版，第 247 页。

英文讲话，唱歌。经过中学时代的英语训练，到读大学时，英文就不再是难题，而是应用提高的问题。”① 北京汇文中学的英语教学也是别具一番风格，高中上课采用全英的授课模式，并且为了激发学生的学习兴趣，老师们要求学生们背诵英语诗或歌谣，学唱英文歌曲。苏州中学设立的高中部三学年的英语学习进度与方法，更是体现出“听说读写译”五项技能循序渐进的学习过程。具体安排如下：

> 三个学年之进度：
>
> 第一学年为阅读、会话、文法、作文、演讲五类。
>
> 第二学年为阅读、会话、修辞、作文、演讲五类。
>
> 第三学年为阅读、修辞、作文、演讲、编译五类。
>
> 第一学年：（1）训练学生阅读短篇英美名著，并了解其组材。（2）就所读文字作成纲要。（3）研习高级文法原理及其应用。（4）研习各种句法之构造及应用。（5）习作故事，进行演讲及交际会话。（6）习作短篇之记事及书信。
>
> 第二学年：（1）训练学生诵读长篇英美名著中之富有文学兴味者。（2）熟习修辞学并能欣赏读物。（3）作广博之课外阅读。（4）习作关于学术上之谈话及演讲。（5）习作记事文、叙述文、日记及报告。
>
> 第三学年：（1）训练学生能自行研读各种与文学有关之英美名著并欣赏之。（2）训练学生能自由发表思想，并能模仿近代名人著作。（3）习作正确而流利之普通演讲。（4）研习关于讲述科学及讨论时事之论文而为信达之翻译。②

从以上苏州中学所设定的英语教学的进度可以发现，该中学试图通过三

---

① 熊月之、周武主编：《圣约翰大学史》，上海：上海人民出版社，2007 年版，第 179 页。

② 苏州中学校史编委会：《苏州中学校史》，苏州：苏州大学出版社，1999 年版，第 132 页。

个年度的教学，实现学生在听说读写译几方面技能的提高，并且教学的过程是螺旋式上升，在不断重复、强化中提高学生综合运用语言的能力。

图 2—1　北京平民中学英语课堂

第三，以英语原版课本作为学习教材。采用原版的英文教材，一方面可以巩固英语的多项技能，益于提升英语水平；另一方面可以更原风貌地掌握外国知识，避免因翻译产生的生涩与误解。民国时期很多中学采用原版的英文教材，这些教材不仅包括英语科目，也包括其他科目，如数学、物理、历史等。如北京汇文中学的英语教材采用《莎士比亚戏剧》。南开中学的“数学课本、代数、几何、三角全是英文原版书，世界通史课本，对于我们的英语成绩影响更大。那是一本美国人为中国学生写的书，著者叫任纳夫，当时是北洋大学堂的教师，文字也相当讲究，我们一般都熟读这本书，比我低一班的段茂澜，几乎全本都背得过来”。[①] 郭廷以回忆，南高师附中的英文老师李玛莉，一开始就用美国学校用的英文原版课本第七册来教学生，语法上采用 Niller 的英语语法，她严格要求学生念。[②] 这种原汁原味的教学内容和呈现形式，有利于学生养成良好的英语学习习惯。有的中学在采用英语原版教材的同时，在中学招生考试时，要求考生用英语作答，并作为考查学生英语程度的手段。能够在考试中脱颖而出的学生，其英语水平相对较高，可以很容易

① 钟叔河、朱纯编：《过去的学校》，长沙：湖南教育出版社，1982 年版，第 247 页。

② 郭廷以著、张朋园等整理：《郭廷以口述自传》，北京：中国大百科全书出版社，2009 年版，第 73—74 页。

融入到原版英语教材学习的教学之中。

娴熟运用原版教材虽然有诸多益处，但相对于教师而言，则教学要求较高，主要表现在两方面：其一，要求教师具有英语的听说读写等多项技能，能用英语进行熟练教学；其二，要求教师深谙所教学科的专业知识，系统掌握所教学科领域的相关定义、定律等内容。金陵中学的师资非常卓越，“一位英语老师能很流利地背诵出几本英语古典名著。他不是英语专业毕业的，而是历史专业毕业的。另外，令人难忘的现在已是耄耋高龄的向培豪先生，在教英文教本解析几何时，只要你提一个问题、他就告诉你在第几道练习题上出现过这类问题。他除了教材熟练外，英语水平也很高。冷仲瑶先生在教世界史时，滔滔不绝的英语叙述，均使大家陶醉于他优美动听的描绘之中，每节课都是一次美好的文艺享受”。① 学生在英语的课堂中，学习其他学科的文化知识，在获得专业知识的同时，也提高了英语听力，同时避免注意力不集中的现象。

表 2—2　复旦公学中学三年级教授科目及授业时间表

科目	所用英文教材	每周钟点
读本	1st term Literature Reader no. 4 2nd term Literature Reader no. 5	五
国文		四
文法	Mother Tongue 1st term including relative Pronoun 2nd term complete	三
几何平面	Plane Geometry	四
地文	Physical Geography 1st term to part IV	三

① 南京市金陵中学编：《南京市金陵中学》，北京：人民教育出版社，1998 年版，第 88 页。

生理卫生学	Physiology and Hygiene 1st term chap. VI 2nd term complete	三
历史	Renouf's General History 1st term Ancient History including Persia and Greecs 2nd term Ancient Rome and Middle Ages	三
缀句	Sentence—making	二
体操		三
合计		三十

资料来源：复旦大学校史编写组编：《复旦大学志（1905—1949）》第1卷，上海：复旦大学出版社1985年版，第94—95页。

（二）"新旧共存"式的国文教学

首先，国文①受到大多学校重视，但也存在漠视国文的现象。国文作为传统的学习科目，一直饱受重视，尤其是在科举考试的牵制下，其地位更是突出。据胡兰成回忆，"私塾的课堂生活，更多学习国文课程，没有专业分科设置。从前的私塾里，国文是一门绝对的功课，其余如史地礼制一类的学问都是包含在国文的大题目之内的，无论哪一门的学问都受国文的润饰，使它适合于实际生活。"② 从上文苏州中学高中部的学程表中可以发现，国文课所占比例仅次于英语，占13门学分比例的23%。有的学校国文成为最重要的科目，如在北师大附中1923年初级中学必修科目学分表中，第一学年每周上课7次，占13门科目的23%，学分为7分，占总学分26%，而英文每周上课次数5次，学分为5分，算学与英文相同，地理每周上课次数3次，学分3分。

① 新文化运动之前，学习中国语言文化课程的科目被称为"国文课"，自新文化运动之后，大力倡导国文教学改革，学界呼吁以国语取代国文，如叶圣陶在《初中国语课程纲要》中指出了国语课的目的与国文课不同，它首先是为了"使学生有自由发展思想的能力"。叶至善等编：《叶圣陶集》第16卷，南京：江苏教育出版社，1993年版，第3页。鉴于行文的安排，笔者在此部分没有做出"国语"与"国文"的区分，统称为"国文课"。

② 胡兰成：《中学生国文课外读物的一点商榷》，载《教育论坛》1932年第2卷第2期。

由上课次数及学分比重可以看出，国文在中学占有重要地位。国文作为学校的传统科目，也受到学生们的青睐，很多学校的学生对国文最感兴趣。例如傅庆隆对某中学所做的学生感兴趣的学科调查，其结果如下：

表 2—3　学生学科兴趣调查表

科目 态度	国文	英文	数学	史地	动物	植物	理化	公民	图书音乐	劳作
喜欢	82	80	52	50	85	40	75	52	25	20
兴趣平常	15	10	20	45	15	42	17	48	72	65
厌恶	3	10	28	5		18	8		3	15

资料来源：傅庆隆：《中学生个别谈话纪实》，载《时代教育季刊》1936 年第 1 卷第 2 期。

由以上对中学生兴趣课程调查可以看出，学生最感兴趣的科目首推国文，其次是英文和数学。之所以出现这种现象，一种原因是国文在学校课程设置中比例较重，课时和学分数比较高；另一种原因是国文作为学习传统文化的主渠道，学生极具民族责任感和使命感。

在西风东渐的浪潮下，英语学习作为一种时尚的同时，国文并没有出现大的滑坡，大部分学校国文仍受到足够重视。但是，不能否定个别现象的存在，有些学校存在着漠视国文教学的现象。有研究者指出："一般中学生并不注重国文，而注重外国语。这是极大的错误，那是犯了'目能视千里之外，而不能自瞧其眉睫'的毛病。"① 因很多学生自认为，只有英语才是学习科学文化知识的主工具，进而忽视本国传统文化学习。"学生心里以为住学校是专学科学的。只有英文数学最要紧，国文可以忽略的。所以没有把国文当一个事，把国文先生当一个人；国文先生也多半是混钟点，因此越发敷衍了事，人家说'国文先生是最好说话的'，这固然是国文先生不对，也可见一般学生漠视国文，风气已坏。虽有力谋整顿的，很难一时挽回哩！"② 教会中学存在

① 宋志斌：《中学生怎样自修国文》，载《读书青年》1936 年第 1 卷第 9 期。

② 陈启文：《中学的国文问题》，载《少年中国》1920 年第 1 卷第 12 期。

着严重的“重英文轻国文”的现象。“私立某中学，因为是教会学校，对于外国语及实科功课，格外注意；而对于中国文，则颇有‘门外汉’之嫌。此次考试七区试场中，有该校某生于考国文出场后，意气洋洋，十分得意。其他同学数人，亦正考毕出场，彼此相遇，遂彼此讨论着宋朝三理学家和三词家到底是谁。该生即说，‘你们真太差了，连这也不懂？宋三理学家就是王阳明、刘伯温，三词家就是屈原、李白，只是第三个就不记得了！’大家都称赞他的高明。又，试党义时，试题是问国民政府行政院设几部。该校有一学生答云分二部，一为军事部，蒋介石为部长；一为政治部，胡汉民为部长云云，真可稽稽之谈。”① 从学生们关于考试试题的谈话可发现，这所教会中学的学生国文基础不扎实，对基本的传统文化知识点都产生混淆，真正成为了“门外汉”；同时也表明，在课程设置方面，国文课时数较少，不能满足学生对基本知识的学习与掌握。

其次，教师可以自选、自编教材，满足学生多方面需求。国文教师可以根据自己的知识背景，进行教材的编写与选择，这样不仅有利于教师发挥自己的知识特长，以最适合的方式传授给学生最好、最多、最有效的知识；同时教师可以根据学生的需要，随时变更或增减教学内容，满足学生的多样化需求。陈启文曾指出国文教本统一的弊端：“现在中学用的国文教本，多半是教育部审定的，这是极不好的。因为那种教本是死的，是不能随学生的需要和程度而变动的；并且有不合科学真理的，违反时代思潮的，有背逆人生真义的；再加上一些古奥文词和恍惚论调，令人真堕入五里雾中了。”② 统一教材的劣势在于不能因学生、地域等的变化而改变，不能满足学生的切身需要。

相对而言，很多中学的教师当时是可以自编、自选教材的。据钱伟长回忆：“当时苏高中的吕叔湘等对中国文化也有兴趣，他们成立了一个很密切的团体，首先推出一本高中国文选，作为一年级的语文教材，主讲人就是四叔钱穆。这本教材自三代起一直到南宋为止，每一阶段选两三篇有时代性的代

---

① 《中国人不懂中国人》，载《中学生活》1934 年第 2 期。

② 陈启文：《中学的国文问题》，载《少年中国》1920 年第 2 卷第 1 期。

表文章，这本教材重点是讲清每篇文章是在什么时代背景下写出来的，在当时起了什么样的作用，使学生学会了写文章要有的放矢。在作文中往往结合当时的重大问题，反对不着边际的空论。”① 在教师自编的教材学习中，学生能够更快、更有效地学习一些国文知识。除了一些教师选择古代选文作为教材，一些教师专选现代人的文章。“罗常培是北京大学三年级的学生，因经济的困难，在南开中学做兼职教师。教授国文课，当时教师可以自选教材，他改变了原来的教材风格，增加了一些内容。但是所讲授内容也受到学校的监视，他选择了李大钊《今》，教务主任来找他了。”② 处在北京大学自由、民主思想氛围中的罗常培，根据时代环境，选择了具有进步思想的李大钊的文章，试图唤起学生不可厌“今”而徒思“过去”，梦想“将来”的意识，但由于他选择进步思想的文章，招致教务主任的“监查”。

最后，不同风格的教学方式共在。对于国文课的讲授，不同的教师因为不同的教育背景，固对于学习白话文和文言文的态度表现迥异。如某学生上中学六年，基本上每年换一位教员，不同的国文教员对于所学重点不一。“记得初中一年级的时候，教我们国文的是一位前清秀才。他脑里时常记着‘平平仄仄’，那些圣贤所说的‘微言大义’。他除了把这些奉为‘金科玉律’，‘天经地义’外，一些跟实际生活有关的知识也没有。有一次，我写了‘生意’二字在文章里，他看了觉得这两个字太不文雅，他便改为‘贸易’二字，并在卷端批着‘生意二字太俗当删’。有些同学怕不能得到六十分，不得不去写文言文，做些‘堆砌词句’的文字。这样我们的写作跟实际生活离得很远很远。现在我已经在高中三年级读书了。教我们国文的，也是一位喜欢文言，不大喜欢白话的教师。他知道会考的国文试题是写‘微言大义’，且知道‘能做文言尤佳’，所以他劝我们练习文言。”③ 1912 年，毛泽东在湖南长沙第一中学读书时，所写论文明显带有古体文的特征，这也与当时国文老师的教学密切相关。

---

① 钱伟长：《在苏州中学求学的日子》，载《光明日报》2007 年 10 月 20 日。

② 傅懋勣等主编：《罗常培纪念论文集》，北京：商务印书馆，1984 年版，第 412 页。

③ 植之：《替中学生呼冤》，载《中学生》1935 年第 54 期。

商鞅徙步立信论

吾读史至商鞅徙木立信一事，而叹吾国国民之愚也，而叹执政者之煞费苦心也，而叹数千年来民智之不开，国几蹈于沦之之惨也，谓予不信，请罄其说。

法令者，代谋幸福之具也。法令而善，其幸福吾民也必多，吾民方恐其不布此法令，或布而恐其不生效力，必竭全力以保障之，维持之，务使达到完善之目的而止。政府国民互相倚系，安有不信之理？法令而不善，则不惟无幸福之可言，且有危害之足惧，吾民又必竭全力以阻止此法令。虽欲吾信，又安有信之之理，乃若商鞅之与秦民，适成此比例之反对，抑又何哉？

……

虽然，非常之原，黎民惧焉。民是此民矣，法是彼法矣，吾又何怪焉？吾特恐此徙木立信一事，若令彼东西各文明国民闻之，当必捧腹而笑，噭舌而讥矣，呜乎，吾欲无言。①

毛泽东以借古喻今的写作手法，表达了他忧国忧民的政治情怀。这种古体文的写作风格，得到老师的极力赞许。国文老师柳潜②对其作给出评论，“实切社会立论。目光如炬。落墨大方，恰似报笔，而义法亦骚骚入古。……有法律知识，具哲理思想，借题发挥，纯以唱叹之笔出之。是为压题法，至推论商君之法，为从来未有之大政策，言之凿凿，绝无浮烟涨墨绕其笔端，

① 中共中央文献研究室，中共湖南省委《毛泽东早期文稿》编辑组编：《毛泽东早期文稿》，长沙：湖南人民出版社，1990年版，第1—2页。

② 柳潜，字钧湄，号涤庵，湘阴人，清朝末年的秀才。他早年酷爱读书，学识渊博，颇有才华；青壮年以后目睹官场腐败，遂放弃仕途，以教书为业，被湖南全省公立高等中学校（后改名省立第一中学）首任校长聘请为国文教师，是毛泽东早期求学生涯中较有影响的老师之一。

是有功于社会文字。”①

五四新文化运动之后，新文学与旧文学之争不绝于耳，相应的白话文与文言文之争，也成为焦点。白话文写作成为当时文学创作的一种新潮。国文老师倡导文言文作文时，有的学生试图打破旧规，尝试运用白话文写作。当一名中学生用白话文写文章后，心想老师必会在课堂上劈头盖脸地横加指责，内心惴惴不安。“自从这年发生了五四运动，同学们都看了许多新的杂志和新的书；但是用白话文来写文章，这一定是非比寻常了。我低着头正静候着处分，忽然听见一声怪声，龚老师叫道：竟奇怪得！竟奇怪得！周承洛竟做起白话诗来了！我偷眼一看，欲见他手里高高地举起了我的作文卷，好像是严厉的正经面孔，正对着大家看。做的竟好得！做的竟好得！大家可以看看！大家拿去看看！同学们都露着新奇的样子，我更是出乎意外地一喜。从此以后，吴江中学的同学们都做着白话文了。”这名国文教员的教学非常灵活，并非拘泥于文言文的创作方式，积极鼓励学生学习新式的白话文创作，这对于学生的成长而言，无疑是一股巨大的动力源。“我个人的极力想向新的道路，革命的道路走，也都是龚先生的暗示力。”②

以上内容主要择取了英语与国文两学科，详细展示出在教学的过程中，教师教的状态与学生学的效果等。从中可以发现，学生学习的效果取决于教师教的质量，包括教师教的方法、内容、方式等，甚至可以说，处在中学阶段的中学生，教师的教影响其一生的发展。胡秋原的中学国文教员潘小凡，对其影响颇深。“他教国文时，先让学生读现代文，然后从清、明、元、宋，一直逆着读到先秦。胡业崇上他的课，第一篇文章是梁启超的《欧战蠡测序》。由此开始，再读民初、清末、薛福成、曾国藩的文章。以后，他所选的清人作品，最多的是全谢山和戴明世、顾亭林、黄梨洲等人的著作，这后面两个人对胡业崇有着终身的影响。”③ 这也表明教师劳动具有终身性的影响。

---

① 中共中央文献研究室，中共湖南省委《毛泽东早期文稿》编辑组编：《毛泽东早期文稿》，长沙：湖南人民出版社 1990 年版，第 1 页。

② 周岑鹿：《龚伯威先生》，载《青年界》1935 年第 7 卷第 1 期。

③ 张漱菡：《胡秋原传》，武汉：湖北人民出版社，2007 年版，第 17 页。

二、学习内容的丰富多样

以上内容主要介绍英文与国文两大主学科的教与学的情况，除这两门科目之外，尚有着更多丰富的学习内容，包括学校按照教育部颁布的课程标准而设的课程，也包括一些学校自设、自排的内容，如教会中学设立的宗教性质的内容，以及女子中学所设立的特殊课程，同时在民族救亡的情境下，教师穿插爱国教育内容于所学课程之中，使得学生所学内容与服务社会紧密相连。

（一）常规课程内容的学习

1912 年颁布的《中学校令施行规则》中规定了中学校之学科目，包括修身、国文、外国语、历史、地理、数学、博物、化学、法制、经济、图画、手工、乐歌、体操。外国语以英语为主，但遇地方特别情形，得任择法、德、俄语一种。[①] 大部分学校依照此标准制定课程计划。如复旦公学中学部所设科目包括国文、英文、算数、世界地理、平面几何、世界史、立体几何、平面三角、地文、物理、几何书、图书、兵操。[②] 民国初期颁布的中学校令，基本上奠定了之后课程设置的主基调。之后一段时期，中学实行分科选科制度。很多学校开始进行实验和改革。如南高师附中把学生分为升学预备组和就业预备组。升学预备组包括文科、理科、农科、工科、商科；就业预备组包括师范组、工农商各组。各组学习相同的必修科目和选修科目，如国文、英文、数学、化学、物理、体育等。此外，各组也有不同的选修科目。[③] 该时期课程设置与民国初年的课程安排相比，最大的变化即是改变了民初统一的课程标准，实行分科选科制，而且分科选科又因学校的不同而相异，不同学校的课程安排，其授课时数与学分数也会相异。1922 年，新学制颁布以后，中学开始采用分科选科制、学分制，课程和教学有了一定的弹性和伸缩余地，学校也根据自身特点因地制宜开设不同课程，表现出更大的自主权。以上主要是

---

① 朱有瓛主编：《中国近代学制史料》第 3 辑上，上海：华东师范大学出版社，1990 年版，第 351—352 页。

② 《上海学校调查记》，载《东方杂志》1915 年 12 卷第 8 号。

③ 舒新城：《中学学制改革问题》，载《教育杂志》1922 年第 14 卷第 1 号。

民初之后的课程嬗变的大概路程，以下笔者主要择取几个主要科目，揭示学生丰富多彩的课程学习内容。

普通课程的多样化学习。在课堂学习中，学生作为知识的接受者、学习者，主要在教师的讲授中理解、消化、吸收并内化所学知识。有的教师的教学内容很是新鲜，并非按照常规“出牌”，严格按照规定的科目教授。董鲁安和罗常培曾在北京市一中任教，罗常培曾谈到他与董鲁安的教学内容。罗常培谈到他在旧国会的众议院当“速记技士”的痛苦心情之后说：“恰好董鲁安约我到京师公立第一中学教一班国文和修身，我想教书是我的正当职业，就答应了。鲁安在北京教育界教语体文时，修身一课也不讲‘道德说仁义’而是拿‘社会学’及‘社会问题做课本’。我接手之后，‘萧规曹随’，在当时就被认为是崭新的人物了。”① 五四新文化运动之后，一批颇具改革风范的教师先后到北京市一中任教，这也给该校带来了一股新风，因为这些教师敢于冲破教条的框束，对教学内容进行大胆创新与改革，勇于“开风气之先”。董、罗两位教师，在教授修身课时，打破传统“仁义道德”内容的说教，而以现实社会问题为教学内容，剖析社会的现状。这种教学方式给学生留下的印象远比“仁义道德”的古套模式深刻得多。

中学地理的学习需要掌握一些基本的地理常识。地理教师极具风格的讲授可以提高知识学习的效率。据钱伟长在苏州中学地理学习的回忆，“苏高中我喜欢的教师是地理教师陆侃舆，他是第一本中国分省地图的创作者。上地理课主要是教我们怎样看地图，要我们画一省一省的分省地图，山、河、湖、城市、铁道、公路的表示方法，让我们懂得比例尺寸、经纬线、回归线以及海和边界等知识。每画一省，一定要注明城市、河、山、湖的名称，还要上色。我们第一次理解汉、满、蒙、回、藏的区域，知道了五口通商的意义，知道香港、澳门和远东半岛、台湾原来都是被列强侵略割让的领土等。尤其是比例尺的运用，学了不少平面几何，并懂得了相似形的重要性了。学地理可以用死记的办法进行，本来我在学国文的时候，也是用的这个办法，这本

① 傅懋勣等主编：《罗常培纪念论文集》，北京：商务印书馆，1984 年版，第 2 页。

事我用得得心应手，所以地理学得很好，这对我一生都是很有用的，现在我每到一处心目中就会有幅地图”。[①] 从钱伟长对地理老师的回忆材料中可以得知，地理老师并非就地理而讲地理，他的教学内容中包含着汉、满、蒙、回、藏之间的民族关系，以及中国历史事件。换言之，一堂简单的地理课，包含着文化、历史等方面的知识信息。正是这种独特的地理教学内容，多年之后，钱伟长的心里仍存留着一幅“心地图”。

课堂中的实验学习是一种非常直观有效的学习方式，学生可以从形象生动的实验中，发现自然界的奥秘，尤其对于物理、化学、生物等试验型科目。“教化学的黄开城老师的许多精彩的化学实验课堂表演，使我深感物质分子变化的奇妙，激励着我后来主修化学，而且终生无悔”。[②] 在基础知识的学习阶段，入门讲授至关重要，直接关切到学生的发展。东大附中的“老师注重科学实验的基本操作，如何使用显微镜？如何观察？如何取试药，如何测试样品……既严格也耐心细致。老师的榜样是最有效的教育，直到今天，我们能懂得如何做好基本操作和科学实验的准确性，是和老师当年辛勤的教导分不开的”。[③] 这也表明教师榜样所显示出的无穷“教育力”。有时，学生从老师的实验中，不仅是学到实验所得出的原理，更是学到实验之外的精神。保定培德中学“为了创造实验课条件，周老师从自己家里找到一块吸铁石，从大慈阁旁边的一个制铁铿的小作坊寻来些碎铁粉，找了一块废玻璃，竟然直观而生动地演示了‘磁力线’的实验。学生十分满意。还有一次讲光的直射和小孔凸透镜生像时，周老师用自己的照像机教我们拍照；通过教师的辛勤劳动，不仅克服了困难，进行了科学实验，而且也教育了青年学生在困难面前不低头的精神”。[④]

---

① 钱伟长：《在苏州中学求学的日子》，载《光明日报》2007 年 10 月 20 日。

② 厦门市集美中学编：《厦门市集美中学》，北京：人民教育出版社，1998 年版，第 53 页。

③ 南京师大附中编：《南京师大附中》，北京：人民教育出版社，1996 年版，第 170 页。

④ 中国人民政治协商会议河北省保定市委员会文史资料委员会编：《保定文史资料选辑》第 9 辑，1992 年，第 44 页。

由于学习兴趣的不同，或者教师讲授风格别异，学生们便会对不同学科抱有不同的学习态度，这种迥异的学习态度可从学生“抢座位”的行动中窥视而出。“上课之前，还有一件大事：如上课的教室活动，必有抢位子之小风波。我们学校里，上数理化诸科时，大家总是向前抢，反之，如史地诸科，就要向后缩了。否则便另有副作用。机警的同学会在课前拿一本旧薄子去放在他的理想座位上，名曰‘定位子’”。[①] 一般而言，对于颇感兴趣的学科，学生们便蜂拥抢位，聚精会神地聆听教师的精彩讲授；相反，对于不感兴趣的学科，则怏怏地溜到教室的后位，以便进行“小动作”。上课之后，学生们则会上演多种幕剧。“上课了，大家心才一定。这使个人的态度要视所上的课和上课的先生来定了。历史地理之类，大家都是坐在后面，或看小说，或写文章，练习薄要补的就补补，没事就看看女生（女生不大看男生）。否则一张张的纸条子写来写去，写得光怪陆离。至于重要的功课，在我们校内，都不敢荒疏。”[②] 出现这种上课情形，一方面与学生的个人兴趣相关，对于有学习热情的科目，学生们都激情满怀，对于厌烦的学科，则频发小动作；另一方面与学校创设的学习氛围、学校特色等相关，有的学校比较重视数理化等科，对于史地科目则认为无足轻重，致使学生的学习偏向数理，轻视文史等科。

（二）“特殊”课程内容的添设

其一，思想的拉拢：教会学校的宗教内容。传教士非常重视开办教会中学。他们认为：“中学为教育系统之中坚。下级学校教师之大部分皆由中学供给之。在全体教育组织中，中学为最稳固最能自立之一部分，而入基督教的专门学校之一大部分良好之学生亦皆由斯而出焉。”教会中学的教育目的规定：“表现基督的宗教及其传道救世，改良社会，及为国服务等之教义。”[③] 宗教教育是教会学校教育的核心内容，旨在传播教义和发展教徒。因此，教会学校开设常规的宗教课程。“教会学校至少应当在中学方面，开设人格教育的

---

① 振振：《在中学校》，载《中学生文艺》1933 年第 1 期。

② 振振：《在中学校》，载《中学生文艺》1933 年第 1 期。

③ 中国基督教调查会编：《中国基督教教育事业》，上海：商务印书馆，1922 年版，第 79—80 页。

课程，限定全体学生，一律选读，无一得免。至于圣经则可改为选修科，并更当重视之，以为训练和发展宗教化人格的利器，要知我们基督教团体在圣经中是可以得着一种极大的能力和灵感，以为训练品格和转移青年的意志之助，使这些青年在服务上和牺牲上均有最高尚的理想”。① 故此，教会中学安排了宗教课程。有的学校宗教课程比重较大，据某中学生回忆，“国文课每周只有两次，宗教方面（耶稣）方面的课程倒有三次”。② 有的学校把宗教课程设为选修课程。沪江大学附中宗教内容设为高中选科。“初中各年级因恪于部令及私立学校规程，暂不设宗教选科，有愿特别研究者，可加入特种小团契，及特别查经班，高中方面，现尚设选科。高中选科支配如下：高一设宗教伦理二科，高二设宗教社会二科，高三设宗教哲学二科，学生得自由选修。”③ 无论是设为必修还是选修，立旨在于传播基督教教义。学生无奈，上圣经课时则会上演一些恶作剧。“每天上圣经课，必先由教师指导以为同学轮流祷告，有一次先生指定了她，她却模仿先生沉重的音调和虔诚的态度，闭着眼睛，低着头说着很受感动的话，先生和同学都好奇她是得了圣经的启示。阿门！阿门！主啊！阿门！先生在她每说一句后，就这样地附和着！噗嗤，她忍不住笑了！这滑稽剧却使先生的面色变了，她认为这是侮辱了上帝，在课堂内的责备，散学后到她房间去说服”。④ 学生们按照老师意愿，有模有样地模仿祷告时虔诚的样子，实际上，却并未真心接受这些教义。

无论是教会学校还是传教士，费尽心机所开展的宗教活动，其效果如何呢？是否达到了使学生皈依基督教，信仰耶稣圣灵的期望呢？从以下一名中学生的日记中可以窥之一二。汕头市女子中学，虽非教会中学，但学生对传教士有着自己独特的认识：“虽然，信仰是自由，不过信仰某种宗教我们却应

---

① 李楚材编：《帝国主义侵华教育史资料：教会教育》，北京：教育科学出版社，1987年版，第262页。

② 国爱葵：《从中学生到邮务员》，载《中学生文艺》1931年第1期。

③ 李楚材编：《帝国主义侵华教育史资料：教会教育》，北京：教育科学出版社，1987年版，第70页。

④ 俞荻编：《我的中学时代》，（出版地不详）文化图书公司，1941年版，第14—15页。

该对它有极深的认识，更应该知道宗教的来由。如果知道这些那就没什么可给我崇拜了。虽然，打开了基督教的宗旨来看，还不是堂哉列首的和平、博爱……好听名词，不过我们还要睁大了眼睛看清和平、博爱……后的黑影，他们来中国传教的本意。难道还去引狼入室吗?”① 以上虽是一名普通女子中学所表达的对宗教信仰的看法，但也可以看出很多中学生能透过现象，看出传教士的本质。

其二，隐性课程的开发：爱国主义教育内容的穿插。课程的内容不仅包括正规的课程，也包括隐藏在其中的潜在课程。美国教育哲学家高尔顿(Gordon，D.）对潜在课程进行了界定，“学生的学习结果可分为学术性的(academic）和非学术性的（non-academic）两类。前者与正规课程有关，后者则与潜在课程有关。在非学术性的学习结果中，包括态度、价值、气质、社交技巧等”。② 教师对潜在课程的传授通常是无意识的，其人格、信念、价值都是一致的，学生在无意识下接受知识，其效果更明显。民国时期，政权的更迭及国家的生存处境，都成为教师开发的隐性课程。

隐性内容的开发主要通过两条路径。第一条，讲解战时材料，选用战时文选。包括“正中的中学民族文选，商务的抗战丛刊多集，战时初高中国文补充读本。将有永久价值的作品，或特殊的时代创作，用作学生精读的教材。这些作品不但可以唤起民族的意识，发扬抗战的精神，且比平时的教材容易被学生注意些，欢迎些”。③ 通过精读抗战文选，加上教师精彩动人的讲解，可以唤醒学生的民族意识、发扬民族精神。

第二条路径，教师结合自己所授的课程内容，将爱国主义思想融入到讲授内容之中。1931 年日本侵占东北后，蒋介石推行“攘外必先安内”的政策，日本军急速占领了东北全境。保定育德中学的地理老师，根据当时的国情，讲述“地图变迁史”。“老师用粉笔在黑板上画出桑叶状的中国地图，痛哭流涕地诉述一个世纪以来，中国屡受列强蚕食，祖国的版图现在又缺了一个东

① 汕头市立女子中学校编：《汕头市立女子中学校学生日记选》，1936 年，第 57 页。
② 靳玉乐：《潜在课程论》，南昌：江西教育出版社，1996 年版，第 27—28 页。
③ 刘经菴：《我的国文教学经验谈》，载《贵州教育》1930 年第 2 卷第 2 期。

北角，已不具桑叶图。自鸦片战争以来，割地赔款，山河破碎，满清政府腐败无能在前，蒋介石现又枪口对内，日帝虎视眈眈，企图鲸吞我国”。[①] 地理老师通过地图的残缺，叙述了国家惨遭破坏的国情，其声情并茂的讲述，震撼着每一个学生的心灵深处，学生胡振渭受到老师爱国思想的影响，有了强烈的民族自尊心，对日寇愤恨不已。同样是在育德教书的刘仙洲老师，他在“教学工作中，不但注重科学知识的传播，而且时时刻刻把反帝反封建的革命思想贯穿于教学之中，鼓励学生追求光明和进步，不屈从于反动势力的压迫”。[②] 刘仙洲老师曾参加多次爱国运动，并一直走在运动的最前端，更是为学生树立了榜样。1937 年抗战爆发后，中大实校的校舍被炸，老师教课添进了不少抗战题材，还讲解了《孙子兵法》。[③] 音乐课则更有一番景致，“下午第一堂是音乐，郝先生允了同学的请求，将话匣子拿来了，先唱了几片各国名人的歌片，最后唱一片名为战城之夜，大意是夫从军还征，妇深守空闺，雨下相遥想，男唱一段，女唱一段，悲惨之声，令人下泪，女唱至一处，正莺声婉转……令人不忍再听，我偷眼看同学无不失常如木偶，又见总理遗像，不禁又想到国家的坎坷，世界的昏沉，新愁旧恨，百计难丢”。[④] 学生们陶醉在婉转动听的旋律之中，其中凄凉的韵律更是引起学生们的共鸣。由以上几则材料可知，教师远非照本宣科、固守课本，而是结合中国实情，穿插爱国主义的教育内容，试图激发起学生的爱国热情。

学生课堂学习内容主要取决于教师教的内容。该时期中学生除了学习常规课程内容，包括国文、外国语、历史、地理、数学、博物、化学等科目外，亦学习了一些“特殊”内容。这些“特殊”内容包括教会中学学生修习的宗教课程，同时也包含着教师所开发的“活教材”，意指山河破碎之时，教师结合所教课程而穿插其中的爱国主义内容。可以说，该时期的课堂学习内容是

---

① 萧冰：《胡振渭教授传略》，大连：大连出版社，1991 年版，第 6 页。

② 刘仙洲纪念文集编辑小组编：《刘仙洲纪念文集》，北京：清华大学出版社，1990 年版，第 160 页。

③ 南京师大附中编：《南京师大附中》，北京：人民教育出版社，1996 年版，第 173 页。

④ 唾影：《战城之夜》，载《北京二中学生》1934 年第 10 期。

丰富多彩的，同时，教与学的过程也是别开生面的。

三、教与学的灵动多彩

“教学方法关涉与体现教师组织与引导学生学习运用文化科学知识，获得相应发展的基本活动。这种活动方式极其灵活多样，在不同方式的活动中，师生所处的地位、构成的关系及其积极性发挥的状况也大不一样，其教学效果与教学质量亦相差悬殊。”① 课堂学习是学生学习的主场域，在课堂的教学活动中，教师与学生扮演着不同的角色。有的教师成为课堂的主导者，学生成为被动的接受者；有的学生成为主要活动者，教师成为辅导者；有的是教师与学生成为课堂活动的双主体，以及活动的共同活跃者。教学方法是为完成教学任务而采用的方法，它包括教师教的方法和学生学的方法。学生课堂学习更多是在教师指导下所进行的各种活动，故学习活动也体现在教师的教学活动中，学习方法更多是在教师引召下而掌握和运用。以下主要选取几个典型的教与学的方法，以窥学生课堂学习状态及心理活动等。

（一）因材施教的区别性教与学

因材施教是教学中的一种重要教学方法，教师在教学过程中根据不同学生的认知水平、学习能力以及自身素质特征，选择针对每个学生特点的教学方法，使每个学生能扬长避短、长善救失，以此来激发学生的学习兴趣，树立学生学习的信心，进而促进学生全面发展。也就是说，教师通过观察学生不同学习风格，制定出适合不同学生的学习策略。保定培德中学的教师采用因材施教的方法，根据不同学生的学习情况，实施不同的学习方法指导。教师“对全班学生既有规定的统一的要求，对个别或少数学习差或考试不及格的学生，也都及时给予辅导。跟学生一道检查成绩差的原因，进行必要的帮助。教学方法非常严格，但对情况特殊的学生则灵活对待。例如第一班有个同学叫阎鸿勋，年龄最大，记忆力差，学英文单词特别吃力。老师就破格允许他晚睡早起，在起床号令以前，或同学们都已熄灯睡觉以后，他可以小声

---

① 王道俊、郭文安：《教育学》，北京：人民教育出版社，2009 年版，第 230 页。

地多背一会儿英文”。[①] 该教师敢于冲出教条的约束，针对不同类型的学生，采用不同的方法。学习成绩较差的学生，能够得到教师的个别辅导，甚至提供特殊机会。针对学生不同的学习特点，采取区别性的教学，使每一个学生都得到充分的发展，便是因材施教的宗旨。

教师不仅在以教室为主的课堂内，可以实施因材施教的方法，在第一课堂之外的“课堂”，仍然可以实施区别性的教育。如学校中的体育教学，则主要场地在体育场，教师仍会根据每个学生的身体特征，采用不同的训练方法。“学校里充满生动活泼的气氛。记得章祖愈老师教体育有一套行之有效的办法，除经常做操、跑步、打球外，还依据同学体质特点采用有效办法提高健康水平。我的身体从初中起就一直比较薄弱，食欲不振，容易疲劳。章老师教我们养成卫生习惯，鼓励持久锻炼。依照老师的意见，我开始进行冷水浴和适当锻炼的办法，因而身体慢慢好起来。迄今我已是古稀的人了，还能坚持一定的科学研究和学术活动，这表明青年时代教育的重要性和深远的影响”。[②] 中学作为学校体制的中间阶段，在人的一生中起着重要的基础作用，不仅仅是知识的奠基阶段，同样也是身体的夯实时期。南京师大附中的同学之所以能在古稀之年坚持学术生活，与当年养成的锻炼习惯有着重要关联，抑或说，中学阶段所接受的教导受益终身。

（二）启发性的教与学

中西国度都存留着启发性教学的传统。如孔子所提出的“不愤不启，不悱不发”的思想，以及苏格拉底著名的“产婆术”，第斯多惠的教育名言“一个坏的教师奉送真理，一个好的教师则教人发现真理”，这些都体现出启发性的教育思想。启发性的教学是在教师的指引与点拨下，激发学生学习的能动性和创造性。在启发式的教学活动中，更注重学生在启发下所发生的领悟、觉醒等活动。在教学活动中，学生要学会举一反三的能力。“教师讲授要使学生能够举一反三。教师的教授无论如何详细，总之只有‘举一’，学校教育所

---

① 中国人民政治协商会议河北省保定市委员会文史资料委员会编：《保定文史资料选辑》第 9 辑，1992 年，第 43 页。

② 南京师大附中编：《南京师大附中》，北京：人民教育出版社，1996 年版，第 171 页。

以能使学生终身受用，全在乎学生的能够‘反三’。教师绝不能把学生所需要的事事物物一股脑儿交给学生，而学生所需要的事事物物却多到不可计数，如果没有反三的能力，就只有随时碰壁而已。所以，纯乎被动的学习态度非打破不可。学生不应该把教师的教授看作终极的目的，只应该看作发动的端绪；从这发动的端绪上，必须再加研究，以便取得更多的东西”。[1] 换言之，学生不仅要在课堂上学“一”的知识，更要积极开动大脑，努力发现“三”甚至更多的知识。

在启发性教学过程中，善用提问激起学生的疑问是非常重要的手段。“问则疑，疑则思”，在问题的激发下，学生的思想顿时活跃起来，出现紧张、兴奋的心理状态。提问抑或诘问式的方式，具备以下优点：“使学生处于自动的地位自己去学习，对于教学发生兴趣；发达观察反省的推理的心力，满足学生自然的易动性，维持注意力，引起意志的努力，锻炼性格，授与学生正确、坚实、持久的知识，使之练习有条理、明亮、简单的讲演，能使教师知道学生的能力，改进教学的方法，和教学时常常依着合理的渐次的方法进行”。而当教师发出一个问题，也是学生课堂思考进行心理活动的过程。“善良能干的教师，发出一个问题，好像光耀夺目的明星，使全级的学生都看到，注视于一点，心理上即刻受了影响，发生活动；在几分钟静默之中，学生反省推考，预备他的答案。教师试探全级，寻找明了、犹疑的、分心的学生；呼唤一人得一种明确的回答，则其问题可谓得了圆满结果，一个问题引起全体学生心理的活动，即可谓反省的思考，学生尽其能力以发表他的思想；教师视回答是否完全，下一正确的判断，如此教学上方此收效。”[2] 巧妙运用提问或者诘问，是启发性教学成功运用的重要条件。

邹韬奋回忆他的英语教师所运用的方法：“黄先生的教授法却有他的长处。他教的是英文文学名著，每次指定学生在课外预备若干页，最初数量很少，例如只有两三页，随后才逐渐加多。我记得在一年以内，每小时的功课，

---

① 叶绍钧：《中学生课外读物的商讨》，载《播音教育月刊》1937 年第 1 卷第 9 期。

② 张怀：《中学普通教学法》，北京：立达书局 1933 年版，第 134－136 页。

由两三页逐渐加多到二十几页。上课的时候，全课堂的同学都须把书本关拢来，他自己也很公平地把放在自己桌上的那本书关拢起来。随后他不分次序地向每一个同学询问书里的情节，有时还加以讨论。问完了每个同学之后，就在簿子上做个记号，作为平日积分的根据。他问每个同学的时候，别的同学也不得不倾耳静听，注意前后情节的线索，否则突然问到，便不免瞠目结舌，不知所答。在上课的五十分钟里面，同学们可以说没有一刻不在紧张的空气中过去，没有一刻不在练习听的能力。"① 在英语课堂上，由于老师始终处于提问的状态，所以学生无一不屏住呼吸、凝神静志、全神贯注，绷紧各根神经，以备老师随性抽查。北师大附中几何老师也是运用启发教学的典型代表。根据孙念台的回忆，"记得初三学习几何时，教师叫一位同学到黑板上证题。这位同学在解题中犯了逻辑错误。教师并不当即指出他的错误，而是让学生自己讲解他的证法，在出错的地方教师提出诘问，再经过教师启发，使学生自己发现错误所在，自己做出改正。这样就使学生对于怎样算是犯了逻辑错误这个问题，获得了深刻的印象，以后很难再犯同类的错误。"②

（三）自学辅导的教与学

伴随着欧美各种教育思潮的涌入，在全国掀起了一场轰轰烈烈的教学改革热潮。自学辅导法的具体操作主要包括四个环节，制定作业、指导学生学习的方法、检查和总结。该教学方法注重学生的主体性，反对以教师为中心的教学模式，当时有学者指出："昔日之教授法，儿童呆若木鸡，不假思索，任凭教师之讲授及处理而已，今则由儿童自行思索，自力处理，教师不过处于辅导之地位；即往昔以教授为主，教师为中心，近倾以学习为主，儿童为中心之教育也。"③ 这种方法自传入中学，很快成为中小学常用的方法，并且这种方法的影响长远而深久。当时有人认为："在各种教学方法中，其价值之为人们注意，没有过于自学辅导者。"④ 可见，该方法对我国教学改革之影响。

---

① 邹韬奋：《经历》，北京：中国工人出版社，2007年版，第20页。

② 刘沪主编：《北京师大附中》，北京：人民教育出版社，2000年版，第230页。

③ 杨祥：《算数科之自学辅导法》，载《教育杂志》1916年第8卷第10号。

④ 龚启昌：《中学普通教学法》，上海：商务印书馆，1946年版，第269页。

北师大附中的博物教师李约回忆在学校所用的两种教学法。其中，一种是启发式教学法，另一种是自动式教学法。自动式教学法亦可称为自学辅导法。“注重学生自动，在未授课前，就教科书拟出若干研究题目，并指定某某书作参考；令学生就研究所得，各自编成简明之讲义。授课时使学生报告研究之结果，教者在教室内除监视学生外，无发言之必要。纵学生有疑难之处，亦当先告以参考书，使自行考察”。① 这种方法，要求学生提前做好充分预习，带着疑问走进课堂，教师针对学生所提疑难，进行有针对性指导。在这种教学方式的课堂中，学生成为课堂的主要参与者，教师只是起到辅助作用。

根据金陵中学学生对当时英语教学的回忆，其教师所用方法为自学辅导法。“金陵中学的英语教学，在教法上亦与今日的教法迥异其趣。教师先布置学生三到四页课文，学生回去查问字典，弄懂课文。第二节课，由学生尽量提问，不论是语音、语法、内容，教师只负解答之责，很少领读课文；既不是传统的翻译法教学，也不是填鸭式的词句分析，一切由学生自己去掌握。第三节课，教师就要进行小测验，大多为听写或是默书，有时要学生背诵，每次都认真记分，作为平时成绩。第四节课，老师进行小结，提纲挈领地再度理顺课文，加深所学印象。因此，教师必须事先深入细致地备课，以便为学生提出的各种问题解惑”。② 金陵中学的英语教师比较规范地运用自学辅导法的步骤，首先，让学生自行预习新课，整理好课文中所产生的疑问；其次，教师上课时，主要由学生向教师发问，教师负责答惑解疑；再次，教师就学生所学知识进行评价和测验；最后，教师对知识点进行脉络总结，巩固所学知识。有的国文学习也应用这种方法。“第二天上国文课的时候，柳先生就把昨天所发的选文，先叫学生说出一个简括的意旨来。这一篇选文，究竟讲的是什么。等到意旨明白了以后，再一节一节叫学生朗读，每读一节，解释一节。每有不对的地方，再叫大家共同来讨论，甚至解释对了为止。一时大家

---

① 刘沪主编：《北京师大附中》，北京：人民教育出版社，2000 年版，第 185 页。

② 南京市金陵中学编：《南京市金陵中学》，北京：人民教育出版社，1998 年版，第 87 页。

都有发挥的机会，教室内呈着活跃融乐的现象”。①

（四）实验方法的教与学

实验法主要运用于理化科目，通过利用一定的仪器，引导学生观察事物现象，探究事物的规律，进而获得一定的知识和技能。通过实验教学，学生可以直观地看到事物的变化规律、掌握事物的因果关系，同时也能通过实验熏陶学生的科学精神。北师大附中的学生回忆其物理老师时，其教学场面仍历历在目。“吴学周老师是我们物理化学老师。记得讲到光学和银元素时，吴老师亲自设计建造一个极简单的暗室做实验。教我们每人用马粪纸糊成一个‘针孔照相器’，他去买了乾板（六十五年前的北京还没有胶片。虽已有携带式照相机，亦还是很笨重的），裁成小块发给我们，安进针孔照相器，让我们去照了相，轮流进暗室显影，又在日光下用 POP 纸晒像定影等一系列的实验，不仅在教学上得到很多感性知识，此外，同学老师好像形成了‘父兄＋老师’的关系”。② 除了理化实验，有的学校还开设农业实验。“第二课农业课，实验效度的药品：波尔特液，石油乳剂。这二种消毒药剂，在农业讲义上已经讲过了，只因我们对于各种消毒药剂的印象不深，非自己经手不可，所以有今天的实验。的确的，所谓纸上空谈，实在太没用了。今天之所以实验此二种药品的制法，正可供我们将来到乡村中去实用的参考”。③

（五）愉快式的教与学

在轻松愉悦的学习环境下，学生能够轻松地掌握知识，且印象深刻。老舍在北京一中任教时，其国文课则别是一番风景。“舒老师不仅在音乐课中把昆曲当作教材，而且在国文课上也唱过戏，这使学生们大为惊讶。有一次他讲解诸葛亮的《出师表》，大讲《失街亭》里的诸葛亮，如何心胸开阔，肯于律己，便学着当时红极一时的名演员谭鑫培的念白‘悔不听先帝之言，错用马谡，乃亮之罪也’。他告诫学生们说：‘以后听戏，不要只听那些味儿，要

① 杨荫深编：《柳先生的教育》，北京：北新书局，1936 年版，第 11 页。

② 朱有瓛主编：《中国近代学制史料》第 3 辑下，上海：华东师范大学出版社，1992 年版，第 444 页。

③ 《学校生活的日记一则》，载《中学生》1931 年第 15 期。

看有益身心的感人之处，诸葛亮就知错认过嘛。’说得学生们都笑了起来。还有一次，讲解骆宾王的文章，突然唱起了昆曲《弹词》，只见他一板一眼打着拍子，一本正经地唱下去，学生们又惊又喜，从来不曾上过这样的‘图文并茂，文武双全’的课。”① 老舍先生通过唱“昆曲”作为讲解骆宾王的插叙，顿时引起学生们的兴趣，学生们转而专注于先生的歌唱中来，这种有声有色的国文课堂自然给学生留下深刻印象。有的教师为了让学生快速掌握知识，则运用巧妙手段，精细加工知识点。光华大学附中的国文老师，则善用“拆字法”纠正学生错别字。“老师为了防止学生写错别字，对字形的分析以‘六书’出之，如‘祭’字，左上为‘肉’字（古体），右上为‘手’字，中间为‘六书’中之会意‘示’字。又如‘染’字，十分生动地用一句话把它记牢，即‘染坊里不卖丸药’，提醒学生左上不是‘丸’字”。② 学生们通过牢记老师编的“纠字句”，避免了错别字的出现，以至于多年之后，学生们仍清晰回忆起“纠字句”。有的教师为了方便学生记忆重要的知识点，把知识加工成顺口溜。钱学森在北京师大附中学习博物一科时，其博物老师将矿物硬度编成押韵的顺口溜。“教博物的李石英老师，他教我关于矿物硬度的记法：滑、膏、方、莹、磷、长、石英、黄玉、刚、金刚挺押韵的，好记，有用。这就是矿物硬度的十度，到今天我背得烂熟”。③

“教学有法，但无定法”，教师需要根据教学内容的变化而灵变其方法，如对于一些复杂的教学内容，一些老师经常采用图示的方式来解释，如国文课老师在讲解文法时，则需要用图的方式划分出句子的不同结构，这样便会一目了然、异常清晰，尤其是对于句式较为复杂的句子，更需要清楚地标示出来。

---

① 王晋堂主编：《古校迈向 21 世纪：北京一中校史稿（1644—1990）》，北京：华艺出版社，1990 年版，第 112 页。

② 中国人民政治协商会议上海市虹口区委员会文史资料委员会编：《文史苑》第 16 辑，1998 年，第 85 页。

③ 刘沪主编：《北京师大附中》，北京：人民教育出版社，2000 年版，第 139 页。

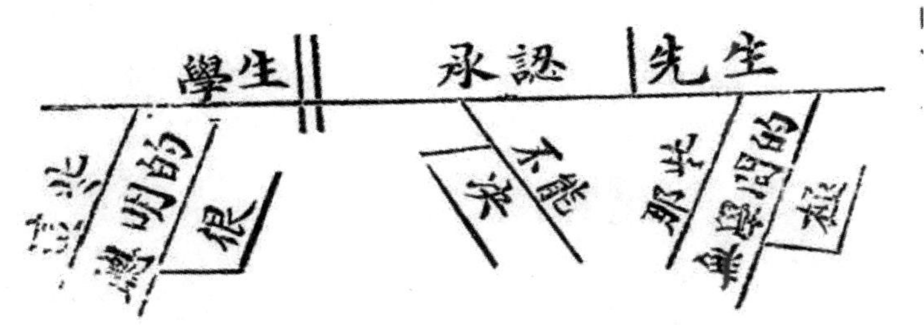

图 2—2 这些很聪明的学生决不能承认那些极无学问的先生

以上主要叙述了几种课堂的教与学，此外，课堂中仍存在主要的方法——讲解法。黄炎培于 1914 年为时 8 个月，历 7 个省市，对 120 所左右学校的调查，最终所得结论是：“学校训练难言矣，教授大都用注入式。”① 湖北省第六中学的“历史教员教课，袖手伏案，了无生气，讲援平铺直叙，学生瞌睡者极多”。② 讲解式的教学，倘若运用不当，便会出现学生昏昏欲睡的现象。此外，设计教学法、道尔顿制等在当时的教学界风靡一时。上海吴淞中学、东南大学附中等都进行了道尔顿制的实验，这也表明当时教育界对教学方法改革的重视。以上内容主要从教师教学方法的角度对学生课堂生活进行描述，因为课堂生活更多是教师的教授或引导，学生则是知识的接受者，而这种接受活动多以“隐性”的形式发生。故于此，学生的课堂学习生活，多是从教师的影像中折射而出，因为这两种活动几乎是同步发生在课堂的场域之中。在这个共同活动的场景中，教师的讲授，甚至言行举止都成为学生学习的内容。“一个国文教师，倘若对学生的读书作文都是草草了事，并不注意督促他们认真仔细，精确缜密，在笔记及作文时只须铅笔随意涂涂，草草不恭地了事，这样如何能养成学生认真的态度，缜密的思维？对于学生整个优良品质之养成，影响是很大啊。一科如此，他科亦然”。③ 换言之，学生的学业成长离不开教师的谆谆教诲，更离不开教师的严格“他控”，学生在这种氛围下，才能对教师的严格教育恪守不渝。有的学生学习兴趣来自于教师课堂

① 黄炎培：《黄炎培考察教育日记》第 2 集，上海：商务印书馆，1915 年版，第 158 页。

② 湖北省档案馆：LS10—5—1278，《湖北省督学许可呈报视察七中情形》。

③ 龚启昌：《中学普通教学法》，上海：商务印书馆，1946 年版，第 3 页。

的教授，“地理教员最凶，虽然有小部分学生反对他，然而，他仍是努力地尽他的天赋认真教学。诚然的，比较认真的导师总是有学生恨忌他。我对地理课的发生兴趣，不能不说在他的教课的时候开始。”①

图 2—3 国立东南大学附属中校道尔顿制文史地作业室

除以上列举的主要教与学的方法之外，学生课堂的另一种重要的学习活动便是做笔记。做笔记也是对教师教授的一种接受与回应。1913 年教育部发布训令，令中学及师范学校学生练习笔记。“兹由本部酌定办法，凡中学师范学校，以后自第三年始，任择何种科目，每周以二十或三十就教员所讲，令学生笔记，逐渐加详加速，仍由教员随时察视，指正讹误，庶预备有素，日后升学听讲，无扞格不通之弊，即有不升学者，得经此练习，将来书写文字，自能敏捷，亦属裨益甚多”。② 学生通过训练做笔记，一方面可以练就一手好字，另一方面集中注意力认真听讲，记述所学内容，同时可以做复习之材料。学生的笔记还要接受上级的检查。江苏省南京女子中学校刊记载，周厅长在校长的引导之下，先视察教学，之后“检查学生日记笔记等，对于学生笔记本之整洁，思想之纯正，颇为奖许云”。③ 除了教授课本内容之外，有的教师会选择其他内容，如某国文教师新任某中学教员之时，并未急迫教授教材，

① 难言：《公布给中学生》，载《中学生文艺》1932 年第 1 期。

② 李桂林、戚明琇、钱曼倩：《中国近代教育史资料汇编·普通教育》，上海：上海教育出版社，2007 年版，第 835—836 页。

③ 《周厅长莅校视察》，载《南京女子中学校刊》1933 年第 6 期。

而是先教学生如何做笔记、如何学习、如何读书等知识。在先生开讲之前，学生们做好记笔记的准备。“柳先生进入教室点了名以后说：‘你们都各自预备纸笔，将今天所讲的意思，摘录下来。这工作也很重要的，无异给你们讲授一篇选文。’大家都顺从柳先生的话，预备起纸笔来。其中也有几个，本想记柳先生的话，所以纸笔早已端端整整地放在课桌上了。”①

正如以下学生所作的诗歌《努力》中所言，学生们在课堂学习之中朝着光明之路而努力。

努力！努力！
向着光明的大道上努力！
莫避崎岖，
莫怕艰难，将来一定能达到目的地。

努力！努力！
抱着百折不回的志气努力！
莫要徘徊，
莫要留恋，
将来一定可到快乐的乐园。

努力！努力！坚定志向脚踏实地地努力！
莫要间断，
莫要畏难，
将来的结果一定是圆满。

努力！努力！

① 杨荫深编：《柳先生的教育》，北京：北新书局1936年版，第16—17页。

应拿定始终如一的精神努力！[①]

四、课堂学习的不同状态

对于教师所讲授的内容，大部分学生认真听讲，能够在教师的引导下消化吸收课堂上的知识。以英语学习为例，学生在“置之庄岳”式的英语教学环境下，大部分英语学习效果较好。北京汇文中学的学生认为：“学生在高中毕业后大多具备良好的英文阅读、写作、会话及翻译能力，考上大学后基本免修英文。他们大学毕业参加工作之后，英文能力完全能够应付一般需要，不论是阅读或翻译国外学术资料，还是参加国际会议发表演讲、与国外同行讨论问题等等，如中国科学院院士，第一个发现‘北京人’头盖骨的古人类学家贾兰坡，1927 年进入汇文中学学习，初中毕业后没有上过学，他后来在研究动物化石头盖骨工作中，便是靠在汇文打下的英文基础，啃完了伦敦出版的原版《哺乳动物骨骼入门》一书。”[②] 然而，并非所有的学生都对英语感兴趣，很多学生把英语学习当做畏途，虽耗费大把时间，却收效甚微。“学习英语不仅在过去，现在的一般学生，觉得是十分困难，这是一个不可否认的事实。中等学校的学生，视学习外国语为畏途，然以学分与毕业的关系，不得不把大把光阴耗于之中，而对于此门功课，感觉不知所以”。[③] 有的学生甚至认为学英语是亡国奴的表现，“我不做亡国奴的洋鬼子，不学英文，我弄国文，国文为各科之主”。[④]

课堂之上总会有一小部分学生游离在大多数之外，不能进入课堂学习的最佳状态，要么是心神不定、思想不专，自搞小动作，要么是学习倍感吃力，承受巨大压力。即使同一班的学生群体，由于智力差异、学习风格的不同，对于教学内容的吸收程度亦会不同。学习成绩较好的同学，为学习更多内容主动要求教师加深课程内容，“总是要求先生教高深的课本。记得在第三年二

---

① 戴恭：《努力》，载《青海一中校刊》1937 年第 10 期。

② 傅国涌编：《过去的中学》，北京：同心出版社，2012 年版，第 145—146 页。

③ 王以友：《怎样学习英语》，载《读书青年》1936 年第 1 卷第 9 期。

④ 希和：《目下青年学生界的缺点》，载《广西青年》1933 年第 24 期。

学期的时候，就教通史的原本，英文读的是双城记。那时我们拿着这两本厚书去上课的时候，心里充满着高兴，自以为程度是不错了，其实只是一知半解的，完全凭着自己的记忆在那应付。后来有一位姓欧阳的同学，赶不上班，老是一个人在深更半夜里起来读书，得了伤寒的重症，在学校的病房里死去了”。① 由于不同学生对学习内容的吸收程度有差距，导致部分学生只能夜里开夜车追赶，最终身体严重损伤，甚至个别学生遭遇到生命的威胁。

学习行为与学习的态度直接相关，很多学生能够孜孜不倦、如饥似渴地求知好学，也有部分学生对学习较为冷漠，认为学习书本知识无用。“他们的心里，是认为书本知识，不适实用，不值得孜孜不已地研究，因此他们对于苦心用功的同学，赠以‘分数虫子’绰号，对于捧着书诵读的朋友，目为‘书犬书虫’之流，甚至宣传其‘不读书乃觉悟’之主义”。② 学习态度决定了学习行为，持有学习无用论抑或抱有消极态度的同学，其课堂上的行为也甚为消沉。在课上，有的学生能够安分守己，认真听讲，而有的学生却表现得躁动不安，在忙碌着私下的事情。“今天又是孙先生讲‘难二’，这篇文章虽然是比较好懂些，但‘不听’成了习惯的学生们仍是没有丝毫的注意，除了坐在第一行的比较老实些，此外，按次下推，越后面的秩序越差，最后一排有两位在谈飞来伯和何傑孰美，有三位在看张资平和蒋光赤的小说，有一本是二人合看的。还有的或将眼睛望着地，或将眼望窗外”。③ 坐在教室后排的同学显然已与前排的同学处在两种世界之中。

造成学生不专注课堂的原因主要有两种，一种是学生学习态度的问题，这部分学生占少数群体，另一种是教师方面的原因，教师的讲授不能激起学生的学习兴趣，枯燥无味，倘若再加上低水平的教师，学生更是无趣听从。“湖北省立第七中学聘请教员，壹以援引私人便于驱遣为原则，如英文教员、数学教员，对于功课绝对不能担任，常委学生做指摘。又如李某以汉阳府中

① 刘大杰：《中学生活的一片段》，载《青年界》1935年第7卷第1期。

② 希和：《目下青年学生界的缺点》，载《广西青年》1933年第24期。

③ 谷梁：《课堂上》，载《中学生文艺》1931年第1期。

学学生，时而任地理、时而任博物、时而又任数学，勉强滥竽。”① 聘用不符合教师资格的教师任教，自然会招致学生的不满。湖北省立十一中学的学生指出：“该校前训育主任兼党义教师虽有毕业证资格，而品性学识卑劣不堪。既无学识，又无经验，任职三载，笑柄百出。端如公民科，怯懦读作去儒，总理诞辰登台演讲，将诞辰读作延辰，又如缘木求鱼写作爰木求鱼，诸如此类，笔不胜书。字且不识，遑问讲解，此学问之浅陋，不堪为人师资格者一也。而且刚愎自用，学生中有问难者，有面质其讲解之误者。学生对其教授及训育多不满意，时有哄堂大笑之举动。”② 教师所讲内容错误百出，势必会引起学生们的反感，尤其在反抗无力之下，学生们只能无奈忍受，最终学生对所授内容产生无比厌恶的情感。

也有学生因自己思想与教师的思想相分离，导致师生间不能和谐沟通，恰如牟宗三所形容的“离其自己”的生活。牟宗三在栖霞县立中学读书时，“教他们国文的老师，是一位老贡生，常教学生背的是《古文观止》一类的文章。对这一套，牟宗三自己更觉得是一窍不通，一点也没有进到生命里边去。课堂上先生出题目，牟宗三常常是一辞不出，闷在那里没法子。这不是没话可说，而是有话说不出，心中总有一股子郁闷劲。有一次老师出了一个游记之类的题目。这没有什么限定，牟宗三的一股郁闷在这题目上得了表现。但写出的作文，老师看了没法欣赏，批了‘晦涩’两个字。其中牟宗三还弄出一句‘倩疏林挂住斜晖’，是《西厢记》一句台词的误记，在中学生自己觉得这是个美极了的佳句，没想老师批了个‘不通’”。③ 之所以会产生师生间的沟通障碍，主要是牟宗三自身原因，中学前一直生活在质朴自在的乡下，进到城里读书，由于操着满口方言，经常会词意不通造成交流障碍。

---

① 湖北省档案馆：LS10－5－1274，《湖北省立第七中学杂案》。

② 湖北省档案馆：LS10－5－2048－1，《湖北省立第十一中学》。

③ 李山：《牟宗三传》，北京：中央民族大学出版社，2002 年版，第 9 页。

第二节 自主学习：纷繁多样的变奏曲

如果说课堂学习是在教师指导下的“他控学习”，那么课堂之外的自主学习可以称作“自控学习”。学生的学习行为本质上是自主的、自控的，是在外在条件的总体控制下的自控行为。从学生一生的发展来看，“他控学习”终究是有限的，一个人终生的知识经验大量的是通过不经教师指导控制的“自控学习”。① 学生在校的“自控学习”活动空间主要包括图书馆、自习室、实验室、宿舍等。多彩纷呈的自主学习丰富了学生的学习生活。

一、图书馆生活的丰富体验

图书馆是一个专门收集、整理、保存、传播文献并提供利用的科学、文化、教育和科研机构。学校图书馆是学校机构的重要构成部分，同时也是学生课堂学习之外的重要学习场所，也是课堂生活的继续与延伸。从某种程度上而言，学生的图书馆学习体验，较之课堂学习，其意义甚为深远。

(一) 中学建立图书馆的必要性

学生课堂学习，更多处于被动性的知识接受，而主体性的发挥受到一定限制。图书馆学习生活则不然，学生可以依照自己的兴趣、爱好选择学习内容，探索未知。可以说，图书馆学习生活是学生发挥主观能动性以及主体性的重要机构。民国时期的一些研究者开始关注中学图书馆的建设。周德之曾指出：“学校设立图书馆的目的，在培养一般知识健全的学生，学校中的一切办法，自应适合学生的心理和生活的需求。所以学校的任务，除掉供给各种教科书和课堂内讲授之外，还要多备一些图书，供他们阅览，并可藉此养成他们好学的习惯，研究的能力。具体而言，中学校设立图书馆的利益，包括增加课外知识，培养自习能力，鼓励参考实验，学习共同生活，提高个人意

① 陈厚德：《有效教学》，北京：教育科学出版社，2000 年版，第 35 页。

志，减轻经济担负。”[①] 沈祖荣与胡庆生则根据当时教育现状，提出建设图书馆的迫切所在：

> （1）中学所施之教育，乃课堂教育。此种教育，除却黑板无学问，一下课堂无功修。在校一日，即照例上课一日。有时离开课室，即荒废学业，前功尽弃矣，此等中学教育，只是夭亡的教育。（2）课本教育。此种教育不论课本之新旧，亦不问课本之优劣，依样画葫芦，照本宣科；凡课本以外之学问，皆茫然不知。此种中学教育皆是井蛙的教育。（3）但凭教授，不自研究。此种教育，先入之言为主，自修之功全无；不问师说之是非，而一味盲从。教师之于学生，又养娘之于孺子；饥渴饲之，即不饥亦饲之，哺则食之，苟不哺则不能得食，此等中学教育，只是喂饭的教育。
>
> 以上三种教育，只算是片面的，非完全的。既非完全教育，若长此以往，中学学生将来出学校后，可必其能升学乎？可必其能自谋生计乎？如果不能升学，不能自谋生计，其所学果何所用乎？况学生当中学时代，正值青年时期，易生危险者，在此时期；而最有进步者，亦在此时期。何以故？记忆力强，理想力富；苟能于课本师说之外，更为中学生辟一座闲暇读书之所，使伊能优游其中，养成嗜学之习惯，提起自觉读书之兴趣就好了。这如何解决呢？赖有图书馆也。然则图书馆对于中学，其不可不设也，章章明矣。[②]

图书馆的设立不仅可以矫“课堂教育”“井蛙教育”“喂食教育”之弊，也可以开辟书海之地，学生可以翱翔在书的海洋之中，同时还可以培养学生的自觉性及自控力。

也有研究者相比小学、中学与大学图书馆之差别，论证中学图书馆的重

---

① 周德之：《最简单的中学校图书馆》，载《安徽省立图书馆》1929 年第 1 卷第 1 期。

② 沈祖荣、胡庆生：《中学图书馆几个问题》，载《新教育》1924 年第 1—2 合刊。

要性。“许多图书馆的统计告诉我们，中学生在阅览人数中占着主要的地位，这当然是因为中学生需要图书馆，比较其他各种人要来得强烈。相对于小学生和大学生，中学生更需要图书馆。小学生的知识基础是很浅薄的，根本不能深入地与图书馆发生关系。至于大学生，在知识方面，的确要比中学生更有基础，但我们只要稍微留意，便会知道现社会下除少数有特殊兴趣的大学生外，极大多数的大学生，为着社会环境的关系，他们已经没有时间没有兴趣去和枯燥的图书馆发生情绪。差不多全部精力用到其他活动，去为他们的将来出路作准备了。”① 依照该研究者而言，相对于知识浅薄的小学生及忙于社会奔走的大学生，中学生则更需要图书馆。可能该作者为了呼吁教育界重视中学图书馆的建设，不免有溢美之嫌，但也足以表明他对中学图书馆建设的重视。

（二）中学图书馆之藏书

一个图书馆的藏书多少，某种程度上也代表着图书馆的实力。民国时期，某些中学图书馆的建设已具规模，馆藏书籍包括中文图书、外文图书、杂志、日报等，很多学校的古籍藏书甚为丰富，日报种类比较多。北京一中的“图书馆自清代建成，当时藏书就有 5 万多册，有许多珍贵的版本如《图书集成》、《二十四史》，还有许多善本孤本古籍”。② 安徽省第四女子中学图书馆共分五间，“藏书室二间，阅书室三间。平均每日阅者二三十人。藏线装书共 7291 册，大都有四部丛刊，二十四史，万有文库，汉魏书，平装书共 365 册。杂志有中文杂志 15 种，西文杂志 3 种，日报 11 种”。③ 有的中学藏书很有特色，上海南洋中学的图书馆主要收藏野史和方志。南洋中学的图书馆藏书，“中文书籍占十之八九，其中以野史和‘明末诗人文集’为多。至 1933 年所藏方志数 1388 种更是惊人，居于全国公藏方志第九位，东方图书馆被毁后，

---

① 吴景贤：《图书馆与中学生》，载《学风》1933 年第 3 卷第 6 期。

② 王晋堂主编：《古校迈向 21 世纪：北京一中校史稿（1644—1990）》，北京：华艺出版社，1990 年版，第 125 页。

③ 《两新兴之中学校图书馆》，载《中华图书馆协会会报》1932 年第 7 卷第 5 期。

排名进至第八位”。[①] 南洋校长王植善曾言他尽力收集这类书籍的原因：“历史记往事，镜将来，历代官书，专主君主之所为，一面之辞，率不足据，其逸闻轶事可以考证当时事实及表见社会风俗者，莫如野史，我收罗当力；集部汗牛充栋，望洋兴叹，明末忠节诸臣以及遗民，其忠义悲愤，往往发见于诗文，读之懔懔有生气，我爱之，重之，我亦力致之。”[②] 可见，有时校长的藏书观直接决定了该校的藏书格局及特征。图书馆除了收藏各类古籍之外，也很重视杂志和日报的收集。保定某中学的“杂志阅览室，陈列有《东方杂志》、《小说月报》等刊物。报纸阅览室有《中央日报》、天津《大公报》、《益世报》、《北平晨报》，以及英文版的《华北明星》等”。[③] 下表为上海几所中学的图书馆藏书情况：

表 2—4　上海三所中学藏书概况

图书馆名	设立时间	藏书总册数	中外杂志或期刊总数	统计时间
澄衷中学图书馆	1916 年	40000	杂志 50 种，日报 10 种	1926 年
浦东中学图书馆	1921 年	7000 余	杂志 70 种，日报 7 种	1926 年
清心中学图书馆	1923 年	11652	杂志 3948 种，报纸 10 余种	1932 年

资料来源：胡道静：《上海图书馆史》，上海：上海市通志馆，1935 年版，第 76—77 页。

从以上表格中可以看出，当时上海中学的图书馆发展较为迅速，创立 10 年间，澄衷中学图书馆图书总数达到了 40000 册，比大夏大学[④]的图书馆藏书量还要多出 118 册。清心中学图书馆杂志种类异常丰富，达 3948 种，当时上海著名大学，如交大图书馆，中文杂志加上外文杂志总共 300 种，相比清心中学，相差之悬殊不言而喻。当然，处在上海这一大城市的中学，其办学环

① 胡道静：《上海图书馆史》，上海：上海市通志馆，1935 年版，第 75 页。

② 胡道静：《上海图书馆史》，上海：上海市通志馆，1935 年版，第 75 页。

③ 中国人民政治协商会议河北省保定市委员会文史资料委员会编：《保定文史资料选辑》第 12 辑，1994 年，第 117 页。

④ 大夏大学图书馆于 1926 年成立，据 1933 年的统计数据显示，该学校图书馆的藏书总册数为 30882 册。

境要优于地方中学，对图书馆建设也较为重视。

（三）图书馆生活之多态

学生们走进图书馆学习，有的是发自对知识的渴求，也有的则是为准备考试而来。对于那些渴求汲取知识的学生而言，图书馆则成为他们学习的圣地。著名音乐家李德伦回忆他在北京师大附中的读书生活，“附中图书馆藏书很多，还有一些珍贵的善本、海内孤本。我特别喜欢到图书馆看书，好像里面有无限宝藏，我有时不上课，而一头钻进图书馆。”① 对于某些学生，图书馆确实如发掘宝藏一般。刘白羽回忆他在北京一中的图书馆学习生活时发出感叹：“有一天我在图书馆发现了一本苏联小说《士敏土》，真是激动极了，那是我第一次接触苏联的革命文学，书中红旗飘扬在天空的描写给我留下了深刻的印象。那是我第一次接触到革命红旗的形象。以后，我又在图书馆通读了《契诃夫小说集》等进步小说。这些小说对我而后走上革命道路产生了决定的影响。一个青年世界观的形成，学校环境很重要，如果没有一中这段生活，我很可能变成另外一个人。”② 刘白羽之所以能成为卓越的作家，并积极参加抗日战争、解放战争和抗美援朝战争以及新中国的建立，与他在图书馆发现苏联革命文学这片新大陆密切相连。

学生们在图书馆中所阅读的都是哪一类书目呢？哪一类书籍受到学生的青睐，哪一类受到学生的冷落呢？据一位长期在中学图书馆工作的人员回顾，“中等学校图书馆阅览情形，据数年来之统计，学生阅览之多寡，按图书性质言之，以关于文学之书籍阅览员多。其次为关于新思潮之各种图书。再次为关于史地书籍。其阅览少者，为各科学书籍。且其性质愈专门，阅者愈少。”③ 另外，据河北省立第一中学图书馆开放一个月之后的统计显示，“阅览人每日

① 刘沪主编：《北京师大附中》，北京：人民教育出版社，2000 年版，第 241 页。

② 王晋堂主编：《古校迈向 21 世纪：北京一中校史稿（1644－1990）》，北京：华艺出版社，1990 年版，第 125 页。

③ 许毅：《我办中等学校图书馆之经验谈》，载《晨报副刊》1925 年第 1267 期。

平均三十余名，借书种类以文学、社会科学、英文等为最多”。[①] 原来图书馆最受学生钟爱的是文学和小说，表现最为明显的则是女子中学。据当时一项学生的调查，“这些女同学们一提到课外读物就想到小说。小说占所看读物中40%。她们也看杂志，所看的多半是学校图书馆预备的。她们看报的时间用得很多，所调查的学生中45%，每个人每日用一点钟以上的功夫看报”。[②] 若排除掉学生课业辅助书籍，可见，最受中学生钟爱的是文学小说及时事报纸。小说可以提供给学生另一片想象的天地，而报纸则可以把学生带入现实世界，了解时势发展动态，尤其是在国难危亡之时，了解国家形势更是显得迫切。“阅报以知时局，诚属必不可少；然当捡选最博大之日报一种，月报数种，以备浏览之大要。慎勿轻发议论；亦勿贪阅笑谈细事，以懈脑力”。[③] 这是指导学生读报纸的方法。

表 2—5　育德中学学生每日借书统计表

类别 册数 班次	总类	哲学	宗教	社会科学	语文学	自然科学	应用技术	美术	文学	史地	共计
高级第六班						3		3			6
高级第七班				1	1	5			2	2	11
高级第八班				1	1	2			2	1	7
高级第九班				1	2	1			6		10
高级第十一班	1			2	6	2			4	4	19
高级第十二班	1			3	2	4		2	17	3	32
初级第三三班						1		1	5		7
初级第三四班				2	1				12		15

① 《河北省立第一中学校图书馆最近概况》，载《中华图书馆协会会报》1932 年第 7 卷第 5 期。

② 吴榆珍：《一个女子中学的课外生活》，载《社会学界》1933 年第 7 卷。

③ 李育彬：《学生自修必读》卷 1，上海：世界书局 1923 年版，第 2 页。

初级第三五班				1				2	5		8
初级第三六班		1			1			3	4		9
初级第三七班			1	1					1		3
初级第三八班		1				1		1	3		6
初级第三九班								1	9		10
初级第四十班									4		4
初级第四一班										1	1
初级第四二班				2					2		4
共计	2	2	1	14	14	19		13	76	11	152

资料来源：育德同学总会编：《河北省育德私立中学校一览》，1935 年，第 127 页。

从育德中学学生的一日借书统计表可以看出，学生们所借数量最多的为文学，每日借出 76 册，占总册数的 50%，其次为自然科学、语文学和社会科学，分别占总册数的 13%、9%、9%，其中，应用技术最受冷落，没有借出记录，该校借书情况也印证了文学受中学生青睐的现象。

但相对于馆藏较少，不能满足学生需求的学校，图书馆则会门庭冷落。青海学生的读书阅报生活与内地明显不同，图书馆中“除了通常的一部万有文库外，就是几本古线装书。学生们对这些陈腐的东西不是很感兴趣，因此往图书馆跑就不如平时勤快了。而阅报室里的报纸，除本地的一份民国日报外，大半的学校，什么都没有。在西部有一两个学校也间有《申报》、《大公报》的，但这两种报，起码三星期后才能见到，新闻已成旧闻，读报就好如读历史了！有时为某种原因，地方当局要在邮局检查，报纸一概不准入阅呢，这个苦楚，内地的学生们恐怕想不到”。[①] 虽藏有一些古籍，但远不能勾起学生的兴味来。因为大多数的中学生都喜欢看一些文学小说，或者充斥着新思想的报刊，而青海这个地方，由于报室的报纸往往发行滞后，学生们只能带着读历史的态度去阅报，导致学生们走进图书馆的欲望逐渐消减。

① 郭惠天：《青海学生生活素描》，载《国闻周报》1935 年第 50 期。

走入图书馆的另一动机，便是为应付接二连三的考试，因为图书馆可以提供一个安静而紧张的复习环境。“一般的学生，往往为了减轻家庭的负担，缩短修业的年限，急于升学起见，在上军训，体育，劳作，等等他们认为与升学无重要关系的功课时，便托故请假，躲到图书馆或僻静的地方，去预备应考的功课。有时为了应付校内的月考，也往往托故请假，用这种拆西墙补东墙的办法，去临时抱佛脚来速效”。① 图书馆俨然成为逃课之地，学生为了缩短修业年限，急于升学，逃课至图书馆备考。然而，一旦考试即将降临，图书馆的借阅次数则明显下降。“这几天忽地又少了很多同学们来阅书或借书了，较之平时，可以说是十与一之比。是什么缘故，呀，不要思疑，大家都是为着学期的考试预备罢。诗句云：‘采得百花成蜜后，为谁辛苦为谁甜’，我们提到考试就加紧工作，忙个不休。”② 学生们放弃阅读图书馆书目，原来是在忙于备考。

图书馆的读书阅报生活，还要遵守各项规定。如河北省立第一中学图书馆则规定：“学校开课一星期后，本馆即开始借阅，每日上午自十二时起，至下午一时半止，下午自三时半起至五时止。”③ 学生必须在规定的时间内才可进入图书馆，享受图书馆带来的各种便利。此外，学生借书也要遵守规约，如每次借书不能超过多少本，注意还书的期限等。详见广东省立第一女子中学图书馆规则：

1. 每学期学生开始借书时，须将学生证缴验，换取借书证。

2. 每日开馆时间，由上午七时半至下午四时半止（星期日及例假休息）。

3. 每人发给借书证二张，每张可借书一册，以一星期为限，可续借

---

① 赵容舒：《中学生缺课问题》，载《贵州教育》1930 年第 2 卷第 3 期。

② 彩云：《一学期来在图书馆里工作的检讨》，载《广州市一中学生》1931 年第 1 卷第 2 期。

③ 《河北省立第一中学校图书馆最近概况》，载《中华图书馆协会会报》1932 年第 7 卷第 5 期。

一星期，续借时须携书到馆另加登记。

4. 凡借出书籍，如本馆必要时，得随时收回。

5. 凡借出书籍过期未还者，即停止借书权。

6. 所借书籍，如有损失，须照该书价值赔偿。

7. 阅书者不得随地唾痰，高叫狂笑，放声诵读，及抛弃物于地，并不得携带食物等入馆内。

8. 参考书籍新闻杂志，非经特许，概不借出。

9. 在学期试验前，如有借书手续未清者，不得参加考试。

10. 本馆馆员有维持馆内秩序之责，如有扰乱秩序，馆员得随时劝止或令其退出馆外。①

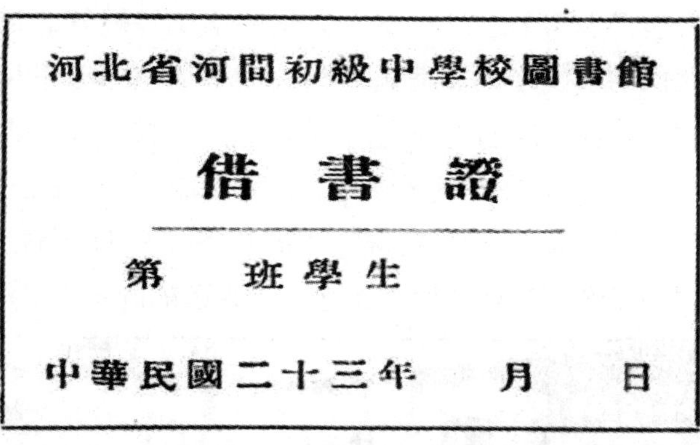
河北省河間初級中學校圖書館

借書證

第　　班學生

中華民國二十三年　　月　　日

图 2—4　河北省河间初级中学校图书馆借书证

学生要严格按照图书馆的各项规定借阅书籍，否则就要受到惩罚。湖北省立第十三中学制定的奖惩规则中第三十二条规定，“在阅报室阅报，将报携往寝室者、自习室者诫斥，私藏独阅者记过一次”。②

以上主要展现的是学校图书馆生活状况，有的学生感觉校内图书馆不能满足其知识的渴求，故去校外图书馆满足其求知的欲望。据何满子回忆：“从 1932 到 1937 年间，我几乎每天都要到浙江省立图书馆去，总占据着阅览室一

① 《图书馆规程》，载《广东省立第一女子中学校校刊》1932 年合刊。

② 湖北省档案馆：LS10—5—1888，《湖北省立十三中学奖惩规则》。

个老座位，我把它叫作我的‘城堡’，大概是看了《唐吉诃德》里常提到的应属于桑柯班扎那个城堡联想的罢。我在这里主要读的是文史方面的书，一边读，一边学习写文章，向浙江《民国日报》、《杭州日报》投稿。《杭州日报》总编辑凌强看到我的文章，以为我是有了年纪的人，一见面，看我是个孩子，他大吃一惊。这使我很得意。”① 课堂的知识远远不能满足学生的胃口，学生们便纷纷跑去图书馆，徜徉在书的海洋之中。据于光远回忆：“在铭贤小学时我就发现西单有条头发胡同，里面有个图书馆（它就是现在首都图书馆的前身）。我就去这个图书馆看小说。初中三年我一直去。开头完全看文学作品，后来开始读一点清代文人的笔记和别的书籍。我也偶然得到一些革命翻译小说，例如辛克莱的《石炭王》，我看了，但没有多大兴趣。当时有些描写北伐战争的小说，我也没有多看。我的文学兴趣的格调是很低的，没有想到一个同学看了描写北伐的小说产生了考黄埔军校投笔从戎的思想和行动。初中毕业后他就这么做了。他不知道 1930 年以后的黄埔军校早就不再是准备北伐时的黄埔军校了。结果他考进黄埔军校之后，先是成了一个国民党的军人，后来当了宪兵军官，最后成了一个名符其实的特务。”② 处于青年期的中学生，极易受极端思想的影响，甚至会误入迷途，于光远的同学则是鲜明的典例。

图 2—5　上海中学图书馆和阅报室

---

① 何满子口述，吴仲华整理：《跋涉者：何满子口述自传》，北京：北京大学出版社，1999 年版，第 5—6 页。

② 傅国涌编：《过去的中学》，北京：同心出版社，2012 年版，第 40 页。

二、自习室内的学习景观

自修是熟练掌握课内知识的有效途径。澄衷中学的学生在介绍他的自修方针时就认为："诸君在学校里读书，课程不是很多吗？倘若将这许多课程，要想在上课时间，一概习熟，那是万万来不及的。因此，需想一个法子去辅助他，这辅助的法子，除了自修，是再没有第二个了。"① 注重课外自修的言论来自一名中学生的切身体验。对于教师而言，同样重视学生课外学习的兴趣与意义。柳先生讲授学习方法时指出："其实你们读书，不但在教室内要读，更要紧的还是在教室外面。教室内读的时候，不过是教师给你们一些指导，大半的工作，都要在课外去做的。梁任公有几句话说得很对。他说学生做课外学问是必要的。若只求讲堂上功课及格，便算完事，那么你进学校，只是求文凭，并不是求学问。你的人格，先已不可问了。他说的大意如此，可知真正求学，课外比课内还来得重要。"② 柳先生引用梁启超的几句话来印证课外学习的重要性，并告诫学生一定要加倍注重课外学习。

自修学习的内容是自由选择还是饱受限制呢？不同学校的规定不一。据周谷城回忆，他在自习的时候，喜欢练习英语。"我最喜欢洋文。当时青年会常有外国文学演说，常请学生去撑门面。我听了那种演说，觉得美国人讲话，声音从鼻孔出来，怪有趣味。回校常在自习室模仿，也装作演说的样子，请人翻译。口讲的叽里咕噜，不知所云，但声音却也能够从鼻孔里出来。同学们都说模仿得好，称我一洋文大家。"③ 学生们可以根据自己的兴趣选择所学内容，但是有的学校学生可没有如此幸运，保定育德中学自修规定："除星期日、节假日外，每天早饭前一节自习，晚上两节自习，不许迟到早退，因故不能出席的，事先向训育处请假。自习时间除预、复习正课和做作业外，不许看课外书籍（教师指定的除外），不许朗读、说笑。"④ 因为很多学校的训育

---

① 陆春英：《我的自修方针谈》，载《少年》1920年第10卷第11期。

② 杨荫深编：《柳先生的教育》，北京：北新书局，1936年版，第13页。

③ 周谷城：《中学生活的回忆》，载《青年界》1935年第7卷第1期。

④ 中国人民政治协商会议河北省保定市委员会文史资料委员会编：《保定文史资料选辑》第12辑，1994年，第119页。

员随时监督学生自修的一切活动。育德中学的“训育员除到室内点名外，还轮流在各班教室外向室内观察（教室南面的玻璃上都涂有白漆，以防阳光照射，每个窗子的下部，都刮掉一条白漆，以备在室外向里边观察），看学生是否看课外书籍以及说笑或睡觉等情况”。[①]

自修时间需要集中注意力，认真复习旧课、预习新课，全神贯注于学习内容。正如杭州第一中学制定的自习室公约：“一、自习可以养成自学的习惯，可以考察自己的作业，可以补充堂课的不足，所以我们在自习时间，愿以全力出之，不肯随便离开。二、预习正课，复习正课，以及课外阅读，均属必要，所以在自习时，大家应该好好支配，好好利用，不宜有所偏倚。三、朋友间相互切磋和向导师质疑，可以解除疑难，增加效果，但高声谈笑或随便胡说，有妨人家自习及公共秩序。”[②] 养成自修的良好习惯，提高自修效率，需要凝集精神。“在自修时没精打采；或手里捧着英语读本，心中想着骑脚踏车的趣味；勉强读了四五遍，也每易忘怀。因为自修时若精神不贯注在书本上，绝对不能收获自修的效果了倒不如不自修来得爽快！”[③] 也就是说，一旦学生有了心事环绕于心，便会扰乱心神，不能进入到学习的世界中去。某中学生的日记中载，当他“午后特别去约秋英到操场上去散步，温和的风轻吻着我们的短鬓，我们散了一阵步，各自回自修室去了。回到自修里去的我，什么书我都不想看，我的心境很迷乱，就是甜蜜又有些闷烦，我心身摇荡的竟睁开眼睛做了好久的梦”。[④] 回到自修室的小村，久久不能平静，脑海中想的不是课本上的知识，而是停留在与秋英一起的幸福画面。虽人身在自修室内，但心早已迷乱。

正是由于自修室的秩序偶尔会遭到同学的破坏，大多学校都制定自修室规定，以此来约束学生，保障自修室的学习环境。广东省立第一女子中学校

---

① 中国人民政治协商会议河北省保定市委员会文史资料委员会编：《保定文史资料选辑》第12辑，1994年，第119页。

② 《本中学学生生活试行公约》，载《浙江省立杭州高级中学校刊》1933年第83期。

③ 穆绍良：《我也来谈谈自修》，载《少年》1928年第18卷第12期。

④ 杨文安：《中学生日记》，上海：开华书局，1931年版，第80页。

规定："除假期外，每日下午七时至九时为自修时间，由舍监点名。如因事不能自修者，须声明理由。自修时间，当在自修室潜心研究，不得在寝室及其他地方行之，并不得任意谈笑，或故做妨碍他人之事。自修时间，不得回见宾客。"① 该学校规定了自修时间、点名纪律、不得外出等规定。有的学校自修室的规定除了一般的规定外，有些要求则更为细致，对衣着穿戴、行为举止甚至是讨论问题的时间都有明确的规定。河北省正定中学规定："一、自习时间不得迟到早退。二、自习时间不得外出，违者以旷自习论。三、不准闲谈喧闹及阅无益书籍。四、不得携带茶壶，茶碗须放置桌内。五、不得随地吐痰及抛字纸。六、不得赤背裸足。七、遇有谈论问题时，须在下自习前一刻钟内。"② 以上学校只是通过一定规约的形式约束学生，而有的中学则通过奖惩的方式规范学生的自修室环境。湖北省立第十三中学制定的奖惩规则中包括："自习时，做无意识之游戏者，记过一次，打瞌睡者罚站十分钟。在寝室、教室自习室未经对方许可，强拿他人书籍、文具者记过一次，或窃取物件者开除。"③ 中学之所以会制定出如此具细的自修室规定，目的在于提供给学生一个良好的自学环境。有时，学生们为了整肃自修室的纪律，维持良好的学习环境，特意自行制定公约。"开学的几个星期来，每天晚上各自修室里常常充满着谈鬼神谈恋爱的声浪，尤其是礼拜六"。"今天又是礼拜六了。吃过晚饭，我和坐在对面的C君向全室之人提议，今晚谁都不许谈鬼神讲恋爱。如果有什么活动分子来攀谈，吃以'闭门羹'。大家同意，我们的戒约成立了"。④ 自发制定自修室公约，也可以体现出学生们努力维持好的学习氛围的尝试。

有的中学设有专门的自修室，有的则在图书馆设立自修教室，也有的因条件限制，规定学生在寝室自修。南大附中规定，"高中学生每晚八时至九时

---

① 《自修规则》，载《广东省立第一女子中学校刊》1932年合刊。

② 《自习规则》，载《河北省省立正定中学校刊》1934年合刊。

③ 湖北省档案馆：LS10—5—1888，《湖北省立第十三中学奖惩规则》。

④ 《学校生活的日记一则》，载《中学生》1931年第15期。

必须在馆自修"。[1] 该校自修室设在图书馆内，每天学生必须在规定时间内进馆。由于学校经济限制，青海的部分中学生只能把寝室当做自修室。"寝室陈设再简单没有，矮矮的一张方桌，长长的一条凳子，桌子上摆着他们的几本教科书，也间有红楼梦，水浒，三国演义等课外读物的。尚有一个大板坑，四周用土筑起，顶上铺以木板，内边再垫以土块等物，距木板的平面约一尺左右的东西，此物为西北寒冷地方所特有。内边可以放火，预备冬天御寒的——供睡觉用的，木坑上铺的都是本地的羊毛毡，而且此间房子是寝室，也是自修室，每天除讲堂上课外，他们再未离开这里。他们好文艺，好高声朗诵，所以于自修时，你如到自修室的周围时，就可以很嘹亮地听出他们的声音来，但有时一个人话匣子一打开，大家你笑我说的也会将读的东西抛到九霄云外去呢，这也是座位太集中，谈话比较容易的一个弊病"。[2] 大多数的学生都能自觉遵守自修规定，但也有少部分同学按捺不住。沪江大学附中的高中生，在自己房里自修。有的学生埋头苦读，有的学生则是三五一群，扯东扯西。"自然，书虫们早已埋首书业了；少量们早又三五一堆的嬉笑了；什么星期六去看电影呀，什么你的西装真美呀；什么学校里的饭菜不好，要到馆子里去聚餐呀；什么我最近学会了一种舞呀；啊，兴奋极了，大家表演起来。'喳……喳……，美丽的摩登舞！''If I had a talking picture of you'，'I love you！'呀，震人心弦的洋歌！'借灯光，暗里里……'呀，苍凉圆滑的京调！此时此景，书虫们被感化得几乎要颤动了。但有的太高兴了，猛不妨教员先生庄严的面孔从门上面格子中出现，连忙抓住书，危坐如金刚"。[3] 显然，吃饭、娱乐等话题被引入到自修室，甚至自修室成为娱乐之地。宿舍内自修利弊兼有，一方面，自修的同学都是同宿舍的舍友，从早到晚相处在一起，建立起深厚的友谊，关系比较融洽；另一方面，由于寝室空间较小，同学座位比较集中，一旦有一位同学开小差，其余同学容易受干扰。

---

① 《南大附中扩充图书馆》，载《申报》1926 年 2 月 25 日。

② 郭惠天：《青海学生生活素描》，载《国闻周报》1935 年第 50 期。

③ 周怒安：《一学期》，载《中学生文艺》1931 年第 1 期。

三、其他地点的多形式学习

（一）校内其他场所的学习

实验对于理科的学习至关重要。教育部1919年发布训令，中学校应该改善理科实验。“教授时注重学生实验，其实验钟点，至少须占总数的四分之一。说明：向来习惯多讲演，少实验，卒至兴味绝少，毫无效果。盖学生自行实验，经一番筋肉之动作，更觉易于记忆；且实验越多，则理愈明，研究之心油然而起，遂有发明之思想。故实验时间，至少应占总时数四分之一。凡定理定律，悉令学生自行推求，记其结果，再由教员整理，庶可以增加其思考力”。①

图2—6　上海中学物理实验室

在实验教学的活动过程中，学生们通过老师的演示，可以观察事物变化的规律，同时，通过自己动手实践，发现自然界的奥秘。湖南岳云中学的学生，则需要亲自走进实验室，锻炼动手能力，通过实验观察撰写实验报告。“岳云对于生物、化学、物理三科极为重视，高中班除上课外，都编有实习钟点，以便学生分组实习。生物实习，放在一年级，因人数较多，分作甲乙两组。每组又分作六小组，所需的显微镜、解剖仪器、切片刀、药品及用具等齐备，实验动物时，如兔、鸽、龟、鱼等，都是每小组一个。实习后，学生要交实习报告，以为该科成绩之一部分。实习时间，每周皆在两小时以上”。②

---

① 李桂林、戚明琇、钱曼倩：《中国近代教育史资料汇编·普通教育》，上海：上海教育出版社，2007年版，第835—836页。

② 中国人民政治协商会议湖南省委员会文史资料研究委员会编：《湖南文史资料选辑》第20辑，长沙：湖南人民出版社，1986年版，第167页。

实验室俨然成为学生的第二课堂，从这里，学生们可以探索自然界的现象，发现神奇的自然规律，也可以从中培养学生的科学求实的精神。

也有一部分学生，他们会在晚上，尤其是深夜学习，这部分学生有的是因准备考试而开夜车，也有部分是偷看规定之外的书籍。由于白天紧张的课程学习，自习时间不足，学生们利用晚上的时间准备课业或考试。“自从各种学生训练，如强迫跑步，强迫运动，各种集合实施以后，学生自修的时间，每日仅有晚间二小时，以这样短促的时间，要从事于课前预备，课后练习，真正用功的话，除非开夜车不可”。[①] 也有部分学生是发于对某些书籍的兴趣，只能在夜深人静时挑灯偷看。邹韬奋为了阅读梁启超的文章，躲在自己床上的帐里，悄悄点燃蜡烛。躲在帐里，不仅不易被舍监发现，也可以不影响其余同学的休息。当时梁启超一度成为青年人所崇拜的偶像，他那激烈的言辞，更是震撼着每一个青年的心灵。邹韬奋在南模中学的回忆，“我始终觉得梁任公先生一生最有吸引力的文章要算是这个时代的了。他的文章的激昂慷慨，淋漓痛快，对于当前政治的深刻的评判，对于当前实际问题的明锐的建议，在他的那支带着情感的笔端奔腾澎湃着，往往令人非终篇不能释卷。我所苦的是在夜里不得不自修校课，尤其讨厌的是做算学题目；我一面埋头苦算，一面我的心却常常要转到新借来放在桌旁的那几本《新民丛报》，夜里十点钟照章要熄灯睡觉，我偷点着洋蜡烛躲在帐里偷看，往往看到两三点钟才勉强吹熄烛光睡去，睡后还做梦看见意大利三杰和罗兰夫人！”[②]（这些都是梁任公在《新民丛报》里所发表的有声有色的传记）梁启超俨然成为青年学生们心中的偶像，每次读到他的论作，邹韬奋都能心潮澎湃，甚至这些内容都能走进他的梦乡，可见他对梁是多么的痴迷。

同样，也有一小部分学生，寻找有光亮的场所“开夜车”。一般中学都规定宿舍按时熄灯，但有的学生比较刻苦，为应付大量课业，熄灯之后，为避免训育人员的查班，同时不打扰同宿舍同学休息，故去寻找有光的场所。黄

---

① 祁述祖：《如何做现代的中学生》，载《江苏教育》1937年第6卷第3期。

② 邹韬奋：《经历》，北京：中国工人出版社，2007年版，第7—8页。

钰生在回忆南开学生学习生活时指出："晚饭后，七点上自习班，每个人都到自己寝室的座位上去作功课，很少有不作功课的人，因为明天就要交作业，或者提问，或者其他形式的小考。九点半了，但听室外有骆驼铃响，这是校工用一根棍子串一串铁皮夜壶分送到各室去的声响。不久，又听到皮鞋大、不跟脚、鞋后跟有铁掌，铁掌与甬道砖面相碰的塔拉塔拉的声音，这是'华白眼'查斋来了，该熄灯了，果然熄灯了。这是十点整。如果你不睡觉，还说话，就有人敲门，细声说，该睡觉了。再过半点钟之后，也许一排宿舍有一两个人偷着到厕所去开夜车。因为十点以后，只有厕所有灯光。"① 躲掉了训育人员的监察之后，开夜车的学生们便纷纷跑去厕所寻找光源。晚上熄灯之后，另外一个具有光源的场所莫过于路灯了。"有些学校的学生，成绩的确很好，但是我们发现他们的体格不很健全；他们对于各种训练都没有机会接受，他们对于各种活动没有时间参加。有些学校晚上和星期日还要上课，学生在天还没有亮就起来，晚上熄灯以后，待训育人员查过了，会偷点洋烛或在路灯下看书。"②

（二）校外知识的兴趣探索

以上展示的主要是学生在校内场所的学习，包括教室、图书馆、自修室、宿舍等，然而，校外的大课堂同样也提供了多样学习的机会。有的学生沉迷于校外书店，弥补校内有限知识的学习。中国著名翻译家杨宪益回忆："我对西方文学的知识大多来自阅读课外书。那时法租界里有一家专卖外国书的书店。它叫'秀鹤书店'，是一个名叫林秀鹤的人开的。他像是在香港学的生意，人很聪明，思想也新，懂得如何从国外订购书籍。我每隔一天就要到那家书店去浏览一番他的书，买上几本，或是查阅各种订书目录，通过他来订书。向国外订购书籍到货迅速，不到两个月就来了，我可以用中国货币付款。最初我感兴趣的是儿童读物和青少年书籍，例如：格林兄弟、安徒生、王尔德的童话故事，刘易斯—卡罗尔的《爱丽丝漫游奇境记》和《镜中世界》，巴

① 钟叔河、朱纯编：《过去的学校》，长沙：湖南教育出版社，1982年版，第256页。
② 沈其达：《中学生自修时间问题》，载《教与学》1937年第2卷第10期。

利的《彼得·潘》、斯蒂文生的《金银岛》、儒勒·凡尔纳的《海底两万里》之类。到了上高中时，我已能迅速阅读英文书籍了，我读了许多英语文学或译成英语的西方文学作品。”① 书店显然为杨宪益的英文学习开拓了一条好的门径，通过书店提供的订书目录，他可以广阔阅读外国的小说和著作。朱自清的中学时代也常与书店打交道，逛书店买书成为他课外的主要学习活动。朱自清醉心于《聊斋志异》和林译小说，想方设法找来看，不是借，便是买。朱自清说：“在家乡中学时候，家里每月给零用一元。大部分都报效了一家广益书局，取回些杂志及新书。那老板姓张，有点儿抽肩膀，老是捧着水烟袋；可是人好，我们不觉得他有市侩气。他肯给我们这班孩子记账。每到节下，我总欠他一元多钱。他催得并不怎么紧；向家里商量商量，先还个一元也就成了。”② “广益书局”成了朱自清中学时期的校外图书馆，在这里可以买到他感兴趣的小说和杂志，满足阅读的欲望。

除了去校外逛书店之外，有的学生也从事自己热爱的“志业”。中国著名的植物学家吴征镒，在扬州中学学习时，生物老师经常带学生去采集标本。“初一教我们的生物老师是明治维新后日本老师教出来的，不但讲书，还带我们观察植物，还带我们到野外采标本，如扬州附近的平山堂、禅智寺、东乡、西乡、北乡等等。耳听松风，把玩植物、刨根问底是假日的乐事，就这样大概到高中时已积累了二百多号标本，就自己学着鉴定。”③ 在生物老师的引领下，吴征镒便对植物产生了浓厚的兴趣，假期课余的一项重要活动便是采集标本，这种生活与追求甚至成了他一生为之奉献的志业。

---

① 杨宪益：《杨宪益自传》，北京：人民日报出版社，2010年版，第17—18页。

② 朱自清：《朱自清文集》，北京：大众文艺出版社，2009年版，第362页。

③ 吴征镒：《初中时的兴趣》，载《光明日报》2003年1月6日。吴征镒：中国著名且具有国际声誉的植物学家，植物区系研究的权威学者。他论证了我国植物区系的三大历史来源和15种地理成分，提出了北纬20°～40°间的中国南部、西南部是古南大陆、古北大陆和古地中海植物区系的发生和发展的关键地区的观点。主编的200万字《中国植被》是植物学有关学科及农、林、牧业生产的一部重要科学资料。

第三节　考试生活：不同考态样样观

考试是人类文明史的一大创造。“考试不是天生就有的。当社会出现了强制性的社会分工，特别是脑体分工，出现了‘劳心者治人，劳力者治于人’，当必须从人群中选拔出管理人员等脑力劳动的时候，经过长期探索，人类才发明了考试。它的产生在于社会需要，它的社会根源在于脑体分工。任何人，包括伟大人物，也不能取消它；即使一时取消，不久还得恢复”。[①] 正像英国的罗伯特·蒙哥马利所言：“如今考试已是这样稳固地站定了脚跟，要废除它，似乎比取消篝火节或圣诞节更无可能。”[②] 中国考试史上几种主要的考试变革包括汉代的察举制，魏晋南北朝时期的九品中正制以及之后的科举制。察举制及九品中正制因带有很强的主观性，进而流弊甚多，至隋唐时期，建立起全国统一的考试制度——科举制，科举制存在了1300多年，至1905年废止。随着西方考试制度引进中国，民国时期考试制度进行了变革，尤其是中学考试制度紧随其变。在一般的入学考试、学期考试、毕业考试之外，会考制度的出现，则是该时期重要的考试制度的变革，会考成为学业成绩考核的标准，是进阶或者毕业的通行证。

一、各种考试的多重考验

中学阶段，需要历经多种考试，才能修业完成获得毕业资格或者进阶之梯。小学毕业之后要参加进入中学的入学考试，进入中学，要准备各种临时考试、日常考试、毕业考试、升学考试等等，可以说，考试伴随着整个学习

---

① 孙培青、裘士京、杜成宪：《中国考试通史》，北京：首都师范大学出版社，2004年版，第1页。

② ［英］罗伯特·蒙哥马利著，黄鸣译：《考试的新探索》，南宁：广西人民出版社，1984年版，第76页。

的始终。学校制定的学年历亦可称为生活历①，规定了考试、休假日程。如北京平民中学校制定的学年历：

表 2—6　北京平民中学校 1926 年秋至 1927 年夏学年历

时间	项目
1926 年 7 月 4 日—5 日	第一次考试新生
7 月 26 日—27 日	第二次考试新生
8 月 17 日—18 日	第三次考试新生
8 月 19 日—20 日	新旧生报到缴费
8 月 21 日	举行第一学期始业式
8 月 23 日	上课
9 月 21 日	本校成立纪念日秋节放假一日
10 月 3 日	孔子诞日放假一日
10 月 10 日	国庆日放假一日
12 月 22 日	冬节放假一日
12 月 25 日	云南起义纪念日放假一日
1927 年 1 月 1 日—3 日	年节放假一日
1 月 20 日—22 日	第一学期考试
1 月 23 日	举行第一学期修业式
1 月 24 日—2 月 13 日	寒假
2 月 10 日—11 日	招考编级生
2 月 12 日—13 日	学生报到缴费

① 生活历是一种生活日程，亦即实施生活教育之切要工具。人有定期生活与无定期生活。无定期者暂置勿论，其有定期者，自宜按期序别，组成系统，以为因时施教之依据。故生活历系有定期生活之系统，亦即有定期教育之系统。依生活历以办教育，则此历谓之教育历亦可，谓之生活教育历，亦无不可。唐钺、朱经农、高觉敷编：《教育大辞书》，台北：台湾商务印书馆股份有限公司，1974 年版，第 313 页。

2月14日上午	举行第二学期始业式
2月15日	上课
4月8日	国会开幕纪念日放假一日
5月7日	国耻纪念日放假一日
6月4日	夏节放假一日
6月26日—28日	第二学期考试
6月29日	举行第二学期修业式
7月1日—8月20日	暑假

资料来源：北京平民中学校编：《北京平民中学一览》，1926年，第2—3页。

（一）入学考试

中学生的入学考试主要包括中学期间插班生考试，初级中学升入高级中学，以及升入大学的考试。1935年6月21日，教育部公布《修正中学规程》，又进一步规定：初级中学、高级中学合设的称中学，单设的称初级中学或高级中学。初级中学招收12周岁的小学毕业生，高级中学招收15周岁的初中毕业生，均须经入学考试，当时称作“试验”。中学招收同等学力新生的比例，高中至多不得超过录取总数的20%，初中至多不得超过30%，应由各省市教育行政机关斟酌地方情况规定，呈报教育部备案。中学第二学期以上的学级如有缺额，可于学期或学年开学前，招收插班生，插班生须有其他中学衔接的转学证书或成绩单，仍须经编级试验。① 这是中学入学考试的总的要求。

倘若要考取插班生，需要满足各种要求，最主要的资格便是具有其他学校肄业证明、成绩单等。对于满足插班生考试要求的学生，则考试比较顺利，而对于那些没有证书的学生，则内心焦躁不安。郭定生感叹：“回开封后，走投无路，手中没有初中毕业文凭，又没有可以报考同等学历初中二年级肄业

---

① 教育部编：《教育法令汇编》第1编，上海：商务印书馆，1936年版，第156—161页。

期满的证明，开始承受没有证件的熬煎。证件的威力是如此的强大，使我无法抵抗。真不明白，既然学校有入学考试，为什么还要证件？既然允许同等学历，为什么一定要初中二年肄业期满证书？我找不到答案，即使找到答案也没有用，而且即令取消所有投考资格也同样没有用，因为我根本考不取。”①郭定生之所以有这样的心理，主要是由于大部分中学都如此规定，例如武昌文华中学校1930年初中第二部的招生简章所示：

一、招考年级：本校现招初中一二三年级插级新生补习班新生。

二、投考资格：投考一年级者须具有新制高级小学毕业之资格，投考二三年级者须具有该级相当之程度。

三、报名手续：报名时需携带本人所得之文凭证书分数单等件，来校填写报名单，随缴报名费一元，及最近半身脱帽二寸照相软片二张，报名费及相片无论取录与否，均不退还。报名手续完备者，给予投考卷一纸，手续不备者无效，通讯报名者须将报名年龄、籍贯、学历、投考年级详细填明，并将报名费附来。

四、报名时间：七月十日起至考试前一日止每日上午九时至十二时。

五、考试科目：各年级新生于报名后即须依照本校所规定考期携带笔墨受试各科，党义、常识（历史地理理科）、国文（甲）短篇作文（乙）国文测验、算学（甲）算数（乙）代数（丙）几何。

六、考试日期：九月三日上午八时半起。

七、入学手续：录取新生须在开学前妥安保证人填具保证书，再与开学时到校注册并缴各项：1. 学费：每人每学期二十元；2. 膳宿费：四十五元；3. 杂费：住宿生五元；4. 体育费二元；5. 损失储金一元；6. 制服费八元。以上各费于开学时一次缴清。②

---

① 柏杨口述，周碧瑟执笔：《柏杨回忆录：看过地狱回来的人》，沈阳：春风文艺出版社，2002年版，第48页。

② 湖北省档案馆：LS10-5-2048-1，《湖北省立第十一中学》。

以上招考简章中既规定了招考资格，也包括了报名时间、考试时间、考试内容、入学手续等，并且要按照招生学校的规定和要求，参加入学考试。如江苏省高级中学普通科规定了入学考试规则：

> 1. 应试各生应按照规定时间，验证入场。并依卷面编订号数就座，不得自由变更。
>
> 2. 应试各生，除必须文具外，不得携带片纸。
>
> 3. 应试各生犯下列情形之一者，其试卷作为无效：（一）抢替或受人抢替者，（二）夹带书籍或稿件者。
>
> 4. 应试各生犯下列情形之一者，应予扣分：（一）互相谈笑者，（二）有交接传递情事者，（三）擅离座位者。
>
> 5. 应试各生犯下列情形之一者，应即扣考：（一）扰乱试场秩序者，（二）冒名顶替者。扣分一科为限，但发现二次以上者，本届不得再行与试。
>
> 6. 应试各生不得向主试委员及监试委员询问题意或字句。
>
> 7. 党义、国文、地理应用毛笔写，英文、算学、物理、化学应用钢笔写，均须端正清楚。
>
> 8. 缴卷后不得请求添改字句。
>
> 9. 缴卷后即退出试场不得复入。①

插考生的竞争也很激烈，尤其是对于名校，激烈程度更甚。扬州中学的招考，“初中一年级280人中取81人、二年级24人中取10人、高中普通科一年级115人中取62人。松江女中学生投考数初中一年级81人中录取55人、高中普通科131人中取26人”。② 从扬州中学和松江女中两校的投考者与录取者的人数可以发现，投考者与录取者的数量相差甚大，这可能也与学校的知

① 《江苏省高级中学普通科入学考试试场规则》，载《江苏教育》1934年第3卷第7期。

② 《中大区中等各校投考学生状况》，载《申报》1928年11月7日。

名度有关，扬州中学是当时江浙一带著名中学，投考者多而名额少。经过激烈的角逐进入中学后，有的学校还要再次进行甄别考试，如若成绩不合格，则令学生退学，可以说这也是第二次入学考试。南京女子中学规定学生在入学后的第一学期进行甄别实验考试。“本校学则规定，第一学期实验为甄别实验，成绩过劣者，即令退学”。[①] 由此可以看出，学生进入中学的不易，需要走过千山万水，历经多重考验才可以正式登入中学之堂。在开始中学生活之后，期间仍需经受临考、学期考、毕业考等多种形式的考试。

对于想进入高等学府求学的学生而言，他们则需要经历大学的入学考试，考试包括笔试和口试两种形式。投考北京大学本科法文学、德文学者实验科目及程度如下，“（一）国文：应试程度须略通中国学术及文章之流变，可参考文史通义、国故论衡及本校预科所用之课本。（二）法文、德文：1. 曾读过数种文学者，能列举其内容评其得失。2. 曾读过一种修辞学，如陈文名学教科书或张子和新论理学之类。3. 能作文，无文法上之谬误。（三）数学：代数、平面几何、平面三角。(四) 论理学：须习过一种论理学。(五) 历史：须习过中国通史及西洋通史，其西洋史亦可用西文本。(六) 地理：本国人文地理。预备各试验科目均以六十分或六十分以上者为及格。每科目试验时间以二小时为限，但本科法文学德文学门试验法文或德文得延长至三小时”。[②] 以下为中央大学 1936 年入学考试地理试题：

一、粤汉铁路不日通车，今试自广州出发乘火车至法国巴黎，沿途所经择要说其大意。

二、自东北失陷以来，闻开发西北之说甚嚣，试就地形、气候、移民、绪端比较东北西北之异同。

三、说我国近年对外贸易之大概。

---

① 《一年级举行甄别实验》，载《南京女子中学校刊》1933 年第 6 期。

② 《北京大学招考简章》，载《申报》1919 年 4 月 28 日。

四、环太平洋而立者有何等国家？试绘图以明之。①

从以上地理试题中可得知，当时入大学考试主要考察学生的知识运用能力。从第二道试题可以发现，当时的考题关注国家的实际状况，结合国情考查学生运用地理知识的技能。入大学考试，除了参加笔试之外，有的学校要求口试。考入上海交大某同学的口试问题包括“回答世界上钢铁大王，汽车大王的姓名这一类问题，有时亦要问你所进的高中的近况和你家庭状况，体格检查很严，体格过差的也许很少有希望了”。② 另外一名司学关于口试的记忆：“口试就在报名那一天，所需的时间大概是半小时。所问的范围，相当的广泛。除履历，志愿，物理化学上的问题外，也问到‘对于上海的印象’，‘杭州的印象’，‘交大的印象’等不易作答的问题。”面试通过一些日常的问题，了解学生的基本情况，如语言表达能力、人际交往能力、应变能力等综合素质的考察。

在笔试口试双重考核之后，录取情况如何呢？以上海交通大学为例，“（一）考生计有 2700 余人，上海最多居 65%，沈阳最少居 7%。女生居全数 8%，以北平女生为最多，居全部女生 75%。（二）考取生计有 105 人，居投考总数 4%，其中女性仅有 5 名，居投考女生总数 4%，与录取男生之比为 1∶20。（三）投考学校计有 460 余校，上海校数最多计有 310 校，居总数 68%。（四）录取校数计有 250 余校，居总数 54%，其中上海一地计有 180 余校。（五）投考学校成绩最优者推扬州中学，计投考生 50 名录取 18 名，考生平均成绩最优者亦为扬州中学学生成绩，计有 78 分之多”。③ 上海交大作为上海的名校，录取考生主要来源于上海；且录取人数极少，100 个人中仅能录取 1 人；其中女生的录取名额少之甚少，考取的 105 人中女生仅有 5 个名额；另外，考取生多以名校为主，扬州中学的名额最多。从 1922 年扬州中学的升学

① 王维屏：《中央大学二十五年度入学考试地理试题答案》，载《地理教育》1936 年第 1 卷第 6 期。

② 吴畏：《关于入学考试》，载《浙江省立杭州高级中学校刊》1937 年第 167 期。

③ 《交大投考生之各项统计》，载《申报》1930 年 8 月 15 日。

统计表中可以得知。

表 2—7　1922 年江苏省立第八中学校友升学统计表

类别	校名	人数
升入大学	交通大学	80
	中央大学	99
	东南大学	34
	南京高等师范学校	16
	金陵大学	25
	北京大学	11
	清华大学	5
	复旦大学	10
	其他大学	139
共计		419 人

资料来源：江苏省扬州中学编：《江苏省扬州中学》，北京：人民教育出版社，2002 年版，第 29 页。

由以上统计数据可看出，扬州中学学生升入全国著名大学的学生数量是相对较多的，但相对于全国而言，中学生升入大学的数量则相对较少。据舒新城统计，“以中等学生总数与高等学生总数相较，中等学生升学量只有百分之十九，其余之百分之八十一将入社会谋生”。①

（二）日常成绩考察

中学日常考查的方式，可以依据学科性质采用多种方式，（一）口头问答，（二）演习练习，（三）实验实习，（四）读书报告，（五）作文，（六）测验，（七）调查采集报告。据王德回忆英文老师所用的日常考察方法，“教我英文的教员姓钱，名字叫查理，是个混血儿，英文功底深厚，教学也很有一套办法，他不是要求学生死背课本，而是重视课堂会话，评定成绩是根据考试与平时成绩综合计算。由于他的严格要求，我也认真学习，所以我的英文

① 舒新城：《中学教育问题》，载《中华教育界》1924 年第 14 卷第 1 期。

水平提高很快”。[1] 这名英语老师的教法很灵活，主张培养学生英语语言运用能力，以课堂会话为课堂重心，并依据学生表现给定成绩，这种关注平时考察的方法，激励学生们重视每一次课堂的表现，也正是在这种训练中，学生的英语水平得以很快提升。湖南某中学“该校设英、算、理化等科，学生每周要交作业，由教务员清查后，再送教员批改记分，以作临时成绩。英、算两科每周星期六上课时，抽出二三十分钟，举行小考一次”。[2] 该学校把学生作业视为临时考察成绩，同时定时测验学生的语文和算学。湖北省立第十一中学学生的平时考试，每学期举行三次，“本学期平时考试，合计举行三次，约计为每四周举行一次，考试方法，仍依照普通适用之问答文字题，惟时间限制极短，题目简而多，期有学历测验之作用，每次考试各科同周举行，其结果将最优最劣者公布之”。[3]

作文既是国文课的重要内容，也是考查学生国语水平的重要形式，教育部门对学生作文甚为重视，经常考察中学作文的实施状况，并且专门制定学期作文次数。湖北省“查中等学校一学期内作文次数，由各校教务处规定，阅改情形，详定表格，按期登记。近查各中学国文教员均未能依照预定进度表按期令学生作文，且有开学至今尚无一次作文者，殊属怠忽职务！应由校长严加督率，力学纠正”。[4] 所以国文教师往往注重学生的作文练习及考评。孟宪承在讨论初中作文教学法时指出教师批改的重要：“这个批改，不是给学生重做一篇文章，那是徒劳无益的。批改的目的，第一，自然还在订正文法上、修辞上的诸般缺点。第二，就在作一番评价，判一个优劣。我们知道，在练习的心理上，有一个原则，就是练习的结果好，要使发生快感；结果不好，要使发生不快感。所以评定分数，酌加圈点和评语，是可行的。优良作

---

① 中共广州市委党史研究室编：《王德回忆录》，广州：广东人民出版社，2001 年版，第 4—5 页。

② 中国人民政治协商会议湖南省委员会文史资料研究委员会编：《湖南文史资料选辑》第 20 辑，长沙：湖南人民出版社 1986 年版，第 166 页。

③ 湖北省档案馆：LS10-5-2048-1，《湖北省立第十一中学》。

④ 《本府教育厅训令》，载《湖北省政府公报》1935 年第 84 期。

品的宣示，最好的成绩，可以给作者自己宣读出来，给同学听。或者将原卷揭示于教室内或相当的地方，刊印在学校的出版物里，这样很容易收观摩的功效。”① 邹韬奋在回忆其国文教师评改作文时，其精彩生动之场景仍记忆犹新、历历在目：

> 朱先生每次把所批改的文卷订成一厚本，带到课堂里来，从第一名批评起，一篇一篇地批评到最后，遇着同学的文卷里有精彩处，他也用读古文时的同样的拼命态度，大声疾呼地朗诵起来，往往要弄得哄堂大笑。但是每次经他这一番的批评和大声疾呼，大家确受着很大的推动，朱先生改文章很有本领，他改你一个字，都有道理；你的文章里只要有一句有精彩的话，他都不会抹煞掉。他实在是一个极好的国文教师。我觉得要像他那样改国文，学的人才易有进步。有些教师尽转着他自己的念头，不顾你的思想，为着他自己的便利计，一来就是几行一删，在你的文卷上大发挥他自己的高见。朱先生的长处就在他能设身处地替学生的立场和思想加以考虑，不是拿起笔来，随着自己的意思乱改一阵。②

邹韬奋的国文老师批改作业自有他一套方法，这位老师并未像某些老师大发高见“给学生重写文章”，而是积极发现学生的精彩词句，在教室里宣读这些闪光的句子，在指导学生修改词句时，讲授出修改每一个词的缘由、价值，这种评价作文优劣的方式可谓是极为有效。

有的学生的作文考试则是机械性的应付。冰心在贝满女中读书时的国文教员，在每周星期六上午，安排学生进行作文考试。“我们的作文时间，是安排在每星期六上午。在一间大课室里，从一年级到四年级四班学生都坐一起，老师在黑板上写出四个班的作文题目，就坐在讲台上自己看书，我们乱哄哄地低声议论，他也不管。正因为我们不知从何说起，我们就可以乱作，我们

① 孟宪承：《初中作文教学法之研究》，载《教育杂志》1925 年第 17 卷第 6 号。

② 邹韬奋：《经历》，北京：中国工人出版社，2007 年版，第 10 页。

可以抄书，也可以互相抄袭，一般是以‘呜呼，人生于世……’起头。只要每一个学生每星期交一篇作文，他的任务就完成了。他心里根本没有想到提高学生的写作水平和思考能力的问题。”① 冰心与邹韬奋的作文考试体验，显然是相差甚远、截然不同。邹韬奋的国文老师对待作文测验兢兢业业，而冰心的国文老师把作文测验视为程序性的测试，导致学生们轻视作文的训练。

除了课堂上平时成绩的日常考察之外，让学生们踏出校门，观察和体验自然与社会也成为一项重要的测验项目，这项测验旨在让学生观察自然界的现象，以及对人间社会生活的各种滋味的冷暖体验。马大猷在北京师大附中学习期间，学校开设了多种类型的课程，满足学生的多种爱好。“课程中除了论理学和伦理学之外，还有心理学、化学工艺、矿物学、德文、日文等等，都是一般中学所没有的，其中有的是选修课，很有助于学生的发展。我虽然没有选修矿物学，但觉得很有意思，常和同学们一道骑自行车出西直门到红山口去挖矿石，一次挖到一块大石头，一边长了很多小的石英结晶，非常好看，学习范围很广，效果很好”。② 北京师大附中规定了具体的理化科成绩考察的方法，其中实验及实验报告成为成绩考察的重要方式，占到20%。南开中学的“社会调查课”为学生打开了开眼看社会的一扇窗户。南开中学毕业生对中学时代社会调查的回忆：“还有一门特别的是社会观察课，排在下午，到时候就来领着我们出去，到各种各样的工厂，到妇女救济院，到法院、到保安队、到大学去参观，跟人家谈话。回来还要写社会调查报告。工厂记得去过宝成纱厂，在下厂访问中我亲眼看见了女工辛劳的工作和困穷的生活。”③ 通过社会调查的方式，学生可以深入到社会的各个阶层，亲视不同阶层生活的各种场景，从而对社会有了更深刻的认识与体验。

（三）临时考试

---

① 冰心：《世纪之忆：冰心回想录》，北京：北京航空航天大学出版社，2009年版，第72—73页。

② 刘沪主编：《北京师大附中》，北京：人民教育出版社，2000年版，第224—225页。

③ 南开中学编：《天津市南开中学建校九十周年纪念专刊（1909—1994）》，1994年，第21页。

临时考试由教师随时于教学时间内举行，不得预先通告学生，每学期每科至少举行两次以上。各科日常考查成绩与临时试验成绩合为各科平时成绩。一般而言，日常考查成绩在平时成绩内占三分之二，临时试验成绩占三分之一。金陵中学明确规定临时考试的考试目的、考试频率、考试方式等。“临时考试为平日教员考核学生勤惰之方法，或每日举行，或间日举行，或用口试，或用笔试，悉听教员决定。临时考试不预先通知学生。临时考试之平均分数为平日之积分。临时考试后如未到下课时间，仍照常授课”。① 对于临时考试，学生们一般不能提前预知，这样更能测验出学生的真实知识水平，对于教师而言，亦可以检查学生的学习效果，以便查漏补缺、精益求精。但有的学生对于临时考试比较反感，认为这种考试是无备而应付。据某生回忆：“开封豫中中学有期考，月考，周考。期考、月考没有什么关系，因预先告之可以预备，最令人讨厌的是周考，因为它是不预告而随时举行的。”② 学生们对于临时考试的突发性，还是比较厌烦。

有的学生则不然，对于临时考试极为赞赏，认为这是检查学生、考察教师的有效途径。王文衡在回忆光华附中临时考试时感叹：“课堂教学结束前几分钟，教师突然拿出试卷，让学生测验，题目不多，均属要点。此方法既使学生在学习后必须时时预复习，以备测试，又可使自己检查掌握知识的扎实与否；对教师来说，从测试情况中，可以不断改进教学方法，对提高教学质量，十分有益。这样的课堂教学，不但使学生知识学得扎实，而且在教师的影响下，学生均能刻苦学习，顽强进取，具有良好的学习习惯和学习方法；同时培养了学生的学习责任感和一丝不苟的优良品质，使学习知识与思想道德教育紧密地结合起来，才能潜移默化，成为品学兼优的人才。”③

临时测验一般是由教师自行决定考试时间、考试内容、考察方式等，然

---

① 南京市金陵中学编：《南京市金陵中学》，北京：人民教育出版社，1998 年版，第 24 页。

② 田觉民：《开封豫中中学学生生活》，载《青年月刊》1937 年第 4 卷第 4 期。

③ 中国人民政治协商会议上海市虹口区委员会文史资料委员会编：《文史苑》第 16 辑，1998 年，第 85 页。

而，一般中学还要接受教育厅等相关部门的抽查考试。这种方式的抽查考试，学生同样亦是不能提前准备，教育部门旨在通过这种方式的抽查，测验中学生的学业水平，并监督学校办学。江苏省教育厅为考核中等学校学生成绩，决定临时抽查公私立各中学，抽查学校成绩如下：

表 2—8　苏省学生抽查成绩表

校名	年级	学科	与考人数	及格人数	不及格人数
上海中学	高中普通科三年级	解析几何	36	32	4
	初中三年级	国文	28	26	2
松江中学	高中普通科二年级	党义	31	23	8
	初中三年级	化学	28	15	13
松江女子中学	高中普通科二年级	世界史	20	18	2
盐城中学	高中普通科二年级	外国史	29	29	0
淮阴师范学校	高中师范科三年级	解析几何	12	10	2
	初中三年级	几何	21	12	9
淮阴农业学校	农科二年级	三角	32	11	21
泗阳县立初级中学	三年级	几何	27	10	17
高邮县立初级中学	初中三年级	几何	38	16	22
	师范科	理化	33	0	33

资料来源：《苏教厅抽查学生结果》，载《申报》1935 年 1 月 17 日。

从以上江苏省教育厅对中等学校成绩抽查的数据可以发现，几乎每个学校都有不及格学生，仅有盐城中学的外国史一科，29 人参加考试，全部及格。有的学校抽查成绩非常之差，如高邮县立初级中学师范科学生的理化科，33 人参加考试，没有一人及格；泗阳县立初级中学的几何科目，几乎过半人数不及格。江苏教育厅依据此抽查成绩决定，“不及格各生，分令各该校于寒假期内一律留校补习，仍应严格考试，其成绩最劣，如泗阳县中、高邮县中师范科各生，如补习仍不及格，应不准毕业”。① 总之，无论是课堂上教师自行

① 《苏教厅抽查学生结果》，载《申报》1935 年 1 月 17 日。

设计的临时考察，还是教育部门所举行的学生成绩抽查，目的在于调查学生的真实知识水平，监督和指导学生学习成绩的改进。

（四）学期考试

一般学校于学期终各科教学完毕时，考试一学期内所学习的课程。考试前停课一日至二日，供学生复习。各科平时成绩与学期考试成绩，合为各科学期成绩，平时成绩在学期成绩内占五分之三，学期考试成绩占五分之二。中等学校最后一学年的第二学期，免除学期考试，而以各科平时成绩作为学期成绩。但参加会考的学校，仍须举行最后学期考试。无学期成绩的学科或成绩不及格的学科在三科以上的学生，或仅二科无学期成绩或不及格（均指主要学科）均应留级一学期，连续留级以二次为限。无学期成绩的学科或成绩不及格的学科仅有一科，或有非主要科目无学期成绩或不及格者，均应令于次学期仍随原学级复读，经补考及格后，准予正式进级；如仍不及格应予次学年仍留原年级肄业，但此项补考及留级均以二次（原为一次）为限，如仍不能升级，发给修业证书，令其退学。① 金陵中学规定的学期考试：学期考试于每学期终了时举行，日期由教务处预先规定公布。学期考试时间每班为 2 小时。学期考试皆须用本校规定之考卷。考试时如有舞弊行为者，须按照奖惩条例受相当处分。②

图 2—7　丰子恺漫画：大考期内

① 谢青、汤德用：《中国考试制度史》，合肥：黄山书社，1995 年版，第 603—604 页。

② 南京市金陵中学编：《南京市金陵中学》，北京：人民教育出版社，1998 年版，第 24 页。

有的中学学期考试方法比较独特，萧公权回忆他在上海青年会中学时的化学考试，化学老师的学期考试并非以传统的试卷考试为题，而是以实验考试为最终成绩，以此考查学生对各种化学知识的掌握与运用：

马先生教五年级的物理和六年级的化学，他除了讲明原理以外，极注重实验。他自己做稍难一点的物理实验，要我们细心观察，但让我们各人做简单的实验。化学的年终考试可谓别开生面，他不出试题要我们做“纸上谈兵”的“化学文章”，却在实验室的桌上，每一学生面前，事先放置编了号码的10瓶无色液体物质，要我们各人用简单的“定性分析”方法，依次验定这些物质，然后在卷上一一注明，便算“完卷”。他注重实验的用意是要我们对心手并用的科学方法得一点初步的认识。第一到第九瓶我侥幸都顺利地“分析”了。到了第十瓶时，我用尽了各种制定的定性药品，都不曾引发预期的化学反应。我纳闷了几分钟，正在束手无策，忽然想到“马先生莫非给了我们一瓶蒸馏水?”我拿起这瓶中剩余的留质，面对着他，装作要喝的模样，同时观察他脸上的“心理反应”。他视若无睹，我心里有数，在考卷上写了“NO. 10—H_2O”（我相信马先生要我们化验蒸馏水不是要寻开心，而是要其启示我们探求科学知识固然不能完全依赖书本，也不可盲目地循着指定的途径去进行）。①

从萧公权参加的化学期末考试的过程可以发现，其老师注重学生对知识的运用，不单止于卷面上的能力，而萧公权更是异常聪慧，通过察言观色，来判断自己的假设是否正确，这也表明老师旨在培养学生举一反三、不循规蹈矩、墨守成规的研究能力。

（五）毕业考试或毕业会考

毕业考试于中学修业期满后，考试所学全部课程。考试前停课三日至四

① 萧公权：《问学谏往录：萧公权治学漫忆》，上海：学林出版社，1997年版，第26—27页。

日，供学生复习。其中参加毕业会考的学生，免除毕业考试。每学生各学年成绩（一、二学期成绩的平均数）平均与其毕业考试成绩，合为该生的毕业成绩，备学年成绩平均，在毕业成绩内占五分之三，毕业考试成绩占五分之二，毕业考试成绩内不及格学科在三科以上，或仅二科不及格（指主要学科），均留级一学年。但此项留级以二次为限。如仍不能毕业，发给修业证书，令其退学。毕业考试成绩内有一科不及格，或非主要学科有二科不及格者，可补考二次，如仍不及格，不予毕业。① 这是一般学校对于毕业考试的要求。在学分制施行之后，中学通过修学分规定学生毕业资格。苏州中学规定："初中部学生须习满 168 学分，审查成绩及格，方能毕业。初中部学生除体育与军事训练外，第一学年每学期须习 27.5 学分，第二学年每学期须习 28.5 学分，第三学年每学期须习 28 学分。程度优越者酌量增加至 30 学分为最大限度。高中部学生习满 150 学分，审查成绩及格，方能毕业。高中部学生平均每学期应满 25 学分，程度优越者得酌量增加至 30 学分为最大限度。"② 总之，中学生们必须在修学期内完成学校规定的学分，或各科成绩达到学校所要求的分数。对于毕业考试，学生们则是拼尽全力、全力以赴准备，因为这是中学考试的最后一道关卡，也是通向大学的通行证，更是不升大学者寻工作的敲门砖。对于升学者抑或毕业就业者，都需重视毕业考试以及会考。

一般而言，毕业考试科目多、耗时较久，所以学生们能坚持考完，也是一场脑力和体力的双重考验。湖北省立第二女子中学校毕业考试持续六天，"自 6 月 16 日考试党义、地理，17 日考试国文、音乐，18 日考试英文、美术，19 日考试历史、工艺，20 日考试数学、矿物，21 日考试物理、体操"。③ 六天的考试时间，可谓是紧张并劳累着。有的学校毕业试题主要是以问答论述题为主，其内容涉及范围较广，以湖北省立第二女子中学校初中毕业试题为例，该学校试题虽涉及的范围广，但学生可以依据自己知识点的掌握程度

---

① 谢青、汤德用：《中国考试制度史》，合肥：黄山书社，1995 年版，第 604 页。

② 苏州中学校史编委会：《苏州中学校史》，苏州：苏州大学出版社，1999 年版，第 114 页。

③ 湖北省档案馆：LS10－5－672－1，《湖北省立第一女子中学学生毕业》。

进行题目选择。以下为该学校的历史试题和国文试题：

历史试题：

1. 宗教革命与文艺复兴有何关系？
2. 俄皇彼得大帝所定俄国向外发展之计划如何？
3. 中古行会与近代产业公会有何区别？
4. 美国独立与法兰西革命有何关系？
5. 美国独立战争与南美战争有何关系？
6. 工业革命之影响如何？
7. 工业革命与家庭之关系如何？
8. 日本维新运动是怎样成功的？
9. 1914年欧洲大战之国际情形如何？
10. 美国召集华盛顿会议有何目的？
11. 英美两国在海外发展之趋势如何？

请圈定四题

国文试题：

一、试述个人在本科三年中之回顾与今后之希望

二、毕业以后

三、文艺与生活

请圈定一题

1. 中国历代文学各有特色，每代的特色是什么？
2. 诗有六艺能指其名吗？
3. 古风与律诗有什么区别？
4. 诗中的三类是什么名字？
5. 元杂剧有哪几种特色？
6. 希腊荷马有两种伟大的著作是什么名字？
7. 唐宋古文运动的八大家，他们的名字是什么？

8. 中国诗中足称叙事者有哪几篇?

9. 西洋文学上能代表时代思想的是哪几种主义?

10. 真正合理的态度是哪几种?

请圈定五题①

湖北省第二女子中学校初中学生的毕业考试试题主要是问答题的形式，并且在可选范围内选定所做题目。这些题目有的虽是以问答题的形式出现，实际却是客观性试题，如“诗中的三类是什么名字？诗有六艺能指其名吗?”等等，这些题目都有标准答案。同时，也有一些主观性试题，如国文作文题目，这类题目可深入考查应试者的文字表达、材料组织、逻辑思维及发散性思维能力。但由于自由应答表述的文字多，应试者需有较充裕的时间思考和组织。但无论是哪一类型的考试题目，都需要学生做全面准备，才可应付自如。毕业考试对于有的学生而言，是一场苦痛的折磨，对于潇洒派的学生，则略显轻松。罗常培在北京市第三中学学习，萧公权在上海青年会中学学习。二人同样在毕业考试期间不幸患病。1916 年夏天，罗常培的父亲患急症不幸去世，并欠下“一屁股的债”，这时距离中学毕业考试还有一个月的时间。这时候对于不满 17 岁的罗常培而言，遭受到来自经济、身体、心理上的重重剧痛：

父亲下葬后，离我的中学毕业考试只差两星期，连闷郁带着急，脖颈后生了一个很大的疮，俗名叫“砍头疮”。这时心理的痛苦比生理的痛苦更厉害。忍痛准备考试，疮痛实在难受；不忍痛准备考试，则四年的功夫废于一旦，何况在“无父何怙”的关头，学业是不容拖延呢。无奈何，咬着牙关，顶着绷带，把考试应付下来。校长、教员和同学都替我掉了几点同情泪。这时，我的出洋幻想和考清华、北大的迷梦不由得不醒了。哥哥不单娶了亲，而且已经是两个孩子的父亲，即使有心帮助我,

① 湖北省档案馆：LS10—5—672—2,《湖北省立第二女子中学学生毕业》。

委实没这份力量。何况父丧之后，欠债还没法儿偿还呢，但是，我上进的心并没完全泯灭，只打算投考官费的北京高等师范学校或天津陆军军医学校，好使读书和吃饭都有个着落。①

罗常培的心里处于骑虎难下的矛盾之中，但最终他决定准备毕业考试，给四年的中学学习画上一个圆满的句号，在他坚强的意志下，学校师生都为其心痛与感动。然而，同样处于病中的萧公权则不然，对于毕业大考，他显然应付地得心应手、潇洒自如：

1918 年 6 月我在青年会中学毕业，那一年春末夏初，蔓延全球，死人无算的流行感冒症传到了上海，我也染上了。在大考前的星期四下午感觉不适，星期五勉强上课。到了晚上便不能支持而病倒了。当时认为是平常的“重伤风”。同学们好心给我饭食，都不能下咽，只是口渴，大喝冷水。卧床三天之后，勉强能够起身。虽然全身疼痛，却喜无碍动作。到了星期一我居然能够去应毕业考试。这个险症我居然糊里糊涂地熬过去了。这可说是“勿药有喜”，也许是“命不该绝”。

我在病中当然不能温习功课预备大考。好在我的功课平日已经用心做过，因此无论小考或大考来临，我用不着“临时抱佛脚”，在考期前几天“挑灯”苦读。我不但不埋头看书或阅教室的笔记，反抛开书本去做不用脑，不烦神的活动。这样一来，我这考前不看书的办法一直应用。②

萧公权相对罗常培，更能灵活自然地去对待毕业大考，这与学生的精神负担直接相连。罗常培的精神压力显然比萧公权大很多，不但想着对付毕业考试，还要想着早点还清所欠债务，显然是各种烦恼萦绕于心头。

除了毕业考试之外，另外一个重要的考试则当属会考。1932 年，全国推

---

① 傅懋勣等主编：《罗常培纪念论文集》，北京：商务印书馆，1984 年版，第 408 页。

② 萧公权：《问学谏往录：萧公权治学漫忆》，上海：学林出版社，1997 年版，第 32 页。

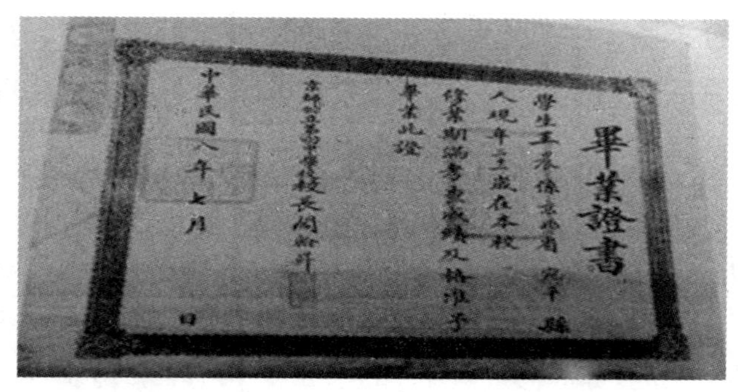

图 2—8 京师公立第四中学毕业证书

行会考制度。《中学生毕业会考规程》定初、高级中学毕业会考为国文、外国语、数学、理化、史地 5 科，成绩核算以学校各科毕业考成绩占 40%，会考成绩占 60%，两者合并计算。会考制度设置的目的，是为了统一毕业生掌握各科知识的最低程度，督促各校切实保证教学质量，以提高中学教育水平。由于会考证书是投考大学的通行证，各教育部门及学校极为重视中学会考制度。湖北省教育厅规定：“中学应届毕业学生参加会考，如试验及格，其毕业证书上应注明会考及格字样，如不参加会考，则其毕业资格不予承认。现届 22 年度，各大学学院及专科学院招考新生时期，各校对于前来报名投考学生所缴证书，务需严加查验，如毕业证书上并无毕业会考及格字样，而有非本部特准暂免省市之学生，一律不得准其报名投考，以免将来取录仍遭驳斥。”① 会考必须合格取得证书才可以报考大学。某种程度而言，会考制度可以起到监察学生学业成绩的作用，促进中学教育的质量。在会考中，福建省教育厅查“晋江私立培英女中等十一校，在中学学生毕业会考中，该校成绩低劣，足见平日管教未善，殊为憾事，此后，亟应认真办理毋稍弛懈以重教育。再本届会考多数学校英文自然数学等科会考成绩甚劣，此后对于各科尤应认真讲授，以期提高程度”。②

---

① 湖北省档案馆：LS10—1—341，《教育部训令第 5763 号，湖北省教育厅呈教育部二十一年度中小学毕业会考，各县小学请免会考，小学会考困难情况》。

② 《为本届会考各该校成绩低劣此后应认真办理令仰遵照》，载《教育周刊》1933 年第 177 期。

此外，从会考成绩中可以揭示，学生们学业成绩水平，其学科偏向等。中学会考委员会所公布的中学会考成绩统计，此次参加会考中学生共 3856 人，全部及格给予毕业者 1115 人，占全体人数 28.91%，一科不及格暂准投考升学者 871 人，占 22.5%。二科不及格暂准投考升学者 649 人，三科以上不及格准留级者 1221 人，占 31.67%。据以上的统计，准予毕业者，尚不足全数的三分之一。此次市立中学参加会考人数有 730 人，全部及格者有 302 人，占 41.37%，而私立中学全部及格者，仅占 26%。从这些数据中可以发现，学生能够顺利通过会考获得毕业资格的人数占总学生数都不到三分之一，可以说，通过率并不高。

表 2—9　1932 年度下学期湖北省中小学学生毕业会考各高级中学学校成绩一览表

校名	私立武昌中华大学附属中学	私立武昌博文中学校	省立女子高级中学校	省立高级中学	省立武昌圣希理达女子中学校	省立第一中学	私立武昌文华中学校
会考学生人数	35	13	16	52	18	16	13
总得分数	1961.6	734.2	983.6	3241.5	1168.9	1046.4	781.3
平均分数	56.0	56.5	61.6	63.6	64.9	65.4	67.0
补考				一名不到以五一除之			

资料来源：湖北省档案馆：LS-1-6-0013-002，《湖北省教育厅关于本省 1932 年度下学期毕业会考、小学、初中、高中生成绩表及学校成绩表的呈文及湖北省政府指令》。

从湖北省中学毕业会考几所学校的平均分数可以看出，学生的平均成绩并不高，私立武昌中华大学附属中学及私立武昌博文中学校的平均成绩都不能及格。“就课程部门来说，北平会考以外国语，算学及理化为最坏。按着实际说，外国语在我国的今后文化的介绍上，是占着重要的地位，因为理化诸科，在这提倡科学的现在，自然更为重要。这两种科目的不及格者，几占不及格者的全数。于此可见自然科学的程度，实在太微弱了。其原因主要是(一) 关于自然科学的，就政府立的学校说，对于实验器械等之设备是不够的。就私立学校说，那简直没有设备。(二) 教员没有专门的师范人才，就自然科学方面讲，教员大多数是对付者多，有经验者少。甚且教非所学。就外国语方面讲，多是不懂教学法，自己了解，并不能了解学生，甚而有点自己也知其然不知其所以然，所以弄得学生也莫名其妙。”① 从会考成绩学科未通过数量可以看出，学生们外语、算学及理化的成绩不尽人意。

但同时也因会考、毕业考试以及升学考试三重考试接连举行，学生的身心健康受到较严重威胁。据益世报的文章所言，在会考制度实施以后，高中毕业生每天有“十三小时的脑力工作”②，“由于考试过于频繁，一船毕业生若继续升学，需经过学校毕业考、统一会考、升学考试三大关，不仅为应试而疲于奔命，而且势必削弱综合素质的训练。同时，各学校为追求应考合格率，往往任意增加必考科课时，老师也忙于帮助学生出题押题。其结果是，高分低能愈演愈烈，既难以反映学生的实际程度和综合水准，也无益于学生身心的健康发展，遭到中学师生的普遍反对”。③ 一些中学校为了提高会考通过率，过分注重课程学习，严重影响了学生的身体。“目前中学教育的病态，在有些学校为顾全自己的招牌，不惜以正在发育的青年学生做牺牲品，或勒令退级；或过分加重功课；或强以投考指南一类废物，灌入学生脑筋。甚至星期日还上课，每天要演几十个算学问题，都是不惜采取的方法，而学生之健康与否不问也。智力中庸的学生，应付不了这种功课，便发生许多饮鸩止渴的行为，该睡眠的时间不睡眠，该发展的兴趣不发展，身心既损坏，学问亦复不好。”④ 这也是会考制度实施之后，众多学者对该制度所质疑之处，其中陶行知在《杀人的会考与创造的考成》一文中尖锐批评会考制度：

会考号令下了之后，中国传统教育界闹了许多滑稽的悲剧。学生是学会考，教员是教会考。学校是变成会考筹备处。会考所要的必须教，

① 青浩：《中等教育之严重危机：北平会考之清算》，载《中学生活》1934 年第 3—4 期合刊。

② 载《益世报》1935 年 4 月 6 日。

③ 李华兴主编：《民国教育史》，上海：上海教育出版社，1997 年版，第 629 页。

④ 徐日洪：《救救中学生》，载《人言周刊》1935 年第 2 卷第 33 期。

会考所不要的不必教，甚而至于必不教。于是唱歌不教了，所谓课外活动都不教了，所要教的只是书，只是会考的书，只是会考指南！教育等于读书，读书等于会考！赶了一考又一考，毕业考过了接着就是会考。会考过了接着就是升学考。一连三个考赶下来是会把肉儿赶跑了，把血色赶跑了，有些是把性命赶跑了，在学生们赶考时，同时是把家里的老牛赶跑了，把所要收复的东北赶跑了，把有意义的人生赶跑了，把一千万民众的教育赶跑了（中学生赶会考旅费可供普及一千万民众教育之用），把中华民族的前途赶跑了。①

陶行知的批评指出会考制度带来的弊端：首先，教学活动取消了很多科目，导致教师仅教考试所考，学生仅学考试所要求之内容，影响了学生的全面发展。其次，学生的学习负担加重。毕业考、会考、升学考三考接连而来，学生精力被严重抽干。最后，经济负担加重。学生赶考会考费用很多，经济压力很大。

总而言之，学生自参加完入中学考试，顺利入学成为一名名副其实的中学生之后，多重考试的种种考验接踵而来，课堂临时考试、日常测验、周考、月考、毕业考试、会考、升学考试等一系列考试。加之，当时入大学考试与毕业之后的就业之难更是拨乱了学生们的心弦。学生们在如此之多的考试制度下，是如何面临考试的压力、如何对待分数、如何面对将来的学业、如何看待中学毕业后的就业等等，都是当时他们心理凸显的主要矛盾与挣扎。

二、学生应试的心态分析

学生自进入中学之后，便面临着各种形式的大考、小考。不同学生对待考试和分数的态度不尽相同，有的学生踊跃准备，为争夺荣誉而努力；有的学生则抱有六十分主义的态度，临时抱佛脚。为了应对多种考试，除了认真复习外，部分学生绞尽脑汁想尽一切手段试图通过考试，于是便出现了开夜车、打小抄等现象。

---

① 朱泽甫编：《陶行知年谱》，合肥：安徽教育出版社，1985年版，第250页。

（一）对待考试、分数之态度

对于每一次重要的考试，大部分学生都珍惜光阴、细心准备、认真复习，唯恐不及格影响今后的升学与就业。有学生描述自己的中学生活：“因为有许多许多的考试，许多许多的困难搁在我面前，需要我去应付，需要我去解决；我生怕让铃声敲走了我的幸福和光阴，因此我不敢偷懒，也不敢苟安，始终忙着忙着，让日子带走了我对错误的观念，送给了我新的思想。”① 这名中学生在考试来临之前，怀着一种积极的心态去准备，并对学习有着乐观向上的态度。也有部分学生对考试产生了畏惧，自认为准备不够充足，考试题目难度大不能应付，这种恐慌和急迫一直持续到拿到试卷。“快小考了，别的东西我都不怕，就怕代数和几何。我的头都弄晕了，对于X哩、Y哩，对于角哩、圆哩……我还是无法把握。是谁发明了这两门东西，真该丢他下粪缸里去！”② 由于偏科之缘由，这名学生无比厌恶代数和几何，甚至产生了愤恨之情。也有部分学生则会产生考前焦虑症。“在考试之前，学生有一种恐慌的，以为题目不知如何艰难，自己也许回答不出。等到题目接到手后，又胡乱地瞎想起来，往往一个很容易的题目，而瞎想地模糊起来，不能回答。或者想得不十分周到，往往把题目看错，答案也就错了。”③ 对于学生的考前焦虑症，有的老师则多方开导，以期学生们能轻松面对考试。“柳先生劝解学生们：‘题目接到，先要仔细看一遍，不用慌，不用急。一个一个镇静地想，上面想不出就想下面。不要偷看人家，人家错的反而害了自己。不要偷看讲义，看错了时，也反而害了自己。答得出只管答。答不出的，就让他空了也好。’虽然柳先生这么一说，学生们仍有恐慌或急的样子。柳先生也不便多说，就任他们在恐慌着急中考完了。”④ 由此得知，大部分学生都有考前焦虑症。

也有的学生觉得考试是教师为难学生的手段，恳求教师划定范围。每次当考试安排出来之后，很多学生按捺不住开始骚动起来，他们认为考试是一

① 郑蕴华：《我的中学生活》，载《浙江青年》1935年第1卷第8期。
② 杨文安：《中学生日记》，上海：开华书局，1931年版，第36页。
③ 杨荫深编：《柳先生的教育》，北京：北新书局，1936年版，第63页。
④ 杨荫深编：《柳先生的教育》，北京：北新书局，1936年版，第64页。

道最难过的关口，如果不能通过，便须重新复习，参加补考甚至留级。为了比较容易度过这道难关，学生们自认为救急的小办法，便是恳求教师从功课中抽取一部分，或者指定一些范围，这样可以减少考试范围，少花费功夫。以下摘取了某国文课堂月考前学生与先生的对话，从对话的内容可窥知一二，具体对话如下：

> 今天第一节是国文，柳先生一进教室，还没有点名，学生便哗然地闹起来。柳先生便问："你们为什么这样闹呢？""柳先生还不知道吗？下星期起就要月考了。"那个最会说话的胡善强说。接着，别个也这样说，教室内还是这样的热闹。柳先生连忙说："月考是一件很平常的事，你们为什么这样闹呢？""柳先生还说容易吗？你看我们考的功课多吗？"周荣升还拿出他刚抄的月考时间表给柳先生看。"那真是笑话了，你们已是三年级，也不知道经过几次月考了，这一次何必大惊小怪呢？"胡善强又抢着说："柳先生，今天也不用讲了，给我们预备罢。""预备，你们平日的预备呢？""我们都已忘了。""这就是你们的不好了。"柳先生想非同他们说一说不可，就合上讲义，和他们说："所谓考试，你们应当有这样的理解的，便是这完全是计量你们平日所学的一些成绩而已。这并不是一件怎样严重的事情，你们又何必这样的提心吊胆呢？""但是柳先生，你是先生，我们是学生，你们先生看考试当然是很容易的，我们功课多，预备的时间少，哪里能够考得出呢？"又是胡善强说。全堂的学生，似乎听了他的话而感到胜利的微笑。"你这话又错了。"柳先生解释说："考试是考试你们的成绩，在先生无所谓容易不容易；并非说，因为先生是容易的，所以才叫你们学生吃一些苦。你们要知道这个'难'字，全是你们自己找出来的，不是先生送你们的。""柳先生，你说来说去总是容易，现在就请你给我们一些容易罢！"胡善强又抢着这样说，别的学生也声声地附和着。"那么，叫我给你们怎样容易呢？""这许多讲义，你就给我们指定几篇考试罢。"胡善强把一本国文讲义在手上晃了一晃。"这哪里使

得呢！……”①

以上是国文教员柳先生与班上几个学生关于考试的对话，从几个回合的对话内容中得知，首先，学生们对考试有着一种恐惧感和紧迫感，内心焦躁担忧。其次，学生们认为考试是教员难为学生的方式，考试内容之多，时间之少很难应付。最后，化解燃眉之急的策略便是请求教员减少考试内容，指定考试范围，降低考试难度。显然，先生对于学生的这些理论及要求不以为然，并认为考试只是测定平时成绩的一种方法。最终，学生们的不合理要求并未赢得柳先生的认可，“大家听了柳先生的话，都觉得失败似的，十分懊丧”。

有的学校久负盛名的一个重要原因之一，便是考试制度的严格，通过制度的法宝管理约束学生，学生对于考试的体验更是苦不堪言。“这留级和退学是学校管理学生的唯一法门，每月有月考，月考成绩不良的人，到了大考时是不会及格的，一门功能都是一条鞭子督促着我们，使我们拼命地进行，任何一门都不敢放弃和落后，只要一落后，学校是有权把‘退学通知书’直接寄给家长的。只要是在我们这个学校里，每天都是这样，生活是比数学上的公式更刻板，除了皱着眉头死读你的课本之外，学校是没有剩余的时间来供给你自己支配的。每月体育有考试，如果不及格，那是和书本上的功课一个样子办理，所以我们稍有点闲暇，便是走到运动场地上跑和跳，这都是我们每天必修的功课。”② 当然，对于学校管理部门而言，旨在通过各种考试和管理办法督促学生学业，但学生则对这种严格紧张的考试管制甚感无奈。

对于分数，学生们更是态度不一，各有观点。分数至上主义的学生认为，考试成绩象征着能力，成绩好似一件无比荣耀的事情。“月考或是期考取了第一，在我们当时的头脑里，认为是世界上最光荣的事。所以在那时候，我们晚上时常偷偷地从床上爬起来，贴着洋烛，看代数，读英文。监学王先生看

① 杨荫深编：《柳先生的教育》，北京：北新书局，1936 年版，第 56—58 页。

② 徐盈：《一个中学生所讲》，载《中学生》1933 年第 42 期。

见这种情形，又不好过于严厉地责备我们，总是叫我们到办公室里去，亲切地解释深夜读书睡眠不足的害处。”① 获得外部荣誉也是学生学习考试的外部动因②之一。为了取得一个好的分数，学生们都比学赶超，争分夺秒去复习功课。

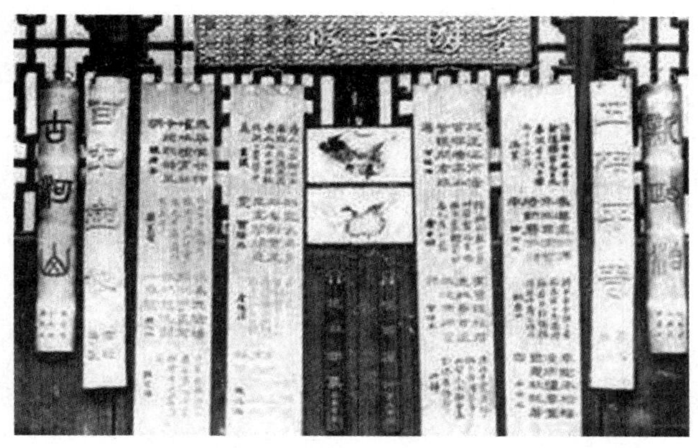

图 2—9 江苏省立第九中学校学生成绩室

另外，学生努力学习的外部动机则来源于奖励条件的诱发。山西进山中学“为了奖励优秀，促进学习，学校另设有奖学金，每年发给入学考试前五名的每个学生大洋 5 元。学校每年举行一次汇表，发给优等生大洋 30 元。1935 年后，学校建立津贴制度。按照规定，年终成绩均分在 80 分以上者，补贴大洋 80 元，90 分以上者补贴 120 元，考入名牌大学指定专业例如清华大学电机系的学生，每年发给津贴大洋 300 元”。③ 学校通过发放奖学金和津贴制度，激发学生学习的积极性，同时对于考入名牌学校的学生，颁发给 300 元的高额津贴。这是学校内部的奖励制度。如果学生在会考中取得优异成绩，

---

① 刘大杰：《中学生活的一片段》，载《青年界》1935 年第 7 卷第 1 期。

② 外部动机的诱因来自于学习者外部的某种因素，即学习活动以外的、由外部的诱因而激发出来的学习动机。很多学校为了激发学生的学习积极性，故对一些学生优秀考试作业进行张贴展览，以此刺激学生的学习兴趣。湖北省立第十一中学“对于学生成绩每月考试一次，择其作品较优者，张贴成绩展览室，以资鼓励。月考成绩均存校内”。湖北省档案馆：LS10-5-2048-1，《湖北省立第十一中学》。

③ 进山中学校史编审组：《进山中学校史（1922—1987）》，1987 年，第 6 页。

教育厅给予奖励。山东省政府教育厅训令第1071号规定，“中学生会考个人平均成绩90分以上者前3名奖励购书券，以资奖励。奖励前三名购书费国币100元、80元、60元”。[①] 可以说，学生们在中学期间，可以获得来自校内外的多种奖励，这种奖励机制促发了学生们对待学习和考试的积极态度。

但也有部分学生则与之相反，他们坚持“六十分主义”抑或“及格万能论”的原则。“阿福，用功干嘛，考第一有什么用处！老胡子李先生分数很宽，六十分总会得有的，我们还是到街上去走一趟！密斯特王，今天我考的还好，四个题里面对三个”。[②] 学生之所以抱着六十分主义，与教师采定送分主义直接相关。照普通的情形，在中学校里，四分之一的学生，往往是抱着六十分主义的。“晚上，我在预备明天要考试的几何，沈曾渭跑来要求我明天Pass给他。他的话很滑稽：‘老沈，在家靠父母，出门靠朋友。而且我们是同姓，五百年前是同家，……一切多多拜托你，望你帮忙Pass！我只要分数及格，文凭到手，这就算了。’”[③] 显然，这部分学生的学习动机不足，奖励机制不能唤起他们学习的兴趣。

考试成绩牵动着每一个学生的心，考试完都急迫想知道自己成绩是否及格、是否能够升学。柏杨回忆他投考省立开封高级中学时的心情：

> 在强烈的阳光照射下，人头攒动，校门口水泄不通，我从第一名开始，找到备取的最后一名，再从备取的最后一名，找到正取的第一名。然后横着找，从第一排的右边，找到第一排的左边，再从第二排的左边，找到第二排的右边，这样一排一排翻来覆去地找。然后再换一个方法，从左到右找姓名的第一个字，然后再找姓名的第二个字，再找姓名的第三个字。反正是找了一个多小时，就是看不到自己的名字，我知道完了，脸上是汗水还是泪水，已分不清楚，眼前一片模糊，胸口猛烈地跳动，我不知道怎么回去面对父亲。所花的巨额补习费全都落空，以后怎么办

---

① 《山东省政府教育厅训令第1071号》，载《山东教育行政周报》1933年第231期。

② 赵廷为：《六十分主义》，载《中学生》1930年第2期。

③ 《学校生活的日记一则》，载《中学生》1931年第15期。

呢？这时候，听到旁边有人在哭泣，我也想哭泣，可是仍咬着牙，没有出声。正当我低下头，拨开人群要走的时候，听到两个同学在远处谈话，一个说："咦！郭立邦那小子怎么会考取？真是出了鬼！"我简直是像听到一声霹雳，一个箭步跳上去，抓住他们中一位的右臂，大声问："我在哪里？我在哪里？"这个时候，假设那同学说："只是一个玩笑！"我真的会心碎，幸好那同学指出我名字的位置。①

这是柏杨在考试发榜之后，内心的激动、紧张、兴奋。考取成功，可以回去见家中老父，倘若失败，之前的付出功亏一篑，这种复杂的心情缠绕于心。有可能真是柏杨太激动了，甚至忘记"自己是谁"，他原来叫郭定生，这次报名不敢用郭定生，因为已被百泉初中开除了，并把开除的事报到教育厅，所以他的父亲把他改为郭立邦。任之恭在回忆他考取清华学校时，其高兴之情更是喜上眉梢，不敢相信自己的眼睛。"1920 年仲春，我又向山西教育理事会注册了清华学校的入学考试。通过在省中学一年的学习，我总的学业准备有了一点长进，但并没有理由相信我的英语知识也有所进展。6 月里的某一天，最终结果张贴在布告栏上，4 个录取者中我名列第三。（那一年录取的学生比往年多，因为前一年清华有几个山西学生因考试不及格退学了。）我简直不能相信自己的眼睛，高兴地想一定是老天在保佑我"。② 考取成功主要是由自己的勤奋所得，但也包含着些许的幸运，正如任之恭所言"老天保佑我"。

经过数天的紧张复习与考试之后，学生们的心情大好，终于可以结束这种生活了。某中学生在日记记载，"小考过了，虽然数学我才得着了六十分，然而，别的学科却还不错。该我痛痛快快丢丢心心的玩几天了。贺啦！我得欢呼：'小考完结万岁！万岁！万万岁！'"③ 考试进行完之后，学生终于可以

① 柏杨口述，周碧瑟执笔：《柏杨回忆录：看过地狱回来的人》，沈阳：春风文艺出版社，2002 年版，第 50—51 页。

② 任之恭：《一位华裔物理学家的回忆录》，太原：山西高校联合出版社，1992 年版，第 12 页。

③ 杨文安：《中学生日记》，上海：开华书局，1931 年版，第 41 页。

放松解放了。郭廷以在考完后心情格外明朗，“考完后轻松了，我们便逛逛开封城。开封有间银楼叫‘老凤祥’，很有名，听说楼顶雕了一只栩栩如生的凤，请偶们特别去看看”。[①] 这也是考生们进入城市之后，怀着新奇之感去看待周围环境，同时也为了不虚此行，参观一些名胜古迹。

然而，不仅仅是升学考试能够引发学生的紧张与激动，同样平常的月考也可以打破日常的平静。《柳先生的教育》一书中记载着当时师生对于分数的对话。国文考试完之后学生们对分数充满着无限期待，祈祷着顺利通过。“第二天上国文课的时候，柳先生一到教室里，大家都抬头探望试卷有没有带来，自己分数有没有及格。这分数是先生做主的，有许多学生，当然还是这样想着”。柳先生看到学生们对于成绩如此看重，很想知道学生心目中的“分数”是什么。“我问你们，分数是件什么东西?”“分数是我们的成绩。我们读书就为这些分数。没有分数，我们便不能升级，便不能毕业。分数是我们的第二生命，没有分数，我们就不能再读书了”。柳先生听了学生们对于分数的见解之后，不禁长吸一口气感慨：“你们这许多回答，有的是对的，有的是错的，而且是大错特错的。譬如第一个同学说分数是我们的成绩，这话是对的，但应该说是我们成绩的一种标记。我们读书的目的，不是为那分数，而是为那真正是在用过苦功得来的‘成绩’。读书读了有成绩，这书不等于白读。升级、毕业，当然是不用说得，这是自然而然的事情，无用你们提心吊胆的。”[②] 学生们发表了对分数的看法之后，柳先生针对学生们错误的读书观和考试观，进行了一番思想的点拨与开导，试图改变学生认为“读书为了分数，分数是第二生命线”的片面论断，分数固然重要，但更重要的是所学到的学问，读书学习踏实有为，通过考试、取得优异成绩便是水到渠成之事。

（二）考试的别样百态

考试的过程前后，总会出现一些别样的风景，对于准备充分、认真复习的学生而言，考试的心情相对轻松自在、胸有成竹，但对于平时功课疏忽、

① 郭廷以著，张朋园等整理：《郭廷以口述自传》，北京：中国大百科全书出版社，2009年版，第56页。

② 杨荫深编：《柳先生的教育》，北京：北新书局，1936年版，第72—75页。

准备较差的学生，为了顺利通过考试，他们则绞尽脑汁想出一些方法来应对考试，其中包括作弊的小把戏，开夜车的挑灯苦读，以及存有侥幸心理的罢考风潮。

考试作弊态。考试作弊行为是指在监考者考查参试者所掌握的知识和技能时，参试者通过不正当途径参试、考核过程中在考核不允许的范围内寻求或者试图寻求答案。每当考试即将来临，平日功课疏忽的学生们开始骚动，想尽办法通过考试，其中包括一些不正当的手段。《中学生小说》中的主要人物国材则是其中一员，他作弊是通过何种手段呢？“以仁又提起上学期考试的成绩来，这使国材异常难过。‘小王，这学期你真要用功才行，不然，的确有留级的危险。’‘可不是吗？那次要不是你替我 Pass，早已不能和你在一班了。’国材羞答答的神态，正像初出水的芙蓉一般美丽。”① 国材通过让同学帮忙“Pass”的方式蒙混过关，之所以能过关，很重要的原因是监考员不严格，而一旦监考严格，国材即处于痛苦中：

> 他是痛苦到不能生存的地步了，丢开升学问题不谈，目前毕业考试这难关将怎样过去呢？以前每回考试都有以仁代他 Pass，监考的先生也一点不严格，有时仅仅一个主试者照例在教室巡逻一下，因此学生看的看书，递稿的递稿，眉来眼去，交头接耳，种种怪现象都暴露出来了。这次毕业考试是多么严重呵，功课要考六年所学的，虽然只有文理两班毕业，却害得他们组织了一个四十多个教员集合的考试委员会，题目是由各科教员选定几个后交给考试委员会审查后再决定。监考的人自然都是委员。天啊，以仁走了，我对各科又毫无半点把握，这难关，将怎样过去呢？国材没有一分钟不再愁着这比鬼门关还难过的考试难关，他什么方法都想尽了，无论如何没有方法可以解除他的困难，虽然最近谭义和他要好，别的同学也可以帮助他一点，可是监考的这样严，怎么能办

---

① 谢冰莹：《中学生小说》，上海：中学生书局，1932 版，第 7 页。

到呢？[①]

国材之所以如此之难过，主要是来自两方面的原因，一方面，他的挚友以仁退学了，不能再帮助他 Pass，通过各种考试了，想到以仁，愁闷便自然"才下眉头，却上心头"；另一方面，以往的考试之所以能够成功，主要在于监考不严格，学生有机可乘，而这次毕业大考，学校组织了考试委员会，整肃考风，自然国材的想法不能实现，顿时感觉灰飞烟灭，一切念想都化为乌有。

大部分学生作弊主要通过小手段。某同学描述当时学生作弊的现象："在考试的时候，看夹带、抄书、打'派司'，看别人卷子的同学，我亦记不清见过了许多，他们交了'全卷'；他们能够照书上一个字——甚至一笔一书都不改地抄上卷子；好像他们的脑筋真是照相机一样，能把标点符号记得不差一丝一毫，他们可以用最低的代价，换得最多的分数。他们偷巧的方法，真机警极了，能够使监考的先生坠入他们的葫芦里。这种科学化的机智，实在不愧是二十世纪的青年。"[②] 这种作弊场景显然比较猖狂，可以夹带，甚至还可以原封不动地抄书，应该说这些学生是侥幸蒙混过了。然而，一旦这种行为被监考员发现，其结果势必受到严格惩罚。有的学生作弊被发现之后，该科成绩定位零分，这也是因小失大、自食其果之下场。[③] 有的学生想法更是"高明"，通过询问已考学生试题的方式窃取题目。如湖北省钟祥中学先于荆门中学测验英语，荆门中学延迟一日，故荆门中学学生详询钟祥中学英语考试题

---

① 谢冰莹：《中学生小说》，上海：中学生书局1932版，第83—84页。

② 石麟：《令我最惭愧的一件事》，载《中学生文艺》1932年第1期。

③ 国文教员柳先生在监考英文考试时候，发现了作弊考生。学校事前有一个规定，凡考试作弊当场捉得的，一概取消考卷。自然，作弊考生考卷取消，他的成绩等于零分。柳先生很巧妙运用一个比喻来说明学生的作弊行为，"本身的长度只有五尺三时，而你偏要穿了高跟的皮鞋，以为可以加长少许，但这事如果给检查员察觉，仍旧要你把高跟鞋脱下来的。你们想，这样的事不是贪小失大、弄巧成拙了吗？"说到这里，教室内忽然有呜咽的泣声，原来是那个在英文考试中作弊的学生，因为听了柳先生的话，深悔得伤心起来了。杨荫深编：《柳先生的教育》，北京：北新书局，1936年版，第64—65页。

目。然而，荆门中学学生并未得逞。“教育厅已有明白规定，各学校应照章举行，而荆门中学不知为何竟延迟一日，使该校学生于六月二十四日下午通电钟祥中学，本届毕业学生陈文敷等详询第二日英文题目，该生等循个人私见，明知故犯，有失教育部颁发制度之本意，致使不良分子有幸运之机会。照章应予惩戒”。[①]“天网恢恢，疏而不漏”，作弊的学生最终还是得到了处分。

除了以上考试过程中的作弊行为之外，还有一种作弊行为则是学生身份的作伪。一般学生考取中学抑或考插班生，都要交验毕业证书或修学证书，有的学生为了蒙混过关，则通过制造假文凭或者假证明书的手段，以希有机会转校。如安徽籍中学生插班湖北省立第三中学，所缴证明书则是伪书。安徽省教育厅公函字第 1034 号案“查明贵省省立第三中学学生袁超民所缴皖省省立第二中学证明书是否实在等因；查该证明书图记，核案不符，校长陈学良并无某人，系伪造”。[②] 有的学生则为了进入中学，伪造小学毕业证件。据上海特别市教育局公函载：“湖北省立第三中学校新生赵嘉舟的证件，该生系于民国十六年七月初级小学修业，时该生年仅十一岁，证书上所填年龄班数时日等均经涂改，与原案不符。”[③]

“临时抱佛脚”态。一般抱有这种心态的学生平时学习不积极，不及时复习所学知识，采取考前“突击”的做法。造成这种现象的原因主要有三方面：第一，社会因素。中学生毕业之后，很多面临着失业，找不到体面工作，导致很多学生读书、学习比较消极，平时不注意新旧知识的复习与预习，待到临考前强化考点，混个毕业文凭。第二，学校因素。一般而言，学校对于各种考试都有着严格的制度规定，考试成绩不及格需要补考、甚至留级等，给学生们造成制度约制，致使学生们信仰六十分万岁。第三，个人原因。很多学生平时尚未养成良好的学习习惯，所学内容不及时进行复习，导致考前惊慌失措，唯有临时磨枪上阵。

某同学月考前的状态，“月考将近的几天，大家都感到不安了。竞争性很

---

① 湖北省档案馆：LS10-5-1274，《湖北省立第七中学杂案》。

② 湖北省档案馆：LS10-7-192-2，《湖北省立第三中学学生调查表及资格证明文件》。

③ 湖北省档案馆：LS10-7-192-2，《湖北省立第三中学学生调查表及资格证明文件》。

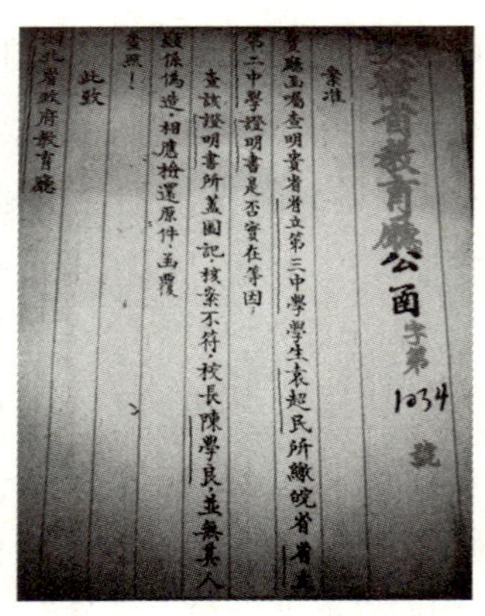

省教育廳公函 字第1034號

案准

貴廳函囑查明貴省省立第三中學學生袁起民所繳皖省省立

第二中學證明書是否實在等因，

查該證明書所蓋圖記，核案不符，校長陳學良，並無其人

殊係偽造，相應檢還原件，函覆

查照！

此致

湖北省政府教育廳

图 2—10 伪造证明书

强烈的我们，都不愿自己的成绩落在人家的后面，于是有几位比较大些的同学，她们不顾舍监先生的严厉的责骂，在晚上，偷偷地开着手电筒，躲在被窝里开夜车”。[①] 这部分学生在争强好胜，试图取得更好成绩的心理驱动下，坚持晚上开夜车。一般学校规定不准开夜车，严格按照作息时间表休息。浙江省立杭州高级中学规定学生的生活实施标准，要求学生依照标准进行作息与学习。其中规定：“晚上九时五十分止，整理案头抽斗，刷牙，漱口，笑话，拉琴，整理被褥。再不可在自习室内用功，更不宜开夜车。十时，各归床位就寝（不谈笑，不吵闹）。养成一上床即能睡觉的好习惯。”[②] 该学校不鼓励学生夜晚学习，希望学生养成良好的作息、学习和娱乐的习惯。但也有学校，为了获得荣誉，则不反对学生开夜车。会考前夕，学生们“功课总是这样地忙着，因了两月后须把三年所读的书整理好，拿出去应付会考；因此，同学们有辍学的，有生病的，有患神经衰弱的，更有许多人继续再吃补药。早上天一亮就起身了，急忙忙地洗脸吃粥后，就拿了一本书，一直读到夜自修完。但在宿舍里还替我们预备了一间开夜车的房间，规定十点半熄灯”。[③] 有的学生在考试前夕，每天学习到深夜一两点钟。“自从我校实行了会考以

① 俞荻编：《我的中学时代》，出版地（不详）：文化图书公司。1941 年版，第 67 页。

② 《学生每日优良生活实施标准表》，载《浙江省立杭州高级中学校刊》1933 年第 85 期。

③ 嘉萼：《一个中学生口中的会考事件》，载《正论》1935 年第 24 期。

后，学生固然担忧着自己的毕业问题，学校更担忧着他整个的名誉，于是就不顾学生的一切，拼命逼学生死记课本。夜间自修自九点钟延长到十一点钟，假设学生们觉得时间恐慌，熄灯时，还再要预备功课的话，那尽可以把电灯打亮，继续到十二点。甚至一两点钟，学校当局绝不会干涉你的。"[①] 学校为了获得会考通过率，特开设了"夜车室"，变相鼓励学生们晚睡多学，这种激励不仅给学生们制造出紧张的学习氛围，也导致学生们身体素质严重下滑，最终都成了病态之状。

图 2—11　宿舍中一个"开夜车"者

有研究者严厉指责中国会考制度毁掉了中学生，学生们为了筹备会考，挑灯夜读，每天学习十几个小时，从而积劳成疾，最终垮掉了身体。"近年来，国家举行中学生毕业会考制，其用意在统一中学毕业的程度，以便于升学或社会采用，用会考的方法来为甄别，方法未为不佳。然而自二三年举行以来的结果，只见白纸不绝地给我们可悲可痛的会考惨案，如某生因惧会考不及格而自杀，某生因预备考功课而积劳致疾，已成为一种严重的社会问题。说临近几天浙江省衢州初中，学生为筹备会考，病倒者占半数以上"。[②] 中学生正处于身体发育的旺盛期，一旦身体的精气被抽干，不仅难以完成学业，甚至贻害其一生。

---

① 《救救中学生》，载《玲珑》1936 年第 6 卷第 26 期。

② 《救救中学生》，载《玲珑》1936 年第 6 卷第 26 期。

除了通过开夜车的方式恶补考前知识外，有部分学生则采用“拆西墙补东墙”的方法应对考试。在听国文教师上课的时候，学生们在复习物理以备考试，且与老师公开交涉。据某中学生日记载：“只见先生且行且讲的巡查全室了。阿呦，这一来把先生气伤了，他愤愤的敲着黑板说：‘你们赶快把物理书盖上，怎么上国文课看旁的书！快点！’有学生回答：‘Mr. X，我们下点钟考试物理，若不看要吃 five 啊！’同学们群起哀求。此时先生的反应则是照旧上课，X 先生仍旧鼓勇的在指天画地细细讲解字义；而剩下的同学也仍旧鼓勇的看物理书，不管先生的嘴干了，脸青了。先生觉得大势已去，无可奈何地宣布下野：我再继续讲下去，你们也是无心的了；姑且让你们一次，下次是不准的。但不能下课，照旧在课堂上看书！同学们欢呼一声。”① 显然，学生已经将国文教师全然不顾、置身之外了，只顾复习即将考试的内容。

罢考风潮。民国时期，学生学潮不断，学潮发起的原因有的是对政治的不满，亦有对学校管理和教师的反抗。“闹学潮成了一种普遍的现象，言之痛心。这是教育界不能不承认的事实。本省，十年以来，差不多没有哪一年不发生风潮。兄弟来此两年，这短的时间内风潮即屡见迭出，有的侮辱校长，有的殴伤教员，有的为避免考试而出要挟的手段，种种都是逾越范围，无理取闹的事实”。② 南昌一中的学生则上演了殴打校长的一幕。“南昌一中学生反对考试，将校长吴强宗扭打，拖至礼堂，逼签吴强宗当永远离校字据”。③ 当然，具体罢考的原因无从考究，但也表明该学校的学生胆大泼天，不只是扭打校长，而且还逼迫其签离校字据，驱逐其下台。该时期学生们的反抗精神异常活跃，稍微遇到一些不公平之现象，便群起而反之，试图捍卫自己的权利。某中学的某个教室内传出“战士般怒吼”的声音，每个学生都热血沸腾，原来学生们是在谋划着罢考，反抗校长和教员。“本来我们初三一级，分成四班教授——甲乙丙丁四班——英文教员有三个——×××是教甲班的——现在我们大考的题目，是由三个先生合撰的，这些诸位同学都知道的——现在

① 《学校生活的日记一则》，载《中学生》1931 年第 15 期。

② 程天放：《中学生应有之认识与努力》，载《安徽教育月刊》1931 年第 2 卷第 1 期。

③ 《南昌一中发生风潮》，载《申报》1932 年 11 月 7 日。

×××预先将题目告诉甲班，想他们一班成绩好，他也有面子，不知今天早晨被我们知道了，今天的考试，甲班一定考的，乙班都是些马屁鬼，孝子；还有丁班，肯替助，我们二班全体同学，都到校长室去请愿，去的，现在都跟我走。一群似囚犯似的学生，冲出了这狭小的教室，毫无秩序地站在操场上，会着丁班的学生，大队就向校长室进发”。[①] 乙班的学生在得知甲班学生预知考题之后，心情异常愤怒，认为这是一件不公平之事，必须要去校长和训育主任那里讨个说法，于是，班上的学生浩浩荡荡地挺进了校长办公室。

学生罢考的原因可谓五花八门，有的是正当权利捍卫，有的则是无理取闹。考试前夕，很多学生都想走捷径通过考试，所以对于划范围的老师，学生们暗自窃喜、得意洋洋。“其余的课目，总算是平静无事，因为几位教员都很识相，对于大考题目都示了范围，所以一切均照常进行，可以说是前线无战事”。有的学生因应付考试时间紧迫，故强迫任课老师划范围，并以罢考威胁。“昨天晚上在级会里的议决案，历史大考的问题准备在今天历史课上向伍先生要求摘出范围来，其理由是学生功课忙迫，历史课文繁多。如果伍先生不答应的话，本级同人将执行全体不考的严厉手段以为对付”。[②] 逼迫甚至威胁先生划考题范围的做法，显然是学生强词夺理之为。

枪手博弈的牺牲品。枪手博弈的典例说明，三个人持枪对决，从概率上而言，最优秀的枪手，倒下的概率最高；而最蹩脚的枪手，活下来的希望却最大，因为没有人愿意把威胁最小的枪手列为一号清除目标。也就是说，在对决中，弱势者最终胜出。采用通俗的一句话即“枪打出头鸟”，抑或“隔岸观火”。这种博弈理论同样适用在罢考的风波之中，罢考过程中“木秀于林”的学生往往得到“风必摧之”的最终下场。

有的罢考风潮虽已经酝酿许久，但一旦被校领导得知后被镇压下去，最终学潮之风未能掀起。“民国十六七年的时候，各地反对考试之风潮极盛，在我初进去的一年，为了全体反对大考，闹成了一次小小的风潮，不过秩序很

---

① 不文：《罢考》，载《学校生活》1934 年第 89 期。

② 《学校生活的日记一则》，载《中学生》1931 年第 15 期。

好，对于校具一点没有破坏，而事后好像开除了二十多个学生了事”。① 这种风潮涉及范围小，显然不会引起大波动，最后以开除学生收局。上海中学的学生回忆：“在大考的前一天，一年级的同学们开了个级会。他们议决了全级同学罢考国文，在考国文的时候，一年级的同学大家一起不到指定的地点去考试，安静地坐在课堂里。国文教员禀了教务长，教务长告诉了校长。事情扩大了。校长和训育主任都到教室里来，外面挤满了许多别级的同学，有的在扮鬼脸。校长先生至少在动着怒，他承认这是C校十六年前闹过了一次大风潮后的第一次，一年级，班子最低而人数最多的一年级，居然会闹风潮罢考。一颗颗的汗珠从多角形的面上直流着，校长先生的确是动了怒，虽然天气是很冷。”“一定要去考，谁敢罢考！”“快点去考，不去考——每人一个零分！”“校长先生，我们不能去考的原因因为考得太难了，简直使我们不懂，现在我们要求改良考试的题目和材料……”“他起来发言了，这是第一声，震破了一年级同学们的沉默。校长翻了翻点名册，知了他的名字和书号。坚强的意志被恐怖所慑服了。他们像是一群羊，被牧人一只只地骗进了他们的刑场。他只感到失败的悲哀；他幻想着自己是一个失败的英雄，他英雄的意志和野心是不会湮没的，他相信，那个英雄是被一些不忠实的信徒们卖了，但是他忘记了自己的危险。第二天校长揭示处里面多了一张新的布告，他和几个同学一同被开除了”。② 回忆罢考风潮的这名作者落得了“强者败出”的结局，在罢考过程中，只有他站起来与校长反抗理论，认为考试的题目难度太大，而其他学生则是“坐山观虎斗”，成为大多数的沉默者。虽然这个学生自封为“英雄”，但最终还是难逃被开除的下场。学校也正是运用这种方法以儆效尤，警告学生闹罢考风潮最后不会有好结局。

与“出头鸟”的结局相反，很多尚未参与罢考运动的学生可以待收渔利。因为并非所有学生的罢考都以失败告终，有时也会取得小小胜利。发生在山西太原的反会考运动，曾涉及各县，轰动全国。1934年国民党开始实施中学

① 李希实：《我的中学生活》，载《学校生活》1935年第115期。

② 朱声扬：《叛徒》，载《中学生文艺》1933年第1期。

毕业生会考制度，很多试图参与革命的学生认为准备时间仓促，担心延误毕业，故在一些人的发起下，联络太原各学校组成联盟，发起免除会考制度的斗争。“在 1934 年 6 月的一天，应届毕业生同学会公开发动了反会考运动。一千五六百学生汇集到皇华馆教育厅门前请愿，要求免去会考。当请愿学生汇集皇华馆时，教育厅紧关大门，周围有军警宪的武装部队五六百人警戒。厅长拒不回答学生的要求，因而激起民众，学生队伍一面高呼反对会考的口号，一面向教育厅门前挺进。军警宪根据阎锡山的命令向手无寸铁的男女学生发起冲击。学生们不得不以木棍、砖瓦自卫”。① 太原学生的反会考斗争，涉及各县，震动全国，迫使阎锡山释放了被捕学生，降低了会考命题和评分的标准，使绝大多数毕业生都领到了毕业证书。1937 年，该校学生又一次发动了反会考的运动，最终教育厅答复学生“会考是全国统一规定，山西当局碍难决定，但考试中绝不难为学生，经各校代表商讨后，认为当局已默许一般都可以通过会考毕业，反会考斗争就此结束。会考时，试题果然容易，只要参加考试笔答几个试题，都可以取得毕业文凭”。② 在该学校参与的这两次反会考运动中，终以“考试难度降低”而终结，而尚未参与罢考的学生可以搭上便车，享受罢考运动带来的福音。

第四节　升学与就业：社会抵拒与约制

中学生修完所学课程，即将面临的问题是，“升学否，亦是就业乎?”这样一系列的问题徘徊萦绕在学生们的心头，挥之不去，尤其是即将毕业的前夕，这种困扰更为煎熬苦痛。为何会有如此之困扰？为何会如此之迷茫呢？下面通过学生的心理活动便可略知“升学与就业”的徘徊与惆怅。

---

① 太原成成中学校史编委会：《成成中学校史》，1992 年，第 8 页。

② 太原成成中学校史编委会：《成成中学校史》，1992 年，第 27 页。

一、升学与就业的两难境地

伴随着中学数量的激增，中学生的升学与就业问题也随之而现。“中学教育，在教育阶段上，实占一重要地位。因为小学程度较低，大学人数较少，故中学教育办得好，一方面可以作升学的准备，一方面可以作服务社会的准备。但是，在这个年头，非但升学不容易，就毕业更是不容易。世界教育会长孟禄博士就说过这样的话：学校教育当前最重要的问题，就是学校训练出来的学生没有事做。换一句话说：毕业就是失业，一方面在学校里是失业，一方面在社会上是失业，这的确在目前不但是一个教育问题，而且是一个严重的社会问题”。① 如湖南省立第三中学的统计数据，“民国六年以来，毕业有七班，总共有三百多人了，其中已升学的，至多也不过八分之一，没有升学能够找到相当职业独立自营的，也不过八分之三，还是依赖家庭过活的，占了八分之四”。② 据盛朗西对某年度统计，江苏各中学毕业生无出路者的数量竟然超过升学数量，换言之，中学生面临着“毕业就意味失业”的现状，从统计数据所显示的饼状图中即可明了。

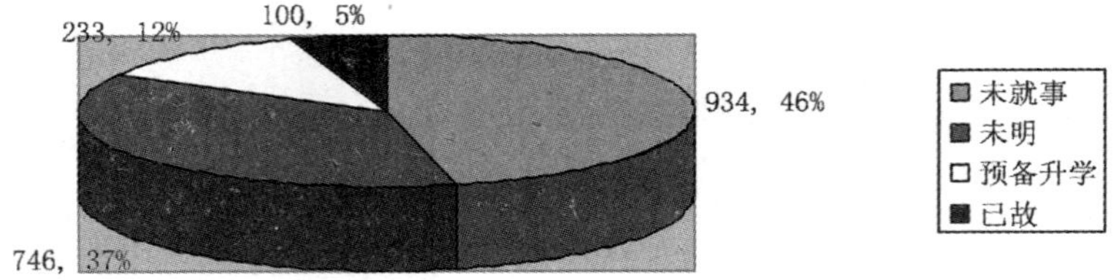

图 2—12　历届江苏省中等学校毕业生趋向图

资料来源：盛朗西：《十年来江苏中等学校毕业生出路统计》，《教育杂志》1925 年第 17 卷第 5 号。

“毕业就是失业”的现状，导致很多学生一片迷茫，心情无比复杂难消。当时很多人意识到这个问题，“在未甚上轨道的考试和人事制度的目前中国，多少人会为升学为找事而发抖！造成了中上级游民资格的青年，‘毕业即失

---

① 穆藕初：《警告中学生诸君》，载《月报》1937 年第 1 卷第 1—6 期合刊。

② 朱万贵：《一般学生的生活问题要怎样解》，载《湖南省立第三中学期刊》1924 年第 1 期。

业'，展望前途茫茫，实足令他们伤心"，[1] 可以说，学生就业问题已上升为社会问题，并成为众人所关注的焦点。欲想升学向前走，没有经济的支撑，停止于此，就业解围吧，亦面临着就业之艰辛的困境，所以处在即将毕业的中学生，内心一直在奋力挣扎，面临着骑虎难下的境地。某中学毕业的学生道出了进退维谷的苦楚："喂！注意目前的事实吧！社会原来就是如此的；空想有什么益处吗？但我又怎样？升学吗？大学早已考上了几回，只是没有钱进去；做事吗？认不得一个阔人，拿不到一封介绍信。当新闻访员吗？哈哈！昨日登出的稿子，不是还曾经退了回来，再借了王先生的名字寄去才登出来吗？哎！卑鄙的社会！我决计再不以所学的向你谋饭吃了；我将去做一个农（林长）人或工人出卖我的劳动力换饭吃，但，那只是幻想啊！我搬不起四十斤重的笨物件，更耕不了田，耘不了草。呵！有了！有了！店员、小贩，不都很适合我的身体吗？实行去！实行去！真的吗？谁要你当店员？你能向那些满身铜臭的混蛋们喊声老爷或少爷，啊？不行！不行！然则我去做什么呢？我去做什么呢？"[2] 在升学无望之际，只能努力寻求一份谋生的职业，可却又碍于自身"中学生"身份的面子，不能接受很多职业，而自己想去从事之事，却又因种种原因而无力从之。

毋庸置疑，如要升学，经济的支撑是基本的保障，倘若经济无力支持，则只能对大学望而止步，所以学生们会异常彷徨，"在我初中第六个学期将完的时候，父亲曾对我说，毕业后是没有办法给我升学的了，很希望我能够在社会上找个立足的地方。因此我从学校里拿着毕业证书匆匆地回家之后，就很为自己的出路问题着急。出路的问题始终是躲在虚无渺茫不可捉摸的境地里。我真是万分地着急和惆怅了"。[3] 毕业之时，即是那些不能抱升学希望学生的惆怅之季。"毕业了做什么这种思潮，不时的在脑海翻动，升学吧，却得不到环境的许可；到社会上去服务，却又因处在这不景气的年头，粥少僧多，

---

① 林振文：《解除中学生苦闷的药方》，载《中央周报》1928 年第 9 卷第 41 期。

② 湖北省档案馆：LS10-5-1386，《湖北省立第八中学校刊及运动会刊》。

③ 徐天武：《初中毕业后服务概况》，载《青年界》1936 年第 9 卷第 1 期。

找事真比骆驼穿过针眼还难；失业部长的头衔，就要加到我身上来了”。① 在毕业前夕，学生们无望升学，而对就业又产生了噩梦般的恐惧，这种内心之复杂和焦虑无以言表。当某中学生看到同学们都在准备升学，也有预备着干事的，刹那间悲怆之情涌上心头，“而我呢，升学吗，钱在哪里？干事吗，往哪里找？却又怎肯承认‘船到桥门自会直’的一句懒话？几日来我的思维是纷乱，我的神经是麻木了”。②

图 2—13　中国学生的悲哀

二、升学与就业问题之影响

中学生出路的问题危害较大，对学生而言，由于苦于找不到工作，亦不能升学，内心比较苦痛，导致很多学生走向极端。同时，作为社会中坚分子的中学生，并没有得到社会教育资源的有效配置，造成了教育的浪费。最终，这种现象也会导致学生的信仰受到威胁，他们不再相信努力学习可以换来好的前程，只有生在富有家庭，抑或有个有权职的亲戚才是生存之王道。

首先，影响了学生的身心健康。很多学生愁苦着工作的问题，尤其在毕业前后，无心学习，每天处于焦躁不安的心态之中，长此以往必会危害于身心健康。一名毕业的中学生因不能就业而自杀。在他留给他父亲的信中写道：

亲爱仁慈的老父：

中学毕业，上大学念不起书，找一个小事做，挣钱养家，这些话不

---

① 杨心如：《神圣事业呢牛马生活呢》，载《青年界》1936 年第 9 卷第 1 期。

② 王英：《毕业了》，载《中学生》1930 年第 8 期。

是你老人家说的吗？现在怎样呢？念书为的做事，挣钱养家，现在不能挣钱，不能养家，这岂不愧死人吗？当巡警也是职业之一，看那北平人，穷了不是拉洋车，就是当巡警，但是我决不愿意去考巡警。违背父命是不孝，不孝之人，应当排除社会之外，所以我自杀以赎不孝之罪。这封信到了我们家中时候，我已在那碧波荡漾中麻醉了。

儿福绝笔①

这可以称为一名苦中学生的“气节”，不愿从事与自身地位不相符的工作，又无能找份体面工作挣钱养家，又不愿成为社会的无业游民，在生活无望之时，这名学生最终选择了自杀，可以说，这是当时社会所造就的“不幸儿”。陈衡哲描写了当时中学生学习的状态：“当时每日上午八时至下午四五时，均属正常。而每日教师所吩咐应做之功课，又约需四五小时。余在中学时，自信尚能努力，然以赶功课之故，每日迟眠早起，星期日亦及忙碌。（教师们且喜于星期六多指定一些作业，似不允学生星期日休息娱乐然。）必要之洗浴理鬓，均相隔二三星期，然后举行一次，且与急匆促中为之，如此读书，至高二时即患高度之神经衰弱症，至高中毕业时，则强健之体格，活泼之神经，均已极为衰弱呆滞矣。”② 中学课业负担过重，严重威胁和影响了学生的身体健康。据江苏省立松江女中举行的一次团体身体检查的结果：“（一）康健的 88 人，占全体 60%。（二）有心脏病的 5 人，约占 3%。（三）肺门或左右肺有化石或石灰病灶的 24 人，约 16%。这是以前有病而现已痊愈的。（四）气管影加多的有 12 人。（五）肺部有阴影的 7 人。（六）肺部扩大的 7 人。（七）肺门有淋巴腺影的 3 人。以上四种（四五六七）均为病态，约占到 20%。（八）左肺门有连生现象的 1 人，这或是生理现象而非病态。”③

其次，造成教育资源的闲置。在中学制度设置之后，中学的数量以及中学生的人数不断增加，但相对于社会总人数而言，中学生群体可以称为社会

---

① 夏丏尊：《悼一个自杀的中学生》，载《中学生》1930 年第 8 期。

② 陈衡哲：《救救中学生》，载《独立评论》1935 年第 170 期。

③ 赵端瑛：《关于中学生健康的一个建议》，载《教育杂志》1937 年第 27 卷第 2 号。

的“中坚力量”。舒新城指出：“我国人口与中等学生比，最高额为八百六十四人中有一中学生，而欧美各文明国通常每二十人有一中学生，以最高额与之相较，相差已至四十余倍，若以总平均数相较，则相差百二十余倍。”① 程天放以安徽省为例，提及中学生与人口数的数量之比：“一个文明国家里，中学生应当很多，小学生毕了业大多数都是应当有机会升入初中高中的；我们中国的情形就很不同。以安徽而论，安徽的人口总在三千万左右，但是这三千万人中有几多为中学生呢？据教厅统计的结果，不到一万人。这是现在念书的，我们加上毕了业的学生人数计算，毕了业的至多不过比未毕业的多两倍吧，也仅有三万人。三千万人中只有三万曾受，或现受中学教育的学生，那么，一千个人中才有一个中学生了。如果以全国而论，则恐怕四千人中还没有一个中学生。就是长江一带，安徽的附近各省，情形也很是不好。”② 从这些数据统计中可以发现，能够进入中学，并能完整接受完教育实属不易。而这些学生在毕业后却谋不得一份好的职业，甚至失业，可以说是国家教育资源的浪费。

最后，制造不良的学习风气。从积极方面而言，已毕业学生的光明前程对后面学生是一种强大的激励；从消极方面而言，如若往届毕业生出路不景气，升学希望甚为渺茫，必会对后面学生产生负面干扰。“中学生在家乡是如蛆虫一样多的，要想找一个小学教师的位置，是千难万难的，除非有特殊关系的话。中学生在小学担任的伙夫，负责挑水、泡茶、扫地等。我的工钱很少，每月除膳食费外，仅净得法币四元。担任伙夫的心理又别是一番滋味。劳工，一般人并不视为神圣啊，自己虽然是中学生，但是如今却做了没出息的伙夫，因此死也不敢对他们直说，恐惹人家讥笑”。③ 学生们知晓往届毕业生过着这般酸苦的生活，无疑会对社会产生更多的恐惧。

三、升学与就业问题之原因

首先，经济萧条，用人制度的牵制。国民失业一事，在国内各地，已成

---

① 舒新城：《中学教育问题》，载《中华教育界》1924 年第 14 卷第 1 期。

② 程天放：《中学生应有之认识与努力》，载《安徽教育月刊》1931 年第 2 卷第 2 期。

③ 张似声：《中学生做了伙夫》，载《新人周刊》1936 年第 2 卷第 42 期。

为极重大之问题。据南京市社会局调查的结果显示："南京市人口总数为570 072人，有业者269 766人，占全市人口47%。计每2人中，有业者1人，失业者7430，占全市人口1%。计每77人中，有失业者1人，无业者292 876人，占全市人口51%。计每2人中有无业者1人。"[①] 南京市失业人口数与无业人口数占到全市总人口数53%，仅从一个市的数量即可窥知整个社会失业状况，失业与无业已成为一个社会问题。而中学毕业的学生，虽已经接受了较高的中等教育，但还是难以抵挡失业所带来的影响。

另外，学生无力升学的原因之一则是受经济条件所限。当时接受高等教育的学生家境一定要足够富裕才可完成学业。有研究者指出："升学时之最大困难，在于经济问题，经济问题不解决，谈不到什么升学，更谈不到什么学校，像现在中国那样的贵族教育，只有少数人有享受的权利。例如国立中央大学的学生用款平均数为四百五十元左右，大者几至七八百元，若非富庶之家，曷克胜此？按该校大学生的经济来源，虽不外乎家庭、团体、亲友、自己四方面，然而其中由家庭供给者居多数，计估百分之五十二。"[②] 所以，经济的支撑是中学生升学的重要保障。"升学的第一个问题，就是关于经济的准备。在中国今日之农村破产，百业凋敝的当儿，恐怕经济问题，是绝大多数之欲升学青年们所忧心焦虑的事项。实在，在一切都沦为商品化和商业化的今日，所谓高等教育，几乎就不是无产阶级们可得享受的"。[③] 即便学生再有好的升学愿望，如果家庭状况不佳，最终仍会万念俱灰。青海一中的学生坦言："中学毕业后升大学，便有一个大问题，那无疑的是经济问题了，附带再加上各大学对于入学考试的严格，简直使中学生入大学有'天路维艰'之慨！至于做事呢，现在一般的中学生在社会上总是找不到相当的地位。"[④]

民国时期的用人机制存在着一个严重现象，很多单位尤其是事业单位选贤任能的方式，大部分没有通过考试的方法选拔，多是人脉关系的援引，难

---

① 《调查失业人数》，载《首都市政公报》1931年第76期。
② 亦民：《学生升学问题》，载《学友》1931年第1卷第3期。
③ 尹冰彦：《中学生升学的几个问题》，载《现代青年》1936年第3卷第6期。
④ 万青：《怎样做一个中学生》，载《青海一中校刊》1937年第2期。

怪中学生们因出身卑微、家境贫寒，没有可以帮助引荐工作的亲戚而自卑。因求业失落而自杀的学生，道出了当时社会的现象，“虽然毕了业，没有好亲戚援引，阔同乡的帮助，就是一名书记也找不到”。[①] 在这种社会环境下，很多学生自知自身情况，表露出一丝丝无奈之叹，“我当时并不想做什么位尊多金的工作，因为那种差事，是要有好手段和靠山才有希望的，我自问没有什么权亲贵戚，敢存高攀的妄想?”[②] 当然，也有一小部分的职位是可以通过考试获得的，但往往报考人数之多，竞争之激烈，却又使得很多学生望而却步。

其次，学校教育内容与社会需求相脱节。一般而言，当时大部分中学的培养目标主要是以预备升学为主，而忽略对毕业学生就业技能的培养，虽后期中学设立了职业科，但问题并非因此而解决。舒新城尖锐指出中学教育存在的问题：“据我个人年来接触所及，社会上一般人对于中等教育多不满意的表示，中学生离校以后的生活亦极不安定，除却部分升学者外，其他谋职业者很成困难，因而促成大部分的青年烦闷而使社会上发生不安的现象。而主持中学教育的人，对于全国中学生之状况与本校毕业生之出路，均不注意——尤其是公立学校的主持者——仍冒然本着升学预备的方针向前进行，殊不知结果使学生学非所用，在社会上种下了很大的祸根。现在既有许多的事实表现出来，我们中学教育者似不能不急谋所以更张的办法。”[③] 有的学校为了获得好的升学盛誉，一切内容都以考试为中心，研究考试指南，押题等。“到了三年级，星期日简直不知是怎么一回事，要去上课，赶紧预备……距毕业的两三个月前学校里就停止了应有的功课，每天学生和教员在教室里研究着考试指南，出题目问答，星期天也一样。”[④] 一名中学生在抒发自己出路的愁闷之时，指责中学教育的办学。“一个中学生，配做什么呢？中学校的当局，始终也不想到中学生自己寻饭碗的问题，它就老不将关于社会服务的知识灌输在中学生的脑子中，结果，只造成了一大批只会消耗不会生产的高级

---

① 夏丏尊：《悼一个自杀的中学生》，载《中学生》1930 年第 8 期。
② 徐天武：《初中毕业后服务概况》，载《青年界》1936 年第 9 卷第 1 期。
③ 舒新城：《中学教育问题》，载《中华教育界》1924 年第 14 卷第 1 期。
④ 《救救中学生》，载《玲珑》1936 年第 6 卷第 26 期。

游民，我当然不免是其中一个，根本就无事可做。”[1] 学生在学校所接受的内容，在进入社会之后，所用几少，造成职业界一种“学无所用”的刻板看法。

最后，学生的择业、升学观产生了变相。传统的读书观并未因新文化、新思潮的冲击而发生巨大转变，“学而优则仕”“万般皆下品，惟有读书高”等旧观念仍印刻在一些学生的脑海之中，这种观念束缚牵制着学生们升学和就业的观念，他们以在政府部门任职为出息和荣耀。学生们之所以产生这种价值观念，与他们父母及周围人的角色期望有很大关联。角色期望是形成社会结构与角色行为之间关系的桥梁。它意味着个人所处的社会群体所期望于他的一系列行为，表现为希望他这样做而不是那样做。也就是说，在生活舞台上扮演自己的角色，他人（旁观者）都对这个角色抱有一定的要求和希望，如果两相吻合，说明角色扮演成功，就能在生活中游刃有余。相反，则会不断遭到挫折。[2] 中学生作为一个舞台角色，父母及周围群体成为其“观众”。受到“观众期望”的影响，学生们都以进政府部门任职为正途。时人曾认为中学失业的一个原因便是眼高手低、好高骛远。“有许多中学生欲望非常高，不肯就卑微的职业，以为小的事情是不配他来做，而且以为做了是一件可羞愧的事情，因此，有了‘与其做小事，宁可不做事’的坏心理，有许多人是不肯吃苦的，只向都市找职业而视农村为畏途！像这些都是因为没有刻苦耐劳的精神而失业的”。[3] 甚至有的学生对于小学教员一职甚为不屑，[4]“中学生毕业后的出路问题，除了升学之外，只有服务的一条路. 至于服务，又可以

---

① 张韵斐：《中学生的难关》，载《申报》1932 年 8 月 7 日。

② 奚从清：《角色论：个人与社会的互动》，杭州：浙江大学出版社，2010 年版，第 101－102 页。

③ 石儿：《给失业的中学生们》，载《读书青年》1936 年第 1 卷第 8 期。

④ 有的中学生心理即是明显的“高低不就”特征。成为小学教员，自觉人才埋没，高升中学教员，自认能力有限。《中学生小说》中的人物国材在临毕业三个月时，惆怅着自己的就业，他的心理则明显是“高低不就”。“我是一个未毕业的中学生，我的学问又如此浅薄，我能干得来什么事呢？教体育吗？去小学校我是不干的，薪水又小，我又不耐烦和孩子们厮混，况且以我这球王去教小孩未免太埋没天才了。教中学吗？有谁请我呢？”谢冰莹：《中学生小说》，上海：中学生书局，1932 版，第 87 页。

把他分为两种：一种是在各机关里服务，一是在小学校里当教育员；可是要到各机关里服务，在浙江内地，可算没有相当地方，能够安置我们中学生；这条已是断绝。剩下的只有当小学教育员一条路，但以教育经费这样缺乏的浙江，小学教育员每年薪水至多二百元”。① 相反，对于那些肯于放下“自高”身份，勇于建设基层的学生而言，就业则易事一桩。“河南省农村合作委员会，以豫省金钩农村需要人才迫切，故招考农村合作助理员，规定初中毕业资格，报名者竟达 1070 人，由此足见河南人士喜侧身农村之一斑，实复兴农村之好现象，经录取者训练后，即分发各县农村服务”。②

此外，很多中学生并未制定长远规划，导致毕业前夕倍感迷茫。廖世承曾指出：“大多数的青年，进中学以后，对于他择业的问题，不甚措意。他们视学校，仿佛一个隔离的社会，朝斯夕斯，融融泄泄，绝然不想到将来出校外后作何生活。因为对于各界的生活状况，非常隔膜，自己读书的宗旨，也茫无一定，到了将毕业的一年，才如梦方醒，如睡方觉，想到毕业后的‘升学’及‘服务’问题。”③ 概而言之，中学生之所以出现升学与就业的徘徊，既有社会环境之造因，亦有社会文化塑造的个人价值观之影响。

---

① 陈芳贤：《中学生毕业后的危机》，载《浙江青年》1935 年第 1 卷第 10 期。
② 汴：《中学生热心农村合作》，载《民间半月刊》1936 年第 2 卷第 5 期。
③ 廖世承：《中学教育》，上海：商务印书馆，1924 年版，第 388 页。

第三章　民国时期中学生的物质生活

衣、食、住、行是人们生活中不可或缺的重要构成，在满足这些需求之后，才能衍生出艺术、娱乐、交际等行为。正如恩格斯指出："正像达尔文发现有机界的发展规律一样，马克思发现了人类历史的发展规律，即历来为繁芜丛杂的意识形态所掩盖的一个简单事实：人们首先必须吃、喝、住、穿，然后才能从事政治、科学、艺术、宗教等等。"① 同样，欲揭开中学生生活史的画卷，亦不能丢落最基本的"衣、食、住、行"的日常物质生活。② 因为这些方面每天都伴随其始终，如"食"的方面，真可谓"一日不可无此君"。可以说，中学生的日常生活亦是整个社会生活的一个缩影，映照出整个社会的变迁史，甚至能够引领社会潮流风尚的变革。为了更能多方位地展示中学生的日常生活，该部分采用"总——分"的描写手法，一方面，从总体上窥探中学生的物质生活概貌，主要从富贵子弟及贫寒学生两种阶层的生活介入；

---

① ［德］马克思、恩格斯：《马克思恩格斯选集》第 3 卷，北京：人民出版社，1995 年版，第 776 页。

② 物质生活的界定。除了学习生活外，物质生活主要指家庭经济状况以及衣食住行等。

另一方面，从具体的“衣、食、住”① 方面展现细化生动的日常生活。

第一节　经济生活：中学生生存的物质基础

中学生的经济生活主要指他们在修学期间的各种支出消费。小学毕业能够升入中学的学生，一般而言，家庭比较富庶，但也有部分家庭较为贫寒，勉强承担中学生的各种生活支出，尤其是数额较大的学费。民国时期，不同阶层的学生其学校经济生活演绎出不同的画面，经济富裕家庭的学子，其生活甚是逍遥自在，而家庭贫困之学生，则相对窘迫艰辛。

一、富贵子弟的华奢

能够进入中学的学生，一般家庭相对宽裕，大部分的父母则是工商或者知识分子家庭，这种情况从学生的父母职业也可以看出。如下表上海中学的父母职业调查表所示：

表 3—1　上海中学学生家长职业统计表

职业	商	学	政	农	医	其他	工	律师	军
百分比（%）	53.15	16.52	9.40	7.61	3.80	3.40	3.00	2.5	0.60

资料来源：江苏省立上海中学出版委员会编：《江苏省立上海中学一览》，1933 年，第 279 页。

① 该部分之所以未把“行”列入，主要基于大部分中学实行寄宿制，学生的生活行为更多发生在校内，周末或者假期时会涉及“行的方式”，有的学生乘坐黄包车，有的则徒步出行等。有鉴于此，该部分省去了“行”的生活。福湘女中的学生逢放假时期，有的学生则坐面包车回家。“一般都是坐人力车。不是三轮，是骆驼祥子拉的那种车，当时长沙叫做黄包车。那时，黄包车的价钱在有些学生心目中是很贵的”。有些舍不得花这部分钱的学生则步行回家。“矫健少女，姐妹同行，迈开大步，香汗淋漓地赶。这些同学习以为常，既不以为苦，更不以为耻”。殷达：《福湘史话：湖南私立福湘女中校园漫步》，北京：中国环境科学出版社，1993 年版，第 97 页。

从以上上海中学的家长职业统计表中可以看出，大部分学生来源于“商”的家庭，其次则是“学”、“政”，对于一般“工”、“农”阶层的学生，则仅占到10.61%。换言之，能够进入中学求学，大部分都是来自中、上等阶层，而对于农工阶层，其入学机会则相对较少。更能体现家庭职业状况的莫过于对女子中学的调查。虽然，女子具有进入中学的机会，但由于“相夫教子”等传统观念的根深蒂固，能够登入中学门槛学习的人数还是较少。可以说，进入女子中学的女中学生大部分都是来自富裕家庭。如湖北省立第三中学校女子部第一年级学生家长职业的调查所示：

表3—2　1931年下学期湖北省立第三中学校女子部第一年级学生调查一览表

姓名	父母职业	姓名	父母职业
王碧云	营商	胡在壁	教育
张莲芳	教育	袁得徽	营商
张世文	政界	萧文芳	教育
刘学慧	营商	彭凤仪	教育
余国华	营商	彭淑清	教育
刘忠惠	营商	杨志超	营商
彭云秀	教育	刘淑贞	营商
彭佩芸	教育	刘静贞	营商
杨忠崑	教育	徐德徽	营商
卢美英	政界		

资料来源：湖北省档案馆：LS10-7-192-1，《湖北省立第三中学校女子部第一年级学生调查一览表》。

该班女生总人数为19人，父母从事营商人数为9人，占总人数的47%，从事教育的为8人，占总人数的42%，从事政界的为2人，占总人数的11%，其比例图如下：

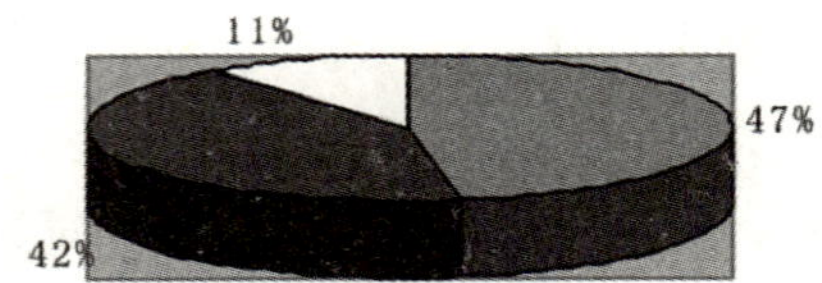

图3－1　湖北省立第三中学学校女子部第一年级学生家长职业分布图

资料来源：湖北省档案馆：LS10－7－192－1，《湖北省立第三中学校女子部第一年级学生调查一览表》。

从该分布图中可以得出，能够进入女子部学习的学生，其家庭都为富庶阶层，大部分来自商界和教育界的家庭，也有来自政界家庭的。总之，女子能够进入中学更需要家庭的有力支撑。确切地说，大部分中学生的家庭属于“中产阶级”。夏丏尊在《你须知道自己》一文中指出了教育的等级是和财产的等级一致的，“小学校学生之中原有用汽车接送的富家儿与衣服楚楚的中产者的子弟的，但全体统计，究以着破鞋拖鼻涕的贫家小孩为多。到了中学，贫困者就无资格入门，因为做中学生每年至少须花二百元的学费，不是中产以下的家庭所能负担。做中学生的不是富家儿，即是中产者的子弟。至于入大学，费用更巨，年须三四百元以上，故做大学生的大概是富家儿，即使偶有中产者的子弟蛰居其间，不是少数的工读生，即是少数的叫父母流泪了典质了田地不惜为求学而破家的好学的别致朋友罢了”。[①] 小学生的家庭来源比较多元，到了中学阶段，大部分属于中产者的子弟。

《中学生小说》中的主人公国材，其家庭便是“商”阶层。“他出生在河北的望都县，家庭很有些财产，有两个哥哥，大的在北平的农工银行里做事，二哥是个大学毕业生，现在某军担任师政治部主任。父亲是个商人”。[②] 由于国材的家庭条件比较优越，所以进入中学之后，生活相对奢费。国材喜好运动，尤为擅长网球，“网球拍常常一对对地买来送朋友，夏天请朋友们吃冰淇淋，冬天去溜冰，回来还大请其客。至于礼拜日和朋友们去颐和园、香山等

① 夏丏尊：《“你须知道自己”》，载《中学生》1930年第1号。

② 谢冰莹：《中学生小说》，上海：中学生书局，1932年版，第22－23页。

处玩，来回车费及吃饭，喝茶等费照例都是自己出的”。[①] 有殷厚的家庭做财政支撑，国材的生活多么逍遥任性啊！同学之间的交往，出手大方。为了蹭上国材的大方，很多学生围着他，借以“丰富生活”。但作为国材的挚友以仁，却时刻提醒他要注意节约，不能奢侈浪费。“为了他的过于浪费，以仁常常诚恳地规诫他，但是他当面认错，背了以仁仍是故态依然；而且有许多次数他约朋友去看电影，喝酒，在以仁面前总说练习球或者去看人家比赛去了。以仁起初相信他，后来知道了他的秘密，也就不客气地严格讲过几次”。[②]

即使校外散步，国材也不仅限于校内操场之地，经常会花点钱去公园逍遥。“吃了饭后大家总是去东安市场乱跑，以仁和国财也有同样的情形，他们很少在吃了晚饭后关在屋子里的，花二十个铜子去中央公园坐到夜深才回来”。去公园的穿戴也别有讲究，国材和以仁“走进了公园，跑了一圈后，坐在荷花池畔的长凳上。国材穿了一身新做的白帆布制服，愈显得年轻美丽。以仁也是烫好了的青羽纱短衣，裤子是白的，皮鞋和国材的一样，深黄色，在王府井大街的××洋行买的，花了九元”。[③] 能在茶余饭后，穿着美丽的新衣去公园花费二十个铜子小逛，足以称得上一种自在无忧的生活。消遣的花费对于国材而言，是生活的调味剂，尤其当他与梅英恋爱之后，去公园独享二人的甜蜜世界，更是一种享受，在国材看来，爱情的追求与渴望也是生活的必需品。

从中学升入大学，其花费支出更甚于中学，所以大部分家境较差的学生，在毕业之际不敢奢望升学，因为他们知道，升大学这条路是不会向他们敞开的，即使考入了大学，他们的家庭也无力承担。但这种问题对于国材，不称之为问题，他自认为家境殷实，上大学的花费自然不是问题。当国材与梅英在公园约会之时，问及国材升学的打算。‘明年毕业后你打算进什么学校？’快走进梅英的学校了，忽然她这样问起国材来。‘燕京或者清华。’‘告诉你家里了吗？’‘他们知道，而且学膳费是不成问题的。’‘好，祝你的前途远大！’”

---

① 谢冰莹：《中学生小说》，上海：中学生书局，1932 年版，第 25 页。

② 谢冰莹：《中学生小说》，上海：中学生书局，1932 年版，第 25—26 页。

③ 谢冰莹：《中学生小说》，上海：中学生书局，1932 年版，第 30—32 页。

从二人对话中得知，国材对于升学的费用未当之以问题。“国材送别梅英后，要转回自己的中学。他看见一辆洋车从眼前掠过，急喊‘洋车’。‘到哪儿?’拉车的飞跑过来了。‘南池子，文光中学。’‘八串钱。’”① 以上就是国材的奢华生活，无论是从乘坐的交通工具，还是茶余饭后的消遣方式，都表现出一定的阔绰。正如有学生写的“两种社会”所描写的两个中学生群体。

两种社会

交学费不念书，每天打麻雀，追密斯，
念书没有钱，每天图书馆，乱纸堆，寻找伴侣，

玩了扑克牌，咖啡馆，喝杯红绿酒，玩玩女店员，
睁开眼，忙着写，累一天，却换不到，一顿饱饭。

天热坐车骄的很，心恨车夫跑得慢，
气急喘，腿急迈，跑的满身汗，却还是一个慢。②

以上是某中学生所写的“两种社会”，即富足阶层与贫寒阶层的两种中学生生活的映照。显然，阔绰家庭的学生过着相当潇洒挥霍的生活，而对于贫苦家的学生，则只能节约开支，每天泡在图书馆，扎进书堆里。即便出门，阔绰的学生可以搭洋车，而清贫的学生只能靠步行，正如小说中的国材，与梅英约会后，搭洋车而归。

国材只是富家子弟群体的一个代表，有人把这个群体称为颓废浪漫型的学生：“这种学生完全是富有及大小官僚家的子弟，他们每天在学校里，上课的时候，不但不去听课，他们只知道去和异性学生们去丢情，下课休息的时间内，他们总是在诸位异性同学面前去追逐嘲笑，显出他们的捣乱，来引起

① 谢冰莹：《中学生小说》，上海：中学生书局，1932 年版，第 61—62 页。
② 夏涛：《两种社会》，载《中学生活》1934 年第 1 期。

异性同学的注意，更有一些跑到小贩的旁边，去大吃花生、糖果等零食。在完课以后，他们更要骑上自行车，或者在街上慢慢地走，向一些轻薄的异性孩子丢眼色，至于课外的书籍啊，或者华北危急啊等等的报纸，他们是没有时间来理会的。”① 因为有大把的金钱可以挥霍，这部分学生很少花费时间于学习、读书、读报的学习活动中，脑子中只被游玩、享乐缠绕着。此外，一些女中学生进入学校后，也过着奢华生活，从上文女子中学学生家长职业的图表中发现，大部分女中学生来自商界和教育界，可以说，大部分出身较好，其中部分学生表现出了轻浮的特征。在哲如所写《献给一般中学的女青年》的信中，可以略知一二。

亲爱的女青年们：

我知道你们是已经陶醉着荣华富贵一切了，你们所喜欢的高跟鞋，能够显露出曲线的丝袜，电影以及被金钱所笼罩的一切，但是，你们知道，这不是你们的幸福，而却是你们未来的悲哀。你们要放弃那种虚荣心，放弃那“我为男子所有”的视点，要深切的做个头脑明达，不受人拘束的女性，因为有多少的女同胞，常常的受到了金钱或者其他欲望的诱惑，而造成许多悲剧的结局，这是很普通的事实。②

女性在走出相夫教子的“内闱”生活围城之后，尤其受新文化运动各种新思潮的影响，“解放”的思想逐渐萌发而出，但有的女性却对“解放”二字产生了误读。作者描述的部分女中学生的“纸醉金迷”的轻浮生活，显然违背了真正女性解放的鹄的，走向了另一个极端。

另外，富家子弟所穿着的衣饰不同于普通同学，普通同学多穿学校制定的制服。而总有一小部分家境充裕的学生，对制服生有怨恨。如南洋大学中学部的学生中有一小部分同学“带些富贵公子的色彩。对于制服，绝端反对，

---

① 转蓬：《现在中学生之分析》，载《中学生活》1934年第1期。
② 哲如：《献给一般中学的女青年》，载《中学生活》1934年第1期。

普通的布呢，也是恨如切骨。平日所穿的，不是铁械缎的袍子，起码也要华思葛。头上戴的，是拍拿马草帽和数十元一顶的呢帽。足上穿的，是全丝长袜和闪光缎鞋子，或者大英雄皮鞋。全身所穿的价值，大可以供贫民数年赡家的费用。每逢到假期，非最美的洋装，竟有些走不出校门的样子!”① 这部分学生的穿着与只穿帆布校服的学生相比，其日常生活显然异常奢华。

二、贫寒子弟的窘迫

以上部分粗略描写了富裕子弟的奢靡生活，当然，并不是说所有来自这种家庭阶层的学生都过着如此之生活。相对于富家子弟的学生，来自于贫寒家庭的学子，他们的求学生活更是充满着辛酸与苦闷，但很多学生正是在苦难中崛起，依靠社会、学校和个人的力量，顽强拼搏、刻苦学习，克服各种经济困难所带来的干扰。回忆录和校史记录等史料中，记述贫难求学经历的资料比比皆是，每每读来，心中泛起丝丝敬畏与同情之感。源于此，笔者试图在该部分运用更多的笔墨去揭开这个群体的经济生活，主要通过“缴费之五味杂瓶”线索及“节衣缩食的苦楚”进行描述与分析。

(一) 缴费之五味杂瓶

由于小学阶段接受的是义务教育，或称为强迫教育，其学费相对较低，而小学升入中学则不同，其缴纳费用明显高于小学。如 1929 年汕头市发布的训令，规定市立中小学校收费标准中，“初小与高小的费用在 5 元左右，而初中缴纳的学费、住宿费、膳费、出版费、卫生费合计为 13－15 元左右”。② 显然，中学校的收费高于小学阶段。但是，有时每个学校由于办学经费不同，招收学生时所收学费也会有所差异，尤其是公立学校与私立学校相差甚远。例如北京女高师附属中学的学生需缴纳费用，“初中学费每生年纳 12 元，高中每生年纳 24 元。寄宿生每月受膳费 7 元，宿费 1 元”。③ 浙江省立杭州高级

① 南洋大学编：《南洋大学学生生活》，1923 年，第 71 页。

② 《训令市立各学校令发市立中小学校收费表仰即遵照由》，载《汕头市政公报》1929 年第 49 期。

③ 朱有瓛主编：《中国近代学制史料》第 3 辑上，上海：华东师范大学出版社，1990 年版，第 504 页。

中学在招生简章中明确规定了学生入学所缴纳的费用，包括学杂费、膳食费等。“学杂费 9 元，杂费 4 元，实习费 1 元，体育费 2 元，共计住宿生 16 元。预缴费，膳费 34 元，制服费 20 元，讲义费 3 元，学生自治会费半元，预备费 4 元，共计住宿生 61 元 5 角。以上合计住宿生 77 元 5 角”。① 当然，这是新生入学时所需缴纳费用。学校为了保障缴费的保险系数，在新生办理入学手续时，要求录取新生须在开学前妥安保证人填具保证书，开学时到校注册并缴各项。湖北省立第十一中学需要缴纳：“1. 学费：每人每学期 20 元；2. 膳宿费 45 元；3. 杂费：住宿生 5 元；4. 体育费 2 元；5. 损失储金 1 元；6. 制服费 8 元。以上各费于开学时一次缴清”。②

私立中学的费用相对公立中学更高一些，孙犁回忆保定育德中学时所言：“那时候，只是一家单纯的富农，还不能供给一个中学生；一家普通的地主，不能供给一个大学生。必须都兼有商业资本或其他收入。这所私立的中学，一个学生一年要交 36 元的学费（买书在外），那时，农民出售 30 斤一斗的小麦，也不过收入 1 元多钱。”③ 如在北方中学中，久负盛誉的私立南开中学收费比较高，“学费每学期大洋三十元，宿费十五元，预偿费二元，还有别的费用约二元，中学、大学一样。每年下来，要花三百元左右，手面大的，甚至四百元，这个数字不是一般家庭能负担得起的。当时乡间的小学教员全年收入也不过二百元，南京最著名的鼓楼小学资深教员每月薪水只有四十元”。④ 上海某私立中学的招生简章中介绍：“学费三十元，宿费二十元，膳费四十元，体育费一元，杂费六元，以上共计九十七元；又制服费十元，书籍费十六元，准备金四元，新生入校费五元，总计国币一百卅二元正。附注：本校一切费用已减至最低限度，若有来函请求减免者，概不函复。”⑤ 诚然，进入

---

① 《本中学招生简章草案》，载《浙江省立杭州高级中学校刊》1933—1935 年第 104 期。

② 湖北省档案馆：LS10-5-2048-1，《湖北省立第十一中学》。

③ 金梅编：《孙犁自叙》，北京：团结出版社，1998 年版，第 45 页。

④ 南开中学编：《天津市南开中学建校九十周年纪念专刊（1904—1994）》，1994 年，第 16 页。

⑤ 戴广德：《一张私立中学缴费单——为穷学生向教育家们请命》，载《中国学生》1935 年第 1 卷第 3 期。

中学，尤其进入私立中学，需要更多家庭支撑。“经济对于个人本来都是苦闷的，可是青年尤甚。因为青年只有消费，不能生产，所以感到的苦闷，也特别来得利害。例如一般天资聪颖的青年，因经济不敷，不能继续求学，就引起苦闷，一般富有研究心的青年，当先生介绍了什么课外参考的书籍，和应用的仪器，可是因为经济能力不及，立刻就感到刺骨的痛苦”。① 经济的赤寒影响到了学生的求学心理，给他们带来诸多的烦闷与苦痛。

表 3—3　据天津五个中等学校的招考调查发现都市与农村的分配比例

学校名称	二十一年度		二十二年度	
	都市	农村	都市	农村
南开	90%	10%	90%	10%
男中	70%	30%	90%	10%
女中	95%	5%	96%	4%
女师	47%	53%	55%	45%
汇文	70%	30%	75%	25%
平均每校	74.4%	25.6%	81.2%	18.8%

资料来源：金仲华：《出了中学以后的两条路》，载《中学生》1934 年第 46 期。

以上天津五学校中，大部分学生来自都市，也有少数学生来自农村。而来自农村的部分学生，有的是在艰难维持着上学期间的各种费用，尤其是高额的学费。中学生青年在校求学，因无经济来源，需要家里源源不断地支持才能完成学业。一旦经济上出现问题，则会导致学生产生苦闷情绪。

每当学期开始，校方督促速缴学费之时，贫寒学子的愁苦之情便油然而生，萦绕在心头挥之不去。正如某中学生与同学坦露他的艰难处境：“我的家庭真是清贫到了极点，我的父亲，虽然多多少少的有点收入，但是只能够供家，我读书实在没办法，不过，他很喜欢我读书。所以每期我的学膳费，他总拼命地为我凑，去年他小本经营的生意折了本，这期的学膳等费实在没办

① 王承绪：《青年苦闷的分析及其补救》，载《中学生文艺》1930 年第 1 期。

法了，一直到我来的前几天，我还不能知道，我这学期还能不能进学堂。我很悲伤，有时候还有点激愤，但我悲伤的不是我的命运，我所激愤的，倒是我们这样的教育制度。你想想看，一个贫困人家的儿子要读书是多么的困难啊！”[1] 家道中落，其父生意赔本导致经济来源受挫，内心充满着无奈与失望。无奈的是自身家庭状况所囿，不能勉强而行之，失望的是社会的教育制度存在着问题，中等教育只有贵族子弟才能享用。最终很多学生体谅家庭的艰难处境，无奈选择退学。

周围的好朋友因家庭经济贫瘠，被迫选择退学之后，他们的好朋友更是有着内隐之痛。“毅生今天走了，我整整的苦闷了一天，失去了一切的快乐！啊，金钱，金钱，你万恶的金钱啊！在你那魔蹄下，真不知道有好多绝顶聪明的青年，被你踏成粉碎去了！你该杀的青年啊，我的朋友都因为你为牺牲他的学业了！我仇恨你！仇恨你！恨不得将你彻底消减了去！”[2] 当好朋友因家境贫寒，相继退学之后，给小村同学造成了巨大的打击，因为一名是他的至交好友，一位是他爱慕的对象。当秋英告诉他，她即将离开学校，此时的小村心如刀绞。“秋英哭了，我心如箭穿，困窘着我找不出一句话来慰安她，我的心早碎了。毅生已经被迫去了，秋英又将被迫去了。啊啊，这究竟是怎么一个世界！”[3] 小村周围的挚友、爱慕的心上人都因经济问题相继退学，对他无疑是一种很大的打击，更让他对金钱、社会产生了厌恶。

图 3—2　女儿的学费

学费无望筹集，很多学生便会产生自卑感，同时，富裕家庭的学生有时会讥笑贫寒学子。“‘某某他家里一定很穷的，你看他那身衣服多么……’，还是不要读书吧，当我在校园里的时候，我总可以听到这些话，同时我的反应

① 杨文安：《中学生日记》，上海：开华书局，1931 年版，第 9—11 页。

② 杨文安：《中学生日记》，上海：开华书局，1931 年版，第 81 页。

③ 杨文安：《中学生日记》，上海：开华书局，1931 年版，第 116 页。

便是默然”。每当听到同学这般指责之后，他的心理便会激起涟漪，久久不能平静。之所以会有这种境遇，就是因为出身于社会的底层，这种复杂心情在筹集学费之时，表现得更为明显。“下学期的学费怎么办？我的祖宗三代没有去做官，和谋别的生财之道，只是守耕薄薄的一点地皮，怎能供给我读书呢？‘失学吧’，我只是穿着破的布袍等待命运的支配”。① 这名学生的内心是多么的酸楚与无奈啊！不能去抱怨父母的无能，只能接受命运的安排！有的学生在经济的压迫下，选择了极端的躲避。南京中学高中普通科三年级学生冯开文，投入八府塘自尽，十九晨发现尸身，于衣袋内检出铜箧一枚，内有欠债账单，咸疑受经济压迫所致，逢年二十三岁，江苏泰县人。②

“沉默中的爆发”。有的学校为了刺激学生速缴各项费用，想出各种花招来督促学生及家长。河北省正定中学的座位号按照缴学费的顺序安排。该学校的教室规则“教室座位按缴纳学费先后自由选定，在一学期内不能变更”。③有的学校则限定新生缴费日期，并据此而定座位号。“限定新生必须在八月五日以前交齐费用，而定座位”。因为新生缴纳的费用更高，“保证金 20 块。学费 18 块，制服费 8 块，杂费 2 块……一共 50 块”。④ 当然，这种刺激缴费的方式一定程度上可以奏效，督促学生家长快速筹集各项费用。但有时，学生们并未因此而顺从，例如文华中学缴纳学费状况：文华中学一部本学期学生共 380 名，而完全缴纳者仅 248 名，减费者 10 名，不缴学费者 130 名；二部本学期学生共 162 名，完全缴费者 133 名，减费者 4 名，不缴学费者 25 名。⑤一部和二部大量的学生不能按时缴纳学费。有的学校学生因学校强制逼迫学生缴费后方能入校，则爆发了学潮。1935 年 9 月“荆门初中原有学生 200 余人，多属穷苦子弟，本年大水为灾，学费困难，自系实情，本学期开学之初，每人应缴学膳费 37 元，王校长限期一律缴费，方准入校，各学生则请求暂缴

---

① 《自己描写》，载《中学生》1931 第 14 期。
② 《首都一中学生自尽》，载《申报》1931 年 4 月 20 日。
③ 河北省省立正定中学校编：《河北省省立正定中学校一览》，1934 年，第 9 页。
④ 奚行：《考进中学以后》，载《中学生》1931 年第 14 期。
⑤ 湖北省档案馆：LS10－5－390，《文华中学整顿校务情况》。

半数，余则取具铺条，分期照缴，未得许可；故迄今入校学生，仅 40 余人，其无力缴费逗留校外者达百余人之多，龙用民等即乘机借口缴免学杂费，蛊惑学生，实行暴动”。[①] 学生们之所以会群起而暴动，一方面，遭遇水灾，而大部分家庭受灾难之影响，经济收入锐减，尤其是农民家庭，其影响更为显现；另一方面，学校强制性的入校规定，逼迫大量学生流浪校外不能入校，这种做法激起了学生们的愤慨，遂一批学生发动了学潮。

（二）节衣缩食的简朴生活

贫苦学生对于未来生活的心态。来自贫寒之家的学生，自知家庭的实况，不敢奢求每一个学期都能顺利入校，所以抱有“得过且过”的态度。邹韬奋在回答苦学生怎样自给问题时，回忆了他当时做苦学生的心态：“回想我自己当时的苦学生生涯，也不敢说有什么把握，只是过一学期算一学期，过一个月算一个月。这学期不知道下学期的费用在哪里，甚至这一个月不知道下一个月的费用在哪里，这简直是常事。因此心境上常常好像有一块石头重重地压住。”邹韬奋之所以会产生这种心理，主要源于中学校费用如此之高，一旦家庭支援解除，抑或免费生的待遇扣去，很可能面临失学之灾，所以他们对未来生活持有“过一天，算一天”的心态。正如有的学生直言不讳地说：“有一天，过一天；过了今天，再计划明天，这是我进入中学所依据的‘哲理’。”[②] 这种心态的产生直接与学生当时的处境相连，既渴望获得学习的机会，又带有些许的不得已之无奈。当某中学生进入北平高中后，家里的支持远不能满足其生活需求，“那时家里只允每年给我筹一百块钱，旁的叫我自己设法。看着实在也是没法，荒年不用提，就是年景好，五谷丰收，一斗麦子抵五角大洋……在校里买本洋书就得三四块大洋。天哪，穷人真没法再上学校了！我抱着‘走一步，说一步’的主义，想着‘天无绝人之路’‘到山穷水尽时自有路走’。”[③] 这名学生虽然是“得过且过”的态度，但其中不乏积极乐

---

① 湖北省档案馆：LS10—5—1460，《湖北省立荆门初中“风潮”》。

② 俞荻编：《我的中学时代》，出版地（不详）：文化图书公司出版，1941 年版，第 81 页。

③ 齐佩瑢：《中学生活》，载《中学生文艺》1934 年第 1 期。

观的心态，想着必会有柳暗花明之时。

有的学生经济窘迫无奈，办理完借款手续，借款迟迟不发，其简朴的生活苦不堪言。“予等此次借款已经若干手续，然犹迟迟其意，延而不发。今传闻直至阳历十一月底方有。方兹秋尽冬初寒气渐逼之时，而手无半文，倘一夜北风紧扫短衣薄袄，岂能过日。为自身计，为同学计，危至极矣。磋夫！政府以同胞血脂一掷百万，予等借仅几微，九牛一毛而已，而延延如是，吾不禁为中国前途悲也”。[①] 冬天将至的北方，这名学生尚无冬天所需的厚衣，身无分文，生活陷入窘困之中。

梁实秋在回忆清华学校中学部的学生生活：“理发每次一角，手术不高明，设备也简陋，有一样好处——快，十分钟连揪带拔一定完工（我的朋友张心一来自甘肃，认为一角钱太贵，总是自剃光头，清白油亮，只是偶带刀痕）。”[②] 梁实秋的这名来自甘肃的同学，为了节约开支，省去理发所耗的一角钱，自剃光头，虽然偶带伤痕，但也算省下了一笔小的开支。而与其弟弟同时读中学的邹韬奋，则是竭力“节流”，减少不必要的开销。“学校里的费用，学费不过占着其中的一小部分，此外如买书费、膳费、纸笔费、洗衣费以及无法再节省的零用费，都要另外设法。我们两个人的‘开源’的途径既不广，同时只得极力‘节流’。从徐家汇到上海（指热闹的街市）有一二十里路，原有电车可通，我们在星期日偶因有事出校，往往不敢乘电车，只得跑路。”显然，这些苦寒家庭的学生不能像前文所写的“国材”一般，出门便吆喝“洋车”，而是靠自己勤快的双腿而行。当休闲的周末来临之时，为了节省外出开支，他们便选择躲在校内。“别的同学在星期日是有着当然的娱乐，我的星期日却和平日一样；出校要用车费，没有特别的事也不愿跑远路；躲在校里也没有什么娱乐，因为在星期日的学校原已像个静寂的寺院”。[③] 生活在北京、上海这些大城市的寒苦学生，头顶巨大的生活压力，只能自我约制、克勤克

---

① 中国人民政治协商会议河北省保定市委员会文史资料委员会编：《保定文史资料选辑》第12辑，1994年，第181页。

② 梁实秋：《清华八年》，南京：江苏文艺出版社，2011年版，第40页。

③ 邹韬奋：《经历》，北京：中国工人出版社，2007年版，第25—26页。

俭，减少各种生活开支。

从学生的穿着打扮也可以辨别学生的生活境况。在一项作文比赛中，某中学生描写他的穿着："最引人注意的便是我的衣服了。我当然没有福气着那些西装北装。我在冬天便着上土布棉袍，我记得这件袍子还是当我考取中学的时候，母亲给我做的，到现在太短了不要说，花絮也快出来了。在春夏秋三季，我照例是着学校里的制服的。我脚上着的是家里做来的宽大的鞋子。有人说我样素，其实我也没有钱做衣服；有人说我土气，其实我这样也很满足了。"① 这名中学生因家境贫寒，自进入中学便穿母亲做的长袍，或者学校的制服，这样朴实的装扮，虽然被学生们认定为"土气"，但他仍能满足，因为他还可以求学，不至于遭遇失学的险境，所以带着几分的幸运。

三、另辟蹊径，奋力求学

每学期的缴费时期，对于出身贫寒家庭的子女实属一道难过的坎，有的父母多方筹集费用，勉强承担各种费用，给艰苦求学的孩子创造出一线机会，而对于无力筹集的家庭来说，别无他法，只能选择告别深深依恋的校园，这些问题给他们带来了尖刺般的阵痛。但是也有一部分品学兼优的学生，在面临这些困苦之时，自己争取各种求学机会。对自己而言，节衣缩食、生活节约，同时刻苦学习，寻求各种缓解经济压力的方法与途径。

（一）争获各种奖励资助

很多贫寒学子得以完成学业，最主要得益于各种奖励制度。很多学校规定成绩优异者即可享受免学费、发放津贴的福利。如云南省立昆华女子中学发给学生奖学金标准："（一）学业成绩优异，（二）操行成绩列甲等，（三）体育成绩在乙等以上，（四）课外作业成绩优良。奖学金名额，遵照省立中等学校学生奖学金暂行规程规定，不论高初中，概以各班实有人数十分之一为准。奖学金金额每学期以六个月计，高中学生每名每月半开现金六元；初中学生每名每月半开现金四元。"此外，家庭状况较差的学生还可以获得助学金。"本校高初中各班学生，有下列情事之一者，得给予助学金：（一）确系

① 《自己描写》，载《中学生》1931第14期。

家事贫寒力难自给者，（二）操行成绩优异者，（三）学业成绩优异者，（四）体育成绩优异者，（五）课外作业成绩优异者。助学金金额，每学期以五个月计，高中每人月半给开现金 5 元；初中每人月给 3 元。”① 有的学校颁布的奖励要求则“别有洞天”，为了压制学生不参与政治运动，判定学生不准宣传政治等准则，方可获得奖学金。暨南中学学生需填志愿书履行下列条例，不稍逾越：“（一）遵守总理遗教，信仰三民主义，（二）遵守该校一切规约，（三）决不妄论政治及干涉该校行政，（四）不作任何政治活动及反动宣传。特设奖学金每名每学期甲等 40 元、乙等 30 元、丙等 20 元，其名额甲等 5 人、乙等 10 人、丙等 20 人。”②

学校通过奖助学金的方式，使得少部分学生可以获得求学机会，这些学生群主要来源于成绩优异者。湖北省立第十三中学制定的奖惩规则中第五条规定：“月考平均满九十分以上者奖以语言，满分者奖以文具，期考平均满九十分以上者，奖以书籍，满百分者，初中学生免学费，三分之一凡在二学期以上免学费者，并以学校给予奖状。”③ 该学校免学费主要依据学生的月考成绩，成绩满分者可以免学费。据某中学生回忆其“失而复得”的复杂经历：“事出意料之外，仿佛亦是命运注定我不该中途辍学似的，一年之后，省府就颁布优秀成绩的奖励办法。从那一年起，我就免去一切缴费；除零用外，不必有任何费用。我就如此一帆风顺地完成中学的学业。毕业的时候，校长先生还奖给我一面很美丽的银质奖章。”④ 这名中学生如此顺利并幸运地完成学业，无不受惠于颁布的奖励政策，使他免于告离学校。邹韬奋之所以顺利完成中学学业，也得益于学校的奖励政策：

我读中学一年级的第二学期，家中对我的学费已无法供给，经济上

① 《云南省立昆华女子中学核给学生奖、助学金标准》，载《云南教育行政周刊》1932 年第 2 卷第 34 期。

② 载《申报》1931 年 2 月 9 日。

③ 湖北省档案馆：LS10－5－1888，《湖北省立第十三中学奖惩规则》。

④ 俞荻编：《我的中学时代》，出版地（不详）：文化图书公司出版 1941 年版，第 81 页。

陷入了困境。在四面楚歌之中，忽然得到意外的援军！在第一学期结束的时候，有一天无意中走过宿舍里的布告板的前面，看见有一大堆人伸长脖子看着一大篇的校长的布告，上面开头便是校长对于品性重要的说教，最后一句是“本校长有厚望焉”，随后是大批“优行生”的姓名。出乎我意料之外的是我自己的姓名也赫然夹在里面凑热闹！老实说，我当时对于“优行”这个名称却不觉得怎样，可是听老同学们说起做了“优行生”可以得到免缴学费的优待，对于我当时竭泽而渔的苦况却不无小补。①

在邹韬奋经济状况陷入困境之时，学校实施的“优行生”政策无疑是雪中送炭、绝处逢生，解了他的燃眉之急，使得他可以获得那弥足珍贵的求学机会。

（二）勤工俭学的尝试

很多穷苦人家的学生为了创造学习的机会，充分利用自己的智识，通过做有偿家教、投稿、做服务生等方式，为自己铺开学业之路。首先，做家庭教师。某中学生所写的一篇随笔中记述同学做家庭教师的经历：“二十元的票子，使他作了家庭教师。……还不到八点钟，他就走了。九点刚过他就回来。下午太阳快落时，他又去一次。一个钟头又回来。他已经慌慌忙忙像是生活有了意义的。当他回来时，他带回一个小包袱，他说那是才从当铺取出的。从前他当过的两件衣裳。”② 20 元对于经济吃紧的学生而言，足以缓解当时的生活窘况，这名学生做家教之后，赎回当在当铺中的毛衣和长袍，使他感觉到生活的意义。知名学校的学生，由于学校的品牌效应，较为容易找到一些家教的职位。邹韬奋回忆他的苦学生时代的出路：“在暑假期内，极力找家庭教师的职务做。在那时的南洋公学是上海最著名的一个学校，对于招考时的考试特别严格，所以有志投考的，在暑假内常由父兄请人在家里补习功课。我们弟兄两人很幸运地得到同学们的信任，他们遇着有亲友们要物色这种补

---

① 邹韬奋：《经历》，北京：中国工人出版社，2007 年版，第 24 页。

② 悄吟：《家庭教师》，载《中学生》1936 年第 62 期。

习教师，常替我们做负责的介绍，所以这在当时也是我们这苦学生的一条出路。”① 但也有学生因家庭所累，又急于求存，频繁在外教课，导致身体劳累过度。“有的学生因家庭经济状况不佳，不但学费须由工作得来，就是家中母亲还需要她的帮助，甚至于累病了。HLK 家中很苦，她父亲死后，母亲因托人存钱没有小心，将生活费失去。HLK 就起始工作，到高级二年时，更知对家负责，每日四点半后教书，以期所得津贴家中，因过劳遂致于病。”② 家中的不幸使 HLK 失去了生活费来源，更因父亲逝世，她担负起补贴家难的责任，最终劳累过度而病倒。

其次，通过写稿谋取上学之生路。很多学生获取额外收入的主要来源则是投稿。一旦稿子被期刊和报纸录用，便会给予一定稿酬。如《学校生活》杂志公布的投稿简章：“投寄之稿，经本刊揭载后，分现金及赠阅本刊两种致酬，文字：每千字一元至三元，漫书或照片每张半元至一元。”③ 这只是一本普通杂志的稿酬单，一些享有名誉的刊物和报纸的稿酬可能会更高。这些稿酬，对于无经济来源的学生，已是一笔很大的收入。写稿挣稿费也是学生们无路可行，靠自己知识去补救生活的探索。某中学生直言：“家里的供给不足，我就想找点旁的补助，一个高中生在读书期间是不能兼事的，何况哪有职业等着自己！于是便在投稿方面想法了。提起来是可怜的很，某大杂志我曾投过稿，信里还附着挂号退还的邮票，稿子等不出，正是意料中事，奇怪的是永远无下文，我想编辑先生不贪图那几分邮票的。得了教训，只好改变方针，自己也有自知之明，只好往各报的报屁股上投稿子，一个月得一块或八角的，还可以大嚼一顿。”④ 邹韬奋为了缓解自己的经济状况，向《申报》投稿：

我读到中学初年级，几个月后就陷入了经济的绝境。我知道家里已

---

① 邹韬奋：《经历》，北京：中国工人出版社，2007 年版，第 26 页。

② 吴榆珍：《一个女子中学的课外生活》，载《社会学界》1933 年第 7 卷。

③ 《本刊投考简章》，载《学校生活》1932 年第 9 期。

④ 齐佩瑢：《中学生活》，载《中学生活文艺》1934 年第 1 期。

绝对没有办法，只有自己挣扎，在挣扎中想起投稿也许不无小补。但是不知道可以投到哪里去。有一天偶然在学校的阅报室里看到《申报》的“自由谈”登着请领稿费的启事，才打定主意写点东西去试试看。

但是我有什么可以写呢？的确踌躇了好些时候。于是我想个办法，到图书馆里去看几种英文的杂志，选译一些东西。这选译并不是什么长篇大文，只是几百字的短篇的材料，例如体育杂志、科学杂志等等里面的零星的材料，大讲其健康或卫生的方法，以及科学上形形色色的有趣的发明。这种材料在当时的《自由谈》是可以适用的，可是试了几次总是失败，好像石沉大海，无影无踪。但是我可以勉强抽出时间来的时候，还是试试看。有一天翻开报纸来，居然看见自己的文字登了出来，最初一刹那间好像还不能相信自己的眼睛，仔细看着题目下的署名，的的确确一毫不差的是“谷僧”两字！（这是当时随便取的笔名）这样陆陆续续地发表了好几篇，到月底结算稿费的时候，报上那个请取稿费的启事里，当然缺不了我的份！我便和我的弟弟同到棋盘街的一个刻图章的小摊上去刻了一个，拿到申报馆去伸手拿钱。心里一直狐疑着，不知到底能够拿到多少。不料一拿就拿了六块亮晶晶的大洋！如计算起来，一千字至多不过一块钱，但是我在当时根本没有想到这样计算过，只觉得喜出望外。我们两个人连奔带跳地出了申报馆，一直奔回徐家汇。这在我当时买一支笔买一块墨都须打算打算的时候，当然不无小补。①

邹韬奋在陷入经济困境之时，申报的“自由谈”栏目为他提供了摆脱困境的一线希望。他认真揣摩投稿文章，最后决定投选译的短篇小文。起初的投稿并无回音，在他屡败屡试的坚持下，终于文稿陆续发表出来，最终拿到了 6 块大洋的稿费，这么多的稿费令他喜出望外，终于可以缓他一时之需了。

最后，其他各种途径的经济压力。当班上某同学陷入危难险况之时，学校师生们都纷纷献计献策，援助困难学生渡过难关。山西进山中学 1922 年到

---

① 邹韬奋：《经历》，北京：中国工人出版社，2007 年版，第 15—16 页。

1924年期间，“学校实行全公费制度，全部供给学生食宿费和课本费，每年发给学生两套制服。从进三班以后，改为半公费，仅供给学生部分伙食费。为资助家境贫寒子弟求学，学校组织学生做服务生，为学校承担缮写、打铃、印刷、扫除、检查秩序、管理食堂、图书仪器、阅览室和体育器械等工作，学校发给书笔等学习费用。遇有服务显著成绩者，则另行酌情褒奖。服务生每月更换一次，由学生集体推选”。① 该学校实行的“服务生”制度，为家庭贫寒之学子提供了减轻学业负担的机会。有时，教师或者校长的援助，能够让困苦学生顺利完成学业。胡乔木之所以能在扬州中学如期完成学业，离不开校长的帮助。出生在江苏盐城的胡乔木，在扬州中学读高二时，苏北大旱，他家的田产无收，家里一时经济窘迫。这时正值哥哥高中毕业，已考入上海交大，为了供给哥哥读大学，家里再拿不出钱供胡乔木交学膳费。此时的他“高中还有一年就毕业了，不愿中途失学，去找校长叶维善帮忙，叶维善兼教化学，很忙，正要找个助手，便让胡乔木帮他批改作业，刻钢板印讲义，就这样，他靠自已挣钱交学膳费，坚持读完高中最后一年”。② 胡乔木在校长的解救下，担任其助理，最终得以顺利毕业。

除了学校、教师为危难之中的学生提供援助，同学之间，亦是各尽所能，帮助困难同学。“景山中学后街EK中学。初一级学生M君。系东北人，因不甘日人压迫，随其兄来平就学，因家中供给甚微，近以赖东北救济处的补助及其兄节省费用以为供给。东北救济处停止七月份之救济，同时，该校也已放假，停办伙食，M君吃饭问题大受危险。昨日，M君到其友君W处，言及次日即将受饿，W无法，即以《中学生活》二十余份给他，教他设法到街上去卖。M君途将刊物拿着回校，眼睛已充满泪水。同学观其情形，大起同情之心，遂由高中二三同学代卖，结果本值一分钱一册之刊物，二十册竟售得九角余钱，可谓M君之救命星云。”③ 同学们看见同学M因无财力支援，即将陷入挨饿的困境，于是同学W便送他《中学生活》杂志，通过卖杂志换取

---

① 进山中学校史编审组：《进山中学校史（1922—1987）》，1987年，第6页。

② 曹晋杰：《文采风流话“二乔”》，哈尔滨：黑龙江人民出版社，2000年版，第11页。

③ 《M君之救星》，载《中学生活》1934年第2期。

一些膳食费，当其他同学观其苦难情形后，伸出援助之手，帮他代卖杂志，终而缓解了他的挨饿之苦。从同辈群体的功能而言，M 君得到了同辈团体的“保护功能”。这种保护功能表现为学生同辈群体为其成员提供了一种平等互助的社会环境，在这种环境中，学生不必担心承认权威的支配，不必顾忌成人社会的评价，可以言其所欲言，为其所欲为。尤其是当学生受到伤害后，同辈群体更是为学生提供了一种独特的心理调节场所和避风港。这种保护功能往往导致同辈群体成为学生的社会依存与心理依存的重要对象乃至主要对象。这尤其反映在学生遇到苦闷时的求助倾向上。①

总之，学生们为了完成自己的学业，顽强求学，除努力获取学校的各种奖励之外，试图寻求他法，缓解经济上的压力，有的同学去做家庭教师，有的则是通过写稿获取稿费的方式，也有的通过学校和师生的援助摆脱生活上的困境。虽生活之多艰，但从他们那种坚定的求学信念，以及勤工俭学的行为中可看出，当时大多数中学生并未被苦难的生活压垮，而是顽强拼搏，勇于克服生活所带来的各种困境，最终能在山穷水尽之关口，拨开云雾、柳暗花明，顺利完成中学学业。

四、求学成功的各方动因

学生们能够顺利完成学业，需要多方面的支持，最主要的来自于家庭的承担，其次，对于那些贫寒学生而言，各种资助奖励政策为他们提供了一线良机，而最主要的动因则是内因，即学生求学的主观能动性的发挥，即便在万般困苦之前，也不被苦难所击败，而是争取一切可能的机会奋力求学。

(一) 各种资助政策的保障

来自富裕家庭的学生，各种奖励政策的受惠性并非明显，然而，对于来自贫困家庭的学生来说，的确如一场及时雨，润泽了他们求学的心田，得有继续学业的机会。新生踏入学校之门，即可凭借优异成绩，获得奖学金的资助。琼海中学规定新生入校试验成绩名列前六名者，即可获得奖学金。“照得本学期新生奖额，计有六名。查第四十四班学生殴达真，韩春光，第四十五

① 吴康宁：《教育社会学》，北京：人民教育出版社 1998 年版，第 229—230 页。

班学生林猷裕，罗豫先，第四十六班学生詹孝景，钟前江等六名入学试验成绩最优，照章应即每名给予本学期奖学金大洋 35 元”。[①] 对于贫寒学生，学校提供各种补助政策。如上海坤范女子中学“今春收义生三十名，学费免收，只须觅妥实保人即可报名入学”。[②] 三十个义生的名额的确对于困苦家庭子女而言，是一笔非常大的恩赐。文华中学同样也打出这样的广告，“对于贫困的学生，学校也会根据学生资历，酌量减费。武昌文华中学的学生如有贫寒，无论有无宗教信仰，准予减费或免费”。[③] 这是入学之处即可享受到的各种福利。

入校后，还将会有各种奖助政策，尤其针对贫寒学子。如河南省立中等学校贫寒优良学生奖学金规程规定：“省立各中等学校除师范学校，及高中师范科外，凡豫籍贫寒学生品学俱优者，得依本规程之规定给予奖学金。奖学金分三种：一、甲种奖学金每学期给予 25 元。二、乙种奖学金每学期给予 15 元。三、丙种奖学金每学期给予 5 元。凡贫寒学生学业操行体育三项成绩平均在 85 以上者，得给予甲种奖学金，80 分以上者得给予乙种奖学金，75 分以上者得给予丙种奖学金。”[④] 贫寒学子成绩优秀，达到发放奖学金的标准，即可获得不同标准的奖励。很多学校贫困生得福于学校的这种优惠政策。一些地方上的中学，则因本县的实际情况收取学生的费用。“省立第十一中学因该县地势皆是崇山峻岭，学子负笈不易，故学费之收入不得不减至最低限度，以资体恤，又因基金及校舍均系该县一县所捐助之款，故对于该县学生学杂费一概免收，以免该县士绅常持权利义务不平均之争议”。[⑤] 有时，教育厅为了规范学校的收费，根据实际情况来调整学生缴纳的费用。文华中学的学生曾反对该学校收费过高，并且收纳学生补考费。湖北省教育厅根据学生的反

---

① 《发给新生奖学金布告》，载《琼海中学校刊》1935 年第 5 卷第 1 期。

② 《学校消息三则》，载《申报》1919 年 2 月 9 日。

③ 湖北省档案馆：LS10－5－390，《文华中学整顿校务情况》。

④ 《河南省立中等学校贫寒优良学生奖学金规程》，载《河南省政府公报》1936 年第 1625 期。

⑤ 湖北省档案馆：LS10－5－2048－3，《湖北省立第十一中学》。

映及实情的调查，最终下发该校通知，降低学生的学费。“该校高中生每名每学期纳费一百元、初中纳费八十元，取费过重，应改为高中学费每学期每学生十五元，初中十元，膳食每月八元，以五个月计算（价目涨跌，以省会各校为准）。其余各费均照该校初中二部招生简章第七项3、4、5、6各项办理，所有多收费分别退还学生。该校学生补考每一门应纳补考费洋一元，补考费应即取消”。①

遭遇灾难的学生可以享受特殊的补助办法。如东北沦陷区的中学生，即可进入其他地区的中学，并享有减免学费的待遇。1932年10月31日，教育部令各省市厅局，规定“就学关内东北中学生，在公立中学者，应准豁免学费，在私立学校肄业者，酌量减免，以资救济”。② 东北沦陷区的中学生转入其他省份之公私立之中学，都可以享受到一定的减免福利。同样，家住“匪区”，家庭财产遭遇抢劫者，亦可以享受减免学费的待遇。江西省教育厅规定，“为救济匪区贫苦学生无力缴纳学费者起见，特订办法：省立各中学学生凡家陷‘匪区’财产丧失者得依本办法免学费。”③ 在遭遇灾年之时，政府对受灾地区学生的学费也会有所减免。“本年鄂赣湘皖豫诸省及江苏省之江北各县，水灾奇重，教部特令各省市教厅局，转令各国立省立已立案之公私立学校查明，凡属以上各地学生，应准酌量减免学费及讲义，图书，体育等杂费一学年。”④ 灾区的学生受此恩福，得有机会继续学业。

（二）家庭方面的竭力支持

“重教”的传统在中国的家庭中绵延生根，虽然科举废止，但“学而优”的理念仍根深蒂固、影响深远。这也是很多家庭竭尽所能去支撑子女求学的一个动机所在。科学史学家许良英，上学期间多次面临失学的危险，最终都以母亲的强力支持得以渡过。小学毕业后，由于家庭拮据，父亲去世较早，

---

① 湖北省档案馆：LS10－5－390，《文华中学整顿校务情况》。

② 《教部令减免东北学生学费》，载《中国出版月刊》1932年第2期。

③ 《江西省立中学“匪区”学生免收学费办法》，载《江西教育旬刊》1934年第8卷第3—4期合刊。

④ 《灾区学生免缴学费》，载《时事月报》1921年第5卷第7—12期合刊。

其母承担起家庭的一切重担，在他的强力请求下，其母同意进入中学。“初中毕业时，又因经济困难，升学又成了问题。那时台州六县没有一所高中，要升学就得去杭州，费用更大。由于我在班里功课是最好的，同学们为我不能升学而惋惜。我给母亲写了封长信，表明升学的热望。母亲与人商量后，答应我去投考杭州师范学校，因师范费用最省”。① 母亲无私的支持，给予了许良英求学和升学的希望，使他能够全身心投入到科学知识的追求与探索中，最终登入科学史的殿堂。有的学生能够完成学业，依靠家族的解助。著名的历史学家韩国磐，出生在江苏省一个贫农家庭，“从自己记事开始，家中年年口粮不够，负债累累，每到过年过节时，讨债的前后相继，足迹不断，家无宁日。像这样的情况，根本不能上学。碰巧的是同族中的富人，办了所私立小学，凡是本族子弟，可以免费入学，成绩优良的，还可借学田上的钱外出升学”。② 显然，韩国磐能够外出求学，得益于家族的无私支撑与奉献。

（三）个人能动性的内在驱动

除以上各种外部条件的支持之外，不少中学生能够顺利且精彩完成学业，最重要的因素便是其主观能动性的发挥。人在发展的过程中会表现出人所特有的主观能动性。正如兰德曼所言：“人必须自我完成，必须自我决定进入某种特殊的事物，必须凭借自身努力力图解决自身出现的问题。”③ 换言之，学生们在面临失学危险时，一方面去积极争取外部支援，获取求学机会；另一方面发挥自己的能动性，潜心向学。如湖北省立高级中学的学生，因贫穷所迫，希望教厅能够体恤生情，减免一定的膳杂费。因此，湖北省立高级中学校全体贫困学生给湖北省教育厅长写信，要求限缴膳杂费。“穷生一切用费颇为不菲，更值年来匪祸频仍，闾里为墟，除少数世居城市，环境优裕者外，自余大都勉为其难，债父兄全年至血汗，难敷个人在生省之伙食，徐徐接济。

① 傅国涌编：《过去的中学》，北京：同心出版社，2012年版，第217页。

② 北京图书馆《文献》丛刊编辑部，吉林省图书馆学会会刊编辑部编：《中国当代社会科学家》第5辑，北京：书目文献出版社，1983年版，第292页。

③ ［德］米切尔·兰德曼著，彭富春译：《哲学人类学》，北京：工人出版社，1988年版，第246页。

一次缴纳数十元之巨款，乃各校所纳费用，每每枝节横生. 惟贵族阶级方能入学，一般平民则望洋兴叹，莫敢问津。唯是教育前途障碍实多”。[①] 这些学生依靠父母的频频接济，得以在省地求学，但高额的膳杂费，还是给这些贫苦孩子造成了威胁，于是全体联名写信给教育厅长。为了获取求学机会，很多学生不辞辛苦找做兼职，或者担任家庭教师，或者写稿筹费，或者当做服务生等等，勤工俭学的动机来自于学生的内在“好学”的动机，在这种动机的驱动下，创造各种外部条件，实现自己的“学业梦”。

教育学家傅统先的中学求学生涯亦是非常艰辛，他自幼家道贫寒。“1925 年初中毕业后，年仅 15 岁的他怀揣母亲节衣缩食积攒的五十元钱，只身前往上海，考入上海民立中学。来上海后，为了节省费用，居住于上海西门小桃园街清真寺内。1926 年 8 月，他由民立中学转入圣约翰大学附中高二年级。1927 年北伐军攻占上海，由于生活所迫，他不得不辍学考入美孚洋行当练习生。1928 年重入圣约翰大学附中补修高三课程，考试合格，升入圣约翰大学”。[②] 傅统先的中学历程可谓一波三折，起初由于家道贫寒，勉强靠母亲节衣缩食聚集的 50 元考入上海的民立中学，在转道圣约翰大学附中时，迫于生活所难，只能去洋行做练习生，一年后重返学校。虽然中学过程比较波折，但他并未因此而放弃，而是鼓足勇气克服扑面而来的各和困难，这其中更大的动力来源于其内心求学的强烈愿望。

第二节　衣饰装扮：时尚追求的外显表征

青春年少的学子，对衣饰的搭配也别有一番讲究，尤其一些富裕家庭的子女，对衣服装扮更是花费很多心思。然而，为了防止浮华之风侵蚀学生的

---

① 湖北省档案馆：LS10－5－194，《为学校限缴膳杂费过严请令革除积弊》。

② 梁自洁主编：《山东现代著名社会科学家传》第 1 集，济南：山东教育出版社，1991 年版，第 285－286 页。

思想，教育部门及学校为此制定了一定的规则，以期培养学生的大方整洁、朴实无华的生活习风，其中最重要的管理方式，便是制定整齐划一的学校制服，规定学生在校期间，或者参加重要仪式及活动时，必须着学校制服。但是还是有许多学生大胆尝试新式装扮，或者模仿洋装，或者中西合璧等等，甚至这些学生引领着时尚界的潮流，尤其是上海都市的女学生，更是当时一道亮丽的风景线。

一、整齐划一的校服着装

中学生的服饰并非自由穿扮，多数在学校穿校服。穿着整齐划一的校服对于校方而言，可以塑造学校的整体形象，形成学校的徽记，使得学生认识到自己的言行举止不仅代表着个人，而且代表着学校形象，这样会形成集体荣誉感，并潜移默化地进行内在约束与管制；对于学生而言，穿统一的制服，可以形成朴实忌奢的良好学校风气，避免学生之间因着装而引发的差异，以及因攀比所产生的自卑心与虚荣心。从这两方面而言，中学生着校服无论是对于学校抑或对于个人修养，都是益大于弊。

为了实现“校服”所带来巨大效益，自民国成立之后，即颁布实施了《学校制服规程》，规程的具体内容如下：

第一条　男学生制服

甲、男学生制服形色，与通用之操服同。乙、寒季制服用黑色或蓝色。丙、暑季制服用白色或灰色。前二项制服，一校中不得用两色。丁、制帽形式与通用之操帽同，寒季用黑色，暑季加白套。或用本国制草帽，靴鞋亦用本国制造品。前项制帽靴鞋，一校中不得用两色。戊、各学校得特制帽章，颁给学生，缀于帽前以为徽识。

第二条　女学生制服

甲、女学生即以常服为制服。乙、寒季用黑色或蓝色。丙、暑季用白色或蓝色。前二项制服，一校中不得用两色。丁、女学生自中等学校以上着裙，裙用黑色。戊、女学校可特制襟章，颁给学生，佩于襟前，以为徽识。

第三条　制服质料，以本国制造品质坚固朴素者为主。①

图 3—3　1916 年林徽因与同学合照②

《校服规程》具体规定了寒暑两季衣服的颜色以及衣服的质料，各学校制作不同的徽章，同时规定女学生要着裙，颜色为黑色。一段时期，各中学校服基本沿用该规程。南京国民政府成立后，开始实施童子军以及军训制度，有些学校改用童子军装作为校服。但这种穿戴给警务人员的工作带来麻烦，至此规定沿用学校校服。如安徽省政府规定："学生制服，既有规定，自不得穿着军队服装。自二十一年度开学起，各级学校学生不得再着军服，在受军事训练时间，亦应着学校制服，倘有学生仍着军服出外，准由地方警察立即交付学校严予惩戒，以符规定，而免流弊。"③ 不同学校会根据总的标准作出调整，如保定育德中学"1935 年以前，春秋黑衣黑帽，夏季白衣白帽（黑帽

① 《教育部公布学校制服规程令》，载《教育杂志》1912 年第 4 卷第 7 号。

② 1916 年，林徽因进了北京著名的培华女子中学读书。"新学期一开始，学校发下了新校服。培华女中的新校服是量着每个女孩的身材做的，十分可体。星期天，徽因和表姐们相约穿着新校服去照相，那是北京最好的一家照相馆。优裕的生活和良好的教养使林家的女孩子个个美丽大方、文雅出众。她们的校服：中式的偏襟立领琵琶扣圆摆上衣，西式的及膝百褶裙，深色丝袜，黑色带襻儿皮鞋，典雅秀丽中又有种洋派。走在大街上，引得行人纷纷驻足"。张清平：《林徽因传》，天津：百花文艺出版社，2007 年版，第 6 页。

③ 《安徽省政府教育厅训令第 1473 号》，载《安徽教育行政周刊》1932 年第 5 卷第 32 期。

套白布罩），冬季长袍外套蓝大褂，鸭舌帽。1935 年以后，一、二年级学生穿童子军制服，其余全年穿军绿制服、大沿帽，冬季加黑色棉大衣。除运动外，一律黑鞋黑袜（不许赤脚），佩戴校徽。不许留长发，只能推光头、平头、学士头或剃光”。① 该学校不仅规定学校所穿制服，还规定学生的发型，只限于“光头、学士头”等几种发型。湖南私立福湘女中的学生同样不能蓄长发，只能留齐耳的短发。“从 1928 年复校，规定学生校服为冬蓝夏白的长褂和齐耳的短发后，三十年代，规定学生在校一律常着校服。校服经洗衣房洗慰平整，头发由青年会服务部的同学修剪。学生服式美观大方，给人一个有良好教养的学生样。学生都爱穿校服，甚至回到家里也有不愿意换穿花衣的”。② 着制服于校园内，使得学生形成一种潜在的“平等”意识，不会因相互攀比产生自卑心理，同时，校服作为一种身份的象征，更是给衣服增添了几分色彩，使得学生对此惜之爱之，这种心理也表明从众行为③的积极意义。

穿制服的另一作用可以培养学生节俭的习惯以及整洁的作风。成都某中学的学生回忆其在母校四年生活时，描述其在校的着装：“我们学校，平常一律穿制服。我喜欢轻便，有时出街，亦未改装。衣领左右配徽章。一为班次，一为号数。缺落者则必受申斥。领扣无论何时，必须整理。否则校长见之，辄指其颈，必使立即扣好始去。曾对学生说：‘扣领小事，亦学不得，其他何能学？’又室内禁止戴帽。大有西洋之风。否则辄加以干涉，即头痛亦不免。我校学生服饰，率皆简朴。绸缎之属，甚为罕见。制服则年级最久者，补缀

---

① 中国人民政治协商会议河北省保定市委员会文史资料委员会编：《保定文史资料选辑》第 12 辑，1994 年，第 124 页。

② 殷达：《福湘史话：湖南私立福湘女中校园漫步》，北京：中国环境科学出版社，1993 年版，第 96 页。

③ 从众是指人们采纳其他群体成员的行为和意见的倾向。个体从众心理是个体在群体压力下在认知、判断、信念与行为等方面自愿与群体中多数人保持一致的现象。产生从众心理的原因之一是群体凝聚力：它是指群体对其成员的吸引水平以及成员之间的吸引水平。凝聚力高的群体中的成员，认同感较强，与群体成员有密切的情感联系，有对群体作出贡献和履行义务的要求。范逢春：《管理心理学》，成都：四川大学出版社，2009 年版，第 178 页。制服制度无形中形成一种凝聚力和荣誉感，福湘女中的学生之所以对校服产生依恋不舍之情感，便是对群体、对规范的认同反映。

亦多，我四年前后，仅夏季单服二套，春秋冬季，夹棉服各一套。毕业时，已破坏而不堪补缀了。”① 这种质朴节俭的精神，在经济欠发达地区表现更为明显。青海地区中学生制服质料很粗糙，1935 年的青海还没有一所专科或大学，普通的青海中学生的服饰是这样的：“穿的都是粗布的大褂或制服，绸缎价值太昂——每尺一元四角起码，穿不起，西装更谈不到——实在见也没有见到过，青海省市上根本没有穿西装的人，而且这一套粗布衣服，除非破烂的连‘补丁’——衣服破处另补一块布，都无处补时，不论春夏秋冬，都是离不开身的，如是到了冬天，在底下，再加一件‘主袄’——用羊毛装的棉袄儿——如是到了夏天，用一件土布‘汗褡子’——即汗衫——代替了‘主袄’，至于春与秋，在青海气候上并没有大的分别，所以用不着更换衣服。”② 虽然是粗布制作的制服，但学生仍然无比爱惜，修修补补依旧穿着，可以说，通过这种简朴节约的制服着装，学生们养成了艰苦朴素的精神。在实行童子军训练时期，童子军服装成为学校校服。江苏某校的中学生“初中部大都着童子军服装，男女同校的男女一律童子军服装。颜色是黄的，冬季的是呢子，没有奢华的恶习”。③

图 3-4　中山装样式的学校制服

该时期，洋货源源不断输入中国，吸引着中国人的眼球，也有很多人为了追求新潮，购买洋货，其中包括中学生在内，一些家庭富裕的子女便偏好买洋货，有鉴于此，学校规定学生着国货制服。穿国货的缘由，其一，可以养成学生简朴的生活习惯，不追逐华丽的外表；其二，通过穿用国货制服，可以培养学生的爱国意识。如坐落在白马湖畔的春晖中学，学则第六章中规

① 成都市石室中学编：《成都市石室中学》，北京：人民教育出版社，1999 年版，第 53 页。

② 郭惠天：《青海学生生活素描》，载《国闻周报》1935 年第 50 期。

③ 虞开锡：《江苏中学生生活状况的一般》，载《晨光》1934 年第 3 卷第 3 期。

定："本校制服质地用国货棉织品，由本校指定之，夏秋白色，冬春深灰色，冬季大衣玄色。"[①] 某中学生回忆："我们学校里的校风是朴素而勤俭的，我们身上穿的都是灰的国货布袍，一切的劳作，自洗衣洗碗以至扫除教室等，都是我们自己来操作的；虽然感到很辛劳，但是将来或者我可以锻炼成一个勤朴而不依赖他人的人。"[②] 采用国货制服的意识深深印刻在学生的头脑之中，当学校采用日货制服时，学生们群起而反抗。"因为学校当局给学生定做的黑制服是日货，被反日会查出来了，学生非让校长在纪念周上忏悔并道歉不可，校长认为侮辱，双方僵持着十来天，事情经人调解才平息了。又因为大家的思想上起了转变，当局不得不按着上边的命令来限制，于是就激起赶训育主任的风潮，最后闹到校长辞职才完事。"[③] 抵制日货的观念已深入人心，校方定制的制服来源于日本材料，显然引起了学生们的公愤，导致学校风潮的产生。

普通学校的学生，因制服费用较高，一般只配发一套制服。但是，也不排除很多学校除了校服之外，专为学生制作他种服装，如一些学校还有操服和班服。一般而言，这些学校多属私立中学。[④] 因为服装越多，其费用势必增加，对于贫困之家庭的子女，显然难以承担更多的经济支出，甚至有的学生负担不起一套制服的费用。"十八岁来省，入学本校，身上穿着父亲肩膀上补了布的竹布褂子，全班同学，都瞧不起我，尤其是'以貌取人'的同学，并欺辱我，后经某老师特别赏识，并代向庶务处赊买一套制服，这是我全身穿

---

① 浙江省春晖中学编：《浙江省春晖中学》，北京：人民教育出版社，1999 年版，第 58 页。

② 郑蕴华：《我的中学生活》，载《浙江青年》1935 年第 1 卷第 8 期。

③ 齐佩瑢：《中学生活》，载《中学生文艺》1934 第 1 期。

④ 春晖中学是民国时期著名的私立中学，当时盛传"北有南开，南有春晖"的佳话。1928 年制定的学校学则规定，高中部、初中部的制服费分别为 12 元，而该学校高中部的学膳费为 45 元，制服费占学膳费的 27%，初中部的学膳费 37 元，制服费占学膳费的 32%。这个百分数额，对于富裕家庭而言，不成为问题，而对于一般家庭而言，可以说增添了额外的经济负担。浙江省春晖中学编：《浙江省春晖中学》，北京：人民教育出版社，1999 年版，第 58 页。

着新衣服的第一遭”。[①] 这套制服对于这名学生来说，真可谓来之不易。如在上海的一些学校，则不仅定制统一的校服，也定制整齐划一的操服，便于学生课外锻炼，同时也为了参加运动会之整齐形象。上海工部局女中则为女生制作两种服饰，“衣——我们学校里有一定的制服——这样能避免许多富产阶级的纠纷——分冬夏两种，无论哪一个一天不穿，便不客气地要请她吃大菜。本校又有四方形的校章。冬季时又有一律的绒线大衣，体操时换上了白的运动衣及黑的操裤，真不愧为巾帼英雄”。[②] 操服一般为学生体育锻炼时所穿，着操服不仅运动舒畅，而且整齐的服装，更成为运动场上一道亮丽风景线，演绎出青年学生的活泼与动力。湖南福湘女中的学生除了学校的校服之外，还配有班服。“校服之外，福湘早在 20 年代就兴起了班服。由班会选定什么颜色，全班各做一件，有班活动时穿，特别是毕业活动时，20 年代盛行，那时校服是短衣长裙，班服也是短衣长裙。30 年代不大盛行，有班服的班级不多”。[③] 从这两所女中学可以发现，该校学生的服饰比较丰富，不是单一的校服，而是配置课外活动的操服，同时，为了形成班风，创造班级文化，还设计了独特的班服。

图 3—5　广州执信女中学生早操

穿制服的另一好处是有利于学校管理。有的学校把每个学生的制服编上

---

① 樊光俊：《衣食住行与我》，载《江西省立第一中学校刊》1935 年第 3 卷第 2 期。

② 转引自施扣柱：《青春飞扬：近代上海学生生活》，上海：上海辞书出版社，2009 年版，第 290—291 页。

③ 殷达：《福湘史话：湖南私立福湘女中校园漫步》，北京：中国环境科学出版社，1993 年版，第 96 页。

号码，以便于事务调查等因。如湖北省立女子高级中学学生的制服编上号码。该校规定："女生应于左襟表明校名号数，于校名下添号数，并造册呈厅备查等因。此种号数编排方法：系自高年级至低年级，依次顺列。并将每一年级，冠以地支字目，以资辨别，计高中自三下起至一上止，顺冠子、丑、寅、卯、辰、巳六字，初中自三下起至一上止，顺冠午、未、申、酉、戌、亥六字。"①制服可以成为学校的一种标记，代表着学校的名誉；同时，制服编的号码代表着每个学生的形象。可以说，着制服时刻接受社会与学校的监督与管理。

另外，学校一般把穿着制服列为校则，学生必须遵守不得违背。"浙江省立第十中学校因学生不穿制度，校长令全体停课，致引起全体罢课风潮。永嘉学生联合会昨电，十中少数学生因寒穿便衣，校长令全体停课"。② 可见校长对学生着制服的重视程度。成都石室中学（联立中学）以"整齐严肃"为该校校训，格外重视学生内外精神和形象的修炼。校长刘刚甫在《告学生书》中直言："故自本期始，各生仍应淬厉精神，严遵规定，毋稍逾越，裨养就刚健朴质之校风，而造成中流砥柱之人才，庶不仅学科占全川之上乘，即校规亦当为全川之表率。诸生苟自问，实系志行薄弱，不堪遵守整齐严肃四字之校训者，则课毋庸来校，以免害群驽马，阻我石室前进之锐锋也。"并规定学生内外兼修的原则："从内心方面，要朴质刚健忍苦耐劳，要勤奋为学努力做人；从形式方面，要不务修饰（既不蓄头式不着便服不戴戒指），绝对穿着学校规定之制服（麻灰色制服黄色皮带青色裹腿青布操鞋青色袜子）。"③ 学生要严格遵守校规，着制服出入于校内外，表面上看，这是在形式上塑造整齐划一的外在形象，然则，也是培养学生质朴耐劳的精神修养。

学校在规定了制服校则之后，会进行多种方式的抽查。浙江省立杭州高级中学制定的服装检查办法，具体内容如下：

---

① 湖北省档案馆：LS10－5－693，《呈报办理学生制服编号情形并检呈编号册请核备案由》。

② 《浙省十中学生罢课》，载《申报》1928 年 3 月 26 日。

③ 成都市石室中学编：《成都市石室中学》，北京：人民教育出版社，1999 年版，第 65—66 页。

（一）学生须一律穿着规定之制服，并佩挂学校徽章，非得训育处许可，概不得穿着其他服装。

（二）学生四季服装，何时着何种服装，由训育处依照季节气候状况，随时决定公布之。

（三）学生穿着制服，衣帽裤须同一色泽，不得同时穿着两种不同颜色之服装。

（四）学生穿着制服纽扣及风纪扣，须一律扣齐，男生出外时，并须一律戴帽。

（五）学生服装如不整齐，训育处得暂时不准其请假或例假外出。

（六）为整饬全校学生服装起见，特举行学生服装检查，分下列两种：

1. 总检查：由训育处召集全体学生，或各学级主任召集各班学生，施行总检查。

2. 个别检查：由各教员、各主任，及校长临时检查纠正。

（七）服装检查结果，学生如违反一二三四各项之规定者第一次警告，第二次予以不良生活之登记，第三次予以普通惩戒，余类推。①

学生的制服穿戴，该学校都做了明晰的规定，同时制定了总检查和个别检查的方式，监督学生制服的穿戴情况，并制定了奖惩规则，分为警告、不良记录及惩戒等几种等级，旨在督促学生着学校制服，并严格按照学校规定搭配装饰。除了学校进行检查之外，学生们还要接受上级部门的检查。如处在南京的中学，则会时常遭遇上级抽查。“蒋委员长今日考察京各校学生制服及生活习惯，认为亟须严加整顿，顷特手函教长王世杰，略谓，学生制度帽多不整洁，应严令各校长特别注意整顿，各教员亦应负责检查纠正，大概戴

① 《本中学学生服装检查办法》，载《浙江省立杭州高级中学校刊》1933—1935年第120期。

帽必正，着服必紧，以免成松懈习惯，凡着黄制服之学生，最好能束皮带，以资紧贴，中学生养长发，亦非所宜，并应取缔，校长教员如以身作则，自更易整饬，最好校长教员在校时一律着制服”。① 总之，无论是上级部门的突击检查，还是学校制定的总检查与个别检查，目的在于督促学生严格按照规约着制服。

二、崇尚个性的装扮风格

从管理方面，中学生相对于大学生而言，要求更为严格，学生在校期间，一般都要着学校制服，但总有一些衣食无忧的富家子弟，尝试一些新的装扮风格，如某些男生开始着西装，但相对于大学生而言较为少见。女生则更为大胆，她们开始化妆、剪发等，甚至引领着时尚。

（一）男生较少青睐西装

中学生相对大学生而言，着西服者较少，因为大多数学校规定学生必须着学校制服。如某大学某班大部分同学在受某同学影响下，都喜好追求西装潮流。“本校某级本多所谓浮华公子，趋时少爷，所以，一个人有三四套西服的，也不为怪。有 H 君者，平时勤谨非常，素以老诚朴质著称于同伴。可是，奇了！今年来不同了！最近也洋其式，而西其装！当他走进课室，同学莫不诧为异见，于是，一时叫怪之声，有如鼎沸！引得一班班的同学，都跑来当西洋洋镜来看，这是因为他异于一般爱奢趋时辈的着西装的第一点。现在，这班的同学，受了 H 君的感应作用，差不多个个都在计划怎么才能洋其式，怎么才能西其装！听说，曾经有人做过统计，全级人数，不过四十，而已经有西服的，竟有到三十人之多，其余正在逐步准备的也大有人在”。② 该大学的学生在某生的影响之下，先后效仿其西装的装扮，最后，班上四十人，竟有三十人之多有西服，这也表明大学生的从众心理。不过，从这则资料中可知，大学生们穿西装的比比皆是。

然而，中学生的情况则不然，因大部分学校规定中学生在校期间，必着

---

① 《严厉整饬学生服装》，载《公教学校》1935 年第 1 卷第 23 期。

② 《注意西装潮！原来好现象》，载《交大月刊》1930 年第 2 卷第 1 期。

学校制服，少有学生能尝试西装的装扮。周有光回忆他在入学报名提交照片的情境："有同学告诉他最好拍一张穿西装的照片。有趣的是，那时的他还不懂得如何穿西装戴领带，也难怪他，在其家乡常州，那时连照相馆工作人员也不知道如何打领带、系领结呢。结果只能很搞笑地把领带领结统统打上系上。这样的照片寄给已在圣约翰大学就读的同学时，自然引起一阵哄笑，同学写信告诉他领带、领结的具体使用法，让他赶快重拍再寄来。"① 由此段材料得知，周有光作为刚毕业的中学生，显然对于西装的搭配，领带的打法全然不知，这也表明，当时大部分中学生不穿戴西装，"西风"更多地传染给了大学生群体，而中学生受其影响不大。保定育德中学"学生的衣着整齐，低年级学生普遍穿制服，冬季穿黑大衣。高年级学生可穿长袍。在校内没有穿西装的，校园显得十分幽静古朴"。② 但也不排除中学阶段偏好西装者，这部分学生大多来自富有家庭。如时人批判某些中学生生活奢侈的现象："他们一入学校，住必高楼大厦，衣着处处讲究，即我所见到的中学生中，很难看见穿旧的服饰，他们的饮食，更是不同，在管理稍宽的学校，有稍不称心，即生出抛碗之闹事；在家境稍宽裕的中学生，衣必西装革履，出入必车马代步，甚至有留恋娱乐场所电影院忘返者。"③ 从该文描述的中学生的奢靡生活状态中得知，富裕家庭的学生还是倾向于西装革履的装扮。"南洋大学大学部里同学穿西装的约占十分之一。中学部里穿西装的不过二三十分之一"。④

（二）女子的独特装扮

一些家庭显贵的同学，其穿着异于普通同学。"同学中当然有官商富家小姐，她们有的在冬天里面穿皮袍，驼绒袍，外罩校服。外面再套呢大衣。亦有少数戴戒指或金项链或金笔链的。随着日帝侵略，国难深重，全校实行勤

① 周有光口述，李怀宇撰：《周有光百岁口述》，桂林：广西师范大学出版社，2008年版，第23页。

② 中国人民政治协商会议河北省保定市委员会文史资料研究委员会编：《保定文史资料选辑》第1辑，1984年，第122页。

③ 林西崖：《中学生与职业问题》，载《浙江青年》1934年第1卷第1期。

④ 南洋大学编：《南洋大学学生生活》，1923年，第66—67页。

俭节约，这些都由学校禁止了”。① 富贵家的学生不仅衣服种类选择多样化，其佩戴的首饰也是多种。“窈窕淑女，君子好逑”，处于青春期的女中学生，为了装饰自己，开始学着化妆，从而把钱更多用于买化妆品、装饰品。“国文先生要我们买一本作文讲话。一部分同学反对，理由是没钱。但脂粉钱皮鞋钱是绰绰有余的，真是双料小姐”。② 显然，这些女中学生的心思已不在书本，而在涂涂抹抹的化妆品上了。广东省立广州女中的学生同样也会涂一些淡妆，“她们的面部，虽然不及一般妇女们的涂得厚厚的脂粉，但究也匀淡地薄施了一层”。③ 有时，教育当局感觉这种风气不佳，便会出台一些规章进行约束。教育部颁布学校制度规程，源于女子穿衣服太过招摇，特此规定“女中学生一律要在学校期间穿裙子”。④

图 3－6　女学生的半小时工作

旗袍的偏爱。20 世纪 20 年代开始，由满族服装演变而来的旗袍逐渐受到女士的青睐。旗袍“其工艺由清末的繁琐趋至简捷，尤其是造型上逐渐收紧腰身，突出人体曲线美，这使旗袍逐渐成为时装且不衰。1929 年，民国政府规定蓝色六纽旗袍为妇女礼服，后经 30－40 年代的不断革新，旗袍的长短、领袖都多有变化，而且出现中西合璧之妙，终于成为民族的典型服装”。⑤ 由

① 殷达：《福湘史话：湖南私立福湘女中校园漫步》，北京：中国环境科学出版社，1993 年版，第 97 页。

② 《学校生活的日记一则》，载《中学生》1931 年第 15 期。

③ 沈公尚：《广州女学生生活》，载《女子月刊》1936 年第 4 卷第 6 期。

④ 《划一女校服饰》，载《申报》1913 年 6 月 9 日。

⑤ 沈从文、王予予：《中国服饰史》，西安：陕西师范大学出版社，2004 年版，第 165 页。

于旗袍能够尽显婀娜多姿的曲线美，所以受到很多大学生们的偏爱，[①] 而作为正在青春期发育中的中学生，同样也喜欢旗袍的端庄优雅。同样，在男同学的眼中，旗袍也是能凸显曼妙身姿的服饰。当一名中学生爱上一名女士时，他最大的梦想就是为他的心上人做一件旗袍。“假使我有钱，有一块金矿的山，立刻就做了一件同她自己的唇儿一样红的，很轻柔的，还要闪闪地射出光来的旗袍，紧紧地适合她的身材，她穿起来的时候，什么人也不能逼视她，远远看去，好像一颗椭圆的太阳”。[②] 这名中学生一直幻想着为她的梦中情人做一件得体高雅的旗袍，幻想着她穿上这美丽的旗袍后的曼妙场景。这段材料也表明，旗袍不仅是当时女士们钟爱的服饰，同时在男生的心目中，着旗袍更能散发女性的美。

图 3—7　1937 年上海圣玛利亚女中学生合影

当然，以上所描述的多是一些富有家庭女子所享有的多姿生活，对于一般家庭的女生而言，却不能尝新试鲜，仅着一些传统的服饰，也不曾涂脂粉。如广东省立广州女中生活困苦的学生，“只有穿着一身白布上衣和一条黑裙罢了”。广西的女学生，其穿衣打扮与上海学生形成明显的反差，并没有红红绿绿的旗袍，以及噔噔作响的高跟鞋，也没有唇涂脂胭。这些学生穿的多是制服。“除学校的制服外，绝少有穿什么五光十色的红红绿绿的旗袍。制服的质料，不消说人人必须用国货，例如灰色斜布之类。她们所穿的鞋，没有一个

---

① 上海交大的女大学生的“制服似乎是青布的旗袍，但大多数小姐们还是着的花花绿绿的”。王忻孙：《交大学生的衣食住行》，载《浙江省立杭州高级中学校刊》1936 年第 149 期。

② 徐光：《旗袍》，载《学生文艺丛刊》1934 年第 7 卷第 1 期。

是高跟的，不外是胶底鞋或者自己所做的布鞋。她们的嘴唇不涂脂胭，奶部不加托子，随任肉体发育，以期达到健康之美，面孔更不须粉红”。① 这些学生虽然没有浓妆艳抹，但简单利落的学生装依然放射出青年人的青春与活力，也不失为一种别样的青春美。

第三节　膳食生活：维系日常生活的营养源

学生的饮食直接关乎学生的健康，尤其对于处于青春期发育阶段的中学生青年，饮食的优良与否更显重要。时人指出膳食营养对于青年学生的重要性：“膳食营养对于孩童及青年之影响，较成年人尤为重大，未成年时倘营养不足，成年后即终身受害，其甚者可使躯体弱小，发育不良，或资质鲁钝，并可影响及于后嗣。孩童青年营养之良否，实可决定整个民族之强弱盛衰。故西人对于孩童青年之营养，特别重视，研究不遗余力。”②

一、食堂里的多样态幕剧

食堂是学生进餐饮食的主场所，故食堂的膳食生活也是中学生日常生活的一部分。该时期既有学生自办伙食，成立膳食委员会，改食堂承包制为雇工制；也有学生自购蔬菜，亲做饭食。不同学校的伙食因学校条件及经济状况不同，伙食提供亦不相同，从而上演了一幕幕的食堂闹剧。

（一）学生自办伙食

成立膳食委员会。一般中学都是实行伙食包办，即学生每月或者每学期缴纳一定的膳食费，雇厨师包办。南开中学采用伙食包办，据黄钰生回忆：“我们的伙食是由一家厨师承包的。学校只供给饭厅、桌凳、水电，其余都由厨师包下来。”③ 但有时学校雇用的厨师经营不善，造成学生伙食营养不佳，

---

① 温建之：《广西女学生生活》，载《女子月刊》1935 年第 3 卷第 1—6 期合刊。
② 葛春林：《中学生膳食营养初步之研究》，载《科学》1936 年第 20 卷第 7 期。
③ 钟叔河、朱纯编：《过去的学校》，长沙：湖南教育出版社，1982 年版，第 255 页。

或者不够卫生等状况，引致很多学生提出自理伙食。湖北省立第三中学学生膳食向系雇人包办，“近因学生方面以伙食不良，要求由学生方面自组膳食委员会经理其事”。[①] 某生描述暑假来临前苍蝇袭击食堂的场景：“暑假将临期间，饭厂厨房成了苍蝇的俱乐部，不时地演奏起那怕人的音乐来，并且投身于汤桶和菜盒的，实在难以计数，这在未身临其境的人，是不能想象的。单就这不干净一点来说，实在谁都想早一点结束，就好一点。”[②] 的确，伙食不佳加之卫生不净，会对学生的健康造成威胁，“因伙食恶劣，于卫生实有大碍，且冬季常患口炎唇裂以及便闭之苦。其后伙食屡起风潮，同学向校长要求自办”。[③] 可以想象，食堂卫生不洁、苍蝇满天飞的场面，真是令人无比厌恶。可以说，学生自理伙食，成立膳食委员会组织，代表着学生自主权的彰显。据某中学生日记所述：“今天是学生会全体大会，会场在大礼堂，午后三点钟的时候，男男女女四百多同学都到齐了。到提议案的时候，我立起来了，宣读了我的几项提议。其中第三条‘伙食须归学生自办，由学生会组织一膳食委员会接收’。前五条顺利通过，只有第六条却引起一场激烈的争论。”[④] 虽然学生会通过了成立膳食委员会的决定，但并没有去落实执行，导致学生们极为愤慨，摔碗示威。“学校办的伙食太坏了，八块钱一月的伙食，顿顿都吃青菜和煎鱼。午饭时候，有许多同学把碗都打了，更有好多人走去质问学生会，为什么不遵照大会决定，组织膳食委员会去接办伙食？学生会的负责人挨了同学一顿臭骂，答应马上就去和学校当局交涉”。[⑤] 这种反抗表明学生对伙食自理的强烈愿望，以及对食堂办理状况的强烈不满。

然而，对于那些实施膳食自理，成立膳食委员会的学校来说，学生们的确收益颇多，虽然，伙食自理浪费些许时间，但也会带来诸多益处：

---

① 湖北省档案馆：LS10—7—189，《湖北省立三中开除学生逮捕学生》。

② 《某校长之发财政策》，载《中学生活》1934年第8期。

③ 成都市石室中学编：《成都市石室中学》，北京：人民教育出版社，1999年版，第54页。

④ 杨文安：《中学生日记》，上海：开华书局，1931年版，第23—26页。

⑤ 杨文安：《中学生日记》，上海：开华书局，1931年版，第49页。

我国自高小以上的学校，其伙食事项，大率由教职员聘雇厨司负责，然往往因饭食或菜蔬不洁问题，而发生种种暗潮，教员学生两不蒙益，若改归学生组织伙食，虽消废少许光阴，实获种种利益。（一）可保持清洁。因学生组办，每日均有管厨生临厨监督，菜蔬饭食清洁与否，得随时检查，则厨司断不敢滥竽从事，故于清洁一项可保持。（二）可练习办事能力。青年子弟往往一出校门，觉事态茫茫，如入荆天棘地之中，自觉寸步难移，大都由求学时未成习惯所致。苟在校时，即熟悉此项手续，虽不能窥社会上办事之全豹，然即小可以见大，即异日治理家庭，无不稍悉情弊，洞中曲奥矣。①

浙江省立杭州高级中学即实施自办伙食。“学生膳食，自本学期始，改为合食分具制，行之月余，为郑重考虑，详密计划，以免临时发生困难起见，故延至本月十一日方开始实施。每日由训育处合会同学生自治会膳食委员会派定同学四人，购办各项食品，并监督厨房清洁卫生各事宜。相互轮流，每人每学期至多轮值一日。既可增进膳食处理之常识，复可免厨房操纵之流弊。闻开始以来，饭菜等项，较前包食制已有显著之进步，所有膳食，亦不至超过以前担负之数额”。② 学生自办伙食以来，由于膳食委员会的轮流监督，饭菜改良甚为明显。伙食改良离不开学生的监督巡视，即发挥学生的监察权。季羡林回忆其中学时的伙食：“吃是吃食堂，当时叫做‘饭团’。学校根本不管，由他们每月选出一名伙食委员，管理食堂。这是很复杂很麻烦的事，谁也不愿意干。但是，行行出状元。二年级有一个同学，名叫徐春藻，他对此既有兴趣，也有天才。他每夜起来巡视厨房，看看有没有厨子偷肉偷粮的事件。有一次还真让他抓到了。承包人把肉藏在酱油桶里，准备偷运出去，被他抓住，罚了款。从而伙食质量大有提高，经常能吃到肉和黄花鱼。”③ 伙食得以改善，离不开这名尽职尽责、乐于奉献的管理员学生，他通过半夜突袭

① 汪琇：《学生组织伙食之利益》，载《中央日报》1921 年 5 月 13 日。
② 《学生膳食自理》，载《浙江省立杭州高级中学校刊》1935 年第 134 期。
③ 季羡林：《我的小学和中学》，北京：外语教学与研究出版社，2009 年版，第 55 页。

食堂的方式，巡查厨师的不良行为，显然，这种方式非常奏效，学生的伙食质量明显提高。

此外，学生自办伙食的另外一大益处，便在于节省开支。旅鄂湖南中学的学生回忆："当时我们的伙食，全是由我们自办的，每天轮流地派一个学生同一个工人，清早就去买小菜，厨子由我们自请，米煤由我们自买，每个学期结算一次。当时四块钱一个月的伙食，到了学期终了，总还可以退几块钱，作回家路费。可是伙食并不坏，几乎每餐吃肉。"① 自行办理改革之后，学生们不仅可以吃到美味的饭菜，还可以节省出回家的路费。有的学校节省出的费用更多，成都石室中学的学生向校长申请伙食自办之后，成效立著。"伙食职员，由学校依入学次序派充，每周一换。菜蔬既佳，而礼拜日鸡猪鱼肉，大饱餍饫，不似昔日淡泊了。且学期告终，综结余款，同学均分，尚能各得数千。聚餐观剧，为用亦足。自治利益，我于伙食感动者甚深。"② 由此看出，雇工制比承包制对于学生而言，获利更多。当时有人开始研究取缔承包制改用雇工制给学生带来的益处："承包制取消之后，大众伙食的费用，可以从中节省，并且还避免其中狼狈作弊的行为和学生的疑惑。我们来把雇工制和学生的膳费来算一下看，假使学校里有八百个学生，那么至多雇十个厨司，照现在的工资，平均每月每人十元已足，十个厨司的薪金每月共计一百元，学生每月每人的膳食费以六元计算，一月的收入是四千八百元，除过厨司薪金之外，净余四千七百元，每桌八人共膳，每顿得到一元五角的食物（其余六分六厘作为购柴的用度），每人每月负担厨司的薪金不过一角二分五厘，这样一算，便知道每人所分得的负担实在微乎其微。"③ 雇工制显然在经济节约方面优于承包制，学生也能从中得到最大的利益。

学生自做饭肴。以上呈现的主要是学生通过成立膳食委员会的方式，雇用厨师以便改良伙食，节约经济花销。然而，还有一种情况的伙食自理，便

---

① 刘大杰：《中学生活的一片段》，载《青年界》1935 年第 7 卷第 1 期。

② 成都市石室中学编：《成都市石室中学》，北京：人民教育出版社，1999 年版，第 54 页。

③ 葛衢康：《中学生的膳食问题》，载《体育杂志》1935 年第 1 卷第 5 期。

是学生亲自动手、自做菜肴。“湖北省立第十一中学为全县最高学府，无大厨房，学生任各起火，挤在一所空房屋，东设一炉，西设一灶，下课后自作自食，又如童子军露营时操习做饭者，然学生习以为常，校长亦视若无睹。”①该学校的学生没有聘请厨师，伙食都由学生自己解决。青海地区，由于经济发展的差异，很多中学不能聘请厨师，只能学生自行解决：

> 他们完全是亲自造饭的，用厨子是绝对没有的事，大半五个人或三个人，共同组织炉灶，一顿饭你作面片——青海没有米，所以食必用麫——我烧火，他买菜，费不了半个钟头，最经济，最畅快的食在各人的肚皮里头，早上有用糌粑酥油的，最简单，只要烧滚一锅开水，连锅拔在屋子里，打开糌粑和酥油皮胎——皮囊——大啖大嚼的就解决这个民生问题了。做饭的原料主要的是小麦面和青稞面——此种植物为西北所特有，又黑又粗，为中下级人们所嗜食。烧火用的是风箱，用手拉推，很费气力，此种物件，内地是不常见的。菜呢？只是三个铜子儿的大白菜，或是二个铜子儿的芹菜，用醋辣子的就少有，还有的简直连青盐都不调呢！就是面对着水，那有内地学生，每日三餐，还将就几个菜，几个汤的！他们每日只吃两顿饭，早上八点钟是早餐，晚上四点钟是晚餐。例外午时十二点钟，如离家近的，或是家里的人将送食物来的时，有馒头干粮，可以备他们餐的，但这种机会很少，所以平素他们就连吃馒头的幸福都没有。一半因自己做不来，一半也由于时间太不经济，顾不过来。②

学生自做饭食的方式有它的优点所在，一方面，可以锻炼学生的独立自理能力，尤其学生们在童子军露营训练之后，做饭本领明显提高；另一方面，学生可以借此了解社会，通过买菜、购置物用品的渠道了解社会，避免学生

---

① 湖北省档案馆：LS10—5—2048—3，《湖北省立第十一中学》。

② 郭惠天：《青海学生生活描素》，载《国闻周报》1935年第50期。

出现“不食人间烟火”与社会隔离的状况。诚如杭州省立高中的学生所述：“牺牲了一天光阴尚且不说，在雪雨交加的天气，污泥沾染了衣服，雨水渗透了鞋袜，手被风吹得和红薯似的，而一面还要和店家讲价钱，算错了一个铜板也得自认晦气，这种风味，这种活知识，只有我们能尝到。”① 但是，这种方式也有一定弊端，因所用物品都由学生自行办理、采购，势必花费掉很多时间。同时，学生的厨艺能力终究有限，长此以往，学生的营养难以保障，所以湖北省立十一中学的学生，“万不得已不肯留校膳宿”。

（二）不同的伙食供应

菜蔬丰盛的饭食供应。有些中学的伙食提供得比较丰富，荤素搭配合理。金陵女大附中的“饮食也很好，每天早上有馒头吃，一礼拜中还有一次面食，菜也是最合宜的，营养充分而调和”。② 许渊冲评价南昌二中的伙食甚佳：“二中伙食不错，每月四元八角，一日三餐：早餐总是大米稀饭，四碟小菜：有油炸花生仁，炸油条，酱萝卜干等；午餐晚餐主食都是米饭，副食有三荤三素，上午荤菜是鱼，下午是肉，素菜有青菜、豆芽等。我每顿吃三碗饭，和同学一起吃饭更有趣味，不像家里吃饭只是敷衍塞责似的。”③ 一些私立学校，由于学生缴纳膳食费较多，伙食办理能得到学生的认可。如福湘女中的学生回忆其学校的伙食：“我们每日三餐，营养丰富，味道可口。在长沙各中学中卓有声誉。大致每日早餐是稀饭，每人两个小甜馒头，四碟小菜。花生米、兰花豆、炸豆腐干之类。午晚两餐是一机米饭、六碗菜。其中两大海碗荤菜红烧肉或鱼，黄豆炖牛肉之类。另两样蔬菜分四碗。青菜炒得绿油油的，非常好吃。八个人一桌，由训育处混合编桌。吃饭用公筷。”④ 显然，以上学校一日三餐的菜食搭配，荤素结合、种类丰富，给学生都留下了美好印象。

然而，并不是所有中学的伙食都如以上学校种类丰富，很多学校由于条

---

① 傅承说：《杭州省立高中学生生活纪实》，载《中国学生》1936 年第 2 卷第 21 期。

② 竹：《金陵女大附中的学生生活》，载《中国学生》1937 年第 12 期。

③ 许渊冲：《续忆逝水年华》，武汉：湖北人民出版社，2008 年版，第 33 页。

④ 殷达：《福湘史话：湖南私立福湘女中校园漫步》，北京：中国环境科学出版社，1993 年版，第 94 页。

图 3—8　南洋中学食堂

件所限，学生的饭食单一。北京一中的食堂伙食饭食种类简单，“学校开办有学生食堂，一日三餐，早餐小米稀饭，中、晚餐一般是玉米面窝窝头，加少许白菜熬豆腐菜。食堂实行按顿包饭制，每顿量数不限，吃饱为止”。[①] 根据这名同学的回忆，显然北京一中的食堂种类单调，这也是为什么该校实施“不限数量，吃饱为止”的策略。湖北黄石某高中则被参观者评价为“你们贵校的伙食，在全中国，以及全世界的学校里，算最苦了”。为何会得出如此之评价呢？且看该学校的伙食开办状况：

> 每天是三餐，上午和下午是稀饭，中午就是干饭，每桌整整的八个人，但所有的菜呢，真是和和尚一样的了，上午和下午的稀饭同是一样的菜，不过下午减少一个菜，而增加八个馒头，除了一碗鱼和一碗榨菜，是由外面买的以外，其余的黄豆就是校里农场的出品，这是用稀饭的菜，用干饭的菜，是一碗白菜，一碗豆腐，一碗藕，一碗黑干子，还有一碗豆腐和白菜混成的汤，每天的菜总是如此，只不过因季节的不同而换掉一两样。每每碰到学生的家长或是朋友，来到校中参观的时候，一看这样的菜饭，就不愿留下吃顿饭。[②]

---

① 王晋堂主编：《古校迈向 21 世纪：北京一中校史稿（1644—1990）》，北京：华艺出版社，1990 年版，第 128 页。

② 欧阳先平：《湖北黄石港农林高中学生生活》，载《青年月刊》1937 年第 3 卷第 4 期。

伙食分等制度。很多学校的食堂提供不同层次的伙食，学生根据自己的经济水平，选择对应等级的饭食。如私立南开中学既有三个食堂，复有三种菜蔬。“三种菜分别为甲餐、乙餐及特餐；甲餐大概是三荤一素一汤，乙餐都是素菜，特餐是民国十八、十九年开办的；在甲餐之外，另加一盘贵重大菜和教职员的膳食相同（教职员与学生同食堂同时用膳）。”① 学生根据自己的经济能力，选择适合的餐厅以及菜蔬搭配。柏杨所在的中学，则是把伙食分为“白菜团”和“萝卜团”两种等级，据柏杨回忆其百泉初中的食堂状况：

> 全校小朋友的伙食，也跟我们的班级一样，分成两团，一个伙食团被称为“白菜团”，可以吃白面馒头，而且有肉，另外一个伙食团被称为“萝卜团”，只能吃玉米面做的窝窝头、一碗稀汤和几粒咸菜，稀汤里根本没有一滴油。“萝卜团”一个月只缴一块银圆，“白菜团”则需两块银圆。表婶每月给我的伙食费是一块银圆，所以只好参加“萝卜团”。
>
> 玉米面窝窝头绝对可以喂饱肚子，但是，一个我这样年龄的孩子，需要吃三四个才会饱，而玉米面粗糙又没有味道，难以下咽。最残忍的是，这两个伙食团门靠着门，相邻并立，每次吃饭，对我来说，都是艰难的考验。我们所谓的饭厅，就是厨房前面的院子，没有桌子，没有椅子，也没有小板凳，各人端着各人的碗，围绕着院子，蹲下进食。白菜团的同学们手里的白面馒头发出一种清香，热腾腾的炖肉，更刺激辘辘的饥肠。我一辈子都不会忘记那种贫富差距带来的创伤，渴望吃一口肉，一口就好。②

“白菜团”和“萝卜团”给柏杨的中学时代留下了深刻的印象，更深刻体验到了贫富差距所带来的强烈感觉。这也是伙食分层制给学生带来的心理影

① 南开中学编：《天津市南开中学建校九十周年纪念专刊（1904—1994）》，1994年，第14页。

② 柏杨口述，周碧瑟执笔：《柏杨回忆录：看过地狱回来的人》，沈阳：春风文艺出版社，2002年版，第33—34页。

响，显然，那些伙食好的学生明显带有优越感，而伙食差些的学生无形中生发出自卑感。就如这种等级之差造成柏杨“一辈子都不会忘记那种贫富差距带来的创伤，渴望吃一口肉，一口就好”的强烈感受。正是基于伙食分等制度的消极影响，一些学校取消了这种制度，以期创造“平等”的校园风气。“贫困子弟不能为中学生，以致念书的都是富家子弟，学校也渐渐的成了贵族式的学校。以贵族式的学校造就贵族式的学生，怎能盼望教育普及呢？此后，潞河中学废除了学生伙食分等制”。①

（三）偶发的食堂闹剧

一般学校都会规定出食堂规则，借以规范学生的膳食行为，如不得大声喧哗、不得敲碗筷等。河北省正定中学规定了十二条食堂规则：

一、开饭时钟，始得鱼贯入食堂，不准先时入座。

二、入座时，须按编定制桌号就座，不得乱坐，或不就坐，亦不得挪移饭桌。

三、用食时须肃静，不得喧哗谈笑或敲磬盘者。

四、用食时，不得足登上或横厨食案。

五、用食时，不得剥弃蒸食外皮，或任意抛弃残余食物。

六、用食时，不得对食案咳嗽，亦不得随意吐痰。

七、食物不得带出食堂，亦不得私带食品在食堂食用。

八、食品由厨工依次分送，不得自取。

九、食具须加爱护，不得任意损坏。

十、已逾开饭时间，不得补开。

十一、厨工如有预备不周之处，可于餐后通知饮食处，不得直接交涉。

十二、食毕，须即出食堂，不得逗留谈笑。②

---

① 北京市教育科学研究所编：《百年老校话今昔：北京市通县第一中学校史》，1986年，第6页。

② 《食堂规则》，载《河北省省立正定中学校刊》1934年合刊。

大部分学生能按规行动，保持食堂安静、秩序井然。据参观记述：“会食，我曾经参加某个学校的午饭，近三百人集合在一个狭长的膳室里。近三百人在一个膳室里吃饭，若是从外面走过，要当是里面没有人，听不到里面有一个人讲话的声音，我从开始午饭到完毕，一堂肃静，确乎听不到有一个讲话的声音。听到的是轻轻的从无线电机播出来的音乐声。”① 这所学校的食堂可谓井然无乱，学生们都能安静进餐，遵循着“食不言”的规矩。然而，这种平静经常会被打破，正如学校规定了学生各种食堂行为的规范，但仍不能避免违规行为的发生，而学生们自知违反了食堂规则，那为何明知故犯呢？一般而言，学生们做出违规行为，则旨在表达对食堂管理、餐饭的改良意见。有的中学饭食不佳，学生们则想尽办法对付厨房师傅，要求改善伙食。学校的中学生联合起来，利用“武器”改善膳食生活。学生们大量吃饭，把食堂的饭吃尽，最后食堂师傅没办法，只能改善学生伙食。具体场景颇为生动有趣：

> 大家不是吃菜，都各自尽力地在吃饭上做文章。平时吃两碗的，此时至少吃三碗。我是吃三碗，此刻就得吃五碗了。记得吃得最多的人，竟能达到十一碗，吃过后又到侧座去呕吐出来。
>
> 大家在拼命吃饭，尽管厨房老厨见到风色不佳，把校工和厨役的饭都暂时挪移来接济，还是杯水车薪，应付不了。加之，饭桶里的饭并未见底，已有人高声呼厨役添饭，更使得同学们觉到大功行将告成，饭吃得更快，更来不及接济。结果，室长都呈请舍务主任去了。
>
> “为什么今天饭少煮，使得大家不够吃？”这是舍务主任对厨房说的话。
>
> “×先生，饭都是每顿煮这么多，并没有煮少一点。”这是厨房的回答。

---

① 虞开锡：《江苏中学生生活状况的一般》，载《晨光》1934年第3卷第3期。

“×先生，厨房里菜蔬弄不好，我们同学从来没说过，现在连饭都不给我们吃了——大家现在还没有吃得饱。”这是室长们最扼要的陈述。

结果，由厨房赶备面包发给大家充饥，此后饭多煮一些。同学们得到面包，无法再吃，多半是送给校工，校工笑逐颜开，一篓篓的面包装了出去。

这是必然的，“努力加餐”的武器发挥了武力以后，厨房知道招架不住，只有暂时屈服，于是此后几天，菜蔬就美好得多了。同学很得意，都在一旁喊着“努力加餐万岁”![①]

这种方式是正当争取利益的发泄与表达，最终学校厨房还是屈服给了学生。然而，也有一些学生则是钻了食堂管理规则的缝隙，争取个人私利。南开中学的食堂管理，“对厨师也提出严格要求，除了要求饭厅无蝇之外，如果饭菜里有苍蝇就罚他重做一个菜。有时，调皮的同学，从外边抓一个苍蝇扔到菜里，要罚厨房。厨房掌柜的总是小声说：‘先生们，我们是血本经营，赔不起呀！’有时也有争执，只好送管理员公断；管理员就秉公办理，好在经过油煎的苍蝇究竟跟刚刚扔进菜里的苍蝇模样不同，该罚就罚，不该罚，就不罚”。[②] 很明显，以上闹剧是个别学生为了再争得“加菜”，而恶搞苍蝇餐。很多学生都掌握这套把戏，某学生的一声尖叫打破了食堂的平静：

“厨房，跑过来!”一个学生凶狠狠地瞪着他的眼睛，手指着桌上的一盘菜。“你看！这是什么东西?”“哼！这盘菜有苍蝇的，你想别人吃了生病么？快去换一盘‘特别菜’来，不要噜嘟!”另一位同学接着说。“唔……先生，我们的菜决不会有苍……，只怕是……”厨子的声音细小得很。“怎么？不敢不去拿特别菜来么？……”“哗啦”，顺手把一盘子摔在地上。“好!”看热闹的同学在附和着。接着来了一个怪声：“再来一个

① 洪为法：《努力加餐》，载《青年界》1935年第7卷第1期。

② 钟叔河、朱纯编：《过去的学校》，长沙：湖南教育出版社，1982年版，第255页。

……”厨子终于带着那敢怒而不敢言的眼光屈服了。热气腾腾的“特别菜”送来了，他们抢着吃，脸上现出胜利的微笑。“老×！这套把戏真不错，一只苍蝇换一盘菜。”“哈哈。这就叫‘生菜有道’哪！”①

学生为了获取“特别菜”，抓一只苍蝇放在饭菜里，借以威胁厨房更换一盘，而食堂的厨子也看穿了学生的小把戏，但仍旧没拗过学生的强行威胁，学生与厨师之间处于一种对抗的关系。然而，也有一些学生与厨师关系相处融洽、其乐融融，食堂里充满着欢声笑语。上海务本女中的食堂则上演了学生与厨子互相讥笑的场面，早晨起床后，学生们集聚食堂准备喝粥：

“厨房粥有吗?”大家忍不住这样问。“没有。”厨子回说。贞走向担子边拿开了每桶的盖子，看最后的一桶，“呀！在这里，厨房真丰有。”胜利之光满现在每个人的脸上，如晨鸟般娇骂着厨子，尤其是拿了铜匙子的人，更现出快乐而胜利的微笑。“快些吧!”每人都催着。恶作剧的厨子，偏要和小姐们玩玩笑，她们愈急，他偏要笑嘻嘻慢吞吞的，这种态度，小姐们看了简直如看了戏台上奸恶的小丑一般的难熬。②

上海务本女中的学生与食堂的厨子师傅互相嬉笑取乐，相互之间其乐融融。在食堂这个公共领域，也有一些学生有不良习惯。“春晖膳食秩序之坏，也确实闻名了的，敲碗的风气，不知何时已下了这样根深蒂固的习惯，差不多每餐少则十多双，多则百余双，我至今引以自慰者，在春晖三年，未曾敲过一双碗，假期回去，母亲总以此叮咛我。无论如何不可蹈入这样下流的习惯干坏良心的事”。③ 敲碗虽是一个小的行为举动，但也体现了学生们对公共秩序的态度。

（四）食堂的各种仪式

① 汪乾绰：《饭厅里面的风波》，载《现代新闻》1934年第1卷第2期。
② 黄醉竹：《学校饭厅剪影》，载《读书青年》1937年第2卷第3期。
③ 李希实：《我的中学生活》，载《学校生活》1935年第115期。

学生进餐前后，都须遵守学校的规约，如打铃入饭堂，按指定座位入座等等。成都石室中学规定的食堂规则，“每桌以八人为限。座号经训育处编定后不得移易。闻号声后始得入室就餐，食毕后即行退出不得逗留。未开食堂门时不得在门前拥挤或喧哗”。[①] 石室中学的学生闻铃后进餐，且按照规定座位号入座。同样，保定育德中学的学生也须如此，“必须先在每个月初前三天预交定额的膳费（不交者不准就餐，无任何例外），并自愿组桌，每桌 6 人，各班组桌名单，交伙委制成硬纸名牌，挂在饭桌一头，接班次排列桌位，按名牌的桌座就餐，不得紊乱。每日三餐，厨房工友在开饭前把饭、菜、汤、碗、筷摆好，关闭屋门。开饭钟响过，打开屋门，才能进屋就餐”。[②]

当时一些学校规定了学生进餐仪式。有的中学吃饭之前整队喊口令，“吃饭要整队，由值日的队长喊着口令：一、立正；二、向右转；三、开步走。无论早中晚，一日三餐，我们总是像一条龙一样的挨次走入饭厅。走入饭厅以后，又必要很斯文地在彼此礼让的状况下自己盛好了饭，举着进餐”。[③] 整队进餐，可以保持秩序井然有序。学生在军事化的训练过程中，进餐更需遵守一定规约。“军事教官和两位辅导员和学生一起在大饭厅就餐。学生到厅后，先立在饭桌前，等绝大多数学生到达后，由辅导员一人喊‘开动’，才能就座开始用餐。这时饭厅内只有轻微的咀嚼声和碗筷移动声，外来人从饭厅外走过，绝想不到里边竟有千把人在活动。过 8 分钟后，辅导员喊‘随便走’，吃完的才能离座出厅。未喊以前，即使吃完，也要静坐等候。再过 7 分钟喊‘解散’，辅导员离去，少数没吃完的也要赶快吃完出饭厅”。[④] 学生生活的各方面都已军事化，包括学生的膳食行为也需按照军事化的方式进行。

---

① 成都市石室中学编：《成都市石室中学》，北京：人民教育出版社，1999 年版，第 110 页。

② 中国人民政治协商会议河北省保定市委员会文史资料委员会编：《保定文史资料选辑》第 12 辑，1994 年，第 122 页。

③ 洪为法：《努力加餐》，载《青年界》1935 年第 7 卷第 1 期。

④ 中国人民政治协商会议河北省保定市委员会文史资料委员会编：《保定文史资料选辑》第 12 辑，1994 年，第 123 页。

图 3—9　北京平民中学师生共餐

二、多种途径的伙食改善

学校食堂的伙食花样有限，加上每天都是类似单调的菜式种类，学生们不免吃得有些腻烦，所以学生们总是利用各种机会改善伙食，有的借回家之机，带回一些丰盛大餐或者零食，有的则去校外餐馆或小吃摊进餐，或者想尽办法出去购买一些零食，以此来打打牙祭。

第一种方式，学生自带或者自买餐食入校。中学生定期放假，如一个月放假一次等，学生们借回家之机，带回一些饭食改善生活。湖南福湘女中的学生“开初有一段时期允许零食也允许从家中带菜。当然都要存放在纱橱中，在饭桌上吃。原分坐各桌的同班同学便相约‘慢点吃’。待同桌他班同学离席后，同班的各自拿出菜来，聚到一桌。九如斋的辣椒油啦，腊肉腊鱼啦，松花蛋啦……愉快地互相品赏，直吃到上课钟前。不喧闹，也不狼藉”。[①] 为了丰富种类，学生们把从家带来的各种食物拿出来大家共享，这种场面真是无比乐哉与享受。有时候，这种记忆深刻无比。据许渊冲回忆：“刘金兹从家乡带来田鸡，炒了一大盘请我们吃，鲜嫩无比，这是我吃得最难忘的一顿了。”[②] 一只田鸡能够给许渊冲留下如此深刻之印象，可以看出偶尔的伙食改善还是能给学生带来很多惊喜，尤其对于那些长期住校的同学而言，更似品尝到人间美味的极乐享受。

---

① 殷达：《福湘史话：湖南私立福湘女中校园漫步》，北京：中国环境科学出版社，1993 年版，第 95 页。

② 许渊冲：《续忆逝水年华》，武汉：湖北人民出版社，2008 年版，第 33 页。

为了打牙祭，很多学生跑去市场买些零食，尤其是女中学生，更是难以抵制零食的诱惑。金陵女子大学附中的学生课余之际，则经常买些零食。“同学中间除了较好的朋友外，普通都是很客气的。有人说男学生爱打架，女学生好吃，真是不错，当课余时所以看见三五成群的同学从学校附近的小店回来，手里拿着一包包的吃食，她们尤其爱吃花生米”。金陵女大附中的学生购买零食比较得意，而有些学校的同学则不同了，不仅要躲避学监的检查，还要想方设法买些零食。如南开女中的学生，“学校吃零食很难，学校里没有卖的，不许出校去买。堂役也不给卖。唯一的来源就是走读同学回家里带，或者去男中上课时带些回来。同时吃的时候还要特别留神，一旦被学监看见，不但全物充公，还要领一回教训，甚至记大过一次”。① 南洋大学中学部的学生同样难抵零食的诱惑。“在课余的时候，那许多同学，肚中已有呜呜的声音了。这时的南洋商业公司里面，饼干，点心，糖，水果，不绝的有人去买。就是校外的小店和小摊，也没有一个不生意兴隆的。花生壳啊，甘蔗渣的，香蕉皮啊，陈皮梅的包纸啊，满地都是！所以那顺发店做了十几年生意，已经腰缠万贯！吾同学每日所消费的金钱，不晓得有几十元啊！吾们中学同学，年纪又轻，正在喜零食的时候，所以到食物店里去调查一下，吾们中学同学，起码要占一大半。”②

第二种方式，叫“外卖”或校外进餐。很多学校的食堂伙食虽然搭配不错，但还是有嘴馋的学生吃腻了食堂饭菜，想吃点外面的食物满足食欲。如南洋大学附中的学生则巧妙运用上海的发达条件，叫西餐来丰富膳食。几个“志同道合”的同学商量之后，决定去校外西餐店定制可口的面包，“他们合了几人，向面包店定做面包，每日每人吃三磅或两磅。吃的时候，几个人聚在一处；开了一瓶果酱，冲了一壶牛奶，另外有什么罐头鱼啊，鸡啊，许多食品，吃个畅快，倒亦别开生面，很自由自在”。③ 美味可口的面包，加上香喷喷的牛奶，可以解救口腹之欲了。有的学生叫外卖的方式更为特别，如上

① 邓玉真：《南开女中学生生活之一般》，载《白河周刊》1932 年第 1 卷第 48 期。

② 南洋大学编：《南洋大学学生生活》，1923 年，第 72 页。

③ 南洋大学编：《南洋大学学生生活》，1923 年，第 72 页。

海中学学生“窗外买粥”的故事。徐植礼回忆起来仍记忆犹新：

> 第一学期的寝室，一排数间，室内后面墙上有一樘高高的小窗，窗外就是小巷，没有围墙，每晚九时自修课后钟声响，窗外就有叫卖“火腿粽子八宝饭”的，声调好听。同学们兴趣来时，在窗口下放一椅子，爬上椅子，将钱送至窗外买一只火腿粽子或一小碗八宝饭。楼上的同学也有用一根绳子，吊下篮子置钱于篮内，买粽子或八宝饭。粽子果然味美，八宝饭更是油多豆沙香，好吃极了。①

由于校外餐馆、小吃摊的样式种类多，学生们时常光临以此改善伙食。北平师大附中一部分学生则常常光顾学校外面的小吃摊或者饭馆。前往学校饭馆去吃的学生占大多数，“一来可以随自己意思吃，二来吃得好，三来时间亦很经济。每月饭资至少不下十余元”。在学校门口浮摊上吃饭的学生人数几乎占到全校人数的二分之一。“说到浮摊，附中门口可以说是最多的了。有卖麻花烧饼的，饺子的，各种水果花生豆的，每天总有一二十个之多”。② 有的同学改善伙食的记忆则不同，家庭贫寒的学生，读书期间节衣缩食，很少光顾校外的美味佳肴，但有时却能得到富裕同学的帮助而改善一些。“我因家境衰败，当乡小学教师的大哥每月给我寄十元学费和生活费。我爱买书刊，钱不够用，就在伙食上节省，即不吃早饭，午饭多吃，因此营养不良，身体健康不佳。李希圣同学家境富裕，他父亲每月给他寄二十元钱。我生活费困难时，他帮我一些，有时还在晚间约我到街头叫作‘酒饔’的小饭店里‘消夜’，吃点小块肉食和点心，改善生活，不知希圣兄还记得此种乐趣否”？③ 在同学的帮助下，偶到街头上吃点肉食点心，足可以给长期节俭的他带来身心愉悦。

---

① 傅国涌编：《过去的中学》，北京：同心出版社，2012年版，第192页。

② 刘馨：《北平师大附中的学生生活》，载《白河周刊》1932年第1卷第48期。

③ 王晋堂主编：《古校迈向21世纪：北京一中校史稿（1644—1990）》，北京：华艺出版社，1990年版，第128页。

其他方式的伙食改善。除以上两种方式之外，学生们总是会找寻机会丰富伙食。一些富家子弟的孩子，总会有多余的钱可以到校外买零食改善，但一些家境相对贫寒的学生，则很少买零食。然而，中学生正是身体急剧发育期，白天的进食难以抵制住晚上的饥饿，学生们则“偷馒头”晚上加餐。保定育德中学的学生回忆：“偷馒头发生在冬季。在冬天天寒时，每间寝室中由学校供给一只小煤炉取暖。有些同学便从饭厅里偷出馒头来留着晚间烤着吃。有趣的是他们偷的方式，把一支筷子上穿上三四个馒头，放进棉袍袖中，以避免被别人发现。如此每次便可拿七八个馒头，除自己吃外，还可以请客，但这种行为，却非经常发生，即使偶被发现，亦不算什么严重过失，因为由来已久，相习成风，也就见怪不怪了。”① 在饥饿之时，烤馒头堪称为一顿充饥的美食。有一种伙食改善更让学生们体验到收获的味道。某中学生的学生每到秋季收获时节，便可以尝到自己动手种植的蔬菜。“学校有个旁门靠近一条小河，河边有一长溜空地，分包到各班，每个班都要种这些地，在地上种上青菜，我分到的一排五六棵青菜就由我每天浇水管理。到收获时，菜都交到食堂里，由食堂加上年糕片煮了给大家分食”。② 为了在饭菜里加点肉腥，某学校的学生筹费买猪仔，用食堂的剩菜剩饭喂养，“在鹦鹉洲去了 20 块钱买了两只猪，喂在学校山上的小屋里。全校有三四百人吃饭，剩饭残汤，喂两头猪是足够的。等到过年的时候，这两只猪都长到快 200 斤了。于是杀一只开同乐会，大家痛快地吃了一顿，还有一只，存在肉店里，作整存零取的办法”。③

从以上呈现的学生膳食生活中可以发现几个特点：首先，学生自治能力得到体现。学生为了提高伙食质量，节约膳食开支，成立膳食委员会。成立膳食委员会之后，他们多能各司其职，监督食堂的伙食开办。甚至很多学校学生在校自做饭菜，这些都体现出学生自治能力的提高。其次，不同经济背

---

① 中国人民政治协商会议河北省保定市委员会文史资料委员会编：《保定文史资料选辑》第 12 辑，1994 年，第 129 页。

② 许祖云主编：《青春是美丽的　续集》，北京：华夏出版社，1997 年版，第 51 页。

③ 刘大杰：《中学生活的一片段》，载《青年界》1935 年第 7 卷第 1 期。

景的学生，其膳食生活迥异。很多学校实行饭食等级制，食堂提供不同消费等级的饭食，很容易滋生家庭状况较好学生的虚荣心及优越感，同时增添了贫寒子弟的消极自卑感。最后，学校对学生膳食管理比较严格，但仍抵制不住学生对零食外餐的欲念。当时很多学校都有学生不许自带零食之类的规定，但很多学生仍会借助机会改善伙食，满足口腹之欲。

第四节　住宿生活：生活与文化的双重变奏

一般而言，大部分学生进入中学，则开始了集体的寄宿生活，当然也有少部分同学实行走读制。寄宿制的生活比较走读制，存在着诸多优点，如可以养成良好的生活习惯，发展人际交往能力，炼就健康身体、砥砺学识、增进知识等方面。但是，寄宿生的住宿环境良莠不齐，有的校内外环境甚为优雅高端，有的则是简陋不堪。为了规范学生的生活行为，学校制定了住宿生的管理规约，同时为了鼓励学生养成整洁干净的卫生习惯，特制定了不同方式的鼓励规章。

一、不尽欢颜的住宿环境

学校的外部环境。诚如“孟母三迁”的故事一样，学校的外部环境对于学生的学习、生活也有着至关重要的影响。很多学校一般设立在风景宜人、环境优雅、相对静逸的地段。上海中学某生描述其中学的外部环境，“我们学校的后面是吴淞江，隔江是镇，东西南三面完全是田野。一年四季中，自然的变化都呈现在我们的眼前，随处可找到诗的材料。都市的学校里，哪里能享受这样的美景！学校附近有一所小学校，每天有许多天真烂漫活泼可爱的小学生在校旁边的路上跳着跑着，他们的纯真无邪的举动，引起我热烈的羡慕。我们的生活，因了美好的环境，渐渐地充实而美化了”。① 上海中学不仅

---

① 徐金涛：《过去的学校生活》，载《中学生文艺》1931 年第 1 期。

外部自然环境优美，且因毗邻小学校，人文环境也相对较好。不同于大城市喧嚣的学校，设在白马湖畔的春晖中学则独有乡村的宁静与安逸，正如朱自清写的春晖的一月中所描述：“春晖的校舍和历落的几处人家，都已在望了。远远看去，房屋的布置颇疏散有致，决无拥挤、局促之感。我缓缓走到校前，白马湖的水也跟着缓缓地流着。校里最多的是湖，三面潺潺地流着；其次是草地，看过去芊芊的一片。”①

图 3－10 春晖中学女生宿舍

柏杨就读的百泉初中的环境十分优美。“天下没有几个学校像百泉初中那样地紧傍着小河小桥‘百泉’这两个字，当称‘百泉乡’的时候，它只是一个普通的村庄，而在百泉乡的中央，苏门山下，有一个‘百泉湖’，那是一个美丽而巨大的池塘，湖水清澈得可以看出从底部冒出来的泉水水泡。像星宿海是黄河的发源地一样，百泉湖是卫河的发源地，百泉初中就在百泉湖下方不到半公里的地方。可是这么好的环境，学校却设在一座破庙里，包括学生宿舍在内，全是用借来的庙宇和民宅，因为距县城有三公里之遥，所以我也成了住宿生”。② 可以说，大城市有大城市之优雅，小城镇则有乡村的静谧与安逸。学生们在这优美舒畅的自然环境的包围之中，尽享着大自然的恩赐。

除了外部环境的喧嚣或宁静之外，校内的住宿环境则因学校的办学水平

---

① 浙江省春晖中学编：《浙江省春晖中学》，北京：人民教育出版社，1999 年版，第 119 页。

② 柏杨口述，周碧瑟执笔：《柏杨回忆录：看过地狱回来的人》，沈阳：春风文艺出版社，2002 年版，第 25 页。

不一，不尽相同，一些私立学校由于收费较高，学校的住宿条件相对较好；而一些偏远地区的学校，则因经济水平的限制等因，学校宿舍内外条件欠佳。如湖南福湘女中作为一所教会中学，其住宿环境非常优越。“寝室各附有盥洗室、浴室和厕所。盥洗室都设有长条架，各人固定位置。脸盆扣在架上层，洗脚盆扣在架下层。面巾一律白色小厚方巾，斜挂在架上，缝有各自名字。浴室分成若干有门的小间，每间一只腰圆形大木盆，室内挂有刷盆刷子。另有一两间皮肤病浴室，不许乱用，厕所是有盖的坐式木架马桶，分放在有门的小间内”。① 该校的住宿环境堪称优越，仅从坐式木架马桶的厕所装备可以看出其环境之优。南开女中作为天津的女子中学，其环境也还不错。“每间寝室住八个人，放着八张床，二张长而宽大的桌子，和八个方凳，和医院里的普通病房差不多，不过墙的二角放着二个大书架，每个分四层，每层放着一个人的书”。② 清华作为北京著名的学校，加上之庚子赔款的资助，其办学条件比较优厚。梁实秋曾在这里度过了中学和大学的光阴。他回忆其住宿环境：“我起初是六个人一间房，后来是四人一间。室内有地板，白灰墙白灰顶，四白落地。铁床草垫，外配竹竿六根以备夏天支设蚊帐。有窗户，无纱窗，无窗帘。每人发白布被单、白布床罩各二；又白帆布口袋二，装换洗衣服之用。洗衣作房隔日派人取送。每两间寝室共用一具所谓‘俄罗斯火炉’，墙上有洞以通暖气，实际上也没有多少暖气可通。但是火炉下面可以烤白薯，夜晚香味四溢。浴室、厕所在西边毗邻操场。浴室备铝铁盆十几个。浴者先签到报备，然后有人来倒冷热水。”③ 虽从其回忆的文字中透露出对宿舍环境的一丝不满，但客观而言，其住宿条件还是相对优厚的。南昌女中的某学生描写了月下的宿舍一景，其意境幽静而美妙。

---

① 殷达：《福湘史话：湖南私立福湘女中校园漫步》，北京：中国环境科学出版社，1993 年版，第 93 页。

② 冯玉贞：《南开女中学生生活之一般》，载《白河周刊》1932 年第 1 卷第 48 期。

③ 钟叔河、朱纯编：《过去的学校》，长沙：湖南教育出版社，1982 年版，第 109 页。

冬夜里的寝室

今夜有银色的星星，
明莹的月影笼罩晚景，
我们的寝室照着光明，
大抵都发出美妙和幽静。

粉色的壁偎着紫色的地板，
淡黄的狭床吻着朴静的被，
窗外射入梦似的洁白的光，
令人的心多么迷离与沉醉？①

图 3－11　杭州省立高中、河北省立河间初级中学校学生宿舍

相比以上学校的住宿环境，一些学校的条件则相形见绌了。如经济欠发达的青海地区，条件相对艰苦简陋。一个中学生回忆："寝室都是一间一间的小房间，内边住着三个人或四个人的知己同伴，所以都很亲热，绝没有吵架红脸等事体的，因这是由他们自己自由选择组织的，也不限定班级，只要是在本校读书，就可以任意商量着去组织呢！房内的陈设再简单没有，矮矮的一张方桌，长长的一条凳子，桌子上摆着他们的几本教科书，也间有红楼梦，水浒，三国演义等课外读物的。尚有一个大板坑——四周用土筑起，顶上铺以木板，内边再垫以土块等物，距木板的平面约一尺左右的东西，此物为西北寒冷地方所特有。内边可以放火，预备冬天御寒的。"② 青海的中学一个宿舍住三四个人，而湖南省立第三中学的宿舍则一屋住十个人之多。"1924 年，大概有四百余人之众，因屋狭限，一寝室内往往住至数十人之多，空气不良，窗户又少。每值晨，炭气逼人，不

① 期佳：《冬夜里的寝室》，载《南昌女中》1934 年第 1 期。
② 郭惠天：《青海学生生活素描》，载《国闻周报》1935 年第 50 期。

堪忍受。既属妨害卫生易传染病魔，是不得不切实改良”。[1] 湖北省立十一中学住宿同样也极为简陋，“寝室大孔小洞，通风入室，不能居住。学生乃自购竹篱，相隔成房，俨如临时军用营房”[2]。这些学校的住宿环境相对简陋艰苦。

以上主要呈现不同学校住宿条件的差异。即使同一所学校，宿舍环境亦有好坏之分，主要通过房间大小、采光优劣等来评定。如南洋大学中学部的学生宿舍住宿环境不尽相同，有的光线明亮宽敞，有的相对狭小阴暗：

> 这许多房间，要算中院正中的十二间为最好；房间最阔，窗户亦多，光线充足。虽则住七个人，地位上余不少。到晚间有电灯三只，自修亦不觉困苦。最不好的，要算“东西新”了。起初这“东西新”，原是两个大房子。现在用板壁隔作六间卧室，那板壁只有大半间房子高，并不高至天花板，而且是有些缝。每间房里住了有十个人左右。这间房，阔不满一丈，长到有三丈左右。只有一面有窗，有光线进来；平常天阴的日子，大半间房子，没有充足光亮以写字读书。等到晚上自修的时候，电灯虽则光明得很，但是假使有一间房间里吵闹起来，那是不但隔壁房里，不能安心静修；就是统连的六个房间，没有一个能静修功课的。熄灯安卧之后，有人吵闹，也是一样的不能安住了！[3]

当然，住宿环境的优劣也与当地的经济直接相连，经济发达的地区，譬如江浙一带的中学，则办学比较规范有序，学生的住宿环境也较为优越。“学校卫生，苏省较优，一由于习尚好洁，一由于省款较充，故师范、中学各校均尚讲求”。但是，相对于江浙一带的中学状况，一些省份的中学校舍建设和环境则相形见绌。如安徽省的中学环境，“皖省学校于卫生一道，大都不甚讲求，所有校舍又往往借用寺庙公所，因陋就简，采光透气于势难期合法”。山东省的“校舍及寄宿舍大半狭小，以致学生异常拥挤，宿舍内又多无通气装

---

① 谭元留：《本校改良卫生之建议》，载《湖南省立第三中学期刊》1924 年创刊号。

② 湖北省档案馆：LS10－5－2048－3，《湖北省立第十一中学》。

③ 南洋大学编：《南洋大学学生生活》，1923 年，第 73 页。

置，一室内多人聚宿，颇觉危险。校中多不备浴室，学生入学时亦不检查身体”。①

校外住宿的学生，其条件远比校内学生更加艰辛，因为每天都要奔波于宿舍与学校之间。矗立在西子湖畔的省立杭州女子中学的学生，每天可以欣赏西湖美景，是何等惬意。“西子湖畔，矗立着的一座簇新而堂皇富丽的建筑物，乃是我在念着书的女中校舍，在这里面生活着的人是别人欣羡着而称为‘幸福’的，诚然！学校生活是人类生活史中最活跃而最有趣的一页，尤其是生活在这样舒适的环境里，更加值得赞美，但是美中不足的一点，是这一座建筑物不能把宿舍也包括在一起，因此我每天至少要在马路上跑了六趟；实在跑跑也不算什么，只是夏天正午的赤日下，冬天清晨和晚上的寒风里，其苦味实在有点难尝！好在许多人同着一起谈着走着，有时也会忘了痛苦的”。②住在校外的学生每天数次的奔波，尤其是在炎夏酷暑以及冬风凛冽之日，这种来往的奔走更显得疲倦与艰辛。但是，他们在途中也可以欣赏自然之美，加之学生们成群而归，同样充满着无限乐趣。

除了提供的硬件条件之外，学生的整洁也至关重要，即便是陋室，如若整洁有序，其居住环境也较为舒畅。但是倘若宿舍凌乱不堪，即便再好的宿舍条件，亦不会温馨别致。“上中院大半同学的心理都以为校舍太坏，不配装饰。因为不配装饰，却连清洁一项都忘掉了。从前张主任曾经出通告劝过同学；大致说房屋虽坏，倘若收拾得清洁点，未见得不好；就是草屋茅庐，也别饶佳趣。假使不讲求清洁卫生，就是住华屋大厦里也不见安适。那次劝告之后，稍微好了一点，现在却又恢复了旧观。最奇怪的就是房间里桌凳横七竖八放着；桌上书纸摊满着；鞋，袜，换洗的衣裳随地乱放着；而我们同学对之‘视若无睹’。”③ 南洋中学部的学生对于宿舍的凌乱不堪，已经司空见惯了。

---

① 李桂林、戚明琇、钱曼倩：《中国近代教育史资料汇编·普通教育》，上海：上海教育出版社，2007 年版，第 874—876 页。

② 郑蕴华：《我的中学生活》，载《浙江青年》1935 年第 1 卷第 8 期。

③ 南洋大学编：《南洋大学学生生活》，1923 年，第 70 页。

二、管理规范的宿舍制度

为了规范学生的日常行为，养成健康向上的生活方式，学校制定出严格的宿舍规章，规范学生宿舍行为，防止发生扰乱宿舍秩序的事件。学生住宿期间，还要严格遵守学校的寄宿生管理规定，如请假出入学校、遵守学校生活时间表等。之所以制定如此严厉的宿舍公约，旨在塑造青年学生良好的生活习惯。

(一) 严格的宿舍管理规章

住宿生一般要遵守学校制定的各种规章，其中包括严格的寝室规约。厦门中华中学制定了宿舍十大公约，且公约以第一人称的形式表述："一、我在宿舍内的举止行动不要粗暴喧哗。二、在自修时间内我不作妨碍他人之动作。三、非训育处许可我不外宿亦不留宿外客。四、我自修时间内不外出。五、我要注意宿舍卫生和整理被铺几桌。六、我不把下列的东西带入宿舍内：有反革命思想的著作刊物，有碍青年生活的下流小说诗文，有碍风俗道德的影片绘书，其他有危险性物件。七、我在宿舍不饮酒不吸烟不赌博。八、熄灯后我不燃蜡烛。九、我不损坏宿舍一切用具。十、宿舍卫生紧急事故我要随时报告训育主任受其指导。"①

表 3—4　学生每日优良生活实施标准表

时间	优良生活实施项目	备注
六时分	起床，开窗，挂帐子，摺被褥，盖毯子，洗脸，刷牙，漱口，饮开水，定时大便，开自修室窗户。	1. 醒来即须起来。 2. 开窗户以换气。 3. 饮开水以利大便。
六时分	在户内或户外读书。	清晨除天雨外，至好在户外读书。
六时分	朝操或田径赛练习。(应按时，认真，整齐。)	
七时	吃早饭，饭后漱口，休息。	吃饭时最忌闲谈。

① 《宿舍十大规约》，载《厦门中华中学年刊》1930 年合刊。

七时二十分起	整理案头抽斗，放好椅子，预备上课。	
七时四十分起	离开教室，预备作业。	商科同学，至好在此时练习书法。
八时至十二时	上课（要努力，养成优良学习态度），中间休息或散步。	倘教师请假须在自习室，或图书馆内阅报，不应浪费时间。
正午	吃中饭（应端正，细嚼，不谈话），洗脸，漱口。	应按时入席。
零时十分起	户外散步，或在寝室假睡，或到诊查室洗沙眼。	最忌激烈运动。
零时三十分起	整顿案头抽斗，放好椅子，预备上课。	
一时至四时	上课（要努力，养成优良学习态度），中间休息或散步。	1. 倘教师请假须在自习室，或图书馆内阅报，不应浪费时间。 2. 下午如果功课过少，应好好利用时间，整理上午功课，不应浪费。 3. 课外运动，不论轮到与否，均应设法有一次的适当运动。 4. 集会指研究会，学生自治会而言。
四时至五时	一年级课内自习（努力，养成优良自习态度）。	
四时至五时	更换运动衣，饮开水，课外运动，娱乐或集会，淋浴，阅报，看病。	
五时十分	课外运动及娱乐停止，休息。	
五时三十分	吃晚饭（应端正，细嚼，不谈话），洗脸，漱口。	最忌剧烈运动。
五时四十分至六时二十分	户外散步，谈笑，练习音乐。	最忌在自习室内高声谈笑，练习音乐。
六时二十分至九时三十分	温习当日及预备明日功课，记生活日记，饮开水。	要注意自习的方法，及自习的功用。
九时五十分止	整理案头抽斗，刷牙，漱口，笑话，拉琴，整理被褥。	再不可在自习室内用功，更不宜开夜车。

十时	各归床位就寝（不谈笑，不吵闹）。	养成一上床即能睡觉的好习惯。

资料来源：《学生每日优良生活实施标准表》，载《浙江省立杭州高级中学校刊》1933年第85期。

很多学校为了培养学生养成良好的作息规律，特制定了作息时间表，告知学生每个时间段应从事的事情。大部分学校制定的宿舍规约，主要限于保持宿舍安静整洁、按时作息、不得私自引客入室等。广东省立第一女子中学规定了寝室规则包括："1. 每室内举正副室长二人，每月更换一次，承舍监指导，维持室内公安，并留意同室者之起眠疾病卫生等事。2. 寝室床位，由舍监编订，每学期更易一次，不得私行换调。3. 每早六时半起，下午十时就寝。熄电灯后，不得燃点洋烛油灯等，以防火警。4. 就寝后，不得言谈嬉笑，或吹弄乐器。5. 每晨起后，须将帐被衣服叠整安当。6. 在室内不得挂湿垢衣服，及熨衣等物。7. 不得召集外来亲友或外宿同学入室坐谈。8. 不得留宿亲友及外宿同学。9. 同室者均出外，须报知舍监，通知宿舍工人。"①

虽然制定出严格的宿舍规章，但仍会有学生明知故犯，所以为了维护宿舍制度，舍监或者训育处主任则要经常巡视监察。学生的赌博行为是学校三令五申所禁止的，一旦违反这条规定，势必会受到严厉惩罚，而参与闹剧的学生，则成为学校以儆效尤的牺牲品，最终得了个开除的下场。女生宿舍一般规定"男士止步"。"学校内女宿舍是禁地，男士和稍大些的男孩（指初小以上）是不准入内的。即便是女教师有男客来访，也只能在外面的会客室接待。虽如此，但还是有个别人胆敢违犯的，因此受到批评处分，严重的勒令退学、开除，或高中升学考试时不予录取"。② 这种行为也是明知不可为而为之的结果。

巡查宿舍是学校管理学生的一种重要方式。学生早晨伴着号角起床，晚上伴着熄灯的警声而入睡。黄钰生在南开中学读书时，即是这样伴着铃声而起，"六点半起床。堂役（即校工）摇着小铃，叫醒酣睡的学生。同寝室的人

---

① 《学生宿舍规程》，载《广东省立第一女子中学校刊》1932年合刊。

② 许祖云主编：《青春是美丽的 续集》，北京：华夏出版社，1997年版，第44页。

互喊一声，一般都即时起床。七点钟，斋务员来检查宿舍，看有睡懒觉的人没有。也有六点半以前就起床的，那是些到校外开洼去练越野赛跑或者大嗓门练演说、念英语的人”。①

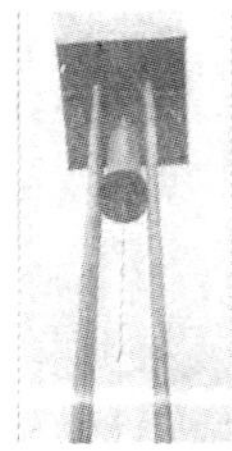

图 3—12　太原平民中学、河北省立天津中学校铃铛

廖世承管理的光华附中“管理严格，每天早上都是吹军号起床，晚上不准晚睡，为此老师都要查夜。晚上我们有自修时间，但我们那时很顽皮，往往并不做功课，到了晚上熄灯后才躲在被窝里做功课。有两位教务主任是专门负责管理学生的，他们晚上要逐间查房。每间宿舍房门上都开一小窗，查房时老师可从窗口往里看。那时我们六人同住一室，一听到他们的脚步声就不敢再做声了。我们非常害怕他们查房，所以背后给他们起了两个外号：称王宾时老师为‘王扁头’，称另一位姓张的老师为‘张剃头’，因为他经常穿一件白色的衣服，像个理发师”。② 可以说，学生从太阳升起直至夕阳西下的夜晚，其宿舍活动都要受到训育处的监管。有的中学巡查宿舍的方式比较奇特，巡查人员手持手枪以制造恐怖气氛。某记者参观弘达中学联欢大会，学校又举行游艺会，因散会时间较晚，记者借宿于学生宿舍内。“睡至半夜一时许，忽有手枪之光，由窗外玻璃，向屋内探路，记者因为电光照醒，推门向外看时，不觉大吃一惊，在电光之下，原来是一个穿白短裤褂的人，左手握着电棒，右手持着手枪，向记者质问：你是本校学生吗？记者答‘我是一院学生’。他没有话说，乃向屋内巡查一周，始持手枪，悄悄而去。记者因此为

---

① 钟叔河、朱纯编：《过去的学校》，长沙：湖南教育出版社，1982 年版，第 255 页。

② 李瑞骅：《八十忆语：一个早期归国工程师的自述》，济南：山东画报出版社，2006 年版，第 44 页。

未见之奇事，乃询问某君：‘该持枪查宿舍者谁?’某君答：‘乃庶务李某。’记者问：‘何以查学生宿舍要持手枪?’某君答：‘此乃二院开办来之向例。’言时非常自然，没有刺激似的。”① 持手枪巡查宿舍的方式，确实令人瞬间毛骨悚然。

除了维护宿舍秩序，按时作息的规定之外，学校还规定了寄宿生应该遵守的出入校的规定。广东省立广州女中规定了住宿生遵守的规则：“各生入舍后，须遵守下列规则，违背者由舍监按所犯之轻重分别惩戒。因公服务，须报明舍监，方准离校，并须依时回校，不得逾限。入舍后不得出外补习。因事外出，须将名牌反转，以便考察。”② 山西成成中学的管理也是十分严格。当时，“成中的学生绝大部分为住校生。学校规定学生除节假日以外，平时不许随便外出，实行严格的门禁制度。其办法是训育处及传达室挂有大木牌，学生名牌都按班级挂在训育处的大木牌上，学生在节假日或平时请假出校，先到训育处取上自己的名牌，然后将名牌挂在传达室的大木牌上才许出校。回校后再到传达室将名牌取下，挂在训育处的大木牌上。同时规定学生星期日外出，必须于下午 5 时返校，超过时间，传达室即将名牌取下交训育处，迟归学生须到训育处说明原因才能把名牌挂回原处”。③ 有的同学则因违反了这种规定，而受到惩戒。在任之恭的个人世界，他的住校生活有着惊险的记忆。“在山西省第一中学的一年中，有一件事鲜明地留在我的记忆中，那是我的叔叔请我出去为我过生日，按照学校规定，我出去时请了假，但忘记了规定的返校时间，和叔叔一起过了一夜，我为这次疏忽被记了两次过（三次过就要被开除）”。④ 虽然他出去时请了假，但却超过了返校时间，同样根据校规，要接受记过两次的惩罚。

除了遵守按时休息、保持宿舍清洁、按时出入学校等规约外，某些学校

① 《携手枪查宿舍之奇闻》，载《中学生活》1933 年第 2 期。

② 《学生宿舍规程》，载《广东省立第一女子中学校刊》1932 年合刊。

③ 成成中学校史编委会编：《成成中学校史》，1992 年，第 3 页。

④ 任之恭：《一位华裔物理学家的回忆录》，太原：山西高校联合出版社 1992 年版，第 11 页。

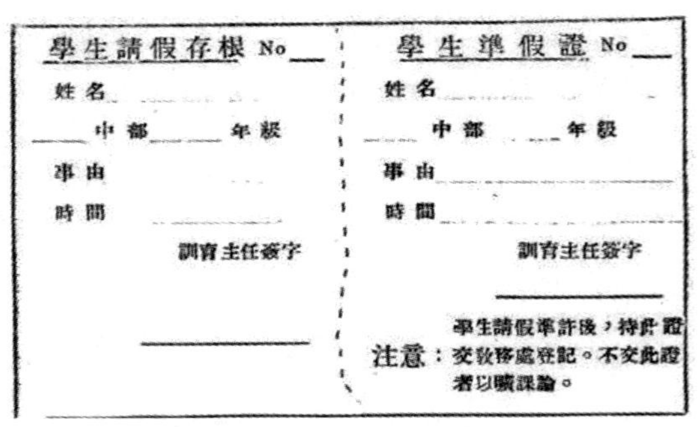

學生請假存根 No____

姓名______

____中部____年級

事由______

時間______

訓育主任簽字

______

學生準假證 No____

姓名______

____中部____年級

事由______

時間______

訓育主任簽字

______

注意：學生請假准許後，持此證交教務處登記。不交此證者以曠課論。

图 3—13　安庆六邑中学学生准假证

监督住宿生的各种行为，清华学校即如此，监管学生的各种信件。“中等科的斋务管理特别严。斋务管理人员吃饭和同学一堂吃，夜间熄灯后要到宿舍巡视一周，学生每两周必须缴阅零用帐和写家信一次，信即由处中代为付邮，学生所收信件也先经斋务处，然后由处分别纳入特制的多格信箱，一人一格，格有小玻璃门，有锁，信件由后纳入，同学由前开锁取信。犯规记过，三小过合一大过，满三大过开除学籍，这笔帐也归斋务处”。① 清华学校中等科的斋务处管辖的范围的确很广，不仅有巡视宿舍，对学生的书信往来也要严加观察。

（二）宿舍评优的奖励举措

为了保持学生宿舍的整洁有序，多数学校除了制定规约之外，还通过奖励政策鼓励学生养成保持清洁的良好习惯。不同学校的奖励方法不同，有的发给奖品，有的颁发证书奖以荣誉称号，或者加分鼓励。杭州高级中学对宿舍整洁的模范室颁发给奖状，并给该寝室的同学增加操行成绩。具体的奖励办法如下：一、学生寝室自修室，整洁成绩，每月核算一次，择其成绩较优者（至少须在八十分以上）每级各设模范室一所，并颁给奖状。如遇成绩相同时，则酌量增设之。二、学生寝室及自修室整洁成绩考察分上、中、下三级，丁等为不及格，不分级。各级标准分数与操行成绩标准分数同。三、各室整洁成绩于每月最后一星期六核算，次月初公布时颁给奖状。四、模范室

① 钟叔河、朱纯编：《过去的学校》，长沙：湖南教育出版社，1982 年版，第 99 页。

奖状，每月颁给一次，由训育处颁发，受奖室干事领取，揭贴该室门首。五、得模范室奖状之同室学生，均各予优良生活登记一次，并得酌量增加其操行成绩。[①] 育德中学的办法，则是实行挂“模范号”匾制度，“每周凭训育处检查的情况，每个斋评出一个最能经常保持整齐、清洁、美观的宿舍为模范号，在门外上方挂上一个写有‘模范号’的玻璃横匾，以示奖励。下次如不能保持，就换到别的屋去”。[②] 南开中学则是另外一种荣誉激励方式，“每周不定哪天上午，舍监们检查宿舍，看看哪个同学床铺整理得整齐清洁，用军事用语说就是检查内务。南北长廊上布告牌内有住宿学生名单，检查结果最好的，名下面就打个（美）字，不好不坏名下空白。这也是鼓励学生生活美化的方法之一”。[③] 南开女中同样也是实行“考美运动”。“每学期由学校当局发起宿舍考美运动，每早学监查看，床被要白，床铺得要平，桌子上要干净，抽屉里要整齐，书架上也不能乱，这样便有得‘美’字的可能，每月布告一次，如果得到三次‘美’字，便可以得奖品了，个人大概是奖给大卡片，印有几句考语。房奖多半是几盆花，或者美术镜框，因为这种缘故所以宿舍倒是很整洁的”。[④] 可见，有的学校实行荣誉奖励，有的是荣誉加奖品的双重褒奖。

集美中学奖励宿舍整洁的学生以奖品。“该校前学期学生整洁之成绩，经由训育处统计，列入甲等之宿舍，有约礼楼第 78 号及立功楼 23 号，现已照章发给奖品，以资鼓励。兹将得奖姓名列下：周清林、陈振民、陈江泉等”。[⑤] 一些条件稍好的学校，颁发的奖品更加诱人，从而激起了学生的外部动机，努力整理宿舍争创佳绩。例如上海中学则因经济条件充裕，奖励给模范宿舍很多可观的奖品。曾在上中读书的徐植礼回忆：“学校并不强制学生如何整

---

① 《本中学学生寝室及自修室整洁模范室奖状颁给办法》，载《浙江省立杭州高级中学校校刊》1934 年第 109 期。

② 中国人民政治协商会议河北省保定市委员会文史资料委员会编：《保定文史资料选辑》第 12 辑，1994 年，第 122 页。

③ 南开中学编：《天津市南开中学建校九十周年纪念专刊（1904—1994）》，1994 年，第 15 页。

④ 冯玉贞：《南开女中学生生活之一般》，载《白河周刊》1932 年第 1 卷第 48 期。

⑤ 《奖励宿舍整洁学生》，载《集美周刊》1931 年第 10 卷第 5 期。

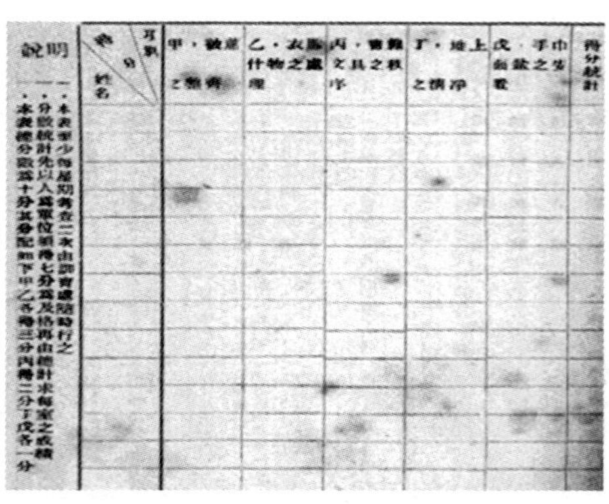

图3－14　厦门中华中学宿舍卫生整洁打分表

理，而以长期整洁比赛的办法鼓励学生自动整洁。训育处人员不定期不定时地至每一寝室检查整洁，计分评等，并将每次评等结果公布，学期结束评分最高的几间寝室，每人可各得奖品，我也得过两次整洁奖，同室的人每人得瓷茶碗一个，上面还烧了整洁奖的字样，每天以此饮茶顿感荣耀。如此以个人及团体的荣誉达到了全校宿舍整洁之目的——小铁床白床单，书桌书架整齐洁净。”[①] 这种方式可以激起每个成员的争胜心，同时也可以增强集体荣誉感，因为若想获得学校训育处的奖励，必须要整个宿舍成员齐心协力、共同保持，才可以获得这个来之不易的荣誉，以及诱人的奖品。

上海的一些中学管理宿舍别有一套方法。廖世承在主持光华附中的时候，则采用“平压法”管理学生寝室。该方法的具体实施过程：“鉴于学生宿舍内不甚清洁，作为最低之限制，更能遵守其他规程，则有适当之奖励；如并此最低限度，不能遵守，则受相当之谴罚。奖励之法，则在一校清洁之室前面悬模范室之奖章，如能继续得奖，则公布其室名于布告栏，再进则布其室之人名于布告栏内，以资激励。罚亦如之。学生初见此种办法，并不为动，然郃君（郃爽秋）等亦不因此而中辍。先择一比较最清洁之室，激动其室员，奖励之使之加倍努力。于是此室学生见奖励之可期，加意清洁，他室学生亦逐群起仿效之，人人以清洁相劝勉，而本星期之自修室及寝室，顿易旧观，

① 傅国涌编：《过去的中学》，北京：同心出版社，2012年版，第189页。

较为前星期清洁多矣。用平压法之利益，有如此者。”[①] 郃爽秋实施的“平压法”[②] 起初效果不明显，一旦当某整洁宿舍坚持下去，屡获佳绩时，其余宿舍的同学则纷起仿效，从而激发了整个学校学生追求整洁的心理动机。

三、住宿生活的多方影响

寄宿制的生活比较走读制，存在着诸多优点，首先，养成良好的生活习惯。为了培养学生养成干净整洁的习惯，学校制定出严格的宿舍规约，抑或实行奖励或惩罚的策略激励学生维护好宿舍的集体环境。在这种严格的宿舍管理之下，学生们被迫或者积极遵从各种规章。习惯正是在这种无数个小的行为中养成的，它是潜意识的活动，就像人体各种软件的编程，一旦启动就按既定的程序演绎。湖北省立武昌中学的学生在接受了军事化的宿舍管理后，形成了干净整洁的习惯。“初中六人共一室，蚊帐紧靠着墙壁，被褥铺平后，上面再以特制的被罩，整齐划一，全校一致，高中三人或四人共一室，因在寝室自习，有书桌书架……等应有的东西。都是军事化而布置得非常整洁爽目，开始我们感觉特别的麻烦，现习惯已成自然却若无其事了”![③] 这就是在管理中形成的“习惯成自然”的状态。另外，一般学校都规定了住宿生的作息时间表，学生们按照科学的时间表学习、娱乐、运动、休息，无形中养成良好的生活习惯。日本真田幸宪指出寄宿制可以养成规律的生活习惯以及炼就健康体魄。“寄宿舍之规则为共同生活一体利益而设者也。无论何人，概不以利己之为反背公益之义。故为舍生自觉应守此一律之规则。恍然于所服从

---

① 汤才伯主编：《廖世承教育论著选》，北京：人民教育出版社，1992年版，第64页。

② 郃爽秋所实施的“平压法”也可以用心理学中“习惯回路”的理论来解释。美国麻省理工的一个实验表明：“我们大脑中的这个过程是一个由三步组成的回路。第一步，存在着一个暗示，能让大脑进入某种自动行为模式，并决定使用哪种习惯。第二步，存在一个惯常行为，这可以是身体、思维或情感方面的。第三步则是奖赏，这让你的大脑辨别出是否应该记下这个回路，以备将来之用。慢慢地，这个由暗示、惯常行为、奖赏组成的回路变得越来越自动化。线索和奖赏交织在一起，直到强烈的参与意识与欲望出现。”［美］查尔斯·都希格著，吴奕俊、陈丽丽、曹烨译：《习惯的力量》，北京：中信出版社，2013年版，第18页。同理，光华中学的学生整理宿舍卫生，在得到奖品的刺激下，逐渐形成一个心理暗示，慢慢坚持成为一种良好习惯。

③ 展青：《湖北省立武昌中学校近况及学生生活》，载《滇黔》1936年第1卷第5期。

者，不可不比家庭更严重也。如此者，所以养成国家不可缺之人才，且从此服从法律习惯秩序之生活。寄宿舍之生活，最重规律，而尤注意于卫生。故运动之事，多与以便宜之机会，因而得享身体健康之利益极多”。①

表 3—5　圣约翰大学附属高中学生生活作息表

时间	活动	附注
上午六点四十五分	早起	星期六下午，无课凡记过及补课学生在下午一时至三时须入自修室，星期日上午九时半举行礼拜，十一时至十二时上课。教会学生每晨举行祈祷，余听自便。
七时零五分	运动	
七时十五分	早餐	
七时四十五分	礼堂集合	
八时零十分至十二分	上课	
十二时	午餐	
下午一时零十分至四时	上课	
七时	晚餐	
八时至九时	自修	
九时二十分	入寝	
九时三十分	熄灯	

资料来源：圣约翰大学编：《圣约翰大学附属高中章程摘要》，1930 年，第 6—7 页。

圣约翰大学附属高中的作息表规定了起床、运动、上课、集合及三餐的就餐时间，以期学生在规定的时间刻度中规律学习和生活。由于该校是教会学校，除了按照规定的时间表行动之外，还规定了学生周末做礼拜，这也是教会学校所固定的“课程”安排。

其次，提高学生的交际能力，建立良好的同学友谊。学生自踏入中学开始寄宿，便开启了第一段集体生活。来自四面八方的同学组建了这样一个中学生活的共同体。在这个共同体中，他们开始接触到多姿多彩的人生世界，需要学会相互包容、相互合作、相互成长。在共处过程中，同学之间可以建立良好的友谊。某同学回忆其艰苦却温馨的住宿生活：“纵然是二十多人挤在一起，以致房间里弥漫了碳酸，使人窒息；然而许多人同睡起，也是很有趣

① ［日］真田幸宪：《寄宿舍之必要》，载《教育杂志》1905 年第 7 期。

味的，而且在尚没有到睡觉的时候的一瞬间，我还可以和许多同学拿出了果品，尽量地大嚼一口，尽情地笑谈一回。因为在那一天中，只有这一瞬间最空闲，也只有在这一瞬间，我们才可以放胆地透一口气，开怀地玩笑一下。”① 虽然一屋共住二十几人，屋内气味难闻，但同学们之间相处融洽，宿舍里充盈着其乐融融的气氛，俨然忘却了艰苦的住宿条件。此外，通过住宿生活，学生们更是学会了共同分享。“L 家里寄来了一只火腿，给 C 和 V 敲了半只竹杠，拿到阿华店煮熟，还买了一瓶五茄蓿，拿到房间里，关起门来大吃”。② 虽是一只火腿，却给这个宿舍的学生们带来了一份“盛礼”，借此可以改善下伙食，尽享宿舍进餐的愉快生活。萧乾在回忆其上初中的住宿环境时，念念不忘帮助他的那些同学挚友：“学校那时有两座五层大楼。北楼是学生宿舍。冬天，暖气只能上到一二层，三楼就温吞吞的了。四五层楼冷得像冰窖。马斋务长（外号马猴）除了教职，还有个副业：贩狗出口。有些不那么阔的学生，倘若隔些日子奉献他一条哈巴狗，倒也能邀到他的青睐。我是什么也贡献不出来的，每年照例被分在五层楼。恰好我又只有从妈妈那里继承过来的一条薄棉被，里面的棉絮早已滚成团团，大面积成了夹的。‘暖’气管凉得不敢上去摸，蜷缩在被窝里打哆嗦。索性晚上熄灯以后，常有同学抱来大衣或棉袄，为我压在被子上。”③ 虽然萧乾住在冰冷的五楼宿舍，又没厚被可以抵寒，但同学的默默援助，给了他无限的温暖。

集体生活中不可缺少的就是相互之间的包容和体谅，尤其是学生之间相互发生冲突时，更需要互相的宽容与理解。柏杨仍清晰记着与某同学发生冲突的场景。“那些小朋友都来自四面八方的荒村僻壤，尤其是来自山地的学生，讲得一口比辉县话还奇怪的盘上话（‘盘上’是辉县北部山区地带，海拔约一千米）。他们是当时典型的山地居民，呆头呆脑，言语粗鲁。最初，我们十几个人一个寝室，木板床紧紧相连。有一天晚上，和隔床来自盘上的一位名叫尚均的同学，一言不和，他的闪电拳头已击中我的胸膛。我看他个子既

① 郑蕴华：《我的中学生活》，载《浙江青年》1935 年第 1 卷第 8 期。

② 李秋心：《宿舍生活拾零》，载《复旦实中季刊》1927 年第 3 期。

③ 萧乾：《萧乾回忆录》，北京：中国工人出版社，2005 年版，第 21 页。

大而又蛮不讲理，不敢还手，吃了闷亏，但以后我们成了好朋友。十年后，尚均当辎重兵团驾驶兵，还载着当时已是兰州大学学生的我，西出玉门（甘肃省玉门县，不是玉门关），饱览西疆的景色。”① 由于言语之间的摩擦，柏杨与尚均同学发生了身体冲撞，但正可谓不打不相识，自这次冲撞之后，俩人相互认识与了解，最终成了人生的挚友，建立了深厚的友谊。这就如日本的真田幸宪所说的寄宿可以锻炼性格。“共同生活与孤独生活迥异。故共同生活中虽有富于利己心者，匪特不敢恣之，势不得不克己以矫正其情欲，此所以涵养纯正之品格最适宜也。又年长者为少者之模范，年少者鉴于长者或同辈互相切磋，可涵养其善良之性情，其他独立之气象与自重之观念，皆可于共同生活中感发之者也。寄宿舍为共同生活，凡不合群之性情，皆渐次厌服之，又明长幼之序，办日常交际之关系。次皆后来社交生活之不可缺者也。又有同年同级者，同其起居饮食，同其关系，自必意气相投。比于兄弟，可结终始不渝之交亲，而处友日趋于亲厚矣”。②

最后，同学之间相互砥砺学识，促进知识的增长。寄宿生活除了以上养成良好生活习惯、建立诚挚友谊之外，还有重要的一条便是砥砺学问。真田幸宪指出寄宿制可以勉励学问。“寄宿舍自修之时间有一定，虽怠惰者亦不得任意恣游，又同窗之间，可互相观摩、互相砥砺。故于勉学之事裨益良多。若倦于学问时，则可共为有益之游戏运动。所谓能学能游之良惯习可得而养成焉”。③ 寄宿制与走读制不同，学生可以拥有更充裕的学习时间，并可以得到老师与同学的教导与帮助。胡秋原在“傍花随柳过前川”的黄陂前川中学就读时，受其宿舍同学的影响至深。“在第一学期的下学期，与胡业崇同寝室的几个同学，全都十分用功，其中以陈姓和雷姓的两个失学青年，年龄都比胡业崇大上七八岁，更加努力。年幼而顽皮的胡业崇，不知不觉受到了影响，也渐渐地用起功来。于是，各门功课都有极大的进步，尤其是数学，更是成

---

① 柏杨口述，周碧瑟执笔：《柏杨回忆录：看过地狱回来的人》，沈阳：春风文艺出版社，2002 年版，第 26 页。

② ［日］真田幸宪：《寄宿舍之必要》，载《教育杂志》1905 年第 7 期。

③ ［日］真田幸宪：《寄宿舍之必要》，载《教育杂志》1905 年第 7 期。

绩优异，学期考试，不仅是应付裕如，而且凌驾于全班同学之上，与其他功课一样，很轻易地考了个满分。如若发榜，他将名列第一”。[①] 胡之所以能够成绩名列榜首，离不开宿舍同学的无形影响。换言之，即是良好学风的影响。学风是看不见摸不到的，但却无时无刻不发挥着力量，诚如“随风潜入夜，润物细无声”般无声无息之影响。

同宿舍同学间的这种影响也可以用社会学中的“重要他人”来解释。“重要他人”（Significant Others）是美国社会学家米尔斯（Mills，C. W.）在米德（Mead，G. H.）的自我发展理论的基础上首先明确提出的一个概念。所谓重要他人，是指对个体的社会化过程具有重要影响的具体人物。学生的重要他人可分为两个层次，一是“互动性重要他人”，二是“偶像性重要他人”。互动性重要他人是学生在日常交往过程中认同的重要他人。[②] 寄宿制的中学生受到同辈伙伴的影响逐渐明显，对家长和教师的依赖性逐渐减弱。从胡秋原的例子可以发现，他的同宿舍同学扮演着他的“互动性重要他人”，受他们发奋图强的影响，胡的学习成绩开始提高，对待学习的态度开始转变。

集体的学生生活有益于学生的全面发展。如马克思和恩格斯所下的论断：“只有在集体中，个人才能获得全面发展其才能的手段，也就是说，只有在集体中才能有个人自由。”[③] 简言之，即是集体生活有助于人的全面发展。但这并不意味着任何一种集体的生活都有助于学生的全面发展，在一个秩序凌乱、信仰扭曲的集体生活中，学生便不能获得健康的发展。穆木天在吉林就读中学时，痛恶那里的校风之劣。“吉林的学校是极坏。在宿舍里公然赌博，赌完了就大吃二喝，高声叉拳，弄得翻天覆地，学监当然不敢管的。完了就是长袍短褂出去了，看戏的看戏，逛窑的逛窑，第二天回来，是高谈阔论。那个姑娘下活好，那个姑娘甩我。”[④] 这里的中学生显然剥去了学生的外衣，与社

---

① 张漱涵：《胡秋原传》，武汉：湖北人民出版社，2007 年版，第 18 页。

② 吴康宁：《教育社会学》，北京：人民教育出版社，1998 年版，第 245—246 页。

③ ［德］马克思、恩格斯：《马克思恩格斯全集》第 3 卷，北京：人民出版社，1965 年版，第 84 页。

④ 穆木天等：《我的学生生活》，上海：光华书局，1933 年版，第 10 页。

图 3—15　人同行必有我师

会上的混混之层无差异，吃喝嫖赌的不良作风全然发生在学生身上，这种学风很容易影响青春期的学生，一旦意志不坚定，迷乱了是非观念，极易误入歧途。穆后来转入南开中学之后，才感受到世界的明亮多彩。“我在本省的中学住了二年半，在南开住了三年，我的中学的五年生活是可以分作这两段说的。南开时代，的确给我指了些路；可是吉林的两年半是完全作了牺牲。”尤其当他观看了南开编演的《一元钱》新剧，更是感受到一种强烈的刺激，“一切令我觉得新颖，令我目眩神迷，因此，我对南开起了非常的满意了。甚至当时认为南开是正当的青年的指导者”。[①] 可以说，这是两个不同氛围的集体对他产生的影响。

① 穆木天等：《我的学生生活》，上海：光华书局，1933 年版，第 10—14 页。

第四章　民国时期中学生的情感生活

中学生在学习和生活的过程中，随时随地都会发生情感的起伏变化，情感就像是染色剂，使生活染上了各种各样的色彩。就其本质而言，“情感是蕴含在内的，要受到刺激才发生作用：作用的程度弱时，只有自己感觉得到，即使表现出来，也比较轻微；若作用程度强烈，则不但有感于内，且会表现在外。”① 中学生在学校组织内学习和生活，一直处于由教师、学生构建的社交网络之中。这些交往既有师友型和对抗型的师生情感交往，亦有互助型和竞争型的同辈群体交往，同辈群体交往包括异性的爱恋交往。除却了这些重要的情感链之外，还有身在他乡的“异乡”感及胸怀天下的“兴国梦”。这些细腻丰富的情感不仅代表着学生个体的反映，也代表着当时环境下中学生群体的体验。

① 贾馥茗：《教育伦理学》，南京：江苏教育出版社，2008 年版，第 75 页。

第一节　和谐与对抗的师生情

教育活动是由教师和学生共同组成的双边活动，是教师与学生相互影响、相互作用的活动。在教育活动的师生互动过程中，建构了师生关系或者师生交往。叶澜曾指出："人类的教育活动源于交往，在一定意义上，教育是人类一种特殊的交往活动。"也可以说，"没有交往就没有教育"。[①] 关于师生交往的类型，目前学界对此众说纷纭，[②] 笔者主要采纳张旭东的两重分类法，他把师生关系划分为两大类型："教学关系和心理关系。教学关系反映的是师生基于教育活动分工合作的需要而结成的工作关系。心理关系反映的是师生通过在教育教学过程中的人际交往而结成的人事情感关系。"[③] 为了展现民国时期中学生与教师之间的关系及产生的情感，笔者试图从以下几种类型中窥现，以图逼近当时师生交往的真实情境。

一、亦师亦友型

师生之间不仅仅有"师道尊严"的尊卑关系，也包含着民主的师友关系，师友的师生观早在古代便有之，在近代民国成立之后，随着西方各种教育思潮的影响，这种观念更是深入到师生的观念之中。所以，一些教师一生都在忠贞不渝地坚守着"因爱而生"的师生观，并在教学与生活中践行着"我与

---

① 叶澜等：《新编教育学教程》，上海：华东师范大学出版社，1991 年版，第 32 页。

② 有的学者将师生关系分为三种："师生之间的业务关系、伦理关系和情感关系。"也有的分为"师生之间的角色关系和人际关系"。王芸认为："师生关系是学校中教师和学生之间以情感、认知和行为交往为主要表现形式的心理关系。"陈桂生则认为："师生之间实际上存在三重关系，即以社会关系、教学工作关系以及自然的人际交际关系。"以上不同学者提出了不同的师生交往的类型。主要参考：刘建华：《师生交往论：交往视野中的现代师生关系研究》，北京：北京师范大学出版社，2011 年版，第 63 页。

③ 张旭东主编：《师生关系的理论与实践》，南宁：广西教育出版社，2006 年版，第 4 页。

你”的教育理念。

（一）“师友”关系的历史嬗变

自从有了教育，就产生了师生关系。虽然古代社会确定了“师道尊严”式的师生关系，但也不否定，师生民主平等思想的存在。如获得“万世师表”美誉的先师孔子，他提倡“尊师爱生”思想的同时，也主张民主的师生关系。如“三人行，必有我师焉。择其善而从之，其不善者而改之”，以及“后生可畏，焉知来者之不如今也？”这些思想中无不散发着民主平等的光芒，这在当时“天将下民，作之君，作之师”的时代，可谓难能可贵。儒学独尊位置确定之后，这种“师严道尊”的师生关系更是长期禁锢着人们的思想，但也不乏一些思想家提出了民主的思想。如汉朝的王充则提出“问难”与“距师”的思想。他认为：“学问之法，不唯无才，难于距师，核道实义，证定是非也。”[①] 潜研学问，需要有打破权威的勇气，即使像圣人孔子和孟子，也要敢于提出质疑。唐代的韩愈在维护“尊师重道”思想的同时，也倡导建立合理的师生关系。他认为师生之间可以互相为师，两者没有绝对不可跨越的鸿沟。他在《师说》中认为：“弟子不必不如师，师不必贤于弟子，闻道有先后，术业有专攻，如是而已。”换言之，师生之间的关系是可以相互转换的。柳宗元虽然倡导尊崇师道，但他却极力倡导把师生关系转变为“师友关系”。他认为，在教育的过程中，如同栽种树苗一样，要做到“顺木之天，以致天性”，即要尊重学生的差异，做到因材施教。同时，为了达到这种效果，主张“交以为师”，即以师为友，师友并提。显然，柳宗元以师为友的思想见解要比韩愈的“闻道先后”说更为进步。

近代以降，尤其是晚清民国时期，西方的许多新思潮开始涌入中国，相伴而来的各种教育观念包括师生观也随之传入。如卢梭的自然主义、杜威的实用主义思想等，这些新思想冲击着中国传统的教育观念，“师道尊严”的以教师为中心的师生观受到了威胁。尤其是杜威教育思想的传入，更是开启了“以学生为中心”的教育研究与实验。戴自俺进入中学担任老师之后，就坚定

① 《论衡·刺孟》。

了一种教育信念："我从来就不主张关着大门办学校，我也不主张教员要跑到学生头上去做人，造成一种传统气息十足的奴隶教育。在那种学校里，教员以及学校当局成了一个阶级——支配阶级；学生呢，又成了一个阶级——被支配阶级。这种奴隶式的教育，在这民主势力汹涌澎湃，一泻千里的今日，无论怎样我们是不要办的。"① 受这种思想的影响，很多教育家开始倡导民主平等的师生观。如教育改革家陶行知指出："师生本无一定的高下，教学也无十分的界限；人只知教师教授，学生学习；不晓得有的时候，教师倒从学生那里得好多的教训。"② 师生之间不是师上生下的主仆关系，而应该是相互平等的民主关系。在这种民主自由之风气深入到教师内心之后，他们便开始把这些观念运用到日常的教学与管理中，平等对待学生。

茅盾在辛亥革命爆发之前，曾就读于嘉兴中学，学生与教员之间经常相互来往。在"海上生明月，天涯共此时"的中秋节来临之际，同学们准备了丰盛的吃食，盛邀教员共赏明月。"中秋晚上，四年级和别级的同学买了月饼、水果、酱鸡、熏鱼，还有酒，请三位老师来共同赏月。教几何的代老师病了，教代数的老师适值新婚后第一个中秋，自然要在家里陪师母赏月，只有这位有反骨的体操老师来了。那晚大家都很痛快，谈得痛快，吃喝得痛快。体操老师似乎多喝了酒，公然当着许多同学，拍拍自己的反骨，哈哈大笑道：'快乐！快乐！'"③ 从师生共度中秋佳节的场景中，可以看出当时的很多教员放掉了"师尊"的架子，与学生们快乐相处。但这不能否定传统"师道尊严"遗风的存在。

（二）因爱而生的师友关系

充满爱的教育信念。爱是维系良好师生关系的重要纽带，教师如果想要与学生建立平等民主的关系，必须要把爱融入其中。方与严在为戴自俺所写的《教师生活速写》的序中，评价他和孙铭勋的教育态度，"走到中学的队伍

---

① 戴自俺：《教师生活速写》，上海：亚东图书馆，1934年版，第7页。

② 华中师范学院教育科学研究所主编：《陶行知全集》第1卷，长沙：湖南教育出版社，1984年版，第139页。

③ 茅盾：《我走过的道路》（上），北京：人民文学出版社，1981年版，第83页。

里，即自己变成了中学生和中学生做朋友，所以即为中学的少年朋友所欢迎，所爱戴。他们为什么能发生这种吸力？这是由于他俩把整个的赤心爱上了教育——爱教育胜于爱自己的盛名！由爱生爱，爱生不已；由爱召爱，爱感愈多；由爱吸爱，爱力愈大”。[①] 夏丏尊在《爱的教育》译序中曾言，“爱”就是教育上的“水”。他说：“学校教育真空虚极了。单从外形的制度上、方法上，走马灯似的更变迎合，而于教育的生命的某物，从未闻有人培养顾及。好像掘池，有人说四方形好，有人又说圆形好，朝三暮四地改个不休，而于池的所以为池的要素的水，反无人注意。教育上的水是什么？就是情，就是爱。教育没有了情爱，就成了无水的池，任你四方形也罢，圆形也罢，总逃不了一个空虚。”[②] 朱自清在《教育的信仰》中指出教育者要对学生充满爱：“能爱学生，才能真的注意学生，才能得学生的信仰；得了学生的信仰，就是为学生所爱。那时真如父子兄弟一家人，没有说不通的事；感化于是乎可言。但这样的爱是须有大力量，大气度的。正如母亲抚育子女一般，无论怎样琐屑，都要不辞劳苦地去做，无论怎样哭闹，都要能够原谅，这样，才有坚韧的爱；教育者也要能够如此任劳任怨才行！这时教育者与学生共在一个‘情之流’中。”[③] 可以看出，教育家都极为重视“爱”的教育，重视爱在维系师生关系中的重要作用。只有内心之中充满着爱，才会在教育实践中，对学生平等相待，和学生成为朋友。

很多老师怀揣着爱的美好，去践行爱的教育。坐落在白马湖畔的春晖中学，则回荡着满满的“爱”，老师们都成为“爱的教育”的化身。匡互生在春晖任教时期，则虔诚信奉该教育信仰。“他身体力行，不但教育上从不责罚学生，总是循循善诱，而且普及到生活上。到了初冬，天气渐冷，有一些同学赖在被窝里起不了床，有的等早操铃打过了，还不起床，先生就一个一个去叫起来，起初，学生们见老师来叫了，心觉歉意，立刻从床上跳起来，后来看先生像外婆般的好说话，就习以为常，即使来叫也没有什么动作了。有一

① 戴自俺：《教师生活速写》，上海：亚东图书馆，1934 年版，第 3 页。

② 浙江省上虞市政协文史资料委员会编：《白马湖文集》，1993 年，第 98 页。

③ 浙江省上虞市政协文史资料委员会编：《白马湖文集》，1993 年，第 109 页。

次我看见一间寝室里的人连房门都不肯开，先生轻轻地敲着门，耐心地等候着，后来听到从里面传出怨骂声来了，我见先生竟流着泪哭了。”① 老师的爱是多么的伟大无私、不图回报。在春晖中学发生学校风潮之后，匡互生与丰子恺等一些教员先后离开了春晖，在上海组建了立达学园。虽然平日里学生们对匡老师的爱习以为常，但听说老师要离开春晖，学生们的悲痛则油然而起，伤心之情无以名状。“在一个晓风残月的早晨，匡先生、丰先生等几位突然离去的老师们，带着不多的几件行李，站在驿亭火车站上。几个最先获知先生们去意而来送别的学生，依依地立在老师们的身边，有两三个靠在柳树下呜咽起来。火车带着老师们离站好久以后，学生们还在车站上黯然站着，不肯离去。匡先生和丰先生接着在上海筹建了立达学园。春晖有几个学生闻讯以后，先后转学到上海立达学园，继续接受匡先生丰先生的教育。我即其中之一人。”② 学生送别老师的画面宛如一幅友人的离别之景，这种情谊是多么可歌可泣。虽然，这些先生们在向学生们挥洒他们的爱时，不图得到多少恩报，但从离别的场景中可以看出，他们最终收获了学生的无比尊重和深厚的情谊。

舒新城之所以成为著名的教育家，也离不开他内心的那些“爱的感动”，这种感动成为他一直研究和服务于教育田地的不竭动力。舒新城在长沙福湘女中任教时，与学生建立了良好友谊。“长沙有全省学生联合会之组织亦令其加入。且每于出发前予以指导，参加后听其报告，予以批评。当时我的职务最多，工作最忙。而学生对我，也非常亲切，诸事依赖我。稍重要之事我如不在校，彼等常来家请教——我家离校甚近。学生与教师家庭相往来本是教会学校之通例，不过对一般教师之往还不多耳——所以我的精神上很愉快，而治事与治学更努力。”③ 良好的师生情谊不仅给学生是一种激励，对教师本

① 浙江省春晖中学编：《浙江省春晖中学》，北京：人民教育出版社，1999 年版，第 144 页。

② 浙江省上虞市政协文史资料委员会编：《白马湖文集》，1993 年，第 276 页。

③ 舒新城：《我和教育》（上），台北：龙文出版社股份有限公司，1990 年版，第 142 页。

身而言，同样是一种巨大的动力。当舒新城因由要辞离福湘女中，学生们的执意挽留深深打动和震撼了他的心灵。

> 学生有知道我去职的消息的，于夜间暗中发起慰留，我于翌日到校照常治事，并无任何表示，第三日始不去校，学生派代表来家相邀，当告以必去之理由与决心，令其转达同学安心求学，并切嘱不可有任何举动以损我之声誉。她们知我不能强留，乃请准学校，于当日下午课毕开欢送会。我出席时，见全体学生制服在座，所有教职员亦都请到——学生之首脑为蒋英——我精神振奋异常，与她们谈话时余，告以求学做人的种种道理，并允在文字上指导她们。临别之际，她们排队送至大门，有哭不成声的，我虽极力抑制，但出门而后亦不禁泣下了。此种由师生的诚挚感情而演成的悲壮别离，我有生只有此一次。这一次给我的印象太深，我当时本不必再做教师而仍教书数年者，实她们无形的鼓励有以致之。①

师生之间这种真挚情谊的表露是那么的自然和亲切。这种离别的场景时常会闪现在他的脑海之中，成为他为教育事业而努力奋斗的力量之源。

其实，爱的教育很简单，表现在生活中点点滴滴的小事。一名中学生在日记中记述着这样一件小事，从中可以发现师生间亦师亦友的关系，以及师生间的关爱。

> 下午的课音乐也没有上，于是可以安闲地一个人在宿舍里用功，我躺在床上看明天要阅读的英文和单字！一会听见脚步声，知道一定是张先生——指导主任来，赶紧把书放在被窝里，这动作已经在昨日都预备好了这样做。她进来了，问今天觉得怎么样？我只皱着眉说比昨天好些，她叫我吃“阿士批零”，我说昨天吃了，她说可再吃些，我没有做声，似

---

① 舒新城：《我和教育》上，台北：龙文出版社股份有限公司，1990年版，第148页。

乎是默认了似的。她又说多睡一会就好了，我说刚才已经快睡着了。不言而喻的是说被她进来把我的睡着搅了；于是她就说那么睡吧，便轻轻地走了出去。哼！一会她又轻轻地回来了，我早就料到她要给我来送“阿士批零”，所以就装着睡着了，果真她轻轻地进来，把药放下了，又轻轻地出去！哈！上当了，我依然拿出了英文看！①

教师也许无法了解学生内心的真实动机，但他们却在无私地奉献着他们的真爱。在苦难降临之时，老师能挺身而出，为学生挡风遮雨。石室中学的老师对学生关怀备至。“有一次成都发生巷战，枪林弹雨，路少行人。李先生急忙由家跑到学校，照顾学生。有散兵溃卒，闯进学校，李先生即挺身而出，或善言劝解，或据理力争，使其退出，以保学生的安全。在巷战停止以前，他一步也不离开学校。学生对他是敬而爱之。”② 对于这样一名冒着生命危险去保护学生的先生，学生们怎能不去敬仰呢？而这时的教员，更像是一名家长。这种师生情谊会深深烙在学生的内心深处，每每回忆起，便会生出一种欣悦之情。“我觉得那一个学校，完全是一个家庭。教员学生，在精神上，完全达成了一片。教员对于学生，充满了爱，处处像一个家长；学生对于先生，很敬畏，很信仰”。③ 这种其乐融融的关系，离不开师生间互开心扉、心心相印。正如戴自俺自入涡阳中学之后，第一次上课便告知同学：“在今天以后，我还希望诸位同学能把你们的‘心’献给我。这样，久久以后，就可以成为‘心心相印’了。我们晓得，在普通人之群里，一个‘心心相印’的朋友，往往彼此互相得到的帮助是很大的。我和诸位，就是一种朋友的关系，我们能够‘心心相印’，不也同普通人一样吗？那我们在学业上的研究，在生活上的充实，一定是彼此可以互相帮助的。”④ “心心相印”是打破“师尊生卑”的藩

---

① 《中学生日记》，载《女子月刊》1934 年第 2 卷第 8 期。

② 成都市石室中学编：《成都市石室中学》，北京：人民教育出版社，1999 年版，第 61 页。

③ 刘大杰：《中学生活的一片段》，载《青年界》1935 年第 7 卷第 1 期。

④ 戴自俺：《教师生活速写》，上海：亚东图书馆，1934 年版，第 33 页。

篱和隔阂，构建相互信任、相互坦诚、相互帮助的“师友关系”的重要所在。

（三）课外活动交往而生的师友情谊

师生之间的交往除了课堂上的知识交往之外，还包括课外师生间的情感交流与对话。师生通过共同参与一些课外活动，增进了相互之间的了解，情感也在这种对话中自动升温。正如有研究者指出：“师生的隔膜是由缺乏时常的接触而起的。如果教师常常指导学生的课外活动，则教师就成为学生的合作者和向导。学生既然常常得到教师的帮助和善意的劝告，他们自会信仰教师，而与教师发生融洽的感情。”① 课外活动如需开办得有声有色，实需教师的莅临与指导，同时，在指导过程中亲身参与活动之中与生共乐。诚如余家菊指出：“无论是教师或是学生，娱乐总是要的。一个学校中，球戏，游艺，音乐，应该尽量设备。固然可供学生之用，教师们亦何必不抽点打牌听戏的闲来和学生斗几局，一来娱乐娱乐，二来与学生接触接触，三来融合感情。一举而三善——还多得很——备，真是何乐而不为？”②

师生共娱共乐。为了丰富学生课外生活，很多中学都自发组织各种师生游艺会、庆祝会、纪念会、旅行参观等活动。无论是这些活动的发起，还是组织，师生们都兴趣盎然、踊跃参与。南京女子中学的师生择日在大礼堂举行同乐会，“下午午时至七时，为灯光竞射，均由职教员特制，类别新颖；七时起为各级学生游艺；有歌舞、有新剧、各有其妙，尤以二乙之新剧《苦儿》，师二之滑稽剧《玩具店》最精彩，一则令人泣下沾巾，一则令人捧腹不止，足见艺术之技能矣”。③ 师生们共同组织、策划、筹备了这次游艺会，不同类型的新剧表演给观众留下了深刻印象，表明了这次游艺会举办之成功。天津扶轮中学于 1921 年 10 月 10 日举行了西开中学庆祝会。其具体报道如下：

老西开中学校职教员学生以历年十月十日，为武昌起义之纪念日，

① 赵廷为：《课外活动》，载《播音教育月刊》1937 年第 1 卷第 4 期。
② 余家菊：《教师和学生的交际问题》，载《少年中国》1920 年第 2 卷第 3 期。
③ 《新年同乐会志盛》，载《南京女中校刊》1933 年第 6 期。

故名为双十节，本年适为十年十月十日之纪念日，国人因以千载难逢之三十节名之，所以今年之庆祝，更盛于往年。十日早八点钟，该校职教员学生三百余人，齐集大礼堂，由校长宣告开会秩序、游行规则后，即高唱国歌，三呼万岁。军乐洋洋、多士济济，于欢欣鼓舞之中，整齐严肃之象。更由刘某演说民国缔造之艰难，志士流血之可悯，前人既有以造成之，吾人当有以保存之，方能长此庆祝也云云，一时鼓掌雷动。事后整队做全体发行大会。十点钟，由该校出列，经英法各租界，及特别一区，鼓号前导、步伐整齐。除高举国旗校旗外，更复人手一旗，五色璀璨，上书国庆纪念三十佳节等字样，途中军乐声、唱歌声、三呼万岁声，更迭连续，租界警士各尽保证之责。中外人之参观者，莫不啧啧称赏，欢为民国青年之真精神。是日早十点钟微雨，凉爽飒飒，众学生长途奔走，毫无倦容，至十二点钟始整队回校。①

师生一起为了庆祝武昌起义，特组织了这样一场声势浩大的纪念会以及游行活动。通过这样的活动组织，学生的国家意识更加强烈。除了纪念会之外，师生经常组织一些纪念会和旅游参观的活动。纪念会最具有特色的则是学校周年庆祝会。上海启明中学在 1934 年筹备三十周年纪念会。“启明女子中学校于前日（24 日）举行三十周年纪念。下午一时举行游艺会，节目有三十周纪念歌及法文表演，登孔子门墙等，表演纯熟，博得来宾掌声不少”。②旅游参观是当时中学经常组织的课外活动，每逢假期，学校派教师带领学生参观各地风土人情，了解真实社会的面貌。据《益世报》记载：“省一中学生，现以春假在近，为开拓学生见识，特拟春假时间，举行旅行。闻该校已着手组织，拟定于星期六启程赴平，游览各处，共计九日。闻旅行团组织系高级一二两学生，由该校教员领导。”③ 在老师的带领下，师生共赴异地，参观各地风土人情，不仅收获到欣赏大自然之美，更可以收获到与教师之间的

---

① 《西开中学庆祝会》，载《益世报》1922 年 10 月 12 日。

② 《启明女中卅周纪念》，载《申报》1934 年 11 月 28 日。

③ 《一中之春假旅行团》，载《益世报》1930 年 3 月 27 日。

真挚情感。

师生共赴国难，奔走东西。除组织的各种活动之外，民国时期师生共同激情参与的应属“国难运动”。在江河日下、国将不国的特殊时期，师生共同奋起，组织各种爱国运动，包括抵制日货等一些宣传活动。“东吴大学中学部全体学生，于五月九日举行国耻纪念游行演讲，是日上午照常上课，惟将授课时间提前一刻，并每课缩短十五分钟，至十一时全体学生齐集礼堂，由大学学生主席，该校教员演说国耻之意义，下午大中部学生外出游行演讲，时正值微雨，高中学生仍整队已出，冒雨而行，分头演讲。”① 爱国演讲活动的开展是师生共同参与、共同组织协调，包括上课时间的改动、演讲内容的安排等。除了演讲之外，师生共同排演节目，为当地人民表演新剧等，借以启发国民意识。“进山中学进行学校十周年纪念时，为‘启发农民知识’，经过精心准备，进山中学师生为当地农民公演了《战友》、《红酒》、《活路》、《讨鱼税》和《可怜的裴迦》五个短剧。这些短剧的演出，给全校师生和当地农民上了一堂生动的国难教育和爱国主义思想教育课，得到了不少观众的热烈欢迎。”② 在教师善意勇为等行为的表率下，学生对其更是无比尊崇与敬重，师生之间的情谊也更为浓烈。“江苏省立松江中学，自东北事变，师生努力抗日救国运动，为淞沪民众先锋。该校训育主任刺激尤深，乃投笔奋起，毅然离职赴京向主席请求，追随北上、出关杀贼，或留军校训练，否则即自杀于国府，师生均赴车站送别。”③

师生之间通过课堂内外的诸多活动，包括课堂内的教学互动、课堂外的任务合作等，建立了相互理解、相互信任、相互尊重的深厚情感。正如东汉道教的经典《太平经》提出：“师弟子者，主传相教，通达凡事，文书，道德之两手也。”即就像人劳动要靠双手的配合一样，教师与学生必须通力合作，互相配合，才能取得最佳的教育效果。如果学生不尊敬教师，怨恨教师，热衷巧诈，昏于小利，则万事不成。正所谓：“师弟子不并力，凡结事无缘得

---

① 《地方通讯》，载《申报》1924 年 5 月 11 日。

② 进山中学校史编审组：《进山中学校史（1922—1987）》，1987 年，第 18 页。

③ 《松中训育主任投笔从戎》，载《申报》1931 年 12 月 1 日。

解，道德无从得兴，朦雾无从得通，六方八远大化无从得行。是故皆当交力，比若两手，乃可通也。”[①] 之所以能实现师生和谐共处、亦师亦友的关系，离不开师生之间的通力合作。这也是师生关系追求的理想状态：“照情照理，教师与学生，不说是像父之于子，子之于父，亦应得像兄之于弟，弟之于兄。任意来往，不拘形迹。质疑问难，谈叙衷曲。把学校变作一种极乐地。自然大家充满了人生的兴味，显出活泼的愉快的精神。住在里面，‘乐不思蜀’。”[②] 简言之，师生间的关系如像兄弟般相亲相爱、任意来往，学校便成为师生心向往之的“极乐世界”。

二、分庭抗争型

所谓分庭抗争型的师生关系意即师生冲突的表现关系。教师在课堂教学中的显性控制受到挑战。“显性控制方式可以使学生对于社会要求的内容较快地形成较为明确较为系统的观念，但由于这种控制方式常常带有‘逼迫学生就范’的色彩，因而也容易使学生产生‘被控感’，导致出现逆反心理和抵触情绪。”[③] 自清末以来，传统教育伴随着科举制度的废止以及新式学校的建立，中国的教育制度开启了从传统向现代转型的路程。在教育转型的过程中，师生关系作为学校关系中的基本关系，开始与传统主流的师生关系发生了裂变，出现了相对复杂畸变的关系形态。刘继青从两个方面分析了师生关系畸变的原因：“一方面，近代学校制度改变了传统社会中学校与社区共同体的密切联系，使学校相对全面地游离于社区共同体之外，从而也改变了教师和学生的结合与互动方式；另一方面，移植外来模式而建立起来的近代学校，毕竟生长在中国的社会、文化土壤之中，在西化的形式中，容纳了各种不同且常常相互冲突的社会力量、文化因素，从而使近代师生关系呈现出混乱、失序的

---

① 陈国勇主编：《太平经》，南宁：广西民族出版社，2003 年版，第 370—371 页。

② 余家菊：《教师和学生间的交际问题》，载《少年中国》1920 年第 2 卷第 3 期。

③ 吴康宁主编：《课堂教学社会学》，南京：南京师范大学出版社，1999 年版，第 159 页。

状态。"[1] 简言之，新式教育制度的建立及新旧文化的融合与对抗，改变了传统儒家的"师道尊严"的学统，使得近代师生关系发生裂变。

晚清时期，中学堂的学生受到欧风美雨之影响，也开始了追求民主自由之思想，这种思想主要表现在"学潮"的爆发。在新旧制度、文化传统交替之际，学生们追新破旧的冲动逐渐高涨，因而，对于学校的教师、管理甚至社会政治等，都试图发表自由心声，改变旧传统的规训。该时期，封建等级制度的存在深为学生所痛恨，如 1907 年重庆中学堂端午节聚餐，教习席餐甚丰，学生"心颇不平"，借行酒令击节唱道："五月五，两等席，满堂奴隶"，其意旨在讽刺师生之间的不平等。郭沫若在中学堂读书，已经改变了"尽信书""尽信师"的传统习风，开始质疑教员所讲授的内容。"中学堂的经学教员教的是春秋，他很有把孔子宗教化的倾向，他说唐虞二代都是春秋六艺，都是孔子的创作，就是所谓托古改制。为什么左传里面在孔子以前人的口中征引六艺的文字。他说这便是孔门的有组织有计划通同作弊了。他怕空言无益，所以才借重于外托诸古人，又怕别人看穿了他的伪托不信了他，所以才特别自我作故的，还造出许多的历史。"[2] 这个时期的学堂学生之所以大胆质疑老师所讲授之内容，离不开他们接触的"科学"知识。新思想刚刚进入中国，很多中学堂学生的思想开始发蒙，憧憬着科学梦。胡适在澄衷学堂第二年在自治会发表演说，题目是"论性"。"我驳孟子性善的主张，也不赞成荀子的性恶说。我承认王阳明的'无善无恶，可善可恶'是对的。我那时正读英文的格致读本，懂得了一点点浅近的科学知识，便搬出来应用了！"[3] 胡适接受科学知识更为深入，竟然拿这些知识来分析论证中国的儒学经典，且矛头直指孟荀。

以上是心理上的反抗与批判，而最激烈的莫过于发动罢课的学校风潮。

---

① 刘继青：《近代中国社会转型中的师生关系畸变》，载《华东师范大学学报》（教育科学版）2008 年第 1 期。

② 俞荻编：《我的中学时代》，出版地（不详）：文化图书公司，1941 年版，第 41—42 页。

③ 俞荻编：《我的中学时代》，出版地（不详）：文化图书公司，1941 年版，第 54 页。

追求自由的心理与专制压迫的现实的失衡，使得学生采用激烈的方式表达和发泄。学生决然与学校教员、管理者发生直面对抗。1905 年至 1911 年，北京、直隶、浙江、山东等 21 个省份相继爆发了 347 次学潮，据可查实的 283 堂次的风潮统计，中学堂为 80 次。1911 年，南昌洪都中学堂发生了一场学生与监督之间的冲突。冲突起源于两名学生代表被学校去除。该校学生以“学生同时请求，而加罪于一二人，学生理应代诉”。① 至此，二百余名学生一律告退。

民国时期的师生关系承继了晚清时期师生关系的某些特征，甚至某些方面表现得更为激烈。1912 年中华民国成立之后，该时期师生间的对抗频频发生，有学校内的，也有区域间的。其中的原因“由于政体之改变，也自共和告成。人人有自由平等之思想。一般少年子弟志趣未能纯粹，不知不识间自趋”。② 所以，民国成立之后，各种师生冲突骤起，而中学的冲突发生次数最多。

表 4—1　1922 年学潮情况汇总表

校别＼省别	江苏	浙江	安徽	直隶	湖南	湖北	江西	绥远	福建	云南	山西	贵州	河南	四川	山东	北京	合计
小学	4	3	2	1	1												11
中学	18	16	7	1	3	8	2	2	2	1	2	1	1	4	2	1	71
专门大学	6	3		1		3										11	24
合计	28	22	9	3	4	11	2	2	2	1	2	1	1	4	2	12	106
位次	一	二	五	七	六	四	八	八	八	九	八	九	九	六	八	三	

资料来源：常道直：《民国十一年度学校风潮之具体的研究》，载《教育杂志》1923 年第 15 卷第 4 号。

从以上 1922 年学潮发生情况可以看出，中学发生的学潮次数最多，占总数的 67%，且发生次数最多的地域为教育发达的江浙二省。可以说，发动学潮的师生对抗已非常普遍，见怪不怪。正如下面诗中所言：

① 《洪都中学堂学生全体公具》，载《民立报》1911 年 6 月 18 日—19 日。

② 贾丰臻：《说学校风潮》，载《教育杂志》1912 年第 4 卷第 4 号。

往日先生强，今日学生恶。
先生最怕起风潮，学生个个能罢学！
谁去打玻璃？课卷便可以不作；
不然争控校长前，也叫先生心担落。
自由啊！平等啊！学生果然能自觉！
这才叫“德谟克拉西”，谁也管谁不着！①

依据冲突引发的内容，主要表现在以下几种类型。

（一）因教员水平迂劣、教育观念不同而冲突

民国时期的学生处于新旧文化击撞的时期，该时期旧的文化传统受到前所未有的冲击，新文化的思潮不断涌入。学校取代了学堂、书院之后，教育内容、教育形式发生了骤变。教师在教育变革的大潮中，也需要调整、更新旧式的知识结构，满足学生对新知识、新文化的需求。但是在转型的过程中，有的教师则很难祛除传统经验式的教学模式，依然对旧学情有独钟，对新的科学文化知识抱有不屑一顾或者冷眼旁观的态度。然而，学生们对新知识则趋之若鹜、极度追捧。因此，这两个主体之间产生了供给与需求的失衡，教师的知识结构不能满足学生对于多元化知识的渴求，这种不平衡导致了师生之间的直面冲突。该时期发生的师生冲突很多都以对抗性冲突为主，如交涉、罢课、示威等。“对抗性冲突是课堂文化冲突中强度和暴力度最大的一种，对抗双方不仅不相信对方的价值规范、否定这种规范，而且还试图采取暴力手段去遏制对方并强迫对方服从自己。对抗性冲突双方各执己见，互不相让，并试图采取手段胁迫对方服从。随着冲突的不断加剧，冲突双方越来越倾向于追求非现实性后果（可能实现不了的目标），其情感的激发与卷入的程度也越来越重，这时的冲突越趋向暴力方式。冲突双方倾向于采用暴力手段的原因在于，这种解决冲突的方法快速有效，因为制度化手段需要按一定的规范、

① 叶绍钧：《风潮》，载《教育杂志》1922年第14卷第4号。

程序来逐步解决，而这并不能决定教师（或学生）能否占据优势”。①

某中学学生因教员水平低劣，与校长发生了争吵冲突。据学生联合会报告云：“官立中学英文教员杨泽民既无学识，又无教法，此班一义，教彼班而又一义，该校学生等深恐学业后，毫无成就，向校长王梦臣以最恳切之请求并罢课数日，以示决心，要求另请好教师，王梦臣不但不允，而且大发雷霆之怒，革去学生十余人，且言教师用否，根据于我而汝等毫无相干，我偏要用此等教师，汝等又将何？学生等将来恐惹起最大之风潮。”② 该校长运用权力压制学生的民主意见。依校长之见，任免何种教师取决于他的决定不容置疑，与学生毫无关联。显然，该校长身上遗留着专制的旧风，对学生的民主诉求视如敝屣。凤阳省立中学鲁学监主持校务，学生因质问任伍两教员事，大起冲突，全班出校罢课，要求斥退教员。宣言书如下：“我们只因去任伍两坏教员被鲁学监迫逐堂了。任某系江苏人，前任本校甲班英文教员，教授不良，甲班屡有责言，今春改授各班英文，仍然不良。伍凤阳人，任本班国文教员，讲解糊涂，改文不通，学生为求学起见，是以毅然去此两坏教员，而鲁监学用种种之手段对待学生，不得已乃为出校之举故云，我们已被鲁监学迫逐出校。”③ 英语作为近代以来新增设的科目，与传统国文教员相比，其师资力量相对薄弱。据陆殿扬对浙江中学英语教师资格所进行的调查显示，受过专业英语训练的师资占总人数的 17.2%，可见当时英语师资的匮乏。

表 4—2　1934 年浙江省中等学校英语教师资格统计表

资格	人数	百分比
（一）在大学外国语文系或专科英语系毕业者	43	17.2
（二）在大学教育学院教育系或高等师范毕业曾受教育训练者	30	12.0
（三）在大学文科毕业者	52	20.8
（四）在大学非文科毕业者	47	18.8

① 吴康宁主编：《课堂教学社会学》，南京：南京师范大学出版社，1999 年版，第 136 页。

② 《官立中学之风潮》，载《益世报》1929 年 10 月 8 日。

③ 《安徽凤阳中学最近风潮》，载《益世报》1920 年 6 月 5 日。

（五）在大学毕业科系未详者	23	9.2
（六）在非大学及专科学校毕业者	36	14.4
（七）英美人	19	7.6
共计	250	100.00

资料来源：陆殿扬：《中学英语科师资训练》，载《教育杂志》1935 年第 25 卷第 7 号。

学生的隐忍达到一定限度，则会极度爆发。当采用与校方交涉、罢课等方式无效后，学生则开始实行全体退学的方式恐吓校方。湖北省立高中二年级上甲组学生，对于国文先生不满，相率罢课。“今日 1931 年 12 月 16 日，上午八时，该两组学生，又复约同向学校质问，未曾实行撤换国文教员之要求，及罚少数学生之失当，认为学校不尊重学生意志，摧残青年前途，要求退学，并发给修学证明书。学校方面，以为青年学生，血气未定，学识未充，往往感情用事，出乎正轨，殊堪惋惜。向该两组学生详加劝导，冀其觉悟，该组学生等同时有数人发言，谓要求退学，是全体意见，并经一致通过，决难挽回等语，学校鉴于此种情形，煞费考虑。欲其省过知非，时非短时间所能奏效。要求退学，又非此种明文，只得按照对于普通呈请退学办法一律许可。”① 该学校并非听取学生的意见改换教员，满足学生的求学需求，而是一意孤行地坚守，执意劝解学生遵从校方意见。该班学生同校方的战斗已非一人，而是整个团体的对抗，在从众心理的驱使下，处于青春期的中学生不愿割舍集体的意愿，最终导致整个班级退学的悲剧。

除了罢课、退学的方式，愤怒的学生甚至会采取一些暴力行为。“省立第七中学学生于训育主任因公进省之后三日，即本月二十一日纪念周时，学生突以全体名义函迫辞退女教员，并限立刻答复。有少数学生倡言罢课，并谓有上课者以武力解决，致全校二百余学生同陷入徘徊状态，遂至停课。有少数学生将成绩室陈列品携出一空，捣毁教室玻璃数块，散发宣言，肆力鼓动。”② 看到建议、罢课的方式无果之后，一些激进的青年学生，便开始采用

① 湖北省档案馆：LS10-5-194，《续报朱秘书代表莅校后处理退学男生情形鉴梳由》。

② 湖北省档案馆：LS10-5-1274，《湖北省立第七中学杂案》。

武力对抗校方，通过砸毁学校设备、扰乱学校秩序的方式扩大冲突的局势，以此造成校方与学生方的紧张对峙。

图4—1　湖北省立第七中学风潮中所毁教室

师生间因教师水平而引发矛盾，源于某些学科的教师供给不足，造成某些学校不合资格的教员滥竽充数的现象。可以说，当时中学教师的资格水平参差不齐，见以下六省中学教师资格情况表：

表4—3　六省中学教师资格情况表

毕业学校＼人数＼省份	浙江	江西	湖北	湖南	山西	河北	总计	百分数
国外留学	107	76	84	113	73	49	502	7.07
大学毕业	539	338	294	418	264	361	2214	31.22
师范大学毕业	31	56	66	117	39	52	361	5.11
高等师范毕业	157	157	113	344	84	160	1015	14.32
专门学校毕业	465	257	243	387	96	161	1609	22.69
其他	531	165	77	272	166	178	1389	19.59
总计	1830	1049	877	1651	722	961	7090	100

资料来源：杨亮功：《对于训练中等学校教师之一个建议》，载《教育杂志》1935年第7卷第7号。

从以上数据可见，在六省7090名中学教师中，师范院校毕业的占总数的

19%，大多数的教师并未受过专业训练。以上调查的六省份当属全国教育较发达的省份，而一些落后省份，其情况更是严峻。教员水平的低劣加之教法的不得当，很容易激起学生们的不满，导致师生间发生冲突。湖北省立第十一中学的教员状况："查初中教员具有大学专科或高中毕业以及身无恶劣嗜好者，方为合格。但该校现所聘有之教员，资格不符者有之，身染恶劣嗜好者亦有之；如某教员为五中二上生，且被学校开除者，崔氏为中华大学之修业生，再如教英文、教算术、教体育等，率皆吞云吐雾之健将，即令专诚教学，精神岂有不怠？用此辈人物担任教师，不惟有背教育法令，且与中央迭次禁毒训文有所径庭，此其废弛教育，引私滥竽之事实者一也。"①

除了教员水平的低劣而引起师生间的对撞之外，师生间教育观念的大相径庭也会引发对抗。如在特殊的国难时期，有的教员对战争的态度比较保守，认为战事扰乱了天下太平，言外之意，学生不应盲目参加各种政治活动，干扰了学业活动。但这种言论并未得到气血未定的中学生的认同。如某中学国文教员上课时发出一番战事的感慨："我们中国从民元以来，整整的打了十七八年仗了，我们究竟要打到哪一年才能止息，谁晓得！哎，中国，真是多事之秋的中国啊！"当教员还没有走出讲堂，一片哄闹的声音就破空而起，同学们有的唱歌，有的击拍，有的争吵，有的哗笑，沉寂严肃的空气，顿时被打破了，同学们一个个都像得了大解放。在哄闹声里，一个同学提高他尖锐的嗓子，跑到讲台的前面，大叫起来"喂，喂，你们说：今天这老家伙的反对战争的论调对吗？你们说！喂，你们说！"② 显然，学生们听到国文教员对于战事的一番评论不以为然，认为该师的观念纯属保守主义，学生们纷纷用不同行为表示反抗，顿时整个课堂就像热锅，混乱不堪。

从学生革命思想方面而言，很容易理解中学生们为何视梁启超"心中偶像""大英雄"了。换言之，梁启超成为学生们的"偶像性重要他人"。偶像性重要他人是因受到学生特别喜爱、崇拜或敬佩而被学生视为学习榜样（或

① 湖北省档案馆：LS10-5-2048-2，《湖北省立第十一中学》。

② 杨文安：《中学生日记》，上海：开华书局，1931年版，第17－18页。

楷模、范型）的具体人物。由于偶像性重要他人多为社会知名人物，因而，学生对于偶像性重要他人的认同与选择实际上也是对于社会中具有某种代表性或一定典型意义的价值取向的认同与选择。当社会中的价值取向发生“根本性的”或“转型性的”变化时，学生的偶像性重要他人的构成当会同变化前迥然相异。① 因为梁启超充当着革命家的形象，他的文字笔锋有力，读来使人热血沸腾、不能自已，所以很多学生都把他当作偶像。郭沫若中学时代曾接受了梁启超思想和文字的洗礼。“平心而论，梁任公的地位在当时确是不失为一个革命家的代表。他是在中国的封建制度被资本主义动破了的时候，他负戴着时代的使命，标榜自由思想而与封建的残余作战。在他那新兴气锐的言论之前，差不多所有的旧思想都好像狂风中的败叶，完全失掉了他的精彩。二十年前的青少年——换句话说：就是当时的有产阶级的子弟——无论是赞成反对，可以说没有一个是没有受他的思想的洗礼，文字的洗礼的。”② 接受了革命思想洗涤的热血青年，听到教员一番反对战争的言论，显然难以平复心中的愤怒，故而与教员发生了对击。

（二）因学校管理、教学制度、严厉压制等所生

自学生实行层级管理制度之后，学生成为被管理的对象。而处在青春期的少年，则正是热血激愤、狂傲不羁的叛逆期，对于学校实施的“他律”③ 异常反感。因为民国成立之后，“民主、自由、平等”之宣传已在青年的心里回荡，他们深信自由平等的价值追求。然而，当时的社会却仍留存着旧的“专

---

① 吴康宁：《教育社会学》，北京：人民教育出版社，1998 年版，第 247 页。

② 俞荻编：《我的中学时代》，出版地（不详）：文化图书公司，1941 年版，第 42—43 页。

③ 学生进入学校，即要接受“他律”的要求与规范，作为学生个体要接受学校方的直接约束与控制。对于这种外在的监督与干涉，青春期的中学生心里感受到无比压抑。某研究者指出，在生理和心理方面，青年是我们一生中变化发育得最急速的一个时期。但是，在教育和陶冶方面，青年却又是我们一生中感受到禁锢和压制得最厉害的一个时期。由于这二者的冲突，造成了青年人的无限的苦闷。青年要求知识的满足，要求感官的满足；但是环境像铁打的墙一样，全不理会他的要求。“这是不对的!”“这样是罪恶的!”“这个是道德法律所不许的!”从希望得到亲切指示的四周投来了这许多冰冷的声音。仲华：《青年生活中的一种苦闷》，《中学生》1932 年第 22 期。

制”遗风，尤其是熏陶在旧文化中的那些管理者，对西方平等的价值理念并非全然接受。他们认为“服从管制”是学生天经地义的“本职”，而若越雷池之外，则认为是“离经叛道”的逆行。换句话说，学校管理方认为实施管理、发布命令是正当的实施权力；学生则认为，他们也是学校中的一分子，应该有参与民主管理的权利，抑或说具有自由表达个人意志的权利。但对于校方而言，他们很难承认学生权利的“正当性”，所以双方之间产生了对峙。甚至，有学生称呼校长为“皇帝”。“在万恶专横的帝制时代，皇帝是可以作乱非为，错也是对的。就上至臣宦下至庶民，都不得反对他的，不然便是逆旨，逆旨便该诛十族斩首，最低的限度总也要充军。我们的校长林荫南，比什么都高明得百倍，皇帝校长的气色虽无十足，最少总也有九足九分九九九。”①

学生控告学校管理不善，与校长、训育主任等发生冲突。一些学校的学生细数校长及管理人员的腐败行为，指责校方贪污腐败、作风不良。湖北省立第十二中学甚至有学生搜寻诸多证据控告校长，具体行为如下。

1. 查该校每月预算教职员薪俸项，体育教员月支一百元，童军训练员六十元。校长仅聘徐昌平一人为体育兼童军教员，月实支付一百元，为蒙蔽起见，以徐敏报童子军训练员，徐昌平报体育教员而每月童训之六十元开支，竟肥私囊。

2. 教员之聘用须呈报备案方为合法，该校公民教员，熊子功尚未报厅，其以钟点为应酬品，视教育为儿戏，已可概见。至伊本人担任钟点，名义上为四次，实际上仅二次。

3. 二十三年度上学期起，教厅规定入学报名费五角，愿以社会经济枯竭，为无力入学，新生着想意至善也，而二十三年度上学期招收新生报名费，仍收一元，有学生收据可以证明。

4. 教员嗜赌。某主任在武昌一夕输一千二百元。②

---

① 《校长与皇帝》，载《厦中学生》1929年第1期。

② 湖北省档案馆：LS10-5-2222，《湖北省第十二中学呈请学期报名费收支情形及教育厅的电函》。

学生列举了学校很多腐败行为，通过很多票据为证，甚至某主任生活作风不良等行为也包括在内。这也表明学生们期求得到民主透明的学校管理，而非见识到学校采用一些小把戏，收敛钱财、收入私囊。

浙江第十中学的学生同样也因反对校长私敛财产、聚众赌博等不良行为，而发生了罢课行为。某日上午，“学生会召集全体学生大会，当即议决一致罢课，同时贴出下列标语‘驱除赌棍周祜’、‘驱逐开庄放赌的训育主任梁奉星’及‘呈请浙江大学撤换周祜’等字样。该校学生驱长内容为经济不公开、任用滥竽、校务废弛、嗜赌好酒四项云。又永嘉学生联合会为‘十中学生罢课’宣言云各位父老兄弟姊妹们，不幸的第十中学，此回又生罢课的现象、罢课是学校与学生们所不应有的，但这次罢课的原因，校长周祜沈醉赌博，任用一班烟嫖酒赌的滥竽教员，对于同学功课上受莫大之影响。……同学们为本身利害相关，怎得再容此种赌棍在此青天白日旗帜之下，摧残吾们青年教育，以及开庄聚赌种种罪状皆有确实证据，指不胜屈，因此全体学生莫名公愤，誓必铲除此种腐化校长及教员，所以有这次的罢课运动。”① 该校校长和训育主任显然背离了“学高为师，德高为范”的师道传统，势必会引起学生们的不满。学生们进入中学读书本已花费巨额的费用，然学校管理黑暗，校长生活作风腐化，学生们的公愤油然而起。同样，遵化中学的学生爆发风潮也由于校长管理松弛等因而起。“校长在遵城应酬过多，校中管理职务颇多废弛，学生亦因此有烦言，因是学生校长感情日坏。持满待发，逐渐起风潮。”②

因待遇不公而发生冲突。每个学生求学期间，都想得到学校公平的待遇，包括学校制度体现的公平原则。如湖北省立第七中学为了教学之便，实行分级教学，此种安排遭到部分学生的反对。“学校原有二上之两班男生程度参差太远，教授殊感困难，且全校现为六班而二上级男女生班次占全校二分之一，是班次后不相衔接，为整理班次计，为学生程度计均有编级之必要，特于十

① 《浙江第十中学驱除校长》，载《申报》1929年1月19日。

② 《遵化中学风潮之两说》，载《益世报》1920年12月4日。

月一日经属校校务会议，议决以男生二上两班编为二上一下各一班，考试举行后，有降在一下致少数学生陈希贤等同班学生十余名，以罢课退学为要挟，而有教员大肆蛊惑，从中指纵。并有为学生代拟电报者、为学生代表作呈文者。学校一面通知各该生家长严为勤戒外，并将为首的学生陈希贤开除追缴学费以刁风而肃校规所。”① 学校为了实行分级制度，举行了一次甄别考试，成绩稍差的学生便分配到低年级，降级意味着再耗费一年的宝贵青春，投入更多的经济支出，加之，降级有失脸面等等之原因，而这部分学生显然不愿接受这种结果，于是便以罢课退学的方式威胁校方。然而，这部分同学毕竟是小部分群体，并不能唤起其余同学的参与兴趣，所以罢课终究会以失败告终。

学生与校方的矛盾之所以激化，缘于两方面的原因。“学潮发生，固然和社会一般组织的纷乱是有相当的关系；但是这并不是学潮发生的直接原因。直接的原因可说是有二种：A. 学生思想的激进。学校当局的顽固。B. 学生非理胡闹，学校行使职权。一般学生有了所谓学生运动之后，他们的思想上受不少的影响；学校当局多半还是熟睡在‘遵古法制’的甕中，所以对于学生认为‘理所应当’的各种要求和提倡——财政公开、参加校政等——都认做‘离经叛道’的妄动。在这种情形下，两方面因冲突而起学潮自然是意中之事。”② 一般而言，第一种现象比较常见，第二种现象也时有发生。有的校长对于学生的意见，稍加劝解，希望通过言语调解阻止冲撞发生，但这种温和劝解并不能压制学生的不满。湖北省立二中学生联合起来请求撤掉校长，理由之一是校长不尊重教员的选择。“教员是学生的指导者，教育不良或无能，学生当然无由得益，这是必然的道理。注意教育的人，莫不以教员的选择为极重要的，该校校长对这一点竟视之默然。现在举几个例子，如现在高一上在去岁三上时的数学教员，英文教员、国文教员、他都是一个人的情感和方便去请来的，明知道某先生的教法不良，学力欠缺，而令学生敷衍从事。

---

① 湖北省档案馆：LS10-5-1274，《湖北省立第七中学杂案》。

② 辰乞：《学潮与教育前途》，载《厦中学生》1929 年第 1 期。

如果你们不满意某先生的教授法，你们尽可在上堂的时候做旁的事，模模糊糊的算了吧！”① 学生更换教员的意愿却得到校长“模模糊糊算了吧”的敷衍答复，对于这种敷衍了事的校长，学生们则不甘如此，最终爆发了驱逐校长事件。

倘若学校强硬压制学生，则事情会愈演愈烈。武汉南湖中学学生则因露营之事与学校发生冲突，学生们想把意见转述校方，但却被校长强硬压制，最终激怒全体学生，导致全体学生退学。据当时武汉日报的记载，其具体事情发生的过程如下：

> 上星期五为本校女同学预定露营之期，因本校行动，故事先经童军教员杨先生与学校交涉，并经过许可。且因全系女同学，故女生指导魏婉，亦允许同往监视，但至出发之时，魏不知出往何处，杨先生只得独领学生前往营地，不料魏竟以电话通知董事长，因营地未干，请求发令退回，其实她根本未到其地，何以能知为水所浸，当时董事长误信，竟依从其请，杨先生感觉种种难堪，遂自行离校。同学闻之，一场气愤，遂集合全体同学推举代表，准备一合法之举动，将上述意见贡献给学校当局。代表散会后，即聚集一处，谈论进行方针，正说话间，忽校长推门而入，不问情由，抢去草案。同学们因学校当局，不接受要求，反开除同学十人，只得罢课。但现今未有一人上课，为何只罚其中十人，于是议推十位代表，再往交涉。但校长仍很强硬，不接受任何条件，学生无奈，只得全体同学与学校当局说理，但当局若无其事，且本校董事纠合流氓数十人，手持武器，向徒手之学生，施以武力辱打，以至同学受伤者共二十三人，竟有重至晕倒者，但学生等亦未越轨，迫不得已，全体退学。②

① 湖北省档案馆：LS10-5-693，《湖北省立第二女中》。

② 《南湖中学罢课》，载《武汉日报》1937年4月22日。

之所以会造成这种结局，一方面，南湖中学的校长压制方法十分强硬，起初撕毁学生的草案，后来采用武力手段警告学生，最终导致学生的集体退学。这则案例很明显是第一种原因所致，学生思想比较激进，小的事件则群起而愤之，希望与校方交涉能得到公平的解释。然而，校长显然对学生的这种伸张民主权的行为嗤之以鼻、不以为然，甚至认为学生的这种行为是“离经叛道”之举，受到压制也是情理之中。另一方面，则是校方老师出尔反尔、不守信用。“学校职员言行当一致。若言行不一致，则生徒得乘间而入。学校之表面上，以训练生徒为最大之目的。职员自当以模范为己任。若实际上不符言行间或有不同之点，则生徒对之必生奇异之感。其后对于学校渐生不信用之念，于此不信用之念相伴而公然发表者，即生徒之攻击。”①

校方出尔反尔，得不到学生的信任，很可能发生相互攻击。这也是为什么训育主任遭到学生们的唾弃，甚至是更激烈的“教训”。应城西河初中学生便殴打训育主任，使其狼狈不堪。“1935 年 6 月 29 日，学生李子春等从校门外，手持砖块追逐训育主任郑先生，郑先生直抵车站，沿街叫骂，掷砖形同捕盗，企图朋殴。探警报称，扰乱市面之秩序实有过之无不及，若非校工极力救护，郑先生已遭不测。这些学生有的是犯规开除者，有的是受教唆者，被诱惑使然。”② 这显然是一起“报复性”事件，学生们在校期间苦受训育主任的管制，出校后则想报复一下，以解心中之怨恨。有些遭到学生记恨的教员，其结果更是悲惨，“福州法专附中学生郑祖庆，因不及格杀伤主任教员王渚明，郑已送押。”③ 该学生的行为更加激进，竟以取教员生命为报复，也可以看出青春期的学生对教师的积怨之深。

为何学生会频频罢黜校长，对抗训育主任与教职员呢？除了中学生身心发展特征之外，还因学校的管理制度所致。当时一般中学的行政管理，大概都实行校长总揽大权，下面分教务、训育、事务三部，各部设一个“部长”去执行那一部的事物；学生则完全处在被治理的地位，不但没有干预权，几

---

① 贾丰臻：《说学校风潮》，载《教育杂志》1912 年第 4 卷第 4 号。

② 湖北省档案馆：LS10-5-1328，《应城西河初中学生李子春殴辱训育主任》。

③ 《闽法专附中学生行凶》，载《申报》1929 年 7 月 12 日。

乎也没有发言权，表面上学生虽可陈述意见，但往往被教职员的成见或轻视打消。这种管理机制导致两种弊端："第一是责任集中，一方面既难于应付周到，他方面把一切错误的责任也归到一二人去负，这一二人永远成为众矢之的；第二是教职员和学生立于对峙的地位，无形中在两方当中筑了一道墙，最少也是竹篱，许多误会都容易引起，越积越多，终至于不相信任。"① 师生间的这道壁垒导致教师自认为，学生是不好对付的，即便尽心尽力，也不能满足他们的欲望；学生则认为，教员和校长只顾及自身利益，始终为难他们。这种心理积蓄越久，爆发冲突的因子越大。因此，稍遇不相协调之小事，就会出现教员、校长开除学生，学生驱赶校长、教员的冲突。如某中学生记述："有一回，有一学生因为说'学校以学生为主'，校长说以'校长为主'，于是就在学期终给了这个学生去了一封挂号信说'该生思想不正'，把他开除学籍了。又一学生因为在操场嚷了一声，于是校长就说这个学生'行为不检'，也把他革了。"② 北平中学的一名学生回忆学生"当老爷"："学生对教员一不满意，马上就当面指责或者上书求他辞职。因此学生会的势力非常大，可以左右学校行政，学生会代表参加校务会议，学校财政支出，每月必公布详单，这时学生变成了老爷，教员都不敢惹。"③

（三）因社会政治而发的冲突

除了以上因教员水平低差，学校管理混乱而引起的师生冲突外，另外一个引起师生矛盾的主要外因便是社会政治。在山河日下的国难时期，学生们的爱国意识纷纷觉醒，为了表达政治观点，学生们纷纷宣布罢课、走向街头，或者集体请愿。学生们之所以通过罢课的方式发起冲突，一方面，表明学生的爱国意识受到了萌发，民族感开始增强，如通过罢课进行国货宣传等；另一方面，表明叛逆期的中学生，情绪容易受到蛊惑，稍有刺激便被激起。正如有学生认为，罢课是有意义的，"罢了课去从事口笔宣传的工作，罢了课去参与广大群众的行动，尤其是，罢了课给予国人以强度的战刺，好端端在那

① 薰宇：《怎样解决中等学校的学潮?》，载《教育杂志》1925 年第 17 卷第 8 号。

② 《一个例外》，载《中学生活》1934 年第 8 期。

③ 齐佩瑢：《中学生活》，载《中学生文艺》1934 年第 1 期。

里求学的青年都不得不跑出课室来了，那当然，非常严重的时代已触着了鼻尖”。① 学生们认为，他们已经不能默坐在教室安心求学了，国家需要他们的援助，需要他们去启发国人的爱国意识，因此他们便试图通过罢课等方式来宣扬爱国思想，进行爱国运动。安徽芜湖中学的学生则罢课近一个月进行爱国运动，在与校方和解之后，要求学校要与学生爱国事宜相互一致。芜湖男女各中校学生已一律上课，并发表一种宣言云：“我们此等罢课已有三十多日了，现在我们考察各方面的情形，认为真理不能不改变方法，所以五月十七日一律上课。学生如上课，将来对于救国的事宜皆与学生一致进行。上课后对于救国的运动仍是积极推行，不过方法略改变点。”②

有的学校的学生则是为了响应其他地区进行罢课，如江苏省立太仓中学全体学生，“见于国势危机，无心求学，故于昨日开全体大会议决，自十日计一律停课，与上海各大中学学生取一致运动，已派代表赴京请愿”。③ 在听闻国家遭遇外辱之时，学生们更是按捺不住这种愤怒之情，纷纷发表罢课宣言书。如“二十一条”签订以后沧县中学的学生发表罢课宣言：“青岛为山东之咽喉，山东为中国之门户。青岛失山东必危，山东危，中国不保矣。今青岛交涉既失败，中国前途将不堪……吾津南学生当仁不让，自应发起以效劳，吾同胞不至于为奴隶牛马乎？津南学生共济国难。”④ 在此国情之下，各地不断发出罢课的消息，以此表达爱国热诚。山西省五台县川至中学与定襄县中学校，“女子中学的学生组织‘简德会’，以日用物品概用国产简朴、节省、不尚奢华为宗旨，并逐日派人至省垣，如公馆住户，劝导妇女宜用国货，勿买敌货，并将国货如何之美，敌货如何坏，苦口详析解释。是日，全体罢课为男校之后盾”。⑤ 为了开展国货运动，女子中学的全体学生决定罢课，以此响应男中学生的运动。河南省同样如此，“自省垣各校罢课后，外县学生为爱

---

① 《罢课？复课?》，载《中学生》1932 年第 22 期。

② 《安徽芜湖学生之上课宣言》，载《益世报》1920 年 5 月 25 日。

③ 《苏省立太仓中学罢课》，载《益世报》1932 年 12 月 12 日。

④ 《沧县中学罢课宣言书》，载《益世报》1929 年 6 月 4 日。

⑤ 《山西男女各学校一律罢课》，载《益世报》1929 年 6 月 9 日。

国热诚所激亦多罢课，足见河南学生进步之一斑。共罢课者为洛阳甲种工业中学等”。[1] 应该说，该时期的学生运动，具有了一定的理性觉醒，从起初单校的孤军作战，到联合同盟军，形成一股影响力大的群体势力。

对于学生的爱国运动，学校不能强行压制，需要对其进行合理疏导。因为越是镇压，中学生的反抗越强烈，这也与其青春期的年龄特点有关。“保定各中学以上学校对于青岛兵败问题颇为激昂，热度蒸蒸日上，稍未减少，乃于各校长压制；以至于上月二十六号中学以上各学校全体罢课，取同一致，以步京津各校之后，各校校长对于学生罢课，异常恐慌。因为学生爱国热忱恐其日后发生意外及有暴事，故各校长暗用阴险手段，善言安慰各生，暗中与各生家长去信，令各生父母来信催伊等，暂且出校回家以阻各生之热度，各生家长来保者不鲜。”[2] 保定各中学的校长为了阻止学生风潮事件的发生，便通过多种方法劝阻学生归家，这也表明校方对于学潮的担忧。有的学校则为了防止师生冲突，则预见风潮即将来临，令全校师生放假。1931 年，国难危机发生后，学生们的爱国情绪更加愤慨，有的学校为了防止罢课冲突，特决定全校放假。“南京中学全体教员，于十日起宣布暂行停教育，并由该校通告各生家长，将各生召回，改善环境，免蹈危机。”[3] 然而，仅仅通过“堵”的方式是不能从根本上解决问题的，还需要对学生进行恰当的疏导。

教员的善意疏导有时还是能得到同学之理解。1936 年，湖北省立第十五中学以武汉各中等以上学校因救国运动而罢课，因连续罢课而提前放假。学校于集会时说明罢课之利弊与学期考试之必须举行，以便告一段落。一面与学生公开讨论，在青年期间应当努力，幸学生均能了解，以罢课于国无益、于己有损，故学校得以照常上课，未受影响。“不料六日接鄂北学生救国会函，以援助各地学生运动有所表示。乃临时各班推举代表前往出席。关于罢课提案，本校学生不予赞同。经本校全体学生意见，结果十分之九以上学生主张上课，但以代表人数太少，卒遭否决。学生惶恐万状，罢课则学期考试

---

① 《河南各县罢课之云起》，载《益世报》1929 年 6 月 10 日。
② 《保定学校罢课后情形》，载《益世报》1929 年 6 月 4 日。
③ 《南京中学宣布暂行停课》，载《申报》1931 年 12 月 12 日。

势必不能举行，本校以学生救国联合会经决议，如果某一校不服从决议，则所有会员以全力制止之，任何牺牲在所不惜。本校师生为免除误会，防止不幸事件发生，计忍痛停课，惟于游行演讲受军事训练之余，仍指导学生自修。”① 虽然，湖北省立十五中的学生最终停课服从了救国联盟的决议，但在他们内心之中，已经理解了“罢课”之利弊得失，大部分学生欲图上课，但又因联盟之议决，不得已而为之。从学生的心理状态可以发现，学生们在教员的劝解之下，已经对“罢课”“参政”等有了一定的理性思考。

（四）其他缘由所致

该时期师生间的冲突除以上列举的三种类型之外，还包括因考试、待遇不公等原因而生发的对抗。首先，因考试而发生的冲突。自新式学校建立之后，开始实行学年制，每学年都有种种考试甄别检验学生，包括月考、学期考、会考、毕业考、升学考等。其中以拒绝会考制度为最多。“国立中山大学高中二年级学生三百余人，近因反对参加教育厅高中毕业会考，致自二十七日起，酿成全体学生罢课风潮。而校方厅方态度异常坚决，校方于昨日召集校董会议，拟开除为首滋事学生，并限附中学生即日开课。”② 除了反对会考外，则是反对学期考试。“皖垣公私立学校，近因寒假期迫，均纷纷举行学期考试。省立高级中学校，以普通科三年级甲组学生，于十六日下午，考试教员翁某上西洋史学科时，教室内竟无一人，并先后在课堂黑板上漫写、侮辱翁某之语，复全体离校而出。结果教育厅处理办法：勒令即日离校；下学期开学之先，听候学校甄别通知来校，举行补考。”③

学生为何要反对如此众多的考试，为何将考试视为“鬼门关”？他们的心理状态是什么样的呢？依常道直的观点主要是三方面原因：

> (a) 我国多数学校中向来实行“学年制”，凡考试时，有一门或数门学科不及格者即须再学一年。降班者一则光阴耗费，再则金钱损失，三

① 湖北省档案馆：LS10-5-1614，《湖北省立第十五中学》。

② 《粤中大高中反对会考，学生罢课形式严重》，载《申报》1935年4月30日。

③ 《皖省高中罢课》，载《益世报》1934年1月23日。

则“颜面攸关”，于是乎未到考试前，正在考试中，及考试未揭晓前，无不存患得患失之心、至于如某某数校，一学年考试分别剔除学生为常例，更是令学生惴惴不安。(b) 一般学校每用一种无谓的奖励方法，引起学生一种虚荣心，如给奖品，张挂榜文之类——完全旧时无谓的传统思想。因此更足以引起学生之计较心，或且怀疑校长教员评定成绩之欠公平。(c) 每见有一种教员喜出偏僻而无关要旨之题目，以自矜其心思之工巧，而难倒学生。因此学生益视考试为畏途，且对教员怀一种怨愤心。①

依照常的观点，学生的得失心、虚荣心、怨愤心成为师生发生冲突的因子。朱经农曾指出因考试而发生风潮的现状，并认为考试应该改革。“至于考试，也有一点应当改革的地方。第一点，应该废止发榜的制度；第二点，考试不应出过于偏僻或过于繁复的题目；第三点，就是考试时间的分配。平时对于学生放任不加考验，等到某某一定时间，把各门功课一起考试，学生荒惰已惯（临时抱佛脚），不但于学问无益，并且身体受伤。”② 可以说，考试制度以及相应而生的各种奖励制度催发了学生们的各种求胜心，以及相应的不平衡心态。

其次，师生间的冲突，有时也因学生的无理取闹所致。“学潮的发生是很平常的，甚至于有的事情，是绝无发生学潮的价值而竟发生学潮，更甚的，有的学校当局和学生间的冲突，是起于双方的意气之争，并没有十三分的过不去。到了后来，双方都弄得骑虎难下，因之小题大做，侮辱、谩骂、殴打以及各种无理性的蠢动，常继之而起。”③ 如1916年合肥第二中学生与校长冲突大起风潮，其因由则是一桩小事。“学生要求旅行至巢湖之中庙，以该处风景颇佳，欲图玩赏，该校长未允许，先与学监冲突，校长加以斥责，以致激

---

① 常道直：《民国十一年度学校风潮之具体的研究》，载《教育杂志》1923年第15卷第4号。

② 朱经农：《上海学校风潮之研究》，载《时报》1922年12月13日。

③ 辰乞：《学潮与教育前途》，载《厦中学生》1929年第1期。

成罢学。”① 该学校学生仅以校长未允其玩赏之故，而与校长大起冲突并爆发学潮，可以看出中学生躁动的心理，稍有不顺其意，便以罢课示威，这也反映当时整个学界的学生心理趋向。杨鄂联在《中等教育之危机》中指出：“青年时代最富激愤之感情，尚乏辨别之识力。故每喜偏激之时论，厌切实之训诫。于是一有不适，反抗随之。学校风潮不出于小学而出于中等学校者，即以此也。”② 当时更换教员、校长是中学常有之事，导致学生们对新任之教员不信任。所以，很多学生故意刁难新教师，试图赶走新任老师。如某老师上课的场景：

第二天上课了。我翻开点名册的时候，恶作剧开始了。有的“到”一声，大声得使你发笑；有的“here”，轻声得使你听不见。A女生站起来了，问道：先生，男子在热暑天气，为什么穿毛线袜？B女生站起来问道：先生，不倒翁为什么会随倒随起？F女生站起来了，问道：天上为什么会有虹？M女生站起来问道：先生，打雷的时候，有没有雷神在哪里指挥呢？她们一共问了十三个问题。她们问了之后，非常得意；她们料想这一次先生一定被她们难倒了。可是当我一一解释给她们听的时候。这一班顽皮的学生，感到失望了！③

学生们提前准备好质难新教员的问题，上课伊始，学生们便开始考核。她们窃喜自己的问题必会难住新教员，暴出尴尬的丑态。正在她们幸灾乐祸之时，新教员却出乎她们的意料，竟然对提出的问题一一进行了合理解答，顿时捣乱生鸦雀无声、不敢言语了。这名教师的第一堂课发挥了“印象整饰”的作用。美国社会学家戈夫曼认为：“当个体扮演一种角色时，他便不言而喻地要求观察者认真对待在他们面前建立起来的印象。要求他们相信，他们所看见的这位人物实际拥有他好像拥有的品性，要求他们相信，他所做的事情

① 《皖议会第二十五次常会议纪事》，载《申报》1916年11月22日。
② 杨鄂联：《中等教育之危机》，载《中华教育界》1916年第5卷第5期。
③ 念远先生：《我的女学生们》，载《女声》1933年第1卷第24期。

将具有自不待言地要求有适于它的那种结果，总之，要求他们相信，事情就是他们看上去的模样。”① 戈尔曼指出，像真正的演员一样，自我表演也有前台和后台之分。前台是展现于观众（即交往对象）面前的一种情境，个人在前台的表现指印象整饰。一旦人们进入前台，就会将自己的种种外表和举止同他人的期望相一致，若要做到这一点，位于前台的人必须以理想化的形象、表达的控制以及一定的社会距离等手段来取得观众的信任和尊重。从学生们导演这场幕剧可以看出，教师最终还是在“前台”树立了“授业解惑”的形象，征服了“学生观众”这一群体的信任与赞誉，虽然最终结果与学生们预先的设想背道而驰，但是在学生们的心灵深处，他们仍然想拥有一名知识渊博、具有真才实学的人师。

南开中学作为北方著名的私立中学，也曾发生过多次师生对抗的事件。1931 年发生了学生与校长张伯苓对撞的师生风潮。起因则源于该校学生不按颁布条例组织自治会，并无视学校的管理。“南开中学生千八百余人，组织学生自治会，不按中央颁布之条例，且与学校表示不合作，校长张伯苓劝导无效。十五日警告学生，如不取消自治会即辞职。学生十六日晨八时贴通告向校长解释误会，九时被撕去，下午三时张伯苓贴通告，略称诸生不听劝导一意孤行，自即日起辞去校长之职，虽将艰难缔造三十年南中解散，本校长亦爱莫能助，张辞职后即避入女中。训育主任亦辞职。下午五时教职员开会表决，劝学生依照合法条例、改组自治会并挽留校长，如不照办教职员即随校长去职。十六日晚学生亦开会，态度和缓，师生似不致决裂。”② 该冲突与以上列举的冲突不同，一般形式上都是学生罢课教师或者驱除校长，而该次风潮则是校长主动请求辞去职位，不与学生继续纠葛。张伯苓及训育主任之所以采用离职的策略，实属无奈之举，倘若不以辞职相对抗，学生不会遵循条例合理组建自治会，相互之间的矛盾愈演愈烈。最终，在校长离职的对抗下，学生们选择妥协，服从学校的管理。“南中学生会上书校长张伯苓并道歉。学

---

① ［美］欧文·戈夫曼著，黄爱华、冯钢译：《日常生活中的自我呈现》，杭州：浙江人民出版社，1989 年版，第 17 页。

② 《南开发生风潮》，载《申报》1931 年 12 月 17 日。

生表示有悔过诚意，应接受市党部训令依法改组。”① 这次风潮之所以没有激化，因于校长的英明“辞职”之举。张的做法采用避免冲突的方式，正如当时某研究者分析规避风潮之方法，“依照物理的原则，凡两种物体互相碰撞，其来势也猛，其损失也大，这是正面冲突的结果；倘若一方设计避免，对方来势虽凶，亦只有自受损失，而绝对不会影响其对象也。人事亦然，凡遇有冲突的地方，假若设法暂避免其来势，当不受损失；反之，对方因缺乏节制，或将因此而引起其他问题，结果只有自受其害而已”。②

最后，除了因伸张正义、争获自由待遇等而产生的冲突之外，也有部分学生则因判断不明、缺乏理性，成为学生运动的工具。有的学潮的发生，则纯属教员的挑唆，学生成为其利益的牺牲品。湖北省立十一中学的教员挑拨学生酿成学潮，导致学生罢课。“本校此次学潮起源于该教员到校月余，在上课时间，时常谈己之长、道人之短，在A班上课谈B班坏话，在B班上课，谈A班不然。教员与教员相互讥讽，酿成意见。今闻教务主任谈校务主任不明训育之理，明闻训育主任谈教务主任不懂教材，于是教员分成两派，各一派学生。因此引起学潮。学潮尚未解决，于三月二十五日三下全班呈请教务主任增加讲义，而教务主任不准，则有教员数人鼓动该班学生向教务主任交涉，则教务主任处罚该班学生，但该班学生为求学起见，又快毕业，接受处分。而一班教员加力干涉此事，于是少数教员拥护教务主任，向教厅打电话公布厅令严处学生，不准其他教员过问，于是开除三下学生。”③ 在这次学生与学校大动干戈、发起学潮的过程中，学生则成为教员利益争夺的利用品。大部分学生，则因学校处理冲突运动的“首脑”，决议全体退学，以示决心。约翰中学则上演了“同归于尽”的罢课风潮。“约翰中学全体学生退学，此事连日经各处及约翰同学会出面调停未能解决，盖在约翰方面，则以命令已出，断难收回，而在学生方面，则以被斥二生因公受累，不能舍此独归，故虽经二代表亲劝各学生入校，亦不愿。现二方面已陷于极危险之境间，中学生除

---

① 《南中学生挽张伯苓》，载《申报》1931年12月24日。

② 余天休：《处置学校风潮的方法》，载《文化与教育》1935年第50期。

③ 湖北省档案馆：LS10-5-2048-2，《湖北省立第十一中学》。

免费生三十余人外已决定不入校，大学生中惟行将毕业程序较高之两级仍行进校。”①

图 4—2　圣约翰中学学生全体罢课

三、平淡授受型

师生关系除了亲密友爱型与锋利对抗型的两极关系之外，尚存在一种平淡无味、冷漠的师生关系。之所以存在这种关系，源于教师方面，教师自认为他们是出卖知识的贩卖方，而学生也认为他们是花钱买知识，教师只是他们所雇用的知识布道者。师生间的关系只限于课上的几十分钟，一旦下课，师生便分道扬镳、不相往来。换言之，师生之间的关系已被“商品化”。当时很多教育学者已认识到这个问题的严重性。如舒新城认为：“新教育之后，师生关系商品化了。因了教育商品化，学校变成了商店，校长变成了经理，教师变成了货物，学生变成了顾客。学校教师与学生的关系，是买卖关系。有钱可以来照顾一下，没有钱不要问津。当教师的也是一样的，被人买卖，今年被买卖到这里，明年被买卖到那里，学生对于所信仰的教师，要想发生真实的关系，是不可得。”② 在这种“市场化”的教育信仰下，师生之间很难发生相互尊重、相互友爱的真实关系。庄子毅认为：“我国以往中学教育所以失败的最大原因，即在学校、教师、学生三方面的关系太疏远，学校太商业化，学校如‘商店’，知识如‘商品’，教师以知识出售，向学校换取薪金，如同‘卖主’，学生为取得文凭，缴费上课如同‘顾客’；教师到学校只是‘教书’，

① 《约翰退学风潮三志》，载《申报》1919 年 5 月 13 日。

② 舒新城：《我与教育》，载《中华教育界》1931 年第 19 卷第 2 期。

不是'教人'，学生到学校亦只为'读书'，不为'学做人'，教师对学生只重对知识的传授，而忽略道德的指导与人格的感化；教师与学生在教室为师生，出教室如路人。教师为讨好于学生，每多敷衍塞责。学生因无人指导，常放荡不羁，为所欲为。"①

在"商品化"的教育理念之下，师生共同认为他们的"师生关系"只有在教室内产生，一旦踏出教室和学校，这种关系便得以解除。教师的"道高为师"的模范形象在离开学校之后，也变得异常破碎。很多中学教员不顾及自己的言谈举止，出校门外后，便忘却了为人师表的使命。如叶圣陶曾与某友人讨论教师问题时，其友人便说："某城中等学校的教师，据我所确知，剽窃的有近二十人，纳妾的某某等五六人。"叶圣陶便想到："这似乎很奇怪，其实我已早先不曾想起罢了，在我的家乡，我所认识的知道的如某某等，不是教师而兼嫖客吗？又如某某，他现任女子中学的教师，他们不是都纳了妾?"② 即便这些教师勤于各种教务，但他们这种混混沌沌的思想和异端的行为，却无时无刻不影响和感染着学生。

师生关系冷漠的现象。余家菊曾指出师生间冷漠的表象："教员教了半年，还记不清学生的姓名，认不清学生的面孔，比门房和学生的关系还不如。学生混了几个月，还探不清教员的历史，辨不清职员的性情。学生教员间的关系，只是五十分钟的关系。学生职员间，没有大故，更会长年不交一句言，甚且长年不见一面。哈！这是什么样的关系？有人说，'学校即是市场'。我觉得这话太刻薄了，但是我又无法驳倒他。教员呢，两块钱一点钟，钟点到了，钱得了，坐上洋车回公馆。学生呢，三十元一年，期满了，卷起行李，回家去。你你我我，两不相管，'萍水相逢，尽是他乡之客'。"③ 对于不关心学生，只是注重自己的老师，学生是不欢迎的，甚至有一种蔑视的态度。"这种只管自己、不为学生着想的教授们，一直到今天，可能还是有相当大的比例。沪东某中学自然科教员，原籍浙江省舟山人，这次春假里他是回家乡去

---

① 庄子毅：《中学教师的责任与修养》，载《中等教育季刊》1940 年第 1 卷第 2 期。

② 叶圣陶：《教师的修养》，载《努力周报》1923 年 8 月 19 日。

③ 余家菊：《教师和学生的交际问题》，载《少年中国》1920 年第 2 卷第 3 期。

的，别的教授大多数是讲到他在春假期内游玩过的新春鲜艳，而只有那位自然教授像煞有介事的讲吹其故乡……水产最丰富的地方……。可是他这么的讲了过去，似乎讲吹不绝的样子。忽然站起来前排某同学接着他说：'先生的故乡是整个乌龟出产有名望的地方啦！'这一说，大吹其故乡的教授，马上落台，全级同学乘机大胆鼓掌！在此一来，上自然科的乌龟先生名誉就此高朗。"[①] 这名自然科教员之所以被学生奚落，则缘于他所讲授的并非学生所欲想得到的。

师生间"你与我"的关系之所以在某些学校没有建立，主要由于以下几方面的原因。

首先，是制度层面的原因。中学校施行的"训教分离"之制度。民国成立之后，中学一般施行的是"训育分离"的组织制度。教员主要负责上课，训育教员则负责监管学生的生活、纪律等方面。训教相互剥离产生了诸多弊端。教员仅负责时间以内的"钟点教学"，时间以外则完全由训育主任负责，包括学生各方面的管理，所以很容易出现学校"商店化"的现象。"因为学校为商店化，校长如店长，教员如伙计，学生顾客，只要敷衍过去，不伤情面，已足够了。所以充其量，不过传授一点死板的知识，实在谈不到什么人格感化，什么积极的训育。或者因学校为官厅化，校长如长官，教职为僚属，学生为小民，所以教师和学生多不接触。"[②] 高式愚指出中学教育的缺点："自学校多流通教员，授课之外，杳不可晤；师弟之识面目难，遑云相亲。"[③] 这是制度本身所带来的弊端，20 世纪 30 年代，建立了"训育合一"的政策，规定教职员也需要负责学生的训育工作，但这种淡漠型的师生关系仍然存在着。

其次，教师方面，生活所迫抑或能力所限。很多中学教员大多因为继续读书不得志，而不得已选择"聊以吃饭"的职业，尚不能心甘情愿从事"教书匠"的工作，加之中学教员的工资较低，仅靠教书所得的工资，只能勉强

---

① 奋：《乌龟先生》，载《中国学生》1937 年第 12 期。

② 邰爽秋等选编：《中学训育问题》，上海：教育编译馆，1935 年版，第 112 页。

③ 高式愚：《论今日学校教育之缺点及其补救法》，载《学生杂志》1914 年第 1 卷第 5 期。

维持艰难的生活。正如当时流传的谚语所言："家有两斗粮，不当孩子王。"所以为了最基本的生存需求，很多教员出去兼课，通过担任兼职的钟点教员，获得额外的收入。1925年，鲁迅除了在北京大学等高校授课外，还在北京黎明中学、大中公学任教。① 朱自清在春晖中学任教时，还在宁波四中兼课。② 先生们之所以奔波各地去做钟点教员，实于中学教员的薪金较低。但这种钟点制势必带来诸多弊端，廖世承指出："第一，采用钟点制以后，教师除授课外，与学校如风马牛之不相及，师生间不能发生很密切的关系。第二，稍有名望的教师，各校便互相延请，兼课太多，只得敷衍塞责。第三，校事只有少数人负责，不能收集思广益的效果。"③ 时薪制的弊端逐渐得到教育界的重视，在南京国民政府之后，改时薪制为月薪制，但兼任教员仍以时薪制为标准。

最后，学生方面，分数、文凭或资格所驱使。民国时期中学生的出路问题是极为严重的社会问题。所以，在中学求学的很多学生，无论是家庭富有者，间或家庭贫寒者，求学的最大外部动机在于获得一张中学文凭，或者混个资格，以此成为升学与就业的敲门砖，加之，他们认为当时中学教育是学非所用，所学知识与社会需求严重脱节。所以，学生们把注意力更多集中于分数和文凭方面。也正是基于此，舒新城强烈呼吁中学阶段，要注重职业技能的培养。"无论有无高中毕业文凭，在现在经济制度之下，能升大学的总是少数之少数，职业则为人人生存上所不可少，职业预备更是在有机会求学的时代所不可不注意。现在教育部规定大学非有高中毕业文凭者不能应考，政治化的某种职业，也非有高中毕业文凭者不准就——现在有些职业机关的薪金与职务之支配，就有这样规定的。如此，则诸君能在中学毕业的，对于求学的方针，当然以得文凭为目的。"④ 所以在学生看来，考试取得及格或者六

---

① 山东师院聊城分院中文系图书馆编：《鲁迅在北京》，北京：北京师范大学出版社，1977年版，第166页。

② 陈孝全：《朱自清传》，北京：北京十月文艺出版社，1991年版，第97页。

③ 廖世承：《中学教育》，上海：商务印书馆，1924年版，第340页。

④ 舒新城：《考试与文凭：致中学生的一封公开信》，载《中学生》1931年第12期。

十分，便是万事大吉。据某中学教师分析，“在我四年教授中学生的经验中，每逢考试的时候，经常听到这类的话的，这类的话的意思是说，读书的目的在于得到一张文凭，而考六十分就可以升级毕业，得到文凭，那么，有了六十分，何必再存别种希望？现在的中学生，特别是中等以上的学生，不是为学问而用功，完全是为分数而用功，换句话讲，就是现在的学生都抱着分数主义”。① 抱着分数主义的学生，求学动机自然不会很强，对待教员的心态也不同，师生间的来往势必也不会密切，相互间建立的关系则较为冷淡疏远。

第二节　互助与竞争的同学情

中学阶段，同学建立的友谊较为真挚深厚，廖世承指出：“青年男女是天生的‘社会的动物’。幼年的儿童虽然喜欢伴侣，但是友爱的时期很短，朝为良友，暮为仇敌，是小孩中常见的事，不足为奇。到了青年，友情比较的真挚。两人不友爱则已，有了友谊，不致猝然中断。”② 同学间很易建立互帮互爱的友谊，但也因该时期学生情绪易于冲动暴躁，同学之间也因家庭背景、个人利益、相互嫉妒而生发出种种矛盾与冲突，有的甚至爆发行为冲突，酿成诸多惨剧。

一、互帮互爱型

国外研究发现，“进入中学阶段，青少年的人际关系发生了明显的变化。他们对父母和教师的心理和情感依赖日益减少，而更依赖于同伴建立良好的人际关系”。③ 也就是说，该阶段的学生受并喻文化的影响更深，或者说更多地受同辈群体的影响。同辈群体通常是指在年龄上——大多数是在十几岁或

---

① 赵廷为：《六十分主义》，载《中学生》1930年第2期。

② 廖世承：《中学教育》，上海：商务印书馆，1924年版，第350页。

③ 陈永华、黄文芳、陈珏：《教师与学生交往行为的发展》，北京：教育科学出版社，2011年版，第25页。

青春期——接近的人组成的一个群体。学校中的同辈群体不是青春期生活中一个暂时的细胞，也不是能够治愈和消逝的伤疤。同辈群体及其文化是年轻人通过多种方法和根据他们的兴趣，以应对目前的行政效能理论指导下的庞大的和伸展性的组织网络。① 同辈群体具有同质性与交往上的自由性，使得同辈群体成员最易相互吸引、相互模仿。美国心理学家罗伯特·魏斯认为，同辈群体满足了个体的某些心理需求。主要包括六个方面：（一）依恋。儿童时期我们依恋父母，长大以后，我们还需要从伴侣、朋友那里得到一种亲密体验。（二）社会整合。青年人希望成为社会成员，渴望尽快获得群体、团体、社会的承认、接纳，这样才能与社会融为一体。（三）价值的保证。青年人渴望发挥自己的才智，获得成功和认可，同辈群体的支持和认同会让人获得价值感。（四）可靠的同盟感。同辈群体让我们有忠实的伙伴和可追求者。（五）获得指导。（六）助人的机会。② 可以说，中学生同辈之间的影响是非常强烈的。学生们多是组建各自的小团体，这种团组的组建通过不同的方式，包括娱乐型、学习型、违规型。③

（一）娱乐型的同学交际

课余之际，学生们便会根据自己的爱好，参加不同的小团体，以此来娱乐消遣。中学生们根据自己的兴趣，自发地与志同道合的同学成为好朋友，“从前中学女生交朋友，一个人只能交一个朋友；最近却不然了，因为团体的组织很多，娱乐也趋于活动方面，所以每一个学生，除读书外，不必只和‘惟一的朋友’谈心或写信作消遣。她们的朋友多半是同学（百分之六十）。

① ［美］J. U. 奥布主编，石中英等译审：《教育大百科全书：教育人类学》，重庆：西南师范大学出版社，2011 年版，第 88—91 页。

② 钟玉英：《社会学概论》，广州：华南理工大学出版社，2011 年版，第 57 页。

③ 美国学者克拉克（B. R. Clark）将中学生的同辈文化分为三种类型：第一种类型是玩乐型亚文化（the fun subculture），其旨趣主要在于各种文体活动；第二种类型是学术型亚文化（the academic subculture），其关注中心在于学科课程的学习及学术性课外活动的参与；第三种类型是违规型亚文化（the delinquent subculture），其特征是回避乃至反抗整个学校教育过程。张家军：《论学生同辈群体的作用及其实现机制》，载《当代教育科学》2009 年第 11 期。

和他校的中学女生交朋友的很少，因为与别的学校接触很少。她们和大学生交朋友比待教员还要恭敬。”① 以旅行为例，有的学生自发组织旅行团，去各地观光旅游。如上海中学五位童子军组成队伍徒步去杭参观旅行。据《益世报》记载，省立中学组织了旅行团。“省立第一中学校职员率领学生赴西山旅行，藉以作校外之历练，而便游览各胜之山。拟定本月十二日起行，以七日为期，并借卧佛寺为宿舍，该校学生愿往旅行者，已有七十余人。”②

除了团体性较强的活动，学生们也各自组建消遣的小团体。“学校生活是一种团体的生活，因为学校附近都是乡村，送到此地来念书的人差不多总在离校十里以外。所以我们都是寄宿，学校三百多个年轻男女，来构成一个大集团的生活，确也很有趣味，这一群人之中，年纪最大者约二十七八岁，最小者约十三四岁，相差在十岁上下，是不能和谐在一起的，他们年长的有年长的小团，星期日大抵到酒馆里，或者跑到绍兴宁波去。而我们年小的，还不曾知道这些趣味，只能在校门口买零碎小食吃，或在运动场上玩。”③ 这些同学根据年龄、兴趣而构建一个小的活动圈。“中学生最知己的棚室多半仍是同学；但是同学还分好几种。有高级和初级交朋友的，有同伴的；有同时住堂的，或同时走读的；有走读的与住堂的。高级看初级的朋友不很注意，她们觉得初级的学生只是小朋友当中的那样。至于和别的中学来往，却是很少。因为她们只有一个夏令会，有和其他学校接触的机会，特别是关于学术方面，很与外界隔离。”④ 学生们择友的方式很多，不仅是同宿舍之间的，也包括不同年级之间，或者通过一些组织而结交新朋友。

在同辈同学交际中，最易形成良好关系的莫过于同宿舍之间的同学。每天相伴起床，共度同一个屋檐下的美好时光。对于住宿生而言，每天最幸福惬意的时刻应该是熄灯之后的“卧谈”了。这时，可以抛开一天的学习烦恼，尽情地畅聊。某中学生在日记中记载夜聊的详细内容：

---

① 吴榆珍：《一个女子中学的课外生活》，载《社会学界》1933 年第 7 卷。

② 《省立中学之旅行团》，载《益世报》1921 年 9 月 10 日。

③ 李希实：《我的中学生活》，载《学校生活》1935 年第 115 期。

④ 吴榆珍：《一个女子中学的课外生活》，载《社会学界》1933 年第 7 卷。

学校里的规则，是晚间十时熄灯的，可是，偏偏我们几个同房间的同学都爱吹牛，每晚总要七挪八扯的吹到十点半才能安寝。今晚上我们的话匣子又打开了：喂，毅生！旧历年里，你们的家乡有些什么玩意？玩意虽然没有七八年前多，但是车灯啦，牛灯啦，还是不少。喂，你们那地方呢？老沈！我们那地方玩意虽不多，新年里好笑的事却也不少。有什么好笑的事，何不讲一些给我听听。说起来把你的肚子笑破了，谁负责任！谁要你负责任，你尽管说！你大胆的说吧，老沈，我近来很留心各地方的风俗的，因为那怕是最好笑的风俗，都有我们研究的价值的。正月初一，你们那些地方吃什么？我们那地方吃面。我们那地方吃的却是汤圆，俗话说的初一早晨"强宝"，这"强宝"却不是儿戏，从神龛上的乃祖乃宗，一直到灶房里的黄狗黑狗，都是要"强宝"的，住在破庙的告花子，虽然开不起火，但是所谓"宝"，他虽不抢，还是要讨的。最有趣的，是他们"讨债"时那套最有律的腔调了。……老沈正叫得有劲，我也正笑得气都吐不过来，突然，窗口上来了两声叱责，把老沈的煞是有趣的话打断了。谁在长声的叫，灯都灭了多久了，还在叽里咕噜的号些什么！这老家伙真讨厌！①

这个宿舍没按时安寝，聊起了旧历过年的习俗，每个人都在兴致勃勃地讲着各自家乡的风俗习惯，相比老师上课所讲授的内容，这些知识要风趣得多，所以学生们都聊得、听得入了神，忘记了时间，直到舍监查宿时，才戛然而止。

有时，同学的兴趣爱好也可以传染给周遭的同学，使之产生相似的兴趣。叶菡同学是一个文静的同学，不喜欢运动。"坐在我旁边的爱运动的梅开始和我熟识起来了。她是很健谈的，她很好奇我为什么不喜欢到操场上去玩玩。有一天，她带着讽刺的口吻说，'你真像一位高楼上的小姐，整天躲在屋子里

---

① 杨文安：《中学生日记》，上海：开华书局，1931 年版，第 50—53 页。

……'，我有些发急了，立刻向她分辩说：请不要这样挖苦我吧！谁说我不喜欢运动呢？因为……她知道我被羞涩包围着了，于是她好像哄孩子似地拉着我的手，叫我去看她练习跳高。从那时候起，我对于运动也慢慢地发生兴趣了。"① 叶菡同学慢慢对运动发生兴趣，还要得益于好友的一番"讽刺与挖苦"，也可以说，这就是同辈群体所产生的潜移默化的影响。

（二）学习型的同学交际

"近朱者赤，近墨者黑"。"在进中学之前，儿童不完全自己选择朋友，大概由父兄、邻舍决定；一进入中学以后，即有相当之自由，自己做主择友。慎交友，甚为重要；因为个人的习惯常受朋友的熏陶；倘使他的朋友不爱惜时间，他就很容易模仿；反之，他的朋友努力学业，他也自会看样。知之者莫如友，要他不看朋友的样就可难啦！"② 学生之间有着潜移默化的影响。"SWC是一个初二淘气的学生，她的同班朋友SCH，是一个很安静胆小的学生，她很爱理科，渐渐SWC的兴趣也趋向理科，两个人常讨论此种功课。有一个放假日，二人私自到化学室去做实验烫了手，才来告诉先生。那次的危险正证明二个朋友的同化，他们变成爱理科的淘气孩子。"③ 显然，在与SCH亲密接触下，淘气的SWC被SCH同化，开始对理科学习产生了兴趣。王文俊在正始中学读书期间，"三人行"的同学情谊对其影响颇深。回忆如下：

> 朱南铣是我上海正始中学高中时的同班同学。当时同班的朱南铣、李寿义和我三人经常一起活动。朱比我大三岁，我最小，朱是我们的老大哥。我那时沉默寡言，只知钻研书本，只是跟着老大哥转。朱才气纵横，鬼主意也多，当时的中学生都喜欢看侦探小说，特别是福尔摩斯。朱却不看福尔摩斯，带着我们看法国作家的侠盗亚森罗顿，还带着我们做游戏。……朱主张看外国的小说原著，在他的影响下，我初次阅读了大仲马的不少英文译本。最初看的是《基督山恩仇记》（又译作《基督山

① 俞荻编：《我的中学时代》，出版地（不详）：文化图书公司1941年版，第67页。
② 沈介人：《中学生问题十讲》，上海：大华书局，1935年版，第7页。
③ 吴榆珍：《一个女子中学的课外生活》，载《社会学界》1933年第7卷。

伯爵》)，接着看《三剑客》以及它的续集与再续集。续集写得是《三剑客》中的女特务被处死后，其子报仇未遂的故事，写得很紧张生动。至于再续集则已成强弩之末，我已不记得它的内容，恐怕也很少有人知道《三剑客》有再续集。我看了这些英文译著，不仅提高了对英文的阅读与写作能力，还增长了见识，扩大了眼界。①

于光远在北京三中就读时，结交了一位“哲学挚友”，一有闲暇之时，便与其切磋中西方哲学。于光远刚进初中一年级不久，就在西四大街的书摊上买了一本王弼注的老子的《道德经》。他从小就不怕读看不懂的书，老子《道德经》中那些看起来令他似懂非懂的句子引起了他很大的兴趣，他就开始钻研起来了。孙树本有一个同学雷天觉听说有一个小孩在钻老子的《道德经》，而雷这个时候正在钻《周易》，于是通过孙树本二人相识。“十二岁的我和十四岁或十三岁的雷天觉两人就见了面，谈得非常投合。从见面之日起，我们交上了‘哲学朋友’。一见面就大谈哲理。我讲我的‘道可道，非常道’，他讲他的‘乾，元亨利贞’，‘见龙在田，利见大人’。两个人每一两个星期凑在一起谈那些玄之又玄的东西。后来我们从中国古代哲学谈到一些近代西方哲学，他比我知识多，我从他那学到了一些东西。”② 于光远在初中时结交了与他志趣相投的“哲学朋友”，二人相互砥砺，一起钻研玄而又玄的中西哲学。同学之间除了充当朋友的身份，有时还扮演师生的角色，堪称为“亦友亦师”。一名中学生描述他的好友：“他是个品学兼优的学生。我功课上有不懂的地方，他会毫不耐烦地孜孜不倦地教导我；他平日待人很和善。不过，我有过错的时候，他就纠正我或规劝我，所以他不但是我的知己，而且有时还是我的教师。”③ 所谓忠言逆耳利于行，同学之间不仅要相互学习，而且要及时指出对方的缺点与问题，共同进步。

① 柯琳娟：《吴文俊传：让数学回归中国》，南京：江苏人民出版社，2009 年版，第 17 页。

② 傅国涌编：《过去的中学》，北京：同心出版社，2012 年版，第 40 页。

③ 范钦若：《又到了红叶时节》，载《浙江青年》1934 年第 1 卷第 2 期。

除了共同学习与阅读之外，学生们经常与志同道合的同学参加学术活动。保定育德中学的学生经常在课余之际，参加书法团。因为它既是一种课外学习，也是意志锻炼和艺术修养。“全校几乎过半同学乐于此道。大楷小楷，各家书法，真乃英模博览。校长义务指导，每天定时书写，众多教师鼎力相助；教导处还指定郑厚庵先生为监督老师，按时认真收卷批阅。成绩斐然，日后校友善于书法者实不乏其人。”① 1933年，金陵中学的学会扩展到23个，包括：“中文演辩学会、英文演辩学会、英文会话研究会、金石研究会、书法研究会、国画研究会、西画研究会、摄影研究会、国乐研究会、西乐研究会、话剧社、平剧社、算学研究会、理化研究会、生物学研究会、无线电学研究会、文艺研究会、史地研究会、政治研究会、社会问题研究会、团契讨论会、童子军及国术研究会等23个学会。”② 学生们根据自己的爱好参加不同种类的学会，并且在参与这些学术活动的过程中，结识很多新朋友，扩大了自己的朋友圈。

（三）违规型的同学交往：以柏杨为例

所谓违规性的同学交往，多指回避或者反抗学校教育的过程。这部分学生多来源于学习较差的学生，波拉德把这一类学生群体称为“坏孩子”。这一类学生与相对的“好孩子”自认为的“善良友好”的自我概念相反，他们认为自己坚强、粗野。学生在校面临两个社会体系，一个是正规的或称校方的，一个是同学之间的。“好孩子”尊奉正规体系；“坏孩子”则依赖同学体系。正如波拉德所言：“这个情景对儿童来说是困难的，有的学生尽量服从教育‘取悦于教师’的方法应付这个情景；有的对教育干脆采取对立态度，认为这个情景对自己的自尊心是一种伤害，于是予以反抗。”③ 这类学生有着清晰的

---

① 中国人民政治协商会议河北省保定市委员会文史资料委员会编：《保定文史资料选辑》第12辑，1994年版，第45页。

② 南京市金陵中学编：《南京市金陵中学》，北京：人民教育出版社，1998年版，第61页。

③ ［英］戴维·布莱克莱吉、巴里·亨特著，王波等译：《当代教育社会学流派：对教育的社会学解释》，北京：春秋出版社，1980年版，第282页。

自我形象，并且得到其他同学的强化，尤其是“坏孩子”群体，他们主要以“惹是生非”和“闲逛鬼混”来与教师作对，从中寻找乐趣。柏杨则在中学时期，扮演了这样一种“坏孩子”的角色，曾与学生合伙对抗学校。

柏杨的自我概念定位为“功课差”的学生，他认为自己学习差，是众人所知的事情，但他又想认可自己，获得一定程度的自尊心，于是他便通过自做球衣的方法来满足这种虚荣心：

> 我的功课之糟，是“天下”皆知的事，但最初行为还有一些大城市文明的痕迹；后来，这些文明的痕迹一点都没有了，我想到的，除了玩，还是玩。第一个最大的志愿就是想当一个篮球健将，可是我篮球却打得不好，得不到体育老师的赏识。虽然我非常努力地练习，但班队、校队，全没有我，我就省吃俭用，自己买了一件背心，到裁缝店，前边缝上“泉中”二字，背后缝上一个“2”字（本来想缝上“1”字的，但我很谦虚，所以只缝上“2”字，表示校队的二号人物）。平常不敢穿，只星期天或星期六下午才敢穿。①

虽然功课差，但柏杨同样希望得到同辈群体的身份认可，赢得在群体之中的自尊心。波拉德把这种心理称之为可能性利益。“孩子们主要关心的是保护他们的自我和在他们所面临的各种各样的学校情境中得以‘生存’，因此，他们很关心自己能否成为同学中正式的、合格的一员。这种关心可以被看作一种可能性利益。”② 柏杨之所以自制球衣，并在球衣上缝上数字 2，就是借此来满足自己的虚荣心。然而，球衣做好了，却没有篮球，别无他法，柏杨想到了“窃偷”训育处的篮球：

---

① 柏杨口述，周碧瑟执笔：《柏杨回忆录：看过地狱回来的人》，沈阳：春风文艺出版社，2002 年版，第 39—40 页。

② ［英］戴维·布莱克莱吉，巴里·亨特著，王波等译：《当代教育社会学流派：对教育的社会学解释》，北京：春秋出版社，1980 年版，第 283 页。

而那个时候，却没有篮球可玩，篮球都锁在训导处的柜子里。无可奈何，只好去偷，偷到之后，就在球场上，投一次篮又投一次篮，然后回到城里冷清的家，当然顺便也把篮球带到家里玩。四十年后，在北京遇到同班同学后来当了中共高干、而又退休了的朱光弼。朱光弼询问我偷球的技巧为什么那么高竿，因为我偷了几次球都顺利得手，有一次，朱光弼跟我一块去偷，忽然门锁响动，我飞快逃掉，朱光弼却被捉住，挨了一顿揍。①

多年后与老同学叙旧，聊起“偷球”事件，仍感津津乐道。这也表现正处于青春期的他是如何的反叛。而这种反叛念想一直在他心里蠢蠢欲动，时不时地就要爆发出来。他在百泉初中二年级末期，校长梁锡山老师为了提升学生们的学习水平，星期六下午和星期天照常上课，全体学生都要留校，由老师们义务为大家补习：

这种无偿补课的精神、循循善诱的情谊，在以后多少年的日子里，一想起来就深为感动，可是那个时候年龄还小，不能领会善良老师的苦心。郭心里认为，星期天本来是应该玩的，为什么不准玩？并且争的也不一定是玩，而是青年学生那种由青春荷尔蒙而迸发出来的反叛意识。一个叫冯立勋的同学，比郭大八九岁之多，已经结了婚，遇到星期六，当然强烈地渴望回家和他的小妻子相聚，可是他一个人又不敢逃走，就诱惑郭和他一起行动。两人一拍即合，于是两个人步行三公里，兴兴头头，半跳半走地回到县城。冯立勋一头栽到他那个温柔乡里，不肯出来，把郭一个人孤苦伶仃地丢在大门外。郭也不知道他们在家里搞什么，或有什么奇怪的东西，使他这么着迷（我的年龄还不知道什么是闺房之乐）。我等了又等后，只好跑回自己冷清的家。第二天就是星期天，一觉

① 柏杨口述，周碧瑟执笔：《柏杨回忆录：看过地狱回来的人》，沈阳：春风文艺出版社，2002年版，第39—40页。

醒来，走投无路，又没有其它地方好去，只好再走三公里回到学校。①

柏杨无法理解教师的良苦用心，不能接受学校占用周末的宝贵时光讲授索然无味的知识。叛逆期的他决定逃离这种束缚，于是便与班上同学商计逃课。然而，逃出校园之后，便又觉得百无聊赖，只能回到冷清凄寒的家里。柏杨的这种行为表明了他的反叛心理，不愿意规训于权威，囚困于制度之内。这种行为源起于他的叛逆心理，这种叛逆心理是指，客观环境与主观需要不相符合时产生的一种强烈的，具有抵触情绪的心理活动。柏杨的这种叛逆心理主要因为他的凄苦的童年生活，他的母亲去世较早，饱受继母的虐待。正如唐德刚所评价的，“他是受‘晚娘’虐待的一个小孤儿”。这种压抑长期沉积在他的内心，使他反感管制束缚他的人，所以他自小学时，便产生了“我害怕学校，又逃不出学校。天地之大，在我看来只是一个牢笼”。② 这种激烈的叛逆终而在中学时期迸发而出。当他回到学校后，自然会受到教员的批评，但他仍感觉假期补课剥夺了学生的权利。他与教员之间的对话：“你到什么地方去了?”“回家。”“你不晓得学校不放假?”“不晓得。”“你明知道是星期天，为什么不放假？这是应该放假的，你剥夺了我们的权利。”③ 这时的他懵懂知道“权利”二字的大概意涵，其实，他还是想在行动上与教师对抗。很容易理解，一旦其他同学提议反抗教师或者学校制度时，他便很容易与之一拍即合做出违规行为。这是因为作为制度的权威的教师都是成人，学校从根本上来说是成人取向占支配地位的规范性世界，尤其是在学校教育过程中容易受到伤害，正如傅隆（Furlong，V. J.）所指出的那样，在学校生活中受伤害特别严重的那些学生往往宣泄其情绪，并向权威者挑战。④

---

① 柏杨口述，周碧瑟执笔：《柏杨回忆录：看过地狱回来的人》，沈阳：春风文艺出版社，2002 年版，第 40—41 页。

② 柏杨口述，周碧瑟执笔：《柏杨回忆录：看过地狱回来的人》，沈阳：春风文艺出版社，2002 年版，第 24 页。

③ 柏杨口述，周碧瑟执笔：《柏杨回忆录：看过地狱回来的人》，沈阳：春风文艺出版社，2002 年版，第 41 页。

④ 吴康宁：《教育社会学》，北京：人民教育出版社，1998 年版，第 229 页。

同学们之间或因娱乐而聚组团体，或因学习而相互切磋，或因共居而亲密无间。几年的中学生活使得他们建立了深厚真挚的友谊，给中学生活增添了几多甜美的回忆。“总之我的学校生活，是有组织、有纪律的，一方面可以养成合作之精神，一方面可以养成自治的能力，那各位师长循循善诱，和诸位同学之切磋琢磨，何等的有趣，何等的畅快。”① 同学之间的感情培育在于他们之间相互关爱。如某学生日记中载：“课后她们都来看我了，当然这时候早已把书藏起来了，还能让她们看见？我只装着困倦的样子，只一会她们都走了，为了怕扰了我的睡神。”② 从这段日记中可看出，同学之间相互关心，当某生生病之时，学生们纷纷过去嘘寒问暖，以表关爱。当同学有心事烦闷之时，好友便百般宽慰，“秋英近来很不快乐，想起她的遭遇，她常常淌起泪来。我对她说：人生是快乐的，我们应该向乐观那条路上走，悲哀流泪，都是徒增自己的苦恼的，我们在处逆境的时候，最好能自寻快乐，污泥中我们去寻找莲花，只要心境开畅，境遇算得什么。”③ 秋英回想起自己悲惨的遭遇以及即将退学的厄运，眼泪便夺眶而出。看到秋英伤心时的样子，她便不觉产生了同情，为了鼓励秋英笑对生活，便以“污泥中我们去寻找莲花”的比喻来劝慰她，使她振作起来。

友谊是纯洁高尚的，有的学生甚至因失去了亲密挚友，选择与之同行。南京女中学生杨家庆则因同学宋某而投江自尽，在留给父亲的遗书中写道：“深恨近来黑暗世界万恶社会，痛恨国家多故，屡受人欺辱，为同学宋冤死代抱不平。”④ 杨同学自尽的原因，一则因为社会黑暗，二则因为良友宋的丧命。然而，这件事更为蹊跷的是宋尚未死，而杨真可谓冤死。事实究竟是何面貌呢？宋同学因患有精神疾病，归家养病，多日未有其消息。而宋则在 1928 年 4 月 4 日自发死亡的消息。学校闻此噩耗之后，筹办追悼会。而当该校学生询问教育局长宋的死亡经过之时，教育局长甚为诧然。局长谓之：“4 月 9 日，

---

① 王实龄：《我的学校生活》，载《青海一中校刊》1937 年第 10 期。

② 《中学生日记》，载《女子月刊》1934 年第 2 卷第 8 期。

③ 杨文安：《中学生日记》，上海：开华书局，1931 年版，第 22 页。

④ 《南京女中学生杨家庆投江自尽》，载《申报》1928 年 6 月 7 日。

盐城追悼蔡公时大会时，宋生尚登台演说。”[①] 得知该消息之后，南京女中的校长便向宋所在的盐城县女中核实，最终经过核实，宋某已经治愈。也就是说，宋同学尚未死亡，宋非冤死，而杨真乃冤死也！从这件事也可以看出，南京女中的同学非常珍视与宋这份情谊，甚至以自己的生命同行，但也表明，处于青春期时期的同学，情绪、想法极易冲动，很容易走向极端。江苏省立第三中学三年级学生吴声与东吴中学学生吴祖淦素称莫逆胜于手足。“吴祖淦因与某女士爱情深笃不获偕老，相思成病，在校淹逝。吴声惊闻此噩耗，竟终日流涕悲悼逾常，竟于二十五日吞服毒药，延到是晚口吐鲜血，狂呼惨叫。同室警觉，报由舍监，送福音医院已不及，施救延至天明毙命。”[②] 得知挚友因爱情而自绝之噩耗后，吴备感伤痛、悲痛欲绝，最终选择服毒自尽与之同行，这种极端的方式也见证了这份诚挚的友谊。

“人有悲欢离合，月有阴晴圆缺。”时光荏苒，几年的中学生活即将结束，同学们要各奔东西。在分离之际，学生们更是依依不舍。“别离、别离、黯然销魂的别离，在我们短暂的三年之中，虽然经过了五次，可是我们每过了一次小别之后，都有重聚的时期，但是我们这一次别离之后。恐怕就没有再聚的机会，虽然还有一小部分同学直升高中，有再聚的可能，可是一小部分的重逢，不免也要发生时过境迁的感想吧！”[③] 很多同学通过诗歌的方式表达伤痛的离别之情。如有学生所做的《临江仙》送别：“刚别冬残飘嫩柳，折来偏向春风；匆匆此去各东西，明朝相忆否？山隔万千里。数数相逢酣共话，十年旧雨还浓。送君要忘海天空，瞩白云飞处，知有一孤篷。”[④] 分离的场景是那么的不忍面对，某生所作的《远离吟》表达了分离的悲痛之情。

远离吟

月迷离，

---

① 《南京女中学生杨家庆死得冤枉》，载《申报》1928 年 6 月 9 日。
② 《湖州》，载《申报》1920 年 3 月 30 日。
③ 储玉坤：《别同学》，载《中学生文艺》1930 年第 1 期。
④ 名文：《临江仙送别》，载《群言》1934 年第 11 卷第 2 期。

心依依；
伤别不成欢，
酸泪湿襟衣。

春将归，
人远离；
但愿花长好，
来日重相逢！①

在离别之际，除却了悲伤，同学们之间更要怀有对未来的希望和远大的志向。“在朔风虎虎的月夜，不禁想起了离别的情况，哎……！哎……！这是何等的心伤悲哀呢！同学们呀！离别了之后，快快起来吧！执着你自己的剑，跨上你自己的马，大家振着大无畏精神，把破坏的国家要恢复！把黑暗的社会放光明！把世界的自然求进化！”② 但也有同学，在离别之际，对未来一片迷茫。“这一下我们全分散了，以后我们这一堆人不知全是怎么样的结果呢！琴是就快结婚了，菁，你与芬和芸及蕊是全要升学的，秋，你是找事是不是？一切全定好了，只有我和萍至今还在十字路口徘徊呢，这毕业倒使我发愁了！”③ 分离之夜，不仅有着难舍难分的离别之痛，更有着对未来生活的徘徊之杂感。

二、矛盾竞争型

冲突一词似乎是一个贬义词，它往往意味着通过非理性的、甚至是武力的手段以维护一方的利益。组织行为学将冲突定义为一种过程，“当一方感觉到另一方对自己关心的事情产生不利影响或将要产生不利影响时，这种过程

---

① 张廷铮、郑宏述、过立先：《中学生诗歌》，上海：中学生书局，1933年版，第11—12页。

② 颂平：《离别了》，载《大中学生》1935年第4期。

③ 隐萍：《别的前夜》，载《女子月刊》1934年第1卷第8期。

就开始了”。[①] 同学之间的交往，有时则因利益的不同、家庭文化背景相殊、相互之间的误会等，而打破了和谐友爱的同学关系，发生群体之间或者个体之间的冲突。

（一）群体间冲突

群体是由两个或两个以上的人组成的相互影响、联系、制约、依赖的人群结构。群体的特征表现在，群体成员的共同目标性，群体成员具有共同的行动能力，群体意识的一致性等。群体与群体之间的冲突，则对群体有整合作用，冲突使群体内部的凝聚力大大提高，表现出乎寻常的统一性。中学生有时也因为利益、观念的不同，而组建了不同的活动群体，有时则因某种利益的不同而发生群体间的冲突。所以，有的同学在择友之时，表现出一定的盲从。“青年学生因意志的薄弱，感情之不坚定，于是今日结甲，明日和乙，今日为甲工作，就仇视乙，明日为乙工作，又仇视甲。”[②] 这种左右摇摆、随风摇动的交友方式，便导致团体之间的凝聚力不牢固。一旦自己的好朋友与别的同学成为好友，便油然而生失落之感。“更难受的是新考上的同班生，好的很多，不久我的朋友，便被别人‘抢走了’。他们就说‘朋友被人抢走了’，这些事在成人看来可笑，在少女们却以为是最大的问题。此种问题若不能解决，对于她们的功课与精神，一定有很大的影响。”[③] 也就是说，中学生组建的团体处于变动状态。

学生组建小团体更基于利益的一致性。以下发生的这则学生冲突事件，即因为学生间的党派之争而起，加之各种利益冲突及待遇不公等缘由，最终导致了学生间的冲突，甚至爆发了学潮。“该校学生来源较为复杂，思想颇不一致。平时即互相猜忌，形成党派之争。本学期开始，学校送一部分学生赴洛阳军官分校入伍，当入伍生尚未离校，即与高五级（高中第五班现为该校最高级）因打球互殴，酿成械斗。学校决议，将双方肇事学生，一律开除，但得请教员担保，留校察看。各入伍生当即分别妥保离校，高五级学生，以

① 唐代盛：《组织行为学》，成都：西南财经大学出版社，2010 年版，第 132 页。

② 希和：《目下青年学生界的缺点》，载《广西青年》1933 年第 24 期。

③ 吴榆珍：《一个女子中学的课外生活》，载《社会学界》1933 年第 7 卷。

学生保送洛阳军分校入伍者，既未按照成绩标准，而此次互殴，系彼方同学有计划之凌辱。学校不查，一律开除，仍准打人者升学，愤懑不平，要求收回开除成命。同时高六级学生要求更换数学教员，未得学校许可，两种原因凑合，遂引起全校学生开会为难校长。”① 高五级的学生对入伍军官学校的学生早就有些愤愤不平，认为学校的选拔不公，所以一直寻找适合机会报复这些学生，发泄心中的不快。所以，当这两个群体打球时，则因小事而大发冲突。最引起公愤的则是，当冲突爆发之后，学校对两大群体学生的处理方式不同。入伍学生则被保护起来，而高五级的学生却一律开除，不公平的处置结果，很难让学生们心服口服。最终，学生们决议赴京请愿。

有的时候学生则因归属感不同，而形成旧有的团体依赖。如某些学校因两种学校合并而成，原有两学校很容易产生相互间的隔膜与壁垒。扬州中学则因合并普通科与师范科，两种科系间发生了冲突。扬州中学系八中、五师两校改组，自去秋改组以来，八中与五师两校，学生时生龃龉，校长周厚枢颇感困难。按此两校学生成绩均佳，八中学生升学者，中央大学中竟占十分之一，五师学生服务在会者、均多翘楚，不幸两校学生发生建碑风潮：

> 建碑之起因，系因第五师范为任孟闲君一手创办，校长十余年从未发生风潮。在省校中颇有声誉，去年奉令改组，学生依依不舍，并于开校友会时议决于校中建碑以志纪念。暑后时局未定，直至本年五月碑始刊成，曰流泽孔长，择定六月四日行建纪念碑典礼，闻事前曾得周校长同意。是日下午，师范科学生兴高采烈，并用军乐队为之前导。不意正抬碑时，普通科学生大起反对，以为此碑应在十六年建立，不应在十七年建之。师范科学生，则谓系得周校长同意，双方争执，遂致用武，拳足交加，几酿巨祸。结果有某某生受微伤，遂至县政府起诉，次日校中满帖标语，并发传单，一时舆论哗然。有谓学生不应当如此者，有谓学校事前不能消弭于无形者，教职员调停亦属无效，适周校长在宁，遂电

① 湖北省档案馆：LS10-5-582，《东北中学学生赴京请愿派员劝止》。

回校。及周回校与教职员商议拟开除某某二生，并惩罚反对建碑人之贴标语者。迄今数日，仍无确切办法，周校长无法维持异常着急，现闻将辞职云。①

依据普通科学生的看法，师范科不应在1928年建碑，因为这一年两校已改组合并，单建师范科石碑似有搞独立、不满现状的迹象。因此普通科的学生百般阻挠，不准师范科学生树碑。然而，师范科学生则不以为然，一方面，他们认为树碑为了纪念该校的历史，表达对学校的不舍之情；另一方面，树碑已得到扬州中学校长的同意，并非私有行为。于是，两系科的学生争执不休，甚至大打出手。从该学校普通科与师范科因树碑而发冲突可看出，形式上虽然两个科系合并为一校，实则两校学生仍有着对原学校关系的依赖与归属。换言之，改组之后的学校实际是貌合神离，隐藏着无形的冲突因子。

（二）个体间冲突

除了组建小团体发生群体间的冲突之外，学生个体之间也因利益之争、相互嫉妒、相互误会而发生矛盾。首先，因家庭背景不同而发生冲突。父母作为子女的第一任教师，对学生成长和性格养成有着重要影响。有些家境富裕的子女，可能与之而来的带有一些优越感，而那些家庭贫寒的学生，则可能带有一些自卑感。此外，父母教育的方式也对学生的性格产生影响。有些学生因父母的溺爱，表现出凌傲冲动，有些则表现出孤僻抑郁的外显性格。有时，家境贫寒的同学看不惯家境优越的同学。某中学生在日记中记述："我加倍地讨厌那天天在讲台上吃香东西那暴发户的儿子！一个狗屁不通的纨绔子。今天我借故和他口角，几乎打起架来。"② 这名同学对暴发户家庭的学生，早已埋下了不满之心，故借口与这个同学发生冲突。家庭富裕的学生常常会滋生出傲慢不屑的态度，并且欺压贫寒家庭的学生。如在柳先生上课期间，则发生了两名学生互殴事件。具体场景如下：

---

① 《扬州中学建碑风潮》，载《申报》1928年6月13日。

② 杨文安：《中学生日记》，上海：开华书局，1931年版，第11页。

那两个学生，一个就是品行最坏的杨家声，一个是和他并坐的薛恩宝，那杨家声因他父亲是地方上的有名绅士，不免有些贵公子的神气，常常骄傲凌人，而薛恩宝却是一个贫家子弟，生性就十分温柔，只是天资愚钝一些。事情的发生是杨家声向薛恩宝借铅笔，薛恩宝因为自己只有一支，不肯借给他。杨家声以为薛恩宝故意不肯，先就开口骂起人来。并且知道薛恩宝懦弱，就索性将铅笔夺了过来。薛恩宝想去夺还，于是两人便互相殴击起来了。

这事被柳先生发觉了，便早知道杨家声不是。但柳先生不早责罚杨家声，只先叫他们不许互相殴打，然后问明原因，先对薛恩实说："杨家声既然借你的铅笔，你以朋友的关系，应当借给他啊！""因为我只有一支，而且我也要记录。"薛恩宝吞吞吐吐地说。"不过，朋友之谊是要顾到的。你没有第二支铅笔，你就应当好好地对他说，我只有这一支了，你先借去就还给我吧！这样一来，无论哪个朋友都会感激你的。""但他不肯借给我呢！"杨家声自以为柳先生认为他的举动很对，高傲地这样说着。柳先生对杨家声笑了一笑说："你以为他不借给你，所以你夺他，那是他的错。但是铅笔是人家的，借不借由人家做主，你哪里可以认为他的举动不对呢？而且铅笔应当自己带来的，你今天为什么不带铅笔？"①

杨薛二同学之间的争吵，表面看来似因"借铅笔"而起，实则是因二人性格而引发。杨出生于官宦家庭，常有盛气凌人之势，而薛则家庭贫苦，常有卑微怯懦之感。柳先生观察到二生之间发起了冲突，明知是杨生的错误，但他却欲擒故纵，并非先指责他，而是先告诫薛生应该顾及朋友之情。当杨自认为有理时，柳先生则开始反问他，问得他哑口无言、无言以对，最终意识到了自己的错误。下课之后，杨指着薛说："他也欠漂亮呢！"随即笑了起来。"你不应当强夺的。"薛心中虽然埋怨，嘴里却也笑着。之后，班级之内再也没有同样的事情发生过。

---

① 杨荫深编：《柳先生的教育》，北京：北新书局，1936 年版，第 82—83 页。

其次，因嫉妒而产生冲突。嫉妒是与他人比较，发现自己在才能、名誉、地位或境遇等方面不如别人而产生的一种由羞愧、愤怒、怨恨等组成的复杂的情绪状态。一般而言，在同一个班级之内，成绩坏的学生对于成绩好的学生往往会产生一种嫉妒心，有的表现轻微，如言语讽刺等。“今天考英文，我一个字也没有错，多棒！却有两个字的音读错了！下课后英说，真的英文真流利极了，我愀眉着说，‘哪里好’？简直糟了，昨日连一点儿都没有看，头疼得要命！’英笑着说：‘聪明人哪用看，不看就会。’这孩子真有点神秘味，说话时似讥非讥的，她真难缠！我只转身和旁人说话，装没有听见。”① 其实这个学生私下用了很多工夫复习，但是想在大家面前展示聪明的一面，却故作虚伪。有时因生嫉妒之情便生出恼恨之感，并因之产生一些不和谐之行为。如柳先生所带的班级之内，便发生了因嫉妒之欲火而生的闹剧：

> 自从经过一次月考以后，柳先生也微微听到了有人讽刺卓文明是他的过房儿子。那是一个很用功的学生，平素不大说话，上课时候是静静听着，默不作声。而又勤于笔记，每一篇选文讲完之后，他总有一篇笔记，缴到柳先生地方来的，虽然柳先生并不叫他这样来做。这样一个学生的确在全级中少有，因此他的性情和别的同学融合不来，常是孤孤单单，独自做他一人的工作。有许多学生在上课时等不到下课，一下课了当然任性游戏；但他却仍旧用他的苦工，一意地研究先生所讲授的功课。于是同学看他这样用功，便嫉妒起来。而每次考试，又往往列在头几名，因此格外引起人们的嫉妒。
>
> 那一天，正是第二节上国文课的时候，柳先生因为比平常早到教室里来，就看到黑板上有学生滥涂的字迹，而其中一项，就是说“卓文明是柳絜白先生的过房儿子”。柳先生看了，心理好不可笑。一时值日生也像发觉似的立刻跑上来揩去了。有的就因为被柳先生看见了，咯咯地暗笑，好像他们已得到了某种胜利似的。

---

① 《中学生日记》，载《女子月刊》1934 年第 2 卷第 8 期。

柳先生点过了名，然后抬起头来，凝视了学生一会儿。有许多知道先生在暗察写这句话的学生，于是颇自镇静地，大家都不响。但不久之间，终于有许多学生耐不住地哗然地笑起来了。只有那卓文明，还像在沉思着什么。于是柳先生也笑了笑地说："我问你们，怎样叫'过房儿子'?"①

于是乎柳先生便由此而说下去。"你们的这种侮辱，不但侮辱了卓文明君，而且还侮辱我柳絮白。"柳先生便因这个问题给学生进行了一堂思想教育课，告及同学之间应互相友爱，不应相互之间因成绩好坏产生嫉妒之心。最终柳先生没有调查幕后之人，而是告诫学生知错就改，做一群相亲相爱的青年。

再次，因误会、言语失当、诬陷等而产生的"镜中我"与"本我"的冲突。自尊心是尊重自己，维护自己的人格尊严，不容许别人侮辱和歧视的心理状态。中学生正处于身心急速发展时期，该时期他们的自我意识、自我概念等开始强化，自尊心越来越强。一旦他们受到学生的言语和行为上的侮辱和歧视，便极为愤怒、心灰意冷，甚至会做出极端行为。如湖北省善导女子中学学生因小纠纷，训育主任处理不当，导致该校一名女生跳江自杀。事情的经过大概如下：

邓家仁十二岁，在武昌善导女子中学校初中三年级下肄业。该生在校品行素优，得到广大师生的佳评。近来，该班学生彭敬淑不见了自来水笔一支，上学期郭弟新不见了洋钱一元。彭怀疑是邓所为，便诬陷由邓所偷。当同学为邓伸张正义、鸣不平之时，彭则冠以"你们是一把的"之名，并声称有邓偷窃的证据。邓在此种情况下，心理更是不能平静，心想"彭真是坏极了，她破坏我的名誉"。于是，便写信索要证据。而彭则声称，信在训育主任匡先生那里，去了才有证据。于是，几人便来到

① 杨荫深编：《柳先生的教育》，北京：北新书局，1936 年版，第 77—79 页。

训育主任匡先生办事处，到后，邓便说拿证据出来，结果彭说“没有证据”，你就是“强盗”。而正当俩人吵得不可开交之时，匡并非调解，而是不由分说指责邓所为之劣。匡用手拍了一下桌子，以恐吓的手段说：“胡闹，上季郭弟新的钱不见了，是你拿去了，到了三年级下学期，还不用心温习功课。”邓听后火冒三丈，与之抗议。匡则说：“你再说，我就开除你！滚到教室去！”①

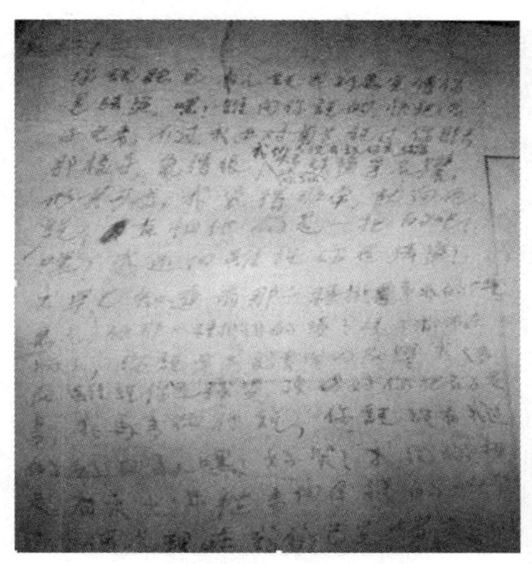

图4—3 彭敬淑写给邓家仁的纸条、邓家仁写给父亲的遗书

邓作为品学兼优的好学生，受了这般耻辱之后，自感自尊心受到了严重伤害，便产生了消极厌世的心理。她在遗书中写道：“通常的人把名誉看为第二生命，而在我看，就是第一生命，我不愿受冤枉，我要杀身成仁，我死事小，而名誉事大。长江是我的归宿地。”② 邓同学所以选择以自杀洗雪耻，一方面，由于她一直是名品学尚佳的学生，不能背负这样的诬陷，心理受到极大的伤害；另一方面，由于该学校训育主任作为公平的调解员，没有发挥其调停、主持公正的作用，而是不由分说，当头棒喝批责一番，这些责备对于

① 湖北省档案馆：LS10-5-715，《善导女子中学生邓家仁自杀一案》。

② 湖北省档案馆：LS10-5-715，《善导女子中学生邓家仁自杀一案》。

邓无疑是雪上加霜，刺痛了邓痛苦纯洁的心灵。正是在邓灰心失望至极的情况下，她才选择以自杀明声誉之举。

邓彭之间的矛盾恰好可以用美国社会学家库利的“镜中我”理论解释。库利在《人类本性与社会秩序》中提出，一个人的自我观念是在与他人的交往中形成的，一个人对自己的认识是其他人关于自己看法的反映。人们总是在别人对自己的评价之中形成了自我的观念。一个人对于自我有了某种明确的想象——即他有了某种想法——涌现在自己心中，一个人所具有的这种自我感觉是由别人的思想、别人对于自己的态度所决定的。这种类型的社会我可以称作“反射的自我”或曰“镜中我”（looking-glass self）。库利的“镜中我”包含三个阶段：“第一，我们所想象的我们在别人面前的形象，这是感觉阶段，是我们设想的他人的感觉。第二，我们所想象的、别人对我们这种形象的评价，这是解释或定义的阶段，即我们想象的他人的判断。第三，由上述想象中产生的某种自我感觉。这是自我反映的阶段。”① 显然，邓家仁通过同学及训育主任的评价，把自己想象成具有“污名”的“镜中我”，而这个“镜中我”实则与她的“本我”产生了强烈的冲突，导致邓同学陷入极端的“自我想象”之中，最终发生了一场悲剧。

有的同学借名诬陷同学，造谣生非，导致同学在校期间人心惶惶。湖北省立第三中学 1931 年下学期招收二下转学学生夏静华一名，该生自入校以来，举止轻浮、言语荒谬、对于课业漫不经心，以致毫无进益，屡加告诫、置若罔闻。“近更想入非非，竟向该级级任教员告他是湖北省会公安局侦缉队队员，又兼省党部工作，现时局严重，侦探四出，本校一下同学陈松经侦缉队开会，指为反动分子，议定捕拿云云，骤闻之下，将信将疑，于是特别重视陈松动作，三四周间陈生行止均异常慎重，绝无可疑之点，夏生妄报原因。本月八日晚，夏生又来代校长室内密告，昨日复参与省公安局侦缉队会议决定五日内捕拿陈松，代校长信知为其危词恐吓，即问侦缉队队长为何人，答

---

① ［美］查尔斯·霍顿·库利著，包凡一、王源译：《人类本性与社会秩序》，北京：华夏出版社，1999 年版，第 127—132 页。

为周济民。九日上午，校长即赴省公安局询问，捕拿陈松有无此事，果据何人报告，周队长闻之，甚为惊讶，答称该队中实无夏静华其人，如何开会、如何限期全系伪造。再次考察，夏静华乃夏炽化身，去年曾在该队挂名，早已取消。”① 缉拿反动同学陈松之事纯属转校生夏某伪造，而夏稽查队的身份更是纯属虚构。

最后，因个人利益引发冲突。厦门中华中学的学生则因活动因素，而生发了一场利益冲突。该校学生陈维辉与郑偕绵因游戏争执互讧。“经调查，上午十一时郑与同学五六人做跳高游戏于先仙寺体操场。陈先越栏，触计高度之竹竿坠地，郑欲续跳责陈拾置架上，陈以足蹴之冀其跃起拾之，乃三蹴不起，陈遂置之。郑怒抢之，陈不可。郑挥拳击陈，陈还击之，并踢以腹部，郑倒地色变。方郑陈互扭时，同学劝解，至是尚以为郑为假死也，某教员至，试郑呼吸，则已气绝。”② 陈、郑两同学的冲突起于一场游戏，仅因“拾竹竿”而大打出手，陈的出手可能正击中郑同学的致命位置，导致郑同学当场毙命。打伤甚至使之气绝不是陈的初衷，但又因郑先出手，则不甘忍受、情绪高涨，没想到用力过度，发生了这场悲剧。中学生的情绪处于急剧变化之中。“所谓中学生，正届青年期的时候，依拉丁文一字的原义解释，即是由生长到成熟的意思。那时候青年情绪上有些急剧变化，差不多可以看做心身发展中最初的一个新阶段。青年期的情绪最不固定，易走极端或过度，青年期是一个危险的时期。青年富于情绪生活，忽而喜，忽而爱，忽而怒，忽而骄傲，忽而悲愁，他的情绪反复无常，易有过度的趋势。他感受极多的及极微的刺激胜于一般普通成年人。”③ 由于中学生情绪反复无常，并且易于走向极端，因而引发了一系列的冲突悲剧。

此外，还有一些学生制造恶作剧，或者以强欺弱，发泄对同学不满情绪。黎东方在江苏省省立八中读书期间，与舍友、同学关系非常融洽，但却因同学的过度热情，而制造了一场恶作剧。“住在八中宿舍的，很少是扬州的城里

---

① 湖北省档案馆：LS10-7-189，《湖北省立三中开除学生逮捕学生》。

② 《中华中学学生互殴毙命》，载《申报》1925 年 6 月 14 日。

③ 陈剑翛：《中学生情绪上的修养问题》，载《播音教育月刊》1937 年第 1 卷第 4 期。

人，多数是来自所谓‘里下河’各县的学生。我由于是出生在东台县城内河垛衖门的，所以对他们丝毫不存一般扬州‘城里人’所具有的‘优越感’；和他们很谈得来。某君是姜堰人，他和我住在一个房间，自修时也是和我坐一张长凳子。他太喜欢我了，便照顾我的饮食起居一切，结果是把我管束得喘不来气。我恨极了，便想出一条妙技，对付他一下。我写了一封信骂他，不署名，而且故意不贴邮票。两天以后，他接到邮政局通知，说有一封欠资信，叫他到邮局去领。他很高兴，辛辛苦苦地跑到邮局去领，出了罚款。把信拆开一看，也就不费什么脑筋，一研究便看出了是我写的。事后，我的良心告诉我，如此‘狡狯’的举动，非君子所宜为。几天以后我与此君和好如初。”①黎东方自知某君对他的真诚与关心，但对这种过度热情又感觉失去了自由空间，于是便与某君开了一次“取无邮票之信”的玩笑，但事后黎东方自觉行为狡狯，与某君和好如初。

杨宪益刚入天津新学书院时，便遭到班上几个强壮学生的欺凌。班上几个大个子同学看到杨宪益比较文弱，又不会打球，就想给他来个下马威。杨宪益回忆：“一次，一个大个子上来就把我拽住——小孩打架和大人打架不一样，不是动拳头，而是拽着彼此摔跤。结果我摔了一大跤。但我抱住那个人不放，把他也摔了一跤。他们看我还是很厉害，以后也不敢欺负我了。后来我总帮他们搞‘夹带’，借给他们书看，给他们糖吃，他们对我都很好了，也很尊重我。”② 大个子的同学本想给杨宪益一个下马威，没想到这个文弱书生不甘示弱，真可谓不打不相识，从此之后，他们之间开始了很多交往，甚至杨发扬他的豪侠仗义之举，帮助这些人做“夹带”，混过考试难关。

---

① 黎东方：《平凡的我：黎东方回忆录 1907－1998》，北京：中国工人出版社，2011 年版，第 54 页。

② 傅国涌编：《过去的中学》，北京：同心出版社，2012 年版，第 108 页。

第三节　或明或暗的爱恋情

《摸鱼儿·雁丘词》中表达了千古以来的情爱之感，“问世间，情为何物，直教生死相许？天南地北双飞客，老翅几回寒暑。欢乐趣，离别苦，就中更有痴儿女。君应有语，渺万里层云，千山暮雪，只影向谁云?”这首词所表达出来的爱情不仅是对成年人而言，随着中学生身体发育的逐渐成熟，他们的情感逐渐丰富和复杂，他们同样也上演着聚欢离苦的爱情，更有“痴男怨女”百态情节。

一、中学生婚恋观及表现

近代社会的变革牵引着婚姻制度和婚姻观念的转变，追求自由恋爱、自由婚姻的信仰开始深入部分人的观念，其中包括中学生。他们的婚恋意识开始觉醒，不断反抗“父母之命”的婚姻约定。当然，中学生处于身体急剧发育期及学习的关键期，很多学者和教师都反对中学生恋爱结婚，但这种压管并不能束缚学生们的好奇心，他们或暗或明地追求着他们的梦中人。

（一）近代社会对传统婚恋观的冲击

传统社会的婚姻遵承着“父母之命，媒妁之言”的约制，婚姻大事都由父母包办。当然，古代社会也流传着一些争取婚姻自由的传说，但多以悲剧的形式出现，如与西方《罗密欧与朱丽叶》齐名的悲惨爱情故事《梁山伯与祝英台》。但是，受封建传统观念的影响，自由恋爱的观念并未受到广大民众的接受。20世纪初，婚姻自由的观念随着自由民主的政治观念开始萌发并倡兴。1902年，一名青年学子在天津《大公报》上征婚，之后，他又在上海的《中外日报》上刊登，且《中外日报》拟了一个十分抢眼的题目：“世界最文明之求婚广告”，具体的广告内容如下：

今有南清志士某君，北来游学。此君尚未娶妇，意欲访求天下有志女子，聘定为室。其主义如下：一要天足，二要通晓中西学术门径，三要聘娶仪节悉照文明通例，尽除中国旧有之陋俗。如有能合以上诸格，及自愿出嫁又有完全自主权者，毋论满汉新旧，贫富贵贱，长幼妍媸，均可。请即邮寄亲笔复函，若在外埠，能附寄大著或玉照更妙。信面AAA，托天津《大公报》馆或青年会二处代收。①

通过广告的形式征婚是从欧美国家学来的，可以说，“南清志士”的征婚广告堪称为史无前例、空谷足音。从这则征婚广告中可以看出婚恋观的一些转变。首先，他要求女性要放足，不要缠足的小脚女人，这表明该青年打破了传统的旧观念。其次，他想要寻求一位通晓中西学问的女性知识分子，这一点表明他摒弃了“女子无才便是德”“男尊女卑”的传统女性观，而想找的这名女性不仅要有国学的基础，同时也要略知新文化知识。最后，他自告如果能遇到心上人，不主张采纳传统婚礼的形式，而是按照欧美方式举行婚礼，驱除旧式婚礼的繁文缛节。这三条表现出当时知识青年婚姻观的变化，但这则广告中也暴露出该青年的保守性，因为他不敢用真实姓名，且留下的联系方式为报刊社，他之所隐姓埋名不敢坦露他的真实身份，仍是心存芥蒂。这则广告刊登出之后，时隔三年，一名留日学生在上海的《时报》刊物上刊登了他的征婚广告，旨在表明他的婚恋观。他的广告中直接公布了自己的职业、联系方式等，与“南清志士”相比而言，这表明知识分子的婚恋意识逐渐明朗化、公开化。具体内容如下：

西方人说中国的婚配如马牛，完全由他人做主，此话未免太刻薄，但也八九不离十，所以有婚姻自由之提倡。但目前社会风气开化不久，如果直接男女相互交往，自由恋爱，恐怕一时难以做到。故鄙人设想能否先通过通信的方式，让男女之间互抒衷曲，有问有答，彼此了解后，

① 荒林、王红旗主编：《中国女性文化 2》，北京：中国文联出版社，2001 年版，第 152 页。

再定终身，社会阻力就会小得多。我既然提出这项建议，就从自己开始自报家门：我现在日本留学，学的是医科，住日本金泽市长町一番丁三十番地，如有与我同此志向者，请按照以上地址来信。王建善白。①

王建善的征婚广告显然要比三年前的“南清志士”的思想更开阔大胆，他倡导男女若想自由恋爱，先要从自由交往开始，于是便提议先从书信往来开始建立关系。该广告刊载之后，王便收到了很多来信，表明了当时追求自由恋爱已得到了很大认同。

民国建立之后，尤其是新文化运动，更是为婚恋观的转变提供了环境与契机。随着“自由、博爱、民主”等思想的嵌入，争取婚恋自由的思想开始倡兴。缔结婚姻“完全凭着男女两人自由的意志，互相结合。”② 表现最具明显的则是深闺中的女性婚恋观的转变。很多女性不再认同父母包办的婚姻，坚持自由恋爱的结合方式。然而，中国传统的婚姻观念并未包含着爱情，所以导致两辈之间发生冲突，有的女性甚至以激烈的“抗婚”“逃婚”的方式对抗婚姻包办。1919 年 11 月，长沙发生了女青年赵五贞反抗父母包办婚姻而自杀的事件，引发了社会的广泛讨论。毛泽东曾就此发表评论，指出“赵五贞悲剧发生的根由在于婚姻制度的腐败，社会制度的黑暗，意志的不能独立，恋爱的不能自由”。③ 除了自杀的极端方式之外，也有的女性选择逃离。“宋福堂之女，年 24 岁，因嫌其夫（自幼聘定者）年 21 岁发育未全。该氏对夫常怀恶意，今该氏誓死不愿与不漂亮之丈夫共同生活私逃被捕。”④

在接受了自由恋爱思想的文化熏陶下，很多学生坚定地反对封建包办婚姻，并表现出勇敢机敏。“天津觉悟社的郭隆基不满从小父母为之包办的婚姻，立志决不迁就。在男家多次威胁成亲的情况下，她沉着应付。迎亲之日，

---

① 荒林、王红旗主编：《中国女性文化 2》，北京：中国文联出版社，2001 年版，第 153 页。

② 汉胄：《对于一个男女结合宣布式的谈话》，载《觉悟》1921 年 6 月 7 日。

③ 毛泽东：《对于赵女士自杀的批评》，载长沙《大公报》1919 年 11 月 16 日。

④ 蒋紫兰：《旧式婚姻的牺牲者》，载《玲珑》1931 年第 1 卷第 22 期。

她穿上学生装，一路‘亮轿’（卷起轿帘），等到男家门口，不用人扶，自己大大方方地下了轿走进屋，并向来宾发表演讲，痛斥包办婚姻的罪恶，大力宣传婚姻自由。然后理直气壮离开男家，重返天津女师上学。郭隆基女士智勇双全，以智取胜，以崭新的姿态抗争旧婚姻，获得了主宰自己命运的权利。”① 郭隆基对父母包办的婚姻没有选择逃婚的方式，而是机智有法地进行抗婚。最终，她如愿以偿得以重返校园，获得了婚姻自由。从郭隆基的抗婚过程可看出，学生在接受了西方民主、自由的思想启蒙之后，已对婚恋问题产生深刻认识，对待个人婚姻问题，并非父母之命不可违，而是要追求个人的自由和婚姻幸福。

（二）中学生婚恋观的转变

在整个婚姻环境的影响下，中学生的婚恋观也开始转变，对于父母的包办婚姻开始进行反抗，倡导自由恋爱式的婚姻，如“徐州女中学生张碧池与黄长典，二十二日在京朝阳楼行结婚礼，各自宣誓，并由其旧日教师学友监誓证婚”。② 这两名学生的婚礼带有西方婚礼的特色与风格，同时也是自由恋爱的结合，并得到师生的支持与祝福。但是，也有部分人的婚姻观念非常守旧，尤其是学生的父母辈，仍然坚守着“包办”的旧规。“中国人的结婚，内容都是没有爱，从前一般人，也不知道爱情是什么，结婚是什么，所以没有发生问题，近年来，大多数的青年已觉无爱情的结合，已不行了，不能容忍了；而一般老前辈社会舆论，则必欲维持‘无爱情的结婚’，所以不觉冲突起来。‘婚姻问题’急趋紧逼之一原因，即在一方面婚姻观念之渐渐明了，他方面仍固执陈见。”③ 这种隔辈间婚恋观念的差异，导致了相互冲突。

---

① 荒林、王红旗主编：《中国女性文化 2》，北京：中国文联出版社，2001 年版，第 148 页。

② 《黄长典与张碧池结婚》，载《申报》1929 年 2 月 23 日。

③ 罗敦伟：《中国之婚姻问题》，上海：大东书局，1931 年版，第 3 页。

“春天无花，人生无爱的世界”① ——郭沫若的中学婚恋史。郭沫若生活在一个社会更替的过渡时期，他的中学经历了民国前后两个时段。民国以前的中学生活，已使他的思想极大解放，无论是闹学潮，还是书写反对封建礼教的诗歌，无一不表现一个中学生思想的转变。在他的思想中，既有试图打破旧秩序、旧传统的欲望，也有对未来新秩序、新生活的迷茫，所以在他的内心中充满着新旧矛盾与冲突。他创作的《有怀》表现出对旧礼教的反叛。“百般幽恨向谁诉，仔细思量意若棼。蝶入梦魂飞栩栩，犬疑形体吠狺狺。屏亭欲受鸳鸯枕，薄幸难亲蛱蝶裙。情田可许侬耕否，欲将心事一咨君。”② 这首诗是郭沫若在成都读书时作于作业本上的，诗中强烈地表现出他初入成都时的纷乱思想情绪，以及对恋爱自由、婚姻自主的追求，表达了他对封建礼教的反叛。郭沫若在小学的时候开始读一些新旧小说，旧小说中的风流，新小说中的情爱，那是大有诱惑的。父母在他十岁之前为他订了婚，但不料那位女士在他十四岁的时候便过世了。得知这个消息的他，心中隐隐感到高兴，因为这样可以重新找寻一位心仪的她了。由于他的弟弟和妹妹已经订婚，但他却迟迟不订，阻碍了弟妹的佳期。所以郭告知父母：“早婚本来是不很好的，但弟妹的婚事也可以不消等我。”然而，时刻惦念着他的母亲，当然不能静等其变，在未征得郭同意的情况下为他定了亲。他不能忘记得知这个消息后的心理震颤，那一天的天气是阴晦的，他坐在三哥的办公室里，三哥拿了一封家信给他看，信的主要内容是其母已为他订了婚。女家是苏溪场的张家，和远方的一位叔母是亲戚，是叔母亲自做媒。因为门当户对，叔母又亲自去看过人，说女子人品好，在读书，又是天足，所以不用看就把婚事订了。

郭得知这个事情之后，心理是如何反应呢？在未婚之前，他一直怀揣着

---

① 郭沫若《女神》中收录的一篇《桃花树下醉歌——游日本太宰府》。诗的部分原文即“春天没有花，人生没有爱，到底成了个什么世界？梅花呀！梅花呀！我赞美你！我赞美你自己！我赞美这自我表现的全宇宙的本体。”郭沫若：《女神》，杭州：浙江文艺出版社，1996 年版，第 89 页。这首诗体现出了他倡导个性解放的思想，同时也可以作为他中学时期首段婚姻生活的写照。

② 乐山市文管所编：《郭沫若少年诗稿》，成都：四川人民出版社，1979 年版，第 39 页。

一个美梦。“梦想着是几时当如米兰的王子在飓风中的荒岛上遇着一位绝世的王姬；又当如撒喀逊劫后的英雄在决斗场中得着花王的眷爱。这样高级的称心的婚姻就算得不到，或当出以偶然，如在山谷中遇着一株幽兰，原野中遇着一株百合，那也可以娱心适意。”① 郭得知这个消息后，并非迥然失望，而是怀着一种机会主义的信念。他在想，婚事已订了，拒绝不太好，因为是叔母做的媒，她是个可信的人，而且叔母说那个姑娘人品好、在读书、是天足，和家中三嫂不相上下（三嫂为家中最美的人）。在这样一番思想斗争后，郭开始变换了念想，“她说不定就是山谷中一朵幽兰，或者是旷野里的一枝百合。她或许就是理想中的人物。他们可以共同缔造出一座未来的美好花园”。他当时心情要说是绝望也说不上绝望，要说是称心也说不上称心。心机像突然取去了称盘座的天秤，两个秤盘只是空空地动摇。动摇了一会儿后又归于平静了。他之所以能够在摇摆中恢复平静的心理，源于他对未来的“她”怀有一定的机会信念。

那么，最终郭是否抱得美人归呢？是否如他所愿，找到了山谷幽兰和原野百合呢？他的机会主义的概率多大呢？在他年假回家时，女方家庭要求举行婚礼。郭自认为反正已是订了婚的，结婚也是迟早的事，于是便同意了双方父母的安排。他这么痛快地同意父母的决定，是因为他心理对从未谋面的女郎抱着美好希望。他觉得她人品很好，又在读书，虽然她出生在乡僻地方，读书只是一些旧学。但他可以向父母要求，把她带到成都去读书。他也可以把他所知道的教她。就这样，他顺从着父母的意愿，在家人的安排下进行着乡里成亲的礼仪。终于可以看见“庐山真面目”了，他在新娘子的花轿拜了三拜之后，看见新娘有一只脚先下轿门。在看到这只脚后，他大为惊讶，这根本不是放足的脚，明明就是“三寸金莲”。也罢吧，心里有了一点点的失望。好奇的心理驱使着他迫不及待地看下新娘的真貌。他和新娘进了洞房，喝完交杯酒之后，新郎和新娘可以第一次谋面了。当他把最后一层黑色的纱帕揭开，他惊呆了，他心中的“美梦”彻底坍塌幻灭了。他只觉得看见了

---

① 刘元树主编：《郭沫若自传》上，合肥：安徽文艺出版社，1997 年版，第 198 页。

"一对露天的猩猩鼻孔"。这还真是应了那句俗语，"隔着口袋买猫儿，交订要白的，拿回家来才是黑的"。就这样，他按照父母的心愿行了结婚礼，成了家。他的内心虽然无比的失望与酸楚，但又理解父母这番良苦用心，最终他还是按照家里的习俗结束了这样一段婚姻仪式。

最终，郭还是选择了逃离这段婚姻，在结婚的第五天，他便借故保卫团之事回到省城。但是结婚的这段经历使他彻底彷徨了，他觉得自己什么希望也没有，加上学校风气不佳，他更加自暴自弃、颓废至极了：

> 我拼命地喝大曲酒、打麻将牌，连夜连晚地沉醉，连夜连晚地穷赌。那时的学校是不住堂的，上课也很自由。我有一次连打过三天三夜的麻将牌，打到后来几乎连坐都坐不稳了。不打牌不吃酒的时候便是看京戏（革命的结果把京戏输入了四川），学做成都的所谓"鞸神"（不良少年），总是要坐在戏场中的第一排，对于自己所捧的旦角怪声叫好。比这些稍微正气一点的便是学做歪诗；不是用杜工部《秋兴八首》的原韵拟出一些感时愤俗的律诗，便是学学吾家景纯做几首游仙或者拟古。现在回想起来真觉得有点肉麻。然而在那时候的青少年，你要他的肉不麻，那就只好叫他自杀了。①

郭沫若的这段学生阶段的婚姻，可以说具有过渡时代的表征。正如他在《少年时代》的前言中所言，"我的童年是封建社会向资本制度转换的时代，我现在把它从黑暗的石炭的阬底挖出土来。我不是想学奥古斯丁和卢梭要表述什么忏悔，我也不是想学歌德和托尔斯泰写什么天才。我写的只是这样的社会生出了这样的一个人"。② 由于郭沫若的中学跨历了晚清、民国两个时期，所以他的思想、行为和生活上也表现出这样的过渡特征。郭沫若对待婚姻的态度和行为表现出角色内冲突。角色内冲突指的是发生在角色扮演者所扮演

---

① 刘元树主编：《郭沫若自传》上，合肥：安徽文艺出版社，1997年版，第215页。
② 郭沫若：《少年时代》，北京：人民文学出版社，1979年版，第2页。

的同一个角色内部的矛盾。这种冲突是由角色本身所包含的内在矛盾所造成的。当角色行为的主体对规定的角色行为有不同的理解，甚至持有相反的意见，但还必须履行的时候，在角色内部发生剧烈的冲突。[①] 郭的思想已在晚清时期开始了转变，在他的诗《咏秋海棠》中有所体现，他生动形象地描绘了秋海棠的娇态媚姿，对它的过早受到摧残，给予了无限的同情。写这首诗，旨在借物抒怀，他对旧中国的妇女在封建势力压迫下所受的悲惨遭遇表示同情。但是，这并非代表着郭思想的彻底翻转，从他对母亲为他订立婚约的顺从，以及后面对父母安排的遵从，都表现出他受到传统思想的束缚，同时也表现出青年的顺从与反抗相互作用的矛盾心理。换言之，他一方面想遵从父母的意愿，表现出“孝子”的规范行为，另一方面其内心却有着反抗的声音，但又不得不屈服于父母的安排，这种角色内冲突导致郭回校后一系列的“失常”行为。

（三）中学生的婚恋思想及其表现

首先，学界、学校管理者对于中学生婚恋的表态。中学生阶段是否应该恋爱、是否可以结婚？可以说，这个问题众说纷纭、莫衷一是，一直成为当时社会各界讨论的焦点。反对中学生恋爱的认为，中学生正处于身体不甚成熟阶段，恋爱结婚不仅贻害身体、影响后代，同时无益于学业。罗家伦指出学生结婚的危害：“今日学生中更有一种流行病焉，曰结婚。是病也，隋壮志；戕生命；败道德；害生计；直使高尚纯洁志气拿云之新学生，为卑鄙龌龊颓唐无耻之罗刹鬼；是不特害及其身，且影响及于国家。”他指出结婚之危害，又分析了学生界结婚的状况。“今我学生界之结婚潮、益弥漫澎湃日进无疆矣。据余所知，则高等学生之未婚者，十不三四也；中学生之未婚者，十不五六也；即内地高等小学生之未婚者，亦十不七八也。昔义山锦瑟、韩偓香奁、其铺张豆蔻春葩芙蓉秋帐者、淋漓备至；呜呼！孰知所谓豆蔻葩芙蓉帐，诗人传为佳话者，今乃将我新学生界之新空气斫丧殆尽耶！吾辈新学生，

① 秦启文、周永康：《角色学导论》，北京：中国社会科学出版社，2011 年版，第 117 页。

果欲以二十世纪主人翁自待乎！滚滚爱河，渺渺情天，其速于此红粉髑髅队中有所振拔！”① 罗家伦指出了当时学生结婚的状况，在中学生群体中，近有一半的学生已婚。

据某中学调查，“在婚姻的统计上，结婚人数竟占百分之八十；订婚人数占百分之十三，未订婚人数占百分之七。有五个山东学生，两个河南学生，据他们自己说，都是在十岁以前结婚——其中一个学生是九岁结婚。他们的妻子年龄大都比他们大四五岁到八九岁”。② 毋庸置疑，中学生在如此小之年龄结婚，其伤害不言而喻。据申报记载某中学生结婚后的状况：“郁君今年十七岁，本是一个很勤勉的中学生，去年受着江浙战事的影响，双方父母硬生生使他和他的妻子结婚。结婚后好像换了一个人似的，书也不读，意志一天灰似一天，神色一天憔悴一天。近来听说已有三个多月不能离床，医生说是弱症，各种滋阴补肾的贵重药品吃了无数依然不见起色，前途真是危险唉！青年们，身体尚未发育完全万万没有结婚的可能啊！”③ 这名中学生才十七岁，三个月后却不能起床，各处寻医滋补，这便是尚未发育完全的学生结婚后所产生的危害。诚如有研究者指出：中学生“正是努力向着学艺之园采撷果实的时候，当然要小心的维护着他们，以防避着恋爱的酸风醋雨和色欲的洪流所侵袭。是以，这些年轻的中学生是不能够谈恋爱的。一谈则身体和学业都两受其害，那简直是自杀的勾当。何况中学生的时期，常识与能力都未充分，这个时候，就冒然的跑到恋爱的市场上去横冲直撞，结果未有不是惨败下来的。身体发育未成熟的青年，便谈恋爱，结婚，不惟有碍于学业的成就，兼会损坏身体的健康，生产孱弱的儿女，影响到整个民族的生存。为个人和民族的利益着想，未成年的中学生都没有谈恋爱的必要。”④

基于以上中学生婚恋观，中学生恋爱问题成为学校管理的焦点，很多学

---

① 罗家伦：《青年学生》，载《新青年》1918年第4卷第1号。

② 傅庆隆：《中学生个别谈话纪实》，载《时代教育季刊》1936年第1卷第2期。

③ 《男子结婚的条件》，载《申报》1926年1月8日。

④ 苍生：《正在民族存亡线上挣扎的中学生应该谈恋爱乎?》，载《广西青年》1933年第24期。

校都竭力阻止学生恋爱，无论是教师还是训育老师都试图控制学生的恋爱倾向和言行。“第一步，他们竭力设法剥夺学生们和异性谈话，讨论，研究，友谊，恋爱……的行动自由，必要时拆开或扣留全体女学生的来往函件；第二步，教员拒答学生关于任何‘性爱问题’的探询。第三步，使学生视‘性爱’这回事是绝大的猥亵的，不光明的。倘若有学生犯了上面规律，他马上遭受到开除学籍的痛苦。”① 据某中学生回忆：“一个从前的女同学，很疏淡的坦白写过我几封信，便被学校中及家庭中讥笑，视为是‘下贱’！并有许多教员，因此注意我，打听我！”② 学校管理者和教师惟恐学生误入恋爱的泥潭中不可自拔，便想方设法百般地阻挠和制止。所以学校重要的一项检查工作，便是监察学生的书信。“福州女中三年级樊幼英，平日学业素勤，品行亦佳，乃由学校当局检得匿名情书一封，涉及樊之童子军肩章号码。该校校长因在纪念周报告，谓系有关风化，示意樊生自动退学。樊生一时受此讽示，极端悲愤，顿萌短见，于当夜回家时背人饮巨量之白兰地酒，并混入石灰，意图自杀。”③ 樊生自认为受到了人格侮辱，欲图自杀以明清白，这也表明该校对学生恋爱的严格管束，该校长试图以樊生为例，以儆效尤，警告学生不要触及恋爱的防线。

其次，中学生对“性”知识充满着好奇。“我那时候对于性欲的问题，满肚皮怀疑，好奇心又强，总想知道一切，但是见教师和家族方面，都以谈此事为可恶可耻，于是不敢公然叩问，只得藏在肚里不作声。因此性欲的冲动愈甚，求知的心愈切，无奈何只得向书中去找寻答案（既不知如何选择，不当看的书也不问了）。有时听得同学中谈起这事，非听个详细不可。这两件事，是我少年时关于两性问题惟一的指导，因此有许多误解的地方。”④ 为了了解关于性的相关知识，只能偷偷地阅读相关书籍。“在中学校的环境里多是青春期内的人，自然要感到‘性’的烦闷。周报上常有些歪诗，图书馆里肉

---

① 光昭：《中学生和性爱问题》，载《人民周报》1933 年第 2 卷第 67 期。

② 光昭：《中学生和性爱问题》，载《人民周报》1933 年第 2 卷第 67 期。

③ 《为检查情书而图自杀》，载《玲珑》1937 年第 7 卷第 15 期。

④ 廖世承：《中学教育》，上海：商务印书馆，1924 年版，第 140 页。

爱的书籍，简直是常年流客，不归家乡，宿舍的一角，常相计议‘恋爱’的趣事；教室里，常有在偷看淫逸的歌词，小说。”① 这种“偷窥”的欲望即使在要考试的时候，也欲罢不能。“蓦然，一阵繁响的铃声，把他们惊了过来！‘啊哟！熄灯铃又响了！’B这样地自语。‘N！不要写什么情书了。’W又转向B：‘B！电灯快熄了，《性史》还是等到明天再去看罢！’果然催睡铃响过一刻后，宿舍的电灯，立刻一齐熄灭了！黑暗笼罩了全室，黑魆魆伸手不见五指！‘妈的！’B恨恨地骂了一声。满腔不高兴！他忿恨那可爱的《性史》，能令人一看便不愿释手的《性史》，再也不能赓续看下去，把他一口气兴读完在今天夜里。至于那N，他不作一声，把抽屉推开，摸出一枝白色的洋蜡。划了一根火柴，擦的一声，把洋烛点着。在这如豆般微弱的、摇曳不定的烛光下，他重新执起笔来，继续在写他的情书了！”② 在朦胧期的学生眼中，一些性的书籍充满着极大的诱惑。即便是女学生，也具有很强的好奇心。“在性的方面，她们有相当的好奇心，如‘婚姻问题’，‘两性问题’，‘交朋友问题’等等，虽不常正式讨论，学生们自己，却常常在那里想的。”③

最后，明暗中追求心仪的异性。窈窕淑女，君子好逑。虽然社会、学校都反对中学生恋爱，但青春期的学生们却开始对异性产生爱慕，有的甚至沉浸其中、无法自拔。很多学生多在心里默默泛起恋爱的涟漪，并关注着他（她）的言行举止。正如某中学生所言，“恋爱好比是一朵璀璨的诱人的玫瑰花，小孩子见了要去摘她，可是她又俏皮的躲去那里了，小孩子是在神秘的等候着——等候着！”④ 而当他们有机会与心爱之人聊天时，心中洋溢着无比的幸福。“我和她谈谈校中的情形，她很感谢我告诉她一切不知道的事情。她说话时美妙的传情，却增加了我内心眷恋的狂热。啊！云倩，你这种醉人的美丽，将使一个正在梦求着异性安慰的青年，怎样克制他汹涌着的热情呢？”⑤

① 席甦：《中学生活的面面》，载《十日谈》1934年第26期。
② 吴雄基：《考试之前夜》，载《学生杂志》1927年第2期。
③ 吴榆珍：《一个女子中学的课外生活》，载《社会学界》1933年第7卷。
④ 许寿民编：《中学生创作丛书》第1册，上海：中学生书局，1932年版，第41页。
⑤ 许寿民编：《中学生创作丛书》第1册，上海：中学生书局，1932年版，第3页。

她的音容笑貌深刻地刻在他的脑海中，萦绕在心田挥之不去。某学生所写的诗正表达了这种异性吸引力。

> 啊！姑娘，莫再看我，你那星星颤闪的眼光，像玫瑰花的刺儿一样的，深刺着我脆弱的心尖！莫再看我，倘你不能施我一爱怜。啊！姑娘，莫再看我，你那令我迷醉的眼波，像小溪里的春水似的，紧扣着我脆弱的心田！莫再看我，如果哟，你是怜爱我的。①

当看到美丽动人的异性，有的学生便按捺不住了，即便心中已有心仪的对象，但还是被她（他）身上散发的魅力而倾倒，难以抑制心理冲动。如某生虽然已经喜欢上了同学秋英，但对校花的美丽依然会心动。在他的日记中记载着校花给他留下楚楚动人的印象：

> 同学们都说：今年我们学校新添的一枝校花真美丽，她是转学来的，低我们一年级。往常不十分注意她，这一两礼拜，我倒很留心她的行动。她有一对秀长的眉，一双黑晶晶的眼，白白的面颊上经常泛着桃红，小小的嘴唇上还卧着一条不大不小不高不低的鼻，身架长得高高的，胸部饱饱满满的，时新的衣饰，不浓艳，也不浅淡，庄重的态度，不轻佻，也不高傲。她，真不愧是我们学校中的一枝校花了。我很喜欢她在缄默中的微笑，有时我和她挨身过的时候，一见她那可人的微笑，我的心竟不住的跳起来。不知怎的，今天我竟像小偷似的，走到她们自修室的窗外，去偷看她去了。我贪看她念英文时候，唇边动开来的一伸一缩的两条美丽的曲线，我真看得心动了。②

这种心动，并非他一人，班上的其他男生同样也有这份冲动和爱慕。当

---

① 叶乃芬：《莫再看我》，载《中学生文艺》1930年第1期。

② 杨文安：《中学生日记》，上海：开华书局，1931年版，第42—43页。

校花从操场上经过的时候，众人的眼光都被她吸引过来。“她穿着一件淡青的长绸旗袍，半高跟鞋，长丝袜，脸儿红红的，浑身都显示出她长得均匀的美的轮廓，五月里温和的风迎拂着她，她仿佛不热不寒的，整个肢体都摇荡在温柔里，她一个人微笑着走过去了。操场上的踢球的‘球王’们，都放着球让他滚去，无数双燃着热火的眼都集视着她，她仿佛没有觉得似的，一个人微笑着散了一阵步。”① 身着旗袍的校花，散发着青春动人的曲线美，这种美又怎能不使男生心动呢？这种爱慕多是内心中无法克制的冲动，也是处在青春期的学生对于异性的本能反应。

有的学生不再选择沉默地旁观欣赏，而是开始了与异性大胆交往。某女子中学的女生交男朋友是相对开放的。“有的是由家中介绍的。她的朋友可以在家中见面，或很公开的一同出去看电影。处处觉得很大方。有的是在聚会时认识的。这类的朋友可分为两种：（一）常常一同出去玩，（二）自己很有心的觉着是为讨论会务，交换知识。由会务认识的朋友能否到学生家中，依各家庭而定；但是她们在教员同学面前是公开的。”② 学生结交异性主要通过家人介绍，或者聚会上相识。如女中学生在学校举办的游艺会上，结识了某大学生，两人便开始了鸿雁传书。“男的是一位尚在大学里求学的学生，女的是一位中学生，他俩是在演剧时认识的，她的校中开游艺会，演剧化妆时，请他去担任指导者，就此便被她敬佩，深刻的爱慕着。在相识后的第二天，他便写信给她了，他以他们所演的‘咖啡店之一夜’中的白秋英与林泽奇作比拟，‘像剧中秋英敬爱着泽奇一般，我现在也是在敬爱着你，但不知道我有没有那得泽奇做哥哥的秋英的那幸福，有没有和你通信的荣幸’。她的年纪虽小，但她是多么地勇敢在相识后的第二天她便写了这样一封信给他，要求他做她的哥哥，这是何等地干脆，她和一班男性追逐女性的一样，在第二封信的称呼便是‘哥哥’‘妹妹’了，像这样豪爽的女性，却是不易多见。”③ 这名女中学生非常爽朗，在男学生给她写信之后，急速地给他回信，并直呼“哥

① 杨文安：《中学生日记》，上海：开华书局，1931 年版，第 95 页。
② 吴榆珍：《一个女子中学的课外生活》，载《社会学界》1933 年第 7 卷。
③ 光楣：《某少女》，载《申报》1930 年 8 月 14 日。

哥”，意即同意了这个男生的追求。

“假情书的故事”。异性相吸，当周围同学收到源源不断、来自四面八方的情书时，很多尚未收到情书的同学，便产生了一种嫉妒和自卑之感。为了满足这种虚荣心，有学生想出自写情书的妙计：

> 吴中有L女校者，其中学生皆绮年玉貌、新装入时，交际之花亦甚多，自书信自由而后，同学中颇多有情书寄来，一缄在手，灯前月下，背人私诵，知之者相与戏谑以为风流。有某女生见其伴皆得快读情书，而自憾不善交际，无少年郎予以情书，颇觉无以自慰、愧不如人。忽焉心生一计，至书肆购得美丽之信封信笺归，归而伪造情书，每星期六出校，则付之邮筒，翌日寄来。某女生接函，佯作惊喜状，秘不使人窥一字，同学常见有粉红色之信封在某女生手中，相与歆羡，但不知某女生有何情人，如是者数月。有同舍生某急欲刺探底蕴，一日见某女士得书后方与同学闲谈，以书夹于其所挟之英文读本中而不启视，同舍生注意之，后进晚餐。某女士以书置于枕畔，偕众出室，同舍生先返，乘间得书窥视之，则中纳一空笺也，恍然大悟。稍稍泄于人，众皆笑之，某女士知玄虚识破，更觉愧恧，下学期即转学他校矣。①

为了满足被男生追求的虚荣心，该女同学便生一计，自购信纸，贴邮票寄出，受到自寄的信件后，表现出羞答答的惊喜之态。但长此以往，还是被该班学生识破了。这则假情书的故事表明处于青春期的学生，急切希望得到异性的追求与爱慕。

情有独钟的“痴男怨女”。日久生情，同学间的爱情往往是从同学间的友谊升华为爱慕的情感。“自从我和秋英结交以来，整整的有两年了，生活上有痛苦时，我们相互的慰安，学问上疑难处，我们相互的诘问。我们常常相聚

① 明道：《情书趣闻》，载《申报》1928年1月7日。

说心，常常一块游戏，我们的关系，已经是超过我们的友谊的关系以上了。”①但是，一旦他们之间产生了这种行为上的爱恋，便沉溺其中，难以平复心中的那份激情。当秋英因故退学后，小村则相思成病，每每走到秋英的宿舍楼前，便驻足不前，吹着哀绝的调子：“泪珠儿要流落了，爱人呀，爱人呀！回不回来呀？我们从春望到秋，从秋望到夏，望到海枯石烂了，爱人呀！回不回来呀?!”② 这种心情恰如某生所作的《相思令》所抒发的情感。

相思令

天兴多情，复遭多别。坐想，行思，翻来，覆去，几曾有，一夜安眠？看银光，偷瞄窗纸！

秋色揉心，更觉，销魂难止！千里外，伊人，风姿，殊惜否？……缘何不答？风月应知。③

这种相思必然会带来无限的苦闷与困扰。“恋爱亦为中学生苦闷的问题。老师们曾一再指示，并劝读胡适之的短片小说中的‘恋爱与面包’那篇，但‘食色性也’，深感无效，追求美梦，失恋种种因素，环绕着他们的周身，因之，苦闷失望的人，日见其多。”④

海泽曾言，“一个恋爱着的人，可比魔鬼和天使更有力量，能够做到一切”。很多学生陷入爱河之后难以自拔，其中既有女生的痴情等候，也有男生无悔的期待。“她爱上了一个男性的朋友了，一个比较她漂亮活泼些的中学生，他们初期的恋爱是很幸福的，她曾一次对我这么说，地面上若没有了他我便没有生存的必要，因为地面上没有比他再可爱的。她发觉了他是有了未婚妻了，而且也是瞒了她回去行结婚礼了。她受了这么比地球还大的打击，

---

① 杨文安：《中学生日记》，上海：开华书局，1931年版，第122页。

② 杨文安：《中学生日记》，上海：开华书局，1931年版，第103页。

③ 张廷铮、郑宏述、过立先：《中学生诗歌》，上海：中学生书局，1933年版，第28—30页。

④ 林振文：《解除中学生苦闷的药方》，载《中央周报》1928年第9卷第41期。

毕业考试她自然不参加了，毕业文凭她自然不需要了，生命和世界当然不和她发生关系了。还好似乎异常多情的他给了她一句比保生符还灵验的话‘家庭专制我非得已，我永远要给你爱着的’。他现在是十八个月不给她写信了，在她的朋友面前说她的坏话了，她知他不爱她了，但是她什么都不管，她只继续着爱他，流着泪想念他，祈祷上帝给他的幸福与快乐。”① 这名痴情女陷入恋河之中，难以从失恋的漩涡中走出来，她即便知道男生已经回家成婚，仍然相信那个男生给她的山盟海誓“我还爱着你”。这名女生在遭受到这份沉重打击之后，最终放弃了学业。

有时，痴情的等待未必能换来完美的结局。如某生所做的《爱情的创伤》，则散发出淡淡的伤情与酸楚，昔日缠绵之景仿佛即在眼前，但那些美好的回忆已成往事，如今只剩下凄惨的孤影：

> 湖水碧澄，花儿幽香。明媚的春光里，我俩是何等的欢畅！
>
> 甜蜜的情话，曼声的歌唱。我的爱人呦！记否月明的晚上，我俩儿紧紧地拥抱？新月初升，微微拂着树梢，听杜鹃声声。啊，血红的桃花，瓣瓣落了。
>
> 我的爱人呦！记否在花荫深处，你对我说道：与海同枯！与山同老？记否别离的早晨，你对我流泪道：“倩，放心吧！我永远不忘你！”一声珍重，我忍不住哭了？妈妈要我嫁那不认识的男人，但是，爱人呦，我怎能伤你怀抱？终于我拒绝了妈妈，忍受着妈妈的虐暴。
>
> 我的爱人呦！在广漠的世界上，只有你也只有我。我为你牺牲一切，更那管妈妈的虐暴？如今，依然是湖水碧澄，花儿幽香；依然是月明的晚上，听杜鹃歌唱。
>
> 只是一切一切呵，都变成了凄凉悲伤！湖水幽咽！花儿憔悴！灰色的月光里，杜鹃歌声凄怆！秀劲的字儿，可不是你从前的笔迹，一封封的信笺，可不是你从前的爱意？

---

① 《田汉作朱英鹏书》，载《申报》1927年11月2日。

爱谷深深，往事那堪重提？我忍不住哀啼！我忍不住哀啼！我的爱人呦！只别离不久，便把故人抛弃。爱情的创伤碎了我的心，只合在玫瑰丛中低泣。柔腻，温存，我已碎的心儿呦，那堪回忆？

呵，戴假面的人儿！我的爱呦！我忍不住狂笑，更忍不住悲伤：狂笑你欺骗的胜利，悲伤我失恋的女郎。罢！罢！放下罢！不堪回忆！但这锋利的箭簇，已把我心儿刺伤！我怎能忘记？①

长期陷于思恋的幻想之中，势必会影响到了学业。有的学生则有着理性沉稳的婚恋观，很清醒地认识到，“人类是一种有理性的动物，到了相当时期——青年期，总有一种求‘爱’的需要，这是谁都公认的，然而，这种的需要，我相信，决非是这求学的时期应当探求的，因为在求学的时候，一方面努力于学业，而在另一方面，又要关心于国事，如果再加了这种欲念在内，那么，对于以上两方面的努力，无疑地要弃于千里之外了！”② 所以，也有一部分学生保持一定理性，克制住这份本能的冲动，把那份爱慕之情怀揣于心。如某生所作的《答她》：

答她

对不住你，姑娘，你所施于我的，请你暂收回罢，而今，因为我还不是应享你的爱的时候。

仓促进行的事情结果也许会后悔，你对我的狂飚与突进，我是衷心地感着谢意。

时代和环境之神在告诉我们，我们休要再享乐地沉沦于爱河，我们要负起很重的担子，提起枪弹利刀，爱的，我们揣着手儿吧，奋勇，前进。③

---

① 赵勃：《爱情的创伤》，载《学生文艺丛刊》1925年第2卷第1期。
② 叶向阳：《青年论》，载《厦中学生》1930年第2期。
③ 《答她》，载《厦中学生》1930年第2期。

从《答她》这首诗中发现，这是一名男生对一名女生狂飙示爱的婉绝之词。这名男同学较为理性沉稳，他不敢接受她的爱基于两方面的原因，一方面，处在正在发育和学习的中学阶段，凭借感情冲动去亲历爱情，略显盲率，可能会出现“一失足成千古恨”的结局；另一方面，国家正处在危亡之际，男女之情何足挂心呢？

二、不同类型的婚恋表态

民国时期的中学生婚恋不单单是异性间的吸引之爱，同时，还有一种特殊的“恋爱现象”，即“男男、女女”之间的同性恋爱，尤其是女女之间表现更明显。即使是异性之间的爱恋，也非仅发生在同辈的同学之间，还存在着师生间的爱慕，主要是学生对教员的崇爱。不同类型的爱恋关系也表明，中学生正处于情感丰富的时期，他们的心理活动、情感体验更为活跃复杂。

（一）异性同学间的吸引①

“人生自是有情痴，此恨不关风与月。”——《中学生小说》中国材与梅英的爱恋。国材是文光中学高一学生，他与梅英是小学时候的同班同学，他们两个总是被派在一起做清洁整理，因为两人都能写几句像打油腔一类的白话诗，所以在学校的级刊上，经常可以见到他们两个的名字。国材是来自河北望都县的十八岁的潇洒少年，他身材矮小，脸部圆圆，皮肤白嫩，体力强壮，他的体育成绩为全校之冠，网球打得特别好。因此同学呼他为“网球大王”。他的家境比较富裕，是家中最小的孩子。十二年前家里已替他订婚了，女方是生得异常标致的赵家小姐，只是没有读过书，三寸金莲虽是放开了，但是脚背凸得很高，而且走起路来一扭一拐，不甚雅观。国材自从明白了他的未婚妻是这样一个人以后，就下了和她解除婚约的决心，但是一来因为自己年龄小，家里没有催他结婚，同时他也乐得多骗家里几个钱在外花花。所以国材在学校的生活异常奢靡浪费。因来北平上学，家人的监督与管理便遥不可及，所以国材开始了他与梅英的恋爱。当以仁问他与梅英的关系之时，

---

① 异性交往在前面内容已有相关论述，在此部分，为了全面呈现不同类型的婚恋，则以《中学生小说》中的国材与梅英的爱恋为个案，深入描述男女同学之间的异性爱恋。

他回答道："真的，我不懂得什么叫做恋爱，也不知道怎样去爱她，更不知道她是不是爱我，不过我们都很好。说老实话，我很想尝一尝恋爱是什么味道。"① 这也许便是青春期性的萌动，国材开始了对梅英的爱慕。

梅英比国材小一岁，在北平某学校的初中三年级，因为他俩是同乡，两家相隔有六七十里的样子，她的父亲是个官，家里只有哥哥和妹妹，母亲是个没有思想的女子，她不懂得女子是读书好，还是不读好，父亲思想比较新，他希望女儿能做一个要人的夫人，他觉得女子要出风头只有做要人的夫人才能办到，因此他一面送女儿读书，一面给她选择个未来的贤婿。梅英长得像国材一般高，瓜子型的小脸，配着两只大黑珠的眼睛，嘴像樱桃般小，嘴唇很薄，说起话来声音像黄莺歌唱般好听，身轻如燕，走起路来老是跳着。她也是以网球选手闻名。男同学中大半很爱她，但在她眼中，一切人都不及国材令她喜欢。因为国材是小学时候的同学，又是同乡，待她又特别忠实。而且和一个鼎鼎大名的网球大王要好，也未始不是件乐事。虽然有不少的篮球健将、足球健将，写信给她恭维她的跳舞好，健康美，天真活泼，但她总觉得无聊，而且他们那些高个儿，黑脸并不令人可爱。梅英常奇怪国材的脸为什么不像一般打球人的黑，虽然开运动会时，国材晒了几天，但这更能增加健康色的美，因此梅英更爱她。

公园里的温情缠绵及海誓山盟。梅英与国材相约进了一个公园。国材为了取得梅英的开心，冷不防给了梅英一个惊吓，结果梅英得了个很大惊吓，"吓死我，为什么你走路不出声呢？差一点我给你完全吓死了，你知道人吓人比鬼还厉害吗?""那你当我是鬼好了。"国材忍不住说了句话。"放屁"，她的手打在国材的脸上，这使国材马上起了一种报复的念头。"你打了我两次了，用什么赔偿我的损失?""用这个。"她在国材的左脸上轻轻地一巴掌。"真的吗?"国材扑上前去第一步握住了她的两手随即就抱着她亲吻，她也并不拒绝，像只羔羊般驯良，头部倒在他的胸前，他在月色底下偷望着梅英，她的两颊像玫瑰般鲜红，眼睛似乎在闭着默默地领略爱的滋味。"英妹!"他叫了

---

① 谢冰莹：《中学生小说》，上海：中学生书局，1932年版，第36页。

一声之后又在梅英的眼睛上吻了一下，他说不出此时的快乐来，只是觉得一生未有尝过这种甜蜜幸福的滋味，他完全醉了，呵，沉醉在爱的醇酒中了！“材哥！”梅英的声音也在颤抖，国材知道她也到了与自己同样的程度，他忙将手放在梅的胸部，天啊，这柔软像棉花般的两只小乳峰，这突突地跳跃着的心，这急促的呼吸，和周身迅速地循环着的血液，没有一样不使国材倾倒动心的。“英妹，你爱我吗？”“傻子！”“怎么说？”“不爱你有今晚吗？”梅英说这话的妩媚的娇态，比玫瑰初开的蓓蕾还可爱百倍。国材沉醉在这样的美好画面之中，他害怕这一刻之后的失去，便问梅英“你是永久的爱我吗？”梅英回答：“是的，有数年的历史了，难道你还不相信我爱你，像你一般爱我吗？”国材回答梅英：“不是怀疑你，而是向你求爱的人很多，他们都比我好，我怕有一天我的力量敌不过他们，你从我的怀抱里跑去，不！他们把你从我的怀抱里夺去了！”看到国材的担忧，梅英安慰他，“材哥，我……我永……我永远……我永远爱你！”① 就在这样浪漫的花前月下，情窦初开的少年男女体验了偷吃“禁果”的快乐。

除了逛公园，享受夜深人静的浪漫之外，国材与梅英的另一活动便是一同看电影。那是夏天的晚上，在真光电影院，国材与梅英一起看电影，也许因影票的价格太高的缘故，楼上座位空的很多，梅英和国材每次看电影都专喜欢坐在人少的两边，这回也是一样，因为两人的目力都特别好，所以坐在最后的那排。电影熄了灯，他们的手紧握着了，梅英的头倒在国材的肩上，鬓香一阵阵透进国材的鼻中，爱之电流在他们的中间通过，国材的内心开始燃烧起来，他微微地移过头去。光线愈来愈黑暗了，这是给爱人们的一个好机会，梅英的头完全倒在国材的胸前。“我们也像电影中的主人好吗？他们Kiss，我们也Kiss，他们拥抱，我们也拥抱。”梅英羞答答地这样说着。“好，我们一定这样做。”他们真的实行起来，却不料最后的电光一闪，全场明亮着如同白日，他们的举动已被站在后面的茶房看到了，梅英很不好意思羞得满脸通红，连忙牵着国材的手拼命地跑下楼来。就这样，俩人确定了恋爱关系，

① 谢冰莹：《中学生小说》，上海：中学生书局，1932年版，第49—55页。

沉醉在恋爱的幻想之中。

国材忘不了那个浪漫之夜，忘不了与梅英一起的甜蜜时光，幸福的感觉便即刻涌上心头。但这种幸福感过了之后，他便又立即惆怅起来，因为他知道他的父亲要他必须和赵小姐结婚，否则断绝了他读书的经济来源。而梅英却希望国材升学，但国材的父亲是不支持他继续读书。在放春假回家时，国材与其父摊牌，告诉父亲他想要升学。“升什么大学，明年春天结了婚后就不要读书了，要你大舅或者哥哥介绍一个事情做做，仅读书有什么用处?”国材听到这番话，宛如晴天霹雳，他内心挣扎了一番之后，告诉其父：“爸爸我不能和赵小姐结婚。我和赵小姐面都没有见过，更不要说到爱情。”“什么？爱情！不结婚那里会发生爱情？什么东西，在外面学了一点皮毛就大讲什么鸟自由恋爱，反抗家庭，试问你没有家里可以活吗?”国材不知道哪里来的勇气与父亲对答。“送儿子上学是父母的责任。我无论如何不能和赵小姐结婚。我要和她解除婚约。”在与父亲争吵之后，其母亲、哥哥、嫂嫂轮番作战，规劝国材顺从父母之愿，但国材听不进去这些劝告，甚至他的思想变得极端激愤，“他握紧了拳头，他的血液沸腾，脸部发烧，他想弄个炸弹炸死他哥哥、父亲、母亲、嫂嫂，甚至炸毁了整个的故乡”。在这样的失望痛苦之中，国材已经到了肝肠寸断的地步了，他流了不知多少的伤心泪，甚至有了自杀的想法。

在与家庭做了对抗和决裂之后，国材的读书之途必然无比艰辛，因为父亲断了他的经济来源。但他依然相信梅英仍然深爱着他，而且觉得梅英是他的整个世界，是拯救他的上帝。但梅英在得知国材的窘迫之后，并没有同情他的遭遇，而是选择了离开，并且迅速与一“西装笔挺的男生”交往。国材遭受的不仅是经济上的落魄，更有着精神上的失落，原来的海枯石烂、海誓山盟，如今却这样消失了吗？他不愿去相信这个消息，他依然坚信着梅英的誓言。直到他失学过着饥寒交迫的生活之后，亲眼目睹了梅英与“西装男”挽手看电影的一幕，他才确认梅英真的是离他而去。他的心如刀绞般疼痛，这样的场景和结局使他认识到“恋爱与金钱原来是联系着的，不可分离的”。

国材与梅英的爱情充满着喜乐悲欢，有二人初尝禁果的缠绵甜蜜，也有更多精神上的伤痛。或者说，国材承受着更多的伤害，不仅与家人决裂，也连遭失学、就业等等各种压力，一切为了他心中最纯洁高尚的梅英，一切为了他们共同许下的诺言，一切为了追求自由恋爱的婚姻。但梅英受父亲思想的影响，她不会选择与一个“穷小子”共度一生的，他要嫁给一个光鲜的“要人”，最终还是梅英选择放弃窘迫的国材，追寻她所认定的幸福方式。这则爱情故事说明，情窦初开的中学生有着对自由婚恋的强烈追求，并敢于与封建礼俗对抗，但同时，受一些社会风气的影响，中学生开始追求世俗的婚姻。

（二）同性同学间的恋爱

《说有这么一回事》① 云罗与影曼的爱恋。云罗和影曼在排演学校十周年纪念会上相识，二人饰演《罗密欧与朱丽叶》中的朱丽叶与罗密欧的角色。由于演出的频繁排练，二人之间交往频繁，于是便擦出了“爱情”的火花。在最后一次练习完戏的晚上，影曼送云罗回到宿舍，坐在灯光下看着云罗拆散头发，编了条松松的辫子，换了一件粉色的，胸口袖口满绣着洋线空花的外国睡衣。大概因为演戏的疲乏，那双颊的娇红直连上眼皮，那对俏眼这时要睁也睁不大，另显出柔媚可怜的样子。“呵哟，累死我了!”云罗一手捶着腰背，一歪身倒在自己的床上。“朱丽叶，我替你捶捶?”影曼含笑说着到云罗身旁，望着她敞开前胸露出粉玉似的胸口，顺着那大领窝望去，隐约看见那酥软微凸的乳房的曲线。那弓形的小嘴更可爱，此时正微微张开，嘴角添了两个小弯弯，腮边多了浅浅的凹下的两点，比方才演戏欲吻罗密欧的样子更加妩媚逗人。帐子里时时透出一种不知是粉香，发香或肉香的甜支支醉人的味气。影曼忽然一歪身也倒在床上，伸手勾着云罗的颈子说，“我身子都发软了，什么东西这样香？给我闻一闻!”“又来逗人啦，讨厌!”云罗笑着轻轻

① 《说有这么一回事》系女作家凌叔华所作，而作这篇短片小说的初衷源于杨振声的委托，也是凌叔华对杨振声在晨报副刊上发表的《她为什么发疯了》的改写，也可以说是“同源叙事”的一种尝试。因为杨振声所写的《她为什么发疯了》给读者的感觉“疯的太仓促了”，即小说的情节衔接不甚恰当。二人同时书写的这个小说，即“女学生同性恋”的故事。相对于杨振声的《她为什么发疯了》，凌叔华的《说有这么一回事》情感表露更加细腻，文章之间的衔接更显得顺理成章，少了骤然而成的仓促。这篇小说首次刊载在1926 年 5 月 3 日的《晨报副镌》上。

推她。“你可不要讨厌我，你讨厌我，我可要死啦！”影曼索性搂紧她说。① 这是云罗和影曼第一次的亲密接触，但因舍监的检查，影曼只得离开云罗的宿舍，但这样的近距离的身体感受，使得二人陶醉其中，难以忘怀。

有了那一晚的接触，二人在寻找着机会共度美好的时光。第二天晚上排演完下大雨，云罗便招呼影曼来她宿舍避雨。云罗舍友告之舍监生病了，晚上不查宿了。于是影曼便安心住在了云罗宿舍，和云罗挤在一张小床上。影曼、云罗半夜醒来，躺在暖和和的被窝里，头枕着一只温软的胳臂，腰间有一只手搭住，忽觉到一种以前没有过且说不出来的舒服。往常半夜醒来所感到的空虚、恐怖与落寞的味儿都似乎被这暖融融的气息化散了。她替影曼重新掖严了被筒，怕她肩膀上露风。影曼忽然也醒了，雨已止住，月光微微射进帐子内，睁眼见云罗正面对面的痴看她，见她醒了，有些不好意思，把手盖上眼，脸却往她肩上躲，小声问，“你怎样也醒了？”影曼想把云罗的脸扳起来看，云罗只伏在她肩上嗤嗤假笑，笑得她肩膀发痒。她的唇正碰在云罗额上，不觉连连吻她。以后她俩差不多每晚都去校园散步谈心，同学们远远望见，都含笑让道。② 可见，两人之间的恋爱关系已是公开之事，并且她们不怕同学取笑，而是生活在她们自己的情感幻想之中。

然而，她们的“爱情”没有甜蜜多少时日，云罗便开始惆怅了。云罗告诉影曼，家人写信给她，有一位科长屡次向她家提亲，她哥哥很看重这个科长，希望云罗早拿主意。影曼听到云罗哭泣着诉说这件事之后，便劝云罗：“你不要难过。你不要难过，我的心都碎成一块块了。……”影曼拿手帕擦泪。“世上事就在人为，我们怎不能永远在一块呢？你看小学堂的教习陈婉真同 Miss Chu 不是住在一块儿五六年了吗？我们俩难道不可以学她们吗？你别死心眼往一处想，我想我爱你的程度比什么男子都要深，都要长久，你一定明白吧？你当嫁给我不行吗？”云罗一把抱紧她说，“My God，how can I live without you！I love you. Say you love me，my love.”她们俩抬头望月时，

---

① 凌叔华：《凌叔华文集》上，北京：北京燕山出版社，2007年版，第49页。

② 凌叔华：《凌叔华文集》上，北京：北京燕山出版社，2007年版，第51—52页。

月儿好像穿上银闪闪的舞衣，站在天中向她们微笑道喜。五月初旬吹面不冷的夜风阵阵送过这西墙下德国白茶薇的芬馥来，好像开一瓶甘洒，倒在幸福杯内等候她们。“你是月儿，我是旁边那颗星……”，影曼仰面笑，携着云罗，“你常跟着我，我常陪着你，……”云罗说着低下头走。[①] 就这样，她们决定长相厮守，不离不弃。

学校放假之后，二人在火车站相互泣别。一日不见，如隔三秋。影曼回到家之后便坐立不安，思念着她远方的“情人”。然而，云罗回到家后，便没有了自由可言，每天其母都逼迫她相亲，每当她反抗时，她的母亲便开启了“苦命唠叨”的那一套，听着母亲的这番话，云罗又觉得自己不能太过自私，便慢慢听服了母亲的安排。影曼给云罗写了很多信，最终只得到一封回信，从此便音信全无。落单的影曼每天像丢了魂一样，无时无刻不在思念着她的云罗。突然有一天，走在学校的路上，听见同学说云罗“出阁”了。听到这个消息，就如五雷轰顶一般，顿时影曼扑撞一声跌倒在地上了。同学们见她突然倒地，急忙把她抬到床上，她的大脑中切换着云罗的身影，一会似乎云罗哭……又似乎在笑！又似乎在哭。这就是两位女同学恋爱故事的结尾。云罗最终没有兑现她们之间的誓言，而是屈服于封建家庭的压力。

同性恋是指以同性为爱的对象，云罗与影曼的恋爱便是同性间的恋爱。青少年时期正处于生理、心理的重要发展阶段，在人际发展上，开始想脱离对家庭的依赖，寻求同伴的肯定。由于她们正处于“自我认定”的阶段，所以在同性之间，可能会产生对性本身的好奇，而产生性探索的实验行为。同性恋多发生在女子中学里面。“女学校监督或戒禁女生与异性交际，免致影响学业，但少女一达相当年龄，体内生殖腺旺盛，无形中即有一种爱的要求。当然，她们不易接近异性，无处发泄蓬勃的爱欲，于是乃不得不转求爱于同性。于是较年长的或较高级的女生施爱于年幼或下级的同学，久而久之，由友爱而进至幻想的异性爱，更进一步，乃非满足接触欲不可。”[②] 这也可以解

① 凌叔华：《凌叔华文集》上，北京：北京燕山出版社，2007 年版，第 53—54 页。

② 萍：《同性爱之原因与弊害》，载《玲珑》1934 年第 4 卷第 38 期。

释为何报纸杂志刊登的同性恋消息多以女生为主。

《玲珑》杂志多次报道了女性同性恋的新闻。“福州某中学女生万某与谭某，年龄大约在十八九之间。二人未入校前，已甚亲密，且均抱不嫁主义，俾能长久同聚。故两家父母，虽已为其选择快婿，而芳心亦不为之动。本年八月间，二人均考入该校，得遂宿愿。同行同坐，犹如骨肉。适该校有男生李某，年纪与万相若，倜傥风流，尤工修饰。与万等朝夕见面，因而相识。故万等时与李接谈，不意其坚如石之芳心，竟为李所动摇。万先与之发生爱情，同时万对谭之同性爱，则日疏一日。李又向谭进攻，谭亦醉心于其，故万谭二人间，开始在暗中斗争。同时万等未婚夫，又以不满她们的行为，均表示脱离关系。万等由烦恼而生厌世之念，遂相约同时自杀，乃服安眠药，幸发觉及早，未致伤命。”① 某学生主动写信给《玲珑》杂志的编辑，表露自己同性恋的经过与苦楚：“我那年考入 C. P. 女中学校时，就认识素云女士，我俩初相识，感情上十分浓厚，初期是朋友，第二期成知己，第三期进到同性恋。我与素云本来不是同寝室的，因为我俩达到第三期后，要求训育主任给我俩同住。当那时起，不但同房同窗同枕，呵！这样的甜蜜亲爱，谁能比得上呢，所以我俩发誓：永不同异性结婚，我俩做夫妻罢！唉！不料素云同 MA 结婚了，我闻了这消息，悲痛不堪，终日不食不眠，这次我来南，家父很想我早些结婚，我当绝对不肯。现在素云她这样的不忠诚，那么我怎样办呢？女士！如果我要结婚，有什么妨害没有？”② 这些女生陷入了同性恋情的漩涡之中难以自拔，有的甚至走向极端，这也表明中学生同性恋现象的确成为一个社会问题。

(三) 师生间的相互爱恋

中学生除了与同龄的同性与异性发生爱恋之后，有时也与年长的异性教员发生爱恋，但更多的是停留在默默地爱恋。因为该阶段的大部分中学生处

---

① 叶莹：《同性爱不敌异性爱》，载《玲珑》1932 年第 2 卷第 79 期。

② 《同性爱的女子》，载《玲珑》1936 年第 6 卷第 14 期。

于"牛犊恋期"①。这一时期的青少年像小牛恋母牛似地倾倒于所向往的年长异性的一举一动，对所向往的年长异性想入非非，很想讨他（她）的喜欢。当然，民国时期的中学生年龄差距较大。有的中学生甚至都在20岁以上，但大部分群体都在14—18岁。中学阶段的学生正处于"心理断乳期"，渴望脱离家庭的保护寻求独立。由于教师的崇高品质使学生由衷地敬仰，进而产生爱慕之情。教师传道、授业、解惑的职业特点，使得一部分学生感觉教师才华横溢，极具人格魅力。处于青春萌动的某些中学生，在潜意识中开始对异性教师产生一种朦胧的崇拜、依恋和爱慕的复杂感情。廖世承指出："十三岁以后的时期，儿童对于年岁较大的人，往往发生强烈的爱情。这种爱情有时虽不正当，要发生危险，但是未尝不可利用他，因为这也是一种自然的倾向。最普通的，就是儿童对于女教员发生热烈的情感。这种情感，于儿童将来的志愿、理想、动机、行为，很有影响。有时儿童对于年长的男教员，也发生强盛的情感。"②

有些学生表现出"牛犊期"的特征，寻找接近爱慕教员的机会。"她们也交男朋友，并且也在同学面前承认。不过她们所承认的男朋友，不是家中介绍的，就是由聚会上认识的，教员和一个学生交朋友在三年中没有。但是有的学生有时仍愿意能得到教员作她的朋友，和她去看电影，或到她家中去

---

① 美国心理学家赫洛克把青春发育期的性心理发展分为四个时期：①性的反感期（疏远期，12—14岁）。青少年通过对自己的生理发育变化发现人类的性生理奥秘，进而产生对性的不安、害羞和反感，认为恋爱是不纯洁的表现。他们会选择同性作伙伴，对异性采取回避、冷漠、粗暴的态度。②牛犊恋期（14—16岁）。这一时期的青少年像小牛恋母牛似地倾倒于所向往的年长异性的一举一动，对所向往的年长异性想入非非。"牛犊恋期"的表现一般只是默默地向往，而不会爆发出来，成为真正的追求和恋爱。③狂热期（17—19岁）。青少年的向往对象转为年龄相仿的异性，他们设法引起异性对自己的注意，但由于双方都具有理想主义倾向，自我意识太强，所以冲突会增多，故经常变换对象。④恋爱期（20岁以后）。浪漫恋爱的显著标志是爱情集中于一个异性，对其他异性的关心明显减少。喜欢与自己选择的对象在一起，而不愿意参加集体性社会活动。何先友主编：《青少年发展与教育心理学》，北京：高等教育出版社，2009年版，第333页。

② 廖世承：《中学教育》，上海：商务印书馆，1924年版，第138页。

住。"[①] 有的学生则善于表达情感，创造一些机会接近教员。"HOC 是很会表情的一个学生，她在初三很爱 Y 先生，Y 先生待任何学生都像朋友，但是 HOC 并不明白。圣诞时 HOC 送亲自做的手巾送给 Y 先生，先生劝了她一番就收了。过了几天她又送电影票给 Y 先生，先生说：'我不能陪所有学生去看电影，所以我不能同任何学生去看电影。'又说：'你不能请全体教员，最好不请我。全体教员也不会都一同出门的，他们舍不得将学生留学校而没有一个教员陪着。'结果将票退回了。"[②] HOC 看到教员收了她的圣诞礼物之后，内心无比高兴，甚至想入非非，约会教员一同去看电影。不过，这名教员非常委婉地拒绝了她的邀请，并暗示她要安分学习，不要做出越轨之事。

师生恋也可以说是恋爱自由的表现方式，不仅表明学生的观念大开，很多教员的观念也随之改变，开始平等地接纳学生的爱慕。"江都县立初中学校花严汝梅，年十七，丰姿楚楚，在校中倾倒之者颇不乏人，单恋趣事，时有所闻。最近又有与教员恋爱之趣事传出。缘该校有英文教师茅讱安，曾毕业于上海圣约翰大学预科，年少倜傥，已系有妇之夫。女一见钟情，女本甚黑，遂有'黑妹妹爱上猫（与茅同音）哥哥'之谣。光阴荏苒，已历三年，据最近女之舅父，逼与孔姓子订婚，又在书夹中搜出与茅互通之情书多札。"以上是《玲珑》杂志刊登出的信息，后面跟着的则是该杂志给出的事例分析："师生恋爱，本不是我们应当反对的，因为现在不比从前，将'天地君亲师'顺序排列，主张学生应当敬重师傅，而将师生之间，划开了一条不可逾越的鸿沟。最近的青年的恋爱观，已打破了这个界限，无论男学生恋爱女教师也好，或者男教师恋爱女学生也好，只要没有别的问题，还不是和普通的自由恋爱一样。"[③] 从该刊物给出的分析可以看出，当时的婚恋思想是相对开放的，尤其对于青年学生，更是摒弃"天地君亲师"的师道观，开始视教员为平等的求爱对象，大胆地表达爱意；而有的教员的观念也随之更新了，对学生爱意的表达欣然接受。

---

① 吴榆珍：《一个女子中学的课外生活》，载《社会学界》1933 年第 7 卷。

② 吴榆珍：《一个女子中学的课外生活》，载《社会学界》1933 年第 7 卷。

③ 《师生发生恋爱》，载《玲珑》1933 年第 3 卷第 31 期。

第四节　孤寂浓厚的家国情

中学生随着身体发育的不断成熟，情感变得异常丰富。除了以上所表现出的师生间、同学间、异性间的情感体验之外，身处异地的学生会有丝丝的思家之情，每逢佳节，这种乡愁变得更淳厚。学生们除了思念着他们的小家之外，也无时无刻不在牵挂着“国家”这个大家庭，尤其是在国难危亡之时，更有着同国家同呼吸、共命运的决心与意志。因为该时期的中学生已是“年轻的成人”①，即一种尚未成熟的社会正式成员。他们已经有了初步的社会成员的责任感和独立性。

一、异乡人的家乡思

民国时期很多中学生的中学阶段都在异地度过的，因此学生便会产生一种“异乡人”的心理感受。如湖北省立第二女子中学、河间初级中学校的学生籍贯情况：

表4—4　湖北省立第二女子中学学生籍贯表

籍贯	四川	湖北	浙江	湖南	广东	安徽	江西	福建	江苏
人数	3	17	2	7	2	1	2	1	2

资料来源：湖北省档案馆：LS10-5-672-1，《湖北省立第二女子中学学生毕业》。

---

① “年轻的成人”是针对“边际人”而提出的，它的基本含义是：一种尚未成熟的社会正式成员。（应该指出的是，这里提出的“年轻的成人”主要是对中学生而言的，特别是初中高年级学生和高中学生而言的。而对于小学生来说，更多的仍然应该是“边际人”。）“边际人”，指的是青少年作为一种不成熟的社会存在，作为正在准备进入成人社会的“准成人”来说，只是处在社会文化的边缘。换句话说，相对于成人社会的文化来说，青少年学生处在不懂事的状态。谢维和：《教育活动的社会学分析：一种教育社会学的研究》，北京：教育科学出版社，2000年版，第126—127页。

表 4—5　河北省立河间初级中学学生籍贯表

籍贯	河间	献县	任丘	肃宁	阜城	饶阳	武邑	清苑	沧县	交河	蠡县	东光	丰润
人数	90	47	33	28	18	7	1	1	1	4	2	2	1

资料来源：河北省立河间初级中学校刊编辑委员会编：《河北省立河间初级中学校一览》，1934 年，第 133 页。

湖北省立第二女子中学湖北籍的学生数量最多，17 个，占到总人数的 48%，外省的学生数量为 21 人，占到了 52%。从该学校外省籍的学生数量得知，当时很多中学生需要离开家乡，远游求学。河北省立河间初级中学作为一所县立中学，学生来源分布多个县域，除河间之外，学生来自 12 个县。这种空间上的距离感，使得很多学生产生了思家恋乡之感。“异乡人”首先是一个空间的移动者。一个人到了他不熟悉的地方，为了更好地生存下去，获得空间感和安定感，他必须尽快地熟悉环境，理解和解释周围环境，对自己在环境中的位置进行定位。① 学生初到一个陌生的地域，不熟悉的学校组织环境，即便努力适应环境，寂寞失落感仍会涌上心头。“入学以来，心境非常的不舒服。什么书我都不想看，上课也没有什么心情，这是为什么，我不知道，昨夜我做了一个梦，梦见我仍在家乡，我看见我的母亲，也看见我的弟弟和妹妹。而且还梦见我在河边钩着一尾大鱼呢。我身在学校，心，似乎还在我的故乡。”② 这便是“身在曹营心在汉”的一种孤寂之感。当学生处在两种迥然相远的生活环境中，他们也会产生挫败感和失落感。“民国十五年秋季，我在长沙——湖南的省会——投考初级中学一年级，竟在著名的明德中学校录取。当时我才十四岁；刚从乡村高小毕业，便跨入繁盛的都会中学校，一切都相形见绌，学业每不及人，自己也不努力补救，考试的分数常不及格；而粗野的乡村习气，更不能置身于文雅的都市同学的群中，所以，学期终了，一纸成绩报告书上，学业操行，都很恶劣，家人见了固不满意，自己也有些

① ［英］艾沃·古德森著，贺晓星，仲鑫译：《环境教育的诞生：英国学校课程社会史的个案研究》，上海：华东师范大学出版社，2001 年版，第 10 页。

② 杨文安：《中学生日记》，上海：开华书局，1931 年版，第 2 页。

惭愧。”[1] 长期生活在乡村的学生，突然进入了城市，无论是在学习、生活、交往等各方面都有一种格格不入之感。

我的家

一片云霞，
一朵鲜花，
我在这下面走过，
想着我的家。

在很远很远的，
一个小城里，
那里有我的家，
那里有一片云霞，一朵鲜花。[2]

在夜深人静之时，面对着皎洁的月光，恋家的孩子便会生发出“举头望明月，低头思故乡”之情。“忽然，有几声尖锐而促迫的汽笛声刺进了耳膜，原来九点三十五分的夜车离站了，陡然激起了我的思乡之念，心想五年明月当头的秋夜，我们不是正围绕着母亲在园里的矮墙边要求她讲杜鹃姑娘的故事吗？啊！明月，我见了你，越发使我恋恋不舍，因为此刻的我，好像站在和蔼可亲的母亲面前了。”[3] 这便是离家在外的学子所抒发出的思家之情。

深夜思乡

寂寞越野凄清，愁心如织梦不成。
徘徊花阴空怅望，几时复念乡情？[4]

---

① 石影：《初中的三年》，载《中学生》1930 年第 10 期。
② 唐英伟：《我的家》，载《中学生文艺》1933 年第 1 期。
③ 吴文奎：《秋夜》，载《浙江青年》1934 年第 1 卷第 1 期。
④ 张家耀：《深夜思乡》，载《广州市一中学生》1931 年第 1 卷第 2 期。

李清照曾在晚年时作词《菩萨蛮·风柔日薄春犹早》，其中“故乡何处是，忘了除非醉”深切表达了她的思乡之情。而中学生同样也有着这种复杂的乡愁。家乡的一草一木都是那么值得思念和留恋。

我的故乡

我的故乡呀！
是在那儿！?
我的故乡呀！
何时再会！?
除非夜阑梦游时。
呀！故乡！……故乡！……
幽梦里的故乡呀！
已真是废墟残垣……触目情伤！①

当看到身边同学与家人团聚，这种念家的感情更加强烈。“星期日是我们远路生最感孤寂的一天，也是我学校生活中最难挨过的一天！眼看着别人挟着书包快活地回去见爸妈，然而我呢，在心底里不禁泛起了一阵隐隐的难过！我只有拿遥远的假期来安慰自己，捧起了书本强制着怀乡的思潮！”② 然而，最为痛楚的莫过于离家前往学校时的分离，郭沫若曾写下了与母亲分离的悲痛。

舟中偶成

阿母心悲切，送儿直上舟。
泪枯惟刮眼，滩转未回头。

① 华瑞：《我的故乡》，载《厦中学生》1930年第2期。
② 郑蕴华：《我的中学生活》，载《浙江青年》1935年第1卷第8期。

流水深深恨，云山叠叠愁。

难忘江畔语，休作异邦游。[①]

这首诗是他离开家乡前往乐山读书的途中所作。郭沫若假期回家之后，听从了父母之命，与从未谋过面的张女士结婚。结婚之前的他，怀有机会主义的信念，想那女士有可能正合他意，但机会主义的概率还是太低了，当揭开面纱之后，他大失所望，伤心失落之感萦绕在他的心头。就这样，他只在家里待了五天便离开了家乡，乘上了前往乐山的船。其母为其送别，送别路上千叮万嘱。读此诗时，一幅活生生的悲痛离别之景映入眼帘，更能透过纸背，读出郭的那种深沉的别恨离愁之杂感。

二、胸怀国家的爱国情

拿破仑曾言："人类最高的道德是什么？那就是爱国之心。"爱国主义是"每个国家全体公民都具有的一种崇高而神圣的道德情感。这种情感集中表现在对祖国的山河、人民、历史、文化等国家的一切物质财富和精神财富的无限热爱；对祖国具有强烈的民族自尊心、自豪感和高度的责任感，愿意将个人的前途与命运同祖国的前途与命运紧密地联系在一起；对祖国的前途充满坚定的信心，具有为祖国的独立、繁荣、富强而不惜牺牲一切的献身精神"。[②]这种情感尤其表现在山河破碎之时。如经历了晚清向民国过渡的郭沫若，其感受颇深。严峻的事实使郭沫若清醒地认识到，民国成立以后，中国不但没有强盛起来，相反，民族的危机和人民的灾难却更加深重了。1912 年，郭沫若以沉重的心情，写下《感时》诗八首，抒发了自己对国家形势和前途的忧虑。其中一首是：

感时（七）

兔走乌飞又一年，武昌旧事已如烟。

---

① 乐山市文管所编：《郭沫若少年诗稿》，成都：四川人民出版社，1979 年版，第 55 页。

② 李冬坚、彭莉主编：《思想道德修养》，重庆：西南师范大学出版社，2008 年版，第 161 页。

眈眈群虎犹环视，岌岌醒狮尚倒悬。
承认问题穿眼望，破除均势在眉燃。
不见朔方今日事，俄人竟乃着先鞭。①

这首《感时》诗的意思是说：时间很快地又过了一年，武昌起义的成果已烟消云散。帝国主义列强正虎视眈眈地盯着我们，国家仍然处在困苦危急之中，军事对抗的危险已迫在眉睫。虽然辛亥革命取得了成功，建立了中华民国，但祖国并未因此而兴盛起来，民族的危机和人民的灾难更加深重了。

每一次重大的国难，总能激起学生们的爱国热潮。最为激烈的莫过于九一八事变，学生们纷纷书写爱国文章表达内心的激愤。如扬州中学吴征铠所作的《救亡歌》：

九月十九日日方明，天外忽来霹雳声，驻沈日军肆强暴，藉口攻我北大营。我闻斯耗泪数行！吁嗟乎！国亡亦已久，日维饰太平。南北争意气，东西谈纵横。战争犹不止，如何敌强邻？夺利休言义，争权不用情；内心不团结，如何敌强邻？学术多守旧，服用乃维新，科学不发达，如何敌强邻？水利多窳败，农业不经营，地不尽其利，如何敌强邻？政府皆冗员，市井皆游民；人不尽其才，如何敌强敌？体格多不健，军事鲜能精；不能致康强，如何敌强邻？人格多堕落，道义不能行；日维贪私欲，如何敌强邻？吾愿全国人，如闻警钟声，春梦争先觉，始得庆更生。国亡同为奴，富贵焉足争。各尽其天职，莫为袖手人。从今百改革，首要唯革心。亟宜大团结，阋墙不用争。亟宜大勤奋，科学以昌明。亟宜倡农业，国富财以生。亟宜兴工业，得用诸游民。亟宜倡体育，民权始可臻。亟宜倡道德，莫贻害其群。凡事须实践，莫沽虚伪名。一心惟对日，誓如白水深。与之绝来往，誓如高山陵。国耻庶可雪，方为中国

① 乐山市文管所编：《郭沫若少年诗稿》，成都：四川人民出版社，1979 年版，第 73—74 页。

民。歌毕声嘶力欲竭，惟愿全国皆努力！必欲此耻一旦雪，莫作五分钟之热。①

该生以问答式剖析了当时社会的文化、政治、经济、体育等问题，并相应给出了应对这些问题的举措，声嘶力竭地高呼全民皆努力，尽扫雪耻之辱。这种故国破碎的危难之境，使得学生产生了强烈的沉痛之情。如某生所写的《故国行》：

故国行

声似杜鹃凝咽，梦随断雁飘零。
故国山河破碎，风声鹤唳心惊！
举头东北浮云，碎揉残片鳞鳞；
回顾满楼风雨，谁能协力同心？②

除了发表文章、诗歌表达忠贞的爱国情感之外，很多学生则选择行动和实践的方式，如游行示威、爱国宣传等表达爱国热忱。如1919年前后的抵制日货运动，学生们奔走于街头小巷，大力宣传抵制日货、倡用国货。“上海学生联合会及其他学生团体鉴于国人近来日渐喜用劣货、鄙弃国货颇为愤慨，处此外交失败国土未复之际，尤多隐痛，发起提倡国货大会，其宗旨专为提倡国货不涉他事，已得各方面赞助。所有各学校之学生各马路之商店均有人分往接洽，并已分请爱国之士担任演说。”③

1931年前后，则是另一个爱国运动的高潮。“乐育中学全体学生，以日人此次任意残杀东省军民同胞，强占辽沈各地，愤激异常。遂于21日上午组织

① 江苏省扬州中学编：《江苏省扬州中学》，北京：人民教育出版社，1997年版，第171—172页。

② 张廷铮、郑宏述、过立先：《中学生诗歌》，上海：中学生书局，1933年版，第19—20页。

③ 《提倡国货大会预志》，《申报》1919年9月18日。

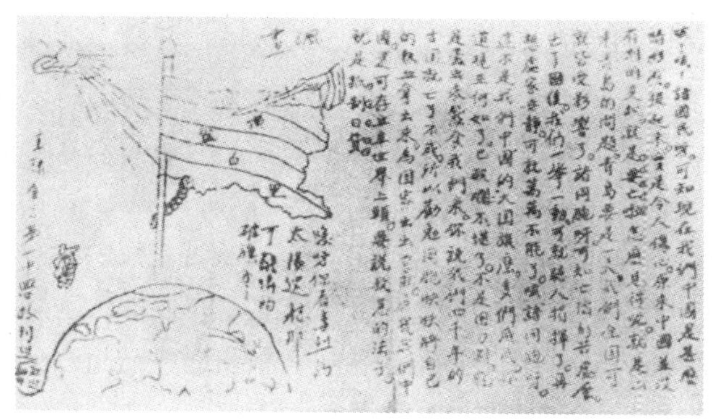

图 4—4　五四运动时直隶省立第一中学学生散发的传单

反日救国会，全体师生一致参加，共分宣传队六队，于即日起每日下午分赴城内外各处演讲，关于日兵残杀我国军民同胞，促醒人民一致抵抗，以期挽救危亡。”① 有的爱国组织是师生共同发起的，如中华女中全体师生自暴日强占满洲后，愤慨万状。“由教职员及学生代表，开师生联席会议，议决即日组织抗日救国会，加紧工作，每日轮派学生出外宣传。该校学生原有文学会之组织，现亦均搜集日人侵略东省材料，由教职员指导共同研究，俾出外宣传时有所根据。”② 学生在教师的指导下，表现出更有计划、有目的、有方法的爱国行动。

图 4—5　上海学生宣誓游行

① 《乐育中学组织反日救亡会》，《中央日报》1931 年 9 月 24 日。

② 《中华女中》，《中央日报》1931 年 8 月 29 日。

不同中学都以独特的方式表现着爱国的激情。育德中学师生看到东北大好河山沦入日本之手后，抗日救亡运动也进入了一个新的阶段。育德首先发起抵制日货运动，为了表示不买日本货的决心，同学们人人胸前都挂上了一个长方形的小牌，牌上写着“抵制日货，誓雪国耻”。为了宣传抗日还排演了不少戏剧，记得当时演出的有《山河泪》，这出戏就是反映朝鲜被日本灭亡以后，朝鲜爱国志士安重根刺杀日本首相伊藤博文的故事，还排演了《月亮上升》，这出戏是描写在松花江畔的群众掩护我抗日游击队过江的故事。这些戏演出后都对激发人们抗日的信心起到很好的作用。尤其是组织东北沦陷区流亡来的同学举行报告会，以他们的亲身经历讲述日本侵占东北以后，到处奸淫烧杀无辜群众的残酷暴行，更激起了同学们对日寇的无比仇恨。“我的家在东北松花江上”“大刀向鬼子们的头上砍去”“打回老家去”的歌声，响遍了育德校园，在抗日救亡精神激励下，不少同学不等毕业就踏上了抗日征途，有的参加了当时保定驻军商震部队的军官队，有的投考了军事学校。[①] 学生们以各种方式表达自己的爱国热忱，或各地宣传，或演话剧，或参军等。

---

① 中国人民政治协商会议河北省保定市委员会文史资料委员会编：《保定文史资料选辑》第 12 辑，1994 年，第 136 页。

第五章　民国时期中学生的课外活动

“课外活动”这个名词应该是近代历史的创造。我国教育史界也提出过相关表述，如“弟子入则孝，出则悌，谨而信，泛爱众而亲仁；行有余力，则以学文”。《学记》中的：“君子之于学也，藏焉，修焉，息焉，游焉。”意即闲暇利用即是课外作业抑或课外活动。这些内容虽然包含着课外活动的意蕴，但具体课外活动的内容与指导并未详细涉论。晚清时期，清政府迫于外辱的压力，开始兴学图强。如制定的教育宗旨中即有“尚武”一项，注重兵式体操。而开课外活动风气之先的当属教会学校，教会中学的学生组织多种的运动会、游艺会、远足会等。民国成立之后，各种思潮开始涌入中国教育界，尤其是美国杜威教育思想和学说，国人对于中国学校开展课外活动开始注意。随着杜威来华，以及五四新文化运动，各学校课外活动开展得如火如荼、蔚为壮观。

学生的学校生活是多层次、多类型、多时空的综合体，课外活动是学生生活的重要构成，也是学生成长和发展的重要力量。滕大春指出：“在学校中，搞好课堂教学是压倒一切的中心任务，是教师们首先应该胜利完成的工作。但在课堂教学以外，学校还有目的、有计划、有组织地指导儿童青年从事多种多样的活动，以进行多方面的教育和培养全面发展的人，使能成为德才兼备、体魄健全的建设者和保卫者。这种富有教育意义的活动，叫做课外活动。课外活动是学校中极为重要的工作。”① 学生的课外活动对学生个性的养成、能力的培养都有着重要的影响。美国狄蒙与彼尔曾说：“课外活动是补充及推广儿童在正课中所获得的经验。他们使儿童的余剩精力，男女学生的自然冲动及自负的态度有正当的出路；同时且发现他们的普通的和特殊的能力。教育的设立不是来创造精力，而是排泄和指导精力。课外活动帮助发展青年人的天性，使这些天性能尽量地表现出来。还有课外活动使学生的精力向有益的方面排泄，使他获得良好的公民训练。”②

第一节　多样社团：校园文化的有机构成

《教育大辞典》对学生社团的界定是：“学生是在自愿基础上结成的各种群众性文化、艺术、学术团体。不分年级、系科甚至学校的界限，由兴趣爱好相近的同学组成。在保证学生完成学习任务和不影响学校正常教学秩序的前提下开展各种活动。目的是活跃学校学习空气，提高学生自治能力，丰富课余生活；交流思想，切磋技艺，互相启迪，增进友谊。”③ 社团生活史是学生课外生活史的重要组成部分，具有重要的实践指引和学术指向意义。朱自清云：“须知群体没有好好的发展，无论如何美丽的信条或严厉的教训，对于个体，都不能发生多大效力的！而且学校原来就是一个群体，一个社会；并非如一般人所想，只是具体而微的群体，只是预备的社会！惟其学校就是社会，所以群育是一日不可无的，而非专为叫‘将来’应用计；惟其学校就是社会，所以群育须在群的生活里直接体验，而非纸上谈兵，可以了事。”④ 民

---

① 滕大春：《中小学课外活动》，武汉：湖北人民出版社，1956 年版，第 1 页。

② 李相勖、徐君梅、徐君藩：《课外活动》序，上海：商务印书馆，1936 年版。

③ 教育大辞典编纂委员会：《教育大辞典》第 1 卷，上海：上海教育出版社，1990 年版，第 225 页。

④ 浙江省上虞市政协文史资料委员会编：《白马湖文集》，1993 年，第 125 页。

国时期对社团建设甚为重视，中学社团如雨后春笋、争相设立，书写了一幅风采别致、相映成趣的课外生活景况。

一、娱乐身心的文体社团

民国时期的学校比较重视学生的体育运动，甚至学生的体育活动成为强迫性规定。课余之际，学生们根据不同兴趣爱好，纷纷组建体育社团，同时积极参与各种校内外的常规性运动会。此外，学生们基于所擅专长，参加各种文艺社团，较有代表性的便是南开中学成立的新剧社团，其影响颇为深远，并成为南开中学的一面光辉旗帜。

1. 强身健体的体育社团。

体育运动是当时中学生课外活动中的重要部分。“在我国各中学校学生组织中，运动方面的组织实占着最优越的地方。每个中学校学生各种课外运动的组织至少都在四种以上，据张官廉先生的调查显示，一般中学生实际的消遣方法，运动占第一位。”① 体育运动之所以受到中学生的青睐，一方面，他们意识到在近代乱世之象下，要保家卫国、延续华夏血液，首要的便是具备强健的身体。因为中国的教育历来“重文轻武”，对体育运动极为忽视，导致学生的健康、精神面貌方面大大受损。“每一个在青年期中的中学生，都需要每日有长时间的运用肌肉的身体活动。若学生终日枯坐教室之中，而不以运动和游戏去调剂，则学生的体格就不能得到正常的发育。”② 另一方面，相对于学生而言，通过参加各种体育团体，不仅可以养成良好的运动习惯、丰满的精神面貌，还可以培养学生团结合作、包容忍耐、勇敢坚毅等人格品性。如某学生参加湖北省立第八中学校第二次秋季运动会感慨：“老天爷不住的将呼呼的大风，向同学们的身上吹着，将同学的躯壳完全浸在冷的世界中，好像是故意的做作，来测验我们同学们的精神。但是我同学毫不介意，鼓着精神，绝不被天然征服，各个的脑海中，只知有体育先生的口号，并不知有风

---

① 李相勗、徐君梅、徐君藩：《课外活动》，上海：商务印书馆，1936 年版，第 373 页。

② 赵廷为：《课外活动》，《播音教育月刊》1937 年第 1 卷第 4 期。

声和冷气，我想着都是平时的训练绝不是机会和侥幸。”① 学生的体育社团主要包括校内课外运动以及各种形式的运动会。

民国时期的中学多采用强迫式体育运动，每天都有固定的时间，全体师生大健身。到了规定的运动时间，同学们便兴致勃勃地与兴趣相投的学生组团，练习各种运动项目。浙江省立杭州高级中学规定了学生课外运动规则：

学生课外运动规则

本中学学生课外运动，分男生女生两组。（甲）男生组——暂设下列八组：1. 球类组：足球、篮球、排球、网球、乒乓球、手球。2. 掷重组：铁饼、标枪、铅球。3. 跳跃组：三级跳远，急行跳远、急行跳高、撑杆跳高。4. 径赛组：一百公尺、二百公尺、四百公尺、八百公尺、一千五百公尺，五千公尺、高栏、中栏。5. 游泳组：各式游泳、水球。6. 器械组：单杠、双杠、木马、跳箱、吊环、吊棒、吊绳、平梯。7. 国术组：单拳、对拳、武器、毽子。8. 溜冰组：四轮冰鞋。

（乙）女生部设下列八组：1. 球类组：篮球、排球、网球、垒球、乒乓球、手球。2. 掷重组：标枪、铁饼、铅球、垒球比远、篮球比远。3. 跳跃组：急行跳远、立定跳远、急行跳高。4. 径赛组：五十公尺、一百公尺、二百公尺、八十公尺低栏。5. 游泳组：各式游泳、水球。6. 器械组：双杠。7. 国术组：单拳、对拳、武器、毽子。8. 溜冰组：四轮冰鞋。

课外运动时间，每周五次，规定星期一至星期五下午四时十分至五时止。课外运动时不得缺席，如因故请假者，每周五次，扣课外运动总分一分，无故缺席者，每次扣课外运动总分一分。迟到或早退，概做无故缺席论。一学期中缺席达二分之一者，不得参与体育学期考试。②

---

① 湖北省档案馆：LS10-5-1386，《湖北省立第八中学校刊及运动会刊》。

② 《学生课外运动规则》，《浙江省立杭州高级中学校刊》1935 年第 132 期。

该中学制定了详细的男生和女生项目的八组活动，同时规定，学生们必须在规定的时间参与运动，否则将视为违规，给予相关处罚。这份规则一方面表现出一定的强迫性，学生必须在每天下午准时参加课外活动；另一方面学校运动项目的丰富性，学校根据学生们不同兴趣爱好，组建了不同种类的运动项目。青海一中奉省府命令于每日下午课余之暇，实行课外运动，以增进青年身心之健康，“本校奉令后，即着手计划进行，既定每一学生至少参加三项以上运动，运动项目定位篮球、网球、足球、标枪、跳高、跳远、铅球、铁饼，径赛数项。自本周起开始施行，并已令由各级学生向教导部报名，自由选择参加项目”。①

图 5—1　江苏省第六中学校拳术部

此外，有的学校为了普及体育运动，非常人性化地组建“特殊群体”队伍。复旦大学中学部为那些平日不好运动的同学组建了专门球队。组建该球队的原因，“体育应该普及于全校，如果偏重于一部分学生的话，那是有违设立体育之宗旨的。所以该会细心地专门为那些‘日日伏案、不往操场运动之同学’专门设立了老爷足球队（Royal Foot Ball Team），专供其练习。由于他们大多不谙球技，水平接近，在一起运动也颇为开心，久而久之，逐渐也养成了喜欢运动的好习惯，校中负有老爷之名者，均弃往日之文弱，而见其赳赳之气象”。② 为了激起“老爷”学生们积极参与学校的课外运动，学校还

① 《实行课外运动》，《青海一中校刊》1937 年第 2 期。

② 施扣柱：《青春飞扬：近代上海学生生活》，上海：上海辞书出版社，2009 年版，第 253 页。

专为这个群体组建球队，以改文弱之风貌。

除了学校规定的团体运动项目之外，一些学生课余自发组织团队。南开中学生组织“杠子会”。“高三五组沈×君，对于各种器械体操，很有心得，尤以单杠、双杠二项技术最为神妙，近为发扬‘杠子’之技术起见，拟特组织一‘杠子’研究会，欢迎本校对于‘杠子’有兴趣之同学踊跃参加”。① 足球名将张邦伦由南模中学转到南洋中学后，便与志同道合的爱好球类运动的同学组建球队。课余时间他与爱好体育的同学一起练球，组建了以他为主力的一支名为罡队的篮球队，经常参加市级比赛。他本人还积极参加篮球、排球、田径等多项活动。在他和几位体育爱好者的带动下，他所在的戊寅级成为校内体育活动开展得最好的一个班级。他们还带动其他学生，形成了一批足球迷，自发地在校内操场练习足球。因为人多场地小，为了抢占场地早锻炼，竟有不少学生晚上干脆睡在足球场上。张邦伦认为，后来，他之所以与同学韩龙海都成为上海东华队的主力队员，与在南洋中学时打下的足球基础是分不开的。②

图 5—2　张邦伦组织的罡队篮球队

一些篮球爱好者也组织一些体育会组织。如民大高中学生组织了民星社体育会，“民星社之组织乃为本校篮球健将李英广、叶宗社等所发起本校私人

① 《杠子会成立》，《南开高中学生》1936 年 2—3 合刊。

② 张家治、吴克琴主编：《上海市南洋中学建校 100 周年》，1996 年，第 80—81 页。

组织之体育社，始自‘白狼’继而‘红狮’，‘民星’乃最近者也，查该队之组织纯欲观摩球艺，故该队自成立之后，即请本部体育主任准备其报名参加青年会中学篮球赛，虽为欲观摩球艺，然欲亦露露锋芒而已。闻朱先生不仅特许之，且与每次特拨小车载运往返，借资鼓励”。[①] 某女子中学专门设立“华光团”的体育团，该组织的宗旨为“养成高尚的人格、强健的身体、健全的公民”。[②] 南开中学则组织体育会，“全校二十七班，每班举一人为会员，全校五年级——中学四个年级，补习一个年级，每级举二人为干事，又从中举两会长，主持全校体育事宜。有教职员一人任顾问，有一人兼管一切关于体育的杂务”。[③]

为了展现运动才能，同学之间的团队较量则是常见现象。河东中学校七班智仁勇篮球队与中山队作首次之友谊比赛，假该校球场，比赛后，两方健儿各不相上下，结果为六十比十一，智仁勇少年大胜。[④] 北平中学生在礼拜六下午开办球赛。学生们不仅仅是与学校内的同学比赛，同时也与其他学校进行比赛。“号称球迷的‘她们’和‘他们’，因整个教育制度的严格化，课程分量的增加，和平市各学校当局的一致注意课外运动，因此很少有时间能像往昔常和各学校、各机关的球队交锋，换句话说，亦就是时间的限制，很少有机会在球场上出风头。因此，他们和她们未雨绸缪，在上课几天内，便用书信，通电，面谈等方式约好了某队在一定时间或场所，‘Shoot’‘Watch’的干起来。”[⑤] 比赛总会有胜负之分，胜的一方自然兴高采烈，而失败的一方可能会垂头丧气，相对低迷，但有时，败的一方也不甘示弱，双方打起舌战。但比赛之后，同学们仍然会是一团和气的。“每逢校中各级比赛运动，如，足球，网球等的时候，吾们方面，总是兴高采烈，很盼望夺得锦标归来。比赛

---

① 《民星社体育会》，《民大高中学生》1933年第1卷第2期。

② 吴榆珍：《一个女子中学的课外生活》，《社会学界》1933年第7卷。

③ 朱有瓛主编：《中国近代学制史料》第3辑上，上海：华东师范大学出版社，1990年版，第459页。

④ 《河东篮球队智仁勇少年胜》，《益世报》1930年3月13日。

⑤ 《北平中学生怎样度过礼拜六下午?》，《中国学生》1935年第1卷第6期。

之后，总有一方面是胜，一方面是负的。胜的一方面总是欢呼雷动，爆竹乱放。那负的一方面，也不甘相让，拿出他们以前得的锦标，作为对垒，互相舌战。等到大家喝得舌唇皮焦，方始停嘴。不过过了比赛那天，大家相见，仍旧是很客气和平静，胜的也不骄傲了，败的也不再愤恨了。”①

体育社团门类繁盛之原因。一方面，学校实施强迫性的体育运动。新式学校建立之后，很多学生认为知识学习方为学校生活之正路，而跑跑跳跳不仅有损传统“儒士”之风度，也浪费宝贵学习光阴。而要打破这种积弊，仅仅通过说教而改变是较难行之的，唯有实行强制性的举措才能取得一定成效。于是，为了鼓励全体学生都参与课外体育运动，很多中学实行强迫制度。“春晖对于运动是特别注意的，不但是有广漠无垠的操场的开辟，而且还强迫学生在每天功课完毕以后，都要到操场上参加各种运动，那时自修室上了锁，就是躲在厕所聊天，也是要驱逐的，因为环境迫得我非去运动不行，在二年级以后，我对于各种运动，好像都在水平线上。”② 一般而言，学校为了强迫学生走出教室、走进操场，关闭自修室、寝室的大门，甚至要检查厕所是否有躲避生。这种强制性的锻炼，迫使学生们纷纷参与各种运动项目，有的则因兴趣相投，组建不同门类的运动社团。中学时期进行体育锻炼，不仅是为了取得骄人的运动成绩，更是为了练就强健的体格。郁达夫指出中学阶段体育锻炼的重要性：“人生的十三四岁，若以季节来比拟，正是阳春二三月生活力极盛的时候。身体的发育到此特行紧张，一步飞跃，就需脱离幼年的稚弱而转入青春泼辣的活动期去。所以在这一个时期里，比什么都重要的就是将来的强健体格的锻炼与育成。”③

另一方面，将体育纳为重要的成绩考核内容。学校除了强迫性规定学生锻炼之外，另外一项鼓励学生运动的举措便是成绩考核。浦中对学生教育，以“养成好学深思，体格健全之公民，能有远大之目光，清新之头脑”为目的，除在智育教学方面采取一系列措施外，特别重视体育教学，把体育不仅

---

① 南洋大学编：《南洋大学学生生活》，1923年，第90—95页。

② 李希实：《我的中学生活》，《学校生活》1935年第115期。

③ 郁达夫：《中学生向哪里走：中学生的出路问题》，《中学生》1930年第6期。

作为增进全校学生体质，还作为进行德育、智育、群育教育的重要方面，如规定体育成绩不及格者不得毕业；毕业时体育成绩在丙等以下者，不得享受升学补助费。因此学校的体育设施比较完备。各项运动，诸如田径、球类器械，都较普及，尤其以球类中的网球，更为师生所爱好。体育课正课每周两小时，设有柔软操、器械操、游戏、球类、田径等项目，并重视球类活动训练，以养成学生“克己互助”之精神。① 澄衷中学的体育考察方法极为严格，每项运动都有百分比，如体操分数 5 项占到 30%，田径赛运动 5 项占 30%，球类 3 项占 10%。② 学生们为了顺利通过成绩的考核，积极踊跃参加学校安排的各种体育活动。

2. 各种形式的运动会。

学生们除了自发参加各种课外运动项目，还会经常参与各种形式的运动会，包括校内运动会、校际间联合运动会。如浙江省私立安定中学规定“每年开运动会一次，并备有银杯等奖品”。③ 举办运动会的“主要目的锻炼身心。副目的将学校事业及成绩用具体的发表，于公众又为学校与家庭联络。藉以团结父兄学生及教师一日之情谊”。④ 民国时期多数的学校重视运动会的举办。首先，学校独自举办的运动会。湖北省立第八中学举办第二次秋季运动会，专门编订了校歌，歌词内容：“田赛径赛，球赛国技，自问谁赢？锻炼身体，发扬意志。大家准备着，打倒列强，完成革命，以此为先。”⑤ 运动会一般遵循着一定的秩序，如升旗、唱党歌、主席讲话、运动员进行比赛等。如该校的运动会的出场秩序如下：

---

① 中国人民政治协商会议上海市委员会文史资料工作委员会编：《解放前上海的学校》第 59 辑，上海：上海人民出版社，1988 年版，第 211 页。

② 转引自施扣柱：《青春飞扬：近代上海学生生活》，上海：上海辞书出版社，2009 年版，第 221 页。

③ 李桂林、戚明琇、钱曼倩：《中国近代教育史资料汇编·普通教育》，上海：上海教育出版社，2007 年版，第 930 页。

④ 亿诚：《运动会之研究》，《中华教育界》1931 年第 3 期。

⑤ 湖北省档案馆：LS10-5-1386，《湖北省立第八中学校刊及运动会刊》。

1. 全场列队肃立；2. 升旗；3. 唱党歌校歌及运动会歌；4. 向党旗国旗及总理遗像行三鞠躬礼；5. 主席恭读总理遗嘱全场循声朗诵；6. 主席报告；7. 全体绕行运动场三周；8. 团体操；9. 乙组急行跳高；10. 甲组掷铁球；11. 乙组高栏决赛；12. 丙组能屈能伸……27. 国际徒手操；28. 乙组二百米决赛；29. 手巾操；30. 甲组二百米决赛；31. 丙组风土操；32. 乙组车轮旋转；33. 竞走；34. 丙组急行跳高；35. 乙组锦囊密讨；36. 丙组一鸣惊人；37. 甲组掷铁饼。①

该校运动会举行的项目比较丰富，除了常规性的竞技比赛之外，学校还安排了各种团体操比赛，甚至有车轮旋转赛，比赛内容趣味性强。

图 5—3　南开中学运动会绕操场一周

其次，除了校内运动会，便是学校之间的联合运动会。正如季节的更替一般，各省地联合运动会在固定时节照例开展。“直隶第二区第四次中学联合运动会于本月七号在保定东门大操场开始运动，早九点钟进行（田径、标枪、铁饼）预赛，下午一点四十分决赛，各机关均有奖品。如奖银杯一座，手表六支，绘图器十副，墨盒十个，前省长、警察厅长各银杯一座，保定城府及商务印书馆、中华书局亦有奖品颇多，此次运动为保定第二师育德中学为优

① 湖北省档案馆：LS10-5-1386，《湖北省立第八中学校刊及运动会刊》。

胜。”① 皖北凤阳省立第五师范学校拟于 9 月 23 日开中小学联合运动会，现各学校学生纷集蚌埠。② 天津学校经常开办联合运动会。运动会“定于 10 月 14 日举行，各学校现正应备以须。官立中学举行百码赛跑、一百二十码赛跑、四百四十码赛跑、一英里赛跑、三英里赛跑、掷标枪、掷铁饼、撑杆跳高、平跳、远跳各项运动。以为预备加入联合运动会选手，将来联合运动之际，或有一番君子之争”。③ 湖北省也曾召开过中小学联合运动会。具体的活动项目如下：

湖北省会第二届中小学联合运动会田径赛项目注册单

中学校　男生组　第二表

项目：百公尺　二百公尺　四百公尺　八百公尺　千五百公尺　三千公尺　五千公尺　百十公尺高栏　四百公尺中栏　二百公尺低栏　跳高　跳远　撑竿跳高　三级跳远　推十二磅铅球　推十六磅铅球　掷铁饼　掷标枪　四百公尺接力　千六百公尺接力

湖北省会第二届中小学联合运动会田径赛项目注册单

中学校　女生组　第二表

项目：五十公尺　百公尺　二百公尺　八十公尺低栏　跳高　跳远　推八磅铅球　掷铁饼　掷标枪　掷垒球　四百公尺接力④

除了以上这些常规的运动项目之外，一些地区举办了特殊运动项目。如无锡中等学校举办了越野比赛。“中等学校体育联合会，主办之第二届越野赛跑，于昨日上午八时，在通惠路锡澄路口起，至惠山纪念塔转回至锡澄路口为止，计程八千余公尺。”⑤ 总之，各地区为了发展当地的体育事业，鼓励学

① 《保定中学联合运动》，《益世报》1922 年 11 月 10 日。

② 《安徽凤阳举行学区运动会》，《益世报》1920 年 11 月 4 日。

③ 《两学校之练习运动》，《益世报》1920 年 5 月 11 日。

④ 湖北省档案馆：LS10-1-1200，《中小学联合运动会》。

⑤ 《无锡中体联会越野跑》，《申报》1934 年 12 月 15 日。

生们积极参加运动，开办了丰富多彩的运动项目。

图 5－4　女子接力赛

最后，参加国内外大型运动会，以南开中学为例。学生们除了参加校内、省区的各种运动赛之外，南开中学还参加国际性的比赛，如远东运动会。[①] 南开作为全国著名的私立中学，其体育亦是开展得有声有色。1915 年，第二次运动会在上海举行，南开中学派七名代表，“郭毓彬、崔翼、王文达、孙衡、梅贻琳、丁熙春、张鸿宾，其中郭君得一英里及半英里第一，崔君得急行跳高第二名”。1917 年夏季的远东运动会，南开中学派的代表有“郭毓彬，王文达、陈文瑗、刘荫恩、施奎龄五君。其中陈文瑗君得跳高第一名。刘荫恩君得铁饼第三名”。[②] 南开中学的学生在远东运动会上取得如此之成绩已实属不易。南开中学的体育佳绩绕不开篮球“五虎上将”。王锡良、魏蓬云、刘建常、李国琛、唐宝垄等同学组建了南开篮球队，曾多次冲出津门，征战南北。该队曾在上海取得四连胜的战绩。该队首先完胜沪江队，之后大胜上海劲旅

① 远东运动会，原名为“远东奥林匹克运动会”，是上世纪初菲律宾、中国、日本发起和参加的一个地区性国际比赛，最后两届又先后有印度、印尼和越南参加，是世界上最早出现的洲际国际竞赛。“泰西各国为提倡体育运动，每于春秋佳日，联合各学校公开运动会一次或二次不等。至开大运动会，则往往联合数国大运动家。一为竞争，凡此皆所以提倡国民之尚武精神也。运动会即仿此成例。由中国、菲律宾、日本三国共同组织而成。”霆公：《记远东运动会》，《协和报》1914 年第 5 卷第 27 期。

② 王文俊等选编：《南开大学校史资料选（1919－1949）》，天津：南开大学出版社，1989 年版，第 552－553 页。

西人青年队，至此已经名声大震。之后，该队迎战国外的两支队伍：

第三场是对美国海军的匹茨堡队。美国海军的匹茨堡队在美国负有盛名，在国际上也是数得着的一支强队。南开队和他们较量的消息一经传出，立即引起极大的轰动，门票早已全部销售一空，观众十分踊跃。我们临战之前毫不畏惧，上场以后，我们几个通力合作，密切配合而取胜。至此，我们在上海已找不到可打的对手了。正巧，菲律宾的圣堂玛斯大学代表队到日本远征后，全胜归国途径上海。上海校友们纷纷建议和他们赛一场。这个消息引起上海市各界观众莫大的欢迎。薛甫赛路的中华篮球房挤得人山人海，有的观众冒雨前来，爬到屋顶上看球，挤得连我们运动员也进不了大门。当时的门票标价一元钱一张，黑市竟涨到10元一张，也有人要。当时的10元钱相当于一袋面粉的价格，可以说票房价值高得出奇了。这场比赛，我们小胜了三四分，总算是为国争了光。中国的篮球队四战四捷，这在旧中国还是前所未闻的。也就是在这四场比赛中，南开队赢得了"南开五虎"的声誉，全场观众无不报以激动而热烈的欢呼和掌声，高兴地把我们抱了起来。现在回忆我们当时的打法，觉得还是很落后的，无非是一传一切，攻守相济，并没有很大的奥妙。但是由于我们的配合好，协同作战，能攻善守，投篮命中率较高，虽然战术上并无很特殊的东西，却也取得了良好的成绩。[①]

"五虎"的胜利热爆了运动会的全场，他们的胜利，不仅是南开的胜利，更代表着中国队的胜利，这次战绩的确振奋了民族精神。所谓"台上一分钟，台下十年功"，他们能取得如此辉煌成绩，离不开平日的勤学苦练。五虎队员之一唐宝堃回忆："'五虎'的特点就在于个个是核心，球在谁的手里谁就是核心。有时球在手中，空中来空中去，举手之间，全队都能知道谁是在伪抢

---

① 中国人民政治协商会议全国委员会文史资料委员会编：《文史资料存稿选编》23 文化，北京：中国文史出版社，2002年版，第767—768页。

谁是在真截，谁个是假扑，谁个是真夺，而对方却不得要领。这种打法是我们长期勤学苦练的结果，不是一时一日之功。我们在球场上下常常为了一个动作、一套战术，费尽了苦心，拿自己的一天当两天练。"①

3. 形式多样的艺术社团

民国时期的中学所设艺术类研究会涵盖美术、音乐、武术等内容。1933年，金陵中学所设立的23个学会中，艺术研究学会包括书法研究会、国画研究会、西画研究会、摄影研究会、国乐研究会、西乐研究会、话剧社、平剧社、国术研究会。② 北师大附中的国剧社开办得有声有色。据张先昌、周万明等人的回忆，他们集资购买乐器："每星期六下午一大堆响器如单皮、铙钹、小锣、大锣、堂鼓、胡琴、二胡、月琴都带到学校里来。为了使国剧社正规化，聘请了罗小宝的堂弟担任教师。罗生非常认真负责，每次来三四小时，指导我们排练场子、纠正唱念中不恰当的地方，使我们快速达到彩唱的程度。像《法门寺》、《二进宫》、《五家坡》、《坐宫》等罗先生也一一给予排练，使大家对京剧更增加了兴趣。"③ 除了艺术团体外，武术社团也受到学生的偏爱。金陵中学，"游戏与武术，二者并重。各生于课后，勇于练习，兴趣极浓"。④ 上海中学成立了文艺研究会。"文艺研究会于前日开成立会，当众选出执行委员七人，程祖新君为总务，文学艺术二系主任，文书、会计交际庶务二职，各职员均精神抖擞，通力合作，于文艺方面，必求若干之进步。"⑤

南开中学的话剧团。在我国北方的渤海之滨，开出了一枝壮丽的艺术之花，这便是南开中学的新剧团。南开话剧团造就出一批闻名中外的话剧艺术人才，它所创造的话剧艺术理论与实践，成为中国话剧史的珍贵的财富。曹禺在《南开话剧运动史料》的序中道出了南开新剧团的地位："南开新剧团于

---

① 中国人民政治协商会议全国委员会文史资料委员会编：《文史资料存稿选编》23文化，北京：中国文史出版社，2002年版，第768页。

② 南京市金陵中学编：《南京市金陵中学》，北京：人民教育出版社，1988年版，第60页。

③ 北京师大附中编：《北京师大附中》，北京：人民教育出版社，2000年版，第227页。

④ 《新年同乐会志盛》，载《南京女中校刊》1933年第6期。

⑤ 《上海中学文艺研究会成立》，载《申报》1927年11月21日。

图 5—5　上海中学口琴队

1909 年开始编自己的新剧，也介绍国内外的话剧，这个专演话剧的团体有近四十年的历史。历经晚清、军阀混战、北伐、国民党当政，抗日战争以及解放战争，它从没中断过自己的活动。这是一个业余话剧团体。中国的话剧，可能先是从业余戏剧爱好者草创的。后来，有了专业团体，话剧运动便更正规化，更为广大观众接受了。业余话剧之作者，在为富有意义的话剧摸索、探寻的道路上，用尽心力，终于起了一些作用，是有不少功绩的。”① 南开师生在学业之余，一起编话剧、导话剧、演话剧，并且公开举行演出，受到京津社会各界的欢迎与喜爱。

南开的话剧团受到社会各界的欢迎与认可，离不开师生艰苦不竭的努力。每一个剧本都要几次易动，团员间互相切磋交流。有时，为了提高剧本质量，张伯苓强调编演人员要体察民情、了解人民生活。1916 年暑假，他亲自带领南开新剧团人员到津郊农村体察民情风物，编写剧本。周恩来在校闻中说：

校中每届周年纪念会，例演新剧，以志庆贺。今年暑假期中，校长因每岁稿本，编纂非易，特集同新剧团团员数人，前往高家庄李氏小学，预先编纂，以冀匆匆忙于临时。计往者校长张先生、时子周、尹劭询、

① 夏家善等编：《南开话剧运动史料（1909—1922）》序，天津：南开大学出版社，1984 年版。

王怙忱、华午晴、姜更生、伉乃如诸先生暨同学于佩文、李纶襄、李福景、周恩来四君，附随堂役一共十二人。往来约五日，每人均编稿本三四，而业经校长认可演者有二：一时先生稿，一尹先生稿。稿既定妥，遂遄返校中，由尹、时先生将意义编出，然后再加余人削改，所费手续，计经四次，完全剧本乃于上月间脱稿。其中情节，固未能免俗，然悲欢离合，实深合社会心理，且布景丰富，以之陪衬内容，情节当能益肖。①

剧本选定以后，就要开始紧张排练，为了保证演出的质量，则要约请社会知名人士进行评判把关，使上演的剧目臻于完善，据《南开校风》报道：二日下午，新剧团全装排演，请林墨青、严范孙、李琴襄三先生评判。上星期五晚又正式排演一次。上星期六晚正式演作。其中情节之缜密，布景之离奇，又贺乎去岁一筹矣。1916 年校庆日公演的《一念差》，就因“评判”认为“事繁幕少，不足引起观众兴趣”，于是“复开会议”，决定由原来的五幕扩充为六幕，并经认真的编演，始于校庆日对外公演。②

作为话剧团的成员，不仅要认真揣摩角色的扮演，还要善于研究戏剧理论。张伯苓指出：“一剧中角色有工拙之殊。工者类能于出厂前精做默思、揣摩完善，迨出场时胸有成竹，故言语姿态惟妙惟肖，受人欢迎，否则临场草草从事，何能中肯？何能致胜哉！”③ 意即作为话剧团的演员，要认真揣摩扮演角色的内在要求和外在气质。据南开校友杨曾庆回忆万家宝的演剧形象：“记得万家宝演出《财狂》，好像是南中新礼堂刚刚落成。舞台上的阿巴公，一个干瘦老头，手持鸡毛掸，并在台上狂呼哀叫：‘我的钱！’使我至今记忆犹新。在此之前，我还看过万家宝演的两个戏。一个是易卜生名剧《娜拉》。由于当时没有实行男女合演，就由他扮演娜拉。他头戴假发，身着短裙，颈佩白珠项链，足登高跟皮鞋，塑造了一个不甘受家庭束缚的外国妇女形象。另一个戏是《国民公敌》，他扮演了一个身穿长袍马褂，道貌岸然的煤矿董事

① 梁吉生：《张伯苓教育思想研究》，沈阳：辽宁教育出版社，1994 年版，第 131 页。
② 梁吉生：《张伯苓教育思想研究》，沈阳：辽宁教育出版社，1994 年版，第 129 页。
③ 王文俊等编：《张伯苓教育言论选集》，天津：南开大学出版社，1984 年版，第 8 页。

长。万家宝在三出大戏中，塑造的三个性别不同，性格各异的栩栩如生的形象，博得了满堂喝彩声。五十年过去了，至今还留在我的美好记忆之中。”①显然，曹禺已经把剧中的角色演得真假难辨、活灵活现了，使得观众对他的角色形象记忆犹新。

图 5—6　南开中学演出《国民公敌》

除了提高演员的艺术修养之外，话剧的理论研究也异常受到重视。张伯苓请他的同胞弟弟张彭春指导南开中学的新剧团。张彭春 1910 年去美国哥伦比亚大学学习教育学，同时刻苦钻研戏剧理论和编导艺术，1916 年回天津南开中学协助其兄张伯苓办校。他介绍了许多欧美戏剧理论。在这种风潮的引导下，新剧团的许多成员研究戏剧理论。周恩来曾在这种风潮的影响下，发表了《吾校新剧观》，以下呈现部分内容借以窥之：

> 盖世界种种之现状，类皆兴亡无定，悲喜无常，人类无异演技其中。故世界者，实振兴无限兴趣之大剧场。而衣冠优孟，袍笏登场，又为世界中舞台之小剧场耳。但推微及广，剧场中之成败若斯，世界之优劣亦判。言语通常，意含深远；悲欢离合，情节昭然；事既不外大道，副以背景情益肖；词多出乎雅俗，辅以音韵而调益幽。以此而感昏聩，昏聩明；化愚顽，愚顽格。社会事业经愚众阻挠而不克行者，假之于是；政令之发而不遵者，晓之以是道。行之一夕，期之永久；纵之影响后世，

① 崔国良、夏家善、李丽中编：《南开话剧运动史料（1923—1949）》，天津：南开大学出版社，1993 年版，第 107 页。

横之感化今人。夫而后民智开，民德进，施之以教，齐之以耻。生聚教训不十年，神州古国，或竟一跃列强国之林，亦意中事也。非然者，学校社会。虚图其表，一任梨园优伶，驼舞骡吟，淫词秽曲，丑态百出，博社会之欢迎，移世风之日下，则社会教育终无普及之望，而国家之精神，亦永无表现之一日矣。①

周恩来深刻论述了新剧的社会功效，该文章为南开新剧团的理论发展奠定了基础，也是新文化运动初期新剧理论的开拓性之作。

新剧团的影响。新剧团的影响可以分为两个方面，一方面对社会产生的影响，即新剧团演出后得到的社会效应；另一方面对学生演员产生的影响，即通过演剧而产生的个人转变。学校鉴于新剧可以作为社会教育之利器，每逢学校周年纪念日、欢送毕业生时，便上演新剧。1914 年，南开中学十周年纪念会上，师生演出《恩怨缘》，该剧获得了社会好评，于是便正式成立南开新剧团，1915 年公演了《一元钱》，使得南开新剧团声誉大振，1916 年公演了《一念差》，“来宾特由他埠来观者，颇不乏人。上星期六日晚，北京清华学校教员及学生十人，特由京乘晚车来校参观，下榻本校，翌日方始回京。”② 1918 年公演的张彭春创作的《新村正》，此剧在京津两地均有上演，使得新剧团名声大噪。胡适曾评价南开中学新剧团：“天津的南开学校有一个很好的新剧团。他们编的戏，如《一元钱》、《一念差》之类，都是‘过渡戏’的一类；新编的一本《新村正》，颇有新剧的意味，他们那边有几位会员——教职员居多——做戏的功夫很高明，表情说白都很好。布景也极讲究；他们有了七八年的设备，加上七八年的经验，故能有极满意的效果。以我个人所知，这个剧团要算中国顶好的了。”③

参演新剧对学生而言，更是受益良多。曾中毅指出，学生通过上演新剧，

---

① 夏家善等编：《南开话剧运动史料（1909—1922）》，天津：南开大学出版社，1984 年版，第 5 页。

② 《校闻·南开来宾》，载《南开校风》1916 年第 43 期。

③ 胡适：《论译新剧——答 T. E. C 等》，载《新青年》1919 年第 6 卷第 3 号。

一则可以体认社会人情，有益于将来之处事；二则通过演剧可以得到众人的广泛赏识与认可，自信感和成就感无形加强；三则学生通过团体的编演，可以增进友谊，建立集体荣誉感，甚至升华为爱国护种之情怀。具体论述内容如下：

> 是则学生于书卷之外，不啻得一精细之讲义也。曲之宗旨，必超拔高尚，定事理又必恰合社会，种因收果，得失起伏，以及一切言语，进退、止辍、节骤，编者皆能摹仿风俗，刻入人情。是则学生于求学之外，又得此精深之阅历，其有助于将来处世，获益靡穷。扮演善者，不论其角色轻重，皆足使朋友称之，亲戚悦之，名誉因之远振，精神愈觉发扬。则凡入是团者，莫不努力苦思，以求显露于小舞台之上，交赞于数百人之口，是则学生于攻读之外，又知所以善处境遇，自励流芳矣。剧本之优劣，有关学校之声誉。今年剧本虽非出色，而吾校师生当此兴失途穷之际，犹能鼓动拔起，再接再厉，奋拥冰不冷之心，振百折不回之气，欲以扮演之精，补剧本之疏。卒也，是剧之批评不下旧年，而学校之美名，早已广达于社会矣。是则学生于遵校章之外，又知所以爱校誉，推此而大之，则知所以爱团体，爱社会，爱中华民国、文明黄种，莫不基于周年纪念日本校演剧之一夕也。①

曹禺之所以能成为著名的戏剧演员，离不开中学时期发现他的“伯乐”张彭春。从小便迷恋着戏剧的曹禺，15 岁进入南开中学参加新剧团后，便被张彭春发现，并得到了他的赏识，正是在张的引导下，曹禺的少年才华开始展露出来，致使他一生从事着话剧创作事业。曹禺通过演话剧，在读书期间，对社会有了更深刻认识，进而对话剧的功用开始有了新的理解。他认为话剧不止于“改良社会”，而是要把戏剧作为向旧社会进攻的工具，是实现社会自

---

① 夏家善等编：《南开话剧运动史料（1909—1922）》，天津：南开大学出版社，1984 年版，第 10—11 页。

由解放的武器。他在发表的一篇文章中写道："种种社会的漏洞我们将不平平庸庸地让它过去。我们将避去凝固和停滞，放弃妥协和降伏，且在疲弊困惫中要为社会夺得自由和解放吧。怀着这同一的思路，先觉的改造者委身于社会的战场，断然地与俗众积极地挑战：文学的天才绚烂地造出他们的武具，以诗、剧、说部向一切因袭的心营攻击。他们组成突进不止的冲突与反抗，形成日后一切的辉煌。"① 这也是新文化运动之后，曹禺对于话剧认识的改变，话剧不仅是社会教育的工具，更是思想解放的利器。

二、培育才能的学术社团

课外学术社团的组建，是课堂知识学习的有力补充与延伸扩展。为了表达自由心声，开辟言论发表的思想园地，学生们自发地创办各种学生刊物。同时，为了巩固课本知识的学习，他们成立了针对不同学科而设的研究社团。这些学术社团的组织方式包括演说、辩论、讨论等。

1. 发表言论的办刊活动。

廖世承曾言"用文字发表思想，又是一种极重要的工具。一个人的专门学识，无论登峰造极到什么地步，要是发表思想的工具不完备，就处处受到牵制；在社会上，没有多大的影响。所以文字不得不做，工具不得不练习。最好的练习，是在自然的环境里边，自己有一种强盛的动机"。② 学生发行刊物，以练习应用文字和发表，刊物的内容一方面登载学生自治会的概况，各种研究会的近讯，及各种活动的新闻，其他又可以登载学生自己良好的作品，这种练习最可增进教学国文及其他学科的动机，因此在这种发表思想的自然环境中，其工作更有趣，更有意义了。③ 在这种思想的指导下，学生们积极参与办刊活动，踊跃地参与办刊的各个环节，包括文章的选篩、文字的编审、刊物的发行等。春晖中学创办学生刊物《白马嘶》，在创刊词中表达了办刊的宗旨：

---

① 崔国良、夏家善、李丽中编：《南开话剧运动史料（1923—1949）》，天津：南开大学出版社，1993 年版，第 5 页。

② 廖世承：《中学教育》，上海：商务印书馆，1924 年版，第 364 页。

③ 王丕武：《中学生课外活动问题之讨论》，载《河南教育月刊》1932 年第 2 卷第 9 期。

环境可以影响人们身心两方面的善恶，所以古人曾说：“山性使人塞，水性使人通。”当然，白马湖不是例外。它所给予我们的是单调，不，是寂寞与无聊吧！眼看着这种生活所留给我们的，不过是颓唐！白马的嘶声，就是我们从颓废中自醒的话，微弱的呼声，并不想在出版界来占一点地位，我们觉得这是我们自己所要讲的，而且是应该讲的话。所以估不到什么难处，就毅然决然地与社会见面了。我们并不来宣传什么主义，也并不来讲什么宏论大道，我们也只是来说些我们所要说的话。正如周作人先生所说，我们“自己的园地”，就是白马湖的嘶声。①

图 5—7　南开高中出版干事会编 1936 年第 11 期《南开高中》

刊物的内容。学生办刊物发表的论文大多数为诗歌、文艺方面。一位金陵中学的学生回忆：“由于受当时林语堂创办的《西风》杂志的影响，大家写一些风趣幽默的小文章。不久我们在校内创办了一个四开篇幅的铅印刊物，叫做《金陵风》，主要发表一些反映学校生活的趣味文章和诗歌，不仅行销本校，还推销到其他学校，一直到快要毕业离校，才停刊。”② 很多学生自发组成小团体，发行刊物。余光中在北京三中开办了《白》杂志；穆旦主编《南开高中》；何炳棣担任南开中学《南开双周》的编辑；冯至和他的同学创办了《青年》杂志；北京师范大学附中的学生出版《葵心》刊物等。这些刊物成为学生表达思想、巩固学识的重要阵地。

---

① 春晖中学编：《浙江省春晖中学》，北京：人民教育出版社，1999 年版，第 89 页。
② 金陵中学编：《南京市金陵中学》，北京：人民教育出版社，1988 年版，第 94 页。

办刊的过程。学生所创办的刊物，需有全体学生共同经营和维护。“刊物的生命权在稿件的良劣，有无价值，且投稿者的投稿踊跃与否而定。不是包办式的职员才可以维持其生命的。所以刊物的大部，全是诸同学播植开垦的。其能成功与否，与诸同学奋进精神，直接发生关系。故一个团体，欲扩大势力，其宣传必须由全体一致努力起来，才会有良好的成绩。”① 所办刊物如欲具有长久生命力，团体之间必须通力合作，每一环节都认真把关，不能因心血来潮的冲动所为，要有计划、有目的、有毅力长久坚持下去。恽代英指出：“学生譬如是发芽的小树；小树之中有强固的，嫩弱的，有未发芽的，已发芽的；天下小树的不同，正如学生程度性质的不同。即就一校而论，非但各个学生意见不相同，能力程度也不相同。他们又没有受过团体的训练，不过受了一时感情冲动，才结合起来；感情衰薄了，团体自然也解散了。”② 这也是学生组建团体所带有的特性，容易因情感冲动而失去团体凝聚力。有的学生办刊活动进展不顺利，出版了一两期便夭折了。例如有中学生回忆：“那时我为了爱好文艺的缘故，和几个朋友成立个文艺研究社，出过一两本刊物。谁知就因为这事，竟有人说我们思想过激，一位朋友遭了开除。”③ 刊物的出版之所以终结，主要是因稿子的内容遭到了质疑，这也是出版时审稿把关不严密，使得文章有缝可击。

办刊的影响。学生办刊的影响，一方面是刊物本身的影响，因其发行内容而产生的影响力；另一方面则是办刊活动对学生能力的影响。在新文化运动时期，杭州一中的学生为了宣传新文化思想，组织出版了《双十》刊物，该刊物是浙江省用白话文，用新式标点，介绍新思想的最早刊物。某学生倡言办刊的目的，“我们发刊，最主要的目的，就是一方面竭力把新思潮传布，一方面对于守旧派，立于指导的地位，下一种诚恳的劝告”。这个刊物出版之后，因为内容丰富，立即轰动了杭州各中等以上学校。许多学校的学生纷纷来购买，还有许多学校的教师写信来鼓励。主编《教育潮》月刊的沈仲九便

---

① 杨寿昌：《通讯》，载《沪潮》1929 年第 1 期。

② 恽震：《学生运动的根本研究》，载《少年中国》1920 年第 1 卷第 12 期。

③ 齐佩瑢：《中学生活》，载《中学生文艺》1934 年第 1 期。

写信鼓励这些学生："我很佩服你们的精神魄力。《双十》在杭州，不能不看作是一颗明星，希望你们格外努力。做事创始为强，续起较多。各校学生中，如有能热心文化运动的，不妨互相联络，都作为编辑员。最好能设法改为周刊。"得到编辑先生的鼓励，学生们信心百倍、格外振奋。于是他们便联合杭州一师、工专的学生们共同参与办刊活动。遵从编辑的指导建议，他们把《双十》改为《浙江新潮》，刊名源于对《浙江潮》的改造，旨在宣传新思想。《浙江新潮》出版后，因为执笔的人水平较高，真可以说是洛阳纸贵。不但杭州学生人手一份，社会上也争相传阅。第一期印了一千份，两天就卖完，立即再版。第二期随之出版，买的人更多。远在北京、长沙、贵阳、重庆、广州，都有人写信来买。① 杭州一中学生所办的这份刊物，是浙江省第一份新文化刊物，不仅得到了校内师生的认可，还广受社会各界人士的青睐，并远销多个省份，足以看出这份刊物的影响力之大。

图 5—8　天津中学历年出版刊物一览

2. 砥砺学识的研究社团。

不同内容的社团。学生不仅在课堂上孜孜不倦地奋发求学，在课余之际，根据兴趣所好，选择各种学术研究会以此巩固学业。有的中学根据学科种类设立研究会，如文学研究会、科学研究会、英文研究会等。"天津河东中学学生，近来对于课业孜孜求进，校长李君，常假训话机会，加以激励，由是学

① 傅国涌编：《过去的中学》，北京：同心出版社，2012 年版，第 34—36 页。

生益加奋勉，第七班学生组织课余学业研究会，定于每日下午四时半至五时半开会，各择各种科学，共同研究，虽星期日亦不辍，藉以砥砺学业，共得切磋之益。”① 金陵中学设立了理化研究会、生物学研究会、无线电学研究会。课外研究不仅局限于校内，生物学会的活动主要在野外大自然中开展。有的学校组织党义研究会，据一名北平中学学生回忆：“当时革命的空气很浓厚，什么‘入党’，加入‘党义研究会’，‘见面称同志’等等五花八门的玩意，的确是很多。”② 有的中学则不分科系，设置总的讨论会。同学们选择了有学科背景的抑或自发组织的讨论会，潜心研究、乐于钻研，不仅补充了课堂知识学习的不足，开阔了视野，而且培养了学习兴趣。

社团活动的方式。不同的社团有不同的活动方式，大多是以演说、辩论、讨论等方式为主。保定育德中学的课外研究团包括，“数理化研究会，对于数理化研究报告，并请人讲演。文学研究会，研究各种文科的知识，借励学社书籍及会员书籍，以便会员大家参考。英文研究会——内分演说、辩论、谈话等事”。③ 江西省立一女中，因该校学生对于自然科学研究更感兴趣，故组织自然科学研究会，“参加会员有百数十人，会中分总务，演讲，出版，制作四部，每部设干事一人。该会特请上海自然科学研究所化学专家张定钊赴校讲演，题目为物质的构造与分光分析”。④ 有的学校在简章中明确指出该社团开展形式，如浙江省立杭州高级中学的《社会科学研究简章》，则明确指出该研究会的具体活动，通过讲演、阅读、作报告、讨论及出版的方式开展：

> 第一条：本会定名为浙江省立杭州高级中学社会科学研究会。第二条：本会由本校同学职员参加者组织之。第三条：本会以研究社会科学为宗旨，其工作：（1）讲演：由校内教师或校外专家担任之。（2）阅读：由各会员分别认定某种书籍限期提出读后心得之报告。（3）论述：如对

---

① 《河东中学学生成立学业研究所》，载《益世报》1930年2月21日。

② 齐佩瑢：《中学生活》，载《中学生文艺》1934年第1期。

③ 王卓然编：《中国教育一瞥录》，上海：商务印书馆，1923年版，第31—32页。

④ 《一女中举行科学讲演会》，载《江西教育旬刊》1933年第6卷第2期。

于时事之探讨，课外之研究，演讲之记录，实地之考察，撰有专论，得交社会科教学研究会评阅。（4）出版：征集会员论著，编印刊物，或单独发行或附载其他刊物中。[①]

冰心在贝满中学参加学校的“文学会”，该会主要活动是演讲和辩论。“每星期三下午的文学会是同学们练习演讲辩论的集会。这会是在大课堂里开的。讲台上有主席，主持并宣告节目；还有书记，记录开会过程；台下有记时员，她的桌上放一只记时钟，讲话的人过了时间，她就扣钟催她下台。节目有读报、演说、辩论等。辩论是四个人来辩论一个题目，正反面各有两人，交替着上台辩论。大会结束后，主席就请坐在台旁，旁听的教师讲几句评论的话。我开始非常害怕这个集会。第一次是让我读报，我走上台去，看见台下有上百对的眼睛盯着我看，我窘得急急忙忙地把那一段报读完，就跑回位上去，用双手把通红的脸捂了起来，同学们都看着我笑。一年下来，我逐渐磨炼出来了，而且还喜欢有这个发表意见的机会。我觉得这训练很好，使我以后在群众的场合，敢于从容地作即席发言。”[②] 通过参加“文学会”的辩论、演讲，冰心受益匪浅，能在众人场合即兴发言。从农村来的学生，因缺乏在公众场合讲话的经验，所以导致一登台便窘相俱出。“学校有学生自治会的组织也有文学会的研究，有演说比赛戏剧表演等等，有一次派定她参加演说，而且竞争对象是文学会中的两位中坚分子，一个从来未登过台的乡下孩子，虽然演稿做好了，也背熟了，可是一上去就面孔红红地说不出，手拉着胸口的衣襟，不敢抬头，眼花缭乱，一大礼堂的人都像隐在云雾里，向着她笑，这笑声吸引她身不由己地跑下台来逃了出去。这失败使她愤恨自己，到下学期人们还没有忘记这可笑的故事。但是机会又来了，这次是和文学会的主席和高三的班长比赛，指导教师告诉她说：你最好将听众看成树木，好像在旷野对森林讲话，别望个别人，也不要想到你是在演说。她牢牢记着这意见，

① 《社会科学研究简章》，载《浙江省立杭州高级中学校刊》1933年第86期。

② 冰心：《世纪之忆：冰心回想录》，北京：北京航空航天大学出版社，2009年版，第69页。

居然目中无人似的登台，放开喉咙，很自然地、很轻松地读完了，全礼堂的人，都不相信她怎么会与上次竟有这么大的分别。结果，她名列第一，手中接了锦标，她才算吐了一口气。”①

图 5—9 上海中学演说比赛

除假助于各种研究会举行演说辩论外，学生们还专门组织了辩论会、演说会等。讲演会设立目的是为了锻炼学生的口才。“东吴中学为练习演说人才起见，于上星期六组织国语演说竞赛进会，晨八时开会，分甲乙丙三组，每组自行比赛，并邀国语专家任评判员，主席报告宗旨后，开始比赛，舌剑唇枪，颇极一时之盛。此次获第者，往苏州参与东吴三中学演说比赛会。”② 东吴中学的演说会是学校内的组织，有的演说辩论会，则是各学校学生联合的组织，如天津中等以上的学校即组织了联合辩论会。据《益世报》报道，天津中等以上学校联合辩论会于 6 月 4 日下午三点钟在青年会礼堂决赛。辩题为“中等以上之男女合校，是否适宜于今日之中国”，系直一中学与新学书院两组辩论。甲组（直一中学）主张适宜，乙组（新学书院）主张不适宜。甲组和乙组的具体辩论内容如下：

---

① 俞荻编：《我的中学时代》，出版地（不详）：文化图书公司，1941 年版，第 15—16 页。

② 《东吴二中演说会纪》，载《申报》1923 年 1 月 4 日。

主张不适宜者谓男女同校，在欧西各国，本早实行，中国北京大学，亦有男女同校事实，在近世本不足奇，而本组所以主持不适宜者，非永久之不适宜，即不适宜于今日之中国也，何则？中国教育尚在幼稚时代，设法培养之不暇，何忍再以阻力，使之退步乎？若于今日之中国实行男女同校，对于教育事业加以阻力也，关于社会、关于家庭，均有难行之点。如中国之家庭制度，历经数千年，传流至今，父母之对于子女，均有直接干涉管理权，而其为父母者，未受过新教育，必不赞成男女同校，是促教育之进步不成，反与之阻力。适合者理由如下：（一）平等问题；（二）经济问题；（三）处事问题；（四）道德问题；（五）正义问题；（六）教师问题；（七）学生对于学校之兴趣不甚浓厚；（八）两性教育；（九）男女学生数量；（十）异性竞争胜于同性竞争；（十一）正当之交际。①

针对“中等以上之男女合校，是否适宜于今日之中国”这一辩题，甲乙双方展开了激烈的舌战，这一辩题也是当时教育界讨论的热点问题之一。甲方认为当下社会不适宜实行男女同校，对于家庭、学校、社会均有阻力，而乙方则强烈反击，列出了十几条的论据，反驳甲方的观点。

社团的组织过程。社团作为一个组织，便有它的组建、运作、控制与管理等过程。组织过程包括沟通、决策和领导。学生社团的组织过程主要通过召开社团会议，通过团员之间的沟通交流，通过民主议决的方式，决定社团组织的行动。天津中等以上学校联合辩论委员会，“于前日下午四点，假青年会开会，到会者为成美中学代表，高等工业、官立中学、新学书院、扶轮中

① 《学校辩论会开会纪事》，载《益世报》1932年6月6日。

学等组成”。[①] 社团组织常借助于开会的形式开展，亦可以理解为组织沟通[②]的过程。浙江省立杭州高级中学社会科学研究会第一次会员大会记录如下：

日期：十一月二日下午七时

地点：理化教室

（一）出席者：李士元、唐振耀、张克纯、叶溯中、王延超、沈国璋、张洪仁、吴剑秋、虞海水、罗家农、陈其昌、张学礼等。

（二）指导师：王孟怒先生。

（三）主席：罗家农。

（四）记录：张洪仁。

（五）开会如仪。

（六）报告。

（七）讨论：（A）讨论简章：修正通过。（B）选举职员：1. 主席——罗家农；2. 文书——张洪仁；3. 总务——李士元。（C）决定第一次常会日期及工作：1. 日期——十一月七日晚七时。2. 工作——聘请校外专家或校内教师演讲，由常务干事，向本校社会科教学研究会接洽办理。3. 关于阅读书籍方面，请各会员于本星期内决定书名，开单交常

---

① 《学校联合辩论会开会》，载《益世报》1921 年 4 月 22 日。

② 组织沟通就是指人们在组织活动中彼此交流各自的观点、思想、兴趣、情感、知识等各种各样的信息的过程。这一定义包括两个基本概念：一是信息。没有信息，就无所谓沟通。因此，作为一个组织来说，有效的沟通的第一个先决条件就是要掌握足够的信息，既掌握来自不同方面和不同层次的信息，又掌握大量的静态信息和动态信息。掌握信息是第一步。第二步是分享信息，即让信息及时地流通，使之发挥最大的作用。二是过程。之所以说组织沟通是一个过程，是因为人与人之间的信息交流是不停顿的，始终处于变动之中。因此，作为一个组织来说，我们不要以为一次动员、一次大会就可以一劳永逸，而应该经常不断地筹划组织内部成员与成员之间、群体与群体之间以及成员与群体之间的信息交流活动，使组织系统保持良性运行和协调发展的状态，使其永远充满活力。刘祖云等：《组织社会学》，北京：中国审计出版社，2002 年版，第 66—67 页。

务干事，汇送社会科教学研究会审定。[①]

从该简章中可以发现，该会沟通的方式主要通过会议讨论，并且决议的形式是群体决策，大家一起讨论，意见达成统一之后形成决策。并且该会选出干事和职员，负责领导和指引组织的行动过程。这些职员一般都是通过民主选举的，他们并没有很大的职权，只是义务承担服务组织的任务。换言之，社团组织纯属自由民主的组织，团内的成员是相互平等的。

图 5—10　北京平民中学第四班数学研究会开会式

社团的控制。“一个组织要想有秩序地进行各种活动，就要有各种组织规则来约束成员的行为，实行组织控制。组织控制的目的，在于防范组织成员的越轨行为，使其成员遵守组织规则，达到组织的预期目标。组织规则对其组织成员具有强大的约束力和强制性。”[②] 学生的社团活动同样如此，为了实现预期目标，社团都会制定社团规章，借以约束团内成员。湖南全省中学校《校友会辩术部章程（1913)》规定：“1. 每逢星期三午后三时至五时，举行练习。2. 练习始末，均以摇铃为号，部员当按时集散，不得参差。3. 练习时本部有必须告假者，部员向干事行之，干事向会长行之，但二干事不得同

---

① 《社会科学研究会第一次会员大会记录》，载《浙江省立杭州高级中学校刊》1933 年第 86 期。

② 张家麟：《组织社会学》，合肥：安徽人民出社，1988 年版，第 193—197 页。

时告假。4. 辩题由会长预期定出，或由干事及部员拟出，交会长认定。”① 浙江省立杭州高级中学则规定“英文课外阅读团”的考勤办法：

> 英文课外阅读团考勤办法：一、本团团员应秉承各分组指导员之指导，按时修习英文课外书籍。二、高级团员暂定在一学期年内修习：1. 短篇小说或论著十篇。2. 长篇小说或论著一部。（或另读短篇小说论著十篇）中级团员：1. 短篇小说或论著十篇。2. 中篇小说或论著一部。（或另读短篇者五篇）初级团员：每周选读中华初级英文周报。三、本团团员除每日一次作报告呈核外，在学期中各组混合测验二次，测验期不预期通知，其成绩作英文平时成绩之一部。（英文平时成绩占百分之四十，课外阅读绩分占四分之一）四、测验无故缺席者，每次扣平时成绩五分。五、本细则经教务会议通过后施行之。②

该学校的社团组织与运行比较规范，研究团经过学校教务会议通过后实施，通过阅读团成绩与平时成绩挂钩的方式，鼓励与规约组织团的成员，对于不遵守团规的成员，扣除平时成绩。

三、彰显权力的学生自治会

学生自治会作为彰显学生权力的组织，旨在锻炼学生的自治组织能力以及培养学生的团体协作意识、服务意识、爱国意识等。换言之，即完成学生人格之自由发展和独立自治的国民。民国时期中学生成立的自治会主要包括三权分立式、委员制、市乡制三种组织方式。

1. 学生自治的定义、意义和功能。

除了以上呈现的文娱性以及学术性的社团之外，学校最大的社团组织，应当属学生自治会，也可以说是学生会组织，由学生组建而成，属于管理型的组织，负责管理学生的学习和生活，以及类型各异的小团体。陶行知指出：

---

① 湖南省长沙一中编：《湖南省长沙一中》，北京：人民教育出版社，1997 年版，第 10 页。

② 《英文课外阅读团规则》，载《浙江省立杭州高级中学校刊》1933 年第 85 期。

"学生自治是学生结起团体来，大家学习自己管自己的手续。"杜威则解释为，"普通的见解就都认为自治就是从旁人管理我们，换为我们自己管理；此不过把管理权归到自己身上。这话固然不错，但是有了自己管理权，就有自己管理的责任，所以自治的性质，不但是扩充自己的权利，并且是加重自己的责任。而且应当格外有秩序，严格，比'他治'还要完备，这才是自治的真意义。"① 也就是说，自治不是自由行动，不是取消一切规则，不是放任，不是对学校独立，不是和教师对抗，乃是一种练习，一种自己立法、守法，一种分外严格，负责地约束自己的练习。②

学生自治的意义。"学生自治者何，以学生管理学生。自治者，能养成学生独立之美德，共和之精神，较诸法律制度，强迫服从，制造定式的奴性的学生，不啻天渊也。故学生当令自治，当令自动。则自治实为自助自动之基础。"③ 学生组织自治团体，可以得到许多的良好机会，即怎样可以组织一个团体，怎样可以练习做事的经验，怎样可以做事永远有进步。无论教员和学生，对于自治团体，都应该看他做一件极好的事。欲造成民主国家，非有实际的经验不可。故就是在学生时代，无论在校内校外，都应有自治的组织。认定自己灌输自己和谋公共利益为组织团体的目的，不是逞着自己一时感情上的兴奋，或为着自私自利而去组织的。④ 简言之，培养出符合国家需求的公民，或者说培养社会的"新民"。正如陶行知指出："今日的学生就是将来的公民"，"想有能够共同自治的公民，必先有能够共同自治的学生"。⑤ 学生自治可以锻炼学生多方面的才能。具体的功能包括："养成服务公益的习惯，发展社会性及团体的精神，使学生有实地练习做公民的机会，培养用于负责的态度，使学生明了权利与义务的关系，养成服从法律及多数意见的德性，培养良好领袖及服从的人才，造就独立自重及创造的能力，使学生得到组织各

---

① ［美］杜威：《学生自治》，载《新教育》1919 年第 2 卷第 2 期。

② 张文昌：《中等教育》，北京：中华书局，1938 年版，第 247 页。

③ 《学校编制中学生自治之实验》，载《东方杂志》1917 年第 14 卷第 9 期。

④ ［美］杜威：《学生自治的组织》，载《教育公报》1920 年第 10 期。

⑤ 陶行知：《学生自治问题研究》，载《新教育》1919 年第 2 卷第 2 期。

种机关的知识，替代学校消极的训育方法，扩大教师与学生合作的范围，使社会愈益认识学校教育的意义。”① 也就是说，学生实行自治不仅可以培养学生多方面的能力，而且可以发展良好师生关系，易于学校管理等。

2. 学生自治会的组织形式。

学生自治会的组织主要包括三种，第一类是三权分立式，主要包括立法、行政和司法三部；第二类是委员制形式；第三类为市乡制，采纳了行政机构的组织方式。

首先，三权分立式。学生自治制度是借鉴于美国的学生制度。美国学生模仿美国的政治制度，成立学生自治制度。五四新文化运动之后，中国的学生自治制度如雨后春笋般出现。省立第一中学校学生，现组织自治会，办理学生自治事宜，借以练习独立精神，现正筹备各一切，不日举行成立大会。② 三权分立式自治会组织形式较为多见，据 1922 年某研究者的调查发现，14 所学校中这类形式占到 8 所。东南大学附中的学生自治会，起初亦是采用议事、行政、纠察三权分立的形式。采用三权分立的形式的优点在于，“行政效率可以较高。一种事业，若认为必要，既可独断独行，不至发生枝节问题，及受他人牵制。责任可以专一，凡所应当做的事，不能推诿到他人的身上去；事情做不好，亦不能避免其责任。可以处理紧急事项。有些事项时机逼迫，不能等待开会议决”。这是该种制度的优点，但这种制度的缺点包括，“独裁的倾向，失掉民本教育的意义，仅一人掌一部分的事项，有时滥用职权，不能集思广益等”。③ 正是基于这种制度本身的缺陷，一些学校进行了改革，变三权分立制为委员会制度，或者称为会议制度。

其次，委员会制度。委员会制度相比三权分立制度，“有集思广益及分工互助的利益，各人就其见地，贡献意见，互相观摩及批评，每可获得圆满的结果。它适合民主的原则。既可免除独裁的危险，又可养成合作协助的精神。

---

① 杜佐周：《教育与学校行政原理》，上海：商务印书馆，1922 年版，第 267 页。

② 《省中学生组织自治会》，载《益世报》1921 年 10 月 16 日。

③ 杜佐周：《教育与学校行政原理》，上海：商务印书馆，1922 年版，第 97—98 页。

处事公开，防止徇私舞弊”。[①] 东大附中新学制颁布以后，自治会开始实施委员会制度。如某学生对东大附中自治会改革的评价：“学生自治会创办已经三年了；在组织上几次的改变，成为今日委员制。在事业虽不见有什么特别成绩，可是还总算能维持团体生活。自治会改为委员制以后，学生在自治会办事的增加了许多，比从前少数人独揽大权，似乎好得多。既可免去少数负责过重的流弊，更能增加同学办事的机会。”[②] 这便是委员会制度的优点。这种制度的弊端，则是效率不高，因为集议时意见容易分歧，时间每多消磨于互相辩论之中。各人责任不专，互相推诿，无人负责。如该生对这种制度缺点的客观评价，“但是结果试验下来，还未免觉得有不满意点：往往委员轮值以后，对于会务减少了热心的高度；同学心理，以为一星期的轮值，很快让他过去就算了，会务可以不进行的也就敷衍过去了；这是第一种缺点。还有轮值制往往发生没有系统的弊病；譬如经济委员会，甲委员轮值用中式簿记记法，乙委员却用西式簿记记法，结果弄得莫名其妙；这是第二种缺点。学生对于自治会的态度，很有许多抱‘不相干’的思想，似乎自治会是可有可无的。这到底是什么缘故呢？附中普遍的缺点或者就是此层。缺乏团体联络精神，没有协力同心的主张，所以结果要实现一项团体事业，非甲反对，即乙不承认。在团体中不能互相谅解与牺牲，是何等危险何等不幸的事呵！现在自治会是如此，将来如何，还看同学的觉悟呢！”[③] 该生所揭示的这种组织缺点也正是委员会制度本身所带来的弊端。

南京国民政府成立之后，为了防止学生自治会的权利膨胀，特对其权限进行约束。1930 年，国民政府颁发训令，颁发了《学生团体组织大纲》[④] 以

---

① 杜佐周：《教育与学校行政原理》，上海：商务印书馆，1922 年版，第 98 页。

② 南京师大附中编：《南京师大附中》，北京：人民教育出版社，1996 年版，第 166 页。

③ 南京师大附中编：《南京师大附中》，北京：人民教育出版社，1996 年版，第 166 页。

④ 该草案的第一条规定：“各学校学生应组织团体：学生组织会。各学校为实现学生自动自律之训育方针，使之扶住学校施之推行，并养成其公共生活之习惯与组织能力，应令学生组织学生自治会。各校原有学生会之组织者，应一律正名为学生自治会，并依照本大纲改正其组织。”刘大白：《学生团体组织大纲草案和说明》，载《中学生》1930 年创刊号。

及《学生自治会组织大纲》，中学多遵照该大纲，取消了学生会的名称，改名组建了学生自治会。该组织大纲明确规定自治会采用委员会制度，这也是为了避免三权分立制度干涉校政。

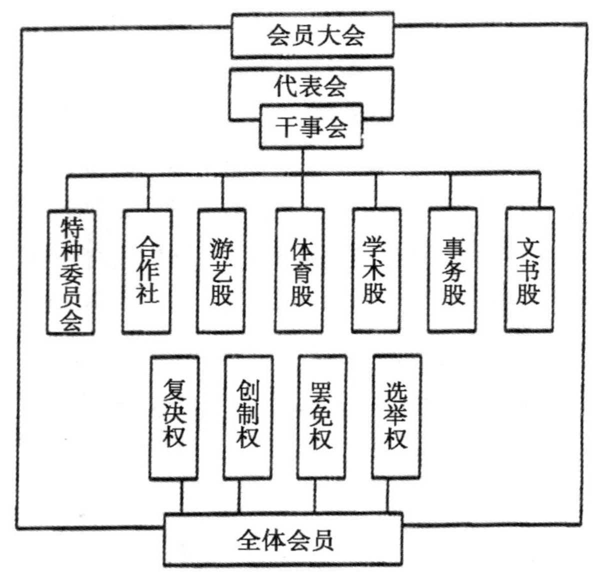

图 5—11　1930 年中等学校学生自治会组织系统图

湖北省立一中学生自治会简章

第一条　本简章遵照十九年一月二十三日中央第六十七次常务会议通过之学生自治组织大纲制定之。

第二条　本会定名为湖北省立第一中学校学生自治会。

第三条　本会本三民主义之精神养成学生在校内之自治生活并促进智育、德育、体育、美育之发展。

第四条　本会由本校全体学生组织成立。

第五条　本会受中国国民党湖北省党部之指导，其权利属于会员，全体大会在会员大会闭会期间为代表会，在代表会期间为干事会。

第六条　代表会之代表由各年级按照人数比例选出代表若干人组

织之。

第七条　代表会之代表每学年改选一次，于第一次集会时互选干事若干人组织干事会。

第八条　干事会之干事定为九人，候补干事三人并由干事互选常务干事一人。

第九条　干事会下得设文书事务、学术体育、游艺各股及合作社，由干事互选分掌之。

第十条　各股细则另定之。

第十一条　干事会下得设特种文员会以处理特种事项，其委员由干事推任之。

第十二条　全体会员大会每学期开会一次，遇必要时经干事会或代表会之决议或负责四分之一以上之建议由干事会召集临时大会。

第十三条　代表会每月至少开会一次，遇必要时经干事会之决议或代表三分之一或全体会员五分之一以上之建议，由干事会召集临时大会。

第十四条　干事会每两星期至少开会一次，遇必要时得开临时会由常务干事召集之。

第十五条　本会各种集会均请学校派员参加。

第十六条　本会会员在会务范围以内，具有选举罢免创制复决等权。

第十七条　本会经费以会员会费及其他捐款充之，必要时得请学校补助。

第十八条　本会会员如有不遵守本会规约者得由干事会议酌量议处，如有不能办理时得商请学校办理之。

第十九条　本简章如有不当处由会员五分之一以上提议交代表大会修改之。

第二十条　本简章呈请湖北省党部核准再报教育厅备案后公布施行。①

---

①　湖北省档案馆：LS10-5-168，《湖北省立一中学生自治会简章》。

南京国民政府时期所指定的学生自治制度，除了采用委员会制度的特点之外，还有一个明显的特点，便是采用会议选举制。如第六条规定，“代表会之代表由各年级按照人数比例选出代表若干人组织之”。此外，该制度是受国民党三民主义思想的指导，严格按照《学生自治会组织大纲》办理，并且制定的草案要受省党部的核准再送教育厅备案，才可以实施。如第二十条，“本简章呈请湖北省党部核准再报教育厅备案后公布施行”。甚至，有的学校学生自治会的改选，都要登诸于报。如“上海女中于昨日下午二时，开学生自治会改选会，市党部代表指导，并由该校校长演说，选举结果马允民等五人为干事，朱俊、何玉芬二人为后补，定期宣誓”。[①] 自治会的改选受市党部及学校领导指导与监督。

第三类为市乡制。这类制度模拟地方自治[②]制度。三权分立式的自治是横向分权，地方自治制度则是纵向分权。地方自治是“分权和民主这两种观念的直接和周密的结合”。[③] 1928 年北伐战争结束后，国民政府宣告进入训政时期，训政时期主要任务是培养国人的民主意识和民主习惯，而地方自治则被认为是最佳实现途径。这种组织方式也是为了防止权力的独裁与专制，正如孟德斯鸠的：“一切有权力的人都容易滥用权力，这是万古不易的一条经验。有权力的人们使用权力一直到遇有界限的地方才休止。要防止滥用权力，就

---

① 《各学校消息》，载《申报》1932 年 5 月 5 日。

② 区民、乡民、镇民可以在本自治区内直接行使对于自治公约和自治事项的创制权、复决权以及对于区长的选举权和罢免权。1929 年公布的《乡镇自治施行法》和《区自治施行法》规定，实行区长民选后，每年召集乡镇民大会二次、区民大会一次，行使选举、罢免、创制、复决四权，制定或修正本自治区自治公约，审核预算决算，审议上级机关交议事项，审议乡、镇、区公所或乡、镇、区务会议交议事项，以及审议所属各闾邻、乡镇公所和公民提议事项。闾、邻各设居民会议，可决定筹集所需经费。魏光奇：《官治与自治：20 世纪上半期的中国县治》，北京：商务印书馆，2004 年版，第 148－149 页。

③ ［奥］凯尔森著，沈宗灵译：《法与国家的一般理论》，北京：中国大百科全书出版社，1996 年版，第 346 页。

必须以权力约束权力。”① 学生自治会的组织亦是同理，为了避免三权分立式所带来的弊端，则要建立具有监督机制的体制，市乡式的学生自治制度也因此而生。

春晖中学地处渔捕湖，1930年，该校按照乡村组织法组织学生自治团体，并制定了《渔捕乡组织大纲》，该大纲共分为总纲、组织、选举、罢免、公布、呈报、经费。该《大纲》第一章总纲规定：“第一条，本校根据党治本训政时期之精神，实施团体生活之训练，参酌国府颁布乡镇组织之组织，采用乡自治制。第二条，本乡以本中学在学之学生组织之。第三条，本乡定位渔捕乡。第四条，本乡以宿舍区别为若干闾，每闾设闾长1人，文书1人，以一室为1邻，每邻设邻长1人。闾邻之名称均以第一、第二等数字冠之。第五条，本乡居民经宣誓登记后，即有出席乡民大会、闾民大会及行使选举、罢免、创制、复决诸权利。第六条，本乡之指导机关为指导委员会，由全乡所聘请之导师组织之，指委会之职权由学校另行规定之。”该自治组织分为，“乡民大会、闾民大会、监查委员会、乡委员会、股务会议”。乡委员会内设“文书、教育、建设、文艺、体育、卫生、公安、事物各股，每股得分若干组。股设股长1人，股员若干人；组设组长1人，组员若干人。股员、组长、组员等均由各该股股长提乡委员会通过聘任之”。② 春晖中学实施的自治会制吸纳了地方自治制度，建构出学校乡市制度。

3. 学生自治会的实施及影响。

学生自治会具有管理和监督各股的权利，如浙江省立杭州高级中学学生自治会的工作近况：“甲、学术股股长，新近就职，对于服务素抱热忱，处理出版事宜，向同学征集文著，并将征文与壁报择优登载。乙、民教方面——创办平民夜校，二月于兹，股长以及教师之循循善诱，成绩已斐然可观，此正表现吾校同学对社会负责制深切重也。丙、游艺股——股长鉴于以往游艺

① ［法］孟德斯鸠著，张雁深译：《论法的精神》上，北京：商务印书馆，1961年版，第154页。

② 浙江省春晖中学编：《浙江省春晖中学》，北京：人民教育出版社，1999年版，第75—97页。

内容之单调，极力矫正。丁、膳食一事，尤为同学所注意，闻一二厨房对于膳食不甚注意，对膳食委员会同学无相当礼貌，对膳食委请学校当局斥除，顷闻学校当局，已加实地检查调查。"① 该自治会的各股汇报了工作的进展及需要解决的问题。自治会各股也因具体问题进行商讨、议决。如教育股组织的干事会议，主要讨论和议决如何办理民众学校和民众播报，包括办几个班、教师的来源、招生学生数量以及民众播报的宣传。通过干事会议的商讨，对于这些问题都做出了一定的决议。该校自治会教育股组干事会会议记录如下：

> 日期：十月三十日下午七时。
>
> 地点：理化教室。
>
> 出席者：王亦文、陈博文等。
>
> 主席：王亦文。
>
> 报告事项：主席报告学校兼办民众教育用意，及本校前几年师范科兼办民众教育概况。讨论事项。民众夜校应如何继续办理案？A. 办几班？议决：办两班，取单式编制。B. 教师如何决定？议决：民众教育股干事为当然教师，并征求各班同学之具有热心于民众教育者。C. 招收多少学生？议决：六十人。D. 取哪种程度？议决：由民众教育股长任之。……民众播报如何办理案？议决：照教育股长现在办法，加聘人员，继续切实办理。民众宣传如何进行案？议决：分文字宣传及口头宣传两种方式，其宣传日期及内容由教育股长，利用各种纪念日及特殊事项，临时会议决定之。②

自治会除了监管各股工作外，也会开展一些活动。如北平育才中学学生自治会，"所举办之演说比赛，沙眼运动等，结果均极美满。该会特举行心理测验，以观年来同学之习尚。该项测验昨日止，举行完毕定于下星期三公布。

---

① 《学生自治会工作近况》，载《浙江省立杭州高级中学校刊》1933年第89期。

② 《学生自治会教育股组干事会会议记录》，载《浙江省立杭州高级中学校刊》1933年第86期。

该会又造出委员组织年刊委员会，并聘有经验之教员为顾问，积极工作，并向各名流寻求题词，昨日复行文学辩论会，以后每周举行一次。”① 以上两学校自治会主要商讨学校内部问题，也有学校自治会讨论时事政治、爱国运动等问题。光华大学附属中学学生自治会于三月二十五日下午八时开会，各派代表十人，在霞飞路开联席会议，主席许体钢，书记吴清、李仰苏为记录。议决事项如下：“（一）大中两学学生，一切出版物，此后由两学生自治会之编辑部合办之。（二）大中两学对北京惨案，上海全埠中等以上学校一律罢课后，同时罢课。（三）两校教职员学生全体，定三月二十七日上午，在新西区为京案惨死者开追悼大会。（四）两校自三月二十六日起下旗三天，为北京被杀学生致哀。（五）两学生自治会于相当时期，得确实之北京惨案事实后，用爱国文字译成德法英三国文字宣传中外，是晚十时散会。”② 该校自治会除了讨论来自学校内部问题之外，还商讨罢课、爱国宣传等事项。

图 5—13　厦门同文中学校学生自治会成立三十周年纪念典礼

学生自治会实施之后的影响。克伯屈指出：“学校所设之学生自治会大都良好，唯其有良好之自治会，所以能造就健全国民，唯其有健全之国民，所以美国政府之组织最为完善。今日之中学生即他年之国家柱石，始基不慎后

① 《北平育才中学昨天开文学辩论会》，载《益世报》1930 年 3 月 8 日。

② 《今日各界为京案开追悼会》，载《申报》1926 年 3 月 27 日。

患无穷。”① 学生自治会虽然仅是学生的一个小的团体组织，然而其影响却深远而长久。其一，学生自治能力增强。江苏某中学校的学生组织的自治会，对工作尽职尽责，赢得学生的广泛认同。“寝室是根据童子军的组织编制的。小队长维持一小队的纪律，队长点名，熄灯后有谈话骚扰的，队长就可以加以制止，不然，可以报告教导处。学生不仅是服从学校，而且服从组织的领袖。”② 这种学生监管学生的自治方式，得到了学生的广泛认同，并遵守制定的相关规约。

其二，学生的组织能力增强。学生参加自治会后，利用其组织力量服务学校和社会。“学生自治实行后，学生中有银行家之子，发起募捐运动，先办学生演剧，将所得售券资，充募捐经费。又往各处贴广告，每周一次，叙述本校现状及成绩，最后乃表示募建新校舍之事。全体学生分成若干组，各就划定区域，力任募捐。本地各新闻社，一致赞同之，未几，而新校舍巍巍在目矣。”③ 学生们通过自己的方式和力量进行募捐，筹建新校舍。“大南门外民立中学学生自治会本互助精神，谋体育发展特发起募捐，建筑体育室一所，该校各同学均异常热心，不辞奔走而捐助者亦颇踊跃，昨晚为第一次结束之期，钟鸣七下，全体同学一千余人齐集礼堂，首山长报告略谓此次结果尚佳，继发表各队分数，并将数目比较表当众公布。安徽队获得分最多，获奖五十分，吉林队次之，获奖三十分，湖北队又次之，获奖二十分，众咸鼓掌。”④ 民立中学学生自治会为了建筑体育室，全体同学分成若干小组，并不辞辛苦奔走于街头小巷组织募捐，收获颇丰。侨光中学的自治会则筹备游艺大会，添置学校图书。“侨光中学的学生求知欲望增进，深感图书缺乏，研究不便，前日由学生自治会决定表演游艺，以票资所得为添置学生图书之用，尚得校长同意后，即着手筹备。”⑤

---

① 《克伯屈博士在京参观演讲》，载《申报》1927 年 5 月 6 日。

② 虞开锡：《江苏中学生生活状况一般》，载《晨光》1934 年第 3 卷第 3 期。

③ 《学校编制中学生自治之实验》，载《东方杂志》1917 年第 14 卷第 9 期。

④ 《民力中学募捐讯》，载《申报》1922 年 3 月 15 日。

⑤ 《侨光中学生游艺大会》，载《申报》1934 年 12 月 1 日。

其三，团体意识、国家意识受到强化。蒋梦麟指出学生自治“并不是一种‘时髦’的运动，并不是反对教职员的运动，也不是一种机械性的组织。学生自治是爱国的运动，是‘移风易俗’的运动，是养成活泼的一个精神的运动。学生自治要有一个爱国的决心，‘移风易俗’的决心，活泼的勇往直前的决心，没有这种大决心，学生自治是空的，是慕虚名的，是要不得的。”① 学生自治有了这种决心，便可以顾全大局。上海中校生抗日联合会同学间发生了纠纷之后，一名学生代表发表了一席以国家大局为重的感人之语：

> 同学们，这是一件多么痛心的事啊，在暴日侵占有加无减的时候，而我们中校抗日救国会却为了一件小小的事，竟引起了莫大的纠纷，这是一件极不幸的事。同学们，我们的目标是抗日救国，我们的对象是日本，我们并不是为个人问题发生了意见，……我们还不能团结一致，那我们还有何面目见先烈于九泉之下呢？②

这是1931年11月11日中校抗日联会某生发表的一席肺腑之言，在11月7日，该会召开了第十四次干事会，会议曾讨论并决定了，“育青中学当局阻止学生抗日行动会，应如何援助案，议决由常务干事协助该会推行。北平一女中爱国运动，被当局摧残，本会应如何援助案，议决：（甲）由本会发宣言，昭告各界。（乙）呈请中央撤办平市教育局长，并立即恢复求学。（丙）电请平市学联会，极力援助。本会抗日周刊第三期下星期四出版，应通知各同学投稿以充篇幅案，议决各校每星期至少投稿一篇”。③ 从前几天会议的讨论情况可见，该会办理组织有序，针对当下问题提出了解决方案。但也不能回避学生间因立场不同而发生分歧，导致学生之间发生冲突，但这不能否定学生的爱国情感与爱国意志，因为意见冲突起源于对爱国行动的不同看法。

---

① 蒋梦麟：《学生自治》，载《新教育》1919年第2卷第2期。

② 《中校生抗日联合会讯》，载《申报》1931年11月11日。

③ 《中校抗日联会十四次干事会》，载《申报》1931年11月8日。

四、其他形式的学生社团

除以上社团外，尚有一些形式别样的社团组织，包括提高学生实用技能的社团，如消费合作社、实业公司等。南京女子中学筹办了消费合作社，“本校学生自治会为练习合作事业，并谋同学购买日常用品之便利，拟于校内办一消费合作社。规定每股资本两角，每人至多加入五股为限。将来直接管理该社业务者，为由股东大会产生之理事会，并另设监事会为监查机关”。①

图 5—14　上海中学消费合作社

南开中学学生会在校内组织学生实业公司。“张伯苓、马千里诸君收集资本一万元在本校组织学生实业公司，组织事业：(一) 学生售品处；(二) 储蓄银行；(三) 缄染工厂；(四) 邮务处。经开会推举职员，以使积极推行。”② 有的社团开办旨在使学生掌握特殊技能，如河北省正定中学石印社制定的章程规定：“第一条，本社以备学生练习石印技能为宗旨。第二条，凡初中二年级学生于每学期之初签名入社，并能遵守本社社章者，均为本社社员。第三条，本社由社员公选社长二人，经理本社一切练习事宜。第四条，本社为练习方便起见，共分若干组，每组公推组长一人，分掌各组练习事宜。第五条，本社练习时间暂定为每日下午课业毕后晚饭前。第六条，本社在练习时间因故不能出席时，须先向社长声明，如无故缺席三次者，即宣告其出社。第七条，简章有不适宜时，得经本社社员之提议，过半数之附议，由校务会议通

① 《筹办消费合作社》，载《南京女子中学校刊》1932 年第 3 期。

② 《学生组织公司之筹备》，载《益世报》1916 年 9 月 1 日。

过修改之。”①

服务社会的社团。“青鸟团是几个爱服务的初级少女与一位顾问创办的。她们创办的宗旨是要像青鸟那样飞来飞去使人快乐，特别是使小妹妹们快乐。她们所做的工作是每星期三午饭后讨论服务方法；星期日下去儿童会，教小妹妹们清洁习惯，并作小玩意，和唱歌。到十九年春，她们起始帮小弟弟们；所以她们的儿童会中也起始有男孩子加入。她们要研究男孩们的兴趣，所以自己先买了小木匠家伙，做起木匠来。”② 总之，服务社团旨在发挥余热，服务于社会。

救助困难学生团。保定育德中学成立了成美学会，这个学会是学生同教职员合同组织的，以筹集款项供给优秀而贫苦的学生读书为宗旨。凡学生在该校读书，合乎下列标准的人，成美学会即加以供给或补助：（1）家境确属贫寒的。（2）成绩列甲乙等的。（3）操行优美的。（4）身体健康的。③ 诸多社团在校园里争奇斗妍、争相开办、并行不悖，营造出活泼生动的学校气氛。学生们学习与娱乐，调解有度、有张有弛，课堂内外一片生机勃勃之景。

五、学生社团的价值审视

课外活动的价值在于它对学生的教育作用，因为学生身心发展是积极能动的实践过程，它的常态表现就是活动。学生们通过参与多种社团活动，促使个性得以养成。

表 5—1　某女子中学团体生活统计表

团体	高三	高二	高一	初三	初二	初一	全校人数	百分比
加入一个团体	20	31	19	18	73	83	244	59.80
加入两个团体	9	4	15	20	10	10	68	16.67
加入三个团体	15	7	10	16	6	1	55	13.48
加入四个团体	5	8	10	7	1	0	31	7.60

① 《石印社简章》，载《河北省省立正定中学校刊》1934 年合刊。

② 吴榆珍：《一个女子中学的课外生活》，载《社会学界》1933 年第 7 卷。

③ 王卓然编：《中国教育一瞥录》，上海：商务印书馆，1923 年版，第 31 页。

加入五个团体	1	1	1	5	0	0	8	1.96
加入六个团体	1	1	0	0	0	0	2	0.49
总计	51	52	55	66	90	94	408	100.00

资料来源：吴榆珍：《一个女子中学的课外生活》，载《社会学界》1933年第7卷。

课外社团的内容对学生的影响恒久且深远，上文已有部分内容涉及相关社团活动的影响，以下则简要述之。

第一，砥砺学术，奠定职业基础。中学时代丰富多彩的社团生活，对学生的成长起着重要作用，为以后所从事的学术研究和终身事业打下了牢固根基。如著名戏剧演员曹禺，他能走上戏剧道路，与南开重视戏剧密不可分。他自言："南开新剧团是我的启蒙老师：不是为着玩，而是借戏讲道理，它告诉我，戏是很严肃的，是为教育人民、教育群众，同时自己也受教育。它使我熟悉舞台，熟悉观众，熟悉应如何写戏才能抓住观众。戏剧有它自身的内在规律，不同于小说或电影。掌握这套规律的重要途径，就是舞台实践。"① 从曹禺对南开新剧团的评价可以看出，他之所以在戏剧界享有盛誉，离不开南开中学戏剧团为他提供的环境和教育。从曹禺的例子可以发现，社团生活可以培养学生的志趣，挖掘内在潜能，成为学生终身为之奋斗的源泉所在。

第二，激发爱国热情，涵泳服务情操。社团生活不仅可以激起学生们的爱国热情，也可以培养学生的服务情操。民国时期，中国体育在世界上备受歧视，而一些中学生却创造了历史奇迹。南开中学作为著名的私立中学，重视体育也是家喻户晓。在运动方面，最脍炙人口的是远征日本、菲律宾全盛而归的南开篮球"五虎将"。"不久前中国田径队在远东运动会曾造成吃零蛋的奇耻大辱，而这五位南中尚未毕业的学生，竟能威震远东，为中国扬眉吐气，实在不能不认为是南开中学无上的光荣，中国近代教育史上的一个奇迹。"② 不同时代境遇造就出不同规格的人才，在祖国临危的环境下，中学生

① 田本相、刘一军编：《曹禺全集》第5卷，石家庄：花山文艺出版社，1996年版，第122页。

② 何炳棣：《读史阅世六十年》，桂林：广西师范大学出版社，2005年版，第43页。

们通过自己的方式为祖国服务。有的学校为了保障救国服务工作良好运转，成立多种组织，组建“宣传班（歌咏组、游艺组、编纂组、漫画组），警备组（纠察组、警卫组、侦查组），防空组（消防组、消毒组、交通组、灯火管治组、救护组、避难管制组、工务），慰劳募集班（代书组、看护组、慰劳品组、战具原料组）”。[①] 由此看出，学生们积极踊跃地投入到抗日救国运动之中，通过不同方式为国服务。

第三，增强体魄，促进身心发展。社团活动除了砥砺学术、激发爱国情感之外，一个不可忽视的价值便是增强体魄，而体现增强体魄最主要的社团活动则是体育运动。强迫运动使学生们踊跃参加各种体育社团。汇文中学也是通过强迫的方式，鼓励学生参加运动社团，学校的理念是“健全的头脑只寓于健康的身体之中”。何纯渤回忆上海汇文中学：“当时汇文学校运动场所一个大院子里边运动项目就有四十八种。下午四点到六点，所有的图书馆、自修室全部都锁门。学校不让你待在屋子里面。下雨他都把你朝外放。我们那个田径队啊，足球队啊，下大雨下大雪，四点到六点都在外面训练，学校规定的这些制度就是让你有一个好身体。一九三四届毕业生穆家麒认为，他之所以活到九十岁还有这样一个好身体、好脑子和良好的生活规律，还被评为‘北京市健康老人’，完全得益于当年在母校汇文打下的基础。”[②] 中学阶段处于身心发展的关键期，在此阶段，学生通过参加运动社团或者其他社团项目，不仅可以塑炼好的身体，亦可养成良好的心理品质。

第四，培育领导人才，锻炼组织能力。学生通过参加社团生活，可以锻炼组织能力，培养领导才能。周恩来在南开中学读书时，便树立“为中华崛起而读书”的伟大宏愿。课余生活中，他广泛参与各种社团，并担任新剧团布景部副部长。1914 年，他和几个朋友建立了课外学习的新社团，取名为“敬业乐群社”。这一想法的目的是为了使大家互相传阅书籍，组织讲座和研讨会，鼓励同学们进行交流、结识朋友，以弥补课程表安排的不足。在“乐

① 湖南省长沙一中：《湖南省长沙一中》，北京：人民教育出版社，1997 年版，第 81 页。

② 王丽：《一所中学远去的背影：怀念汇文中学》，载《中国青年报》2008 年 3 月 26 日。

群社”的支持下，周帮助了那些比他自己更体弱、更害羞的同学，也提高了他自己的社交信心。在1950年视察南开中学时，他对学生们说：“我在这里受过资产阶级教育。那时候只有资产阶级教育。我在这里学了些基础知识。通过课外活动，锻炼了些组织能力。”① 周恩来通过参与和组织社团活动，培养了组织领导能力，为后来成为领导人奠定了基础。

第二节　实践活动：培养能力的历练场域

民国时期的中学生不仅在课堂上学习各种文化知识，课堂之外的实践活动亦是丰富多彩。学生的课外实践活动不仅包括走进自然、了解社会的各种游历考察活动；也包括各尽其能、各显其通的社会服务活动；同时也包括增进技能、体验生活的生产劳动。

一、增广见闻的各种游历参观

学校往往借助于假期解放学生，游览各地风情。因为学生平日长时间待在学校，虽然有不同学科来调剂一天的生活和工作内容，以免陷于枯燥。但这种变化和范围是有限的，时间稍久，便会产生呆板乏味之感。这个时期，如果能够另辟蹊径，经历些平日所未经历的，则生活会成为别番景象，充满着新奇和趣味。浙江省立杭州高级中学为鼓励学生探索之兴趣，规定每学期举行二次或三次游览名胜古迹。具体的操作由学校校自治会干事会负责，常务干事，及各班体育干事，负筹备之责。同时规定了游览时所需的准备及活动。“名胜游览，得随带乐器，摄影机，采集箱及卫生药品。名胜游览，得举行野餐会或茶话会。名胜游览之路程，通常以一天为度，并以放假日为原则。参加名胜游览之学生每次须缴记事文一篇，或于生活日记中记载之。”② 学生

---

① 钟叔河、朱纯编：《过去的学校》，长沙：湖南教育出版社，1982年版，第259页。

② 《学生名胜游览办法》，载《浙江省立杭州高级中学校刊》1934年第98期。

游览胜地，不单以娱乐性的参观为主，也需用文字记录以练习写作之技能。据南京女中校刊载：“本校将于四月三日起至八日止，放春假一星期；值此春光明媚、景物暄妍之候，学子利用休假，乐游郊外，殊有益于身心。本校学生，除师三幼二将赴外埠参观外，其余各级学生，现正结伴，将分别作远足之举。”① 天津扶轮中学的学生，为了游览泰山，则乘火车去泰安游历。“扶轮中学校代表赵有钦，带同学 170 名，于昨日上午，由津乘火车赴泰安一带游历，以广见闻。”② 旅行是变换环境的一种生活方式，学生们对这种动态的生活充满着乐趣。

图 5—15　江苏省立第六中学校三年级生校外写景

除了游览各地名胜古迹，参观学校、书报馆、机关单位也是校外参观的一项重要活动，通过异地学校的参观，不仅可以欣赏学校的外部空间布局，也可以了解学校的办学风貌等，同时可以建立学校友谊。江苏中学学生在教员的带领下赴津参观学校。“江苏省立中学校教员同学生二十余名到津前往各学校参观，昨日由教育厅通会津埠各学校预备引导参观。”③ 这些学校参观多以外地学校参观为主，如“广东省立一中教育考察团学生二十余人于四月二十日来南京女中参观”。④ 有的学校组织的观校团，不仅只开展参观活动，常

① 《春假远足预志》，载《南京女中校刊》1933 年第 10 期。

② 《学生游历》，载《益世报》1921 年 4 月 25 日。

③ 《学生参观校之盛志》，载《益世报》1920 年 4 月 16 日。

④ 《本月内各地参观团莅校汇志》，载《南京女中校刊》1933 年第 12 期。

常带领学校球队，与当地学校球队举行友谊比赛。“宁河中学自杜校长以来，对于校务改良不遗余力，于体育一门，尤大加整顿，闻近日成绩颇有可观，目前带领学生来津旅行并与官中、高工各校比赛篮球赛，次进京观光各校。”① 也就是说，学生参观的活动内容较为多元，其间夹杂丰富的项目。泉州私立中学的学生参观完杭州后，便在教员的带领下，来上海参观申报馆。“上月该校第二十六组旅行团出发前来沪杭一带参观游览，一行二十余人，由教职员率领，先往杭州，昨午后，由杭来沪，五时许来本馆参观，当即派员招待。”② 润州中学学生在校长的带领下参观法院。“润州中学学生前来函请求地方法院准予参观，经两厅长核准，前日上午十时许，由该校校长率领全体学生，齐检两厅，参观并旁听民事案二起。由该厅庶务领导至法院参观一周。”③ 通过身临其境地观摩聆听法院的开庭审案，学生们可以获悉相关法律知识，并明了法院的办事程序。

开办成绩展览会是民国时期一项重要的教育活动。开办学生成绩展览会旨在“开拓学生之知识，比较学生之技能，发其审美之心，作其竞争之气，故凡入场展览会会者，应以学生为主要”。④ 成绩展览会的展览内容一般包括学生、教师及学校相关内容的展览。属于学生展览的内容包括“国文、英文、算学、自然或理化等科目试卷，及自修笔记或日记美术工艺作品，及其他作业。属于学校的包括各校组织系统图、教职员性别、资格、服务年限等项目比较图表，学校经费支给比较图表，历年毕业学生人数及升学就业状况比较图表，在学学生人数、年龄、机关、家庭职业等项目图表，各项应用表册。其他可供陈列物品”。⑤ 1934 年，教育部开展了全国职业劳作展览会，其中中学校成绩片陈列之次序，“工艺：金工、木工、竹工、石工、黏土工、蜡工、骨工、雕刻工、通草工、石膏工、漆器工、陶器工、制革、染织、织物、机

---

① 《宁河学生来津旅行》，载《益世报》1920 年 10 月 3 日。

② 《泉州中学生参观本馆》，载《申报》1935 年 4 月 11 日。

③ 《润州中学学生参观法院》，载《申报》1924 年 12 月 25 日。

④ 庄俞：《京师中小学校成绩展览会记略》，载《教育杂志》1914 年第 6 卷第 3 号。

⑤ 《湖北省教育成绩展览会暂行办法》，载《湖北教育月刊》1934 年第 1 卷第 8 期。

械、印刷物、照片。农艺：农艺制造品、动植矿标本。家事：缝纫、刺织、编织。教具：科学仪器、模型、标本、生理化学等。各科教具及其他。”每个省都有独特的展览作品和特点，如“山东省中学劳作品则有生物模型、石工雕刻、竹柳等编物，尤以石刻为最工细，其他如理化仪器、幼童恩物、农具模型，俱甚有致，全部出品共 1864 件”。①

图 5—16　京师中小学校成绩品展览会

图 5—17　湖北省立第七中学学生展览作品

学生作品不仅展览于国内，有的作品还能远赴海外参加展览。湖北省立第七中学“六班学生二百二十八人，俱系初中程度，距省较远，灌输文明较为迟缓，此次比国独立百年纪念赛会，征求吾国教育出品，扬我国光，自应积极选择出品，以资表现文化之推进”。②

① 《教部主办之全国职业劳作展览会》，载《申报》1934 年 12 月 1 日。

② 湖北省档案馆：LS10-5-1274，《湖北省立第七中学杂案》。

除了自然体察、课内知识实践之外，社会考察也是重要的课外实践。社会考察不仅包括参观祖国的大好河山、欣赏自然之美，也包括体察民众生活，了解各地风土人情。很多中学安排学生进入社会，观察民情抑或进行社会调查。第四届全国教育会议议决规定中等以上学生假期以内必须进行各种调查。“吾国人素乏实地调查之知识，无数字统计之观念，近来虽时有各种行政上之调查，然多虚而不实，略而不详。而外人在我国之调查，则反多精确。我国人每欲兴一事，必假其书以为考察，是犹富家子弟目无产业库藏之典籍，而反就询于邻人，可耻莫甚。急宜令中等以上学校之学生，宜假期内就地练习各种之调查，一可以养成学生调查之能力。二可以唤起爱乡爱国之心，及振兴地方事业之念。三可以供国家社会调查统计，及学校教材之参考。调查种类包括乡土历史调查、乡土地理调查、物产调查、职业调查、教育状况调查、公共事业调查。”① 湖北教育厅规定学生假期期间进行社会调查，“青年学子，平日孜孜校中功课，对于社会民众，鲜有接触机会，因此关于社会情形，民间疾苦，大都漠然不知”。② 杭州高级中学规定学生假期期间需要进行社会调查，地方自治调查，乡土研究调查、采集，具体如下：

关于社会调查之事项：（一）工商业调查；（二）农产物调查；（三）新生活运动推进状况调查；（四）教育状况调查；（五）经济状况调查；（六）民情风俗调查；（七）社会卫生调查；（八）其他社会事业调查。关于地方自治之事项：（一）参加国民训练讲堂工作；（二）提倡指导合作事业；（三）举行地方自治宣传；（四）协助办理地方警卫及其他自治事项；（五）提倡造林筑路及垦荒；（六）训练民众运用四权；（七）指导生产技能；（八）破戒迷信。关于乡土研究之事项：（一）调查当地各种物产，加以研究；（二）征集当地土产品，举行展览会；（三）调查当地山

① 《中国教育事典》编委会编：《中国教育事典》中等教育卷，石家庄：河北教育出版社，1994 年版，第 963 页。

② 《汉各校学生年假工作报告及社会调查表》，载《湖北教育厅公报》1931 年第 2 卷第 7 期。

脉河流，交通水利，以及风土民情，加以研究；（四）调查当地古物古迹，风景名胜；（五）考察本地先贤先烈事迹，及有关文化之历史文献，加以研究表扬。关于采集之事项：（一）动物标本采集；（二）植物标本采集；（三）矿物标本采集；（四）其他当地特殊物产之采集。①

图 5－18　广东第一女子中学惠州西湖游行

很多中学安排学生参观工厂、商店等，如河北省立第七中学学生赴娘子关旅行，以图学生开阔视野。“本校为学生舒畅胸襟，增广见闻，创设旅行之举，本学期选定娘子关为目的地。并参观井陉煤矿，且下井参观，同学增长见识不少。”② 南开中学设置“社会观察课”，安排学生去工厂参观。上海中学规定假期作业大纲，除了基本的读书、写字的学习活动，学校规定学生假期期间必须践行调查、参观、采集和制作等活动。“调查本县风俗（习惯迷信）、产品、人口、古迹、交通、经济、教育、卫生、农工商等状。采集本地的名产、制作博物标本、史地挂图及其他教便物。组织团体（三人以上）参观学校银行、工厂、公司等作一报告。”③ 由此可以看出，中学生们在课余之际，

① 《本省中等以上学校学生假期服务办法》，载《浙江省立杭州高级中学校刊》1934 年第 104 期。

② 《学生赴娘子关旅行》，载《河北省立第七中学校刊》1933 年第 5—6 期。

③ 江苏省立上海中学出版委员会编：《江苏省立上海中学一览》，1933 年，第 57 页。

尤其是假助于假期期间，广泛接触社会，以期增广见闻。

二、提高生活技能的社会体验

中学生不仅课堂上学习文化知识，课堂之外的学习实践亦是丰富活跃。有的学校开辟农场，由师生亲自种植蔬菜；有的学校开设养殖课程，进行课外实践。“学校有个旁门靠近一条小河，河边有一长溜空地，分包到各班，每个班都要种这些地，在地上种上青菜，我分到的一排五六棵青菜就由我每天浇水管理。到收获时，菜都交到食堂里，由食堂加上年糕片煮了给大家分食。”① 广雅中学的学生“每周除讲授一小时农业常识外，余时均须到场地实习辟畦、除草、播种、移植、灌溉、施肥、除虫、收获等工作，间或往附近田间观察”。② 学生们走出课堂，走进大自然，学习日常的生产知识和技能，丰富了校园生活。广雅中学的学生在老师的指导下，学习一些手工技术。“制藤竹木各品之尺度，须依照导师之规定，故制出备品，形态均相差不远。由上以观，农作工作虽性质不同，而其可养成劳动习惯，经验农工生活，至各工作场每年由学生制成椅桌器物，为数甚多，如学生用之木桌竹椅，均拨给备课堂应用，藤竹器物，除供给校内各场所应用外，所余一部，存合作社征销场廉值销售，

图 5—19　中国学生应具有的三杆主义

---

① 许祖云：《青春是美丽的　续集》，北京：华夏出版社，1997 年版，第 51 页。

② 广东省广雅中学编：《广东省广雅中学》，北京：人民教育出版社，1998 年版，第 63 页。

以便员生及社会人士之购取。”[①] 学生们不仅体验农业生活，还学习各种生产技术，并将技术付诸实践，制造出各种产品，可谓是体验与实践的双重活动。

育德中学的“实习工厂”。育德中学学校附近设立一所工厂，名曰“育德工厂”，始创于1917年。当时四十余名贫困学生，组织了一个校外制梭工厂。因为在保定界内，居民家庭的织布工业很发达，需要织布的梭子非常之多。学生制这种东西售卖，可以补助学费。后来一位美国人名法斯特，到该校参观，对学生的半工半读极表赞同，慨然捐赠五马力煤油发动机一架。以后该校又陆续添购了机器刨子、机器锯、旋床等必需品，于是除木工机器略备外，关于锻炼翻砂亦都粗具规模。民国九年美人法斯特回国，又用贱价添购了旋床数架及十五马力煤油发动机一架。赴法勤工俭学的学生，因在这工厂有相当的学习，所以在法国做工，都很受法国人的欢迎。王卓然等参观的时候，见学生在厂中做工的约二十人，有翻砂做模型的，有熔铁的，有拿着铸成的东西钻眼的或刨光的。做出来的成绩，以新式水车为大宗。这个水车有甲乙两种，可以用人力摇动，使水由井中出来，价廉省力。据说已卖二百余架，很受社会欢迎。其次，则造有压棉花子的轧花机与取暖的火炉子等。从这工厂的大概情形看起来，学生很能习得一种实用的能力，前途很有希望。孟禄对这个私立中学款项很窘，竟能达到现在的地步，十分佩服赞美。[②] 可见，育德中学“半工半读”的办学模式培养了学生多方面技能。

萧乾所就读的崇实中学，同样也是实行半工半读的办学方式。该校设有地毯房、羊奶厂和印刷间。但是萧乾对机械性很强的地毯房不感兴趣，“我对地毯这个行业，一直没什么感情——或者说，我讨厌当时地毯房那个世界”。相反，他更喜欢与活泼灵性的羊为伴，所以做了一段时间的地毯徒之后，他决定改行，到羊奶厂去干活了。“我喜欢赶着羊群出安定门去放，也不讨厌天不亮就蹲下来一把把地挤那热乎乎的奶。我对那些瑞士羊是很有感情的。然

① 广东省广雅中学编：《广东省广雅中学》，北京：人民教育出版社，1998年版，第63页。

② 王卓然编：《中国教育一瞥录》，上海：商务印书馆，1923年版，第30—31页。

而，放羊也不是好干的活。天刚蒙蒙亮，就得把十六瓶奶装进袋里，让那八磅重量压在我的前胸和后背，从北新桥一直走到哈德门。……相比之下，我更喜欢羊圈的活儿。尽管气味腥膻，羊是很可爱的。妈妈死后，除了老姐姐，广漠的人间对我成为冰凉的了。每当我推开栅门，三四十只咩咩叫着的羊向我扑来，就不禁感到一种温暖，一种慰藉。有了儿孙的老羊沿着墙根漫步，像是在粪球中寻找食物，留下一溜蹄印。小羊则挤在一堆，蹿上蹿下，时而相互撞着小脑袋，吐着嫣红的舌头，煞是活泼有趣。"① 萧乾对放羊的工作很有热情，虽然每天要吸着腥膻的气味，但他仍感觉乐在其中，因为放羊挤奶的过程，让他感受到了有灵性的温暖，这也正慰藉了他丧母的凄凉内心。

三、实践活动产生原因及影响

民国时期中学生的课外实践活动之所以如此之丰富，主要源于两方面，一方面，鉴于学生所学知识与掌握技能相互脱节的现状；另一方面，则是美国实用主义思想的影响。参与如此之多的课外实践活动，学生们可以养成探究新知的能力，获得直接经验并掌握生活技能，以及增进社会理解。

1. 民国时期课外实践活动产生的原因。

其一，改善知识与技能相互脱节的教育现状。由于民国时期的中学教育，更多是以升学为主的知识教育，不甚重视适应社会的技能教育，从而造成学校与社会相互隔离。"近年来，吾国教育有一绝大病症，学校中之教育，每与社会隔离太远，若仅就表面观察，各种学科似亦繁然，蔚为巨观，然一究其实际，则能切合社会需要与实用者，仅甚鲜也。试放眼一观，今日社会上事业人数之众多，国人未有不茫然者，夫此种情况，究以何因而造成？探本究源，记者以为，此其病根，在教育制度之重心，未能注重国民生活技能之养成。学生一入学校，从事于书本中空疏理论之探讨与记忆，其于实际应用，竟茫绝无所得，此何异于科举时代文人咬文嚼字。"② 换言之，中学教育阶段主要以升学为教学重心，较少兼顾职业准备抑或社会实践的机会，导致中学

① 萧乾：《萧乾回忆录》，北京：中国工人出版社，2005 年版，第 17—18 页。

② 子骏：《教育部提倡劳动生产教育》，载《中央日报》1931 年 3 月 26 日。

生毕业即面临失业的危险。“本来教育的目的在于使人类能够适应社会环境，获得‘生’之能力，所以教育始终不应当与劳动分离。而现在教育之失败处，就在于教育和劳动完全分了家；学生在学校中是死读书，绝少和社会发生关系，更无机会参加生产工作。因此一般学子，数年在学，只是得到了些零碎的与实际生活毫不发生关系的死知识，一旦毕了业，不能够加入社会去做劳动的生产工作，反成了无业流民，社会多添些消耗者，这与本来的教育目的是相反了。”① 杨贤江指出旅行外出的方式，可以打通学校与社会的隔壁。“平日在学校里，无论怎样尽力讲究社会情况，社会弊病，终不免有点隔膜，难得亲切。对于这一点，倘使不加补救，则将来离开校到了社会里边去的时候，就要处处碰着困难，不是计划不适实际，就是同事不合协作，于是成功便不容易实现。旅行这种举动，虽然不能就此深明社会真相，但由于坐舟车、住旅店、吃饭馆、参观机关、探听故事、调查社会状况与民生习俗，以及一切眼所见、耳所闻，都足以获得深切的影象，终算已经跨进了社会的阈了。”②也就是说，旅行参观的活动成为学生接触社会，体察民情的重要窗口。

教育的目的在培养出社会需要的人才，由于学生在学校所学与社会需求相背离，进而给中学生增添了无限的苦恼与烦闷。某中学生评价当时中国的教育现状。“现在的中国教育是离开社会的，这悠闲的士阶级的学校教育难怪要产出一般高等流氓来！我是有血性的人，这常使我独自恼恨，但结果只使我起了更强烈的颓废。我的魄力呢！我那狮子般的魄力呢！”③ 为何学生有这番烦恼苦闷呢，从舒新城所做的访谈中可得知，他通过考察各地中学教育，得到的印象便是，“学生入中学原以升学为目的，在学校除预备升学科目，国文、英文、数学等，并不注意于职业课程，且亦无于毕业后谋职业的志愿。因家境或他种关系，毕业后预备入职业界，但学校并无职业的课程，更无职业的训练，即要谋职业，亦无适当的能力足以达其目的”。④ 有鉴于此，生产

---

① 乃一：《不要死读书》，载《中学生活》1934 年第 8 期。

② 任钟印主编：《杨贤江全集》第 2 卷，郑州：河南教育出版社，1995 年版，第 385 页。

③ 《学校生活的日记一则》，载《中学生》1931 年第 15 期。

④ 舒新城：《中学职业指导的先决问题》，载《教育杂志》1925 年第 17 卷第 1 期。

劳动教育、职业教育也开始受到重视。1929 年制定的中华民国教育实施方针中规定，“普通教育养成国民之生活技能，增进国民生产能力为主要目的”。1931 年国民会议规定：“一、各级学校之训育，特别注重于刻苦勤劳的习惯之养成。二、中小学教育应体察当地之社会情况，一律以养成独立之生活技能，与增加生产之能为中心。务使大多数不能升学之学生，皆有自立之能力。”①

其二，美国实用主义思想的外部影响。民国时期中学生的课外实践活动，除国难时期社会背景的大环境激发，另一主要原因，即是美国实用主义思想的影响。杜威的实用主义哲学是美国进步教育运动的主导思想。“经验”是杜威实用主义哲学的重要概念，他认为经验就是作为生命有机体的人与其自然和社会环境之间的相互作用，即二者的互动过程。据此，他提出“学校即社会”“做中学”等理念，并指出教育要以“学生为中心”“活动为中心”“经验为中心”的三中心论。“自 20 世纪二三十年代，受杜威教育哲学思想的影响，教育与社会的联系更加密切。当时教育者已知养成‘实用社会经验’的重要，因之学校中的社会生活有极大的进展，同时课外活动亦趁此风调雨顺的时节，放射其灿烂夺目的光彩。”② 这是杜威教育思想对美国学生课外活动的影响。然而，杜威对我国教育变革也是功不可没。一批留学美国，师从杜威的学生，如胡适、陶行知、蒋梦麟等人，成为宣传杜威思想的重要人物。尤其是 1919 年杜威来华讲学，更为宣传和实践实用主义思想提供了良好的契机。有学者就指出：“中学课外活动之所以开办地丰富多彩，原因之一就是受到美国杜威教育思想的影响，尤其是学校即社会、做中学等理念的影响。课外活动所以逐渐为教育界所关注者，则是受了美国杜威教育哲学之影响。最近学校对于这方面的工作，逐渐注意与提倡，就是因为这个缘故。”③ 中学生的课外实践活动正是在践行“社会即学校”“做中学”的教育理念。

2. 民国时期课外实践活动的影响。

第一，培养探究能力，奠定学业基础。课外实践活动给学生们带来了一

---

① 叶溯中：《劳动教育与职业教育》，载《教与学》1935 年第 1 卷第 1 期。

② 李相勖、徐君梅、徐君藩：《课外活动》，上海：商务印书馆，1936 年版，第 37 页。

③ 王丕武：《中学生课外活动问题之讨论》，载《河南教育月刊》1932 年第 2 卷第 9 期。

股清风，使学校生活免于枯燥乏味，同时，通过参加各种社会实践活动，可以激发学生们对知识的渴求，对生活的热爱，以及对未知的探究。廖世承指出参观的目的，“参观可以分为两种：本地参观和外方参观。参观第一要有目的，例如看了伟大的建筑，可以引起工程上的兴味；看了隧密的组织，可以增进办事上的知识。”① 换言之，通过各种校外参观，可以产生对事务探究的兴趣。如通过采集动植物，可以明了各种物质的机能及作用，探索大自然的规律。“蓄土壤、选种子、辨昆蠹则树优良而百物丰此，关于农业者，其一知酵母之作用以酿造酒类，考有机物之腐败以防罐诘，技术巧而制造精此；关于工业者，其二讲结晶以别种类，通地质则用力少而宝藏于此；关于矿业者，其三审物察形计良，以灌字母以便贩运则利倍三五此，关于商业者其四。凡此数端，无一不于博物学基之故。”② 通过课外实践的探索，习得的直接知识远比课本所授的间接知识深刻有趣。

参与各种游玩活动，不仅可以畅快淋漓地游玩，也可以激发知识探索的兴趣，一张一弛的文武之道，其效果更佳。据穆旦回忆：“南开中学经常组织学生到社会上参观，开展一些校外活动。穆旦利用这种难得的机会，对人们的生活仔细观察，深入思考，并遵循现实主义的创作方法，开始从事诗歌创作。因此，他的大多数诗作，起点就比当时一般青年学生要高出一筹，不仅事业开阔，内涵丰富，开掘也比较深刻。”③ 也就是说，穆旦之所以能成为中国现代诗的开拓者，其早期的社会观察也产生了重要基奠作用和深远的影响。某中学当局发起杭州旅行团，学生们乘机到杭州去观光，顺便考察沿线的风俗民情以及匪区农村吊臂的实况，但他们的任务不仅是去游一游西湖而已，他们所负的最重大的责任是实行社会学初步的探讨。如观察学生的穿着，“杭市的学生，衣服非常的整齐，仅是制服、制帽，皮带，可是并不剪光头，这，使我们相形之下，加倍的感觉惭愧”。例如通过观察杭州市人民的消费，了解

① 廖世承：《中学教育》，上海：商务印书馆，1924年版，第408页。

② 《采集动植物矿物之动机》，载《申报》1917年2月9日。

③ 陈伯良：《穆旦传》，北京：世界知识出版社，2006年版，第18页。

人民的生活现状，“人民的生活，大概很低，一元大洋可以换十二角小洋”。[①]

第二，获得直接经验，掌握生活技能。课堂内，学生们学到的多是间接经验；课堂之外，则可以获得更多的直接经验。一方面，可以从生活观察中学习各种知识。学生的旅游生活，也是学习知识的途径，可以从沿途风景、行走路径学习相关地理知识。如去上海旅游，可以分析成功一个大都市的理由。大都市的成立具备三个条件：“（一）交通便利，足为广大区域的运输中心。（二）附近物产丰盈，足供多量的制造或消费。（三）气候良好，没有乍寒乍热的突变。”[②] 课外旅游成为地理知识学习的有效途径。另一方面，通过实习劳作，获得各项技能。保定育德中学的学生，“每个学生以学一种工种为主，兼学别样。实习工厂主要生产丁字尺、三角板、卡钳、旋床等产品。学生通过生产实习，学习生产知识和掌握生产技能。解放后，北京中南海在一次维修时，刘少奇曾参加木工劳动，当时他对周围的同志说，他的木工技术是在保定育德中学时学的”。[③] 有的学生因地制宜，开发特色课程，掌握各种生活技能。“我们的功课中有一课农场实习，这并非空有其名的。我们在教室里讲到的材料，就要到农场上去实习。垦地的时候垦地，种麦的时候种麦，我们完全农民化了。校中的同学大多数是从乡间来的，对于种田的技能本来就会的，只有少数人，生来没有拿过锄头，这就受苦了；但过了一两个月后，也就没有什么困难了，这真是一种有意义的功课，一方面劳动，一方面研究学问。附近的乡民看见了，都露出了新奇的眼光。”[④] 从实地的农业劳动中，学生们学会了基本的劳作技能。而女子中学的课外生活带有女生的细腻特征，则是另外一番景象。“她们喜欢拿手工作消遣，手工中最受欢迎的是织活，因为织绒线活揣带方便，又可以随意织出花样来。”[⑤] 丰富多样的课外实践活动，使得学生们掌握各种才艺，增进多项技能。

---

① 齐思：《杭州旅行记》，载《江西省立南昌一中校刊》1935 年第 3 卷第 3—4 期。

② 臻郊：《从实际生活中学习地理》，载《中学生》1931 年第 13 期。

③ 中共保定市委党史办公室：《保定党史通讯专题资料汇编》第 1 辑，1986 年，第 9 页。

④ 徐金涛：《过去的学校生活》，载《中学生文艺》1931 年第 1 期。

⑤ 吴榆珍：《一个女子中学的课外生活》，载《社会学界》1933 年第 7 期。

第三，开阔学生视野，增进社会理解。郑晓沧曾指出："我们要于一切有意义的活动里，全部生活里，去培养勤奋有为的精神，适应支配的能力，利他的精神，互助的习惯。从农田工厂的参观，使知一粥一饭来之不易，与一丝一缕物力之维艰；从米店小菜场之访问，可知日用品之价格以及民众生活之一斑，比较我国与他国每亩生产量，我国与他国之纺棉锭子数，我国出入口之情形，皆足使见到我国生产之落后于经济的危机。……以及组织消费合作渐至生产合作，如均冠以积极有兴趣的精神，皆属良好的活动。而尤应注意者，即进行时，应时时存研究改良的心思，且须深切领会效率的意义，要使深深地知道生多用寡为疾用舒的生财大道，以及格物致知利用厚生的科学大赐予；不但知道，且身体而力行之。"① 通过参与形式各样的课外实践活动，可以开阔学生视野，体察各地的风土人情，增进学生对自然的热爱、对社会的理解。

图 5—20 南渝中学学生赴附近歌乐山旅行

阳春之季，南下领略江南之境，别是一番情致。励志中学组织去无锡旅行，领略江南风土人情，临别之时学生对这江南风景留恋不舍。当火车移动时，学生发出"这美丽的无锡，幽秀的无锡，雄伟的无锡呀！再会吧！——

① 王承绪、赵端瑛编：《郑晓沧教育论著选》，北京：人民教育出版社，1993 年版，第 200 页。

再会——我们这一别，何时再到你的怀抱里呢?”① 的感慨。除领略自然风情之外，也可以体察社会上的风土民情。如江苏无锡中学的学生组织去旅游，学生在观光旅游的同时，也观察到社会上的一些风土民情以及人们根深蒂固的思想。“我不知走到一个什么寺，最初入我眼帘的，是丛丛的人，说也可笑，个个都荷着大香，争先恐后地向大堂进发，施行他们的跪拜祈祷。还有许多无智之徒，不顾他们的头额，盛意哀求于泥塑木雕！呵！好傻啊呀！这样就可求得幸福的吗！我想世上决没有这样的事。求幸福不自己去求，来到这木偶前跪拜，好傻呀！自讨苦吃！所谓中国的新社会呀！迷信仍占据了这样坚固的垒堡。”② 通过亲闻所见，可以体察到具体的社会民情和社会现象。

苏州中学的学生参观火柴厂，理解劳动人民的辛苦与伟大。“指导员王先生领我们到一个切木机器旁边。光亮而洁白的锯齿，约摸二三寸长的齿尖异常锐利，狰狞地张开着，我的心房有些悸动！假如在机轮飞转的时候，在旁边看的工人失措，他一定要切成两段，血肉狼藉……我不敢再想了。”学生们在观看完劳动工人工作的场景之后，发出了“劳苦的工人，神圣的工人。你们是全世界的主人!”的深情感慨。当学生发现一堆纸钱灰的时候，问及工厂的工作人员，是何缘故。工人回答：“你们没有看到外边切木机器吗？昨天夜里，德生还在那里切木头，一不留心，锯齿把他的腿切断……现在他已经不在阳间了，切断腿便立即晕死过去。”考察完火柴厂后，使得学生们内心很复杂，感触颇多。“以后我每在擦火柴的时候，便纪念那位可怜为一根火柴而失生命的德生，脑海便浮起这样一幕的情景，眼前幻现出狰狞的锯齿，露着青筋的手臂蠕动，血肉狼藉的腿，屋后的纸钱灰。”③ 苏州中学的学生通过观光火柴厂，知道了劳工之艰辛与不易，更从内心中发起了对工人的崇仰。

---

① 汪鸣銮：《无锡旅行记》，载《励志》1936 年第 4 卷第 16 期。

② 王承绪：《旅琴杂感》，载《中学生文艺》1930 年第 1 期。

③ 徐东光：《参观鸿生火柴厂》，载《中学生》1930 年第 6 期。

第三节 社会服务：回报社会的先遣操练

杨贤江曾基于人性指出社会服务的根据，他认为："人类种种的事业、学问、思想，都是于人性上有所根据的。其中最重要的，就是本能。做社会服务的根据，就是社会的本能——并且是社会本能当中的互助本能的爱群本能。人间所以有社会生活的缘故，就因为人类能彼此了解，有共同情感，肯互相协力，由小群扩大为部落，再扩大为国家，渐渐进步。"也就是说，社会服务是人作为爱群本能的表现。而学生的社会服务，同样是群体生活的一部分，也是学生生活的重要部分。"服务社会是学生生活的一部分。学生生活甚多，有研究、听讲、运动、交际、各项会务……种种，而社会服务，就是新发现的一种生活。这种服务的意思，不是为毕业后到社会上服务的预备，实在就是当前的参与，他自身就是目的。"① 换言之，学生应该养成社会服务的习惯，不抱有利益性的目的，不是为了出风头、沽名钓誉。蔡元培在长沙兑泽中学的演讲指出："为社会服务，这也算是分内的事情，不一定要人家知道，只要求其如何能尽自己的责任，并且不要以此为出风头，沽名誉的器具。纵然人家不知道我，我也无须要人知道，这就是孔子所讲的'人不知而不愠'的意思。"② 社会服务仅是尽一份社会分子应承担的责任。

一、国难时期的社会奔走

为了挑起爱国先锋队的重任，国难时期的学生们纷纷走出校园，奔走疾呼于大街小巷。为了缓解国难、开启民众的爱国意识，他们组织了各种形式的募捐，散发各地进行爱国宣传，积极踊跃组织学生军进行军事训练，甚至有的学生走向抗战前线。他们的这种爱国行为，宛如一首拨人心弦的激昂之

---

① 杨贤江：《学生社会服务何以必要》，载《学生杂志》1920年第7卷第3期。

② 高平叔编：《蔡元培教育论著选》，北京：人民教育出版社，2011年版，第321页。

曲，打动着在场的每一位听众。如以下某女子中学学生服务的方法统计。

表 5—2 某女子中学学生服务统计表

方法	人数	百分比
捐钱	193	56.1
演戏	68	19.8
教主日学	29	8.5
教千字课	27	7.7
领青鸟团	15	4.4
领夏令儿童会	8	2.3
帮忙家人	4	1.2
总计	344	100.0

资料来源：吴榆珍：《一个女子中学的课外生活》，《社会学界》1933 年第 7 卷。

从以上女子中学服务活动的统计数据可见，首先，一半以上的学生通过捐钱的方式服务社会；其次，学生们借演戏、排演话剧等活动唤醒民众；除此之外学生们通过教千字课等方式进行民众教育。以下具体呈现学生的社会服务活动。

1. 组织各种形式的募捐。

近代以来，学生的主体意识逐渐增强。早在晚清时期，学生们便纷纷走向街头，组织各种募捐，并借此唤醒民众。学校传唱着“毁家抒难奠国基，同乐自由天”① 的歌曲，在青年学生的感召下，人们踊跃捐款，为了争取同乐自由而努力。民国成立之后，学生的国民意识开始强化，他们开始走出校园，用各种的方式组织募捐，以微薄之力救助国家之难。如有学校规定寒假时期，学生必须从事的事情之一便是劝募赈捐。“寒假之时期又到了，学生平日在学校里边和社会事业绝少接触，当此长期休假应该分其余时余力，为社会做些事情。这是青年当然要负责的。学生们在这个当儿尽力做去，一定可以得到

① 刘清扬：《天津国民捐和同盟会活动的回忆》，载《近代史资料》1955 年第 2 期。

很美满的效果。劝募赈捐，灾区域饥民遍野，现各地方虽着手筹赈，然所得总数有限，学生们应该利用这个机会，集合许多同志到各处去劝募，把灾民惨状尽力宣传，不论棉衣啊、金钱啊、米粮啊，都是和灾民有益的，务期多多益善。”① 学生们听闻灾区的惨状心痛不已，竭力设法筹募以期赈灾。如女中学生则利用手工之技，制作棉衣救助灾民。“女中学学生分会因鉴于近日天气已寒，灾民受冻，特于课余之暇，制成棉衣十七件，棉裤十条缴至上海学生会，面托转送本埠慈善团体，以便分给灾民，云杯水车薪亦可见该分会热心服务矣，沪上学生不下百数闻之想必有继起者也。”② 南京女中发挥女子中学的优势，在抗战的特殊时期为社会贡献微薄之力。“本校准首都妇女慰劳将士会函闻：以东北义勇军陷此冰天雪地，誓死抗战，爱国热忱，至堪钦敬；凡我国民，均应实力援助，藉壮军威。特决议赶制棉背心棉套裤等御寒衣物，运赴前方，并据本校调查学生人数，以便分配制造等。本校常复函照办，计领到棉背心棉套裤材料共两千套，即日平均分配在校学生，由全体女教师督促星夜赶制成功，为我爱国健儿服用云。”③ 虽然女生仅做了数量有限的棉衣，对于全部灾区的情况而言，仅是冰山一角、杯水车薪，但也算尽其所能、效其所力。

组建赈灾募捐会等团体。为了发起群力，学生们组建了赈灾募捐会。正如勒庞指出群体传染的影响力：“传染意味着群体将获得一种与个体的天性截然对立的两极倾向，如果不是出于群体之中，他是根本不可能具有这种意识或能力的。一个被群体传染的人会感觉到自己前所未有的强大，他的行动完全听凭另一种陌生的力量来主宰，这时候他的心中笼罩着的是一种悲怆的感情，这种感情会让他表现得完全像另外一个人。”④ 学生们在募捐会组织的引导下，爆发出前所未有的能量。“河北中学校长，近以西北灾民嗷嗷待哺，于

---

① 《寒假中学生的新生活》，载《申报》1925 年 1 月 15 日。

② 《女学生热心慈善》，载《申报》1921 年 12 月 13 日。

③ 《赶制东北义勇军寒衣》，载《南京女中校刊》1933 年第 7 期。

④ ［法］古斯塔夫·勒庞著，戴光年译：《乌合之众：大众心理研究》，北京：新世界出版社，2010 年版，第 11 页。

本月四日在该校大礼堂召集全体师生，发起西北赈灾募捐委员会若干，次日尤多。该校师生当仁不让，以后陆续认捐者，当更有加也。”① 上海敬业中学组建国民筹饷委员会，共分六队一行出发募捐。“敬业学生会依据第十六次执行委员会议决案组织国民筹饷募捐筹备委员会，委龚文焕为筹备委员，已于前日筹备就绪，即行出发共分六队。昨日结果约百数十元。据闻该校举行日期约二星期以后成当大有客观。”② 国香社中学向以尽忠国家，服务社会，教导学生，故学生对于民族意义，及应尽义务，非常清楚。“旬日前，一日运动已捐款一百元。此次援绥剿匪事起，又热忱援助，共捐集法币 288 元。”③ 在组织的带领下，学生群起勃发、奋力筹款，表现出学生们的主动性与自治力。期间，也曾发生了一些小插曲，如“捐款筒”的故事。④

组织演剧、游艺会等赈灾。很多中学成立的新剧组，通过上演新剧筹备灾款。以话剧著称的南开中学，利用其优势组织筹款活动。如苏、浙、鲁、皖四省籍学生得知家乡发生水灾后，便组建同乡会筹赈。定于“星期六晚七时，在该校大礼堂演剧，剧名是《一元钱》，票价分为三等价，一元、六角、四角”。在 11 月 12 日晚，该同乡会组织的新剧如期上演。据《益世报》详载：

南开学校苏、浙、鲁、皖籍学生，以该四省水灾甚重，募捐为艰，

① 《河北中学踊跃助赈》，载《益世报》1930 年 3 月 8 日。

② 《敬业中学学生会募饷成绩》，载《申报》1927 年 5 月 21 日。

③ 《本会中学生热心援绥》，载《上海青年》1936 年第 36 卷第 45 期。

④ 天津老西开私立中学某学生，全国急募赈款大会规定晚上九点钟关门，因办急赈事，延长一点钟，乃学生热心公益，竟有至时不捐者，某生于三号归校较晚，校门已闭，当将捐筒（二百八十号）带至伊家。因心力交瘁，睡至次日十一点钟始行起床，不料其小弟见其兄身负竹筒，以为稀奇，乘人不见，竟将捐筒背出玩戏，学生起床查问，已遗失无踪。学生不肯归校，伊父将伊送回，很觉抱歉，情愿赔出大洋三元以资弥补。此原无心之过，该校同人设想亦无别的办法，只好应允，粗心之处，答无可辞，然良心俱在，尚希原谅。学生的无意之举，丢失了募捐筒，自感身负之任尚未担好，无脸面归校见师生。最终，其父补偿该生丢失之损失，学生才应允归校。虽然竹筒因大意而失，但也能窥见学生因募捐之事的自责与愧疚。《募捐学生之误失捐筒》，载《益世报》1921 年 3 月 10 日。

乃组织游艺会，于本月十二日晚七点钟开幕。首由该校军乐队奏乐，次主席致开会辞毕，张辑五先生报告剧名为《一元钱》，以及剧中情节，鼓掌雷动。至第二幕训子及兄弟分别情状，台下抹泪者颇众。缘该校演此剧传神之佳，非世间剧所能做效。第二幕告终，有该校教务科主任演说，大旨云游艺会纯粹本校四省学生牺牲许多光阴组织成功，希望集资拯救灾民，以尽其为学生之责任，但学生力量薄弱，获果希微，当为各慈善家是赖。演说毕，有赵太太首先捐洋五元，交与会场，维持秩序之童子军、主席登场为灾民道谢。又有十余位慈善家，慨解仁囊，纯系自由捐款，并非劝募，殊可令人起敬。第三幕，火焰炎炎，红光烛光，情状如同逼真。第四幕布景雷雨交作，雷声隆隆，几令人如身临其境。是日，新剧之家无不精神奋发，并由大学资助与。一时音乐悠扬，万声俱静，令人心旷神怡，学生之服务社会纯属可佳。①

图 5—21　《一元钱》第七幕《合好》

四个省籍学生组织的《一元钱》，表演得声情并茂，并深深打动了在场观众，与此同时，台下观众深感学生服务社会精神之可歌可赞，于是便纷纷解囊，支持学生的募捐活动。金陵中学部与大学部的学生组织救国募捐游艺大

① 《南开学校演剧助赈志盛》，载《益世报》1921 年 11 月 16 日。

会，救国募捐游艺大会于4、5日两晚在大礼堂举行，第一日为平剧，第二日为话剧，间以中西乐节目，两晚卖座甚盛，券资尚无确实统计，大约在一千三四百元之上。两晚节目演出，午夜幕终，而观众散者无几，足见戏剧团力之大。金陵中学的学生为了筹款充军，特举行与大学部的足球比赛，“票资所得，悉充东北义勇军军费”。① 有的学生为灾区筹款，丢掉学生的清高架子，沿街乞讨。“1921年3月5日，苏州各学校举行旱灾募捐，所有高小以上之学生均手持瓦制之储钱罐（俗名聚宝罐），沿街乞募热心公益，毫无厌态，堪为我国青年学子之最高美德。作者密查，我国学生之心性无论何事，立志坚决且举动文明，不越常轨，似非弱国所有之国民。下午见华英中学学生募捐，予取小银元一角付之，旁有一人，学生亦向伊募捐，不意此人竟不捐一钱，反怒目而视，予见之骇怪良久。”② 发文作者见学生乞讨之状，被其奉献精神深深折服，并由衷产生敬佩，但也有冷漠的社会民众对此不屑，不仅未对学生的这种善行表示同情，反而怒目相对。这也是为何接受过新思想之后的学生，以不同形式启迪民众的爱国意识。这也表明学生意识到“救亡的局势、国家的利益、人民的痛苦，压倒了一切，压倒了对个体尊严、个人权利的注视和尊重。国家的独立富强，人民吃饱穿暖，不再受外国侵略者的欺压侮辱，这个头号主旋律总是那样地刺激人心，萦绕人耳。个体的我在这里是渺小的，它消失了”。③ 也就是说，个体的尊严和权利，相对于国家而言，都是渺小的，甚至可有可无的。

该时期学生的“国家”意识开始升华。学生们助赈不仅局限于对中国国难的解助，他们对于其他国家的灾民，同样抱着同情的态度，并视他们为亲近的世界国民。“扬州第八中学的学生于1919年1月19日，第二学期始业式校长训话后，宣布上海红十字会来函，略谓欧洲难民散布于西伯利亚一带，

---

① 南京市金陵中学编：《南京市金陵中学》，北京：人民教育出版社，1988年版，第63—65页。

② 《记学生募捐之可敬》，载《申报》1921年3月19日。

③ 李泽厚：《中国现代思想史论》，北京：生活·读书·新知三联书店，2008年版，第30页。

有五十万人之多，当此严寒必致冻死，如愿以寒衣赠送者可签写数目，各生欣然捐助，极形踊跃。现有大小棉衣百余件业经完全缴到，旦暮派人送上海红十字会转寄。”① 扬州八中的学生听闻欧洲难民的消息之后，深感同情，于是便踊跃捐助大小棉衣数件，以期救助危在旦夕的欧洲灾民。

2. 启蒙民众的爱国宣传。

其一，抵制外货的宣传。该时期学生抵制外货主要以抵制日货为主。抵制日货的举措实属发泄辱国之仇恨，表达爱国之情感。而抵制日货运动中早在晚清时期，便已有其为。如1909年，日人强修安奉铁路，社会各界大肆宣传日人欲图瓜分中国的野心，于是各学界师生闻讯而动。湖北、直隶、福建等省份的学生“群起反对，不上日本教员之讲堂”，② 同时各地散发传单，开展抵制日货的运动。1915年发生了丧权辱国的“二十一条”事件之后，国人无不愤慨仇怨，于是再次掀起了声势浩大的抵制日货运动。如澄衷中学的学生描写了抵制日货的缘由，“民国四年，彼日人者，乘我国基未固，胁认二十一条件，侮我国民，夺我海港，及种种亡国之计，施之吾同胞。吾同胞热血尚存，岂有肯莫尔而息乎。唯武力既不能敌，交涉又不能胜，乃出消极之策，抵制日货。是我国民之怨恨日人，固无以复加矣”。③ 之后，随着日本侵华的加速，各地学生闻风而起，掀起了一次次抵制浪潮。

学生的抵制日货方式很快从口头书面转向实际行动。浦东中学学生为了宣传反抗日货，提倡国货，特发函各学校，具体内容如下：“青岛问题危在旦夕，青岛亡则山东亡，是中国亡。其势诚急，抵制无法，唯不用日货而已。日本出产品销行我国占其大半，希望贵校发起抵制日货会或劝用国货会，如有购日货者，与以相当之对待，并希印刷广告张贴，以使我国四万万同胞一律抵制日货。”④ 通过书面致函的形式，浦东中学学生希冀唤起兄弟院校的爱国意识，协力团结一致抵制日货。也有学生成立了救国团，宣传国货运动，

① 《扬州第八中学生捐助棉衣》，载《申报》1919年1月25日。

② 《即此可以抵制瓜分乎？》，载《大公报》1909年11月28日。

③ 陈尊道：《救济日灾与抵制日货》，载《学生文艺丛刊》1924年第1卷第3期。

④ 《浦东中学劝用国货会致各校函》，载《申报》1919年5月15日。

以文字的方式制定国会的简章。如广平中学救国团规定："第一条，提倡国货，抵制日货；露天演说，唤醒同胞；联络本校同学及各界热心志士。第二条，本会事业之种类：调查，调查日货之种类；研究会，研究关于各项之进行；劝导同胞提倡国货以激发爱国之思想；讲演，定期讲演、临时讲演、出发讲演、学校讲演。"① 为提高国货普及展览，并为使一般学生对国货有提倡兴趣，实行服用起见，上海市各学校特举办国货流动展览会。如上海务本女中为了宣传国货，特组织了国货流动展览会。"昨在务本女子中学校举行，参观学生及校外来宾实2000余人，下午举行服用国货座谈会，为引起学生服用国货兴趣，特在场举行猜字、猜句比赛，学生猜中者颇多，兴趣极浓，并赠送精美出品。"② 在一系列的唤醒启发运动下，学生们按捺不住爱国的热情，他们便不再避守在校园之内，而是走出校门开展实际行动。

图5—22 上海女中学生宣传抗日情形

随着学生走上街头，抵制日货被抽象为爱国的一个具体手段。抵制日货运动，做得很有声势。学生是这种事业的领导者，在洛阳组织了一个豫西学生联合会，会的任务是专门发起抵制日货运动。抵制的方法，除了各校学生分组执小旗到各街道各乡村演讲以外，还有清查日货。学生联合会与当地邮局和火车站定条约，凡是北京天津等处寄到洛阳商家的邮包或运件，都由值

① 《广平中学校救国学生团简章》，载《益世报》1929年6月19日。

② 《国货流动展览会》，载《申报》1934年9月20日。

日在邮局车站的学生盖上“待验”的戳记。商家取回这样的包件后，须待学生联合会来查验时才得启封。如验前私自启封，便以贩卖日货论，严重处罚。这办法自然有害于商人。但因那时候内地商人无组织，不知怎样对付学生，多以他们只好事事听从学生的命令，见查货学生来时，满面笑容相迎，唯唯称呼“先生”。对于学生自己而言，采用国货最明显的方式，便是穿着国货质料的制服。教育部曾发文规定各省市学校学生一律着国货制服。如安徽省教育厅鉴于各中等学校学生制服，向不整齐，教育厅遵照规程，并依据本省中等学校学生家庭经济状况，详加研究，拟定本省中等学校学生制服标准，材料一律取国货棉布。[①] 通过穿着国货的制服，可以加强学生们的国货意识。

其二，唤醒民众的爱国思想宣传。在北京贝满中学读书的冰心，得知“二十一条”的消息之后，也加入到了轰轰烈烈的爱国运动之中。“我们也是群情愤激，和全北京的学生在一起，冲出校门，由我们学生会的主席，斋四同学李德全带领着，排队游行到了中央公园（现在的中山公园），在万人如海的讲台上，李德全同学愤慨陈词。我记得她愤怒地说：‘别轻看我们中国人！我们四万万人一人一口唾沫，还会把日本兵淹死呢！’我满怀愤慨地回到家来，正看见父亲沉默地在书房贴上一张白纸，是用岳飞笔迹横写的‘五月七日之事’六个大字。父亲和我都含着泪，久久地站在这幅横披的下面，我们互相勉励永远不忘这个国耻纪念日。”[②] 冰心进入到贝满之后，同学生们一起游行演说，心中涌起了强烈的爱国感，加上父亲的感召，这种情感更加浓烈。

五四运动爆发之后，北京爱国学生运动高涨，武汉三镇的青年学生也举行声势浩大的游行示威，积极地投入了五四运动，正在武昌教会学校读书的董纯才，被北京和武汉地区进步学生的爱国热情所激励，受到深深震撼。他从这些爱国学生的身上看到了光亮，找到了榜样。他觉得自己也心潮激荡，热血沸腾。他也加入了学生游行示威的行列。当他随着游行示威的人群高呼

---

① 《令发中等学校学生制服标准》，载《安徽政务月刊》1934 年第 2 期。

② 冰心：《世纪之忆：冰心回想录》，北京：北京航空航天大学出版社，2009 年版，第 69 页。

斗争口号的时候，觉得自己已经像一名战士，感到无比自豪。[①] 1925 年五卅运动爆发之后，学生们的爱国思想更是受到了激发，他们在各地此起彼伏地开展着爱国运动。上海大夏大学附中学生会为五卅周年泣告全国同胞，“我们明白了列强的行动与国贼的暴戾，同时又要认识到我们绝对不能梦想列强之慈悲与国贼的觉悟，而我们绝对急需全国同胞强有力的组织与大部分的团结，为祖国作有意义有目的长期奋斗，去打倒军阀，去抵抗列强，去建设全民福利的国家”。[②] 1931 年上海的各中学，包括正风、浦东等校抗日救国会宣传部男女学生二百余人，昨晨分批由沪往苏，城内外各热闹街市，演讲国难，并散贴传单标语，以唤起全苏民众一致救国。[③] 即便该事变发生多年，学生们仍不会忘却国耻，举行周年纪念。浙江省立杭州高级中学“本年九月十八日为‘九一八’五周年纪念日，是日晨五时三十分，全校师生集合前操场，举行纪念仪式，由校长主席报告，语多沉痛，听者动容。是日全校师生并素食一天，所节经费，将移购军械用品”。[④] 该校师生用“素食”的方式，表达对该事变的纪念。

3. 积极投身军事训练与革命前线。

组建学生军。在山河一片狼烟的国家危难之下，学生们不甘于规守书本知识的学习，他们也想参与军事训练，于是便组建学生军，增进我国的国防实力。组建学生军的意义包括：第一，可以增强学生的爱国心。学生军是实施军国民教育的初步，而军国民教育是提倡“国家观念”的一种具体方针。第二，提高学生的纪律性，实行学生军制度，可以强化学生团结的意识，避免养成学生一盘散沙的现象。第三，学习一些军事常识，通过学生军的训练，可以学习相当的军事知识和技能，以备战争所需。第四，可以锻炼身体，增

---

① 方晓东等：《董纯才传》，北京：教育科学出版社，2012 年版，第 10 页。

② 《学校之纪念》，载《申报》1926 年 5 月 31 日。

③ 《上海学生在苏宣传国难》，载《申报》1931 年 11 月 1 日。

④ 《举行“九一八”五周年国难纪念会》，载《浙江省立杭州高级中学校刊》1936 年第 153 期。

强身体素质。学生军制度可以成为学校体育教育的有利补充。① 第七届全国学生代表大会认为，组织学生军为反帝国主义运动之一部分工作，并制定颁布了《全国学生军组织大纲》。制定该大纲的原则为，“全国中等以上各校学生，应组织学生军，请求军事教育，以为领导民众，武装起来，以革命手段，打倒帝国主义的准备。但学生军不可只限于练兵式操，须特别注意各项军事学识之研究”。② 各地学校的学生军纷纷建立。江苏省立上海中学的学生军办理卓有成效。“自训练总监部委派军事教官曹文麟以来，积极整顿训练，较前更著成效。昨日下午二时，在该校高中部大操场举行全校学生军大检阅，到场学生军三百余人，检阅官为郑西谷校长，参加检阅者，有本校教职员二十余人，先行阅兵式，次行分列式，最后操演术科，一时军乐洋洋，步伐整齐，威壮慷慨之气，布满全场。虽当时细雨濛濛，而军容整齐，丝毫不懈，操演既毕，复由郑校长及训育主任张继行、军事教官曹文麟相继致训，历三小时之久，始行解散。闻该校学生军，不日又将举行野外演练云。”③

实行军事教育。1928 年国民政府规定高级中学以上学校军事教育方案，规定凡大学高级中学及专门学校大学预科并其他高中以上学校，除女生之外，均应以军事教育为必修科目。军事教育之目的，在锻炼学生心身，涵养纪律服从负责耐劳诸观念，提高国民献身殉国之精神，以增进国防之能力。军事委员会派赴各校服务之军事教官，应该受各该学校校长之指挥监督。军事教育之时间为每年度每星期实施三小时；每年度暑假期间，连续实施三星期严格之军事训练。军事委员会须随时派遣检阅官，检阅各学校教练实施之情况，必要时予以所要之指示。④ 教育部于 1936 年 12 月制定了《高中以上学生军训管理办法》，对学生实施严格的训练。军事训练为什么要集中在中学生的身上呢？厦门同文中学衷浩同样这样解释：“小学生的年龄和学识，是不容许他们负这责任，是毋庸解释的。大学生自然应负这责任，可是他们的在学时间不

① 《组织学生军的意义》，载《南洋周刊》1925 年第 7 卷第 3 期。

② 《全国学生军组织大纲》，载《中国学生》1925 年第 5 期。

③ 《上海中学学生军大检阅》，载《申报》1930 年 3 月 29 日。

④ 《高级中学以上学校军事教育方案》，载《大学院公报》1928 年第 1 卷第 9 期。

多，不久便要侧身社会，甚至有的开始负荷生活的重担，且大学生的读书时间，不是在讲授的时候，是课后在图书馆中的埋头自修，如果要把他们从书堆拉了出来。那未免顾此失彼，两俱无益。是以不专责重于可能的中学生，因为中学生有充裕悠闲的时间，可望他们宽心学习而得到良好的成就。中学毕业之后升到大学时，可以作深一步的研究，不升学的话，社会上也可多得个具有军事学识的分子。”① 意即无论是在时间的分配，还是所处的阶段而言，中学生实行军事训练都是较为适宜的时期。

图 5－23　江苏全省中学生军训总检阅

军事训练之场景。江苏省立盐城中学学生军训的场景如下：“学生生活、礼节亦俱采用军事化，高中二三两级，于十二日举行实弹射击，全班成绩优良。而尤以高二学生射击三弹中靶点的总点 26，且三个弹孔联成一线，实属难能可贵。据是日到场照料射击之县警察大队班长称，即在军队中，亦不多见。”② 北平志成中学，学生暑期军事训练自放假即行开始。该校军教官某君，十分认真，自开始训练以来，即曾一次实弹射击，成绩颇佳。学生于此类天气之下，虽受此严格之训练，非但不觉痛苦，极感兴趣，并讲复兴民族，此为实际需要练习。③ 两学校学生的实弹射击训练，均取得了良好的效果，且学生们参与训练都极为踊跃。一般初中实行童子军训练，高中实行军事训练。

① 衷浩：《军事训练与中学生》，载《同文学生》1934 年第 5 期。

② 《省立盐城中学之猛进》，载《申报》1934 年 1 月 11 日。

③ 《志成中学校军训成绩颇佳》，载《中学生活》1934 年第 4 期。

河南开封豫中“每班每星期有军训课四小时。高一编为军训队所习的是徒手教练。高二、三年级编为模范队，所习的是持枪教练。每逢上操，则全副武装：打裹腿，束皮带，披子弹袋，挂水壶，干粮袋。手中还拿一支洋枪”。①江宁中学实施的军事教育分为五部分，包括入伍训练、常规训练，集中训练、紧急训练、野战训练。具体训练内容如下。

1. 入伍训练。童军方面，每学期初次入校的新同学，有二至四个星期的入伍训练。此期中，纯粹的受初步的童军训练，这好像军校里的入伍生受训一样，每天操场上的制式教练，通常为二小时至三小时。期满后，他们对于基本的童军生活，有了相当的经验及兴味了，于是乃由入伍期的训练过渡到常规的训练。

2. 常规训练。此期中童子军正式的受童军教育，按级学习。“操场”、“讲堂”、“野外”并重。在高中师范科的学生，男同学是受严格的军事教育，过去的一年，每星期有三小时军训。到了最近的一学期来，每周增至十四小时（术科占50%，学术占30%，军事看护占20%）。女同学及全校的女童军，则一律要学习军事看护。而实习与理论并重。在去年下半年，师范科的同学，曾用一学期的时间，自动的和男同学在操场上受制式教练。所以她们不但是具有祭酒的尝试，而且尚有作战的准备哩！这种常规的军事生活，一直到现在，仍然是本着“不例外”，“不间断”的两原则上去做，总是天阴下雨，操场上不堪操作，然而在教室内仍是要听教官的军事的讲演。此种常规的训练，其目的在使我们正式的获得军事生活的习惯，基本的军事常识；以及养成绝对服从的性质，卫护团体的观念。现在我校师生同学间如此的“和睦”、“礼貌”，未始不是常规训练的功效。

3. 紧急训练。为养成同学应付紧急事变能力，我们每月乃有一二次的紧急集合，但紧急集合之时间，我们是不知道的。而每月举行的次数，

① 田觉民：《开封豫中中学学生生活》，载《青年月刊》1937年第4卷第6期。

也不一定。时间有在白天，有在深夜，有在上课时内，有在运动时中，总之，每次的演习都是出其不意的。当那紧急号令下来时，全校师生一声不响地保持着“静肃”的空气，用“迅速”“沉着”的行动全副武装，齐向号令所指的地点集中，听候训令，吩咐，记得在去岁大雪纷飞的隆冬行之最多，原因就是要训练我们有“沉着”而“迅速”的行动，能在任何的环境里，不受天时地利的限制而能应付紧急的事变。此外尚有一种日常的紧急集合，这不限于有军事的行动，只要我们一听到紧急的钟声，立刻要丢开一切工作，向集合的场地集中，这就是每星期日检查内务后准备服装检查，及各种集会等的集合。比较起来，要以这一种为多，所以我们同学通常的“行走”，就是“快步”或“跑步”。

4. 集中训练。高中师范科的军训同学，在去年四月至七月间，全级曾参加首都学生集中军训三个月，那时我们的生活是由校集团而转到大集团的活动；就军队讲，我们由小部队的教练，变为受大部队的教练了。此期中我们不独在理论上，技术上，获得了相当的军人生活的要领，尤其是能获得到集中的观感与统一的思想。

5. 野营及野战训练。集中训练期间，我们每周至少有两次野营生活，每月至少有一次野营活动。这种生活继续到我们出队及回校后仍保持着这种记录，童子军亦然。我们过着此种生活，觉得它特别的富有一种“生之活力”。每当野营之际，我们都很欣然的分担了各项工作，分头去干，有的做厨师，有的做伙夫，有的任采办，而有的负责警戒。谈到野战训练，则其方式很多，有借越野赛跑来练习，有借爬山比赛来练习，有的做追踪，有的做侦查……，而通常多在野外勤务演习时，举行野外站门教练，为最生动。有时接连的几天都在作着“旅次行军”、“宿营”、“搜索”、“警戒”以及“尖兵遇敌”等动作。至其“实弹射击”、“空泡演习”则是常举行的活动。①

① 张耀南：《非常时期的江宁中学学生生活》，载《江苏教育》1936年第5卷第8期。

图 5－24　河南女中学生之露营

军事训练过程中，训话也是必不可少的内容，旨在强化学生的国家意识、服从意识等。北平市一中的一名学生回忆睡前训话的场景，临睡前学生们在哨声的召集下整齐地站在院中，每个都笔直地立着，像木偶、像石像，静待教官的训话，教官在分队长（学生充任）的一声“立正”之后，开始训话了，态度是那样严肃并透着诚恳的：“诸位一刻不能忘掉的，是我们国家所受的凌辱，民族所受的欺压，尤其是自己的足下所立的是个什么地域，日常在街头纸端所看到的仇敌对我们的无礼的蛮狂！诸位是民族先锋队，是救亡的战士，肩头的负担是重大的，希望是无限的；所以，大家要再接再厉，锻炼自己，充实自己，在战争的知识方面，技术方面……不久的北平市学生军训模范队的选拔，我敢保送你们去参加，去作救国战士的最前锋的队员！这不足自傲，是现在中国青年应有的精神！是诸位过去奋苦的代价！诸位能更进吗?”“能!”群众雷似的应声，显示了这种认识上的坚决。“诸位认清了敌人!”“认清了!”“中国国民党万岁!”“中华民国万岁!”① 睡前进行问答式的训话，依然能唤起学生们抗日救亡的激愤，学生们都心潮澎湃，高声回应着教官的提问，表明学生们希望能奋勇杀敌、保家卫国的决心。

军事训练的效果。一些学校在经过一段时间的军训后，取得了良好的效果。如江苏某校实施军事教育后所取得的成效：“1. 政治国防等演讲，时常予青年以沉痛深刻的刺激，故对于民族意识、国家观念，日益浓厚，以往一切私而忘公的劣根性，渐形消除可于日常生活中窥见之。2. 黑夜行军，不定期的在深夜集合，向郊外出发，虽值狂风暴雨，仍能整队而归，决无畏缩之态或不愉快的表现，和数年前温文尔雅，自命为劳心不劳力的公子哥固不能

① 即依：《北平市一中的学生生活·训话》，载《青年动力》1937 年第 2 期。

同日而语，即与现役军人相提并论。3. 全县举行防空演习，实施灯火管制时，地方秩序和指导民众熄灯防毒事宜，俱由受训学生主持，有条不紊，这种勇敢机警为公服务的精神是最近期间多养成。”① 通过一段时期的军事训练，学生的爱国意识得到强化，团体协作的能力得到加强，以及养成了大无畏的吃苦耐劳的品质等。

图 5—25 宋庆龄和上海南洋模范中学童子军合影

投身革命前线。虽然同学们都在利用宣传、游行、组建学生军等方式表达着爱国热情，但有的学生还是难以抑制心中的愤慨，于是便弃学从戎，走入抗战一线，为国献力。“东路事起，赤俄侵我疆园，凡属于国人无不愤慨，而东北民众，以见闻较近，尤视为不共戴天之仇，忍抛家庭往投军。东北之学生军，已如雨后春笋，各地多有组织。有中学生周某，亦慨然加入，每日在校操练。其母事闻，以其体弱，坚令其退出，而周不从，母不得已乃往校中商于其师。周闻之立往母前，捶胸顿足曰，吾体弱，军队生活固知其不能，但暴俄蚕食而来，与其为之蹂躏而死，毋宁与之战死之为愈也。吾有长兄，已能养母，请从此绝。吾志已决，吾实不愿以家庭之累，阻我为国行动也。母闻言，更涕泣哀劝，周置不理。母无如何乃归。曩日，周于星期必归省母，

① 王义珏：《中学生与非常时期军事训练》，载《江苏教育》1936 年第 5 卷第 8 期。

自是后已绝不一返，真个离家投军矣。”① 周生投身革命一线的决心已定，其母的劝说仍无济于事，可以看出周生舍身报国的决心与斗志。很多学生投军战场，都是不辞而别，学校与家长都预先未知其动向。“大夏大学附中学生钟天铎，家住本埠，年仅十七，生性刚直，兹因东北烽火紧。激于义愤，不忍坐视国土陆沉，乃有投军之意，于本月是日向其同学章君借银数元，托辞至一如照相馆摄影，一去已数日，尚未回校，家中亦不知其去向。”② 这种行为一方面表明学生同仇敌忾的爱国之心，以及勇于奉献救国的大志；但另一方面也表明，青春期的中学生容易冲动盲目，对于很多决定较为盲目草率，未得到学校与家长的同意与知情下，而擅自决定上战场杀敌，导致多天杳无音信。

图 5－26　北京师大附中女生救护队

学生爱国心切，但有时表现出一定的盲从和轻率。廖世承指出：“在爱国运动激烈的时候，没有一个中学生不希望我们告诉他怎样救国。不过你同他说，救国须有真实的学问，强健的身体，他总以为你是老生常谈，迂远不切事情。如果你同他说，直截了当的救国方法在全民革命，在打倒强权，在铲除军阀，他必定五体投地的佩服，说你是爱国健者。但是你问他怎样能全民革命，怎样能打倒强权，怎样能铲除军阀，他便不理会了。”③ 也就是说，青春期的中学生，对于爱国、救国的规劝话语不屑一顾，反而对那些斗志昂扬的口号语充满着极大激情。甚至少数学生把爱国作为出风头之工具，言谈举止都过于激愤。时人揭示出这种现象，“诚以青年为国家的元气，国家的命脉，所负的使命，是何等重大。我们应该怎样的修养学识、锻炼身体可以担任。应付困难只一鼓作气，慷慨激昂喊口号、贴标语甚至整日的抛弃书本，一窝蜂的集

① 《东北民众之爱国热》，载《申报》1929 年 9 月 22 日。

② 《大夏学生钟天铎投笔从戎》，载《申报》1933 年 1 月 14 日。

③ 廖世承：《今后中学教育的问题》，载《教育杂志》1925 年第 17 卷第 6 期。

会游行，这不但丝毫无补时难，反而且把青年时代，最宝贵的光阴做了无谓的牺牲，得不偿失，岂不可惜吗？何况其中还不免有一二不肖分子，利用机会，空博爱国之名，而出风头之实，议论非常激烈，行为不免越轨”。① 换言之，学生的救国信念、救国行为要理性思考、谨慎行之，不能人云亦云、顾此失彼，以牺牲学业为巨大之代价。

二、提高民智的文化教育

中学生担负着实施平民教育的重任。20 世纪 20 年代，大江南北掀起了一场轰轰烈烈的平民教育运动。广大民众有史以来，或者无教，或者误教，仅接受了封建伦理道德教育，却从未接受过科学知识的教育。中学生作为中坚力量，自然要承担平民教化的责任，且成为一项普及的任务。“中学生应努力的两事，一则就是应当努力于青年本身的修养，和学术的研究，其次于余暇的时间内，更应协助谋民众教育的普及。”② 赵廷为在《教育杂志》上发表《中学生办理平民学校的价值》一文指出：“平民学校的办理，是许多中等学生所可从事的，有意义的，有社会价值的活动中之一种。自服务的立点而言，这种服务对于社会有积极的价值。我们可以说，知识的不普及，是我国现今社会上最不良的现象。如果我们欲实现一种更好的社会，像孙文的三民主义之实行，我们最大的障碍是一般平民知识的不足——是一般平民不能由主义的了解及自身利益的觉悟，而给予我们以有力的、积极的、适当的合作。固然平民知识的普及是人所共识为重要的事业，但是在此军事时代，所谓人民的政府皆无暇顾及于此；且因经费筹措之不易，即军事一旦结束，我们也不能希望政府于平民教育像对于学制系统内的学校教育一样地注意。所以各处中等学校的学生，如果本着服务的理想去办理平民学校，实在足以供应一种急迫的社会的需求，而对于社会做最根本的贡献。”③ 简言之，中学生从事平民教育的工作，是社会所急迫需要的、适宜的事业。

1925 年申报上刊载的一篇《寒假期中学生推广平教办法》的通知，该通

① 《关于学生工作》，载《申报》1932 年 1 月 22 日。

② 杨企静：《训政时期中学生应努力的两事》，载《认识》1931 年第 5 期。

③ 赵廷为：《中学生办理平民学校的价值》，载《教育杂志》1927 年第 19 期第 5 期。

知指出学生假期回乡实施平民教育的前期准备、宣传方法等。放假前数日，先与本地或本省的平民教育促进会或总会接洽，索取关于平民教育印刷品为回乡宣传之材料；如本地或附近之平民教育促进会有为推行平民教育召集讲习会之举，放假学生尽可参与；放假回家学生对于推行平民教育应行工作事件极多，总须因地制宜、随时应变。今将其主要事件列下："放假回家时可将平民千字课教给家中不识字者；与亲朋会面时，可将平民教育之需要与推行方法作谈话的资料；如遇本乡有名望的绅董或行政人员应鼓吹平民教育的重要，促其组织平民教育促进机关；联络同志乘本地市集或庙会的机会对大众演说；假满回校时可将假期内推行平民教育的经过就近报告平民教育促进机关；回校后可将一切推行平民教育之经验登诸报端杂志，引起各界人士对于推行平民教育之兴趣；回校后宜时常与本乡人士通信，策划进行办法并联络感情，对于平民教育乐于推行。"① 在全国掀起的平民教育的洪潮之中，中学生也应担负其教育责任，因为当时泱泱4亿之民众，几乎农村人口占到90%，这些民众有待于去开启、去教导。从以下民众教育机关职员学历的调查表中可以发现，中学生所占比例之高。

表5—3　民众教育机关职员学历统计表

学历	人数	百分比
曾受社会教育专科以上学校教育者	19	6%
曾受专门以上学校教育者	47	15%
曾受师范教育者	89	29%
曾受其他中等教育者	85	28%
其他	28	9%
未详	41	13%

资料来源：赵宏弼：《中学生与民众教育》，载《中学生》1935年第51期。

以上调查的职员总数为309人，受师范教育者为89人，所占比例最高，

① 《寒假期中学生推广平教办法》，载《申报》1925年11月28日。

占总数量的 29%，受中等教育者数量为 85，仅次于受师范教育者，占到总数量的 28%。由此数据可以看出中学生进行民众教育所占地位之重要。正如庄泽宣指出："中国的人口比例看来一千个人中只有一个中学生，这是连高中初中师范职业各校的肄业生而言，至于毕业生那是更少了。这样看来，凡是一个中学生不论学什么，毕业与否，升学与否，至少须有领导一千个民众的资格与能力。"①

开办平民学校是平民教育的重要方式。保定育德中学的学生暑假开办平民学校。"那时候义务教育尚未普遍，若干儿童到了学龄没有学校可入，成年人的文盲比比皆是。我们当时发了一个宏愿，要用同学们自己的力量，为扫除文盲、救济失学尽一份责任，果然，这个目的达到了。记得在创办之初，只有两间教室一个办公室，地点在大操场的东北角，学生不收任何费用，并供给书籍及文具。经费的来源，除由学校补助一部分外，大多数都由同学量力捐助。大家都知道，育德的学生多是来自乡间，家计并非富裕，在省吃他用之余，肯拿钱捐助办义校，真是难能可贵！担任教学的自然都是本校同学，他们不只出钱出力，大家还都争先恐后的抢着要作，使担任职务的人在学期开始聘请先生时，取舍之间都很为难。"②《中国教育一瞥录》中同样记载了育德中学的平民学校状况。学校主任李景华说："学校的书籍纸笔墨砚，完全由平民学校供给，这项费用，他们有两个筹款的法子。每月由全体同学伙食费项捐出六元。在暑假招考新生的时候，他们利用学校的宿舍，办一种公寓，专备投考的学生住宿。民国九年办这种公寓得盈余 120 余元。民国十年，得 180 余元。用此两笔款项，又加另外捐款，今年特建筑平民学校五间。完全由学生自己努力办理。每年一月一日，且开参观会一次，因为这日是他们平民学校成立的纪念日。我信这种法子才是爱国运动最好的法子。"③ 为了解决平民学校的经费问题，除了捐款的方式之外，则主要依靠学生们的群体捐助，

---

① 庄泽宣：《一个中学生应注意的几件事》，载《浙江青年》1934 年第 1 卷第 1 期。

② 中国人民政治协商会议河北省保定市委员会文史资料委员会编：《保定文史资料选辑》第 12 辑，1994 年，第 132 页。

③ 王卓然编：《中国教育一瞥录》，上海：商务印书馆，1923 年版，第 32 页。

同学们每个月捐出一定数量的伙食费以筹集经费。上海浦东中学学生，因浦东方面，尚少平民学校之创设，特于日前联合教员、举行会议，讨论平民教育，与创办平民教育之种种问题。① 可以说，各地中学师生都热衷于开展平民教育，以期提高民众文化水平。

孙犁曾就读于保定育德中学，读书期间，他曾担任过平民学校的语文教员。据他回忆："在我上高二的时候，我有一个要好的同班生，被学校任命为平民学校的校长。他见我经常在校刊上发表小说，就约我去教女高小二年级的国文。被教育了这么些年，一旦要去教育别人，确是很新鲜的事。听到上课的铃声。抱着书本和教具，从教员预备室里出来，严肃认真地走进教室。教室很小，学生也不多，只有五六个人。她们肃静地站立起来，认真地行着礼。我写了韩国志士谋求独立的剧本，给学生们讲了法国和波兰的爱国小说，后来又讲了十月革命的短篇作品。"② 孙犁首次转变学生的身份，担任国文"教员"角色，自觉感到新鲜和乐趣，也使他感受到了施教和奉献的快乐，同时也增进了实际教授的经验与才能。何廉曾在长沙的雅礼中学读书期间，担任过夜校教员。"在体育方面，我从来不是强手，其他课外活动我也不活跃。但在最后两年，我对校内的社会活动变得感兴趣起来。我是学生团体创办的、教附近穷苦人家孩子夜校的热心分子。我对这一工作感到十分鼓舞，并得到精神上的满足。我为此花了很多时间。"③ 可见，夜校教员的活动给何廉带来了很大的精神乐趣，使他感受到了巨大的成就感，而这种成就感也来源于他对工作的认真尽责。

因地制宜开展平民教育。"平民教育是一桩很重大的事情，国民有了知识，国家的程度也可以增高不少，不过这种运动非群策群力恐怕没有什么效果。学生们应该趁着数十日的休假或设夜校或去宣讲，务使普通百姓都能够得到一些知识。"④ 学生开展平民教育，尤其需要利用假期时间，组织相当之

---

① 《浦东中学之平民教育运动》，载《申报》1924年3月15日。

② 金梅编：《孙犁自叙》，北京：团结出版社，1998年版，第45—46页。

③ 朱佑慈等译：《何廉回忆录》，北京：中国文史出版社，1988年版，第17页。

④ 《寒假中学生的新生活》，载《申报》1925年1月15日。

图 5－27　北京平民中学附设平民学校师生合影

群体。“若干中等以上之学生集合同志，兹寒假提倡办理义务学校，以收年长失学之平民，俾有国民之尝试。每一乡村但有中等以上学校学生一以上，即可于该村觅一较大之屋宇，日日召集该村农民，勿论其生理年龄之老幼，但视其智力程度之高低，用演讲法授以普通常识及农业上知识。此于农民，有切身利害关系，于农业发展亦有莫大关系。农民思想习惯大多偏于迷信，故遇水旱虫害，弗知防驱，反以为有神操纵。农民思想习惯皆以改变之，使知道科学原理，如关于农事方面，种子之检查与改良害虫之防驱肥料之选择，土壤之辨别等方法皆宜详细教导之，一次不明了，重述之，仍不明了更述之。”① 学生假期回到农村，根据农民智识水平的高低分班组织教学，讲授内容一方面包括普通的文化常识，如最基本的识字教育等；另一方面则要讲授相关的科学原理，如关系农民切身利益的农业知识，通过讲授科学农业原理，力图使农民摆脱封建思想的局囿。“教育局为发展农村教育，每届暑期，令中学生在各村区，教导农民以各种常识，该生热心宣传，各地农民莫不称善，实复兴农村教育之好现象也。”② 学生们热心认真的服务，得到了当地农民的大力称赞。

---

① 文卿：《利用寒假教育农民》，载《申报》1922 年 1 月 17 日。

② 进业：《中学生热心农村教育》，载《民间半月刊》1936 年第 2 卷第 9 期。

图 5—28　太原平民中学校农民宣传团

第四节　其他活动：多彩生活的调节剂

除以上呈现的学生课外社团活动、实践活动以及社会服务活动之外，中学生的课外活动还包括聆听名人学术报告，以及排解烦闷的各种活动，如备受学生青睐的电影欣赏，还有学生们就近找寻的各种校课外乐趣活动。以下仅择几段活动情境以管窥豹，借以展示学生们多彩的课外生活景象。

一、聆听学术报告与演讲

听学术演讲抑或名人报告是学生课外生活的重要精神食粮。很多中学会聘请社会上一些知名人士到校为学生做学术演讲，如蔡元培、鲁迅等人经常为中学做报告。蔡元培在浦东中学做的演说，指出了中学教育的重要性："盖中学者，(一）为高等普通学，（二）为预备专门学。人必有高等普通学及预备专门学，始能日进不已也。小学教育，授人以应有之智识技能，似已足维持现状矣。然人民不但以对付现状为究竟，尚须求进步也。世俗之见，或以为指导国民，其责在政府，不免以不肖之心自待矣。或以指导国民，责在学识兼优之学者，此说似较贤。然吾谓实有指导国民之力量者，厥惟中学生，何也？以其受高等普通学，又能进求专门学，故可指导普通国民也。推而广之，虽谓能指导普通人类，亦无不可。故在中学校中之人，即当以此自任。”①1924 年北师大附中的学生聆听了鲁迅《未有天才之前》的学术报告。“在要求天才的产生之前，应该先要求可以使天才生长的民众——譬如想有乔木，想看好花，一定要有好土；没有土，便没有花木了；所以土实在较花木还重要。花木非有土不可，正同拿破仑非有好兵不可一样。”② 学生们听到这些大家的演说报告后受益颇深，精神得以满足，心灵得以净涤，视野得以开阔。

杭州高级中学曾聘请著名的数学家苏步青前来演讲。“五月二十八日纪念周时，本校特请国立浙江大学数学系主任苏步青先生莅校演讲，题为‘谈谈数学’，本其学识经验，阐明数学之重要，为任何学问之根本基础。”③ 有的学校还会邀请国外学者来校讲学。广东省立第一女子中学根据学校特点，邀请美国奥利干大学家政学院院长美林女士在本校演讲。该女士突出女子中学的特色，主要报告了女性家政的问题。④ 有针对性聘请一些专家学者莅校讲演，学生的获益更为深厚。

表 5—4　20 年代、30 年代初春晖中学讲学名人一览

姓名	到校时间	讲学内容	备注
袁希涛	1922.12	教育普及之根本	开校典礼后作的讲演
吴觉民	1922.12	对于春晖中学的几个希望	参加开校典礼，并补寄讲稿
曹慕管	1922.12	文化之趋势	开校典礼后作讲演
白眉初	1923.4	旅大问题	时任北京高师教授
蔡元培	1923.5	羡慕春晖的学生	
黄炎培	1923.8	职业指导	夏期讲习会讲演
陈望道	1923.8	国文教授资料	夏期讲习会讲演

① 蔡元培：《蔡元培文集》，北京：线装书局，2009 年版，第 12—13 页。

② 鲁迅：《坟》，北京：人民文学出版社，1980 年版，第 159—160 页。

③ 《苏步青莅校演讲》，载《浙江省立杭州高级中学校刊》1934 年第 103 期。

④ 阮子慰译：《美国奥利干大学家政学院院长美林女士在本校演讲》，载《广东省立第一女子中学》1932 年合刊。

舒新城	1923.8	道尔顿制及青年心理	夏期讲习会讲演
黎锦晖	1923.8	国语正音	夏期讲习会讲演
沈泽民	1923	春晖的印象	
杨贤江	1923	春晖与春晖学生	时杨尚未在春晖任教
刘新锐	1923.9	日本地震	刘熏宇先生之兄
沈仲九	1923.11	现代青年课外必修的一种科目	时任上海大学教授
俞平伯	1924.3	诗的方便	
吴稚晖	1924.5	关于青年对待人生与科学	讲稿无题，据内容编者加
谢似颜	1924.9	体育家的资格及体育的目标	
朱光潜	1924.11	无言之美	时尚未在春晖任教

资料来源：浙江省春晖中学编：《浙江省春晖中学》，北京：人民教育出版社，1998年版，第109—110页。

此外，也有一些演讲比较特殊，即听领导人训话，这也是学校训育内容的一部分。“蒋委员长于七日上午八时，在大礼堂召集省会各中等学校校长主任及学生训话，届时到者共千余人。均衣冠齐整，精神焕发，蒋委员长训话历两小时之久，讲题为‘立志、为学与服务’。”① 当然，学生并非对所有演说报告都有强烈兴趣，有时也属无奈之举。很多学校都规定星期一为纪念周，举行纪念周活动时除了校长等领导的演说之外，便是聘请一些校外人员。“星期一有纪念周，十一点钟，大家就一个个进入礼堂，大家都随便谈着。我校每次都有外人演讲，等到校长把演讲者引到门口，我们也不知道他是谁，总是一起鼓掌。鼓掌一分钟，讲者也坐定了。行礼毕，就是校长上台讲，此时听着的固然有，也有干别的事的，用功的朋友看看功课，有闲的朋友不是吃吃东西，就是看小说，声音是很静的。”② 学生们对于机械性、枯燥性的纪念

① 《蒋委员长训勉中学生立大志做大事成大业》，载《安徽省政府公报丛录》1934年第488期。

② 振振：《在中学校》，载《中学生文艺》1933年第1期。

周报告并未抱有多少兴味，只是被动去听，听不进去的则忙于自己的“小活动”。

图 5—27　北京平民中学朝会训话

二、排遣烦闷的多种娱乐

电影、看戏的消遣生活。据一项福建中学生课外活动兴趣的调查发现，在学生参与的三十八种课外活动中，学生最喜欢的生活为看小说、新闻及电影，三者分别占到总数的 49%、40%、35%。① 许渊冲在读高中二年级的时候，曾看过两部电影。一部是金焰和黎莉莉主演的《到自然去》，讲一个将军全家坐船到海上去旅游。轮船失事，流落到一个荒岛上，将军无能，什么事也不会做，倒是仆人能干（金焰饰），会找食物、会盖房子，结果主仆换了位置，将军的女儿（黎莉莉饰）爱上了仆人，两人同在海上游泳，过着回到自然的生活。第二部电影是美国歌星珍妮・麦唐纳主演的《凤凰于飞》，内容是讲女歌星和警察恋爱的故事，当时听见他们两人唱来唱去，觉得没有什么意思。后来同伴同学学到了歌词，并且教我们唱，却对我起了很大的影响。主题歌词如下：

O Rose Marie I Love you.（萝丝玛丽啊！我爱你。）

I'm always dreaming of you.（我日日夜夜梦见你。）

No matter what I do，I can't forget you.（无论做什么，我都不能忘记你。）

Sometimes I wish that I had never met you.（有时我想：还不如没有见过

---

① 陈人哲、钟道赞：《现代中学生之研究》，载《教育周刊》1932 年第 106—107 期。

你。)

And yet if I should lose you. (但万一我真的失去了你。)

It would mean my very life to me. (那简直是要了我的命哩。)

Of all the queens that have ever lived I choose you. (在所有的皇后中我选了你。)

To rule me my Rose Marie. (来统治我啊，我的萝丝玛丽。)①

这首电影的主题情歌很简单，既容易懂，又容易唱。学会了唱歌的同时，也学到了英诗的节奏和韵律，还学到了歌中的感情，同时他也想找寻自己的萝丝玛丽了。许渊冲能成为著名的翻译家，与中学时期英文电影的欣赏、英文歌的学唱都有着丝缕的关系。许渊冲的电影是与同学好友相约而去观看的，而电影对于恋爱中的同学，更是一种浪漫活动。据某同学日记载："今天是礼拜日，和秋英去看了一次电影，是《西线无战事》，内容描述了军国主义的宣传的青年，当欧战起后，像发了狂样的，大家都愿为国家捐躯，到沙场上去和敌人血战肉搏。自从看了那部影片后，我觉得战争对于人类的灾害太大了，我对于从前的意见，大大的起了动摇。"② 观赏一场好的电影不仅是一次精神的盛宴，也是一场异质文化的洗礼。

除了自发的观赏电影之外，一些中学组织学生集体观看教育电影。杭州高级中学曾多次播放教育电影。杭州市教育电影放映委员会所主持放映之教育影片，曾连放三天，"本学期共来校放映三次，本校及附小学生前往观映者，颇形踊跃。节目：第一次，10 月 24 日，节目：眼力，驾车。第二次，12 月 10 日，节目：呼吸，洋妞，后台洗。第三次，12 月 27 日，节目：煤矿，棉花，当铺伙计"。③ "本中学日前接准杭州市教育电影放映委员会来函，定于三月二十七日晚七时，来校放映教育电影，计有'救火'、'制火'及滑稽片'当铺伙计'等三部。或令人捧腹，舒畅心胸；或易人常识，增进见闻；观者

① 许渊冲编：《续忆逝水年华》，武汉：湖北人民出版社，2008 年版，第 38—40 页。

② 杨文安：《中学生日记》，上海：开华书局，1931 年版，第 31—44 页。

③ 《教育电影来校放映三天》，载《浙江省立杭州高级中学校刊》1936 年第 139—140 合期。

均感甚大兴趣云。”[1] 该校学生受惠于教育电影放映会放映的多种电影，通过观赏这些电影，学生们增长了见识，开阔了视野，也愉悦了心情。

看电影对于一些偏僻地方的学生而言，则是遥不可及。虽没有电影里面的良辰美景，但学生们仍会自寻生活中的乐趣。三十几年前的保定，纯朴得连戏院电影院都没有，同学每遇假日外出，不是上街购物，就是到郊外远足，城南曹锟公园是大家常游之所。四月间刘守真君庙庙会，同学更是趋之若鹜。城西40里的抱阳山，亦为风和日丽时同学喜游之地，但因距离较远，非乘脚踏车莫办，就只有精于骑车者才能享受了。[2] 汪曾祺的课余活动更是多姿多彩，他除了去逛打谷场、逛护城河之外，便是爬城墙、跳河，“操场东面，隔一道小河，即是城墙。城墙外壁是砖砌成的，内壁不封砖，只是夯土。内壁有一点坡度，但还是很陡。我们几乎每天搞一次登山运动。上了陡坡，手扶垛口，心旷神怡。然后由陡坡分奔而下，这可是相当危险的，无法减速，下到平地收不住脚，就会一直蹿到河里面去。一片荒野上有一些纵横交错的小河。我们几乎每天来比赛‘跳河’。起跑一段，纵身一跳，跳到对岸。海阔丈许，跳不好就会掉在河里，但我的记忆里似没有一人惨遭灭顶”。[3] 汪曾祺的初中生活可谓是丰富多彩，课余之际，他与同学们一同找寻新的游戏，自娱自乐，尽享乡间大自然之美。

季羡林的课间生活更是有趣。他所就读的正谊中学坐落于济南大明湖南岸阎公祠（阎敬铭的纪念祠堂）内。季羡林的兴趣则在大明湖的岸边上。“每到夏天，湖中长满了芦苇。芦苇丛中到处是蛤蟆和虾。这两种东西都是水族中的笨伯。在家里偷一根针，把针尖砸弯，拴上一条绳，顺手拔一条苇子，就成了钓竿似的东西。蛤蟆端坐在荷叶上，你只需抓一只苍蝇，穿在针尖上，把钓竿伸向它抖上两抖，蛤蟆就一跃而起，意思是想扑捉苍蝇，然而却被针

① 《本校放映教育电影》，载《浙江省立杭州高级中学校刊》1934年第122期。

② 中国人民政治协商会议河北省保定市委员会文史资料委员会编：《保定文史资料选辑》第12辑，1994年第76页。

③ 汪曾祺：《汪曾祺全集》，第5卷，北京：北京师范大学出版社，1998年版，第425—427页。

尖钩住，捉上岸来。我也并不伤害它，仍把它放回水中。最笨的是虾。这种虾是长着一对长夹的那一种，齐白石画的虾就是这样的。对付它们，更不费吹灰之力，只需顺手拔一支苇子，看到虾，往水里一伸，虾们便用长夹夹住苇秆，死不放松，让我拖出水来。我仍然把它们再放回水中。我是醉翁之意不在酒，而在戏耍也。上下午可见的几个小时，我就是这样打发的。”在正谊中学读书期间，大明湖里面的蛤蟆和虾成了他的玩偶，他还自创钓鱼钩，但钓上这些水生物之后，他并非伤害他们，而是重新放生湖中。他享受的是垂钓的过程与乐趣。之后，季羡林考入了北园山东大学附中，这所中学坐落在济南北园白鹤庄，而地理环境的改变影响了他的课外活动。他转入此中学之后，每每待到夜深人静时，他便与同学到池塘边散步。“每到春秋佳日，风光更为旖旎。最难忘记的是夏末初秋时分，炎夏初过，今秋降临。秋风微凉，冷暖宜人。每天晚上，夜深以后，同学们大都走出校门，到门前荷塘边上去散步，消除一整天学习的疲乏。于是月明星稀，柳影在地，草色凄迷，荷香四溢。如果我是一个诗人的话，定会好诗百篇。”① 在这万籁俱静，充满诗意的夜晚，沿池闲散则是如此之惬意，一天的烦闷瞬间在这幽静恬美的夜晚消散了。

---

① 季羡林：《我的小学和中学》，北京：外语教学与研究出版社，2009年版，第32—48页。

第六章　民国时期中学生及其生活与社会变迁

教育是社会变迁的重要动因，体现在教育所培养的人能够传递新的意识形态，进而推动科技创新、经济振兴、文化繁荣与政治革新等方面。美国社会学家沃德的《动态社会学》一书认为："人类有足够的力量控制自然力和社会力以达到社会进步的目的，教育是实现这一目标的根本途径和主要因素。"① 中学教育作为教育系统的中间构成，曾对社会变迁发挥了重要影响。陈平原曾言："我们谈论的'中学'的历史，本身就是中国现代化进程的一个重要环节。它的得失成败，是和这一百多年中国的现代化进程联系在一起的。在某种意义上，谈论'中学的历史'，也是在思考百年中国。这里所说的'中学'，既包括具体的某某中学，也包括作为整体的中学教育。这种谈论，不只身在其中者关心，已经走出校园或与这所学校毫无关系的，也都会有兴趣。换句话说，我们努力把大学史的叙述，推广到中学史的建构，既给本校的师生提供一种可资借鉴的历史经验，也给民众及专家提供借'中学史'解读中国教育以及中国现代化进程的可能性。"② 青年学生作为一支革故鼎新的重要社会力量，曾对社会变迁发挥过重要的先锋作用。胡适曾于1922年在平民中学演

① 邓和平：《教育社会学研究》，武汉：湖北人民出版社，2006年版，第327—328页。

② 李玉兰：《中学往事，那青翠的记忆——陈平原访谈》，载《光明日报》2005年5月18日。

说《学生与社会》，他指出："在文明的国家，学生与社会的特殊关系，当不大明显，而学生所负的责任，也不大很重。惟有在文明程度很低的国家，如像现在的中国，学生与社会的关系特深，所负的改良的责任也特重。这是因为学生是受过教育的人，中国现在受过完全教育的人，真不足千分之一，这千分之一受过完全教育的学生，在社会上所负的改良责任，岂不是比全数受过教育的国家的学生，特别重大吗？"① 而中学生作为中坚力量，加速了社会变迁的速度，他们以自己的言行创造社会变革条件，以改良和变革社会为最终鹄的。他们充当了开启民智、唤起民众的先锋军，对提高民族文化心理素质、改良社会结构产生了重要影响。

第一节　中学生成为推动社会化变革的重要力量

社会化指人为适应社会需要而对价值取向、道德规范、行为方式和知识技艺等社会遗产学习继承的角色内化过程。在动荡变革时期，社会化具有双重性，一方面沿袭中求稳定，一方面变动中求适应。学校教育是社会化的主要方面。② 英国教育史专家布赖恩·西蒙（Brian Simon）曾经指出："历史研究能够而且应当为之作出直接贡献的至关重要的问题，乃是教育与社会变革之间的关系。"③ 学生作为学校教育的主要对象，也成为促进社会变迁的主群体。他们的作用主要表现在以下方面。

一、中学生成为唤醒民众的先锋队

中学生不仅把自己定位为知识的学习者，也把自己扮演为唤醒民众的启

---

① 郑大华编：《胡适全集》第 20 卷，合肥：安徽教育出版社，2003 年版，第 82 页。

② 桑兵：《晚清学堂学生与社会变迁》，桂林：广西师范大学出版社，2007 年版，第 377 页。

③ ［俄］卡特林娅·萨里莫娃、［美］欧文·约翰宁迈耶著，方晓东等译：《当代教育史研究与教学的主要趋势》，北京：教育科学出版社，2001 年版，第 10 页。

蒙者。角色扮演（role playing）实质就是“扮演别人的角色”，就是人们按照其特定的地位和所处的情境而表现出来的行为。特纳认为，角色扮演也是“角色创造”，他认为在三种情况下人们要创造角色：（1）在面临一种非常松散的文化框架时，人们必须创造一个角色进行扮演。（2）他们假定他人也在扮演角色，所以努力发掘隐藏在一个人行动背后的角色。（3）在所有社会情境中，人们通过向他人发出暗示要求他们扮演某种特定角色，而为自己创造一种角色。这种由角色扮演转变为角色创造的过程是所有人类互动的基础。它使得人们能够彼此互动，彼此合作。① 民国时期中学生在当时社会情境下，自觉充任并创造了开启民智的角色。

学生接受新式教育后，其知识结构、思想认识、价值观念开始了解构与建构的过程。表现之一，则是他们承担起“扫除文盲、开启民智”的社会重任。“清末开始要试行强迫教育，并举办简易识字学塾，论动机全是为帝国主义者所屈服，而不得不追随仿效，这正是外力使然，并非朝野上下都真正体会到文盲非扫除不可；那时只是做做文章而已。五四以后，由学生掀起的平民教育运动，蓬勃一时，在全国各地成立了若干平民学校，这是认真实行了，不是做文章了，然而实行的人只是学生。学生们之所以由示威请愿而归落到平民教育，皆因国际环境与思潮所予的种种强烈刺激而起。”② 文盲问题是当时社会极为严峻的社会问题，当时中国的文盲几乎占到80%，除去了废聋残疾以及衰老及弱小者，失学成年仍占到46.5%。当时世界各国文盲比例为，“德国：1%，日本：2%，法国：5%，美国：7.97%，英国：13.5%，中国：80%”。③ 同时，教育的不普及还表现出教育的贵族性，“在现在能受到完全教育的只有上流社会的子弟，在现在都市中，中小学林立，但在穷乡僻邑，交通不便之处，恰成相反的现象，现在的知识分子，在全人口中仅占极小的一部分，不过百分之十八到百分之二十，其余百分之八十二到百分之八十的农

---

① ［美］乔纳森·特纳著，吴曲辉等译：《社会学理论的结构》，杭州：浙江人民出版社，1987年版，第451—453页。

② 董渭川：《战后中国的文盲问题》，载《教育杂志》1923年第32卷第1号。

③ 屈家枬：《文盲救济问题》，载《现代学生》1932年第2卷第9期。

民与下层社会的劳动阶级，都没有受教育的机会”。① 如冯氏调查了广州附近河南岛内五十多个农村，结果如下：

表 6—1　广东农村文盲调查

人口	数目	百分比
总计	43 287	100
识字者	16 682	37
不识字者	26 705	63

资料来源：徐锡龄：《中国之文盲问题》，载《东方杂志》1928 年第 25 卷第 14 期。

此外，李景汉对北京车夫进行了生活调查，在他调查的问题中，有一项是问“能看白话报否?”他调查的时间是在 1934 年冬季及 1935 年春季，调查的结果如下表所示：

表 6—2　北京人力车夫文盲调查

	车夫数	百分比
总计	1000	100
能看白话报	333	33
不能看	667	67

资料来源：徐锡龄：《中国之文盲问题》，载《东方杂志》1928 年第 25 卷第 14 期。

从以上数据可管窥出，中国文盲数量之高，形势之严峻，而中学生责无旁贷地承担起开启民智的重任。1931 年浙江省各省立中等学校开展识字运动宣传周活动。

表 6—3　浙江省 1931 年各省立中等学校参加识字运动宣传周概况

学校	参加宣传概况	宣传后实施概况	备注
高级中学	开幕日参加杭州市宣传会开幕式，2 月 25 日全体游行，期内并组织宣传队，又代办杭市民众学校招生事项。		

① 汪翕曹：《关于民众教育》，载《浙江省立杭州高级中学校刊》1936 年第 138 期。

一中	2月23日由教职员率学生在杭州市内游行讲演一日。		教育厅姑准备案。
二中	开幕日由教职员率领学生参加嘉兴宣传大会。		
三中	遵期参加吴兴宣传大会组织讲演队分发讲演并参加化装游艺宣传。		
四中	2月28日停课宣传组织演讲队，33队分头出发讲演，并组织自行车纠察队纠察之。	增办民众学校、民众问字处各一所，并开放阅览室、体育场。	教育厅嘉许其尚属努力。
五中	开幕日参加绍兴宣传大会，2月23日至25日组织讲演队分头讲演。		
六中	于2月28日组织宣传队分赴临海及海门各处宣传。	附小及本校各附设民众学校一所。	
七中	开幕日参加金华宣传大会，后每日下午一时至五时组织讲演队出发讲演，闭幕日游行。	全校各部添设民众问字处，简易看图识字牌，学生自治会及附小各设民校一所。	教育厅嘉许切实从事宣传，并能继以实施。
八中	开幕日停课参加衢县宣传大会，后组织宣传队赴城厢一带宣传。		
九中	3月2日举行宣传，3日参加建德县城区游艺宣传。		
十中	2月28日停课参加永嘉大会，并组织宣传队分头宣传，又于期内将无线电收音机公开。	师范部增设民众学校一所，附小设妇女补习班二班，民众读书处二百所，民众巡回文库一具，初中发行壁报。	教育厅嘉许其宣传努力，并能继以实施及所编宣传品颇切实用。
十一中	自2月22日至24日于课余组织宣传队分赴丽水城厢一带宣传，25日参加丽水宣传大会。		

资料来源：《浙江省十九年度各省立中等学校民众教育机关参加识字运动宣传周概况》，载《浙江教育行政周刊》1931年第3卷第5期。

学生们通过宣传、演讲、创办壁报等方式参与扫盲运动。识字运动是平民运动的初级阶段，于是他们便创办民众学校，提高人民智识。湖南省长沙一中的学生创办民众学校的概况：“民国十七年九月，由学生会议决创办，龙君岭山为校长，十月一日正式开学，计儿童部一班，成人部（本校工人）一班，定名为湖南省立第一中学校学生会附属平民学校。十八年三月，扩充班次，计儿童部七班，成人部两班，并继续开办寒期班。同年七月，设立第一分校于长沙东乡榔梨市。同年八月，奉教育厅命令，更名为湖南省立第一中学校学生会附设民众学校，以前平民学校名义，宣布取消。十九年七月……停办一期。同年寒期筹备恢复，因学生会更名为学生自治会，故本校名称亦变为：湖南省立第一中学校学生自治会附设民众学校。二十一年四月，由学生自治会议决，将本校组织系统改为委员制。”而该校的民众学校因经费的拮据，艰难维持着。该校民众学校的教育经费来源包括：“教育厅津贴40元，学生自治会津贴90元，上期移交10元5角3分，总计140元5角3分。上列概况系就本期状况而制，纯属本期情形，收入之费甚微，每有不敷支出之感，虽多方进行，然毕竟一筹莫展，故校内一切，皆因陋就简，未便设置。”① 经费的紧张并未打消学生们的热情，学生们仍义无反顾、满腔热情地投身于民教事业，担当着文化启蒙的先驱者。

除了创办民众学校，提高大众群体的文化水平，中学生们的另一重任便是唤起民众的爱国意识，激发其爱国行为。“风起云涌的爱国运动更使学界先锋们意识到不能孤军作战，必须唤起人数众多的下层民众共同斗争，自觉勇敢地担负起‘向导国民’和‘社会准的’的历史重任。他们不仅深入城乡，用灵活多样、通俗易懂的形式宣传鼓动民众，而且身体力行，以为表率。”②

---

① 湖南省长沙一中编：《湖南省长沙一中》，北京：人民教育出版社，1997年版，第82页。

② 桑兵：《晚清学堂学生与社会变迁》，桂林：广西师范大学出版社，2007年版，第8页。

为了向导国民，学生们参与到多种爱国活动中，除各种游行、示威、演讲、宣传等方式外，他们身体力行，以作表率。如他们踊跃参加到抵制外货的运动之中，学生们不仅向民众宣传使用国货，同时参与到具体活动中。“一天，学生联合会接到天津电告，有奸商贩运日海菜两火车要经过洛阳，着扣留。得到这消息，便由学生会的值日员十余人，又向各校加调了十余人，星夜向车站进发，我是其中之一。在火车站经过若干查问以后，果然查到电报中所说的那个‘奸商’，即反缚了他的两手，由车站押送向十里外的学生联合会去。”① 为了联合商界，江苏省立九中的学生组建了国货贩卖部，“淮安省立第九中学校学生组织国货贩卖部，于四城冲要处，所其经费完全由商会会长徐子庶向商代筹，非惟学生引感，即各界亦甚韪其举，以故生意异常旺盛。该邑有某某两大药房，中日门前罗雀无人问津。迩来更有某君发明一种国货香皂，其商标为日月合璧明光，总发行所在淮安河下镇姜桥巷内，一面遍张招贴，广劝购用，以期挽回利权云。”②

有时学生的劝说并未得到商界的认可，如抵制日货运动，直接关涉商家的利益，学生的抵制日货运动遭到商家的反抗，甚至威胁。徐州商学联合会订约于 8 月 10 日后，市面断绝日货，协和号屡次违约，屡经劝告，反报以恶言，且招军警扣留学生，此前数日事也。11 月 27 号，学生会全体职员往该号泣告时，遭其恶害，不得已，偕其店主游行街市以辱之。而新商会长遂率协和，唆令罢市者数家，一面禀请官厅拿办学生。28 号学生两千余结队游行，哀告呼吁，农工商多放鞭炮结彩鼓掌欢迎，同唱中华民国学会万岁，闭门数商家因亦痛悔受辱。③ 因抵制日货，直接关联到商家的利益，所以很多商家并不配合抵制运动，而学生联合会却屡次劝告，甚至遭到了商家的伤害，为了唤起商家的爱国意识，最终该市两千名学生联合游行，终而一些商家忏悔其行，足以看出学生们笃定的爱国心。从传播学的角度来看，学生充当了传播

① 陈清晨：《十多年前的事》，载《青年界》1935 年第 7 卷第 1 期。

② 中共江苏省委党史工作委员会，中国第二历史档案馆：《五四运动在江苏》，南京：江苏古籍出版社，1992 年版，第 155 页。

③ 《徐州学生劝商界抵制日货》，载《申报》1919 年 12 月 6 日。

者与受众的特殊媒介，而商家作为受众，则对学生的传播行为产生了逆反心理。在大众传播活动中，受众对所传播的内容产生逆反心理，即对传播内容的一种反感或抵制情绪。而对大众传播产生逆反心理的商家，往往寻求个人或集团的支持，以减轻自己由于接收这种使他产生逆反心理的内容所造成的心理压力。特别是当受众者接收的内容威胁到原来的观点和立场的时候，他就要积极主动地去寻求与他自己观点、立场、看法相一致的人、集团或组织来支持自己，并以此作为后盾，对抗他所收到的信息。① 商家对学生的抵制日货活动产生逆反心理之后，为了抵御学生的干涉，遂教唆数商家联合反抗学生的劝服。

学生的另一种唤起民智的方式，则是通过上演相关话剧。通过演剧，一方面，学生可以筹集到票资；另一方面，则通过话剧内容开启民智。“学生救国，迫于经济。北京学界联合会，首创演剧，南方亦多发起者，诚如静观君言，一方面售票得资，可以补助经济，一方面现身说法，可以开通民智，藉此机会，既足以表示学生之能力，亦足以观察社会之心理。苏州学生会近组一新剧团，愿牺牲其可贵之光阴心力，编演几出警世剧。第一日为《爱国男儿》。”② 盐城县的学生暑假时，即组织一救国团，扮演新剧，前往各乡随地开演。其所演剧目，皆从国家社会着想，故每到一处扮演，观者如堵，亦足见感人之深矣。③ 学生们结合当时的国情，声情并茂地演出，深深打动了民众，在场观众无不为之动容。

随着中学数量的不断增加，中学生群体构成了重要的受众体，并且他们充当了衔接下层民众与大众传播的桥梁。学生们通过在学校接受新式教育，及广泛阅读各种进步报刊和书籍，其思想意识和知识体系都进行了重构，他们充任着首要的受众体，同时承担着传播者。他们通过宣传、演讲、演剧等

---

① 徐耀魁：《大众传播学》，沈阳：辽宁教育出版社，1990 年版，第 178 页。

② 《爱国男儿》主要讲述一志士摒除一切，为国捐躯。剧中主要人物为孙士杰，正在新婚中，闻外交失败之警耗。念国家之垂危，愤奸雄之卖国，抛弃家室，奔走国事，而乔装入敌，盗取密约，出万死一生，不避锋镝，卒能除奸退贼，为国增光。《苏常学生演剧情形》上，载《申报》1919 年 7 月 3 日。

③ 中共江苏省委党史工作委员会，中国第二历史档案馆：《五四运动在江苏》，南京：江苏古籍出版社，1992 年版，第 448 页。

方式，将信息源传达给广大民众，尤其是那些边远地区，文化水平相对低下的普通大众，进而扩大了受众网络，发挥了大众传播的社会协调功能。社会协调是一种组合功能，传播媒介在发挥组织、协调、沟通和监督作用中实现社会整合功能。大众传播通过对新闻信息的选择、解释与评论，提出相应的解决方案与策略，从而把人们的注意力集中到适应当前环境中最为重要的事情或事件上。大众传播在公众、政府之间起到了很好的沟通、协调作用，通过这种方式，大众传播无形之中整合了社会系统。媒介依赖理论认为，社会、媒体、大众三者间的相互依附程度因具体情况而定，当社会内部出现重大的失序、冲突、变化时，大众通过大众传媒获取关于社会巨变的信息，大众由于急于想获知情况，对媒介依赖的程度因而升高；而当政府需要通过大众传媒这种公信的中介来传达有关政策方针时，也依赖大众传播。在社会协调过程中，大众传播常常处于一种优势的地位，它通过与政府提供沟通平台，进而协调社会各种力量，使社会有序地发展。① 桑兵指出："学生的中介作用大大扩展了大众传媒的实际覆盖面，在历次爱国民主运动中掀起一次又一次启蒙宣传的政治热情。同时，通过很大程度上以学生为测试标准的信息反馈，影响和加强了发送者与传媒民主变革的意向。"② 也就是说，学生群成为大众传播的第一受众体，强化了大众传播的社会协调功能，形成了推动社会变革的动力源。

二、中学生成为震荡社会的新血液

民国期间，中学的数量不断增加，中学生的总数也呈现上升趋势。民国初年，社会虽动荡不安，但中学教育仍有一定发展。1912 年，全国有中学 500 所，学生数 59 971 人；至 1915 年，中学校数增至 803 所，学生数 87 929 人。③ 就学生数而言，前者每校平均 120 人；后者每校平均 109 人。无论学生

① 周鸿铎主编：《传播学教程》，北京：中国书籍出版社，2010 年版，第 219 页。

② 桑兵：《晚清学堂学生与社会变迁》，桂林：广西师范大学出版社，2007 年版，第 379 页。

③ 教育部教育年鉴编纂委员会编：《第二次中国教育年鉴》，上海：商务印书馆，1948 年版，第 1428 页。

总数或每校容量，都比清末中学堂有所增长。如下表所示：

表 6－4 中等学校学生统计表

年份（民国）	男生数	女生数	合计
1	87 899	10 066	97 965
3	107 625	10 432	118 057
5	101 186	7750	108 936
11	170 920	11 824	182 744
14	166 944	19 037	185 981
17	197 169	37 621	234 790
18	285 453	55 535	340 988
19	302 061	68 642	370 703

资料来源：教育部编纂委员会编：《第一次中国教育年鉴》丁编，上海：开明书店，1934 年版，第 1619—1620 页。

中学毕业生除了升学选择之外，部分毕业生分落到社会各行业之中，包括教育界、出版业、政界、银行、农业等，这些中学毕业生的加入，为各行业注入了新鲜血液，促进了各界内部的变革。女子中学毕业生的职业，则表现出一定的性别特殊性。如浙江省嘉兴县立女子中学历届毕业生现状比较表：

表 6－5 嘉兴县立女子中学历届毕业生现状比较表

类别	党部工作	中学校长	中学教员	小学校长	小学教员	家庭教员	留学国外	升学	电务	图书馆服务	医院服务	家居	已故
人数	3	1	7	17	93	1	1	44	1	1	3	99	6

资料来源：《嘉兴县立女子中学历届毕业生现状比较表》，载《教育与职业》1930 年第 110 期。

该女子中学中，家居数量最多，其次为从事教育界的小学教员，再次则为升学者。不同地区的学校因所处环境不同，学生选择的职业也会有所差异，1935 年南京市私立中学毕业生就业统计显示，“计入工界者 15 人，入商者 30 人，习农者 21 人，服务教育界者 27 人，从军者 41 人，其他不明者 2 人，其中以从军者最多，占全数26%，入商者次之，占全数15%，以入农工界最少。”① 该市毕业生的流向以从军者最多，主要由于所就读学校受政治风气影响较大，学生们的爱国热情相对浓厚。从以上两例数据可以发现，中学毕业生从事教育业者的数量值较大，从杭州市私立宗文中学历年毕业生就业统计表中也可以发现，毕业生从事教育的数量最多，如下图所示：

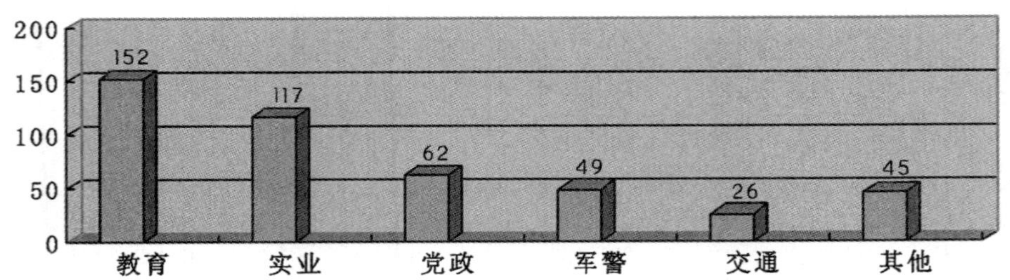

图6—1　杭州市私立宗文中学历年毕业生就业统计

数据来源：《杭州市私立宗文中学历年毕业生升学与就业之统计》，载《教育与职业》1930年第110期。

该校毕业生从事的职业主要为教育、实业、党政、军警、交通等，其中教育居首位，换言之，当时很多中学毕业生从事教育职业，具而言之，更多的从事小学教员的职业，如嘉兴县立女子中学毕业生的状况所示，这也表明我国当时教育界师资的缺乏。这些接受过新式教育的中学毕业生，渗透到各行业之中，为各界域增添了新的色彩。有的学生为了服务广大基层民众，毕业后深入到农村中去。据一项“毕业后的计划”的调查发现，十六人中“半数以上的人毕业之后预备到农村去。支持着我国的苦难的生命的是农村；充满着惨痛的景象与故事的也是农村。预备为社会而献身的青年当然想到农村去”。② 有学者曾指出：“将个体放在他所处的时代的历史中来考量，看看他受到他的世界里的哪些宗教的、社会的、心理的、经济的趋势的影响。它让我们可以看到个人生活史与社会史的交叉部分，因此让我们可以更好地理解个

① 《本京私立中学毕业生之就业统计》，载《海外月刊》1935年第31期。

② 《到农村去》，载《中学生》1932年第27期。

人所面对的这些抉择、意外和机遇。”[①] 以下主要以教育界的“倪焕之”为个案，再现他中学毕业后，从事教育工作而进行的“教育救国”改革，以此管窥中学毕业生对社会的震荡。

《倪焕之》[②] 这部小说可作为教育史的史料来研究，因它真实地反映了当时教育界的图况。也就是说，《倪焕之》这部小说反映的是当时知识分子的奋斗历程，抑或说抱有教育救国，希冀改良社会的伟大抱负。倪焕之修习过私塾的传统文化教育，也接受了新式教育，他的知识结构是中西文化的杂糅体。由于科举的废止，父亲放弃了对他考取功名的期许，他开始学习和接受西方文化。变化的思想和认识使他对教育有了新的认识，教育观念开始转变。

经校长介绍，他进入了一所旧习浓厚的第六小学，这所学校虽然已更名为小学，但仍存留着传统授受的遗风。当他见到学校患有肺病的同事时，心里不禁一凛，心想：“这个人也是学生们的教师么！教育学说虽然深奥万端，也可以用一句包括，就是要学生‘生’。怎么给他们一个‘死’的化身呢！不过看了这所庙宇，这个人当教师也罢。要不然就不调和了。但是我……也成了‘死’的化身么！”[③] 这所学校是由一所破旧的庙宇改建，更是为这里的旧风旧俗增添了几分“古色”。当焕之参观了同事的授课后，这种感觉变得更加

---

① ［英］艾沃·古德森著，蔡碧莲、葛丽莎等译：《教师生活与工作的质性研究》，北京：教育科学出版社，2013 年版，第 35 页。

② 《倪焕之》这部小说为叶圣陶 1928 年所作，连载于当时的《教育杂志》上，1929 年上海开明书店出版。这部小说描述了一个生活在五四之后的中国普通知识分子倪焕之的奋斗历程，反映了当时教育界的实况，小说以学校生活为主要背景，揭示出当时教育界的各种矛盾纠葛。倪焕之以中学毕业后担任小学教员的身份出现在作品中。根据该小说所叙述的背景，倪焕之中学毕业时间大概在民国前后，而根据小说中的信息考证，倪焕之毕业的时间应该在民国成立之后，如辛亥革命爆发后，他的校长当了都督府代表，参加了南京临时大总统的选举，即当时 1911 年 12 月 29 日，而在当晚他便请求校长介绍工作，也就是说，倪焕之毕业时节应在 1912 年民国成立之后。而在 1912 年 1 月 19 日，南京临时政府教育部颁发了《普通教育暂行办法》，该《办法》规定，“从前各项学堂均改为学校”。换言之，倪焕之是时代过渡和转型的人物代表，但他接受了新式教育的课程以及民主自由的思想，代表了民国初期中学校毕业生的风貌。因此，笔者将倪焕之这个人物视为新型的中学毕业生知识分子。

③ 叶圣陶：《倪焕之》，北京：人民文学出版社，1997 年版，第 17 页。

强烈。“他们教课是拉起喉咙直喊的，就是那个肺病患者，居然也迸出还算响亮的哑音。喊的大半是问句。问的时候不惮一而再，再而三，直到听见了他们预想的答语方才罢休。问以外，大部分的功夫是唱。一课国文讲罢了，一种算法歌诀讲过了，教师开始独唱，继而学生跟着教师合唱，继而各个学生独唱，继而全体学生合唱。那调子有点像和尚道士念经忏，又有点像水作工人有偿的‘杭育’声。这是一校的‘校粹’，它自有它的命脉；新加入的教师和学生依靠口唱就落在它的窠臼里，决没有力量左右它。”① 显然，这所小学采用的教学方法仍是私塾读经、诵经的方式，虽然民国成立之后，颁发了新的课程标准，但一些地方学校仍旧是“新瓶装旧酒、换汤不换药”的做法，可以说，这就是教育变革所面临的长期痼疾，要改变这种传统习风，远非一时之工，一人之力，那些试图变革的知识分子面临极大的阻力。

虽然面临着诸大的改革阻力，但焕之仍下定决心，试图改革教育现状。焕之在进入到第二所小学之后，深得校长蒋冰如的赞许与认可，他们一同开展了轰轰烈烈的“理想教育”活动，他们开办农场、工厂，演剧等。很明显，他们进行教育变革的理念来源于杜威实用主义思想，随着杜威来华及胡适等人的大力宣传，杜威的“教育即生活、学校即社会、做中学”等理念，渗入到我国的教育变革之中。倪焕之与蒋冰如等一起进行了“学校社会化”的改革。焕之认为，教育不是单单传授有限的知识，更应该培养学生们处理事物、应付情势的一种能力。当金小姐参观学校农场时焕之指出：

> 这里的一切规划，象分区，筑路，造亭子，种这种那种植物，不单是我们教员的意思，完全让学生们一同来设计。那意义是理想的教育应该是“开源”的；源头开通了，流往东，流往西，自然无所不宜。现在一般的教育却不是这样，那是“传授的”；教师说这样怎么做，学生照样学会了怎么做，完了，没有事了。但是天下的事物这么多，一个人需要应付的情势变化无穷；教师能预先给学生一一教会么？不能，当然不能。

① 叶圣陶：《倪焕之》，北京：人民文学出版社，1997 年版，第 18 页。

那么何不从根本上着手，培养他们处理事物应付情势的一种能力呢？那种能力培养好了，便入繁复变化的境界，也能独往独来，不逢挫失；这是开源的教育的效果。我们要学生计划农场的一切，愿望有点奢，就是要收这样的效果。①

焕之所抱有的教育理念与杜威实用主义教育思想是一致的，教育的目的旨在培养独立的、社会化的个体。学生在参加劳动的过程中，也体验到劳动的滋味，以及亲近自然的美好。"锄头、鹤嘴、畚箕等等拿在手里，我们的心差不多要飞起来了；我们将亲近长育万物的土地，将尝淌着汗水劳动的滋味，将看见用自己的力气换来的成绩！学生把所做的工作、所有的观察详细记载在《农场日志》上。学生做这些事，那样地勤奋，那样地自然，那样地不用督责，远超过对于其他作业。他们全不觉得这是为了教育他们而特设的事，只认为这是他们实际生活里最可爱的境界，自然一心依恋，不肯离开了。什么芽发了，什么花开了，在他们简直是惊天动地的新奇，用着整个的心来留意，来盼望，来欢喜！"② 学生们兴致勃勃地参与到课外的农场活动中，即便是观察到自然界的微小变化，也会感到欣喜若狂，因为这是他们辛勤劳作的成果。

然而，教育改革并非尽如人意，焕之与蒋冰如等人的教育理想遭遇到来自四面八方的非议与阻碍。首先是社会上的非议，有人认为："把子弟送进学校，所为何事？无非要他们读书上进；得一点学问，将来可以占个好一点的地位。假如只想种种田，老实说，他们就用不着进什么学校。十几岁的年纪，即使送出去帮人家看看牛，至少也省了家里的饭。"③ 有的人不仅反对他们开辟农场，甚至怀疑他们的教育理论。"为了要实现他那些理论，学校里将陆陆续续增添种种设备：图书馆，疗病院，商店，报社，工场，农场，乐院，舞台。照他那样做，学校简直是一个世界的雏形，有趣倒怪有趣的。不过我不

① 叶圣陶：《倪焕之》，北京：人民文学出版社，1997 年版，第 109 页。
② 叶圣陶：《倪焕之》，北京：人民文学出版社，1997 年版，第 110 页。
③ 叶圣陶：《倪焕之》，北京：人民文学出版社，1997 年版，第 94 页。

懂得，他所提到的那些事情，有的连有学识的大人也不一定弄得好，叫一班高小学生怎么弄得来？而且，功课里边有理科，有手工，有音乐，还不够么？要什么工厂，农场，乐院，舞台吗？难道要同做手艺的种田的唱戏的争饭碗么？”① 而焕之的同事，对于此事仍是冷眼相对，如同事刘慰亭，受到众人的讥讽责难时辩解，“这完全不关我的事。我们不过是伙计，校长才是老板；料理一个店铺，老板要怎么干就怎么干，伙计作不得主。当然，会议的时候我也曾举过手，赞成这么干。若问我为什么举手，要知道是提议咯，通过咯，只是一种形式，老蒋心里早已决定了，你若给他个反驳，他就老大不高兴；这又何苦呢！”② 刘慰亭并未对众人讲解学校开展新教育运动的意义，而是辩解他只负责形式投票，实际上并无他的责任，试图洗脱自己的干系。然而，这场教育改革最大的障碍则是来自保守势力的“蒋老虎”。他借开辟农场破坏坟墓之由百般阻挠，甚至组织学生联合罢课以显抵抗。可以说，焕之的改革面临“四面楚歌”之境。最终，他们相互妥协，保障了农场的延续。

焕之自明，他们的教育改革也许是大海中的一个泡沫，极其微弱细小，但如果能震动这个小镇已足矣，至于能影响多远、多深，不必空想和多想。在他与蒋冰如谈到教育界面临的种种问题时，他指明了教育改革的希望与光辉：

> 政治的腐败，社会的敝弱，一霎间兜上他心头。“他自己正是个教师”的意念立刻又显现了：譬如海船覆没，全船的人都沉溺在海里，独有自己脚踏实地，站定在一块礁石上，这是个确实的把握，不可限量的希望；从这里设法，呼号，安知不能救起所有沉溺的人？然而教育总是一个民族最切要的东西。这全靠有心人不懈地努力，哪怕极细小的处所，极微末的成就，总不肯鄙夷不屑；因为无论如何细小微末的东西，至少也是一块砖头；砖头一块块叠上去，终于会造成一所大房子。整个教育

① 叶圣陶：《倪焕之》，北京：人民文学出版社，1997年版，第62页。

② 叶圣陶：《倪焕之》，北京：人民文学出版社，1997年版，第89页。

界的情形我们不用管，实在也管不了；我们手里拿着的是砖头，且在空地上砌起屋基来吧。我们的改革和改革以后的效果，未必不会引起教育界的注意。注意而又赞同而又实施的，就是我们的同伴。同伴渐渐多起来，造成功的将是怎么样的一所房子呢?①

一所学校进行的教育变革看似仅是一则案例，实际上产生的效果则不然，这种变化会带来动力源，正如焕之所言："一块小石投在海洋里，看得见的波纹是有限的，看不见而可以想象的动荡的力量却无穷地远。我们只管投就是了，动荡的力量及到多少远是不用问的。"可以说，这是一种笃定的教育信念，一种不畏前险而执于向前的信仰，而这种信仰便是支撑他们面临"四面楚歌"之境时，仍无所畏惧的执守。

除了课外活动的教育改革，革新教材、更新教育内容等也是焕之试图进行教育改革的内容。倪焕之和金佩璋商量自编国文教材，反映出旧教材的不顺时势，尤其是新文化运动时期，采用白话文、改良文学等更成为焕之赞赏的。他认为文学需要改良：

内容和形式，都需要改良。自来所谓大家的文章，除掉卫道的门面话，抄袭摹拟而来的虚浮话，还剩些什么东西？无论诗词散文，好久好久已堕入虚娇、做浅、浅薄、无聊的陷阱；严格地说，那样的东西就不配叫文学！我很赞成用白话写文章。我们嘴里面说的是白话，脑子里想的凝成固定的形式时也依靠白话，为什么写下来时却要转化成文言呢？写白话，达意来得真切，传神来得妙肖。真切和妙肖是文学所需求的。我们现在的国文，最是事倍功半的事；一课一课地教下去，做的是什么？哈！笑话极了，无非注释讲解的工夫。如果改用白话，一切功课就减少了文字上的障碍；在国文课，就可以从事文学的欣赏，思想的锻炼，文法的练习，好处不在小呢。我相信文学改良终于会成为一种思潮，而且

① 叶圣陶：《倪焕之》，北京：人民文学出版社，1997年版，第85页。

这种思潮将冲击到别的方面去，不仅改良文学而已。[①]

依据小说情节，倪焕之的教育改良道路最终失败了，他进行的一系列教育改革活动最终没取得显著的效果，作者的旨意在于揭示出教育改良运动的不切实际，以及试图通过改良教育而救国的理想终究是要失败的，只有改革社会，才能发挥教育的功用。但是，不可否认的是，他们信守的教育改革理念是坚定的，如戴自俺跟随陶行知师践行生活教育实践，他深刻体验到一个旧的学校要想实验新的教育比“倒拔洞里蛇”还难！他深信“教育是一副机器，用了它，我们可以制造一种动力，一种革命的动力，有了这种力，我们可以领导儿童或青年以至广大的群众，从那不满的现实社会出发，向那理想的合理的世界迈进。一粒麦子不落在地里死了，仍旧是一粒，若是死了，就结出许多粒来”。[②] 姑且不论这种“教育救国”“教育改良”的局限性，仅从实际影响而言，这些教育实验和改革的活动还是激荡了当时的教育界。换言之，民国时期的中学毕业生加入到教育领域中去，带去了新思想、新观念的酵母，如实用主义的“学校即社会、做中学、儿童本位论”等思想，给陈旧的底层教育界带来了一股清风。他们的加入，改良了师资队伍，更新了教学内容、教学方法等，他们重构的知识结构使得学生们易于接纳。以上仅从教育领域窥现，其他领域的影响亦是殊途同归。

三、中学生成为革命运动的生力军

麦吉指出：“在经济因素促成的社会变迁方面，教育是形成社会变迁的条件；在意识形态因素促成的社会变迁方面，教育是导致社会变迁的动因。”[③] 换言之，教育是社会变迁的条件，也是社会变迁的动因。学生作为教育活动中的重要对象，在促发社会变迁的革命运动中发挥了重要影响。某学生认为中学生群体是新文化运动的先锋部队。“时代的危机到了！第二次世界大战的恐怖，已经在太平洋两岸上振动了全世界；每个国家疯狂的预备去惨杀！但

---

① 叶圣陶：《倪焕之》，北京：人民文学出版社，1997年版，第115－116页。

② 戴自俺：《教师生活速写》序，上海：亚东图书馆，1934年版。

③ 吴康宁：《教育社会学》，北京：人民教育出版社，2008年版，第155页。

是中国人，像忘却了生命似的消沉，死了一样的睡着，假使我们还是这样继续下去，那么我们的民族，国家，只有走向消灭的路上去，所以在目前新的文化运动是多迫切呀！新文化的建立是我们反抗呼声、时代的喇叭手，它能使我们的民族走上自救之路，但是呀！文化运动之基本队伍，只有我们的青年——中学生——才是最前部队，中学生的任务多么重大和有意义啊！”① 由于民国时期中学生年龄普遍较大，他们接受新文化、新思想的速度较快，所以当时很多中学生都参与到革命运动中去，并且这些学生成为革命运动的领导人物。

表 6—6　浙江省立杭州高级中学 1933 年第二学期学生年龄统计表

26 岁	25 岁	24 岁	23 岁	22 岁	21 岁	20 岁	19 岁	18 岁	17 岁	16 岁	15 岁	14 岁	年岁
			1	2	14	35	65	101	88	29	12	2	一年级
	1		4	10	20	38	54	40	25	5			二年级
1		1	10	18	31	41	36	15	4				三年级
1	1	1	15	30	65	114	145	156	117	34	12	2	总数

资料来源：《二十三年度第二学期学生年龄统计表》，《浙江省立杭州高级中学校刊》1933 年第 126 期。

从以上该校学生年龄的统计情况可以看出，该中学学生主要年龄分布在17—20 岁之间，但也有一小部分同学的年龄在 20 岁以上，这些年龄偏长的同学，因各方面成熟较早，更可能成为学生运动的领导者。周策纵曾指出：“自从 20 世纪初年，中国学生就比西方民主国家的学生特别有一种更为活跃的政治和社会意识。他们比较更乐于参加公共事务和尝试政治改革。”②

如在五四运动之中，中学生则扮演了很重要的一个角色，毛泽东曾指出：“参加五四运动的青年，是真正的模范青年，因为他们反对卖国政府，在五四运动中流了血，参加了那样的斗争。这些青年是革命的先锋队，为了中华民

① 转蓬：《现在中学生之分析》，载《中学生活》1934 年第 1 期。

② ［美］周策纵：《五四运动史》，长沙：岳麓书社，1999 年版，第 135 页。

族的解放、独立、自由、幸福，进行了那样的斗争，英勇得很。”[①] 尤其是各地成立的“中等以上学校学生联合会”的组织，中学生群体更是占有较大数量。如在北京学联会的影响之下，1919 年 5 月 14 日天津也正式成立了“天津中等以上学校学生联合会”，并积极配合北京学联会的各项运动。在“五四事件”之后，学生们决定全体大罢课，以期引起大众的注意，唤起民众的爱国热情，同时意指向政府压制做全面挑战。1919 年 5 月 19 日，北京 18 所大专学校学生拒绝上课之后，第二天全市所有中学也加入罢课，散入各街头演讲，分发传单和报纸。之后，其他地方开始响应其运动，天津学生联合会于 5 月 23 日开始全体大罢课，参与罢课的有 15 所学校，这些学校包括：北洋大学、南开学校、直隶法政学校、直隶第一师范学校、高等工业学校、省立中学、孔德中学、成美中学、大营门中学、直隶水产学校、育才中学、私立法政学校、新学书院、甲种商业学校和英国人所办的英华学校，学生共一万余，拒绝上课。[②] 从天津学联会的组织情况可以得知，中学生群体是这次罢课活动中的主群体。学生们的革命热情，极大感化了当地人民。武汉学生成立的大中学校联合会的游行宣传，则深刻感召了武汉人民。一般商民因其举动文明，讲演畅利，既无叫嚣之气，尤多感化之功，故极表钦敬之意……首则不代销某国货，用为筹报学生之事迹。当时更有输送茶果往阅马场，酬劳学生者。游行队伍走到哪里，那里的市民就纷纷出来观看，一时间赞叹声、呼好声、喝彩声、愤恨声不绝于耳。一名人力车夫竟高呼：“学生万岁！中华民国万岁！”[③]

在大城市所在地，大学生发挥的革命先锋作用较明显，但在某些小城市，中学生反而成为掀起革命运动的急先锋。仅以中学的分布而言，县立中学的数量最多。据教育部 1931 年的调查显示，“就立别言，县立为最多，计 1007

---

① 中共中央文献研究室编：《毛泽东文集》第 2 卷，北京：人民出版社，1993 年版，第 699 页。

② ［美］周策纵：《五四运动史》，长沙：岳麓书社，1999 年版，第 208 页。

③ 李良明、田子渝、曾成贵：《湖北新民主革命史》中共创建与大革命时期卷，武汉：华中师范大学出版社，2008 年版，第 44 页。

所，占总数的43.09%。就类别言，以初级中学为最多，占总数57.32%。”①也就是说，在中小城市，中学生扮演着更重要且明显的社会变革力量。1935年12月9日，北平大中学生数千人举行了抗日救国示威游行，反对华北自治，反抗日本帝国主义，要求保全中国领土的完整，掀起了全国抗日救国新高潮。这个消息传到了开封高中，学生们更是达成共鸣，虽教师百般劝阻，但仍难以压制学生的激情。于是学生们达成共识，上街游行请愿，学生们纷纷选出学生代表，组建了组织纠察队、组织宣传队、组织交通队。

> 在黎明前的黑暗时刻，我们这一支肩负时代使命的队伍，便浩浩荡荡地出发了。一浪接一浪的口号声，响彻云霄，唤醒了睡梦中的市民。带领队伍走在前边的和殿后的，都是身强力壮的纠察队员，其余的分散在队伍的两边，手里都拿着传单。队伍是按预定的路线向前奔的。随着女师、开封初中、女中、北仓女中大批同学的相继加入，队伍越来越壮大，到河南大学时，天已快亮，他们大多数同学还没有起床。面对河大校园冷清清的情况，队伍中有些人就高喊："欢迎老大哥跟我们一起游行!"河大部分同学闻声而起，纷纷走出寝室，有的朝我们鼓掌，有的跟我们握手。他们迅速地整理好自己的队伍，跟我们一起喊着口号，走出校园，朝省政府奔去。这时候，雄伟的铁塔已经披上了灿烂的阳光。市民群众对学生的爱国行动非常欢迎，队伍所到之处，街道两旁挤满了男女老少，有的鼓掌，有的向我们索要传单，许多人都跟着我们高喊口号。与此同时，在我校交通队的串联下，其他各校的同学也纷纷出动，走大街，穿小巷，同声响应。一向死气沉沉的古城，突然沸腾了!②

开封中学学生组织的全市学生联合游行，不仅使学生们的爱国热情得以抒发，同时也唤醒了市民的爱国心，市民们对这些学生们的爱国行为表示赞

---

① 周予同：《中国现代教育史》，上海：良友图书印刷公司，1934年版，第182页。

② 常跃进等主编：《百年开高（1902—2002）》，北京：中国档案出版社，2002年版，第121页。

许，同时也纷纷加入学生们的游行队伍。显然，在这次游行中，中学生群体则成为游行队伍的主分子。

中学生从某种程度上扮演着“过渡人”的角色。美国社会心理学家冷纳在《传统社会的消逝》一书中提出了“过渡人”的概念。根据他的观点，“过渡人与传统者的区别在于他们的倾向与态度的潜在结构的差别。他们的倾向是移情作用——他能看到别人看不到的事物，他生活在传统者无法分享的幻想世界里。他的态度是一种欲望——他真正想看到他的‘心灵的眼睛’所看到的，真正想生活在他一直幻想着的世界里。”这种过渡人是站在“传统——现代的连续体”上的人。过渡人的成因是社会向现代化变迁的结果，然而他也反过来极其明显地发挥了推动现代化加速的作用，所以冷纳曾进一步阐述：“各处的社会变迁率，与附属于过渡阶层的个人数目成函数关系（很可能是一线性函数)。在单一国家中，若有更多人愈趋向现代，则其在现代性的整体表现，也就愈高。”[①] 作为该时期接受过新式教育的中学生，也可以称为“过渡人”。他们在唤醒民众、震荡社会结构、发起革命运动等方面发挥了“过渡人”加速社会变迁的作用。

第二节　中学生的多样生活改良了社会风貌

从现代化进程的角度而言，一个国家的现代化依赖于个人的现代化。因为，“如果没有从心理、思想和行为方式上实现由传统人到现代人的转变，使之具备人的现代人格、现代品质，不可能成功地从一个落后国家跨入自身拥有持续发展能力的现代化国家的行列”。[②] 美国著名的社会学家阿历克斯·英格尔斯（Alex Inkeles）提出了“人的现代化”理论，他指出，无论是作为一

---

① 叶南客：《边际人：大过渡时代的转型人格》，上海：上海人民出版社，1996 年版，第 4 页。

② 罗荣渠：《现代化新论》，上海：华东师范大学出版社，2013 年版，第 12 页。

种心智素质，或者作为一个抽象概念，“现代性”都是一个内涵极为丰富、内容极为复杂的概念。人的现代性，“可以并且通常也应该，以各种各样的形式，在各种各样的背景中表现出来。……换言之，它是很多素质的综合体或复杂结合物，而不是一种单一的特质”。① 中学生居处在一个社会的中等地位，作为社会里面受过教育的中坚分子，他们在思想和行为方面具有一定“现代化”倾向。他们的思想和行为在一定层面上改良了社会风气，甚至引领了生活潮流，如当时女学生的装扮曾引领了时尚界的前沿，使妓女相互效仿。同时，女性平等自由思想开始解放，男女平等的观念、民主自由的婚恋观开始形成。此外，学校生活呈现出一片生机盎然之态，如活泼自由的学习活动、多姿多彩的课余活动以及情感交往的丰富化。学生们在学习之余，致力于社会改良活动，竭力破除陈规陋俗，大力宣传进步思想。

一、中学生生活方式影响了生活潮流

人所从事的一切生活活动都是受主体意识控制和调节的，他在从事生活活动之前就在自己的意识中形成了行为“模型”。这就使人的活动具有主体性、能动性和创造性的特点。而在人的意识中，对行为起最高调节作用的就是人的价值观。价值观是生活活动主要动因需要在主体意识上的全面表现。从这个意义上说，生活方式就是具有能动意识的主体活动方式，是为一定的价值观所支配的主体的运动形式。在主体意识构成要素中，社会心理层次发挥着重要的作用。在一定社会条件下，某种社会心理和精神状态一旦形成，则对生活活动具有很强的导向作用，成为影响生活方式发展变化的深层力量。② 现代人特征中首要因素便是，“准备和乐于接受他所未经历过的新的生活经验、新的思想观念、新的行为方式”。③ 这种特征表现为一种心理倾向。

---

① ［美］阿历克斯·英格尔斯、戴维·史密斯著，顾昕译：《从传统人到现代人：六个发展中国家的个人变化》，北京：中国人民大学出版社，1992年版，第454—455页。

② 王雅林主编：《生活方式概论》，哈尔滨：黑龙江人民出版社，1989年版，第13—14页。

③ 殷陆君编译：《人的现代化心理·思想·态度行为》，成都：四川人民出版社，1985年版，第22页。

中学生生活方式中，最能体现其对社会生活影响的莫过于其服饰装扮，其中女学生服饰的影响更具广泛性。

晚清时期，女子可以进入学堂，但数量稀疏、凤毛麟角。然而这些女学生的装扮，却一时间成为一种潮流和时尚。原来“养在深闺人未识”的女子们开始走出闺阁抛头露面，她们的穿着打扮影响了社会风气。如在晚清京城里面的女学堂的学生，则引领了京城的时装潮流，甚至出现了妓女抄袭女学生的服饰。《醒世画报》上《鱼目混珠》便讲述这样一个事实：“十九日午后，玉广福斜街有两个妓女，打扮的很文明，穿着一双皮靴，鼻梁上着一付金丝眼镜，衣襟上带着一朵花儿，直像个女学生。咳，中国服制杂乱无章，男女随便胡乱混穿，以致鱼目混珠呦。”① 从这段记载中可见，妓女也喜欢效仿女学生的装扮，可见女学生作为一个“新群体”，受到社会的广泛关注。

民国时期，女学生的数量不断增加，但相对男学生而言，仍属少数。女学生这个群体，可以称为一个“新兴群体”，出入校内外，格外引人注目，除了外在的包装外，其散发出的青春与活动更是格外迷人。民国初年，有人描写北京女学生的装扮：

素裙革履学欧风，绒帽插花得意同。
脂粉不施清一色，腰肢袅袅总难工。②

女学生的这身装扮出现在街头，掀起了服饰风尚的新趋向。如《小说新报》上描述的《十二个月女学生》，“正月里，春光到柳梢。青年女同胞，雪白的衣襟，身材窄又俏。黑皮鞋，金丝镜，打扮十分娇。油松辫，脑后飘。姐和妹，一队行，挽手乐逍遥。看她们，常来往，身体多自在”。③ 而在著有“远东的巴黎”的上海，其女学生的装扮更是引领着时尚前沿，“荡妇效女学

① 《鱼目混珠》，载《醒世画报》1910年1月4日。

② 雷梦水：《北京风俗杂咏续编》，北京：北京古籍出版社，1987年版，第91页。

③ 寄恨：《十二个月女学生》，载《小说新报》1915年第1卷第11期。

生装，壳秃壳秃，像煞有介事”。[①] 从而出现了“妓女效女学生，女学生似妓女”的怪态。女学生们不仅是摩登的追求者，也是时尚的代言人。当时上海流行着一个传言：“要看上海滩最摩登漂亮的小姐们，只要每个礼拜天上午到亿定盘路中西女塾的大门口去等着。”[②] 因为当时的中西女塾招收的多属富家女子，堪称为贵族学校。沈应懿凝在回忆她第一次进中西女中读书前的准备：“我第一次去中西正式上课的那天……我特别挑了一套新做出水蓝色纺绸衣裙，作为自庆。那天去办理注册手续时看到许多学生都是打扮得花枝招展，好不漂亮。”[③] 学生们之所以能够成为摩登的形象代言人，离不开舆论媒介的宣传，最主要的《妇女杂志》与《玲珑》等刊物，封面上的女郎，更是成为当时女性争先恐后效仿的模型。张爱玲在《谈女人》文章中指出：“1930 年间女学生们人手一册的《玲珑》杂志，就是一面传授影星美容秘诀，一面教导‘美’了容的女子怎样严密防范男子的进攻。”[④] 这种专为女性设置的杂志，开辟了迎合女性群体需要的新天地，也标志着女性的解放，女性不再规守在闺阁之内，开始走向公共的生存空间。

图 6—2　时髦的学生装

---

① 《煞有介事》，载《申报》1912 年 5 月 15 日。

② 沈应懿凝：《沈应懿凝自述》，台北：传记文学出版社，1985 年版，第 292 页。

③ 沈应懿凝：《沈应懿凝自述》，台北：传记文学出版社，1985 年版，第 290 页。中西女中堪称上海的“贵族学校”，该校的学生主要来源于上海的富贵豪门，学生以善于打扮为荣。即使校服的质料也不同于一般学校。有一段时期，中西女中校服规定为墨绿色，并规定冬用锦绸、夏用纺绸，指定在南京路老九章绸缎店购买。毕业前夕，学生们更是抓住最后机会显示“才能”。许多学生除特制一套在毕业典礼上穿的规格一律的制服外，起码要做七件新衣，以应付校内举行的各种送行、告别宴会。中国人民政治协商会议上海市委员会文史资料工作委员会：《解放前上海的学校》第 59 辑，上海：上海人民出版社，1988 年版，第 308—309 页。

④ 张爱玲：《张爱玲文集》，北京：中国戏剧出版社，2005 年版，第 250 页。

正如以下《玲珑》杂志刊出的《时髦的学生装》[①] 的图片。

上海堪称走在前列的“时尚中心”城市，该城市的学生在“开放风气”的熏染下进行自我改变。上海虹口某女中学生黄某自新潮流动以来，极表同情，故于日前将鬓剪去，适昨日为其戚家寿期，该生恐亲友见而讥笑，乃将假辫装上，宴时偶不慎辫落于地，众大笑，黄窘极逃去。[②] 这名黄同学勇于尝试新潮，剪去鬓发，但又受传统习风的限囿，不敢面对众人，确切说是自己的家人。在她身上，既看到了勇于尝试新风尚的魄力，但又带有一定的保守性、怯懦性、矛盾性。在参加宴会时，戴假发遮掩剪发，当剪发落下时，又仓皇逃脱。她的这种矛盾心理也代表了部分中学生对于新时尚的态度。当然，这些女生之所以敢于尝新，还在于她们认识的转变，尤其处在上海大都市的氛围之下，“在上海生活的女同学们，谁不烫鬓着高跟鞋呢？这是‘起码’的‘新女性’之表现。进一步还有‘非洋不用’的嗜好，衣食起居，甚至于一举一动，以极端的‘模仿洋化’为能”。[③] 可以说，作为新女性的代表，女学生们“洋化”的态度影响着社会时尚的改变。

二、中学生生活观念加速了女性解放

女中学生是民国时期的一个“新兴群体”，这个群体的队伍经历了不断壮大的过程。1912 年，教育部公布了《中学校令》，其中第二条规定：“专设女子之中学校称为女子中学校。”“男子的中学系统，就是女子的中学系统。”该时期的女子中学在课程设置方面与普通中学相似。由于该时期政府对待女子中学教育的保守态度，导致女子中学数量稀少。据俞庆棠《三十五年来中国之女子教育》统计，1919 年以前，政府设立的女子中学仅有 9 所，女中学生

---

① 封面简介：“天气逐渐寒冷。穿单衣是经不起了。绒线的衣服正是上市的时候，既轻便又温暖。若用一条颜色略同的围巾，围在颈际，就更觉得翩翩欲仙。至于所穿的裙，是只要及膝，那就更灵便了。这样的服装最合女学生的穿着。”《时髦的学生装》，载《玲珑》1931 年第 1 卷第 38 期。

② 《新闻拾遗》，载《申报》1920 年 6 月 16 日。

③ 应周：《从上海女学生生活谈到女学生读书的目的》，载《中国学生》1935 年第 1 卷第 6 期。

622人。[①] 随着新文化运动的影响，女子中学教育逐渐打破了贤妻良母的教育形式，逐渐推行妇女解放和个性解放。这一时期，女子学校的数量有所增加。据统计，1922—1923年间，女子中学的数量是25所，占学校总数547所的4.5%，女子中学的学生数为3249人，占总数103 385人的3.14%。[②] 1930年，女子中学生的总数达到56 851人，与1922年相比，约增加了17倍，比例由3.14%增加到14.94%。从以上简要数据显示可知，女中学生的群体不断壮大，但也不可否认，女中学生的数量相对男中学生而言，仍是占到少数，也就是说，虽然一些女子走出闺阁，进入到学校接受教育，但仍有一大部分女性没有摆脱传统的窠臼与束缚，游离于学校教育体制之外。1922年，在全国25所女校中，女子中学占中学总数的4.6%；女中学生3249人，占中学生总数的3.14%（男生数是女生数的30倍）；在全国26个省区中，13个省区无女子中学，占50%；且这些女中大都集中于沿海、京师等地，仅江苏一省就有9所，占总数的36%，京师5所，占20%，两地合计占56%。[③]

在接受了新文化教育的熏陶后，学生们的独立意识开始受到强化，她们开始争取平等的权利。接受过中等教育的女性，且可以称为“新女性”。20世纪20年代，国人把受过新式教育、具有新思想的职业女性统称为“新女性”。从狭义上理解，“新女性”特指具有社会新风貌的女性人群，她们受过中等或高等教育，具有性别平等意识、有理想、有追求，承继西方启蒙运动的自由、平等与个体解放精神，能勇敢地走向社会，从事适合女性特质的职业。[④] 湖北省立高级中学女生部的同学，当听到教育厅要合并女中一二部，导致该校女生联合上书，请求教厅维护女子教育。“教育厅厅长民国十九年秋特创设本校男女兼收，开吾鄂男女中等教育之先声，一方面整顿高中教育，一方面提高

---

① 商务印书馆编：《最近三十五年之中国教育》，上海：商务印书馆，1931年版，第188页。

② 商务印书馆编：《最近三十五年之中国教育》，上海：商务印书馆，1931年版，第190页。

③ 罗苏文：《女性与近代中国社会》，上海：上海人民出版社，1996年版，第157页。

④ 万琼华：《近代女子教育思潮与女性主体身份建构：以周南女校（1905—1938）为中心的考察》，北京：中国社会科学出版社，2010年版，第203页。

女子智识。女子教育得以发展，女子地位得以独立。”“倘谓合并一二女中，仍然可以继续求学，殊不知高初中之设备根本不同，高初之管理亦有悬殊，混合相处，两无利益。若谓男女智识程度相隔悬殊，则推其原始男女教育不平等之所致也。”① 该校女生联合反对学校合并初高中女子部的决议，其缘由在于初高中生的智力发展水平有所差异，当且不能混为一起授之，这种举动也表明了该校女生维护学生权利、争取平等利益的反抗。一些女中学生接受新文化教育之后，她们开始对传统“三从四德”的女戒有了新的认识，开始形成了男女平等的思想观念。如某女生回忆：

暑假生活开始了，我总握着爱读的小说，细细地阅着。老祖父好像很看不惯我的样子，他几次向我咕噜着说：“现在的女孩子都变了，不好好地学习一些家事，整天像书呆子似的捧着一本书，你真想去考状元吗？一个女孩子读好了书有什么用？将来总要去做人家的媳妇……”我真听不惯那些带着侮辱性的说话，立刻向我的老祖父提出抗议：“阿爹，难道女孩子就不是一个人吗？为什么她不该读书呢？在你们一代里的女子，被三从四德的毒素占有了她们的思想，于是她们像羔羊似地任你们布排了。但是，在我们新的一代里，女子也有她独立的人格，她要和男子同样地受教育同样地工作……”老祖父的眉头皱得很紧，显然他是怕听我分辩。他真有些生气了。恨恨地咕噜着：“完了，完了，我早知道女孩子进了学校就会变坏的。这是糊涂母亲干的好事，一定要叫她去进中学。现在连长辈的说话都不要听了，变得那样的利嘴，说了这么一大套奇奇怪怪的话，将来谁家娶了她去做媳妇，那真是倒霉……。”②

---

① 湖北省档案馆：LS10-5-191，《湖北省立高级中学全体女生请维护好教育》。

② 这名中学生之所以能够顺利进入中学读书，离不开其开明母亲的鼎力支持。她的母亲曾对她说：“知道吗？你的祖父母和姑母等都反对你去进中学的，他们以为一个女孩子能够看得懂信札就好了，我们家里不需要出什么‘女状元’啊！可是我并不这样想，因为我自己就吃了少读书的亏，所以我一定要坚持着给你去读中学。”这也表明女性的思想解放有益于教育的民主化进程。俞荻编：《我的中学时代》，出版地（不详）：文化图书公司，1941年版，第68—70页。

从这名同学的回忆中发现，虽然她的思想已开始解放，但仍遭受到来自家人的误解与排斥。同样，在一些中学中，一些教员仍然思想守旧，对于女性独立、男女平等等观念仍未接受。如某私立中学的同学选举，“在同学的选举中，女同学的当选是很平常的事，W 先生便说了，‘你们怎的竟捣乱，女同学没有能力，怎的还让她们！以后你们不许再选她们，让你们选女生时再选！’选举权本来是大家的，可是，他一手包办了，选出的人，必须经训育主任通过。训育主任否定，绝对的否定女人的能力”。①

追求自由婚恋。随着自由、民主、平等思想的不断熏陶，一些女性逐渐摆脱了“父母之命、媒妁之言”的藩篱，开始追求婚姻自主权。为了追求自由婚恋，很多青年甚至付出了生命的代价，如轰动上海的周静娟一案。周静娟为江苏省议员之女，上海务本女塾、竞化师范毕业，后至浦东某校为教员，与同事徐某相爱。其父知道后，“怒甚，力促女士辞职”。周女士“乃决计与徐某自由结婚”，② 并在学校举行新式婚礼。不久，其父到校，佯装欢悦，强迫周女回家。回家途中，父女同船，夜深人静时，其父推周女落水。周静娟为了追求自由婚姻而被封建守旧之父蓄意杀害，也表明了旧婚恋观的痼疾之深、迫害之大。可以说，为了争取恋爱自由、婚姻自主，当时很多诸如此类的消息不绝于耳。如《玲珑》杂志上刊登的一则消息，“甲男于上年间，与一未满二十之女子乙相识，已私订白头。今甲方家长另与他姓订婚，乙女闻之即行自杀”。③ 而婚姻观念的解放与个人接受的文化水平相关联。20 世纪 20 年代某研究者对知识女性进行了一项婚姻状况的调查，结果显示：“40 名已婚者中自订婚姻者占 35%；已订未婚者中自订的比例更高，占 50%；而 120 名未订婚者中有 75 人表示愿意自主择偶，占 62.5%。”④ 这份调查的结果表明，多数的知识分子女性更倾向于选择自由择偶。

---

① 鲁参：《记某私立中学》，载《中学生活》1934 年第 6 期。
② 《判决周静娟投水案》，载《申报》1913 年 10 月 26 日。
③ 《婚恋自杀》，载《玲珑》1933 年第 3 卷第 20 期。
④ 陈利兰：《中国女子对于婚姻问题的态度之研究》，载《社会学界》1929 年第 3 卷。

以下仅以几则例子窥明中学生婚姻观的转变。如某中学生回忆最创痛的一年，便是父母为其定了不曾谋面的女郎。“记得十八岁那一年，——也许是我的生命史上载上最大的创痕的一年，素爱我的爸爸和妈妈，为着我认为一件毫不足道的小事，竟毅然决然地揭去他们慈爱的面孔，狰狞地把我推入悲哀的苦海里去——虽然我还是挣扎，然而，那是怎堪回首的挣扎啊!”事情的经过是这样的：

> 这事是这样的简单。一天我刚从校中回去，妈妈很高兴地说她已经为我订婚了。“儿，爸和妈是怎样地爱你呀！为了你，我们这几年来都跑东跑西，不知费了多少心血，才为你找了这样美丽的一个人，儿呀，她真是……而且八字也……”“我实在听不下去了，眼前一阵眩黑，我便什么都不知道了。”我很望告诉她说：“妈妈，请你不要为着你的可怜的儿子闹这些把戏吧，请你不要为他加上难胜的重担吧，儿孙自有儿孙福……”命运的魔箭，便深深地射中了我的心。①

这名中学生在听了父母的一番话后，顿时感觉晴天霹雳，眼前一片黑暗，尤其是在母亲一顿唠叨之后，更是难以抑制心中的愤恨，便开始了与母亲的言语对抗。这种对抗透露出他对包办制婚姻的反对。“我要奋斗！为我的幸福而奋斗！和我同病相怜的整千成万的朋友而奋斗！去！拼命的反抗去!”在周南女中接受新文化熏陶的丁玲敢于对抗旧礼教。“我们同学大部分都不大注意别的功课，欢喜谈论问题，反对封建制度成为那时主要的课题。我在这种空气中，自然也就变得多所思虑了，而且也有勇气和一切礼教去搏斗。当我再回到家里的时候，首先我废除了那些虚伪繁琐的礼节，公开指斥那些腐化生活，跟着得到我母亲的帮助把婚约解除了。大家都认为我是大逆不道，都责备我母亲对我的放任，可是我是多么骄傲。”② 丁玲在周南女中接受了新教育

---

① 李稚文：《回忆》，载《厦中学生》1930 年第 2 期。

② 张翅翔编：《丁玲文集》第 5 卷，长沙：湖南人民出版社，1982 年版，第 314 页。

之后，心里发生了很大的颤动，开始对旧式婚姻有了新的认识，下定决心一定要解除婚约，追求自由的恋爱，自由的婚姻，当然这种勇气离不开母亲的开明与支持，才让她敢于行“大逆不道”之为。

秋英的命运更是凄惨，她没有丁玲那么幸运，有一位仁慈开明的母亲。秋英父亲吸大烟成瘾，使得家庭每况愈下，在变卖土地之后，便想到卖人。“驻扎在他们那一县的一个团长，一个已经四十的团长想讨一个小（即娶妾），这给了秋英的父亲一个出卖她的好机会。媒人、聘金，什么东西都安排妥当了，只有秋英抵死都不肯。父亲强迫着她，她反抗，后母欷劝着她，她咒骂，他们把她没法，最后决定用野蛮的办法对付她：她如果不愿，就把她抢起去！这消息被她探知后，她哭了一个整夜，第二天早晨，乘着她父母还在酣睡，含着泪逃到姨母家去了。她的姨母是一个有点血性的人，她出来不顾一切拼命反抗，结果，秋英才逃脱了这一浩劫，在她姨母的资助下重来此留学。”①虽然她抵死反抗，但其父亲并未因此而放弃了这桩婚事，甚至采用野暴的手段强迫她。她当然无法接受父亲这种无理、丧失人性的安排，于是在父亲酣睡时，在虎口中逃脱出来。万幸的是其姨母思想开明，收留了她并资助她继续求学。

三、中学生校园生活活跃了学校风貌

中学堂的设立标志着中学性质的学校设立。但中学堂仍存留着科举的遗风。《癸卯学制》制定了中学堂奖励出身的政策。中学堂奖励出身为“拔贡、优贡、岁贡”，授职为“州判、府经、主簿、教授、教谕、训导”。② 在奖励出身政策的引诱下，很多中学堂的学生，或者学生的父母仍抱有“学而优则仕”的观念。如倪焕之的父亲便是显例。焕之出生的时候，他的父亲便希望他能考取功名、光宗耀祖，他反对焕之从商。“那时还行着科举，出身寒素，不多时便飞黄腾达的，城里就有好几个。他的儿子不是也有这巴望么？焕之十岁时开笔作文，常常得塾师的奖褒。父亲看着文稿上浓朱的夹圈，笑意逗留在嘴角边。不上两年，作经义策论居然能到三百字以上。这时候，科举却废止

---

① 杨文安：《中学生日记》，上海：开华书局，1931年版，第15—16页。

② 舒新城：《中国近代教育史资料》中，北京：人民教育出版社，1985年版，第503—504页。

了，使父亲颇为失望。幸而有学堂，听说与科举异途同归，便叫焕之去考中学堂。考上了。”① 从焕之父亲对其的期望可以看出，虽然科举废止了，但他的“科举信仰”仍旧遗留着，仍对儿子抱有“上学——做官”的期望。南京临时政府成立之后，教育部颁发了《普通教育暂行办法》，规定，“从前各项学堂均改为学校。旧时奖励出身，一律废止……”② 该办法废除了奖励出身的科举遗毒，加速了教育民主化的进程。这种民主化进程主要表现在以下几方面。

第一，学习生活相对活泼自由。当时颇受重视的“时髦学科”英语，一般采用“置之庄岳”式的教学，且多使用原版的英文教材。上海私立民立中学校“本科课本一律用英文原书。其招考方法与普通学校不同，应试科目为国文、英文、算数，但英文须能做短篇论文，算数则须用英文答案”。③ 通过这种训练，学生们的英语知识学习和运用能力相对较高。国文学科的学习也表现出一定的自主性，教员们可以自由选择教材，甚至自编教材。如冯至回忆他的国文教员：“潘先生评文论事有独到的见解，他有中国正统思想以外的一种反正统精神，他讲《韩非子》时，批评孔子；讲《史记》时，反复发挥‘窃钩者诛窃国者侯’这句话的意义。他嘲笑《古文观止》里的文章，如今回想起来都有些过分，他并没有当时已经问世的《新青年》所传播的进步思想，但是他在我的头脑里为我在‘五四’后接受新文化铺设了一条渠道。”④ 之后潘先生被关进监狱，国文课由他的学生担任，这名老师为学生们介绍西方文学的流派，使冯至知晓“写实主义”“象征主义”等名词。除了讲授西方文学，这位老师还教授《庄子》，活跃学生的思维。这些都为冯至走向外国文学研究之路埋下了根基。

另一活泼的方式，则表现为“师道尊严”的师生观开始受到威胁，甚至破裂。随着西方教育思潮的涌入，民主观念开始嵌入到教育世界之中，表现

---

① 叶圣陶：《倪焕之》，北京：人民文学出版社，1997 年版，第 7—8 页。

② 璩鑫圭、唐良炎：《中国近代教育史资料汇编·学制演变》，上海：上海教育出版社，1991 年版，第 1072 页。

③ 高兴伟：《参观江浙学校笔记》，载《北京市高师教育丛刊》1920 年第 4 期。

④ 高远东编选：《冯至文集》，北京：华夏出版社，2000 年版，第 337 页。

在师生关系上，则是民主平等师生观开始形成。戴自俺第一天上课便告诫同学们："平常的先生与学生的严格界限是要取消掉的。先生不一定是万知万能，学生更不一定是一无所长！也许在某一件事上，学生可以成为'先生'的先生的。这是很普通的事实。所以，假若诸位要承认我是诸位的先生的话，那么我便须先承认诸位是我的先生。我们之间，只是一种朋友的关系，你们可以指导我，我可以指导你们。我们是共同生活、共同教育。在这个观点看来，我们都只是共同生活之一员。没有什么'师严然后道尊'的臭架子可以给我摆的。"① 戴自俺深信陶行知的"生活教育"理念，反对师生间尊卑关系，主张建立平等民主的师生关系。很多学校的学生在接受了这种师生平等理念之后，开始质疑甚至挑战教师的权威。如福湘女中有一位化学教师在1933班上课时，有一次板书有错。班上一个平日品学俱优的学生走上前去，指着黑板上说："×先生，这里错了。"并将错处改正了。这位教师一下子面上下不去，拽着这学生的手臂说"下去，下去！"学生说："你老人家错了，我指出来，有什么不对?!"这位教师很生气，弄得全班哗然，要他道歉，声称不道歉就罢课，后来学校调解来。② 当学生当面指出教师的错误之后，教师不能接受挑战他权威的局面，进而略显尴尬之态，甚至要求学生走下去，这表明学生的民主观念开始逐渐形成，而某些教师仍抱守着师道尊严的传统师生观。

第二，课余活动丰富了校园生活。民国时期中学生的课余生活丰富多彩，扭转了传统士人只重书本知识，轻课外活动的偏向。所以很长一段时期，学界存在着对课外活动的一些错误的看法，主要表现在三种态度："第一种错误的态度就是把课外活动看作是妨碍正课学习的各种学生的活动。抱着这种态度的人们，认为课外活动大部分是属于游戏的，但是中学生正应该努力工作，裨将来成为社会上的中坚分子，岂可消磨时光与游戏之中，所以他们是禁止课外活动的。第二种错误的态度是把课外活动看作是无关重要的或随意的。有些中学的教师和学生，对于课程里的科目尚且要毫无理由地做主科和随意

① 戴自俺：《教师生活速写》，上海：亚东图书馆，1934年版，第35页。

② 殷达：《福湘史话：湖南私立福湘女中校园漫步》，北京：中国环境科学出版社，1993年版，第141页。

科的区别，至于不属课程范围以内的课外活动，当然要比较所谓随意科更加是随意的了。第三种错误的态度是要定出种种条件，去限制学生从事课外的活动。抱着这种态度的人们主张凡是对于课程尚未熟练的学生，都不应参与课外活动，他们以为课外活动没有正课那样的重要。”赵廷为认为，这三种普遍的错误的态度，都是以一种错误的教育思想做出发点的。这一种错误的教育思想，便是把学校看作是一个“学习教材”的场所，而不看作是一个“供学生度着丰富愉快的生活”的场所。教育即是生活这一句话，虽然成为教育者口头禅；但是在实际上，学校的工作，还只是“贩卖知识”这一回事。把“课外活动”看作是妨碍“正课”的，或“随意的”或没有“正课”那么重要的，都只是重视“教材的学习”的必然的结果。① 换言之，这三种错误的观念深受传统学习观念的影响，认为课本知识的学习才是学习的重心所在，忽略了学校固有的其他功能。

自杜威来华演讲教育学说，给予了中国生活教育更切实的根据。全国教育联合会于1920年议决《民治教育设施标准案》定了4项标准，其中关于学生方面的有：（1）注重自动自学；（2）练习公民自治；（3）发展生活知能；（4）练习服务社会；（5）注重体育；（6）研究学术，扩充创造能力。② 这项决议的标准影响了中学课外活动的各种实施项目。虽然仍有一些人对课外活动持有错误的认识，但不能避免课外活动发展的趋向，尤其是1919年以后，中学的课外活动更是开展得如火如荼，主要表现在以下几方面。③

首先，体育运动成为普及性的运动。“有些学校的学生，成绩的确很好，但是我们发现他们的体格不很健全，他们对于各种训练都没有机会接受，他们对于各种活动没有时间参加。”④ 鉴于学生身体健康的受损，学生学业负担过重，教育部颁布中学生强迫课外运动办法。该办法规定：“（一）课外运动在下午三时以后举行，学生须全体参加，一律强迫，每日至少应有二小时以

① 赵廷为：《课外活动》，载《播音教育月刊》1937年第1卷第4期。

② 李相勖、徐君梅、徐君藩：《课外活动》，上海：商务印书馆，1936年版，第44页。

③ 中学生的课外活动已在第五章中详细论述，该部分主要摘要述之，以现其大貌。

④ 沈其达：《中学生自修时间问题》，载《教与学》1937年第10期。

上之运动。早操或课间操于晨间或上午课间举行，以十五分钟为度，学生须一律参加。在冬季严寒或日短及雨季之时，早操得改为课间操。（二）各校编排课程表时，每日下午三时以后，不得授课。（三）关于课外运动，若学校场地设备充足者，全校学生同时出场运动，场地狭小设备不足者，将全校学生分组轮流出场运动。当一组运动时，并指定他组学生以适当课外作业，如音乐、团艺、劳作及短途校外旅行等。（四）男女同学之学校，女生除早操课间操得与男生合并教授外，课外运动应与男生分别练习。（五）各校试行强迫课外运动，应各订立详细计划与组织，呈请主管教育机关核定。”① 河南开封豫中中学的学生规定早操和课外运动，“无论是走读生、住校生，均需参加。教职员可以自由，学生若不参加，照例是记小过一次，以儆效尤。至于早操项目，老是跑步一种，四百米的跑道至少要四跑圈。下午三点开始课外运动，各教室、寝室一律落锁，五点半，课外运动止，开锁”。② 除了强迫性的课外运动之外，中学生们踊跃参加各种运动会，包括校内的、校际之间的、全国性的，甚至是远赴国外参加各种竞赛。如浙江省私立安定中学校由于学生身体强弱不一，未能全脱文人之气习。至课外运动，竭力鼓吹。每年开运动会一次，并备有银杯等奖品。又每年在省城，各中等学校开联合运动会一次。③

其次，参加各种形式的社团。1919 年以前，中学生的课外社团已开始设立，如河北省天津中学于“民国元年即有国学研究会，民国二年有课外研究会，以研究英文为宗旨，民国三年有辩论会于青年会的组织，民国四年有学生自动出版一种刊物名为《希光报》，仅出一期。民国五年有‘新剧团’，民国六年有‘三育促进会’，出版《铎声报》，民国 7 年有武术会”。④ 1919 年以后，学生的社团活动更是具有风起云涌之势，仅以上海中学的学生社团为例，

---

① 《教育部颁布中学强迫课外运动办法》，载《教育杂志》1937 年第 27 卷第 2 号。

② 田觉民：《开封豫中中学学生生活》，载《青年月刊》1937 年第 4 卷第 4 期。

③ 璩鑫圭、唐良炎：《中国近代教育史资料汇编·学制演变》，上海：上海教育出版社，1991 年版，第 930 页。

④ 李相助、徐君梅、徐君藩：《课外活动》，上海：商务印书馆，1936 年版，第 42—43 页。

上海中学设立的关于课外娱乐的社团包括国乐研究会、军乐队、口琴队、俱乐部、摄影研究会。①

表 6—7 各省中学校学生活动事业统计表②

学术研究	科学研究	数学会	3	学生自治	学生自治会	62	其他	纪念会	1
		理化会	1		学生联合会	49		参观团	2
	文学研究	世界语研究会	1		新生社	1		出版部	4
		英文会	12		寝室自修室代表委员会	1		昌言会	1
		国文会	5	道德修养	德育会	1		新人学社	1
		法文会	1		崇德会	1		基督青年会	1
		阅书读书会			敦品会	1		膳食经理部	3
		新剧会	7	锻炼体格	体育会	20		学生爱国会	2
		辩论会	6		国技会	5		青年自觉会	1
		讲演会	18	学生交谊	校友会	9		励志学会	1
		音乐会	17		级友会	2		禁烟会	1
		纂刊会	1		同乐会	1		尚德学会	1
		美术会	8	社会服务	义务教育	36		杂志社	2
		游艺会	6		童子军	23		青年学会	1
		摄影会	5		通俗演讲	3		互助合作社	1
		课外工艺制造部	3						
		储蓄银行	3						
		贩卖部	13						
		各科研究会							

资料来源：李相助、徐君梅、徐君藩：《课外活动》，上海：商务印书馆，1936 年版，第 52 页。

① 江苏省立上海中学出版委员会编：《江苏省立上海中学一览》，1933 年，第 101 页。

② 该表为江苏一中校长陆殿扬在 1922 年调查的各省中学活动事业，已调查学校共 69 校。散布于京师、京兆、直隶、山东、江苏、安徽、浙江、湖北、湖南、江西、河南、山西、四川、云南、广东、广西、福建、奉天、黑龙江等各省。

再次，注重培养学生的实践能力。受到杜威“学校社会化、从做中学”等思想的影响，民国时期中学注重培养学生的社会化能力。华罗庚中学的学生们学习栽桑、养蚕的技术。“韩大受校长担任蚕桑课，自编《实用养蚕法》《夏秋蚕饲养法》作为教材，课余组织和指导学生栽桑养蚕，让他们把所学知识用于实践，养成生产劳动的习惯。”① 广东省立九中“为利便学生农业科及劳作科实习，并种植棉花起见，特在文明门左侧北门城墙下一带，开农场两所，共十二亩，现已整理就绪，一切农事实习工具亦已够备”。② 该时期，很多中学注重学生成绩展览，有的甚至参加各种大型的成绩展览会。中央大学区中小学成绩展览会中陈列了南京中学化学工艺，该项制造品，虽系简单之物，然使学生以其所学施诸实用，以引其科学上之兴趣，用意甚善，且以图解说明制造之原料及方法，尤为简明。③ 一些地方举办劳作科成绩展览，浙江省曾在 1932 年举办了全国职业学校及中小学劳作科成绩展览会，该展览会共出品了 3 000 余件，参观者总计有 24 000 余人，平均每日约计 6 000 余人。记者评论到该会盛况，展览的作品“大都和实际生产事业发生联系，绪如地方特产的仿造，重要物产的调查研究，以及生产过程的小单元的设计等等，颇能予观众以深刻的印象。此外如新式军器的小模型和科学仪器的仿造等，也含有极深切的意义。”④

最后，走进社会的多种游历考察。为了体察社会民情，学生们走出书斋，走入社会和大自然，以自然为课堂，以社会为教本，勘察各地的名胜古迹、生活习俗等。学生们考察的地方包括工厂、学校、法庭、报馆、医院等。《申报》报道，“萃英中学每年高中毕业生有旅行之举，参观工厂、学校，得以试验科学，增长知识，本年高中三年级生旅行杭州，时事考察”。⑤ 浙江省立杭州高级中学的学生参观医院，“本月二十二十一日两天，各班男生举行野外露

---

① 华罗庚中学校史室编：《华罗庚中学校史（1922—1989）》，1991 年第 8—9 页。
② 《增辟农场》，载《广东省省立九中校刊》1934 年第 2 期。
③ 《中大区中小学成绩审查报告》，载《申报》1928 年 6 月 27 日。
④ 靖：《浙省劳作科成绩展览会》，载《晨光周刊》1932 年第 3 卷第 13—14 期。
⑤ 《萃英中学旅行团自杭返校》，载《申报》1925 年 5 月 18 日。

营，各班女生二十余人，为增进医药常识看护经验，于二十日由校医率领，参观省立医专及附设医院；二十一日由先生率领参观省立医院卫生实验所及广济医院；均于上午八时出发。”① 学生校外的学习活动，一方面，可以弥补学生校内有限知识的学习，提供更广阔的知识天地；另一方面，学生可以走出校园的围墙，结合实际，观察自然界的现象与规律，补纸上谈兵的教材学习之不足。通过校外知识的观察与学习，学生们的学习兴趣逐而大增，知识视野更为开阔，人生体验更为丰富。

第三，情感交往生活的丰富化。交往将个人联结成整体，交往关系决定着个人不是孤立的个人，其一切都不可避免地与他人相互联系，正如马克思指出，“一个人的发展取决于和他直接和间接进行交往的其他人的发展”，② 而其他一切人的发展也影响和决定了个人发展的可能及程度。或者说，一个人的发展、习惯的养成以及友谊的建立等都离不开交往。相比于私塾教育，进入中学校的学生可以接触到更多的同学、不同学科的教师，尤其是男女同学之后，学生的交际范围变得更加广泛。他们不仅在学校之中与同学建立了亲密的友谊，同时也与教师之间建立了“亦师亦友”的师生情感。马克思曾指出：“只有在共同体中，个人才能获得全面发展其才能的手段，也就是说，只有在共同体中才可能有个人自由……在真正的共同体的条件下，每个人在自己的联合中并通过这种联合获得自己的自由。”③ 作为学校共同体中的学生个人，离不开共同体中的交往，以下以男女同学为例，展示中学生情感心理的转变。

民国时期中学男女同校可以说是步履蹒跚，高等学校开女禁之后，中学男女同校则相对迟缓，以至该问题引起了激烈的争议。舒新城曾指出中学男女同校带来诸多优势，可以相互砥砺、互相促进。他认为：“男女隔绝的社会

---

① 《二年级女生外出参观》，载《浙江省立杭州高级中学校刊》1933 年第 85 期。

② ［德］马克思、恩格斯：《马克思恩格斯全集》第 3 卷，北京：人民出版社，1960 年版，第 515 页。

③ ［德］马克思、恩格斯：《马克思恩格斯全集》第 1 卷，北京：人民出版社，1995 年版，第 119 页。

习惯，在工商业社会之下，终于不能永久保存，终于要打破，则小学及大学既经打破，中学何以不可打破。而况就我个人的经验说，我曾办过女学，觉得女生的精细，很可以补男生的粗暴；男生的勇敢，可以补她们的畏缩。男女生在一起或者反有益处。而欧美各国中学之男女同学不知行了多少年，也未见得有什么问题。所以在原则上我历来主张男女同学到底的。”① 也有时人从男女平等的角度主张中学开女禁、男女同校。“中学是人人必定要经历的一个阶段，他里边教授的功课，也很普通的。我们也很容易明白。其中重要的目的，第一使男女知识平等。第二，男女各有自谋的能力。他们授的教育，既是一样的，那么将来做的事，也是一样的，所得的效果也是一样的。”② 1928 年，大学院发表《全国教育会议大会宣言》，关于女子中学部分规定，“女子中等教育应培养女子特有的社会职分，而适应其特殊之需要。所以我们认定女子中学校以单独设立为原则，但因地方人才经费的限制，不能分设两种学校时，亦得于一校内。根据女子特殊的需要，变通办理”。③ 至此，男女开始有了同校的可能。

陈兼善指出男女同校的变化：“在男女同学的学校中，当初没有习惯的时候，无论在教室里或公共会场中，男女学生总是不相问闻，各成一团。如其女生人数过少，往往等到教师来了才进会场或教室去。这是因为男女学生刚从旧家庭里出来，没有交际的习惯，彼此自然难得接近。过了多日，彼此相见，就不至于先事规避，说话也不至于脸红。在这时候，学校中颇见得一团和气，教育也容易收效。”④ 某同学描述了某高中男女同校的场景与变化，高中第一年的时候为“乍一开课时，我们都觉得很新鲜，女同学坐在最前一二排，不和男同学同桌”。到了第二年，“男女同学熟悉些了，平常也打个招呼了”。三年级的时候，“他们请她们去吃冰激淋她们真个的去，他们请她们去

---

① 舒新城：《我和教育》上，台北：龙文出版社有限公司，1990 年版，第 209—210 页。

② 颜锦心：《中学男女同校问题》，载《星期》1922 年第 23 期。

③ 《全国教育会议大会宣言》，载《国立大学联合会月刊》1928 年第 1 卷第 5 号。

④ 陈兼善：《男女同学之讨论》，载《教育杂志》1925 年第 17 卷第 4 号。

北海划船她们真个的去，她们会真个的对他们微笑了呵！”① 男女同学之间从起初的“授受不亲”到后来的“笑脸相容”，也表现出男女同学间交际的可能性与发展性，也是谋得生活上合作与了解的必要之途。

图 6—3　眼光集中

四、中学生服务生活改良了社会风气

学生作为学校教育中的重要主体，发挥着教育的社会服务功能。这种社会服务的功能表现之一则为改良社会风气，主要表现在两方面：一方面，学生们努力破除各种陈规陋俗。为了发扬节俭的美德，南大附中学生发起青年俭德会。南大附中学生因鉴于现今世风不古，江河日下，青年学生往往牺牲父老汗血金钱，作无益之消费，彼等欲挽救颓风，征集同志发起青年俭德会，以养成良好之习惯。② 为了宣传禁烟戒毒，学生们还组织各种禁烟的比赛，借以改良社会空气。如见于报端的两则新闻，“禁烟委员会为普遍禁烟宣传，将举办中校禁烟图书比赛，规定以京沪二市所属中校为限，除已函请京沪二市通令运办外，并检比赛说明书，专函请京沪各中校，一律筹备参加”。③ 而江苏省中学则举行禁烟演说比赛，“6 日下午 2 时起，在镇江师范举行预赛，正式赛员共 55 单位分组，为免除埋没真材计，临时另开自由竞赛组一组，参加者 18 名，取 5 名，5 名即为决赛优胜者，不得再参加总决赛正式组预赛。每

---

① 朱一亦：《高中男女同学》，载《独立漫画》1935 年第 6 期。

② 《南大附中学生发起青年俭德会》，载《申报》1925 年 5 月 19 日。

③ 《中校禁烟图书比赛》，载《申报》1935 年 4 月 1 日。

组录取3人，于7日下午2时举行决赛，并当场给奖”。[①] 一些学校的学生积极参与妇女放足宣传运动，以期剔除缠足的陋习。云南省立昆华女子中学、省立职业中学的学生配合云南省妇女会的工作，进行放足大检查运动。“昆华女中全体学生，和职中全体学生，东大全体学生等，于本月22日（星期日）午前11时，到省指委会内参加例会，到市街道游行宣传放足大检查运动，并于23日协同市政府实行检查，以剔除此病国弱民之陋习。”[②]

另一方面，学生们在努力破除恶俗陋习时，也竭力宣扬各种进步思想，弘扬社会正气。如当时很多中学生排演的话剧，多以宣扬社会正气为主题，并经常公开上演。如私立明德学校中学部学生近亦发起新剧团，并已组织成立，在该校演习数次，成绩颇佳，约数日间，即可就省城公庙讲演。[③] 浙江省立杭州高级中学曾排演了《本地货》[④]（闽南一带日本人及汉奸的通称）的独幕剧。该剧主要讲述的是有为青年与日本人及土豪劣绅的争斗。南开中学新剧团编演的剧目，很多紧扣时代主题，借以启发民智，揭露社会现实。如远播海内外的《新村正》，矛头直指“帝国主义和封建势力”。该剧主要内容，描写北方农村恶霸地主吴绅，平日依仗财势、横行无忌、鱼肉乡民，农民对此恨之入骨。然辛亥革命后，他不仅逍遥法外，而且凭借帝国主义和封建势力的庇护，反而当上了新村正。农民群众的代表李壮图虽然团结农民与之进行斗争，最后仍以失败告终。最后，村民被迫给吴绅送上“万民伞”。该剧打破了传统的“善有善报、恶有恶报”的大团圆主义，有力地批判了辛亥革命的不彻底性，该剧鲜明的反帝反封建主题，有力地配合了当时的思想解放运动。

为了改变民众对待知识的态度，丰富民众的业余生活，学生们选择多种方式服务乡村，如创办壁报、文娱宣传等。浙江省规定了中等以上学校学生

---

① 《苏中校禁烟演说决赛》，载《申报》1925年4月8日。

② 《转饬省会各学校酌派女生参加妇女会放足宣传及检查运动》，载《云南教育》1934年第2卷第4—5期。

③ 《湘学生之热潮近记》，载《申报》1919年6月27日。

④ 《话剧剧本说明》，载《浙江省立高级中学校刊》1936年第159期。

假期服务办法，其中关于民众教育之事项包括：“（一）推行新生活运动；（二）参加民众学校工作；（三）参加通俗讲演；（四）编贴时事壁报；（五）为民众代笔并答复问字；（六）举行民间访问；（七）提倡民众业余运动。”① 浙江省立杭州高级中学学生会发行民众壁报。本中学学生会见于下城一带工厂林立，人民智识程度幼稚，邻近各处，又少民众教育机关，除主办民众夜校，更管理民众壁报，借以引起民众注意时事，增进常识。办理者颇为热心，于课余从事此项工作，所有壁报，按日抄换一次。② 上海四川路青年会高级中学学生对于公众事业素为关心，近于公民教育运动，尤具热忱，现拟组织演讲团，计分七家赴浦东等十一处，宣讲印有通俗印刷品多种，沿途分发解释以资唤醒。③

---

① 《本省中等以上学校学生假期服务办法》，载《浙江省立杭州高级中学校刊》1933年第104期。

② 《学生会发行民众壁报》，载《浙江省立杭州高级中学校刊》1933年第86期。

③ 《青年会消息》，载《申报》1925年5月9日。

余 论

吴文藻曾指出："学生生活是人生生活的一段，确是最重要而最宝贵的一段。何以故？学生在社会进化史上所占的地位是两重的：上而承继前人活动所得的遗产，下而增进活动，创造经验，以遗传于后代。假如没有学生，就没有教育；没有教育，则人生生活的经验无从遗传，而人类就没有进化。所以我说学生生活是一个承前启后的生活，是人生生活中最精彩而最宝贵的一段。"① 中学教育在学程中是承上启下最重要的一个阶段，同时也是青年的黄金时代，中学生的生活也带有着承前启后的过渡性特征。民国时期中学生的生活印象有着独特的时代特征，这一特征与当时中学所处的国际环境、时代变革以及文化背景环环相连、紧密相扣。因此，在描述了具体形象的生活镜像之后，笔者试图通过现象分析原因，以期对该时期的学生生活史有更深刻、更全面的认识。此外，在书写中学生生活史的过程中，笔者也对教育生活史，尤其是其中的学生生活史的研究范式产生了一些思考。

一、民国时期中学生生活的历史审视

民国时期的中学生作为一个新的"群体"登上了教育历史的舞台，他们生动活泼地演绎出一幅充满无限活力的景图。这一时期，他们成为时尚界潮

---

① 吴文藻：《评清华学生生活》，载《清华周刊》1922年纪念号。

流的引领者，革命运动的急先锋，民众教育的启蒙者，进步思想的践行者，可以说，他们在某种程度上加速了时代变迁的进程。民国时期中学生之所以上演出这样的历史剧幕，与当时所处的时代土壤与环境密不可分。其原因主要包括以下几方面。

（一）社会大变革是学生生活的时代土壤

社会变迁或迟或早、或多或少都会对教育产生影响，且最终将导致教育变迁。一方面，社会变迁的成因中未必总会含有教育的作用；另一方面，社会变迁迟早会引起教育变迁。社会变迁对教育的影响是“动态地”改变教育的状况，亦即引起教育变迁。① 民国时期的学生先后经历了北洋军阀时期、国民政府时期，他们在这风雨飘摇、动荡不安的年代里，却表现出了进步学子对理想社会的孜孜追求，甚至承担起振兴民族、救亡图存的历史重任，这种时代环境烙下了学生政治生活的徽记。在这个时土壤中成长起来的中学生，面对山河破碎的现实，自觉继承和发扬了古代知识分子的“先天下之忧而忧，后天下之乐而乐”“天下兴亡、匹夫有责”的爱国主义传统，谱写了爱国救亡运动的壮丽篇章。随着抗日战争的全面爆发，学生的爱国热情更是受到极大激发，有的学生写出《与日倭肉战》的愤慨激词：

与日倭肉战
卢沟桥事变，
是中日大战的引火线！
同胞们！
起来吧！起来，与豺狼似的日伪搏战！
若不然，即有亡国的危险！②

李泽厚认为：“以专注于文化批判始，仍然复归到政治斗争终。启蒙的主

① 吴康宁：《教育社会学》，北京：人民教育出版社，1998年版，第156页。

② 宋有年：《与日倭肉战》，载《青海一中校刊》1937年第12期。

题、科学民主的主题又一次与救亡、爱国的主题相碰撞、纠缠、同步。中国近现代历史总是这样。不同于以前的是，这次既同步又碰撞带来了较长时期的复杂关系。首先，启蒙没有立刻被救亡所湮没；相反，在一个短暂时期内，启蒙借救亡运动而声势大涨，不胫而走。救亡把启蒙带到了各处，由北京、上海而中小城镇。其次，启蒙又反过来给救亡提供了思想、人才和队伍。从北京到各地，那些在爱国反帝运动中打前锋作贡献的，大都正是最初接受了新文化运动启蒙的青年学生。这两个运动的结合，使它们相得益彰，大大突破了原来的影响范围，终于造成了对整个中国知识界和知识分子的大震撼。"①正是在这种时代环境的渲染下，学生的生活带有很强的救亡性和启蒙性。一方面，学生肩负起救亡运动的重任，通过各种方式参与救亡运动，有的不辞劳苦募捐筹款，有的积极踊跃充当学生军，有的甚至亲入疆场为国杀敌；另一方面，学生充当了文化启蒙的前驱者，纷纷走向民间进行爱国宣传，有的通过上演新剧的方式进行思想激发，有的通过创办平民学校提高民众智识。

（二）国外思想介入提供了生活转变的条件

20 世纪是一个传统文化逐渐受到批判、慢慢走向没落而不断挣扎的时期，也是一个新文化披荆斩棘而又凯歌行进的历史时期。在这样一个文化的转型期中，各种国外新思潮开始涌入中国，出现了中西文化、古今文化的相互碰撞、冲突与融合。国外思想的介入主要包括两方面：一方面，国外教育制度和思想的引介。随着近代中国的历史转型，教育随即开启了从传统向现代的转向，翻译和介绍国外教育思想和制度成为学习西方的一种主媒介。该时期，国外中学教育制度以及中学生的生活介绍频见于报端，并且以介绍欧美中学

---

① 李泽厚：《中国现代思想史论》，北京：生活·读书·新知三联书店，2008 年版，第 10 页。

居多。[①] 如申报1915年登载的《美国之一学校》，则详细介绍美国的芝加哥市立中学的状况：

> 是校有男女学生一千六百人，其间女子数较多于男子数。钳工场分两室，一为制小机件者，一为锤钳者各种器具，殆可供二三十人受课，壁间陈列各种学生成绩品及图样。冶工厂令学生习翻砂。凡钳工冶木工等皆先令学生制图样。然后令依自制之图样造之。毕业以前，各人须自出心裁制成一二实用之器具陈列校中，以为毕业成绩，且做纪念。以上各种教室皆开其一隅设桌椅或为阶级形以授课焉。练身房男女隔别。化学实验室及物理实验室不取整列，亦不设阶级，仪器甚简单应有尽有，隔间置活动为真器。薄记教室男女同授课，学生桌后为商店柜，练习式商业。打字室置打字机约三四十架男女同习。写生书室室内前后左右皆模型标本供写生用。烹饪室为匡字形，教师居其中，壁置黑板。模范家庭室三间为卧室、起居室、食室，女生轮流司之。其器具即学生手制也，食室在烹饪室旁，食品制成后，学生迭为实主侍者，或特邀校长为上实者。普通教室四壁皆陈设图书、模型、标本、盆花、笼鸟等，但取教材需用之方便，不取形式整齐。[②]

如《法国中学生活素描》一文介绍法国中学生的生活状态，其中饶有兴

① 很多报纸杂志也介绍了美国中学的状况，如《美国中等教育之性质及范围》（《教育杂志》）、《美国中等教育之趋势》（《教育杂志》）、《美国中学选科制及单位之规定法》（《北京市高师教育丛刊》）、《美国中学生的生活》（《北京师大周刊》）、《美国中学教育当前之一大问题》（《教与学月刊》）等。除介绍美国外，很多文章介绍德国、法国的中学教育，如《法国中学之精神　吾国中学之缺点》（《江苏教育》）、《法国中学训育一瞥》（《浙江教育行政周刊》）、《法国中学生活素描》（《学校生活》）等。介绍德国中学的文章包括《德国中学之几点改革》（《中华教育界》）、《德国中学之选择性》（《中华教育界》）、《德国中学恢复十二年制》（《中华教育界》）。此外，也有专门介绍日本中学生生活的文章，如《日本中学教育一瞥》（《中国学生》）。

② 抱一：《美之一学校》，载《申报》1915年9月6日。

趣的则是中学实行的“助教制度”。每天早晨学生起床之后“都到广场上集中，由助教点名，随即整队进自修室，各自就座，预备功课。助教坐在讲台上亦预备他的功课，(因为助教都是贫寒未毕业的大学生) 有时学生来质疑，他就低声代为解析，自修室内肃静的只有钢笔擦纸之声，假如有个学生偶然大声说了一句话，就受警告或罚抄书五页”。① 通过介绍国外中学的生活状态以及中学教育制度等，某种程度上为我国中学生生活提供了镜鉴，最明显的表现则在学制改革方面，我国曾一度效仿欧美教育制度。

另一方面，民主与科学等思想的传入，重构了中学生的思想价值观体系。自五四新文化运动开始，民主与科学成为近代新文化的核心观念或基本价值。“一般把 19 世纪末 20 世纪初中国思想观念的演变划分为这样三个阶段，即‘器物层面’‘政教层面’和‘文化阶段’，这三个阶段分别与‘洋务运动’‘戊戌变法’和‘五四运动’这三种社会运动相对应，这三个阶段大体上表明中国对西方和自身事物认识的逐渐深化。‘文化观念’作为五四新文化运动的基本特征，它表现为一系列新观念的探险和精神冲动。”② 也就是说，“当两种异质文化发生接触时，首先发生碰撞的是外在的层面即物质的层面；联系较多，相互作用，渐可进入中间层面即制度的层面；最后方能深入各自的核心层面即心理的层面”。③ 民主与科学作为五四新文化运动的核心价值观念逐渐深入人心。如李大钊曾在《劳动教育问题》中指出：“现代生活的种种方面，都带着 Democracy 的颜色，都沿着 Democracy 的轨辙。政治上有他，经济上也有他；社会上有他，伦理上也有他；教育上有他，宗教上也有他；乃至文学上、艺术上，凡在人类生活中占一部位的东西，靡有不受他支配的。简单一句话，Democracy 就是现代唯一的权威，现在的时代就是 Democracy 的时

---

① 林文铮：《法国中学生活素描》，载《学校生活》1935 年第 104 期。

② 王中江、苑淑娅：《新青年：民主与科学的呼唤》，郑州：中州古籍出版社，1999 年版，第 3 页。

③ 欧阳哲生：《二十世纪中国文化》，北京：北京大学出版社，2010 年版，第 63 页。

代。”① 而中学生进入新式的中学之后，民主与科学的观念也逐渐渗透其观念之中，主要表现在以下几方面：其一，中学生逐渐摆脱了“父母之命、媒妁之言”的桎梏与枷锁，开始追求民主自由的婚恋观，有的学生甚至为了这种追求，以生命为代价，足以表明学生对于自由民主观念的极度崇尚。其二，民主的观念表现为追求平等的师生关系。古代“尊师重道”的师生观在民国时期已经动摇，学生们开始挑战教师“至尊无上”的权威，开始打破“师尊生卑”的师生观，开始建立民主平等的师生关系。其三，追求民主权力，反对一切形式的专制。这方面主要表现在学生们反对各方压迫，无论是来自国内保守势力，还是来自国外列强。从学生们发动的数次轰轰烈烈的学生运动中可以看出，为了争取民主权力，他们进行全国性的游行、示威、罢课等活动。

（三）学校制度的变更奠定了生活的基调

学校制度改革除了学习年限、教育宗旨等改革之外，其中重要的一个改革板块便是课程改革。因为教育的核心是学校课程，课程具体体现了教育培养目标，同时课程是教师和学生之间的中介，二者都是以课程为中心进行教学活动的。“教育改革不外是对教育思想、教育制度、教育内容和教育方法、手段的改革。所谓教育内容的改革，就是课程改革。没有哪一次成功的教育改革离得了成功的课程改革；课程改革往往是教育改革的突破口。”② 民国成立之后，中学进行了一系列的改革，如“学堂改称为学校”“中学校改为四年毕业”“中学校文实不必分科”等。《普通教育暂行课程标准》规定了中学的课程内容。该时期的课程设置相比清末时期，内容有了很大改变。两者沿袭性表现在，大部分课程门类是相似的；创新性表现在，民国时期取消了读经讲经课程，增加了几门课程，如手工、音乐，女生增加了家政、缝纫课程，增设这些课程，有利于学生身心全面发展，同时也表明了女子开始进入中学校，享有接受中等教育的权利，这项改革，对于女性而言可以说是“开天辟

---

① 璩鑫圭、童富勇编：《中国近代教育史资料汇编·教育思想》，上海：上海教育出版社，2007 年版，第 987 页。

② 吕达：《课程史论》，北京：人民教育出版社，1999 年版，第 1 页。

地”之举。

民国初期课程改革较比晚清时期，有了一定的进步性，但这种改革，不能完全适应学生和社会发展的需求，如单科制很难有较强的伸缩性，导致学生个性不易形成，毕业后不能适应社会的需要等问题。在问题频频突发之后，1922年学制改革逐渐酝酿而现。1922年学制的弹性更大，不仅年限有所增长，而且规定各地中学可以实行分科选科制、学分制等，并且课程内容也有所改变，如取消了男女差异课程，初中以公民课代替修身课，高中增设许多新鲜课程，如人生哲学、社会问题、文化史等。这次课程改革更能符合学生身心发展的特点。

以体育课程为例，管窥课程改制对于学生生活的影响。民国初年的体育课程主要是“体操”，以兵式体操和普通体操为主要内容，而女子中学的学生免兵式体操。1922年学制中，则以“体育课”取代了长达二十年左右的“体操课”，改为以田径、球类和游戏为主的课程内容，同时注重与体育相关的卫生教育。可以说，相比于民国初年的体操课程，1922年学制规定的体育课程门类丰富，更能取得强身健体的需求。清末时期茅盾曾就读的湖州中学，便开设了兵操课程。据茅盾①回忆：

> 至于枪操，都是真枪。老同学告诉我，这枪能装九颗子弹，打完再装也不过半分钟就好，熟练后只要几秒钟。这是从外国买来的，同学们就称之为“洋九响”。真有子弹，而且很多，放在体操用具的储藏室。我觉得体操不难，开步走，立正，稍息，枪上肩之类，我在植材时学过，但不是真枪，只是木棍。现在是真枪了，我身高还不及枪，上了刺刀以后，我就更显得矮了。枪不知有几斤重，我提枪上肩就十分困难。枪上肩后，我就站不稳，教师喊开步走，我才挪动一步，肩上的枪不知怎地

① 茅盾1909年冬季毕业于植材学校，1910年考入湖州中学，在该学校就读了两年多，1911年转入嘉兴中学，可以说，茅盾的中学时代是“过渡代”，先后经历了清末民初两个阶段。因清末时期所设的体操课程与民初的体操课程名目相似，故以茅盾在湖州中学的兵操课为例，以窥体操课的上课情景。

就下来了。我只好拖着枪走，真成了“曳兵而走”了。[①]

兵操课程的设立以养成军人之习惯为目的，培养勇敢、秩序、服从、负重远行等精神与毅力，这也是“军国民教育”的影响。但是，当学生上操时，右手持枪，反复做数次偏部简单之动作，久而久之使健全身体成为倚斜之态。换言之，这种机械运动，使得学生遭受莫大之苦痛，未曾感受到运动之乐趣。从茅盾的回忆中可看出，上兵操课时练习扛枪上刀，对于身材矮小的他而言，真是一场惨痛的折磨。

1922 年新学制颁布以后，以兵操和普通体操为主的“体操课”去除了，取而代之的是“体育课”。体育课程的开设相对于兵操而言，内容丰富、种类多样。一些学校把体育课视为强迫性的。浙江二中非常重视学生的体育运动，并视为强迫教育，制定了一种强迫运动规则。“在下午四时功课完毕以后，每个学生都须到操场上去，参加各项的运动，那时把自修室和寝室上了锁，便是躲在厕所里谈天的，也去驱逐出来，都得在操场上，即使什么事不做，也得站在操场上。”该中学由于比较重视体育运动，在一些比赛中取得了好的成绩。“足球雪了十年来之积辱，打败了同地的教会学校的秀州中学，网球的友谊比赛，也占了上风。”[②]

（四）学生个性解放是生活演绎的主要动因

教育的本质是使人成为人的过程，同时也是促进人的个性发展的过程。或者可以说，人的发展要发挥主观能动性。“人必须自我完成，必须自我决定进入某种特殊的事物，必须凭借自身努力力图解决自身出现的问题。”[③] 人在发展的过程中会表现出人所特有的能动性。新文化运动时期倡导的民主、科学，反对专制、迷信，以及批判封建礼教，都以追求人的解放为旨归。李大钊在《青春》一文中号召青年从封建礼教的束缚中解放出来，“冲决过去历史

---

① 茅盾：《我走过的道路》上，北京：人民文学出版社 1997 年版，第 80—81 页。

② 章克标：《我的中学生时代》，载《中学生》1931 年第 16 期。

③ ［德］米切尔·兰德曼著，彭富春译：《哲学人类学》，北京：工人出版社，1988 年版，第 54 页。

之网罗，破坏陈腐学说之囹圄，青年要本其理性，加以努力，进前而勿顾后，背黑暗而向光明，为世界进文明，为人类造幸福，以青春之我，创造青春之家庭，青春之国家，青春之民族，青春之人类，青春之地球，青春之宇宙，资以乐其无涯之生”。① 李大钊召唤青年摆脱传统镣锁，实现个性解放。教育界也开始提倡个性解放的教育思想。蒋梦麟指出："个人各秉特殊之天性，教育即当因个人之特性而发展之，且进而至其极。我能思，则极我之能而发展我之思力至其极。我身体能发育，则极我之能而发展我之体力至其极。我能好美术，则极我之能而培养我之美感至其极。个人之天性愈发展，则其价值愈高。一社会之中，各个人之价值愈高，则文明之进步愈速。吾人若视教育为增进文明之方法，则当自尊重个人始。"② 1922 年学制中明确规定了"谋个性之发展"的教育标准。

学生的个性解放一方面来自"学习环境"的烘托与熏染，换言之，在学校环境中，学生的个性发展得益于"伯乐"的发现与启迪，而伯乐最主要是各科教员。可以堪称"东方第一几何学家"的苏步青为列，探寻"伯乐"对"千里马"的重要影响。1915 年 8 月，苏步青考入了温州省立第十中学，在刚刚进入中学之后，苏步青对数学并未产生很大兴趣，他起初得到老秀才国文教员的赏识与器重，于是他便憧憬着未来当一名博古通今的大文学家。然而，人生莫测，某些偶然的事件改变了人生轨迹。当苏步青上中学二年级的时候，学校新来了一位从东京留学归来的数学教员杨霁朝，他的一番"要救国，就要振兴科学；发展实业，就要学好数学"的话，恰如一针强心剂，使他心潮澎湃，立志学好数学，振兴科学。杨老师的数学课并非枯燥无味，那些数学公式、定理，经过他的讲解就变活了。杨老师还经常带领他们走出学校，测量山高，计算田亩，设计房屋，经常出许多趣味数学题，让同学们竞猜，而苏步青在这些活动中锋芒初露，引起了教员的注意。为了满足苏步青如饥似渴的求知欲，杨老师经常找一些题目让他来做。有一次，他把一本日本杂志

① 李大钊：《青春》，载《新青年》1916 年第 2 卷第 1 号。

② 蒋梦麟：《个人之价值与教育之关系》，载《教育杂志》1918 年第 10 卷第 4 号。

上的数学习题拿给苏步青做。苏步青面对这些数学难题并非知难而退，而是抱着解不出来不罢休的态度，享受数学王国带给他的无限乐趣。当杨老师调任物理教师时，校长洪彦远担任他的数学教师，该校长对于苏步青的数学才赋早有耳闻，他亲自到苏步青班上教几何课。有一次证明“三角形的一个外角等于不相邻的两内角之和”这条定理，苏步青用了24种大同小异的解法。洪校长大为得意，把它作为学校教育的突出成果，送到省教育展览会上展出。[①] 可以说，苏步青能进入数学的殿堂，离不开他中学两名数学“伯乐”的培养。

另一方面，学生的个性解放发源于他们对兴趣的发现与坚持，最显著的表现则是他们广泛参与各种活动，改变传统士人的读书方式，积极组织和参加校内外课外活动。以学生的办刊为例，学生办刊物提供了一个言论自由的交流平台，旨在发表他们的自由言论。在办刊的活动中，学生们个性得以定性，甚至为以后所从事的职业打下了基础。钱钟书曾担任校报《桃坞学期报》的中文编辑。在《桃坞学期报》上他发表了文言、白话、译作等不同形式的文章，如《进化蠡见》《天择与种变》（译作）与《获狐辩》等。钱钟书在桃坞中学四年的求学经历，为其以后融贯中西的学问研究及讽婉精妙的写作方法打下了良好的根基。[②] 现代诗人冯至，在北京四中学习期间，就埋下了乐于写诗的种子。“他与同学创办了《青年》旬刊杂志，他在上面发表新诗和文章。尽管刊物本身读者有限，却培养和增强了冯至写作兴趣。《青年》旬刊的创办，一方面促使冯至在写作上有自觉磨炼，另一方面也在他思想里播下了一颗以办刊物为乐事的种子。”[③] 可见中学阶段学生办刊活动的深远影响。

二、学生生活史研究的几点思考

教育生活史研究作为一种“接地气”的原生态研究，逐渐呈现一番朝气蓬勃之态。从狭义的教育生活史的范围而言，教育生活史主要包括教师生活史、学生生活史。笔者在研究中学生生活史的过程中，对其研究方法、史料

---

① 王增藩：《苏步青传》，上海：复旦大学出版社，2005年版，第22—24页。

② 俞菁：《钱钟书、杨绛与苏州》，载《中国档案》2007年第2期。

③ 蒋勤国：《冯至评传》，北京：人民出版社，2000年版，第19页。

来源、研究内容、研究取向、表达方式进行了尝试性思考与运用。

第一，“跨界”的研究方法。现代史学的基本特征之一是科际整合，也称跨学科研究，主要指“历史学打破传统的学科壁垒，同其他学科（人文社会科学和自然科学）进行融汇和沟通，包括理论的整合、方法的整合、概念术语的整合、技术手段的整合和研究课题的整合”。[①] 教育史学科作为教育学与历史学交叉学科，同样如此，不仅要吸收母体学科的研究方法，对于邻近学科的方法也要吸收和借鉴，这也是教育史学科摆脱“故步自封”困境的路径之一。为了多维度、多视角分析学生生活史的全景，在采用基本的文献分析、教育叙事等历史学和教育学的方法之外，借纳社会学、心理学、人类学等学科的相关理论与方法，试图拨开生活史的面纱，透视其背后所揭示的教育变革与社会变迁，实现微观探索与宏观考察的相互勾连。

教育生活史是教育学、历史学、社会学、人类学、心理学等学科内容相互交叉的一个研究领域。[②] 而学生生活史作为教育生活史中的重要构成，同样需要旁采其他学科的研究理论与方法。换句话说，学生生活史的研究一方面要采用历史学科的基本方法，如文献分析法、历史考证法等，这是最基本也是最核心的研究方法；另一方面采借其他学科的研究方法与理论。如个案分析法、心理分析法、计量分析法、比较分析法等。本书根据“问题决定方法”的原则，依据研究内容选择适恰的研究理论与方法。如在分析学生的爱情生活时，则以郭沫若中学时期的婚姻为例，展现了他欲想追求自由婚姻，亦怀有机会主义侥幸心理，最终在失望之局后逃离现实的复杂心理。比较分析法也是常采纳的一种方法，为了呈现清末中学堂与民国时期学生生活的嬗变历程，则运用比较方法进行历史比照，进而从生活的转变中寻觅出教育变革的痕迹。除了采纳其他学科的方法外，亦可要借用其他学科理论分析历史现象，如在分析学生的罢课、罢试行为时，则用博弈论的相关理论透析学生行为的利弊得失；此外，在分析学生与社会变迁的过程时，借助于传播学中的“社

① 王学典：《史学引论》，北京：北京大学出版社，2008年版，第311页。

② 周洪宇、刘训华：《多样的世界：教育生活史研究引论》序，福州：福建教育出版社，2014年版。

会协调”理论解释学生发挥的媒介功能等。

第二，丰富多元的史料来源。学生生活史的研究要树立“大史料观”。“大史料观就是要突破以往教育史学研究只重视地上史料、正史史料以及文字记录即文献史料的狭隘史料观，拓宽史料的来源，树立地上史料与地下史料并重，正史史料与笔记小说史料并行，文字记录或文献史料与口述史料并举的大史料观。”① 胡适对史料的选择上有一个价值标准，他认为：“史料的来源不拘一格，搜采要博、辨别要精，大要以‘无意于伪造史料’一语为标准。杂记与小说皆无意于造史料，故其言最有史料的价值，远胜于官书。”② 对于选择生活史研究这一题域，更需要挖掘民间史料。因为，“官方文献往往对普通个体的日常生活少有记载，因此日常生活史研究者通常需要另辟蹊径，在诸如法庭证词、治安报告、监工报表、教师和教士的演讲、信函、日记和旅行笔记等五花八门的零散资料中多方搜检以获取信息。其中，传记和回忆录通常被视为进行生活史研究的最佳材料，在重构普通个体的日常生活及其内心世界中占有重要的地位”。③

学生生活史的史料来源比较分散广阔，不单单见于官方的档案资料、正式的报纸杂志，更多见于非正式的出版物，尤其是学生自办的各种刊物。陈平原曾指出：“关于中学历史的叙述，本身也是一个学术课题。可以借助档案、旧报刊以及口述实录，钩稽资料，并逐渐形成自己的‘中学史’。”④ 此外，关于学生生活的日记、小说、诗歌、传记也是一项重要的史料来源，这些资料相对于官方的资料，更具有“原生态”性。仅以小说为例，笔者主要分析了谢冰莹的《中学生小说》、叶圣陶的《倪焕之》、凌叔华的描写女同性恋的短片小说《说有这么一回事》，以及部分中学生所写的小说。小说分析的

---

① 周洪宇：《学术新域与范式转换：教育活动史研究引论》，武汉：华中科技大学出版社，2011 年版，第 9 页。

② 陈东原：《中国妇女生活史》自序，上海：上海书店出版社，1984 年版，第 1 页。

③ ［美］格奥尔格·伊格尔斯著，何兆武译：《二十世纪的历史学：从科学的客观性到后现代的挑战》，济南：山东大学出版社，2006 年版，第 115 页。

④ 李玉兰：《中学往事，那青翠的记忆——陈平原访谈》，载《光明日报》2005 年 5 月 18 日。

各种人物角色，同样也能反映最基层的教育生态。叶圣陶曾在《叶圣陶选集》的自序中坦言："我当教师，接触一些教育界的情形，我就写那些。小说里的人物差不多全是知识分子跟小市民，因为我不了解工农大众，只有知识分子跟小市民比较熟悉。我的小说，如果还有人要看看的话，我希望读者预先存这么样一种想法：这是中国社会二三十年来一鳞一爪的写照，是浮面的写照，同时掺杂些作者的粗浅的主观见解，把它当文艺作品看，还不如把它当资料看适当些。"①

第三，以学生"主体活动"为主的研究内容。学生生活史研究的主体是学生，所以研究内容主要围绕学生而展开，但有时也需要其他参与者的映照，教师作为学校生活的重要参与者之一，与学生大部分生活紧密相关。如在展现学生的课堂学习生活时，因学生的学习多属被动式的间接知识学习，所以需要从教师教的活动中窥现学生的学习镜像。学生生活可以依照横纵两条线索进行交织构建。从横向上，可以按照生活类型划分，包括学习生活史、日常生活史、情感生活史、课外生活史几大领域。在每一个具体领域的写作中，又可以具体分为很多小的板块，如学习生活分为课堂学习、图书馆学习、自习室学习以及其他地点的学习等；日常生活史包括衣、食、住、行等各部分；情感生活包括师生间的情感、同辈群体间的情感，而同辈群体之间的情感又包括普通同学之情、相互吸引的爱恋之感，甚至爱恋又可细化为同性之间以及异性之间的恋爱交往；课外生活史的内容包括社团活动、课外实践活动、社会服务活动等内容。从纵向上，不同时期的学生主体，受不同社会制度和思想文化的习染，则会演绎出不同的生活图景。而这种不同则能显现出历史变迁的缕缕迹象。概言之，通过前后历史时期的比照，可以发现学生生活的"承袭性"与"立新性"。如清末中学堂与民初中学的课程设置，则带有很强的"沿袭性"以及一定的"创新性"，而这种变迁则能反映在学习生活的迹象之中。也就是说，通过经纬两条线路的交织建构呈现全方位、立体的学生生

---

① 新文学选集编辑委员会编辑：《叶圣陶选集》自序，北京：开明书店，1951 年版，第 8—9 页。

活面貌。

第四，以“问题取向”为研究导向。美国教育学者哈德罗·珀金（Harold Perkin）曾指出：“与各门学科相比，历史学是一门题材广泛、方法多样的学科。历史学家常常必须闯进其他学科领域中去，利用它们的研究成果和方法为自己的研究服务。从某种真实的意义上说，真正的历史学并不是一味按年代顺序挖掘整理史实材料的一门学科，而是一门解决问题的学科，它向现实（或一度是现实的）世界提出种种问题，并努力探寻问题的答案。”① 学生生活史的研究亦是如此，也需要有教育问题贯穿其中，通过问题视角可以加强教育历史和教育现实之间的勾连。如从中学生所学课程内容的变化，可以看出教育变革的路径与方向；从中学生的婚恋观的转变，可以看出民主自由的思想观念所产生的社会影响；从中学生毕业与升学的困境，可以看出当时教育存在的现实问题以及教育与社会的相互制约；从中学生课外活动的转变，可以看出我国教育受到欧美教育风潮的影响，尤其是杜威实用主义思想的影响。换言之，从这些微观的、具体的教育问题中以小见大、见微知著，管窥整体教育状况。

第五，以生活叙事为主要的表达方式。采用叙事的表达方式，可以规避因语言分析而带来的枯燥乏味，可读性不强的问题。丁钢指出，叙事代替分析，是缓和了理论与事实之间的叙述紧张。② 学生生活史的研究则主要运用叙事的表现手法，通过“深度描述”的方法再现历史场景，实现文本与读者的心灵碰撞与共鸣。生活史方法“为我们提供了一个工具，使我们能够去研究一个个体、一个组织或者一个机构的成长经历，研究他们对事物的看法，在这些经历和看法中渗透着他们自己的解释”。③ 如在描写贫寒子弟的日常生活时，则深度展现了来自贫苦之家的学生所抱有的“得过且过”的心态；在研

① ［美］伯顿·克拉克主编，王承绪等译：《高等教育新论：多学科的研究》，杭州：浙江教育出版社，2001年版，第23页。

② 丁钢：《声音与经验：教育叙事探究》，北京：教育科学出版社，2008年版，第3页。

③ Denzin，Norman Kent. *The Research Act in Sociology：A Theoretical Introduction to Sociological Methods*. London：Butterworths，1970：220.

究学生升学与就业的心态时，则细致描写出学生对未来的彷徨与焦虑；在分析女学生同性恋情感生活时，则以凌叔华小说中的“云罗与影曼的恋爱”为例，生动展现了二人从相识、相恋到分手的情感过程。通过这一幕幕情景交融的场景再现，可以使读者产生进入史境之感，不自觉对这些学生产生了“同情之理解”。这也是“深度描述”所达到的效果。“在深度描述中，交往个体的声音、情感、行动与意义不仅能被人‘听’到，而且能被人‘看见’。”①

概而言之，笔者试图凭借多元丰富的史料来源，采借多学科理论进行成因分析，努力再现民国时期原生态的、原汁原味的中学生生活图貌，以及在此基础上以管窥豹，洞察当时的教育制度、教育问题以及问题之成因，力图实现“以小见大、以水滴见海洋、以微观见宏观”的写作效果。当然，笔者不敢妄言已对民国时期中学生生活做出了非常明晰透彻的描述与解读，但希望能起到抛砖引玉的作用，为今后学生生活史的研究提供些许的借鉴。

---

① ［美］诺曼·邓金著，周勇译：《解释性交往行动主义：个人经历的叙事、倾听与理解》，重庆：重庆大学出版社，2004年版，第7页。

参考文献

一、档案、报刊类

（一）档案类：

1. 湖北省档案馆：LS10-1-763，《密令中小学特种教育纲要》。

2. 湖北省档案馆：LS10-1-1200，《湖北中小学联合运动会》。

3. 湖北省档案馆：LS10-5-693，《呈报办理学生制服编号情形并检呈编号册请核备案由》。

4. 湖北省档案馆：LS10-5-2222，《湖北省第十二中学呈请学期报名费收支情形及教育厅的电函》。

5. 湖北省档案馆：LS10-5-1274，《湖北省立第七中学杂案》。

6. 湖北省档案馆：LS10-5-1278，《湖北省督学许可呈报视察七中情形》。

7. 湖北省档案馆：LS10-5-1328，《应城西河初中学生李子春殴辱训育主任》。

8. 湖北省档案馆：LS10-5-1386，《湖北省立第八中学校刊及运动会刊》。

9. 湖北省档案馆：LS10-5-1460，《湖北省立荆门初中“风潮”》。

10. 湖北省档案馆：LS10-5-1614，《湖北省立第十五中学》。

11. 湖北省档案馆：LS10-5-168，《湖北省立一中学生自治会简章》。

12. 湖北省档案馆：LS10-5-1888，《湖北省立第十三中学奖惩规则》。

13. 湖北省档案馆：LS10-5-191，《湖北省立高级中学全体女生请维护好教育》。

14. 湖北省档案馆：LS10-5-194，《为学校限缴膳杂费过严请令革除积弊》。

15. 湖北省档案馆：LS10-5-194，《续报朱秘书代表莅校后处理退学男生情形鉴梳由》。

16. 湖北省档案馆：LS10-5-2048-3，《湖北省立第十一中学》。

17. 湖北省档案馆：LS10-5-390，《文华中学整顿校务情况》。

18. 湖北省档案馆：LS10-5-582，《东北中学学生赴京请愿派员劝止》。

19. 湖北省档案馆：LS10-5-672-1，《湖北省立第一女子中学学生毕业》。

20. 湖北省档案馆：LS10-5-672-2，《湖北省立第二女子中学学生毕业》。

21. 湖北省档案馆：LS10-7-189，《湖北省立三中开除学生逮捕学生》。

22. 湖北省档案馆：LS10-7-192-1，《湖北省立第三中学校女子部第一年级学生调查一览表》。

23. 湖北省档案馆：LS10-7-192-2，《湖北省立第三中学学生调查表及资格证明文件》。

（二）报刊类：

《申报》、《益世报》、《中央日报》、《民国日报》、《大公报》、《教育公报》、《武汉日报》、《国闻周报》、《人民周报》、《中央周报》、《光明日报》、《东方杂志》、《新青年》、《独立评论》、《教育杂志》、《中华教育界》、《中学生》、《学生杂志》、《教育与职业》、《中学生文艺季刊》、《中等教育季刊》、《中学生活》、《学生文艺丛刊》、《学校生活》、《现代学生》、《中国学生》、《青年学生》、《新教育》、《新教育评论》、《浙江青年》、《上海青年》、《广西青年》、《北京高师周刊》、《湖北教育厅公报》、《教育部公报》、《安徽教育》、《江苏教育》、《云南教育》、《贵州教育》、《江西教育》、《人民教育》、《河南教育月刊》、《安徽教育月刊》、《湖北教育月刊》、《湖南教育月刊》、《云南教育行政周刊》、《江西教育旬刊》、《教育旬刊》、《教育周刊》、《青年界》、《播音教育月刊》、《浙江省立高级中学校刊》、《河北省立第七中学校刊》、《江西省立南昌一中校刊》、《广州市一中学生》、《南京女子中学校刊》、《广东省立第一女子中学校校刊》、《南昌女中》、《湖南省立第三中学期刊》、《厦门中华中学年刊》、《集美周刊》、《厦中学生》、《青海一中校刊》、《民大高中校刊》、《琼海中学校刊》、《复旦实中季刊》、《交大月刊》、《南洋周刊》、《清华周刊》、《南开高中学生》《浙江军政府公报》、《史地学报》、《广东党务周报》、《教与学》、《读书青年》、《少年中国》、《安徽省立图书馆》、《学风》、《晨报副刊》、《中华图书馆协会会报》、《地理教育》、《青年月刊》、《人言周刊》、《正论》、《汕头市政公报》、《中国出版月刊》、《时事月报》、《晨光》、《女子月刊》、《科学》、《体育杂志》、《读书青年》、《社会学界》、《觉悟》、《玲珑》、《十日谈》、《民间半月刊》、《安徽省政府公报丛录》、《海外月刊》、《小说新报》、《独立漫画》、《群言月刊》。

二、文集、资料汇编

1. 《中国教育事典》编委会编：《中国教育事典》中等教育卷，石家庄：河北教育出版社 1994 年版。

2. 北京平民中学校编：《北京平民中学一览》，1926 年。

3. 北京市教育科学研究所编：《百年老校话今昔：北京市通县第一中学校史》，1986 年。

4. 常跃进等主编：《百年开高（1902－2002）》，北京：中国档案出版社 2002 年版。

5. 陈谷嘉、邓洪波主编：《中国书院史资料》（中），杭州：浙江教育出版社 1998 年版。

6. 陈美延、陈流求编：《陈寅恪诗集》，北京：清华大学出版社 1993 年版。

7. 陈学恂主编：《中国近代教育文选》，北京：人民教育出版社 1983 年版。

8. 成都市石室中学编：《成都市石室中学》，北京：人民教育出版社 1999 年版。

9. 崔国良、夏家善、李丽中编：《南开话剧运动史料（1923－1949）》，天津：南开大学出版社 1993 年版。

10. 丁日初主编：《近代中国》第 6 辑，上海：立信会计出版社 1996 年版。

11. 丁致聘编：《中国近七十年来教育记事》，南京：国立编译馆 1935 年版。

12. 傅国涌编：《过去的中学》，北京：同心出版社 2012 年版。

13. 傅懋勋等主编：《罗常培纪念论文集》，北京：商务印书馆 1984 年版。

14. 高平叔编：《蔡元培教育论著选》，北京：人民教育出版社 2011 年版。

15. 高远东编选：《冯至文集》，北京：华夏出版社 2000 年版。

16. 广东省广雅中学编：《广东省广雅中学》，北京：人民教育出版社 1998 年版。

17. 郭为藩主编：《中华民国开国七十年之教育》，上海：广文书局出版社 1981 年版。

18. 河北省立河间初级中学校刊编辑委员会编：《河北省立河间初级中学校一览》，1934 年。

19. 河北省省立正定中学校编：《河北省省立正定中学校一览》，1934 年。

20. 河北省育德私立中学同学总会编：《河北省育德私立中学校一览》，1935 年。

21. 胡道静：《上海图书馆史》，上海：上海市通志馆 1935 年版。

22. 胡适：《胡适文存》第 1 集，合肥：黄山书社 1996 年版。

23. 胡伟希编：《民声：辛亥时论选》，沈阳：辽宁人民出版社 1994 年版。

24. 湖南省长沙一中编：《湖南省长沙一中》，北京：人民教育出版社 1997 年版。

25. 华罗庚中学校史室编：《华罗庚中学校史（1922—1989）》，1991 年。

26. 华中师范大学教育科学研究所编：《陶行知全集》，长沙：湖南教育出版社 1992 年版。

27. 济南育英中学校史组：《济南育英中学校史》，1985年。

28. 江苏省立上海中学出版委员会编：《江苏省立上海中学一览》，1933年。

29. 江苏省扬州中学编：《江苏省扬州中学》，北京：人民教育出版社1997年版。

30. 教育部编：《教育法令汇编》第1编，上海：商务印书馆1936年版。

31. 教育部编纂委员会编：《第二次中国教育年鉴》，上海：商务印书馆1948年版。

32. 教育部编纂委员会编：《第一次中国教育年鉴》，上海：开明书店1934年版。

33. 进山中学校史编审组：《进山中学校史（1922—1987）》，1987年。

34. 瞿葆奎、沈剑平选编：《教育学文集·教育与教育学》，北京：人民教育出版社1993年版。

35. 乐山市文管所编：《郭沫若少年诗稿》，成都：四川人民出版社1979年版。

36. 李楚材编：《帝国主义侵华教育史资料：教会教育》，北京：教育科学出版社1987年版。

37. 李桂林、戚明琇、钱曼倩：《中国近代教育史资料汇编·普通教育》，上海：上海教育出版社2007年版。

38. 李华兴、吴嘉勋编：《梁启超选集》，上海：上海人民出版社1984年版。

39. 梁启超：《梁启超文集》，北京：线装书局2009年版。

40. 梁启超：《饮冰室合集》第4册，北京：中华书局1936年版。

41. 凌叔华：《凌叔华文集》（上），北京：北京燕山出版社2007年版。

42. 刘沪主编：《北京师大附中》，北京：人民教育出版社2000年版。

43. 刘仙洲纪念文集编辑小组编：《刘仙洲纪念文集》，北京：清华大学出版社1990年版。

44. 鲁迅先生纪念委员会编纂：《鲁迅全集》第1卷，北京：人民文学出版社 1981 年版。

45. 陆玉林选注：《使西纪程郭嵩焘集》，沈阳：辽宁人民出版社 1994 年版。

46. 南京师大附中编：《南京师大附中》，北京：人民教育出版社 1996 年版。

47. 南京市金陵中学编：《南京市金陵中学》，北京：人民教育出版社 1998 年版。

48. 南开中学编：《天津市南开中学建校九十周年纪念专刊（1904—1994)》，1994 年。

49. 璩鑫圭、唐良炎：《中国近代教育史资料汇编·学制演变》，上海：上海教育出版社 2007 年版。

50. 璩鑫圭、童富勇：《中国近代教育史资料汇编·教育思想》，上海：上海教育出版社 2007 年版。

51. 任钟印主编：《杨贤江全集》，郑州：河南教育出版社 1995 年版。

52. 商务印书馆编：《最近三十五年之中国教育卷》二，上海：商务印书馆 1931 年版。

53. 书林主编：《蔡元培文集》，北京：线装书局 2009 年版。

54. 舒新城：《中国近代教育史资料》，北京：人民教育出版社 1985 年版。

55. 苏州中学校史编委会：《苏州中学校史》，苏州：苏州大学出版社 1999 年版。

56. 邰爽秋编：《教育参考资料选辑》第 7 辑，上海：教育编译馆 1935 年版。

57. 太原成成中学校史编委会：《成成中学校史》，1992 年。

58. 汤才伯主编：《廖世承教育论著选》，北京：人民教育出版社 1992 年版。

59. 汤志钧：《康有为政论集》上，北京：中华书局 1981 年版。

60. 田本相、刘一军编：《曹禺全集》第 5 卷，石家庄：花山文艺出版社

1996 年版。

61. 汪曾祺：《汪曾祺全集》第 5 卷，北京：北京师范大学出版社 1998 年版。

62. 王承绪、赵端瑛编：《郑晓沧教育论著选》，北京：人民教育出版社 1993 年版。

63. 王晋堂主编：《古校迈向 21 世纪：北京一中校史稿（1644—1990)》，北京：华艺出版社 1990 年版。

64. 王文俊等编：《张伯苓教育言论选集》，天津：南开大学出版社 1984 年版。

65. 王文俊等选编：《南开大学校史资料选（1919—1949)》，天津：南开大学出版社 1989 年版。

66. 王中江、苑淑娅：《新青年：民主与科学的呼唤》，郑州：中州古籍出版社 1999 年版。

67. 夏家善等编：《南开话剧运动史料（1909—1922)》，天津：南开大学出版社 1984 年版。

68. 厦门市集美中学编：《厦门市集美中学》，北京：人民教育出版社 1998 年版。

69. 新生活运动促进总会编：《近代中国史料丛刊》第 3 编第 53 辑上，台北：文海出版社 1989 年版。

70. 新文学选集编辑委员会编：《叶圣陶选集》，北京：开明书店 1951 年版。

71. 熊月之、周武主编：《圣约翰大学史》，上海：上海人民出版社 2007 年版。

72. 许祖云主编：《青春是美丽的　续集》，北京：华夏出版社 1997 年版。

73. 叶至善等编：《叶圣陶集》第 16 卷，南京：江苏教育出版社 1993 年版。

74. 殷达：《福湘史话：湖南私立福湘女中校园漫步》，北京：中国环境科学出版社 1993 年版。

75. 喻本伐、熊贤君：《中国教育发展史》，武汉：华中师范大学出版社 2000 年版。

76. 张爱玲：《张爱玲文集》，北京：中国戏剧出版社 2005 年版。

77. 张翊翔编：《丁玲文集》第 5 卷，长沙：湖南人民出版社 1984 年版。

78. 张家治、吴克琴主编：《上海市南洋中学建校 100 周年》，1996 年。

79. 张枬、王忍之：《辛亥革命前十年间时论选集》第 1 卷上，北京：生活·读书·新知三联书店 1960 年版。

80. 浙江省春晖中学编：《浙江省春晖中学》，北京：人民教育出版社 1999 年版。

81. 浙江省上虞市政协文史资料委员会编：《白马湖文集》，1993 年。

82. 郑大华编：《胡适全集》，合肥：安徽教育出版社 2003 年版。

83. 中共江苏省委党史工作委员会，中国第二历史档案馆：《五四运动在江苏》，南京：江苏古籍出版社 1992 年版。

84. 中共中央文献研究室，中共湖南省委《毛泽东早期文稿》编辑组编：《毛泽东早期文稿》，长沙：湖南人民出版社 1990 年版。

85. 中共中央文献研究室编：《毛泽东文集》第 2 卷，北京：人民出版社 1993 年版。

86. 中国第二历史档案馆编：《中华民国史档案资料汇编》第 5 辑第 1 编，南京：江苏古籍出版社 1994 年版。

87. 中国基督教调查会编：《中国基督教教育事业》，上海：商务印书馆 1922 年版。

88. 中国人民政治协商会议河北省保定市委员会文史资料委员会编：《保定文史资料选辑》第 12 辑，1994 年。

89. 中国人民政治协商会议河北省保定市委员会文史资料委员会编：《保定文史资料选辑》第 9 辑，1992 年。

90. 中国人民政治协商会议湖南省委员会文史资料研究委员会编：《湖南文史资料选辑》第 20 辑，长沙：湖南人民出版社 1986 年版。

91. 中国人民政治协商会议江苏省扬州市委员会文史资料委员会编：《扬州文史资料》第7辑，1988年。

92. 中国人民政治协商会议全国委员会文史资料委员会编：《文史资料存稿选编》(23) 文化，北京：中国文史出版社2002年版。

93. 中国人民政治协商会议上海市虹口区委员会文史资料委员会编：《文史苑》第16辑，1998年。

94. 中国人民政治协商会议上海市委员会文史资料工作委员会：《解放前上海的学校》第59辑，上海：上海人民出版社1988年版。

95. 中国人民政治协商会议武汉市武昌区委员会：《武昌文史》第2辑，1986年。

96. 中国史学会主编：《中国近代史资料丛刊第九种：义和团》1，上海：神州国光社1951年版。

97. 中华职业教育社编：《黄炎培教育文选》，上海：上海教育出版社1985年版。

98. 钟叔河、朱纯编：《过去的学校》，长沙：湖南教育出版社1982年版。

99. 钟叔河编：《走向世界丛书》第1辑，长沙：岳麓书社1985年版。

100. 朱有瓛主编：《中国近代学制史料》第1辑，上海：华东师范大学出版社1986年版。

101. 朱有瓛主编：《中国近代学制史料》第2辑，上海：华东师范大学出版社1987年版。

102. 朱有瓛主编：《中国近代学制史料》第3辑，上海：华东师范大学出版社1990年版。

103. 朱泽甫编：《陶行知年谱》，合肥：安徽教育出版社1985年版。

104. 朱自清：《朱自清文集》，北京：大众文艺出版社2009年版。

105. [德] 马克思、恩格斯：《马克思恩格斯全集》第1卷，北京：人民出版社1995年版。

106. [德] 马克思、恩格斯：《马克思恩格斯全集》第3卷，北京：人民出版社 1960 年版。

107. [德] 马克思、恩格斯:《马克思恩格斯全集》第 19 卷,北京:人民出版社 1963 年版。

三、回忆录、传记、日记、小说类

1. 柏杨口述,周碧瑟执笔:《柏杨回忆录:看过地狱回来的人》,沈阳:春风文艺出版社 2002 年版。

2. 北京图书馆《文献》丛刊编辑部,吉林省图书馆学会会刊编辑部编:《中国当代社会科学家》第 5 辑,北京:书目文献出版社 1983 年版。

3. 冰心:《世纪之忆:冰心回想录》,北京:北京航空航天大学出版社 2009 年版。

4. 曹晋杰:《文采风流话“二乔”》,哈尔滨:黑龙江人民出版社 2000 年版。

5. 陈伯良:《穆旦传》,北京:世界知识出版社 2006 年版。

6. 陈辽:《叶圣陶传记》,南京:江苏教育出版社 1986 年版。

7. 陈孝全:《朱自清传》,北京:北京十月文艺出版社 1991 年版。

8. 戴自俺:《教师生活速写》,上海:亚东图书馆 1934 年版。

9. 董宝瑞等:《李大钊传》,天津:天津古籍出版社 2005 年版。

10. 方晓东等:《董纯才传》,北京:教育科学出版社 2012 年版。

11. 郭沫若:《少年时代》,北京:人民文学出版社 1979 年版。

12. 郭廷以著,张朋园等整理:《郭廷以口述自传》,北京:中国大百科全书出版社 2009 年版。

13. 何炳棣:《读史阅世六十年》,桂林:广西师范大学出版社 2005 年版。

14. 何满子口述,吴仲华整理:《跋涉者:何满子口述自传》,北京:北京大学出版社 1999 年版。

15. 胡适:《四十自述》,合肥:安徽教育出版社 2006 年版。

16. 黄炎培:《黄炎培考察教育日记》第 2 集,上海:商务印书馆 1915 年版。

17. 季羡林：《我的小学和中学》，北京：外语教学与研究出版社 2009 年版。

18. 蒋梦麟：《西潮与新潮：蒋梦麟回忆录》，北京：东方出版社 2006 年版。

19. 蒋勤国：《冯至评传》，北京：人民出版社 2000 年版。

20. 金梅编：《孙犁自叙》，北京：团结出版社 1998 年版。

21. 柯琳娟：《吴文俊传：让数学回归中国》，南京：江苏人民出版社 2009 年版。

22. 乐齐编：《叶圣陶日记》，太原：山西教育出版社 1997 年版。

23. 黎东方：《平凡的我：黎东方回忆录 1907—1998》，北京：中国工人出版社 2011 年版。

24. 李瑞骅：《八十忆语：一个早期归国工程师的自述》，济南：山东画报出版社 2006 年版。

25. 李山：《牟宗三传》，北京：中央民族大学出版社 2002 年版。

26. 梁实秋：《清华八年》，南京：江苏文艺出版社 2011 年版。

27. 刘大鹏：《退想斋日记》，太原：山西人民出版社 1990 年版。

28. 刘元树主编：《郭沫若自传》上，合肥：安徽文艺出版社 1997 年版。

29. 茅盾：《我走过的道路》上，北京：人民文学出版社 1981 年版。

30. 穆木天等：《我的学生生活》，上海：光华书局 1933 年版。

31. 南洋大学编：《南洋大学学生生活》，1923 年。

32. 任之恭：《一位华裔物理学家的回忆录》，太原：山西高校联合出版社 1992 年版。

33. 汕头市立女子中学校编：《汕头市立女子中学校学生日记选》，1936 年。

34. 沈应懿凝：《沈应懿凝自述》，台北：传记文学出版社 1985 年版。

35. 舒新城：《我和教育》，台北：龙文出版社股份有限公司 1990 年版。

36. 陶希圣：《潮流与点滴》，北京：中国大百科全书出版社 2009 年版。

37. 王增藩：《苏步青传》，上海：复旦大学出版社 2005 年版。

38. 萧冰：《胡振渭教授传略》，大连：大连出版社 1991 年版。

39. 萧公权：《问学谏往录：萧公权治学漫忆》，上海：学林出版社 1997 年版。

40. 萧乾：《萧乾回忆录》，北京：中国工人出版社 2005 年版。

41. 谢冰莹：《中学生小说》，上海：中学生书局 1932 年版。

42. 许寿民编：《中学生创作丛书》第 1 册，上海：中学生书局 1932 年版。

43. 许渊冲：《续忆逝水年华》，武汉：湖北人民出版社 2008 年版。

44. 杨文安：《中学生日记》，上海：开华书局 1931 年版。

45. 杨宪益：《杨宪益自传》，北京：人民日报出版社 2010 年版。

46. 杨荫深编：《柳先生的教育》，北京：北新书局 1936 年版。

47. 叶圣陶：《倪焕之》，北京：人民文学出版社 1997 年版。

48. 俞荻编：《我的中学时代》，出版地（不详）：文化图书公司 1941 年版。

49. 俞子夷：《困学琐记》，南平：天行社总社 1944 年版。

50. 张清平：《林徽因传》，天津：百花文艺出版社 2007 年版。

51. 张漱涵：《胡秋原传》，武汉：湖北人民出版社 2007 年版。

52. 张廷铮、郑宏述、过立先：《中学生诗歌》，上海：中学生书局 1933 年版。

53. 中共广州市委党史研究室编：《王德回忆录》，广州：广东人民出版社 2001 年版。

54. 周申明、杨振喜：《孙犁评传》，天津：百花文艺出版社 1990 年版。

55. 周有光口述，李怀宇撰：《周有光百岁口述》，桂林：广西师范大学出版社 2008 年版。

56. 朱佑慈等译：《何廉回忆录》，北京：中国文史出版社 1988 年版。

57. 邹韬奋：《经历》，北京：中国工人出版社 2007 年版。

四、学术著作

1. 陈东原：《中国妇女生活史》，上海：商务印书馆 1937 年版。

2. 陈恒、耿相新：《新史学第4辑：新文化史》，郑州：大象出版社2005年版。

3. 陈厚德：《有效教学》，北京：教育科学出版社2000年版。

4. 陈来：《古代宗教与伦理：儒家思想的根源》，北京：生活·读书·新知三联书店2009年版。

5. 陈永华、黄文芳、陈珏：《教师与学生交往行为的发展》，北京：教育科学出版社2011年版。

6. 成有信等：《教育政治学》，南京：江苏教育出版社2000年版。

7. 丁钢：《声音与经验：教育叙事探究》，北京：教育科学出版社2008年版。

8. 杜成宪、崔运武、王伦信：《中国教育史学九十年》，上海：华东师范大学出版社1998年版。

9. 杜佐周：《教育与学校行政原理》，上海：商务印书馆1922年版。

10. 范逢春：《管理心理学》，成都：四川大学出版社2009年版。

11. 方与严：《新教育史》，上海：儿童书局1934年版。

12. 费孝通：《江村经济：中国农民的生活》，北京：商务印书馆2005年版。

13. 龚启昌：《中学普通教学法》，上海：商务印书馆1946年版。

14. 何先友主编：《青少年发展与教育心理学》，北京：高等教育出版社2009年版。

15. 荒林、王红旗主编：《中国女性文化2》，北京：中国文联出版社2001年版。

16. 黄书光主编：《中国社会教化的传统与变革》，济南：山东教育出版社2005年版。

17. 贾馥茗：《教育伦理学》，南京：江苏教育出版社2008年版。

18. 姜进、李德英主编：《近代中国城市与大众文化》，北京：新星出版社2008年版。

19. 姜丽静：《历史的背影：一代女知识分子的教育记忆》，北京：教育科学出版社 2012 年版。

20. 蒋纯焦：《一个阶层的消失：晚清以降塾师研究》，上海：上海书店出版社 2007 年版。

21. 靳玉乐：《潜在课程论》，南昌：江西教育出版社 1996 年版。

22. 李冬坚、彭莉主编：《思想道德修养》，重庆：西南师范大学出版社 2008 年版。

23. 李华兴主编：《民国教育史》，上海：上海教育出版社 1997 年版。

24. 李侃：《近代传统与思想文化》，北京：文化艺术出版社 1990 年版。

25. 李良明、田子渝、曾成贵：《湖北新民主革命史》中共创建与大革命时期卷，武汉：华中师范大学出版社 2008 年版。

26. 李相勗、徐君梅、徐君藩：《课外活动》，上海：商务印书馆 1936 年版。

27. 李育彬：《学生自修必读》第 1 卷，上海：世界书局 1923 年版。

28. 李泽厚：《中国现代思想史论》，北京：生活・读书・新知三联书店 2008 年版。

29. 李振宏：《历史学的理论与方法》，开封：河南大学出版社 1999 年版。

30. 梁吉生：《张伯苓教育思想研究》，沈阳：辽宁教育出版社 1994 年版。

31. 廖世承：《中学教育》，上海：商务印书馆 1924 年版。

32. 刘建华：《师生交往论：交往视野中的现代师生关系研究》，北京：北京师范大学出版社 2011 年版。

33. 刘训华：《困厄的美丽：大转局中的近代学生生活（1901—1949）》，武汉：华中科技大学出版社 2014 年版。

34. 刘云德：《文化纲论：一个社会学的视野》，北京：中国展望出版社 1988 年版。

35. 刘云杉：《帝国权力实践下的教师生活形态：一个私塾教师的生活史研究》，北京：教育科学出版社 2002 年版。

36. 刘祖云等：《组织社会学》，北京：中国审计出版社 2002 年版。

37. 陆庄：《上海市小学教师课余生活之研究》，大夏大学 1934 年印行。

38. 吕达：《课程史论》，北京：人民教育出版社 1999 年版。

39. 罗敦伟：《中国之婚姻问题》，上海：大东书局 1931 年版。

40. 罗荣渠：《现代化新论》，上海：华东师范大学出版社 2013 年版。

41. 欧阳哲生：《二十世纪中国文化》，北京：北京大学出版社 2010 年版。

42. 彭刚：《叙事的转向：当代西方史学理论的考察》，北京：北京大学出版社 2009 年版。

43. 秦启文、周永康：《角色学导论》，北京：中国社会科学出版社 2011 年版。

44. 桑兵：《晚清学堂学生与社会变迁》，桂林：广西师范大学出版社 2007 年版。

45. 申国昌：《守本与开新：阎锡山与山西教育》，济南：山东教育出版社 2008 年版。

46. 沈从文、王予予：《中国服饰史》，西安：陕西师范大学出版社 2004 年版。

47. 沈介人：《中学生问题十讲》，上海：大华书局 1935 年版。

48. 施扣柱：《青春飞扬：近代上海学生生活》，上海：上海辞书出版社 2009 年版。

49. 孙崇文：《学生生活图景：世俗内外的教育冲突》，北京：教育科学出版社 2008 年版。

50. 孙培青、袭士京、杜成宪：《中国考试通史》，北京：首都师范大学出版社 2004 年版。

51. 邰爽秋等选编：《中学训育问题》，上海：教育编译馆 1935 年版。

52. 唐代盛：《组织行为学》，成都：西南财经大学出版社 2010 年版。

53. 滕大春：《中小学课外活动》，武汉：湖北人民出版社 1956 年版。

54. 田正平：《留学生与中国教育近代化》，广州：广东教育出版社 1996

年版。

55. 田正平：《中国教育史研究》近代分卷，上海：华东师范大学出版社 2009 年版。

56. 田正平主编：《中外教育交流史》，广州：广东教育出版社 2004 年版。

57. 王道俊、郭文安：《教育学》，北京：人民教育出版社 2009 年版。

58. 王笛著，李德英、谢继华、邓丽译：《街头文化：成都公共空间、下层民众与地方政治》，北京：商务印书馆 2013 年版。

59. 王凤喈：《中国教育史》上，福州：福建教育出版社 2006 年版。

60. 王伦信：《清末民国时期中学教育研究》，上海：华东师范大学出版社 2002 年版。

61. 王伦信：《新中国中学教育改革研究》，上海：上海教育出版社 2008 年版。

62. 王学典：《史学引论》，北京：北京大学出版社 2008 年版。

63. 王雅林主编：《生活方式概论》，哈尔滨：黑龙江人民出版社 1989 年版。

64. 王卓然：《中国教育一瞥录》，上海：商务印书馆 1923 年版。

65. 魏光奇：《官治与自治：20 世纪上半期的中国县治》，北京：商务印书馆 2004 年版。

66. 吴康宁：《教育社会学》，北京：人民教育出版社 1998 年版。

67. 奚从清：《角色论：个人与社会的互动》，杭州：浙江大学出版社 2010 年版。

68. 谢长法：《中国中学教育史》，太原：山西教育出版社 2009 年版。

69. 谢青、汤德用：《中国考试制度史》，合肥：黄山书社 1995 年版。

70. 谢维和：《教育活动的社会学分析：一种教育社会学的研究》，北京：教育科学出版社 2000 年版。

71. 熊明安：《中华民国教育史》，重庆：重庆出版社 1997 年版。

72. 徐耀魁：《大众传播学》，沈阳：辽宁教育出版社 1990 年版。

73. 许纪霖、陈达凯主编：《中国现代化史（1840－1949）》第1卷，上海：学林出版社2006年版。

74. 杨小微：《教育学基础》，上海：华东师范大学出版社2010年版。

75. 杨豫、胡成：《历史学的思想和方法》，南京：南京大学出版社1999年版。

76. 叶健馨：《抗战前中国中等教育之研究》，台北：文史出版社1982年版。

77. 叶澜等：《新编教育学教程》，上海：华东师范大学出版社1991年版。

78. 衣俊卿：《现代化与日常生活批判》，北京：人民出版社2005年版。

79. 殷陆君编译：《人的现代化心理・思想・态度・行为》，成都：四川人民出版社1985年版。

80. 于述胜：《中国教育制度通史》第7卷，济南：山东教育出版社2000年版。

81. 袁伯樵：《中等教育》，上海：商务印书馆1949年版。

82. 张广智：《西方史学史》，上海：复旦大学出版社2010年版。

83. 张怀：《中学普通教学法》，北京：立达书局1933年版。

84. 张家麟：《组织社会学》，合肥：安徽人民出版社1988年版。

85. 张明武：《经济独立与生活变迁：民国时期武汉教师薪俸及生活状况研究》，武汉：华中科技大学出版社2012年版。

86. 张文昌：《中等教育》，上海：中华书局1938年版。

87. 张旭东主编：《师生关系的理论与实践》，南京：广西教育出版社2006年版。

88. 章开沅、林增平：《辛亥革命史》上，上海：东方出版中心2010年版。

89. 章开沅、余子侠：《中国人留学史》，北京：社会科学文献出版社2013年版。

90. 郑金洲：《教育文化学》，北京：人民教育出版社2000年版。

91. 钟玉英：《社会学概论》，广州：华南理工大学出版社 2011 年版。

92. 周洪宇、刘训华：《多样的世界：教育生活史研究引论》，福州：福建教育出版社 2014 年版。

93. 周洪宇：《学术新域与范式转换：教育活动史研究引论》，武汉：华中科技大学出版社 2011 年版。

94. 周鸿铎主编：《传播学教程》，北京：中国书籍出版社 2010 年版。

95. 周勇：《江南名校的中国文化研究》，北京：教育科学出版社 2008 年版。

96. 周予同：《中国现代教育史》，上海：良友图书印刷公司 1934 年版。

97. ［奥］凯尔森著，沈宗灵译：《法与国家的一般理论》，北京：中国大百科全书出版社 1996 年版。

98. ［德］汉斯-维尔纳·格茨著，王亚平译：《欧洲中世纪生活》，北京：东方出版社 2002 年版。

99. ［德］黑格尔著，贺麟译：《小逻辑》，北京：商务印书馆 1980 年版。

100. ［德］米切尔·兰德曼著，彭富春译：《哲学人类学》，北京：工人出版社 1988 年版。

101. ［法］安多旺·莱昂著，樊慧英、张斌贤译：《当代教育史》，北京：光明日报出版社 1989 年版。

102. ［法］费尔南·布罗代尔著，顾良、施康强译：《15 至 18 世纪的物质文明、经济和资本主义》第 1 卷，北京：生活·读书·新知三联书店 1992 年版。

103. ［法］古斯塔夫·勒庞著，戴光年译：《乌合之众：大众心理研究》，北京：新世界出版社 2010 年版。

104. ［法］孟德斯鸠著，长雁深译：《论法的精神》上，北京：商务印书馆 1961 年版。

105. ［美］J. U. 奥布主编，石中英审译：《教育大百科全书：教育人类学》，重庆：西南师范大学出版社 2011 年版。

106. ［美］阿历克斯·英格尔斯、戴维·史密斯著，顾昕译：《从传统人到现代人：六个发展中国家的个人变化》，北京：中国人民大学出版社 1992 年版。

107. ［美］伯顿·克拉克主编，王承绪等译：《高等教育新论：多学科的研究》，杭州：浙江教育出版社 2001 年版。

108. ［美］查尔斯·都希格著，吴奕俊、陈丽丽、曹烨译：《习惯的力量》，北京：中信出版社 2013 年版。

109. ［美］查尔斯·霍顿·库利著，包凡一、王源译：《人类本性与社会秩序》，北京：华夏出版社 1999 年版。

110. ［美］格奥尔格·伊格尔斯著，何兆武译：《二十世纪的历史学：从科学的客观性到后现代的挑战》，济南：山东大学出版社 2006 年版。

111. ［美］海登·怀特著，董立河译：《形式的内容：叙事话语与历史再现》，北京：文津出版社 2005 年版。

112. ［美］克利福德·格尔茨著，韩莉译：《文化的解释》，南京：译林出版社 1999 年版。

113. ［美］诺曼·邓金著，周勇译：《解释性交往行动主义：个人经历的叙事、倾听与理解》，重庆：重庆大学出版社 2004 年版。

114. ［美］欧文·戈夫曼著，黄爱华、冯钢译：《日常生活中的自我呈现》，杭州：浙江人民出版社 1989 年版。

115. ［美］乔纳森·特纳著，吴曲辉等译：《社会学理论的结构》，杭州：浙江人民出版社 1987 年版。

116. ［美］叶文心著，冯夏根、胡少诚、田嵩燕等译：《民国时期大学校园文化》，北京：中国人民大学出版社 2012 年版。

117. ［美］周策纵：《五四运动史》，长沙：岳麓书社 1999 年版。

118. ［瑞士］S. 马克隆德著，张斌贤译审：《教育大百科全书：教育史》，重庆：西南师范大学出版社 2011 年版。

119. ［匈］G. 卢卡奇著，［德］本泽勒编，白锡堃、张西平、张秋零等译：《关于社会存在的本体论》（下），重庆：重庆出版社 1993 年版。

120. ［匈］阿格妮丝·赫勒著，衣俊卿译：《日常生活》，哈尔滨：黑龙江大学出版社 2010 年版。

121. ［意］艾儒略著，谢方校释：《职方外纪校释》，北京：中华书局 1996 年版。

122. ［英］艾沃·古德森著，蔡碧莲、葛丽莎等译：《教师生活与工作的质性研究》，北京：教育科学出版社 2013 年版。

123. ［英］艾沃·古德森著，贺晓星，仲鑫译：《环境教育的诞生：英国学校课程社会史的个案研究》，上海：华东师范大学出版社 2001 年版。

124. ［英］戴维·布莱克莱吉、巴里·亨特著，王波等译：《当代教育社会学流派：对教育的社会学解释》，北京：春秋出版社 1980 年版。

125. ［英］杰弗里·巴勒克拉夫著，杨豫译：《当代史学主要趋势》，上海：上海译文出版社 1987 年版。

126. ［英］罗伯特·蒙哥马利著，黄鸣译：《考试的新探索》，南宁：广西人民出版社 1984 年版。

127. ［英］麦克南著，朱细文、苏贵民、赵南译：《课程行动研究》，北京：北京师范大学出版社 2009 年版。

128. Carlo Ginzburg. *The Cheese and the Worms*: *the Cosmos of a Sixteenth-Century Miller*. Baltimore: Johns Hopkins University Press, 1980.

129. Denzin, Norman Kent. *The Research Act in Sociology*: *A Theoretical Introduction to Sociological Methods*. London: Butterworths, 1970.

130. Jackson, Philip W. *Life in Classrooms*. New York: Holt Rinehart and Winston, 1968.

131. Jerome Bruner. *The Culture of Education*. Cambridge: Harvard University Press, 1996.

132. Peter Burke. *What is Cultural History*? Cambridge: Polity Press, 2004.

133. White, Hayden. *Metahistory*: *The History Imagination in Nineteenth-Century Europe*. Baltimore & London: The Johns Hopkins University Press, 1973.

五、论文类

1. 常静：《南京国民政府时期的武汉中学教师研究（1927—1937）》，武汉：华中师范大学硕士学位论文，2009年。

2. 陈光春：《制度生成与实践失范：民国时期中学教师管理制度研究（1912—1949）》，武汉：华中师范大学博士学位论文，2012年。

3. 陈廷湘：《政局动荡与学潮起落：九一八事变后学生运动的样态及成因》，《历史研究》2011年第1期。

4. 邓小铖：《我的课外生活》，《今日中学生》2002年第Z3期。

5. 冯玉荣：《留日学生运动与辛亥革命》，《湖南师院学报》（哲学社会科学版）1986年第2期。

6. 胡江霞：《学生主体意识的唤醒与培植》，《中国教育学刊》2011年第2期。

7. 胡俊修：《"东方芝加哥"背后的庸常：民国中后期武汉下层民众日常生活研究（1927—1949）》，武汉：华中师范大学博士学位论文，2007年。

8. 金忠明、林炊利：《教育史学科困境及其对策》，《河北师范大学学报》（教育科学版）2005年第11期。

9. 李柏林：《民国时期湖北中学教师群体研究》，武汉：华中师范大学博士学位论文，2010年。

10. 李松丽：《南京国民政府时期中学教育研究（1927—1949）》，保定：河北大学硕士学位论文，2006年。

11. 李喜所：《中国近代第一批留欧学生》，《南开学报》1981年第2期。

12. 李秀君：《廖世承的中学办学实践与思想研究》，上海：华东师范大学硕士学位论文，2013年。

13. 李银慧：《中国近代中学教育思想研究》，重庆：西南大学博士学位论文，2013年。

14. 林瑞华：《江西近代中等教育发展概述》，《江西教育科学》1999年第3期。

15. 刘继青：《近代中国社会转型中的师生关系畸变》，《华东师范大学学报》(教育科学版) 2008 年第 1 期。

16. 刘京京、申国昌:《学校教育生活史:教育历史的形象再现——微观史学给予的启示》,《教育学术月刊》2013 年第 8 期。

17. 刘铁芳:《让学生成为向学的生命》,《中国教育学刊》2013 年第 9 期。

18. 卢红玲:《民国早期中学教育研究(1912—1927)》,保定:河北大学硕士学位论文,2006 年。

19. 邱锐:《中学生出路与国民政府教育改革(1930—1937)》,武汉:华中师范大学硕士学位论文,2006 年。

20. 曲铁华、周晓红、熊梅:《1932:中国普通高中课程改革》,《教育评论》1994 年第 6 期。

21. 曲铁华:《试论一九一二年普通中学的课程改革》,《外国教育研究》1994 年第 6 期。

22. 申国昌、刘京京:《教育生活史:教育历史的生动展现——从法国年鉴学派得到的启示》,《湖北大学学报》(哲学社会科学版) 2014 年第 2 期。

23. 沈晴:《民国时期著名中学的办学实践》,上海:华东师范大学硕士学位论文,2004 年。

24. 师唯三:《三年来的中学教育》,《人民教育》1953 年第 1 期。

25. 汤美娟:《整合宏观与微观:教育生活史的方法论意涵》,《当代教育科学》2012 年第 23 期。

26. 王运明:《1928—1937 年山东中等教育研究》,北京:首都师范大学博士学位论文,2011 年。

27. 吴战利:《蔡元培中学教育思想述论》,武汉:华中师范大学硕士学位论文,2003 年。

28. 夏泉、曾金莲:《教会大学学生民族意识的觉醒:以五四运动中的上海圣约翰大学学生运动为个案的考察》,《民国档案》2009 年第 3 期。

29. 徐善伟:《中世纪欧洲大学生学习及生活费用的考察》,《世界历史》2012 年第 1 期。

30. 杨国山：《路在何方：抗战前中学生出路探析》，《华东师范大学学报》(教育科学版) 2014 年第 1 期。

31. 杨启亮：《基础教育课程与改革的适切性》，《教育学术月刊》2013 年第 11 期。

32. 俞菁：《钱钟书、杨绛与苏州》，《中国档案》2007 年第 2 期。

33. 张斌贤：《全面危机中的外国教育史学科研究》，《高等师范教育研究》2000 年第 4 期。

34. 张家军：《论学生同辈群体的作用及其实现机制》，《当代教育科学》2009 年第 11 期。

35. 周洪宇、申国昌：《教育活动史：视野下移的学术实践》，《教育研究》2010 年第 10 期。

36. 朱怡华：《试论上海近代普通中等教育的兴起》上、下，《上海教育科研》1993 年第 4—5 期。

后 记

在书稿终于写“完”的时候，心中稍稍有了些许的释然。回首过往，已踏入教育史学术殿堂八个年头。在这八年中，恰如结识了一些亲朋挚友，情深谊浓。硕士期间，我曾与西南联大的“师生”结缘；博士期间，我选择了与民国时期中学生群体的对话与交往，并如痴如醉沉潜其中。正是怀着揭开他们生活面纱的好奇，开始了一次与他们交往的苦旅。在描绘中学生生活图景的过程中，我仿佛走入了他们的生活场域之中，体验着学习与考试的勤苦、升学与就业的徘徊、日常生活的艰辛与奋进、情感的丰富与冲动、课外生活的多彩与斑斓、胸怀国家的愤慨与激昂等等。这种体验与当今的中学生生活有相似之处，但也有着更多的相异之点。

本书得以出版，首先要感谢申国昌教授。承蒙导师不弃，我有幸成为他的开门弟子。也正因戴上了“开门”的帽子，我自踏入桂子山，便有着巨大的隐形压力，唯恐因我的愚钝而污导师之名，更恐为导师的后继弟子树不良之形象，三年求学中，经常提醒自己所负的重任。在博士论文的整个写作过程中，自始至终伴随着导师的点拨与教诲。从论文的选题、资料的搜集与整理、提纲的更动，无不浸透着导师的心血。自入校后，导师便指出我搜集资料存在的“软肋”，所以三年中我谨记导师的教诲，努力发掘一手资料，呈现原生态的教育史面貌。为此，我查阅了大量的《申报》《益世报》《教育杂志》

《中学生》等报刊，并到湖北省档案馆查阅了相关的档案资料，让我体验到一手资料的宝贵性和真实性，更让我体验到与历史对话的快乐。每当导师查阅到与我博士论文相关的资料，他总是第一时间转发给我，让我参阅。每次接收到这种信息之后，一种难以名状的感动和力量便油然而生。恩师难忘，师情难报，唯有继续前行，通过加倍努力和勤苦钻研来回报业师之育。

在写作过程当中，得到教育史专业导师组周洪宇教授、余子侠教授、杨汉麟教授的关心指导，博士论文开题时得到了喻本伐教授、刘来兵老师、王莹老师的诸多宝贵意见。此外，也感谢郭文安老先生，耄耋之年仍坚持给博士生上课，让我受益颇多。在生活中，得到张云芳老师、师母史绛云老师的关心与帮助。此外，也要感谢我的硕士生导师广少奎教授，受广老师的启蒙，我走入教育史的殿堂，他对学术的研究态度及工作热情深深影响着我。博士读书期间，他的惦念与问候时常给予我更多的动力与能量。同时也感谢天津城市建设学院的李剑萍教授，给予我论文的写作提供了新的视角。

读书期间，有幸结识了喻永庆、李永、刘训华、刘大伟、张建东、程永洲、宋俊骥、鲍成中、于洋、王忠政、徐莉、李艳莉、乔金霞、黄红、王永颜、魏珂、蓝日模、易凌云、袁海霞、赵国权、周娜、程功群、孙佳瑾、王佩、张万红、夏豪杰、赵巧、卢全民等各位学友，在与他们的交往切磋中，使我受益良多。同样也感谢好友吕娜、许晓莲、闫晨红、赵文英的朝夕陪伴。在资料的搜集与整理中也得到曲阜师范大学任炜华师妹及华东师范大学陈祥龙师兄的帮助，在此一并感谢。

父母之恩，慈如河海。书稿的完成，离不开家人的默默支持。在书稿的最后写作阶段，每次接到母亲的电话，她总是急切地问“写到第几章了，还剩几章”，母亲对于论文写作不甚了解，她的这种关心更使我有了一种坚持的动力。此外，年近 90 岁的爷爷每周都与我通电话，关心我的学习和生活，之所以能在校园中度过 20 多个春秋，离不开他的鼎力支持。

总之，在此向所有关心、支持和帮助过我的专家、教授、学友以及家人致以诚挚的谢意!

伏案写完这些文字之时，远望窗外，外面飘落着蒙蒙细雨，不禁使我感怀这几年的生活，几乎每天的生活单一机械，而最幸福、最惬意、最享受的时刻莫过于每晚操场上的运动，每每听着悠扬动听的笛声，使我心灵得到净涤，大脑可以腾空下来，思考很多难解的问题。即将离开这里，顿感万般不舍，在桂子山上，留有烦闷、压抑，但更多还是快乐、幸福和收获。